Todesbildlichkeit und ‚compassio' in Flauberts Werk

Sabine Weber

Todesbildlichkeit und ‚compassio' in Flauberts Werk

Wilhelm Fink

Umschlagabbildung:
Philippe Chaperon, Salammbô : esquisses pour le décor de l'acte II : le temple de Tanit, 1895. (© Bibliothèque nationale de France)

D 6

Bibliografische Information der Deutschen Nationalbibliothek

Die Deutsche Nationalbibliothek verzeichnet diese Publikation in der Deutschen Nationalbibliografie; detaillierte bibliografische Daten sind im Internet über http://dnb.d-nb.de abrufbar.

Internet: www.fink.de

Einbandgestaltung: Evelyn Ziegler, München
Herstellung: Brill Deutschland GmbH, Paderborn

ISBN 978-3-7705-6368-5

In Erinnerung an Gerda Weber

Vorbemerkung

Die vorliegende Arbeit wurde im Wintersemester 2015/16 als Dissertationsschrift bei der Philosophischen Fakultät der Westfälischen Wilhelms-Universität Münster eingereicht. Für die Veröffentlichung habe ich sie geringfügig überarbeitet. Mein Projekt wurde von vielen Seiten und auf vielfältige Weise unterstützt.

Allen voran gilt mein herzlicher Dank Frau Prof. Dr. Karin Westerwelle, die das Entstehen der Arbeit durch kritische Lektüre, inspirierende Gespräche und ermutigende Worte intensiv begleitet hat. Herrn Prof. Dr. Jacques Le Rider danke ich für die Übernahme des Zweitgutachtens.

Für das großzügige Promotionsstipendium, eine umfassende ideelle Förderung sowie die Unterstützung eines Forschungsaufenthaltes in Paris bin ich der Hanns-Seidel-Stiftung zu besonderem Dank verpflichtet. Dem Institut des textes et manuscrits modernes sei für die Nutzung ihrer Bibliothek und den freundlichen Empfang in Paris gedankt.

Für anregende Gespräche und sorgfältige Korrekturlesearbeiten danke ich Dr. Christina Bonhoff, Dr. Pia Claudia Doering, Dr. Karl Philipp Ellerbrock, Dr. Martin Lange und Sandra Weber.

Auch wenn die intensive Auseinandersetzung mit Tod, Trauer und Endlichkeit kein einfaches Vorhaben war, nehme ich die Zeit meiner Promotion als große Bereicherung wahr. Dazu beigetragen haben auch die Königskinder, die mich das Thema aus einer anderen Perspektive sehen ließen.

Sophie Leitmont, Michaela Drost und Jan Schmidt haben mich durch meine Studienzeit begleitet. Ihnen danke ich, dass sie immer für mich da waren.

Der größte Dank gilt meinen Eltern und meiner Schwester, die mich in jeder Hinsicht bedingungslos unterstützt haben.

Münster, im April 2018

Inhalt

Einleitung

„[...] et ses cheveux dénoués pendaient jusqu'à terre." Gustave Flaubert, *Salammbô*

In Flauberts Werk spielt die Darstellung des Todes eine eminente Rolle. Im privaten und öffentlichen Raum angesiedelte Sterbeszenen finden sich im gesamten Werk des Autors. Gegenüber dem anonymen Massentod, der den blutigen Hintergrundprospekt in *Salammbô* (1862) und der *Éducation sentimentale* (1869) bildet, sticht die Inszenierung des weiblichen Todes hervor. Flaubert begegnet dem radikalen Sinnabbruch, den der Tod bedeutet, indem er ein Kunstwerk erschafft. Dem Nichts wird ein künstlerisches Bild abgerungen, das sich in der ästhetischen Überformung des toten weiblichen Körpers darbietet. Im Schlusstableau von Flauberts Karthagoroman *Salammbô* fällt das gelöste Haar der Titelheldin von der Lehne des Throns, auf den Salammbô im Tod zurücksinkt, zu Boden. Der Blick des Lesers fixiert sich auf die *cheveux dénoués*, die vom Erzähler in einem kühlen Todesbild festgehalten werden. Traditionell ist das geöffnete Haar Zeichen einer Trauergebärde, die bereits im Alten Orient von sogenannten ‚Klageweibern' artikuliert wird. Es ist zumeist mit dem symbolischen Haareraufen verbunden, einer Geste, die der Veräußerlichung eines inneren Affekts dient.[1] Das gelöste Haar bringt einen unermesslichen, unsagbaren Schmerz zum Ausdruck. So werden auch die um den Tod Jesu Christi trauernden Frauenfiguren, allen voran Maria Magdalena,[2] in einigen Passionshymnen aber auch die Gottesmutter Maria, mit offenem Haar

1 Weitere Trauergebärden neben dem gelösten, zerrauften Haar sind das Zerreißen der Kleider, das Schlagen auf die Brust, die Selbstmutilation und das laute Klagegeschrei. Vgl. Stefan M. Maul, „Altorientalische Trauerriten", S. 360 f. In der semitischen Sprache Mesopotamiens ist in der Bezeichnung für das Trauern ein „auto-aggressive[r] Trauergestus" (ebd., S. 360) impliziert. So bedeutet das akkadische Wort für ‚trauern' (*sapadu*) wörtlich ‚auf die Brust schlagen'. Vgl. ebd.

2 Giotto porträtierte die trauernde Maria Magdalena auf zwei Freskengemälden in der Capella degli Scrovegni in Padua mit ihrem gelösten rötlichen Haar: In Giottos *Kreuzigung* kniet Maria Magdalena unter dem Kreuz Jesu Christi, in Giottos *Beweinung Christi* kniet sie zu Füßen des Leichnams Christi.

 | DOI 10.30965/9783770563685_002

präsentiert.[3] Warum stellt Flaubert die tote Frauenfigur mit gelöstem Haar dar? Dem Todesbild, das den Karthagoroman beschließt, ist eine augenscheinliche Affektlosigkeit eingeschrieben. Im gelösten, herunterhängenden Haar ist jegliche Bewegung stillgestellt. Das offene Haar ist nicht mehr Zeichen einer inneren Bewegtheit, die in Trauergebärden nach außen getragen wird, sondern Sinnbild einer inneren Regungslosigkeit, die vom toten Objekt selbst verkörpert wird. Niemand trauert um Salammbôs Tod und doch sind Trauer und Affekt selbst im Bild eingeschlossen – im scheinhaften Zeichen der im Todestableau fixierten Haarpracht, die eine kalte Aura umgibt. Zugleich übt das Tableau eine unheimliche Anziehungskraft aus, ist es doch das lasziv-provokative Detail der *cheveux dénoués*, das den voyeuristischen Blick auf die schöne Tote lenkt.

In Salammbôs Todesbild spiegelt sich die *impassibilité*, die Flauberts Erzähler gemeinhin zugeschrieben wird.[4] Die *impassibilité*, die im Deutschen zumeist als ‚Unbewegtheit' übersetzt wird, trägt im 19. Jahrhundert die Bedeutung einer Schmerz- und Leidenschaftslosigkeit, einer Apathie. Als *impassible* wird eine Person beschrieben, die keinen Schmerz verspüren kann.[5] Die *impassibilité* des Flaubertschen Erzählers manifestiert sich nicht nur in seinem Rückzug aus der dargestellten Welt, in der Verweigerung eines Eingreifens, die eine Empfindungslosigkeit vorspiegelt, sondern in erster Linie in einer kühl-distanzierten und mortifizierenden Darstellungsweise, in der Schöpfung einer toten Welt, die mit funktionslosen Details ausstaffiert wird. Der Erzähler kreiert tote, stillgestellte Bilder, deren Aura erkaltet ist.[6] Diese Art der kühlen

3 In der *Vita beate virginis Marie et salvatoris rhythmica* ist das zerraufte Haar der Gottesmutter Teil von exaltieren Klagegesten und Schmerzgebärden wie Ohnmacht, Brustschläge, Zerreißen der Kleider oder Zerkratzen der Wange. Vgl. Klaus Schreiner, *Maria. Jungfrau, Mutter, Herrscherin*, S. 104 f.

4 Das Ideal der *impassibilité* wird von Flaubert selbst in einem berühmten Brief an seine damalige Geliebte Louise Colet postuliert: „L'auteur, dans son œuvre, doit être comme Dieu dans l'univers, présent partout, et visible nulle part. L'art étant une seconde nature, le créateur de cette nature-là doit agir par des procédés analogues : que l'on sente dans tous les atomes, à tous les aspects, une impassibilité cachée et infinie." Gustave Flaubert, Brief an Louise Colet vom 9. Dezember 1852, *Corr. II*, S. 204.

5 Vgl. Pierre Larousse, *Grand Dictionnaire universel du XIXe siècle*, Bd. IX, s. v. „impassible, adj.", S. 591: „Qui n'est pas susceptible de souffrance : *Les corps glorieux sont* IMPASSIBLES. (Acad.) [...] – Par ext. Qui est insensible ou supérieur à la douleur [...]."

6 Dass die *impassibilité* nicht nur den Autor bzw. seine Erzählerinstanz betrifft, sondern auch die Ebene der Bilder, deren „affektive[r] Gehalt" mortifiziert wird, hat bereits Rainer Warning herausgestellt. „Zu Prousts ‚impressionistischem' Stil", S. 59. So habe die *impassibilité* „nicht nur den privaten Aspekt des sich zum Verschwinden bringenden Erzählers, sondern sie charakterisiert damit zugleich auch seine unkommentiert stehenbleibenden Bilder. Es sind böse Bilder, die schweigen in ihrer stilistischen Perfektion." Ebd.

Descriptio tritt auf beinahe grausame Weise an jenen Stellen hervor, an denen sich der Erzähler dem sterbenden bzw. toten Körper der Frau widmet. Großes Aufsehen erregte im 19. Jahrhundert insbesondere die klinisch-kühle, zahlreiche Vergiftungssymptome ausführende lange Beschreibung der entsetzlichen Todesagonie der Titelfigur des 1857 publizierten Skandalromans *Madame Bovary. Mœurs de province*. Der kalte Darstellungsstil, der sich in dieser Todesszene manifestiert, wird in der Rezeption des 19. Jahrhunderts durch das Skalpell verbildlicht.[7] Auch wenn die detaillierte Darstellung des qualvollen Sterbens Emma Bovarys der kurzen Nachzeichnung des punktuellen, leisen, bühnenreifen Todesfalls der Salammbô gegenübersteht, so wird die tote Frau in beiden Fällen zum Objekt einer künstlerischen Ausstaffierung, in der die Ästhetik des Autors aufscheint. Der weibliche Leichnam wird in einem undurchlässigen Todesbild fixiert, das distanzierend und abweisend anmutet. Es ist die Schöpfung eines Erzählers, den Flaubert mit einer Teilnahmslosigkeit maskiert. Der Erzähler kreiert – um den von Martin von Koppenfels geprägten Ausdruck des „emotional immunen Erzählers"[8] aufzugreifen – ‚immune', kalte Bilder. Sie isolieren, anstatt Einfühlung zu ermöglichen und somit Verbindung zu stiften. Insbesondere in seinen kühlen Todes- und *post mortem*-Bildern zeigt der Erzähler keine affektive Betroffenheit. Befragt man den gemeinhin narratologisch verstandenen Terminus der *impassibilité* auf seine Semantik, so erweist sich die *impassibilité* als Absage an einen inneren Affekt des Mitleidens, für den die christliche Kultur den Begriff der *compassio* geprägt hat. Im Modus der Darstellung manifestiert sich mithin eine Krise der *compassio*, die der Leser zunächst auf der Erzählerebene wahrnimmt. Doch auch die Handlungsträger in Flauberts Romanen sind zum Teil von einer extremen Mitleidlosigkeit geprägt. An jenen Stellen, an denen die *compassio* nicht gänzlich absent ist, präsentiert sie sich im verstellten Klageformen und -gesten, wie etwa im weiblich codierten, nicht selten von Tränen verschleierten Blick in einen leeren Himmel oder in einem selbstbezüglichen Lamento.

Die vorliegende Arbeit widmet sich der Darstellung des Unfassbaren – von Tod und Trauer gleichermaßen – in Flauberts Werk. Beginnend mit dem Jugendwerk, über *Madame Bovary* (1857) und *Salammbô* (1862) hin zur *Éducation*

7 Das Bild des Skalpells wird zuerst vom Literaturkritiker Sainte-Beuve am Ende seiner Rezension der *Madame Bovary* bemüht: „Fils et frère de médecins distingués, M. Gustave Flaubert tient la plume comme d'autres le scalpel." Charles-Augustin Sainte-Beuve, „*Madame Bovary* par Gustave Flaubert", in: *Le Moniteur Universel*, 4. Mai 1857 (online). Eine berühmte Karikatur von Achille Lemot, die am 5. Dezember 1869 in der Zeitschrift *La Parodie* publiziert wird, zeigt Flaubert schließlich am Seziertisch, auf dem die tote Emma Bovary liegt. Mit einem Skalpell hat Flaubert ihr Herz aufgespießt, dessen Blut in ein Tintenfass tropft.

8 Martin von Koppenfels, *Immune Erzähler. Flaubert und die Affektpolitik des modernen Romans*, S. 11.

sentimentale (1869) soll die Inszenierung des weiblichen Todes beleuchtet werden. Erstens geht es um die Darstellungsformen des Todes: Wie wird das Unsagbare dargestellt? In welchen Bildern und Metaphern, unter welchen Masken verbirgt sich der Tod? Zweitens sollen kulturelle Formen von Trauer, Totenkult und Erinnerung untersucht werden: Wie werden Abschied und Trauer ausgedrückt? Stellt die Totenausstaffierung, die am weiblichen Leichnam unternommen wird, eine Form der Totenmemoria dar? Der weibliche Tod dient schließlich einer ästhetischen Reflexion über die Kunst. Dem Tod, der radikalsten Form der Sinnvernichtung, wird ein Kunstwerk abgewonnen. Die ästhetische Überformung des toten weiblichen Körpers ermöglicht es, das Schöne und zugleich Flüchtige fassbar zu machen, es in einem künstlichen Todesbild zu fixieren.

Das Leben Gustave Flauberts ist vom Tod durchdrungen. In seiner Absage an die Welt, in seinem Rückzug in die Schriftstellerexistenz, inszeniert sich der Autor selbst als jemand, der vom Leben Abschied genommen hat.[9] Aus der Perspektive des Künstlers wird es ihm gelingen, einen kühlen und analytischen Blick auf die bürgerliche Wirklichkeit zu werfen. Hierbei wird er insbesondere zum Beobachter des Todes, der ihm bereits in seiner Kindheit im Hôtel-Dieu von Rouen, in dem sein Vater als Chefchirurg tätig war, und in der Morgue, dem Pariser Leichenschauhaus, das zum Inspirationsort des jungen Künstlers wird, begegnet.[10] In der Rückschau auf seine Kindheit wird sich Flaubert im Jahre 1857 als furchtlos vor dem Tod bezeichnen:

> [...] j'ai grandi au milieu de toutes les misères humaines – dont un mur me séparait. Tout enfant, j'ai joué dans un amphithéâtre. Voilà pourquoi, peut-être, j'ai les allures à la fois funèbres et cyniques. Je n'aime point la vie et je n'ai point peur de la mort. L'hypothèse du néant absolu n'a même rien qui me terrifie. Je suis prêt à me jeter dans le grand trou noir avec placidité.[11]

9 Vgl. z. B. Gustave Flaubert, Brief an Alfred Le Poittevin vom 13. Mai 1845, *Corr. I*, S. 229: „Le seul moyen de n'être pas malheureux c'est de t'enfermer dans l'Art et de compter pour rien tout le reste. [...] J'ai dit à la vie pratique un irrévocable adieu."

10 Vgl. Gustave Flaubert, Brief an Louise Colet vom 7. Juli 1853, *Corr. II*, S. 376 f.: „L'amphithéâtre de l'Hôtel-Dieu donnait sur notre jardin. Que de fois, avec ma sœur, n'avons-nous pas grimpé au treillage et, suspendus entre la vigne, regardé curieusement les cadavres étalés ! [...] Comme j'ai bâti des drames féroces à la Morgue, où j'avais la rage d'aller autrefois, etc. ! Je crois du reste qu'à cet endroit j'ai une faculté de perception particulière [...]."

11 Gustave Flaubert, Brief an Mademoiselle Leroyer de Chantepie vom 30. März 1857, *Corr. II*, S. 697 f.

Der junge Flaubert verbringt seine Kindheit in unmittelbarer Nähe von Kranken und Toten, von denen ihn lediglich eine Mauer trennt. Trägt die Omnipräsenz des Todes in Kindheit und Jugend zur Herausbildung der vielbeschworenen *impassibilité* bei? Für jemanden, der sich so intensiv mit dem Tod beschäftigt wie Flaubert, kann die *impassibilité* nur eine scheinhafte Maske sein, mit der der Autor seinen Erzähler versieht. Auch wenn Flaubert eine Furchtlosigkeit vor dem eigenen Tod vorgibt, den er als absolute Auslöschung seiner Existenz, als „néant absolu" und „trou noir" imaginiert und sogar antizipiert („Je suis prêt [...]"), so lässt ihn der Tod der Anderen nicht unberührt. Wie in der vorliegenden Arbeit am Beispiel der 1846 verstorbenen Schwester Caroline aufgezeigt wird, hinterlässt der Tod einen unstillbaren Schmerz, eine auf Dauer gestellte Leere. Der Verlust der Schwester wird auf fast grausame Weise Flauberts künstlerisches Schaffen prägen, seine ‚kühle' Schriftstellerexistenz in der Absage an das eigene Ich, das mit der Schwester einen partiellen symbolischen Tod erleidet, ermöglichen. Flaubert nimmt nicht nur die anonymen Toten im Hôtel-Dieu und der Morgue wahr. Im Jahre 1848 stirbt sein fünf Jahre älterer, engster Jugendfreund Alfred Le Poittevin, den Flaubert fast zehn Jahre später noch als Menschen, den er am meisten geliebt habe, bezeichnen und vermissen wird.[12] Mit seinem Spätwerk *La Tentation de saint Antoine* (1874), das Flaubert seinem verstorbenen Freund widmet, wird er an ihn erinnern.[13] Auch der Tod des Dichters und Theaterautors Louis Bouilhet, mit dem Flaubert eng befreundet war und dessen Ästhetik seiner eigenen sehr ähnelte, löst im Jahre 1869 große Trauer aus. Flaubert wird es sich zur Aufgabe machen, den posthumen Ruhm seines Freundes zu sichern, indem er sich für die Errichtung eines Denkmals in Rouen einsetzt, das aus der Büste des Dichters und einem kleinen öffentlichen Brunnen besteht.[14] Außerdem wird Flaubert seines Freundes im Vorwort zu dessen 1872 posthum veröffentlichten *Dernières chansons* gedenken.[15] Auch der Schriftstellerin George Sand, der er seit Mitte

12 „J'ai perdu, il y a dix ans, l'homme que j'ai le plus aimé au monde, Alfred Le Poittevin." Gustave Flaubert, Brief an Mademoiselle Leroyer de Chantepie vom 4. November 1857, *Corr. II*, S. 774.

13 Die Widmung lautet wie folgt: „À la mémoire de mon ami Alfred Le Poittevin décédé à La Neuville Chant-d'Oisel le 3 avril 1848". Gustave Flaubert, *La Tentation de saint Antoine*, S. 49.

14 Vgl. André Dubuc, „À propos de la fontaine rouennaise de Louis Bouilhet".

15 Flaubert blickt zurück auf seine gemeinsame Zeit mit Bouilhet am Collège de Rouen, preist das künstlerische Schaffen und insbesondere den Stil des Dichters, der sich zeitlebens gegen jeglichen Utilitarismus der Literatur wehrte, und berichtet über sein Begräbnis sowie die öffentliche Trauer, die sein Tod auslöste. Vgl. Gustave Flaubert, „Préface", in: Louis Bouilhet, *Dernières chansons*.

der 1860er Jahre in Freundschaft verbunden ist, will Flaubert nach ihrem Tod im Jahre 1876 ein Denkmal errichten lassen. Er gründet ein Komitee, das sich dafür einsetzt, George Sand in Form einer Statue im Jardin du Luxembourg zu verewigen.[16] Sehr früh antizipiert Flaubert, wie er seine Freunde überleben wird, wie mit jedem Verlust eines geliebten Menschen auch ein Teil von ihm selbst stirbt: „Je suis fait pour vivre vieux, et pour voir tout périr autour de moi et en moi. J'ai déjà assisté à mille funérailles intérieures [...]."[17] Erst der eigene innere Tod erlaubt es Flaubert, einen kühlen Blick auf den Tod zu werfen, ihn als Künstler zu analysieren.

Der *trou noir*, den Flaubert in seiner Korrespondenz evoziert, bildet den Hintergrundprospekt jener Todesbilder, die er in seinem Werk entwirft. Das schwarze Nichts lauert unentwegt. Unter der Maske der abweisenden *impassibilité* ist eine unheimliche Todesvergegenwärtigung verborgen, die auf subtile und zugleich unerhörte Weise jegliche Jenseitsvorstellung auslöscht und ihr einen grenzenlosen Raum der Dunkelheit gegenüberstellt. Den traditionellen christlichen und antiken Sinnbildern des Todes, die sich in allegorischer Gestalt als die Sense schwingendes Skelett bzw. als Zwillingsbruder des Schlafes präsentieren,[18] setzt Flaubert Todesbilder entgegen, die einer ästhetischen Reflexion über das Nichts dienen.

---

16 Die Statue von George Sand, deren Errichtung bereits 1877 beantragt wird, wird erst 1904 durch den Bildhauer Sicard fertiggestellt. Vgl. Georges Lubin, „Flaubert et le Monument de George Sand (avec des lettres inédites)".

17 Gustave Flaubert, Brief an Louise Colet vom 9. August 1846, *Corr. I*, S. 285. Flauberts Worte erinnern an den berühmten ersten Vers aus Baudelaires zweitem „Spleen"-Gedicht: „J'ai plus de souvenirs que si j'avais mille ans." Charles Baudelaire, „Spleen" (LXXVI, *Spléen et Idéal, Les Fleurs du mal*), in: *OC I*, S. 73. In einem Brief an seinen Freund Baudelaire kurz nach der Veröffentlichung seiner *Fleurs du mal* bewunderte Flaubert neben anderen Gedichten vor allem das zweite „Spleen"-Gedicht: „[...] *Spleen* (p. 140) qui m'a navré, tant c'est juste de couleur ! Ah ! vous comprenez l'embêtement de l'existence, vous ! Vous pouvez vous vanter de cela, sans orgueil." Gustave Flaubert, Brief an Charles Baudelaire vom 13. Juli 1857, *Corr. II*, S. 745. Flaubert war im Besitz der ersten Ausgabe von Baudelaires Gedichtsammlung *Les Fleurs du mal*, die am 25. Juni 1857 bei Poulet-Malassis und de Broise erschienen war. Vgl. ebd., Anm. 3, S. 1393.

18 Vgl. Gotthold Ephraim Lessing, *Wie die Alten den Tod gebildet*. Wie Peter Horst Neumann konstatiert, ist *„jede Darstellung immer auch der Versuch einer Sinngebung"*, der im Besonderen der Tod bedarf, womit „die Frage nach der Darstellbarkeit des Todes ein Grundproblem jeder Ästhetik ist". „Die Sinngebung des Todes als Gründungsproblem der Ästhetik. Lessing und der Beginn der Moderne", S. 1072 f. Doch Neumann weist ebenso darauf hin, dass der Versuch einer Sinngebung durch die Kunst dort scheitern muss, wo sie auf keine religiöse und gesellschaftlich anerkannte Deutung des Todes mehr rekurrieren kann. Dies

Die Rede über den Tod, der sich als letztes Zeichen einer nicht beherrschten Natur erweist, bedarf künstlerisch geschaffener Formen.[19] Dem gewaltigen, schrecklichen Tod, der sich der menschlichen Erfahrung und Anschauung entzieht, setzt Flaubert ein Kunstwerk entgegen, das sich in der Überformung des toten weiblichen Körpers zeigt. Diese lässt sich durch das gelöste Haar der Frauenfiguren veranschaulichen, das an jenen Stellen in Erscheinung tritt, an denen der Tod in eine Form gebracht ist. In der *Éducation sentimentale* von 1845 treibt die ertrunkene schöne Schauspielerin Lucinde in einer nächtlichen Vision des Protagonisten Jules wie Ophelia mit ausgebreiteten blonden Haaren auf einem Fluss. Die vergiftete Emma Bovary bäumt sich am Ende einer grausamen Agonie mit gelöstem Haar ein letztes Mal auf ihrem Sterbebett auf. Salammbôs Haar hängt nach ihrem bühnenreifen Todesfall zu Boden. In der Abschiedsszene am Ende der *Éducation sentimentale* von 1869, die einer symbolischen Todesszene gleicht und das Ende einer unerfüllten Liebe markiert, löst die gealterte Marie Arnoux ihr weißes Haar, um Frédéric Moreau eine Strähne als Erinnerungsobjekt abzuschneiden. Das Motiv der *cheveux dénoués* versinnbildlicht die Formgebung des Todes, die Flaubert in seinen Romanen unternimmt. Als ‚materielle', anschauliche Form verhilft das gelöste Haar dem Immateriellen, dem unbegreiflichen Abstraktum des Todes, zu einer Darstellung. Das gelöste Haar ist kein banales Accessoire einer Totenausstaffierung, das lediglich dazu dient, die Sinnlichkeit des weiblichen Leichnams zu erhöhen, sondern es illustriert die künstlerische Formgebung des Formlosen: Das zunächst in Form gebrachte, zu einem Chignon geknotete oder mit Kämmen fixierte Haar wird gelöst (*dé-nouer*) und in einem künstlichen Tableau fixiert. Das Ergebnis der kunstvollen Formsteigerung, die der Erzähler am weiblichen Haar unternimmt, ist ein Todestableau, dem ein unheimlicher Formverlust eingeschrieben ist. Wie ein Bühnenvorhang verhüllt das gelöste Haar das unter ihm verborgene Unsagbare.

Dass der weibliche Körper als ästhetisches Darstellungsmedium jenes Unsagbaren fungiert, lässt sich damit erklären, dass sich im Tod der Frau in der Regel kein sinnstiftendes Ethos manifestiert, das den traditionell männlichen Heldentod kennzeichnet, sondern eine Sinnlichkeit, die es in besonderer Weise

gilt insbesondere für die mit Lessing begründete Kunst der Moderne, in der christliche und antike Todesallegorien ihre Verbindlichkeit verloren haben. Vgl. ebd., S. 1074–1079.

19 Die Überformung der Natur durch künstlerische Formen geht zurück auf die traditionelle Unterscheidung zwischen *ars* und *natura*. In der griechischen Antike wird die Kunst als *techne*, als ‚Kunstfertigkeit', betrachtet, die am Material der Natur ausgeübt wird. Der zunächst handwerkliche Begriff der *techne* wird in antiken Lehrbüchern auf die Redekunst übertragen. Vgl. *Historisches Wörterbuch der Rhetorik*, s. v. „Ars", Bd. I, Sp. 1009–1012.

vermag, das Unbegreifliche, Unaussprechliche erfahrbar zu machen. Der weibliche Tod ermöglicht eine Reflexion über die Form, weshalb er sich, um mit Edgar Allan Poe zu sprechen, als ‚poetischstes Thema' auszeichnet: „[T]he death, then, of a beautiful woman is, unquestionably, the most poetical topic in the world."[20] Die vielzitierten Worte des amerikanischen Schriftstellers, die häufig unvollständig zitiert werden, implizieren im eingefügten, doppelbödigen Adverb „unquestionably" die prekäre Umschlägigkeit des literarischen Topos: Setzt der Tod der schönen Frau, die Zerstörung der schönen Form, einen Affekt frei? Oder ist er im 19. Jahrhundert bereits zu einem Gemeinplatz verkommen?

In der französischen Literatur des ausgehenden 18. und beginnenden 19. Jahrhunderts sind Darstellungen des weiblichen Todes omnipräsent: Sie reichen von der sentimentalen Sterbebettszene der Titelheldin aus Jean-Jacques Rousseaus 1761 publiziertem Roman *Julie ou la Nouvelle Héloïse* über das tragische Ende der Virginie, die in Bernardin de Saint-Pierres populärem Roman *Paul et Virginie* (1788) vor der Küste von Mauritius Schiffbruch erleidet und aus falscher Scham, ihre Kleider abzulegen, ertrinkt, den christlich stilisierten Vergiftungstod der Titelheldin aus François-René de Chateaubriands Kurzroman *Atala* (1801) bis hin zur dahinschwindenden Kurtisane Marguerite Gautier aus Alexandre Dumas' *La Dame aux Camélias* (1848), um nur einige prominente Beispiele zu nennen. Weibliche und männliche Rezipienten werden von den oftmals ausgedehnten Sterbe- und Abschiedsszenen gleichermaßen zu Tränen gerührt.[21] Dem Tod wird ein Sinn zuteil: Er stillt mitunter das Leiden um eine enttäuschte oder verbotene Liebesleidenschaft, stellt den Übergang der Seele in ein jenseitiges Himmelreich in Aussicht und wird zum Exempel von Tugendhaftigkeit und Frömmigkeit stilisiert. Auch kann er als Strafe für ein sündhaftes Verhalten einer moralischen Läuterung dienen. Gemälde, Buchillustrationen und bunt kolorierte Bilderbogen versuchen, den weiblichen Tod in einem Tableau zu fixieren. Sie beeinflussen nicht selten die Rezeption literarischer Todesszenen. So wird Chateaubriands Atala beispielsweise in Anne-Louis Girodets berühmtem Gemälde *Atala au tombeau, dit aussi Funérailles d'Atala* (Salon de 1808) verewigt.[22] Es zeigt die tote, in einen weißen Umhang gehüllte christliche Mestizin Atala, die sich aufgrund ihrer verbotenen Leidenschaft

20 Edgar Allan Poe, „The Philosophy of Composition", S. 165.

21 Insbesondere die Werke Richardsons und Rousseaus lösten bei Leserinnen und Lesern Tränenströme aus. Vgl. Anne Vincent-Buffault, *Histoire des larmes. XVIIIe–XIXe siècles*, S. 29–35.

22 Girodets Gemälde befindet sich im Musée du Louvre in Paris.

zum ‚Wilden' Chactas vergiftet hat,[23] unmittelbar vor ihrer Grablegung bei Sonnenuntergang in einer Grotte. Der Père Aubry hält sie in seinen Armen; ihre Knie werden von ihrem Geliebten Chactas umklammert, in dessen Gesicht großer Schmerz eingezeichnet ist. Atala ist in schlafender Pose, mit einem selig-ruhenden Gesichtsausdruck und gefalteten Händen porträtiert. Gesicht und Oberkörper werden von einem warmen Licht angestrahlt, das die Sinnlichkeit des schönen Frauenkörpers, der keinerlei Zeichen der Verwesung aufweist, hervorhebt. Im Bildhintergrund ist eine exotische Landschaft dargestellt. Im Himmel thront ein hell erleuchtetes Kreuz. Atala wird *post mortem* als schöne Schlafende stilisiert. Auch Illustratoren wie Gustave Doré bilden Atala in verschiedenen *post mortem*-Szenen ab: Eine illustrierte Edition des Kurzromans, die 1863 bei Hachette in Paris erscheint, zeigt die aufgebahrte Atala in der Grotte des christlichen Missionars sowie ihre Grablegung in der exotischen Natur.[24] Die populären, von der Druckerfabrik Pellerins hergestellten Bilderbogen aus Épinal tragen zu einer Verflachung und Verkitschung des *sujets* vom weiblichen Tod bei: In vier grell eingefärbten Bildern wird die Geschichte von Paul und Virginie erzählt, die mit ihrer gemeinsamen Kindheit beginnt und im Tod Virginies endet. Das letzte Bild, das den Titel „Naufrage et mort de Virginie" trägt, präsentiert die Ertrunkene, die in ein buntes Kleid gehüllt ist, am Strand.[25] Jene massenhaft reproduzierten populären Todesbilder unterscheiden sich in radikaler Weise von Flauberts Todesbildern: Während

---

23 Wie Atala erst in den Stunden vor ihrem Tod preisgibt, hatte ihre Mutter ihr ein Keuschheitsgelübde auferlegt, welches Atala bei der Geburt das Leben rettete. Durch das Fehlverhalten ihrer indianischen Mutter, die sie mit einem weißen Spanier gezeugt hatte, ist Atala zur Jungfräulichkeit verdammt. Vgl. François-René de Chateaubriand, *Atala – René*, S. 119 f.

24 Vgl. Gustave Doré, *Illustrations de* Atala, Bibliothèque nationale de France, Paris, Réserve des Livres rares et précieux des Imprimés, Res Y2 394. Als Stecher arbeiteten Héliodore Pisan, Stéphane Pannemaker und Henri-Théophile Hildibrand an der illustrierten Ausgabe, die 30 Großdrucke und 14 *gravures in-texte* umfasst. Gustave Doré illustrierte ebenso Charles Perraults Märchen *La Belle au bois dormant* für eine Ausgabe der *Contes*, die 1867 bei Hetzel erschien. Eine Illustration zeigt das hinter geöffneten Vorhängen aufgebahrte, in weißem Glanz erstrahlende schlafende Dornröschen, zu dem der Prinz herbeieilt. Diese Szene wird Charles Bovarys Wahrnehmung des Leichnams seiner verstorbenen Ehegattin modellieren. Vgl. Gustave Doré, *Illustrations de* Les Contes de Perrault, Bibliothèque nationale de France, Paris, Magasin central des Imprimés, Y2 24.

25 Neben der Toten knien zwei männliche Figuren – wohl der Sklave Domingue sowie Paul – in betender bzw. trauernder Haltung. Im Hintergrund ist das im tosenden Meer untergehende Schiff sichtbar. Vgl. Imprimerie de Pellerin, *Histoire de Paul et Virginie. Enfance de Paul et Virginie ... Naufrage et mort de Virginie*, 2. Hälfte des 19. Jahrhunderts, Musée de l'Image, Épinal.

Flaubert dem Unsagbaren, nämlich dem Tod selbst, eine unheimliche Form verleiht, ist den sentimentalen Inszenierungen sterbender und toter Frauenfiguren der Tod ausgetrieben.

Eine weitere Tote der (Welt-)Literatur, die in der Kunst des 19. Jahrhunderts vielfach dargestellt wird, ist Shakespeares Ophelia, die sich im Wahnsinn in einem Fluss ertränkt. Zahlreiche Künstler, unter ihnen Eugène Delacroix, John Everett Millais und Alexandre Cabanel, porträtieren Shakespeares ‚Wasserleiche' entweder kurz vor ihrem Ertrinken oder aber bereits leblos und in schlafender Pose auf dem Fluss treibend. Die tote Ophelia wird zum Objekt einer kulthaften Ausschmückung: Sie ist zumeist in ein weißes Kleid gehüllt, ihre Haare sind gelöst und mit Blumen verziert. Die Toteninszenierung der Ophelia hebt sich von den populären Darstellungen des weiblichen Todes ab: Eine ideologische oder religiöse Sinngebung des Todes wird dem Betrachter verwehrt. Sein Blick verharrt auf dem weiblichen Leichnam, der wie eine unnahbare Kultfigur in eine inszenierte Mondlandschaft eingefügt wird. Das Mondlicht verhüllt die tote Frauenfigur in einem künstlichen Schein, der sie von ihren Betrachtern distanziert. Das Bild der ertrunkenen Ophelia übt eine große Faszination auf Flaubert aus. Wie ein unheimliches Phantom treibt Shakespeares tote Frauenfigur durch das Werk des Romanciers. In seinen Todesbildern wird sich Flaubert einzelner Dekorelemente, wie der Mondscheinkulisse oder der Flusslandschaft, sowie einzelner Attribute der weiblichen Leiche, allen voran des gelösten Haares, bedienen.

Die weiblichen Sterbe- und *post mortem*-Szenen in der bildenden Kunst und Literatur veranschaulichen die Vorstellung des ‚schönen' Todes, die bereits der Historiker Philippe Ariès einer Analyse unterzogen hat.[26] Am schönen weiblichen Leichnam tritt der Tod in Gestalt des Schlafes in Erscheinung. Auch auf der romantischen Bühne, in der Oper und Operette und insbesondere in den Spektakelstücken der Boulevardtheater ist der weibliche Tod allgegenwärtig. Bekannte Schauspielerinnen wie Rachel oder Marie Dorval werden für ihre ostentativen und rührenden Todesdarstellungen gelobt, die nicht selten die Form melodramatischer ‚Todesstürze' annehmen und einer effekthascherischen Pathossteigerung dienen. Auf der Bühne wird zumeist nicht die schöne Tote, sondern der Akt des Sterbens selbst dargestellt.[27]

In der Berichterstattung der Presse des 19. Jahrhunderts, in sogenannten *faits divers*, wird der weibliche Tod zum Gegenstand einer popularisierenden Zurichtung. Die massenhaft verbreiteten *faits divers* zielen in ähnlicher Weise

26 Vgl. Philippe Ariès, *L'homme devant la mort*, Bd. II: *La mort ensauvagée*, S. 119–183.

27 Vgl. Sylvain Ledda, *Des feux dans l'ombre. La représentation de la mort sur la scène romantique (1827–1835)*, S. 7–29.

wie die bunt kolorierten *images d'Épinal* auf einen sofortigen Konsum ab. Der weibliche Tod steht häufig am Ende einer melodramatischen Handlungsfolge, die in pathetisch-rührseligem Stil nacherzählt wird und einer objektiv-neutralen Berichterstattung diametral gegenübersteht. In ähnlicher Weise wie die Spektakelstücke der Boulevardtheater stillen die *faits divers* die Sensationslust der Rezipienten. Exemplarisch genannt sei die Titelgeschichte „Drame de Nice" der Zeitschrift *Le Gaulois* vom 20. Mai 1870: In einem ausführlichen Bericht wird das lange Sterben einer gewissen Mademoiselle d'Hauterive geschildert,[28] die sich in einem Doppelsuizid mit ihrem Liebhaber in Montegat, in der Nähe von Nizza, das Leben nehmen wollte. Als Grund für den geplanten Suizid werden die unzureichenden finanziellen Mittel des Geliebten angegeben, der die Tochter des wohlhabenden M. Borel d'Hauterive, Bibliothekar an der Sainte-Geneviève in Paris, nicht unterhalten konnte. Doch der ‚Liebestod' in einem Nachtlager in der Natur scheitert: Nachdem die gemeinsame Einnahme von Opium anstelle des herbeigesehnten Todes nur ein grausames Leiden eintreten lässt, und Mademoiselle d'Hauterive fürchtet, ihr Geliebter würde vor ihr sterben, bittet sie ihn, ihr in die Brust zu schießen.[29] Er selbst schießt sich danach in den Kopf und stirbt unmittelbar, Mademoiselle d'Hauterive wird blutüberströmt aufgefunden und verstirbt auf dem Weg zum Krankenhaus. Der Bericht über den Doppelsuizid wird mit zahlreichen Details ausgeschmückt: Sie reichen von den Tötungsmitteln über den mit Blut befleckten Tatort, an dem der weiße Rock der Mademoiselle d'Hauterive an einem Baum hängt, bis hin zur Erscheinung des sterbenden Frauenkörpers, an dessen Brust eine klaffende, mit schwarzem Pulver umrandete Wunde prangt.[30] Der weibliche Tod wird zum Gegenstand einer pathetischen Zurschaustellung, einer rührseligen Anekdote, die im romantischen Gemeinplatz von der schönen Schlafenden münden wird: Die letzten Worte, die Mademoiselle d'Hauterive

28 Mademoiselle d'Hauterive wird als „fort élégante personne et d'un esprit un peu exalté" beschrieben. Gauthier, „Drame de Nice", in: *Le Gaulois*, 20. Mai 1870.

29 Neben einem Fläschchen Opium hatte das Liebespaar für seinen geplanten Suizid einen Revolver und einen Stockdegen besorgt. Vgl. ebd.

30 Vgl. ebd. Auch die internationale Presse berichtet vom tragischen Tod der Liebenden. Unter dem Titel „A Romantic Suicide" veröffentlicht der *Brisbane Courier* einen ausführlichen Bericht über den Doppelsuizid, der als „so wild, so ghastly, and so tragical" beschrieben wird, dass er sich nicht in England hätte zugetragen haben können. „It may be deemed one of the most marked features of the sternly prosaic character of the English nation that the mode of self-destruction which may be called ‚Romantic Suicide' is very rarely heard of among us. [...] The vast majority of the murders committed in this country are revokingly brutal and ferocious [...]. We do not understand *la grande manière*." „A Romantic Suicide", in: *The Brisbane Courier*, 13. September 1870.

ausgesprochen habe, bevor sie auf ihrer Krankenbahre friedlich entschlafen ist, seien „Ma mère" gewesen.[31] In einem Brief an die Schriftstellerin George Sand verkündet Flaubert seine Bewunderung für den Suizid der Mademoiselle d'Hauterive, den er aus der popularisierenden, klischeehaften Zurichtung des *fait divers* befreit:

> C'est une belle histoire, n'est-ce pas, que celle de Mlle d'Hauterive ? Ce suicide d'amoureux pour fuir la misère doit inspirer de belles phrases morales à Prudhomme. Moi, je le comprends. Ce n'est pas américain ce qu'ils ont fait, mais comme c'est latin et antique ! Ils n'étaient pas forts, mais peut-être très délicats ?[32]

Nicht materielle Gründe, wie sie das Adjektiv „américain" impliziert[33] und die Prudhomme – als Personifikation des bornierten Spießbürgers – eine Vorlage für seine dümmlichen Sentenzen liefern könnten,[34] hätten die Liebenden in den Suizid getrieben. Stattdessen offenbare sich im Tod eine nicht fassbare Feinsinnigkeit. Die rührselige Nachrichtenmeldung, die Klischees des weiblichen Todes reproduziert, kann die undurchschaubare Gefühlslage der zur Selbsttötung Entschlossenen nicht darstellen. Wenn Flaubert den Doppelsuizid als „latin et antique" beschreibt, so rückt er ihn in eine unzugängliche, ungreifbare Ferne, der die unsichtbare Innerlichkeit entspricht. Dem Suizid ist eine Erhabenheit eingeschrieben, die dem Materialismus des modernen Bürgertums gegenübersteht.

In seinen Romanen setzt sich Flaubert mit stereotypen Formen und Modellen des weiblichen Todes auseinander, wie sie in der Literatur und der bildenden Kunst, auf der Theater- und Opernbühne sowie in den *faits divers* seiner

---

31 Vgl. Gauthier, „Drame de Nice", in: *Le Gaulois*, 20. Mai 1870: „Je veux mourir tranquille, doucement, sans secousse, dit-elle. Son dernier mot fut: Ma mère."; „A Romantic Suicide", in: *The Brisbane Courier*, 13. September 1870.: „That dying exclamation ‚*Ma Mère !*' will rend hundreds of thousands of French hearts."

32 Gustave Flaubert, Brief an George Sand vom 21. Mai 1870, *Corr. IV*, S. 191.

33 Vgl. ebd., Anm. 5, S. 1155: „À cette époque, pour Flaubert et bien d'autres, les États-Unis d'Amérique symbolisaient la religion de l'argent."

34 Zu Henry Monniers Monsieur Prudhomme, an den der Apotheker Homais in Flauberts *Madame Bovary* die zeitgenössischen Leser erinnert, vgl. Ulrich Schulz-Buschhaus, „Homais oder die Norm des fortschrittlichen Berufsbürgers", S. 2, S. 22 f. Vgl. auch Émile Littré, *Dictionnaire de la langue française* von 1872–77 (online), s. v. „prudhomme, s. m.": „Personnage créé par Henri Monnier, et qui représente un bourgeois débitant solennellement les choses les plus vulgaires et parfois les plus sottes."

Zeit dargestellt werden. Er bedient sich bereits bestehender klischeehafter Formen, die er mithilfe einer innovativen Darstellungsweise und stilistischer Kunstgriffe deformiert und letztlich auslöscht. Jene rhetorische Auslöschung bzw. Formauflösung ist im gelösten Haar der Flaubertschen Frauenfiguren verbildlicht, das nicht mehr auf die Sinnlichkeit des weiblichen Leichnams referiert, sondern auf die Darstellungsform selbst. Flaubert entwirft eine ‚Ästhetik des Todes': Er veranschaulicht auf kunstvolle und zugleich beklemmende Weise, welche Idee sich hinter den künstlichen Todesbildern verbirgt und welche ästhetische Funktion sie einnehmen können.

Weiterhin unternimmt Flaubert eine hellsichtige Analyse des bürgerlichen Totenkults, in dem *post mortem*-Inszenierungen eine wichtige Rolle spielen. Flaubert diagnostiziert eine Krise der *compassio* in der bürgerlichen Gesellschaft, die sich in einer zur Schau gestellten, sozial verordneten Trauer sowie in scheinhaften *post mortem*-Inszenierungen manifestiert, und wirft damit einhergehend die Frage auf, wie Erinnerung gestiftet werden kann. Der Tod bringt Kulturformen von Klage, Trauer und Erinnerung hervor. Der Tod ist Ursprung der Kultur.[35] Seit jeher begegnet der Mensch dem Skandal des Todes, der sich seiner Erfahrung entzieht, mit Toten- und Trauerriten.[36] Der Mensch entwirft Todesbilder, die die Form von allegorischen und metaphorischen Figurationen oder materiellen Erinnerungsobjekten annehmen können. Sie stellen den Versuch dar, die „lähmende, traumatisierende Wirkung" des Todes zu überwinden, „den Tod in gewisser Weise behandelbar" zu machen.[37] Denn skandalös erscheint der Tod nicht nur in der Auseinandersetzung mit der eigenen Sterblichkeit, der Unbegreiflichkeit eines ‚Endes', das doch keinen Abschluss bildet, da es Raum und Zeit auslöscht. Skandalös ist vor allem der Tod des Anderen, den der Mensch ebenso wenig *begreifen* kann wie seinen eigenen Tod, doch den er in Form von Schmerz und Trauer erfährt. Flaubert setzt sich in seinen Werken sowohl mit den Klageformen, die der Tod auslöst, als auch mit den Erinnerungsbildern, mit denen der Mensch versucht, den Tod zu bewältigen, auseinander.

Im gelösten Haar evoziert Flaubert eine weibliche Kulturform der Klage. Als pathetische Klagefrau *par excellence* gilt traditionell die *mater dolorosa*, die ‚Schmerzensmutter' Maria, die um ihren gekreuzigten Sohn trauert. Sie sinkt vor seinem Kreuz nieder und küsst seine Füße. Marias Leiden ist Urszene,

---

35 „Die Kultur entspringt dem Wissen um den Tod und die Sterblichkeit." Jan Assmann, *Der Tod als Thema der Kulturtheorie. Todesbilder und Totenriten im Alten Ägypten*, S. 13.

36 Vgl. ebd., S. 19.

37 Ebd.

Inbegriff und Modell christlicher *compassio*.[38] Das ‚Mit-Leiden' der Gottesmutter manifestiert sich in körperlichen und seelischen Zeichen, die in der mittelalterlichen Leidensmystik, in Marienklagen und Passionshymnen ausgestaltet werden: Während lange Zeit kontrovers diskutiert wurde, ob Maria unter dem Kreuz ihres Sohnes geweint habe, stellen hoch- und spätmittelalterliche Marienklagen die Tränen Marias dar, die sich im 12. Jahrhundert zu ‚Tränenflüssen' verwandeln und im 13. Jahrhundert schließlich die Form von Blutstränen annehmen.[39] Die Mitleidstränen Marias, die *lacrimae compassionis*, avancieren in der westeuropäischen Kultur des 12. und 13. Jahrhunderts zu einem weit verbreiteten Topos. Ein berühmtes Beispiel ist der *Stabat mater*-Gesang.[40] Marias Schmerz um den Tod ihres Sohnes wird in mittelalterlichen Marienklagen und Passionshymnen in „Gebärden der profanen Totenklage" zum Ausdruck gebracht, die darauf abzielen, „durch grelles Pathos und derbe Realistik den Leser und Betrachter zu erschüttern".[41] Die Passionslauden, die im 13. Jahrhundert als eine Form affektiver Frömmigkeitspraxis in Italien entstehen, fordern auf, gemeinsam mit der Gottesmutter das Leiden und den Tod Jesu Christi zu beweinen. Sie nehmen zum Teil dramatisierende Formen an und führen das Martyrium Jesu in anschaulichen Bildern vor Augen, die den Gläubigen seelisch und körperlich affizieren sollen. Wie Bettina Full unlängst aufgezeigt hat, knüpft der italienische Dichter Cavalcanti in seiner Ballata „I' prego voi che di

38 Vgl. Klaus Schreiner, *Maria. Jungfrau, Mutter, Herrscherin*, S. 95–98; Sigrid Weigel, „Mitleid / Compassio. Über Rituale, Diskurse und die Kulturgeschichte des Mitgefühls", S. 226; dies., „Compassio".

39 Vgl. ebd., S. 103. Der Kirchenvater Ambrosius vertrat die These einer *constantia* der Gottesmutter, die das Leid ihres Sohnes ohne Tränen ertragen habe. Vgl. ebd., S. 96; Klaus Schreiner, „‚Brot der Tränen.' Emotionale Ausdrucksform monastischer Spiritualität", S. 231.

40 Vgl. Sigrid Weigel, „Mitleid / Compassio. Über Rituale, Diskurse und die Kulturgeschichte des Mitgefühls", S. 227. Laut Weigel findet die *compassio* ihren Ursprung in der Musikgeschichte. Vgl. ebd. Im 19. Jahrhundert wird Arthur Rimbaud die berühmten ersten Verse des *Stabat mater* in seiner ersten „Lettre du voyant", einem Brief an seinen ehemaligen Lehrer Georges Izambard vom 13. Mai 1871, rezipieren: „– Stat mater dolorosa, dum pendet filius." Arthur Rimbaud, *Poésies complètes*, S. 143. Rimbaud verweist ironisch auf seine Mutter, die besorgt ist, ihr Sohn würde einen falschen Weg einschlagen. Vgl. ebd., Anm. 3.

41 Klaus Schreiner, *Maria. Jungfrau, Mutter, Herrscherin*, S. 104. Im späten 15. und 16. Jahrhundert werden die exaltierten, pathetischen Trauergebärden zunehmend als „undiszipliniertes Wehklagen" kritisiert, dem eine anzustrebende maßvolle Trauer gegenübergestellt wird. Ebd., S. 106.

dolor parlate“ an das in den dramatisierenden Lauden ausgeformte christliche Modell der *compassio* an.[42]

Theoretische Überlegungen zum christlichen Konzept des Mitleids erfolgen ab dem 13. Jahrhundert zunächst anhand von bildlichen Darstellungen der Passion Christi und der Frage nach ihrer affektiven Wirkmacht.[43] Bereits Thomas von Aquin stellt heraus, dass die Betrachtung von Passionsbildern auf eine hingebungsvolle Andacht (*devotio*) abzielt. Das Mitleid, das bei Thomas von Aquin noch als *misericordia* auftaucht, entspricht einem christlichen Ethos.[44] Dem christlichen Mitleid steht das antik-heidnische *eleos* gegenüber, das Aristoteles in seiner *Rhetorik* als selektive Form des Mitleids definiert.[45] Die Kunstfertigkeit, die *techne*, vermag es, das Mitleid künstlich hervorzurufen und so zum Beispiel für die Überzeugung vor Gericht zu instrumentalisieren.[46] In der bekannten Tragödientheorie des Aristoteles ist *eleos* neben *phobos* Voraussetzung für die Katharsis des Zuschauers. Wie Hans Robert Jauß aufgezeigt hat, eignete sich die christliche Dichtung die kathartische Erfahrung an: Die zuvor etwa durch Augustinus kritisierte, von einem imaginären Schicksal ausgelöste kathartische ‚Lust am Schmerz‘ wird auf das Leiden Jesu umgewendet. So fordert das mittelalterliche Passionsspiel ab dem 12. Jahrhundert den Betrachter zur *compassio* und schließlich zur *imitatio*, zur Nachfolge Jesu Christi, auf.[47] Die antike Reinigungsmetapher weicht einer Spiegelmetapher: „die Passion Christi ist der *compassio* des Betrachters wie ein Spiegel gegeben“[48]. Die „aufgerührten Affekte“ werden nicht mehr gereinigt, sondern in die „Gemütsbereitschaft zur Nachfolge Christi“ verwandelt.[49] Die christliche Aneignung der kathartischen

42 Der Sprecher in Cavalcantis Ballata fordert den Leser auf, sich imaginativ in seine Passio zu versetzen, die er in Form eines Liebesleidens, das im Tod seiner Seele kulminiert, vergegenwärtigt. Allerdings verkehrt er die christliche *compassio* zunächst in ein selbstbezügliches, unsichtbares Leiden, um den Leser schließlich zu einer neuen Form des Mitleids zu bewegen, die im Medium der Worte und nicht etwa in der unmittelbaren Identifikation mit der unsagbaren, im Innersten verborgenen Leidenserfahrung erfolgt. Vgl. Bettina Full, *Passio und Bild. Ästhetische Erfahrung in der italienischen Lyrik des Mittelalters und der Renaissance*, S. 199 ff.

43 Vgl. Ursula Rombach, Peter Seiler, „*Eleos – misericordia – compassio.* Transformationen des Mitleids in Text und Bild“, S. 250.

44 Vgl. ebd., S. 264 f.

45 Vgl. ebd., S. 252 f.

46 Vgl. ebd., S. 254.

47 Hans Robert Jauß, *Ästhetische Erfahrung und literarische Hermeneutik*, S. 171–177.

48 Ebd., S. 177. Jauß bezieht sich auf den *Mystère de la Passion*.

49 Ebd.

Erfahrung geht mit einer „Aufhebung der ästhetisch-kontemplativen Distanz des Betrachters durch die Gemütserregung und moralische Identifikation des Mitleids (*imitatio Christi*)“ einher.[50]

Als Modell der *imitatio Christi* fungiert Maria. Im Nachvollzug der Passion ihres Sohnes wird der *compassio* der Gottesmutter ein Sinn zuteil.[51] Denn Maria trauert nicht nur *um* den Tod ihres Sohnes, sondern sie wiederholt und spiegelt sein Leiden, ja sie stirbt symbolisch *mit* ihm.[52] Der unermessliche Schmerz, den Maria verspürt, wird häufig in der Metapher eines Schwertes, das die Seele durchbohrt, dargestellt.[53] Erst im 14. Jahrhundert entsteht der Bildtypus der Pietà, die bildliche Darstellung der trauernden Maria, die den Leichnam ihres Sohnes im Schoß hält.[54] Texte und Bilder verleihen der *compassio* Marias eine anschauliche Form, die den Christen zu Identifikation und Nachfolge einlädt.[55] Marias *compassio* wird als selbstlose, aufrichtige Teilnahme am Leid des Anderen bewundert.[56] Marias Trauer um ihren gekreuzigten Sohn lässt sich schließlich als „Urszene einer mit-menschlichen Handlung verstehen, einer genuin menschlichen Form des Mitleidens.“[57] Schließlich stellt Marias *compassio* eine Form der Erinnerung an das Leiden und den Tod Christi dar.

Welche Gültigkeit kann das christliche Modell der *compassio* im 19. Jahrhundert noch haben? Zweifelsohne setzt sich Flaubert in seinen Romanen – selbst in der exotischen Antike Karthagos – mit der christlichen Form des Mitleidens auseinander, die er radikal deformiert. Auch wenn es im Rahmen dieser Arbeit nicht möglich ist, die Geschichte des Mitleids vom Mittelalter bis zum 19. Jahrhundert nachzuzeichnen, so ist von einer zunehmenden Säkularisierung der

---

50 Ebd., S. 178.

51 Klaus Schreiner, *Maria. Jungfrau, Mutter, Herrscherin*, S. 97, S. 103.

52 Die Wiederholung und Spiegelung der Passion Christi wird im Besonderen in Marienklagen, die ab dem 12. Jahrhundert entstehen, ausgestaltet. Vgl. hierzu Katharina Mertens Fleury, „Klagen unter dem Kreuz: Die Vermittlung von *compassio* in der Tradition des ‚Bernhardtstraktats‘“, S. 143–152.

53 Die Metapher findet bereits im Lukasevangelium Verwendung, in der Prophezeiung des Simeon (Luk 2, 35). Vgl. Klaus Schreiner, *Maria. Jungfrau, Mutter, Herrscherin*, S. 98 f.

54 Vgl. ebd., S. 105. Auch die Bildtypen von Kreuzabnahme, Grablegung und Beweinung Christi entstehen erst ab dem 13. und. 14. Jahrhundert. Vgl. Sigrid Weigel, „Mitleid / Compassio. Über Rituale, Diskurse und die Kulturgeschichte des Mitgefühls“, S. 227.

55 Vgl. Klaus Schreiner, *Maria. Jungfrau, Mutter, Herrscherin*, S. 107.

56 Vgl. ebd., S. 108.

57 Sigrid Weigel, „Mitleid / Compassio. Über Rituale, Diskurse und die Kulturgeschichte des Mitgefühls“, S. 227. Marias Leiden, das bei den Betrachtern einen Affekt, ja eine Klage auslöst, begründet schließlich ein „gemeinschaftliche[s] Weinen[]“. Ebd.

christlichen *compassio* auszugehen. Rousseau bezeichnet das Mitleid, die *pitié*, in seinem posthum publizierten *Essai sur l'origine des langues* (1781) als ein natürliches, im Menschen angelegtes Gefühl, das der Vorstellungskraft bedürfe, um aktiviert zu werden: „La pitié, bien que naturelle au cœur de l'homme resteroit éternellement inactive sans l'imagination qui la met en jeu."[58] Um sich in das Leid des anderen hineinzuversetzen, sei es nötig, aus sich selbst herauszutreten, sich mit dem Anderen zu identifizieren.[59] Ein zentraler Unterschied zur christlichen *compassio* besteht darin, dass das Leiden des Anderen laut Rousseau jedoch nicht im eigenen Schmerz unreflektiert gespiegelt, sondern als Leid, das *ein Anderer* erfährt, imaginativ nachempfunden werden soll.[60] Im 19. Jahrhundert wird Arthur Schopenhauer das Mitleid aus einer moralphilosophischen Perspektive betrachten und als „alleinige[ ] Quelle der Handlungen von moralischem Werth"[61] bezeichnen. Das Mitleid, die „ganze unmittelbare, ja instinktartige Theilnahme am fremden Leiden", sei Fundament der Menschenliebe,[62] die laut Schopenhauer die einzig „reine Liebe ([…] *caritas*)" darstellt.[63] Die Einfühlung in die fremde Not, bei der das Leiden *in* der Person des Anderen nachempfunden wird,[64] stiftet Solidarität. Nietzsche wird schließlich Kritik am Mitleid üben: So trage der Leidende seinen Schmerz absichtlich zur Schau, um seinen Mitmenschen weh zu tun und somit ein Gefühl der Macht zu verspüren.[65] Das künstlich erzeugte Mitleid steht einem natürlichen Affekt entgegen.

---

58 Jean Jacques Rousseau, *Essai sur l'origine des langues où il est parlé de la mélodie et de l'imitation musicale*, Kap. IX, S. 395.

59 „Comment nous laissons-nous émouvoir à la pitié ? En nous transportant hors de nous-mêmes ; en nous identifiant avec l'être souffrant." Ebd.

60 „Nous ne souffrons qu'autant que nous jugeons qu'il souffre ; ce n'est pas dans nous c'est dans lui que nous souffrons. Qu'on songe combien ce transport suppose de connoissances acquises ! Comment imaginerois-je des maux dont je n'ai nulle idée ? […] Celui qui n'a jamais refléchi ne peut être ni clement ni juste ni pitoyable […]." Ebd.

61 Arthur Schopenhauer, *Über das Mitleid*, S. 78.

62 Ebd., S. 101.

63 Ebd., S. 56 f. „[…] alle wahre und reine Liebe ist Mitleid, und jede Liebe, die nicht Mitleid ist, ist Selbstsucht." Ebd., S. 57.

64 „[…] es bleibt uns gerade jeden Augenblick klar und gegenwärtig, daß Er der Leidende ist, nicht *wir*: und geradezu in *seiner* Person, nicht in unserer, fühlen wir das Leiden, zu unserer Betrübniß. Wir leiden *mit* ihm, also *in* ihm: wir fühlen seinen Schmerz als den *seinen* und haben nicht die Einbildung, daß es der unserige sei […]." Ebd., S. 81.

65 „Vielmehr beobachte man Kinder, welche weinen und schreien, *damit* sie bemitleidet werden, und desshalb [sic] den Augenblick abwarten, wo ihr Zustand in die Augen fallen kann; man lebe im Verkehr mit Kranken und Geistig-Gedrückten und frage sich, ob nicht das beredte Klagen und Wimmern, das Zur-Schau-tragen des Unglücks im Grunde das

In Flauberts Romanen werden jene Formen der Klage und *compassio*, die traditionell von der Trauerfigur der Gottesmutter verkörpert werden, radikal unterlaufen. In *Madame Bovary* wird die christliche *compassio* in ein selbstbezügliches Lamento verkehrt, in *Salammbô* wird sie in einer deformierten Imago Pietatis-Szene in das antike Karthago verlagert, um von einer kühlen Kunstfigur, die dem Tod ihres einstigen Liebhabers wie eine weiße Leinwand gegenübersteht, ausgelöscht zu werden, und in der *Éducation sentimentale* von 1869 scheint die *compassio* in einer apathischen Indifferenz gegenüber dem Tod letztlich gänzlich abgeschafft zu sein. Eine Ausnahme bilden nur noch weibliche Klageformen, wie etwa der tränenverschleierte Blick gen Himmel, die der Erzähler jedoch als leere Gesten entlarvt. Es ist nach der Darstellbarkeit von Affekten zu fragen: Mit welchen Bildern und Worten werden Schmerz und Trauer um den Tod in Flauberts Werk ausgedrückt? Lassen sich Schmerz und Trauer mit Hilfe von kunstvoll hergestellten Bildern repräsentieren oder entziehen sie sich gar der Darstellbarkeit?

Bereits in seinem Jugendwerk beschäftigt sich der junge Flaubert mit der persönlichen Erinnerung an verlorengegangene, symbolisch verstorbene Liebesobjekte, die der Erzähler als Phantome in seiner Imagination auftreten lässt. In *Madame Bovary* und insbesondere in der zweiten Fassung der *Éducation sentimentale* erfolgt schließlich eine Analyse der bürgerlichen Erinnerungskultur des 19. Jahrhunderts, der eine scharfsinnige Beobachtung von Trauer- und Totenriten in der Öffentlichkeit sowie im privaten Umfeld Flauberts vorausgeht. Der Autor entwirft ein weites Panorama des bürgerlichen Totenkults: Er setzt sich auseinander mit Abschiedsriten und Inszenierungspraktiken am Sterbebett, mit der zunehmend kommerzialisierten Bestattungskultur, mit materiellen Erinnerungsobjekten, die vom Leichnam abgeformt bzw. angefertigt werden (Totenmasken, Haarsträhnen, *post mortem*-Gemälde und Fotografien) und die ihn symbolisch ‚ersetzen' (Statuen, Denkmäler, Grabsteine, Monumente), sowie mit Vorstellungsbildern und Metaphern, die den Tod des Anderen zu bewältigen suchen (z. B. Totenreise). Im weitesten Sinne kann von

---

Ziel verfolgt, den Anwesenden *weh zu thun*: das Mitleiden, welches Jene dann äussern, ist insofern eine Tröstung für die Schwachen und Leidenden, als sie daran erkennen, doch wenigstens noch Eine *Macht zu haben*, trotz aller ihrer Schwäche: die *Macht, wehe zu thun*. Der Unglückliche gewinnt eine Art von Lust in diesem Gefühl der Ueberlegenheit, welches das Bezeugen des Mitleides ihm zum Bewusstsein bringt; seine Einbildung erhebt sich, er ist immer noch wichtig genug, um der Welt Schmerzen zu machen. Somit ist der Durst nach Mitleid ein Durst nach Selbstgenuss, und zwar auf Unkosten der Mitmenschen; es zeigt den Menschen in der ganzen Rücksichtslosigkeit seines eigensten lieben Selbst [...]." Friedrich Nietzsche, *Menschliches Allzumenschliches I: § 50*.

kulturellen Erinnerungsbildern gesprochen werden, die darauf abzielen, die Präsenz des Toten aufrechtzuerhalten.

Unser kulturelles Gedächtnis konstituiert sich aus dem Umgang mit den Toten.[66] Es hat seinen Ursprung im Totengedächtnis, in der „Verpflichtung der Angehörigen [...], die Namen ihrer Toten im Gedächtnis zu behalten und gegebenenfalls der Nachwelt zu überliefern."[67] Die Namen Verstorbener wurden traditionell in Büchern verewigt und an Jahres- und Festtagen in der kirchlichen Messe verlesen. Um 1800 endet diese Form der Totenmemoria, da die Toten nicht mehr als Rechtssubjekte angesehen werden.[68] Doch neben der Niederschrift der Namen existieren auch mentale Formen des Totengedächtnisses, die auf die antike Gedächtniskunst, die *ars memorativa* bzw. Mnemotechnik, die fester Bestandteil der antiken Rhetorik war, zurückgehen. Als Erfinder der antiken Mnemotechnik, die dem Redner dazu dienen sollte, seine Rede „in einen imaginären Raum zu transportieren, indem die Redegedanken zu prägnanten Bildern (imagines) verdichtet und an die festen, den Raum strukturierenden Plätze (loci), geheftet wurden", gilt der Chorlyriker Simonides von Keos (um 557–467 v. Chr.).[69] Der Ursprungslegende nach, die durch Quintilian überliefert wurde, entstand die Gedächtniskunst durch Tod und Zerstörung. Simonides hatte einen Preisgesang auf einen Faustkämpfer verfasst, in dem er auch die Dioskuren Castor und Pollux lobte, woraufhin der Faustkämpfer dem Chorlyriker einen Teil seines Honorars verweigerte. Als Simonides am Festmahl des siegreichen Athleten teilnahm, wurde er von einem Boten nach draußen gerufen, wo ihn angeblich zwei Jünglinge erwarteten, die er zwar nicht vorfand, aber die sich als die – in der Deutung Quintilians – ihm dankenden Dioskuren erwiesen. So stürzte der Festsaal, den Simonides gerade verlassen hatte, hinter ihm ein und begrub die Gäste, deren Gesichter und Gliedmaßen bis zur Unkenntlichkeit zerstört wurden, unter Trümmern. Da er sich an die Sitzordnung der Gäste erinnerte, gelang es Simonides, die Leichen zu identifizieren, woraufhin sie von ihren Angehörigen geborgen und

66 Vgl. Jan Assmann, *Der Tod als Thema der Kulturtheorie. Todesbilder und Totenriten im Alten Ägypten*, S. 14.

67 Aleida Assmann, *Erinnerungsräume. Formen und Wandlungen des kulturellen Gedächtnisses*, S. 33. Assmann unterscheidet zwischen einer religiösen und einer weltlichen Form des Totengedächtnisses. Während ‚Pietas' ein „ehrendes Andenken" durch die Nachkommen meint, steht ‚Fama' für ein „ruhmreiches Andenken", „eine säkulare Form der Selbstverewigung" bzw. „Selbstinszenierung", für die bereits zu Lebzeiten vorgesorgt werden kann. Ebd.

68 Vgl. ebd., S. 34 f.

69 Stefan Goldmann, „Statt Totenklage Gedächtnis. Zur Erfindung der Mnemotechnik durch Simonides von Keos", S. 43–46, hier S. 43.

bestattet werden konnten.[70] Simonides bewirkt eine Form der Totenmemoria, indem er den Verstorbenen ihre Namen zurückgibt.[71] Wie Stefan Goldmann herausgestellt hat, erweist sich Simonides als „Gedächtniskünstler par excellence", da er – so die Überlieferung – neben Preisgesängen ebenso Klagelieder auf Verstorbene (Threnoi) verfasste.[72] Er erinnert der ruhmreichen Taten Verstorbener in „poetische[n] Bilder[n]" und überführt „die bildlose, den einzelnen überwältigende Klage in lebendige Erinnerung".[73] Dass die Gedächtniskunst aus dem Tod hervorgeht, dass Totenkult und Memoria untrennbar sind, zeigt sich anhand von mnemotechnischen Begriffen wie *sedes*, die sowohl die Plätze im imaginären Gedächtnisraum als auch die Gräber bezeichnen, und *imago*, das nicht nur das Gedächtnisbild bezeichnet, sondern ebenso die in den Hades einkehrende Seele der Verstorbenen.[74] Die Vorstellung des *imago* ist Ursprung von materiellen Erinnerungsobjekten wie den aus Wachs angefertigten Ahnenbildern, die im Atrium des römischen Hauses platziert wurden.[75] So wie die Gedächtnisbilder erweisen sich die Ahnenbilder als höchst artifiziell. Die Bildnisse wurden mit prunkvollem Schmuck und farbenprächtigen Gewändern ausstaffiert. Auch dem antiken Redner werden Bilder als Gedächtnisstütze empfohlen, die mit Kronen geschmückt und in Purpur eingekleidet sind.[76] Die Einprägsamkeit von Gedächtnisbildern könne weiterhin gesteigert werden, wenn sie etwa „mit Blutflecken, Schlammspuren oder greller roter Farbe" versehen werden.[77] Wie Aleida Assmann aufgezeigt hat, werden Bilder länger im Gedächtnis behalten, wenn sie einen Affekt auslösen.[78]

70 Vgl. Quintilian, *Institutio oratoria* (11, 2, 11–16), zit. nach: Stefan Goldmann, „Statt Totenklage Gedächtnis. Zur Erfindung der Mnemotechnik durch Simonides von Keos", S. 43 f. Der Frage, inwiefern sich die Dioskuren als grausame Rächer deuten lassen, die die Hybris des überheblichen Faustkämpfers bestrafen, kann an dieser Stelle nicht nachgegangen werden. Vgl. hierzu Stefan Goldmann, „Statt Totenklage Gedächtnis. Zur Erfindung der Mnemotechnik durch Simonides von Keos", S. 46–49.

71 Vgl. Aleida Assmann, *Erinnerungsräume. Formen und Wandlungen des kulturellen Gedächtnisses*, S. 35. „Seine Leistung wird in der Legende verewigt als die Macht des menschlichen Gedächtnisses über Tod und Zerstörung hinweg." Ebd., S. 36.

72 Stefan Goldmann, „Statt Totenklage Gedächtnis. Zur Erfindung der Mnemotechnik durch Simonides von Keos", S. 51.

73 Ebd., S. 58. Die Trauer der Hinterbliebenen wird „in Tradition und ruhmreiches Angedenken" verwandelt. Ebd.

74 Vgl. ebd., S. 61.

75 Vgl. ebd.

76 Vgl. ebd., S. 62. Goldmann bezieht sich auf die *Rhetorica ad Herennium* (3, 37).

77 Aleida Assmann, *Erinnerungsräume. Formen und Wandlungen des kulturellen Gedächtnisses*, S. 251. Assmann bezieht sich ebenso auf die *Rhetorica ad Herennium*.

78 Vgl. ebd.

In Flauberts Romanen wird der weibliche Leichnam zum Gegenstand einer kunstvollen Totenausstaffierung. Doch stellt diese eine Form der Totenmemoria dar? Wer ist Urheber der Erinnerungsbilder? Welche Funktion wird dem Flaubertschen Erzähler zuteil, der die Erinnerungsbilder der (männlichen) Handlungsträger verzeichnet? Kann es den künstlichen *post mortem*-Bildern gelingen, die Leere, die der Tod hinterlässt, auszufüllen?

Flaubert verhandelt in seinen Romanen nicht nur individuelle Formen der Erinnerung, sondern ebenso eine nationale Erinnerungskultur, die sich im Heroenkult des 19. Jahrhunderts spiegelt, in der Verehrung von Nationalhelden und Märtyrern, denen nicht nur historiographische Abhandlungen ein Denkmal setzen, sondern ebenso öffentliche Monumente, Grabsteine und Statuen, Gemälde und Medaillen. Sie repräsentieren und modellieren das nationale Gedächtnis.[79] Auch Erinnerungsräume, wie das Pantheon oder das historische Museum, sowie Historiendramen inszenieren im 19. Jahrhundert ein nationales Gedächtnis.[80] Sowohl in seinem Karthagoroman *Salammbô*, dessen Schauplatz die ausgelöschte exotische Antike ist, als auch in seinen in Frankreich situierten Romanen *Madame Bovary* und *L'Éducation sentimentale* beschäftigt sich Flaubert mit Inszenierungsformen von Historie und Erinnerung. Während Flaubert in seiner *post mortem*-Darstellung Emma Bovarys in ironischer Weise auf den Kult um den 1821 auf St. Helena verstorbenen Napoleon Bonaparte referiert, wird er sich in der *Éducation sentimentale* mit statuesken Repräsentationsformen einer *République* befassen, die dem Untergang geweiht ist. In *Salammbô* wird die Reinszenierung einer verloren gegangenen Vergangenheit, einer Vergangenheit ohne Erinnerung, vor einem künstlichen (Bühnen-)Dekorum reflektiert.

Die Erinnerung ist auf künstliche Formen angewiesen. Darüber hinaus setzt die Totenmemoria eine Form des Schmerzes voraus, den der Verlust einer geliebten Person auslöst. Die wechselseitige Abhängigkeit von Schmerz und Erinnerung ist in den letzten Jahren zu einem eigenen Forschungsfeld avanciert.[81] Bereits Friedrich Nietzsche bezeichnet den Schmerz in seiner 1887 veröffentlichen Schrift *Zur Genealogie der Moral* als „das mächtigste Hülfsmittel [sic] der

79 Vgl. Peter Burke, „Geschichte als soziales Gedächtnis", S. 292 f.

80 Vgl. Aleida Assmann, *Erinnerungsräume. Formen und Wandlungen des kulturellen Gedächtnisses*, S. 47.

81 Vgl. Roland Borgards' Einleitung im Sammelband *Schmerz und Erinnerung* (2005): „Schmerz / Erinnerung. Andeutung eines Forschungsfeldes". In der rhetorischen Tradition der Mnemotechnik werden Schmerz und Trauma hingegen ausgeblendet. Vgl. hierzu, insbesondere zu einer möglichen Unterscheidung zwischen einem Körpergedächtnis und dem rhetorischen Modell des Gedächtnisses, Georg Braungart, „Schmerzgedächtnis – Körperschrift".

Mnemonik“, denn „[e]s gieng niemals ohne Blut, Martern, Opfer ab, wenn der Mensch es nöthig hielt, sich ein Gedächtniss zu machen [sic]“.[82] Nietzsches Konzeption der Erinnerung entspricht einer eingebrannten Einschreibung, einem dauerhaft vergegenwärtigten Schmerz: „‚Man brennt Etwas ein, damit es im Gedächtniss bleibt: nur was nicht aufhört, *weh zu thun*, bleibt im Gedächtniss‘ [sic] – das ist ein Hauptsatz aus der allerältesten [...] Psychologie auf Erden.“[83] Wenngleich Nietzsches Überlegungen entgegnet werden könnte, dass die Erinnerung „diskontinuierlich ist und Intervalle der Nichtpräsenz notwendig miteinschließt“, da man sich an das, was im Schmerz vergegenwärtigt und somit verkörpert ist, nicht erinnern kann,[84] ist seine radikale These gerade für die Totenmemoria von großer Relevanz: Kann Erinnerung gestiftet werden, wenn der Tod keinerlei (aufrichtigen) Affekt auslöst? Die Absenz von Trauer und Schmerz um den Tod wird Flaubert eindrücklich in seiner *Éducation sentimentale* von 1869 aufzeigen.

Die vorliegende Arbeit setzt sich zum Ziel, das weite Panorama des Todes, das Flaubert in seinem Werk eröffnet, anhand von weiblichen Todesarten zu beleuchten. Die Todesbilder, die Flaubert entwirft, sollen sowohl in ihrer ästhetischen Funktion als Darstellungsformen des Unsagbaren als auch vor der kulturgeschichtlichen Folie des 19. Jahrhunderts, in ihrer Verstellung von *compassio*, untersucht werden. Beide Untersuchungsebenen lassen sich schließlich in der Frage nach der Erinnerung zusammenführen, die einer künstlichen Form bedarf, die durch die Schrift, ja die Literatur fixiert werden kann.[85]

---

82 Friedrich Nietzsche, *Zur Genealogie der Moral: § II – 3.*

83 Ebd.

84 Aleida Assmann, *Erinnerungsräume. Formen und Wandlungen des kulturellen Gedächtnisses*, S. 246 f.

85 Vgl. ebd., S. 181–190. Zur erinnerungsstiftenden Funktion der Literatur vgl. auch Friedrich Ohly, *Bemerkungen eines Philologen zur Memoria*, S. 53: „Dichtung ist – wie andere Künste – ein durch Gestaltwerden gesteigertes Gedächtnis, in dem das anders ins Vergessen Fallende auf den durch Kunst gegründeten Stand von Dauerhaftigkeit gehoben ist. Wie andere Künste in ihren anschaubaren Denkmälern Gestalt gewordene Gedenkbilder hinterlassen, stiften die Dichter Gedächtnis durch die Verewigung von Namen und Taten und Erfahrungen für die Nachwelt.“ Im Gegenzug ist die Rezeption literarischer Werke auf die Erinnerung angewiesen: „Wir vernehmen Sprache und Dichtung kraft Erinnerung. Wo Maler Dinge erschaffen können, so daß wir sie als neue sehen und bereichert ins Gedächtnis nehmen, sind Wörter Anrufe an unsere Erinnerung von voraus Gesehenem und Gewußtem. Wenn Sprache und Dichtung dennoch auch auf ihre Weise neue Welt aufschließen, dann dank ihrer Fähigkeit, Elemente des durch Sprache in Erinnerung Rufbaren so in neue Verbindungen zu bringen, daß aus dem an Elementen Vorgegebenen oder gar auch erst Entdeckten Neuverbundenes als Erscheinung in die Welt tritt.“ Ebd., S. 66.

Trotz der Vielzahl an Forschungsliteratur, die bislang zu Flauberts Werk verfasst wurde, mangelt es an einer eingehenden Untersuchung des weiblichen Todes und seiner ästhetischen sowie kulturtheoretischen Bedeutung.[86] Die Todesszene der karthagischen Prinzessin Salammbô fand im Vergleich zu jener Emma Bovarys bislang relativ wenig Beachtung. Die subversive Sprengkraft des enigmatischen Schlusstableaus, das eine moderne Ästhetik antizipiert, wurde bisher nicht herausgestellt. Wenngleich die zweite Fassung der *Éducation sentimentale* ein weites kulturgeschichtliches Panorama des Todes im 19. Jahrhundert eröffnet, beschränken sich die bisherigen Analysen einzelner Todes- und *post mortem*-Szenen zumeist auf den Hintergrund der Revolution. Das weite Feld der bürgerlichen Erinnerungskultur wird nur oberflächlich behandelt. In der neueren Flaubert-Forschung werden ästhetische und kulturgeschichtliche Perspektivierungen des Todes in Flauberts Werk häufig zugunsten einer textgenetischen Herangehensweise vernachlässigt. Flauberts persönliche Erfahrungen von Tod und Verlust wurden bereits in biographischen Studien beleuchtet.[87] Für die vorliegende Analyse sollen persönliche Todeserfahrungen des Autors nur dort in den Blick genommen werden, wo sie Aufschluss über seine Ästhetik, bestimmte Todesbilder (wie jenem der Ophelia), die in das Werk eingegangen sind, sowie die bürgerliche Erinnerungskultur liefern.

Zum weiblichen Tod in Kunst und Literatur wurden bereits zahlreiche Werke publiziert, die sich jedoch zumeist auf den englischen, angloamerikanischen und deutschsprachigen Raum konzentrieren. Zum Teil findet Flauberts *Madame Bovary* Erwähnung: Ihre Todesagonie wird entweder als Strafe und Beweis für das vermeintliche misogyne Frauenbild des Autors gedeutet,[88] oder die Sterbende wird fälschlicherweise als selbstbewusste Autorin ihres eigenen Todes betrachtet,[89] der mitunter als Ergebnis eines destruktiven Narzissmus

86 Die bestehende Forschungsliteratur zu den einzelnen Todesszenen wird in den entsprechenden Kapiteln diskutiert.

87 Zu den neueren Biographien zählen Pierre-Marc de Biasis *Gustave Flaubert. Une manière spéciale de vivre* (vgl. insbesondere sein Kapitel „La mort, l'amour, l'ailleurs (1845–1851)") sowie das Werk des Historikers Michel Winock (*Flaubert*), der in Kapitel V den „Horizon funèbre" des jungen Schriftstellers beleuchtet. Dem Tod der Schwester Caroline, der Flauberts Ästhetik in entscheidender Weise prägen soll, widmen sich beide Biographien nur sehr knapp.

88 Vgl. Beth Ann Bassein, *Women and Death. Linkages in Western Thought and Literature*, S. 80. Basseins feministische Studie widmet sich unter anderem den Frauenfiguren Edgar Allan Poes sowie Richardsons Clarissa.

89 Vgl. Elisabeth Bronfen, *Over Her Dead Body. Death, Femininity and the Aesthetic*, S. 157.

interpretiert wird.[90] Die bislang wohl bekannteste Studie zum weiblichen Tod lieferte Elisabeth Bronfen mit ihrem Werk *Over Her Dead Body. Death, Femininity and the Aesthetic*. Ihre umfassende Studie, die Ansätze aus den Kulturwissenschaften, der Psychoanalyse und den Gender Studies vereint, verhandelt die schöne weibliche Leiche als Opfer des männlichen Künstlers, sein Kunstwerk als Affirmation kultureller (patriarchaler) Normen. Bronfen konstruiert eine Täter-Opfer-Relation zwischen männlichem Künstler und weiblicher Leiche, die in Flauberts Werk aufgekündigt wird: So stürzt der männliche Künstler neben seinen Frauenfiguren eine Vielzahl von männlichen Figuren auf grausame Weise in den Tod. Es könnten an dieser Stelle noch weitere Abhandlungen über das Thema des weiblichen Todes genannt werden, die für die vorliegende Arbeit aber nicht relevant sind. Denn in den Blick genommen wird nicht etwa das Frauenopfer oder die fetischisierte weibliche Leiche, sondern die Repräsentation des Unsagbaren, die anhand von weiblichen Todesarten veranschaulicht wird. Daneben sollen am weiblichen Tod nicht etwa patriarchale Konstruktionen von Weiblichkeit beleuchtet werden, sondern kulturelle Formen von Klage, Trauer und Erinnerung. Dies schließt nicht aus, dass differenzierte Ansätze aus der Geschlechterforschung, wie beispielsweise Nicole Loraux' erkenntnisreiche Studien zu weiblichen Todesarten in der griechischen Antike,[91] an gegebener Stelle in die Arbeit einfließen.

Verschiedene Historiker haben den Versuch unternommen, die Geschichte des Todes nachzuzeichnen und dabei den Blick auf die Todesvorstellungen und die Formen des Totenkults einzelner Epochen geworfen. Als wegweisend galt lange Zeit Philippe Ariès' umfassende historische Studie *L'homme devant la mort*, die allerdings in der These einer zunehmenden Unsichtbarkeit des Todes in der Moderne endete, die heutzutage nicht mehr treffend erscheint.[92]

---

90 Vgl. Margaret Higonnet, „Suicide: Representations of the Feminine in the Nineteenth Century", S. 111.

91 Vgl. Nicole Loraux, „Épouses tragiques, épouses mortes. La mort des femmes dans la tragédie grecque"; dies., *Tragische Weisen, eine Frau zu töten*.

92 Ariès' Ausführungen zum 18. und 19. Jahrhundert, zu Vorstellungen des ‚schönen Todes', der Hoffnung auf ein jenseitiges Himmelreich und dem Sterben im Kreis der Familie, die in der Literatur gespiegelt werden, sowie seine Untersuchungen zu Hygienereformen, die in einer Verlegung der Friedhöfe an den Stadtrand sowie einer fortschreitenden Medikalisierung des Todes resultierten, sind von großer Signifikanz. Einen profunden Einblick in die Entwicklung von Todesvorstellungen liefert außerdem Philippe Ariès' reich bebildertes Werk mit dem Titel *Images de l'homme devant mort*, das seine monumentale Studie illustriert und ergänzt. Auch der Historiker Michel Vovelle zeichnet in seinem umfangreichen Werk *La mort et l'Occident. De 1300 à nos jours* die Geschichte des Todes nach, die Beispiele aus Kunst und Literatur illustrieren. Speziell dem 19. Jahrhundert widmet sich

Dies zeigen neue Studien wie der von Thomas Macho herausgegebene Sammelband *Die neue Sichtbarkeit des Todes* (2007).[93] Die Frage nach der Sichtbarkeit des Todes stellt sich nicht nur für die Gegenwart, sondern in besonderem Maße auch für das 19. Jahrhundert: In der Morgue, in öffentlichen Hinrichtungen und im Revolutionsgeschehen ist der Tod allgegenwärtig. Doch die Leichen der Morgue sind wie Kunstobjekte hinter Vorhängen ausgestellt, der öffentliche Tod ist als Schauspiel inszeniert, wie unter anderem historische Aufzeichnungen von Flauberts Jugendfreund Maxime Du Camp belegen.[94] Präsentiert sich der Tod stets in Verhüllung, unter eine Maske? Wird mit der ‚Maskierung' des Todes der Versuch unternommen, den Tod behandelbar zu machen? Diese Frage stellt sich unweigerlich, wenn man sich mit der Erinnerungskultur des 19. Jahrhunderts befasst. Der reich bebilderte Ausstellungskatalog *Le Dernier Portrait* gibt einen profunden und zugleich unheimlichen Einblick in die im 19. Jahrhundert weit verbreitete Anfertigung von Totenmasken und *post mortem*-Bildern. Zur Erinnerungskultur im Allgemeinen sind darüber hinaus die Werke von Jan und Aleida Assmann maßgeblich.[95] Auch Hans Beltings *Bild-Anthropologie* erweist sich als hellsichtige Studie, die die Verbindung von Bild und Tod bis zu ihren Ursprüngen zurückverfolgt. Darüber, wie das Ende figuriert werden kann, haben nicht nur Philosophen wie zum Beispiel Vladimir Jankélévitch nachgedacht,[96] sondern ebenso verschiedene Literatur- und Kulturwissenschaftler. Erwähnenswert ist neben Christiaan

---

der Historiker Thomas A. Kselman in seiner Monographie *Death and the Afterlife in Modern France*, die an einigen Stellen recht oberflächlich bleibt, aber dennoch einen guten Überblick über demographische Entwicklungen, den religiösen (katholischen) Totenkult, den Spiritismus und die Bestattungsindustrie liefert.

93 Auch der von Bernard Fibicher herausgegebene Ausstellungskatalog *Six Feet Under. Autopsie unseres Umgangs mit Toten* (2006) widmet sich der Frage nach der gegenwärtigen Sichtbarkeit des Todes, nach der unheimlichen Faszination, die der Tod ausübt. Er liefert Beispiele aus Film, Kunst und Fotografie.

94 Zu öffentlichen Hinrichtungen vgl. Maxime Du Camp, *Paris, ses organes, ses fonctions et sa vie dans la seconde moitié du XIXe siècle*, Bd. III, S. 257–303; zur Morgue vgl. ders., *Paris, ses organes, ses fonctions et sa vie dans la seconde moitié du XIXe siècle*, Bd. I, S. 422–439. Eine neuere, äußerst lesenswerte Studie über die Pariser Morgue liefert Vanessa Schwartz („Public Visits to the Morgue").

95 Vgl. Jan Assmann, *Der Tod als Thema der Kulturtheorie. Todesbilder und Totenriten im Alten Ägypten*; ders., *Tod und Jenseits im Alten Ägypten*; Jan Assmann, Rolf Trauzettel (Hgg.), *Tod, Jenseits und Identität. Perspektiven einer kulturwissenschaftlichen Thanatologie*; Jan Assmann, Franz Maciejewski, Axel Michaels (Hgg.), *Der Abschied von den Toten. Trauerrituale im Kulturvergleich*; Aleida Assmann, *Erinnerungsräume. Formen und Wandlungen des kulturellen Gedächtnisses*; dies. „Zur Metaphorik der Erinnerung".

96 Vgl. Vladimir Jankélévitch, *La mort*.

L. Hart Nibbrigs Monographie zur *Ästhetik der letzten Dinge*, die sich in eindrücklicher, wortgewandter Weise der Nichtdarstellbarkeit des Todes widmet, auch der von Karlheinz Stierle und Rainer Warning herausgegebene Sammelband *Das Ende. Figuren einer Denkform*, der sich dem Ende interdisziplinär annähert, von Endzeitvisionen und Abschiedsreflektionen in der Literatur bis hin zu narrativen Modellierungen eines Endes. Weiterhin leistet Thomas Macho mit seinem Werk *Todesmetaphern. Zur Logik der Grenzerfahrung* einen bedeutenden philosophischen und kulturgeschichtlichen Beitrag zur leeren Anschauung des Todes, die der Mensch mit Metaphern auszufüllen sucht.

KAPITEL I

„The death of a beautiful woman". Verlust, Erinnerung und künstlerische *Creatio*

„Continue, mon pauvre vieux ! acharne-toi sur une idée ! ces femmes-là au moins ne meurent pas et ne trompent pas !"

Gustave Flaubert,
Brief an Ernest Feydeau, 12. November 1859

Schon Edgar Allan Poe erklärte den Tod der schönen Frau zum ‚poetischsten Thema' der Welt.[1] Die vielzitierten Worte Poes, die beinahe zu einem Gemeinplatz in der Forschungsliteratur über den weiblichen Tod geworden sind, veranschaulichen in besonderer Weise die frühe Ästhetik Flauberts, die sich in seinem Jugendwerk und in seiner Korrespondenz darstellt. Der Tod der schönen Frau zeichnet sich traditionell gerade deshalb als ‚poetischstes Thema' aus, weil er in der Zerstörung der schönen Form einen Affekt freisetzt. In Flauberts Jugendwerk löst der weibliche Tod neben Schmerz und Trauer, die bis zur eigenen Todessehnsucht des männlichen Hinterbliebenen führen können, bisweilen auch eine unterschwellige Nekrophilie aus. Der Autor zeigt, wie seine liebestrunkenen männlichen Protagonisten Todesvisionen kreieren, in denen Eros und Thanatos vereint sind. Der Tod wird im Bild der weiblichen Leiche vorgestellt, die als Darstellungsmedium eines unwiederbringlichen Verlusts – nämlich des Liebesobjekts – fungiert.

Flaubert ist nicht nur als Autor Schöpfer weiblicher Todesbilder, sondern wird selbst, als Jugendlicher und als junger Mann, Zeuge des weiblichen Todes: im Jahre 1834, als im Meer vor Trouville eine junge Frau ertrinkt, und im Jahre 1846, als seine geliebte Schwester Caroline verstirbt. Wenngleich insbesondere der Tod der Schwester eine unermessliche, unstillbare und unsagbare Trauer auslöst, die sich als Leere in Flauberts Herz einzeichnen wird, so offenbart sich der weibliche Tod in beiden Fällen als ‚poetischstes Thema', das die erlebten Affekte gewissermaßen sublimiert: Während der Tod der Badenden den jungen

1 „[T]he death, then, of a beautiful woman is, unquestionably, the most poetical topic in the world." Edgar Allan Poe, „The Philosophy of Composition", S. 165.

 DOI 10.30965/9783770563685_003

Autor zu den kunstvollen Todesbildern der Ophelia in seinem Jugendwerk inspirieren wird, geht der Tod der Schwester mit einer Absage an die Welt, mit einer Verwirklichung im Künstlertum und einer Hinwendung zur Ideenwelt einher, der Flaubert in seinem literarischen Werk eine Form verleihen wird.

Eine Auseinandersetzung mit der unsichtbaren, abstrakten und ewigen Idee, die den zerstörbaren, vergänglichen Formen übergeordnet ist, legt Flaubert seinem Freund Ernest Feydeau im eingangs zitierten Brief ans Herz. Der Schriftsteller und Archäologe, der mit seinem Skandalroman *Fanny* (1858) bekannt geworden war und nebenbei als *coulissier* an der Börse spekulierte, erleidet im Oktober 1859 einen schmerzvollen Verlust: Nach langer Krankheit stirbt seine Ehegattin Inès-Octavie Blanqui, die Tochter des angesehenen Ökonomen Auguste Blanqui.[2] Der Tod der geliebten Ehegattin, von der Feydeau stets liebevoll unterstützt wurde, stürzt ihn in tiefe Trauer.[3] Flaubert steht seinem Freund während der schweren Krankheit seiner Ehegattin bis über ihren Tod hinaus bei. In langen Briefen versichert er ihm seine moralische Unterstützung. Flaubert rät seinem Freund, die Verzweiflung und Hoffnungslosigkeit, die der Anblick seiner sterbenden Frau auslöst, als Inspiration für seine künstlerische Arbeit zu nutzen – ein Rat, der auf den ersten Blick unerhört anmutet, aber Flauberts eigenen Erfahrungen des Verlusts entspringt:

> Tu as et tu vas avoir de *bons* tableaux et tu pourras faire de *bonnes* études ! C'est chèrement les payer. Les bourgeois ne se doutent guère que nous leur servons notre cœur. La race des gladiateurs n'est pas morte, tout artiste en est un. Il amuse le public avec ses agonies.[4]

---

2 Ernest Feydeau heiratete Inès-Octavie Blanqui am 8. Juni 1847 in Notre-Dame de Lorette. Die Tochter des wohlhabenden Ökonomen brachte eine reiche Mitgift mit in die Ehe, die die soziale Stellung Feydeaus sicherte und es ihm ermöglichte, sich auf seine wirtschaftlich unrentable Tätigkeit als Schriftsteller zu konzentrieren: „Ce mariage assurait à Feydeau une respectabilité dont il avait absolument besoin dans sa profession. Brune et blanche, pas très jolie, la face un peu lourde et empâtée, Inès n'en était pas moins pourvue de solides qualités morales ; elle savait utilement conseiller son mari et c'est en partie grâce à elle qu'il put bientôt bénéficier d'une clientèle importante ; de son côté, il ne lui marchandait pas une affection, sinon une fidélité, qui ne devait jamais se démentir." Henry Gidel, „Feydeau", S. 405.

3 „[...] l'auteur avait eu le très grand chagrin de voir mourir sa femme, Inès-Octavie, et il supportait difficilement cette perte malgré le soutien moral de ses amis Flaubert et Gautier, d'autant plus qu'Inès ne lui avait pas donné d'enfants." Ebd., S. 411. Ernest Feydeaus Sohn Georges, der als Autor zahlreicher Vaudeville-Stücke und Komödien bekannt werden sollte, ging aus zweiter Ehe hervor.

4 Gustave Flaubert, Brief an Ernest Feydeau, première quinzaine d'octobre 1859, *Corr. III*, S. 50.

Indem er seinen unermesslichen Schmerz im literarischen Schaffen in eine künstlerische Form transformiert und nach außen trägt, opfert sich der Autor für die Kunst. Die persönliche Trauer dient nicht der Schöpfung eines intimen Erinnerungsbildes, sondern der literarischen *creatio*. Tatsächlich wird Flaubert seinen Freund anweisen, nicht an der schmerzvollen Erinnerung an seine verstorbene Frau festzuhalten, sondern ihren Verlust gefasst zu akzeptieren. Eine derartige *impassibilité* zeichne den Künstler aus:

> Ne te révolte pas devant l'idée de l'oubli. Appelle-le plutôt ! Les gens comme nous doivent avoir la religion du Désespoir. Il faut qu'il soit à la hauteur du Destin, c'est-à-dire impassible comme lui. À force de se dire : « Cela est, cela est, cela est », et de contempler le trou noir, on se calme.[5]

Erst die persönliche Todeserfahrung ermöglicht dem Künstler das Hinwenden zur Ideenwelt, die ihm nicht als göttliche Ewigkeit erscheint, sondern als schwarzes Loch („trou noir"), als Raum des ewigen Nichts, in dem jegliche christliche Hoffnung auf ein jenseitiges Leben zerstört ist. Doch das Vergessen der verstorbenen Frauen – der Ehegattin bzw. der Schwester – ist sowohl für Feydeau als auch für Flaubert nicht realisierbar: Gegen die Erinnerungsbilder, die ihr grenzenloser Schmerz produziert, sind beide machtlos. Auch wenn die Erinnerungsbilder mit der Zeit verblassen, so bleibt der Verlust der geliebten Frauen auf ewig in den Herzen der Hinterbliebenen eingeschrieben.

1.1 Romantische Todesvorstellungen in Flauberts früher Korrespondenz und seinem Jugendwerk

In Flauberts Jugendwerk, das von 1831 bis 1845 entstand und erst posthum veröffentlicht wurde, ist der Tod omnipräsent: von historisch inspirierten Darstellungen des Pesttodes (*La Peste à Florence*, 1836), über einen Totentanz, in dem neben der Figur des Todes unter anderem Christus, Satan, Neron und Prostituierte auftreten (*La Danse des morts*, 1838), über groteske Trinkorgien, die im Tod münden (*Ivre et mort*, 1838), bis hin zum langen, von einem bacchantisches Gelage begleiteten Sterben des Universalgelehrten Matharin, dessen Leichnam noch in einem Wirtshaus zur Schau gestellt wird, bevor er seine letzte Ruhe in der Natur findet (*Les Funérailles du docteur Mathurin*, 1839). Bereits im Frühwerk nimmt die Inszenierung des weiblichen Todes eine herausragende Stellung ein: beginnend mit der *Dernière scène de la mort de Marguerite de*

5 Gustave Flaubert, Brief an Ernest Feydeau vom 26. Oktober 1859, *Corr. III*, S. 53.

Bourgogne (1835), in der Flaubert die Legende vom grausamen Tod der ehebreche-rischen und durch ihr eigenes Haar erdrosselten Königin von Navarra (1305–1314) und von Frankreich (1314–1315) nacherzählt, sowie dem *conte fantastique La Fiancée et la Tombe* (1835?), das an der Burg des sagenumwobenen Robert le Diable situiert ist,[6] über *La Femme du monde* (1836), in der sich eine Ich-Erzählerin, eine dämonisch-verführerische „fille de Satan“[7], als „la Mort“[8], als Allegorie des Todes ausgibt, sowie *Passion et vertu* (1837), in der die mordende Ehebrecherin Mazza einen qualvollen Vergiftungstod stirbt,[9] bis hin zum Kurzroman *Novembre. Fragments de style quelconque* (1842), in dem der weibliche Körper der Prostituierten Marie aus der Wahrnehmung des Ich-Erzählers Tod und Erotik vereint.[10] Verschiedene Darstellungsformen des weiblichen

---

6 Zur Burg des Robert le Diable, die zum Schauplatz romantischer Bühnenbilder avanciert, vgl. Kap. 3.1. In Flauberts fantastischer Erzählung wird die berühmte Burganlage zum Schauplatz eines blutigen Duells zwischen Paul, dem Verlobten der Annette, und dem Burgherrn Robert. Der tote Paul erscheint Annette als Phantom und fordert sie auf, ihm den Kopf und den Dolch Roberts zu bringen. Nur auf diese Weise könne sie sich mit ihm vereinen. Bei ihrer nächtlichen Suche wird Annette jedoch vom wiederbelebten Leichnam Roberts verfolgt, der vor ihren Augen einen dämonischen Totentanz aufführt. Als Annette zum Grab ihres Verlobten zurückkehrt, wird sie von dessen Geist verflucht. Das auf einer Anhöhe errichtete Grab erschüttert und stürzt ein: „Le lendemain, au lieu d'un mort on en trouva deux... On ne vit plus venir pleurer une jeune fille... plus de jeune fille... plus de pleurs.“ Gustave Flaubert, *La Fiancée et la Tombe. Conte fantastique*, in: *Œuvres de jeunesse*, S. 70.

7 Gustave Flaubert, *La Femme du monde*, in: *Œuvres de jeunesse*, S. 126.

8 Ebd., S. 130.

9 Zum Motiv des Vergiftungstodes, das Flaubert in *Madame Bovary* erneut aufgreifen wird, vgl. Kap. 2.3.

10 Besonders das sinnliche dunkle Haar der Marie erweckt die an eine Nekrophilie grenzende Lust des Erzählers, der die Prostituierte als *morte* wahrnimmt: „Je touchai à son peigne, je l'ôtai, ses cheveux déroulèrent comme une onde, et les longues mèches noires tressaillirent en tombant sur ses hanches. Je passais d'abord ma main dessus, et dedans, et dessous ; j'y plongeais le bras, je m'y baignais le visage, j'étais navré. Quelquefois je prenais plaisir à les séparer en deux, par derrière, et à les ramener devant de manière à lui cacher les seins ; d'autrefois je les réunissais tous en réseau et je les tirais, pour voir sa tête renversée en arrière et son cou tendre en avant, elle se laissait faire comme une morte.“ Gustave Flaubert, *Novembre. Fragments de style quelconque*, in: *Œuvres de jeunesse*, S. 789. Die Sicht auf das entblößte Dekolleté Maries löst eine Todessehnsucht aus: „C'était une de ces gorges splendides où l'on voudrait mourir étouffé dans l'amour.“ Ebd., S. 788. Die Vereinigung mit dem sinnlichen Körper gleicht schließlich einer Todeserfahrung: „[...] je me sentis délicieusement mourir.“ Ebd., S. 789.

Todes, die bereits im Jugendwerk begründet sind, tauchen im späteren Werk erneut auf: der Vergiftungstod in *Madame Bovary*, das Motiv der Haare in Salammbôs Todesfall sowie die Prostitution als Symbol von Tod und Verfall in der zweiten Fassung der *Éducation sentimentale*. Inmitten der Todesinszenierungen sticht das Todesbild der auf dem Wasser treibenden weiblichen Leiche hervor, das inspiriert von Shakespeares *Hamlet* (1603) von der Romantik bis ins *Fin de siècle* in zahlreichen Werken aufgenommen wird. Verkörpert durch die schöne, wahnsinnige Ophelia, die sich in einem Fluss ertränkt, wird der Tod durch Ertrinken zur weiblichen Todesart *par excellence* erhoben. Als solche wird er auch vom jungen Gustave wahrgenommen, der seinem Jugendfreund Ernest Chevalier berichtet, wie eine junge Unbekannte am Strand von Trouville in den Wogen des Meeres versinkt. Das Ophelia-Motiv wird sowohl in die *Mémoires d'un fou* (1838) als auch in die erste Fassung der *Éducation sentimentale* (1845) eingehen. Es versinnbildlicht die Ästhetik des jungen Künstlers, die bereits als spätromantisch betrachtet werden kann. Die Vorstellungsbilder des weiblichen Todes, die in den beiden nachfolgend näher zu analysierenden Jugendwerken skizziert sind, werden als unheimlich-erhabene und zum Teil ironisch-deformierte Todesbilder in den späteren Romanen Flauberts wieder aufgenommen.

1.1.1 *La noyée*. Todesimaginationen in Trouville

> „L'eau est l'*élément* de la mort jeune et belle, de la mort fleurie."
> Gaston Bachelard, *L'eau et les rêves*

Im August 1834 verbringt die Familie Flaubert einen gemeinsamen Strandurlaub in Trouville, bei dem der zwölfjährige Gustave von einem tragischen Badeunfall erfährt. Der Tod der schönen jungen Unbekannten, die in den Wogen des Meeres ertrinkt, wird die später imaginierten weiblichen Todesszenen des Schriftstellers in entscheidender Weise prägen. Die Grenzen von Realität und Fiktion – persönlicher und imaginierter Todeserfahrung – verschwimmen bereits im lakonischen Bericht an den engen Freund Ernest Chevalier:

> Nous avons pris quelques bains de mer… pendant trois jours. Se baignait alors une dame, oh une jolie dame, candide quoique mariée, pure quoiqu'à vingt-deux ans. Oh, qu'elle était belle avec ses jolis yeux bleus ! La veille nous la voyons rire sur le rivage à la lecture que lui faisait son mari, et le lendemain comme nous étions tous revenus à Pont-l'Évêque nous

> avons appris… Ô douleur Ô malédiction… qu'elle était noyée oui noyée, cher Ernest, en moins d'un quart d'heure… la vague l'avait emportée. Ne sachant point nager elle disparut sous les eaux et son mari resté sur le rivage à la voir baigner la vit disparaître. C'était mourir. Ce qu'il y a de plus singulier c'est qu'elle se baignait avec deux autres jeunes gens qui revinrent à terre, mais elle… y revint mais avec un filet… elle était morte ! ! Juge du désespoir de son époux. Maintenant faites des projets de plaisir, qui en peut mesurer les conséquences ! témoin cette pauvre dame qui courait à la mer pour s'y amuser et y trouva la tombe. Si c'eût été une dame de notre société qu'aurions-nous fait ?[11]

Das berühmte Seebad von Trouville – ein einstiges Fischerdorf, das im 19. Jahrhundert vor allem von der französischen und englischen Aristokratie sowie dem gehobenen Bürgertum als Erholungs- und Vergnügungsort („pour s'y amuser") aufgesucht wurde,[12] wie das 1869 entstandene Gemälde Eugène Boudins mit dem Titel *Baigneurs sur la plage de Trouville* illustriert – wird zum Ort des Todes. Das Meer nimmt die Funktion eines Grabes ein. Trouville präsentiert sich in doppelter Weise als Erinnerungsort: Während das Seebad für den jungen Flaubert mit der Erinnerung an die schöne Tote verbunden ist, wirkt das aus dem Wasser auftauchende Netz, das wie ein Leichentuch den toten weiblichen Körper umhüllt, wie ein Erinnerungsobjekt an das alte Fischerdorf, ein Relikt einer vergangenen Zeit.

Wenngleich Flaubert beim tragischen Unfall der jungen Frau nicht anwesend ist, sondern lediglich durch einen Bericht von ihrem Tod erfährt, imaginiert er ihre Todesszene und erhebt sie zum Modell des Sterbens: „C'était mourir." Der Körper der schönen Unbekannten verliert sich im Wasser, um als leblose Form wieder aufzutauchen. Das Netz fungiert als künstlerische Maske: Es verdeckt den zum Leichnam transformierten weiblichen Körper, um ihn nunmehr als den Autor inspirierendes ästhetisches Kunstobjekt zu präsentieren. Der Tod der schönen Frau wird, wie die Worte Edgar Allan Poes bezeugen, zum „most poetical topic in the world"[13]. Die Todesart des Ertrinkens versinnbildlicht im Element des auflösenden Wassers die Zerstörung der schönen Form, die wiederum einen Affekt freisetzt. Nicht nur der Körper selbst wird in der Beschreibung des Auftauchens aus dem todbringenden Meer zum Gegenstand einer künstlerischen Inszenierung. Auch der reale Ort des Geschehens erscheint als Schaubild. Bezeichnet der junge Gustave kurz zuvor im zitierten

---

11 Gustave Flaubert, Brief an Ernest Chevalier vom 26. August 1834, *Corr. I*, S. 14.

12 Vgl. Ivan Jablonka, „Les plaisirs de la plage au XIXe siècle" (online).

13 Edgar Allan Poe, „The Philosophy of Composition", S. 165.

Brief eine „belle tempête“ als „bien beau spectacle“[14], so evoziert er nicht nur die sinnliche Erfahrung des Meeresrauschens, sondern entwirft in den sich vor dem nebligen Horizont abzeichnenden, am Felsen brechenden Wellen gleichzeitig ein Landschaftsbild: „[…] ou bien quand des nuages brumeaux englobent son horizon, quand elle [la mer, S. W.] vient se briser sur les rochers“.[15] Die einschließenden bzw. einrahmenden Wolken bilden einen szenischen Ausschnitt von Welt, eine Art Bühnenbild, vor dem das Schauspiel der Meereswogen inszeniert werden kann. Der Badeort von Trouville wird zum Projektionsraum der Imagination. In der Tat nennt Flaubert Trouville nicht nur in seiner Korrespondenz, sondern auch in seinen literarischen Werken.[16] Für Maler wie Paul Huet, Eugène Boudin, Gustave Courbet oder Claude Monet und Schriftsteller wie Alexandre Dumas oder Alphonse Karr wird das Seebad ebenso zur künstlerischen Inspirationsquelle.[17] Es ist die im Präfix des Ortsnamens angelegte, als Loch (*trou*) versinnbildlichte Leere, in der das Subjekt seine Vorstellungsbilder entwirft. Die Leere korrespondiert mit der unendlich erscheinenden

---

14 Gustave Flaubert, Brief an Ernest Chevalier vom 26. August 1834, *Corr. I*, S. 13.

15 Vgl. ebd., S. 14.

16 In den *Mémoires d'un fou* (1838) wird Trouville zwar nicht direkt genannt, doch da Flauberts eigene Begegnung mit Élisa Schlésinger am Strand von Trouville die Begegnung des (autobiographischen) Erzählers der *Mémoires* mit dem Liebesobjekt der Maria modelliert, ist anzunehmen, dass es sich bei der im Jugendwerk angelegten Leerstelle in den „bains de mer de…“ um Trouville handelt. Gustave Flaubert, *Mémoires d'un fou*, in: *Œuvres de jeunesse*, S. 484. Vgl. hierzu auch ebd., Anm. 2, S. 1381. Auch das Ziel des frühmorgendlichen Spaziergangs des Erzählers in *Novembre* (1842), das als „X…“ bezeichnet wird, könnte auf Trouville verweisen. Gustave Flaubert, *Novembre. Fragments de style quelconque*, in: *Œuvres de jeunesse*, S. 780. Zu einem fünfstündigen nächtlichen Spaziergang mit Maxime Du Camp von Dives nach Trouville, der der Textpassage als Modell gedient haben könnte, vgl. ebd., Anm. 29, S. 1499. An jenem Ort, an den der Erzähler am Ende zurückkehrt, stellt sich ihm in der Abenddämmerung am Strand ein Bild des Todes dar: „Il vit, à une place, une vieille barque à demi enfouie dans le sable, échouée là peut-être depuis vingt ans, de la christe marine avait poussé dedans [sic], des polypes et des moules s'étaient attachés à ses planches verdies ; il aima cette barque, il tourna tout autour, il la toucha à différentes places, il la regarda singulièrement, comme on regarde un cadavre.“ Ebd., S. 829. Direkt genannt wird Trouville schließlich in *Un cœur simple* (1877). In einem subtilen Vergleich scheint die Ertrunkene von Trouville im Spätwerk, nämlich am Fluss des Toucques, wieder auf: „Les prairies étaient vides, le vent agitait la rivière ; au fond, de grandes herbes s'y penchaient, comme des chevelures de cadavres flottant dans l'eau.“ Gustave Flaubert, *Un cœur simple*, S. 50.

17 Vgl. Robert L. Herbert, *Impressionism. Art, Leisure, and Parisian Society*, S. 265 ff.; speziell zu Monet vgl. ebd., S. 293–298; Ivan Jablonka, „Les plaisirs de la plage au XIXe siècle“ (online).

Weite und Tiefe des Meeres. Das grenzenlose Meer, das weder Anfang noch Ende besitzt und stattdessen mit einem nicht greifbaren, unsichtbaren Grund und unberechenbaren Fluten aufwartet, ist Sinnbild des Todes. Das Wasser trägt den Tod in sich, es bringt, wie bereits Bachelard konstatiert, „une perte de notre être dans la totale dispersion. Chacun des éléments a sa propre dissolution, la terre a sa poussière, le feu a sa fumée. L'eau dissout plus complètement. Elle nous aide à mourir totalement."[18] Das Element des Wassers entspricht der Auflösung im Tod, es ist „un *néant substantiel*"[19]. Für die Zerstörung der schönen Form des weiblichen Körpers erscheint das Meer als Darstellungsmedium *par excellence*, als „la vraie matière de la mort bien féminine"[20].

Die Episode der ertrinkenden Unbekannten, die bereits in Flauberts Brief an seinen Freund literarisch stilisiert wird, taucht an verschiedenen Stellen des Jugendwerks, aber auch in Teilen des Spätwerks als augenscheinliche Inspirationsquelle wieder auf. Die Verbindung von weiblichem Tod und Wasser, wie sie im Folgenden anhand von Szenen der *Mémoires d'un fou* sowie der ersten Fassung der *Éducation sentimentale* aufgezeigt werden soll, liegt allerdings nicht nur in der autobiographischen Todeserfahrung begründet, sondern ordnet sich gleichzeitig in ein bedeutsames diskursives Feld ein, das wiederum die Beschreibung der Ertrunkenen von Trouville geprägt haben könnte. Sowohl in der Literatur als auch in der öffentlichen Wahrnehmung des 19. Jahrhunderts ist die im Wasser treibende weibliche Leiche omnipräsent. Die literarische Grundlage bildet zweifelsohne die Todesszene von Shakespeares Ophelia, die im 19. Jahrhundert von zahlreichen Autoren und Künstlern imaginiert wird. Vom 1852 fertig gestellten Gemälde des englischen Präraffaeliten John Everett Millais über Paul Delaroches *La Jeune Martyre* und Eugène Delacroix' *La mort d'Ophélie* hin zum Bronzerelief des französischen Bildhauers Auguste Préault: Es ist stets die auf dem Wasser treibende junge Ertrunkene, die dargestellt wird. Der toten Ophelia wird eine prominente Stellung zuteil, die sich weniger aus dem Shakespeareschen Modell als aus der Imagination der einzelnen Künstler schöpft. Während der Tod der Frauenfigur im Stück des englischen Dramatikers durch einen Bericht der Königin beschrieben wird und somit nicht als szenische Darstellung auf der Bühne angelegt ist, erscheint er in der bildenden Kunst als immobilisiertes Tableau. Wie bereits Anne Cousseau konstatiert, ist Ophelia in der siebten Szene des vierten Aktes fixiert. Sie ist zum

18 Gaston Bachelard, *L'eau et les rêves. Essai sur l'imagination de la matière*, S. 125.

19 Ebd.

20 Ebd., S. 111.

Bild geworden und kann – ganz im Sinne des berühmten Ausspruchs „To be or not to be“ – nur in jenem fortbestehen.[21]

In ähnlicher Weise wie Flaubert die Ertrunkene von Trouville zum Modell des Sterbens erhebt, wird die Shakespearesche Heldin in der Rezeption durch die Generation der Romantiker und die Präraffaeliten zum „symbole du suicide féminin“[22], wie es Bachelard treffend formuliert. Für die Vertreter des Symbolismus und die *décadents* ist besonders der Wahnsinn, die *folie* Ophelias, die zuvor bereits unter anderem von Delacroix dargestellt wurde, von großem Interesse. Sie ist Zeichen eines „pouvoir de rêverie“, das sich im Wasser als „le support idéal de la fluidité de la rêverie“[23] spiegelt. So heißt es in der zweiten Strophe von Arthur Rimbauds Gedicht „Ophélie“:

> Voici plus de mille ans que la triste Ophélie
> Passe, fantôme blanc, sur le long fleuve noir
> Voici plus de mille ans que sa douce folie
> Murmure sa romance à la brise du soir.[24]

Neben Rimbaud sind es insbesondere die Autoren des *Fin de siècle*, die sich für die *folie* Ophelias interessieren und die Frauenfigur aus jener Bewegungslosigkeit, in der sie in zahlreichen Gemälden erstarrt ist, befreien werden. Auch wenn Rimbauds Ophelia in der vom Sprecher gewählten Blumenmetaphorik –„comme un grand lys“[25] – zunächst noch wie ein passives Objekt wirkt, ist ihr eine unheimliche Bewegung eingeschrieben: So ist im langen schwarzen Fluss („long fleuve noir“) eine auf Dauer gestellte, monotone Bewegung verbildlicht, die die im toten Inneren der phantomartigen Frauenfigur eingeschriebene Melancholie veräußerlicht. Um die Jahrhundertwende wird der Ophelia, die weiter mit Tod und *folie* verbunden bleibt, zuweilen die Rolle einer manipulativen, politisch berechnenden Figur zugewiesen.[26]

Flauberts Rezeption Shakespeares lässt sich mithilfe der Begriffe *folie* und *rêve* erfassen, die der französische Autor in seiner Korrespondenz anhand der Shakespeareschen Frauenfiguren sowie der Figur Hamlets illustriert. Aus

---

21 Vgl. Anne Cousseau, „Ophélie : histoire d'un mythe fin de siècle“, S. 83. Zur englischen und französischen Ophelia-Rezeption in Bild und Literatur im 19. Jahrhundert sowie um die Jahrhundertwende vgl. Bram Dijkstra, *Idols of Perversity. Fantasies of Feminine Evil in Fin-de-Siècle Culture*, S. 37–50.

22 Gaston Bachelard, *L'eau et les rêves. Essai sur l'imagination de la matière*, S. 112.

23 Anne Cousseau, „Ophélie : histoire d'un mythe fin de siècle“, S. 88.

24 Arthur Rimbaud, „Ophélie“, in: *Poésies complétes*, S. 116.

25 Ebd.

26 Vgl. Anne Cousseau, „Ophélie : histoire d'un mythe fin de siècle“, S. 100.

seinen Briefen geht hervor, dass Flaubert zeitlebens ein großer Bewunderer des englischen Dramatikers war, sodass er die Todesszene Ophelias gewiss kannte. Während er jedoch an keiner Stelle direkt auf jene Bezug nimmt, lobt er Shakespeare in einem Brief an Ernest Feydeau aus dem Jahre 1859 als „seul poète", der die als „ces charmants animaux" bezeichneten Frauen verstanden habe: „Il en a fait des êtres extra-exaltés, mais jamais raisonnables. C'est pour cela que ses figures de femme sont à la fois si idéales et si vraies."[27] Somit scheint Flaubert weniger am Bild der auf dem Wasser treibenden Ophelia interessiert zu sein als an ihrer *scène de folie*, an jener ‚Bewegung', die sie in den im unbewegten Tableau fixierten Tod treibt. Wahnsinn und Tod beschäftigen bereits den jugendlichen Literaturkreis der suizidären „pléiade de jeunes drôles", der Flaubert angehörte und von der er Louise Colet im Jahre 1851 berichtet:

> Nous tournions entre la folie et le suicide. Il y en a qui se sont tués ; d'autres qui sont morts dans leur lit, un qui s'est étranglé avec sa cravate, plusieurs qui se sont fait crever de débauche pour chasser l'ennui. – C'était beau ![28]

Wenngleich der Suizid durch Ertrinken nicht evoziert wird – und tatsächlich gemeinhin als typisch weibliche Todesart betrachtet wird –, so sind die männlichen Todesarten der Jugendfreunde dem Modell der Ophelia doch verwandt. Denn sie werden allesamt durch die *folie* herbeigeführt und letztlich ungeachtet ihrer teils brutalen, ja ‚hässlichen' selbst herbeigeführten Tode als schön („beau") bewertet.

Dass der durch die Figur Ophelias symbolisierte weibliche Tod durch Ertrinken auch in der öffentlichen Wahrnehmung des 19. Jahrhunderts allen voran dem Anspruch der Schönheit zu genügen hatte, geht aus zahlreichen *faits divers* hervor. Neben der wohl bekanntesten weiblichen Wasserleiche, der sogenannten *Inconnue de la Seine*, deren lebloser Körper um die Jahrhundertwende

27 Gustave Flaubert, Brief an Ernest Feydeau vom 11. Januar 1859, *Corr. III*, S. 5. Die „idéalité ravissante" von Shakespeares Frauenfiguren hebt auch Chateaubriand hervor. François-René de Chateaubriand, *Essai sur la littérature anglaise et considérations sur le génie des hommes, des temps et des révolutions*, Bd. I, S. 177. In Chateaubriands Bewertung von *Hamlet* dominiert die Darstellung der *folie*, die ihn in ähnlicher Weise wie Flaubert faszinierte: „Dans *Hamlet*, dans cette tragédie des aliénés, dans ce *Bedlam royal* où tout le monde est insensé et criminel, où la démence simulée se joint à la démence vraie, où le fou contrefait le fou, où les morts eux-mêmes fournissent à la scène la tête d'un *fou* ; dans cet odéon des ombres, où l'on ne voit que des spectres, où l'on n'entend que des rêveries, que le *qui vive* des sentinelles, que le criaillement des oiseaux de nuit et le bruit de la mer, Gertrude raconte qu'Ophélie s'est noyée". Ebd., S. 178.

28 Gustave Flaubert, Brief an Louise Colet vom 3. November 1851, *Corr. II*, S. 15.

in der Pariser Morgue ausgestellt wurde und deren berühmte Totenmaske zur Inspirationsquelle zahlreicher Schriftsteller avancierte,[29] erwecken auch weitere vorwiegend weibliche Ertrunkene das öffentliche Aufsehen, wie ein Zeitungsartikel im *Petit Journal* von 1869 illustriert:

> Nous avons raconté la triste impression qu'a produite à Nice la mort d'une Américaine, jeune, belle, riche, qui s'était noyée en se baignant dans la mer.
> On ajoutait ce détail navrant et cruel que le corps de la pauvre jeune Américaine n'avait pas été retrouvé, et la pensée qu'il avait dû être emporté par les courants se présentait tout naturellement à l'esprit.
> La colonie était en larmes.
> Eh bien, il paraît que les bains de mer, la noyade, sont purement des effets d'imagination.
> Il paraît que la victime, très ferrée sur la mise en scène, après avoir chargé sa femme de chambre à disposer artistiquement ses habits sur la plage, avait ensuite disparu en compagnie d'un ami très discret.[30]

In der Berichterstattung erfolgt eine Zurschaustellung des weiblichen Todes, die hier durch die angeblich eigens in Auftrag gegebene Inszenierung überhöht wird. So erscheint die junge Amerikanerin nicht etwa als passives Opfer

---

29 Vgl. David Phillips, „In Search of an Unknown Woman: *L'Inconnue de la Seine*", S. 321 f; Hélène Pinet, „L'eau, la femme, la mort. Le mythe de l'Inconnue de la Seine". Elisabeth Bronfen deutet die Totenmaske der unbekannten Ertrunkenen als künstliches Projektionsobjekt, in der die Frau als Referenz abwesend ist. Sie werde konstruiert als „figure of silence, of erasure, as simulacrum". *Over Her Dead Body. Death, Femininity and the Aesthetic*, S. 208. Als *most poetical topic* scheint sich in besonderem Maße der Tod einer schönen Unbekannten zu eignen, da er die künstlerische Imaginationskraft ins Unermessliche zu steigern vermag. Die wohl berühmteste *inconnue* des 19. Jahrhunderts stellt die „ [f]ugitive beauté" in Baudelaires berühmtem Gedicht „À une passante" dar (*OC I*, S. 93), die dem Sprecher in einem flüchtigen Moment in Witwenkleidung erscheint, um sodann im Dunkel zu entschwinden. Ein Wiedersehen mit der schönen Unbekannten wäre nur „unter den Bedingungen des Todes" möglich. Karin Westerwelle, „Bilderscheinung, flüchtige Schönheit und Ästhetik der Farbe. Baudelaires *À une Passante* und *La belle Dorothée*", S. 166. Die Flüchtigkeit ist bereits in der Bilderscheinung angelegt: „Gegenüber der Lichterscheinung der traditionellen Passantinnenfiguren stellt Baudelaire eine Frauenfigur zeichenhaft in schwarzer Bildlichkeit des äußeren Anblicks und des inneren majestätischen Schmerzes vor, die aus und in der Bewegung des Sehakts in der Nacht versinkt." Ebd., S. 168.

30 *Le Petit Journal*, 25. April 1869, S. 3. Wie die Zeitung in ihren „Petites Nouvelles" vom 17. April 1869 berichtet, handelt es sich bei der Toten um eine gewisse Madame Bill.

des gefährlichen Meeres, wie es beispielsweise in Flauberts Brief der Fall ist,[31] sondern als berechnende Regisseurin ihres eigenen Suizids. Die hervorgehobene Schönheit der jungen Frau, die für Berichte tragischer Unfälle typisch ist, wird ergänzt um eine Imaginationskraft, die nur noch den Anschein einer Nachahmungsinstanz wahrt – nämlich der zum Klischee gewordenen weiblichen Todesart –, in Wahrheit jedoch bereits als schöpferisch-kreative, ja subversive Instanz die eigene Flucht mit dem Liebhaber ermöglicht.[32]

1.1.2 Liebe und Tod in den *Mémoires d'un fou* (1838)

Wenngleich sich die Forschung über den Zeitpunkt der ersten Begegnung des jugendlichen Gustave mit der elf Jahre älteren Élisa Foucault während eines Familienurlaubs in Trouville uneinig ist,[33] wird Letztere gemeinhin als Modell für die schöne Badende am Strand von Trouville betrachtet, von der der Erzähler des autobiographischen Jugendwerks *Les Mémoires d'un fou* rückblickend berichtet.[34] Die zukünftige Frau von Maurice Schlésinger, Herausgeber der *Revue et gazette musicale,* den sie 1840 heiratete, ist in den 1838 verfassten *Mémoires d'un fou* in der Figur der Maria evoziert, die gemeinsam mit ihrem Ehegatten und ihrer kleinen Tochter den Sommer in Trouville verbringt. Der Erzähler beschreibt die Begegnung mit Maria als *coup de foudre*, die sich als schmerzvolle Erinnerung in sein Herz eingeschrieben hat: „Ici sont mes souvenirs les plus tendres et les plus pénibles à la fois [...]. c'est une large cicatrice au cœur qui durera toujours [...]."[35] *Idéale* und *vraie* zugleich – nämlich im verheißungsvollen Namen der im 19. Jahrhundert idealisierten Gottesmutter[36] sowie im realen Modell der Élisa – knüpft Maria an die Frauenfiguren im Werk Shakespeares an, die Flaubert Jahre später lobt.[37] Wie Shakespeares Ophelia

---

31 Als weiteres Beispiel für die als passives Opfer inszenierte Ertrunkene kann die Schwindsüchtige genannt werden, die in einem Vergleich in der ersten Fassung der *Éducation sentimentale* als Wasserleiche auftaucht: „Hélas ! leur amitié en vint aussi triste et aussi malade que les phtisiques qui reviennent des eaux." Gustave Flaubert, *L'Éducation sentimentale (1845)*, in: *Œuvres de jeunesse*, S. 1066.

32 Zur Bedeutungsverschiebung der Imagination vgl. Rainer Warning, „Imagination II", in: *Historisches Wörterbuch der Philosophie*, Bd. 4, Sp. 219 f.

33 Vgl. Claudine Gothot-Mersch, *Les Mémoires d'un fou. Notice*, in: Gustave Flaubert, *Œuvres de jeunesse*, S. 1354–1358.

34 Vgl. Pierre-Marc de Biasi, *Gustave Flaubert. Une manière spéciale de vivre*, S. 61 f.

35 Gustave Flaubert, *Mémoires d'un fou*, in: *Œuvres de jeunesse*, S. 483 f.

36 Zum Marienkult im 19. Jahrhundert vgl. Stéphane Michaud, *Muse et madone. Visages de la femme de la Révolution française aux apparitions de Lourdes*, S. 17–70.

37 Vgl. Gustave Flaubert, Brief an Ernest Feydeau vom 11. Januar 1859, *Corr. III*, S. 5. Vgl. Kap. 1.1.1.

und jene Ertrunkene, von der Flaubert in seiner frühen Korrespondenz berichtet, wird auch Maria zum Objekt einer Todesimagination, die jedoch auf eine symbolische Ebene verlagert ist. Erneut wird das einstige Fischerdorf zum Vorstellungsraum des romantischen Subjekts, zum Ort, an dem der Großteil seiner spontan verfassten, höchst persönlichen *Mémoires* situiert sind.[38] Die an den Türen von Trouville angebrachten „filets noirs et rongés par l'eau"[39] erinnern an das Netz, das den an den Strand angeströmten Leichnam der schönen Unbekannten umgeben hatte. Sie sind Teil einer großartigen Inszenierung, „le plus pittoresque et le plus chaud spectacle"[40] und erheben den Ort zur Schaubühne, auf der sich autobiographische Erfahrung und Vorstellungskraft erneut vermischen.

Wenngleich die Erscheinung der aus dem Meer emporsteigenden Maria, die der Erzähler vom Strand aus beobachtet, an Darstellungen der Venus Anadyomene angelehnt zu sein scheint,[41] symbolisiert der Meeresschaum nicht nur die Geburt und das Leben, sondern auch den Tod und die Vergänglichkeit. So betrachtet der Erzähler die Badende zunächst „de loin sous l'eau" und beneidet die den atmenden Körper umschlingende Welle, „la vague molle et paisible qui battait sur ses flancs et couvrait d'écume cette poitrine haletante". Er sieht „son cœur battre, sa poitrine se gonfler"[42]. Dennoch lauert im friedlich erscheinenden Wasser stets der Tod, wie nicht nur die Episode der Ertrunkenen verdeutlicht, sondern auch die an früherer Stelle der *Mémoires* beschriebene Traumsequenz des Erzählers, die in der Beschreibung seiner ertrinkenden Mutter zum Untersuchungsgegenstand vorwiegend psychoanalytischer Interpretationen geworden ist:[43]

> Ailleurs c'était dans une campagne verte et émaillée de fleurs le long d'un fleuve ; j'étais avec ma mère qui marchait du côté de la rive – elle tomba. – Je

38 „Je ne sais pas plus que vous ce que vous allez lire. [...] Seulement je vais mettre sur le papier tout ce qui me viendra à tête, mes idées avec mes souvenirs, mes impressions mes rêves mes caprices, tout ce qui passe dans la pensée et dans l'âme [...]." Gustave Flaubert, *Mémoires d'un fou*, in: *Œuvres de jeunesse*, S. 467.

39 Ebd., S. 484.

40 Ebd.

41 Der Erzähler vergleicht die Badende selbst mit der Liebesgöttin: „J'étais immobile de stupeur comme si la Vénus fût descendue de son piédestal et s'était mise à marcher." Ebd., S. 486.

42 Ebd.

43 Vgl. z. B. Marthe Robert, *En haine du roman*, S. 65 ff. In einem Brief an Maxime Du Camp vom 7. April 1846 wird Flaubert den Tod seiner Mutter antizipieren: „Il y a la mort de ma mère que je prévois plus ou moins prochaine [...]." *Corr. I*, S. 262.

> vis l'eau écumer, des cercles s'agrandir et disparaître tout à coup. – L'eau reprit son cours et puis je n'entendis plus que le bruit de l'eau qui passait entre les joncs et faisait ployer les roseaux.[44]

Zwar hört der junge Erzähler im eindringlichen Traum die Schreie seiner Mutter. Doch er kommt ihr nicht zu Hilfe, sondern sieht nur den in den Abgrund führenden Sog des Wassers. Der mit Röhricht und Schilf geschmückte Fluss erweist sich in seiner Ähnlichkeit zum Schauplatz der ertrinkenden Ophelia als perfekte Szenerie für den geträumten Tod.

In weitaus subtilerer Weise sind der an die Schaumgeburt der Venus angelehnten Erscheinung Marias Zeichen des Todes eingeschrieben. Während in den meisten Venusdarstellungen das wallende, sinnlich konnotierte Haar der aus dem Wasser emporsteigenden Schönheit hervorsticht, sind es bei Flaubert die von der Badenden hinterlassenen Fußspuren im Sand, die den Blick des Betrachters anziehen. Es ist somit nicht der sinnliche Körper selbst, auf dem der Blick innehält, sondern der Abdruck seiner Füße, die nicht selten als Fetischobjekte fungieren. Der ewigen Schönheit der traditionellen Venusfiguren stehen die vergänglichen Fußspuren der Flaubertschen Venuserscheinung gegenüber, die von den Wellen des Meeres langsam ausgelöscht werden und den Betrachter in große Traurigkeit stürzen:[45] „La vague a effacé les pas de Maria."[46] Gerade in den Wogen des doch eigentlich zum romantischen Symbol der Unendlichkeit erhobenen Meeres spiegelt sich die Vergänglichkeit, wodurch das Meer nicht nur als Projektionsraum des sehnsuchtsvollen Ich fungiert, sondern auch als idealer Schauplatz eines von Leidenschaft und Flüchtigkeit gleichsam bestimmten *coup de foudre*.[47] Es ist die Schwelle zwischen Leben und Tod, der leere Raum der Grenzerfahrung, versinnbildlicht im Meer von *Trou*ville, der durch das Ich ausgefüllt werden kann. In jenem unsichtbaren Schauplatz

---

44 Gustave Flaubert, *Mémoires d'un fou*, in: *Œuvres de jeunesse*, S. 476.

45 Vgl. ebd., S. 486: „[…] et mon regard restait fixé sur la trace de ses pas et j'aurais pleuré presque en voyant le flot les effacer lentement."

46 Ebd., S. 487.

47 Baudelaire wird in seinem Sonett „À une passante" die wohl berühmteste ‚flüchtige Schönheit' evozieren: „Un éclair... puis la nuit ! – Fugitive beauté / Dont le regard m'a fait soudainement renaître, / Ne te verrai-je plus que dans l'éternité ?" Charles Baudelaire, „À une passante" (XCIII, *Tableaux parisiens*, *Les Fleurs du mal*), in: *OC I*, S. 93. Wie Karin Westerwelle in ihrer Analyse des Sonetts aufgezeigt hat, liegt in den Auslassungspunkten zwischen Blitz („éclair") und Nacht („nuit") ein „Unsagbares, das zwischen der Blitzerscheinung und dem Fall in die konturlose Nacht sich ereignet." „Bilderscheinung, flüchtige Schönheit und Ästhetik der Farbe. Baudelaires *À une Passante* und *La belle Dorothée*", S. 166.

der Imagination tritt das idealisierte, unerreichbare Liebesobjekt auf, das nur in seiner flüchtigen, alsbald wie die Spuren im Sand ausgelöschten Erscheinung bestehen kann. Es konstituiert sich aus der Vorstellungskraft des Erzählers, die nicht nur Erinnerungen nachzeichnet, sondern vielmehr als schöpferisch-kreative Instanz operiert.

Neben der Mutter wird auch Maria zur Akteurin eines Todestraums des Erzählers. Während einer gemeinsamen nächtlichen Bootsfahrt richtet sie ihren Blick gen Himmel[48] – eine Geste, die der Erzähler als engelsgleich deutet und idealisiert: „C'était un ange – à la voir ainsi la tête levée avec ce regard céleste."[49] Gleichzeitig rückt der nach oben gerichtete Blick Maria in die Nähe des Todes, evoziert er doch gerade vor der Kulisse des auf dem Meer treibenden kleinen Segelboots eine berühmte weibliche Todesszene: Es ist die Schiffbruch erleidende, sich aus Scham nicht entkleidende tugendhafte Virginie aus Bernardin de Saint-Pierres populärem Roman *Paul et Virginie*, die vor ihrem Ertrinken ihre „yeux sereins" zum Himmel richtet und wie „un ange qui prend son vol vers les cieux" erscheint.[50] Wieder einmal erfolgt die Betrachtung des unerreichbaren Liebesobjekts an der Schwelle des Todes. Nicht die reale Figur der Élisa Schlésinger, sondern die fiktive Figur Virginies fungiert als Modell Marias. In der Rückschau auf die Szene treffen Traum und Wirklichkeit schließlich aufeinander: „C'était tout le charme d'un rêve avec toutes les jouissances du vrai."[51] Maria wird erneut in den Kategorien von *idéale* und *vraie* wahrgenommen, die Flaubert den Frauenfiguren Shakespeares zuschreiben wird.

Nicht nur das erträumte Liebesobjekt, auch das träumende Subjekt lässt sich einem Shakespeareschen Modell annähern. So bedient sich der Erzähler bereits im Traum von der toten Mutter nicht nur der Kulisse, vor der Ophelia ertrinkt, sondern ebenso der Vision eines toten Elternteils, die an den Geist des toten Vaters erinnert, von dem Hamlet verfolgt wird. In der melancholischen Rückschau erscheint schließlich Maria als Traumwesen beziehungsweise *fantôme* des imaginierenden Erzählers, der als romantischer Hamlet auftritt. In ähnlicher Weise wie die den weiblichen Körper umströmende Welle dessen Vergänglichkeit aufzeigt, steht sie auch für die Verflüchtigung des Liebesglücks: „Comme j'étais heureux ! – bonheur du crépuscule qui tombe dans la nuit, bonheur

48 Vgl. Gustave Flaubert, *Mémoires d'un fou*, in: *Œuvres de jeunesse*, S. 491: „[…] elle levait son regard vers le ciel, pur, étoilé, resplendissant de diamants et se mirant dans les vagues bleues."

49 Ebd.

50 Bernardin de Saint-Pierre, *Paul et Virginie*, S. 181.

51 Gustave Flaubert, *Mémoires d'un fou*, in: *Œuvres de jeunesse*, S. 491.

qui passe comme la vague expirée, comme le rivage.......“[52] Die Epiphanie Marias wird nun vom Erzähler selbst als Traum wahrgenommen, seine Jugend evoziert er im Ophelia-Motiv der welkenden Blumen: „Tout était passé comme un rêve. – Adieu pour toujours à ces belles fleurs de la jeunesse si vite fanées et vers lesquelles plus tard on se reporte de temps en temps avec amertume et plaisir à la fois !“[53] Maria ist das verlorene, wenn auch nie erreichte Liebesobjekt, an das sich der Erzähler erinnert. In seiner Vorstellung stirbt Maria einen symbolischen Tod. Bereits die mit Seegras geschmückte Wasserkulisse der ertrunkenen Ophelia, die sich dem eifersüchtigen Erzähler während des gemeinsamen Urlaubs im Anschluss an seine nächtlichen „pensées obscènes et grotesques“[54], seine Imagination einer Liebesszene zwischen Maria und ihrem Ehegatten, im Mondschein präsentiert, antizipiert den symbolischen Tod der Maria:

> La marée commençait à redescendre, et de place en place on voyait de grandes troues [sic] pleines d'eau argentées par la lune, des places de sable encore mouillé couvertes de varechs, ça et là quelques rochers à fleur d'eau, ou se dressant plus haut noirs ou blancs ; des filets dressés et déchirés par la mer, qui se retirait en grondant.[55]

Schon Bachelard hat in seiner Untersuchung, die das Element des Wassers mit dem Traum verbindet, auf die Bedeutung des Mondes für die *rêverie* hingewiesen und den „complexe d'Ophélie“ als Symbol einer „*union de la Lune et des flots*“[56] gedeutet. Das nächtliche Mondlicht, das Reflexe auf die Wasseroberfläche wirft, die im Vergleich Bachelards als „des êtres inconsolables“[57], im Vergleich des Flaubertschen Erzählers als große Löcher erscheinen, ist Sinnbild der Melancholie. Während der Mondschein in zahlreichen Darstellungen die Kulisse der auf dem Wasser treibenden toten Ophelia bildet, beleuchtet er in den *Mémoires* die von den Meereswogen aufgebäumten, zerrissenen Fischernetze, die schon in der persönlichen Episode der *noyée* den schönen weiblichen Körper umhüllten. Nun symbolisieren sie das verlorene Liebesobjekt, das nicht greifbar erscheint, sondern nur Spuren auf dem Sand, im Wasser oder im Herzen hinterlässt. Metonymisch für den unerreichbaren schönen Körper

52 Ebd.
53 Ebd., S. 493.
54 Ebd., S. 492.
55 Ebd.
56 Gaston Bachelard. *L'eau et les rêves. Essai sur l'imagination de la matière*, S. 119.
57 Ebd., S. 120.

steht der am Strand zurückgelassene Mantel Marias, die als Fetisch- oder Kultobjekt deutbare „charmante pelisse rouge avec des raies noires“[58], die der Erzähler vor den Wellen des Meeres rettet und die die erste Begegnung mit der Unbekannten initiiert.

Als unwiederbringlich verloren, ja symbolisch gestorben und dennoch ewig eingeschrieben in die Erinnerung des Ich erscheint Maria, als der Erzähler zwei Jahre nach ihrer ersten Begegnung nach Trouville zurückkehrt. Das Meeresufer ist verlassen, die Fassade des Hauses der Geliebten verblasst. Auf Marias Platz sitzt eine alte Frau.[59] Die Erinnerung an Maria ist wiederum mit dem melancholischen Sinnbild des Meeres verknüpft, dessen Wogen der Erzähler in seiner Vorstellung wiedersieht.[60] In der Tat sind es die Meereswogen, die das Bild der idealisierten Frau stets bewahrt haben, wie der Erzähler in seinem symbolischen Abschied an Maria ausspricht:

> Adieu, et cependant comme je t'aurais aimée, comme je t'aurais embrassée – serrée dans mes bras ! [...]
> Adieu, et cependant je penserai toujours à toi ; – je vais être jeté dans le tourbillon du monde – j'y mourrai peut-être écrasé sous les pieds de la foule, déchiré en lambeaux. Où vais-je ? que serai-je ? Je voudrais être vieux, avoir les cheveux blancs – non, je voudrais être beau comme les anges, avoir de la gloire, du génie, et tout déposer à tes pieds pour que tu marches sur tout cela, et je n'ai rien de tout cela – et tu m'as regardé aussi froidement qu'un laquais ou qu'un mendiant.
> Et moi, sais-tu que je n'ai pas passé une nuit, pas un jour, pas une heure, sans penser à toi, sans te revoir sortant de dessous la vague, avec tes cheveux noirs sur tes épaules [...].[61]

Das Erinnerungsbild, das der Erzähler ewig in seinem Herzen tragen wird, evoziert nicht nur die erste Erscheinung, ja die Geburt Marias, sondern zugleich ihren symbolischen Tod. Das schwarze Haar Marias entfernt sie von der

---

58 Gustave Flaubert, *Mémoires d'un fou*, in: *Œuvres de jeunesse*, S. 485.

59 Vgl. ebd., S. 511 f.: „Je retournai sur le rivage — comme il était vide ! De là je pouvais voir le mur gris de la maison de Maria — quel isolement ! Je revins donc dans cette même salle dont je vous ai parlé, elle était pleine mais aucun des visages n'y était plus, les tables étaient prises par des gens que je n'avais jamais vus, celle de Maria était occupée par une vieille femme [...].“ Die alte Frau, die den Platz Marias eingenommen hat, antizipiert den symbolischen Tod der gealterten Madame Arnoux am Ende der *Éducation sentimentale* von 1869. Vgl. Kap. 4.5.

60 Vgl. ebd., S. 512: „Je revoyais le même océan avec ses mêmes vagues [...].“

61 Ebd., S. 514.

blonden Venusfigur. Von den Wellen aufgelöst ist es außerdem Symbol des Todes.[62] Maria ist im Sog des Meeres untergegangen. Das Bild der venusartigen Epiphanie hat sich endgültig umgekehrt in ein morbides Vorstellungsbild, das die Frauenfigur unter der Welle fixiert. Gleichzeitig verweist das sinnlich konnotierte dunkle Haar Marias auf ihre Rolle als Verführerin. Bereits der kühle Blick Marias kann als ein Merkmal der todbringenden *femme fatale* gedeutet werden, die den männlichen Verehrer ins Unglück stürzt. Mit dem symbolischen Tod Marias einher geht der Wandel Trouvilles zu einem touristischen Seebad: Die natürliche Landschaft soll einer „salle de spectacle"[63] weichen. Diesem Wandel entspricht die Transformation der naturhaften Venusfigur in die kühle, unerreichbare und lediglich im Bild bestehende Kunstfigur. Die flüchtige Erscheinung Marias erinnert an jene Begegnung mit der geheimnisvollen Passantin aus Baudelaires *Tableaux parisiens*. Es ist gerade die Abwesenheit, die Unerreichbarkeit des verschwundenen Liebesobjekts, die die künstlerische Imagination beflügelt: In der Baudelaireschen Apostrophe „Ô toi que j'eusse aimée"[64] scheint der Ausspruch „comme je t'aurais aimée" des Flaubertschen Erzählers auf.

Liest man die *Mémoires d'un fou* als autobiographisches Jugendwerk (und darin scheint sich die Forschung einzig zu sein), präsentiert sich Maria (bzw. ihr Modell Élisa) in der Tat als *fantôme*, als ewig umhergeisternde, den Erzähler bzw. Autor ewig verfolgende, idealisierte Frauenfigur. Als sich Flaubert 1853 in Trouville befindet, schreibt er der eifersüchtigen Louise Colet, sie habe „ces jours-ci les fantômes de Trouville"[65] angeklagt. In einem Brief an die bereits verwitwete Élisa Schlésinger aus dem Jahre 1872 sind die *fantômes* von Trouville Teil einer scheinbar verspäteten Liebeserklärung: „Sur ce fond lumineux où de chers fantômes me tendent les bras, la figure qui se détache le plus

62 Vgl. Gaston Bachelard, *L'eau et les rêves. Essai sur l'imagination de la matière*, S. 114 f. Daneben fungiert das Haar als Objekt der Erinnerung. So kann es in der Haarsträhne eines Verstorbenen die Form eines Trauerobjekts annehmen. Als „noir océan" wird das sinnliche Haare in Baudelaires Gedicht „La chevelure" zum Träger der Erinnerung des liebestrunkenen Sprechers an das verlorene Liebesobjekt. Charles Baudelaire, „La chevelure" (XXIII, *Spleen et Idéal*, *Les Fleurs du mal*), in: *OC I*, S. 26.

63 Gustave Flaubert, *Mémoires d'un fou*, in: *Œuvres de jeunesse*, S. 484.

64 Charles Baudelaire, „À une passante" (XCIII, *Tableaux parisiens*, *Les Fleurs du mal*), in: *OC I*, S. 93. Der Ausspruch des Baudelaireschen Sprechers spiegelt die Unmöglichkeit der Liebe. Vgl. Karin Westerwelle, „Bilderscheinung, flüchtige Schönheit und Ästhetik der Farbe. Baudelaires *À une Passante* und *La belle Dorothée*", S. 168: „Die ‚flüchtige Schönheit' ist die Bedingung der Liebe und zugleich macht Flüchtigkeit jede Dauer in der Liebe unmöglich – wie es die Tempusform im Irrealis (‚j'eusse aimée') anzeigt."

65 Gustave Flaubert, Brief an Louise Colet vom 21. August 1853, *Corr. II*, S. 404.

splendidement, c'est la vôtre ! – Oui, la vôtre. Ô pauvre Trouville !"[66] Selbst die ‚realen' Figuren von Trouville, dem Projektionsraum der Vorstellung, sind zu *fantômes* geworden. Sie sind Darsteller auf der Bühne der Imagination, für die sinnbildlich die Todesszene Ophelias steht. Denn auch Ophelia ist ein *fantôme* der Vorstellungskraft des Zuschauers, der von ihrem Tod lediglich durch einen Bericht erfährt. Ihre Todesszene findet auf der Bühne der Imagination statt.

Dass Ophelia kraft der Vorstellung stirbt – so wie Maria in der Vorstellung des Flaubertschen Erzählers zum verlorenen, symbolisch gestorbenen *fantôme* stilisiert wird – veranschaulicht nicht zuletzt Rimbauds Gedicht, das die mit der Melancholie assoziierte „triste Ophélie" wie ein „fantôme blanc" auf dem schwarzen Fluss der Erinnerung treiben lässt.[67] Es ist denkbar, dass Victor Hugos bekanntes Gedicht „Fantômes" (1828) Flaubert zu seiner Bezeichnung der „fantômes" von Trouville inspiriert hat. Hugos Gedicht beginnt mit dem berühmten Vers „Hélas ! que j'en ai vu mourir de jeunes filles !"[68] und beschreibt den Tod einer jungen, wohl schwindsüchtigen *femme fragile*. Das Schlusstableau des Gedichts bildet die Todesszene Ophelias: „Ainsi qu'Ophélia par le fleuve entraînée, / Elle est morte en cueillant des fleurs !"[69] Wenn Flaubert noch in seinen späteren Briefen die *fantômes* von Trouville evoziert, so scheint er sich in zweifacher Weise in die Tradition seines Vorbilds Victor Hugo einzuschreiben: Zum einen erinnert er an seine eigene jugendliche, im romantischen Ich-Erzähler verkörperte literarische Nachahmung des großen Autors. Zum anderen deutet die Nennung der *fantômes* hin auf eine Vermischung autobiographischer und literarischer Todesfigurationen, die in Flauberts *Mémoires* vollzogen wird. In Form einer unheimlichen Voraussicht ist jene Vermischung auch auf Victor Hugo übertragbar: Am 4. September 1843, etwa fünfzehn Jahre nach der Entstehung der „Fantômes", erleidet Hugos neunzehnjährige Tochter Léopoldine mit ihrem Mann Charles Vacquerie Schiffbruch und ertrinkt.[70]

---

66 Gustave Flaubert, Brief an Élisa Schlésinger vom 5. Oktober 1872, *Corr. IV*, S. 585.

67 Arthur Rimbaud, „Ophélie", in: *Poésies complétes*, S. 116.

68 Victor Hugo, „Fantômes", in: *Les Orientales — Les Feuilles d'automne*, S. 183.

69 Ebd., S. 190.

70 Das Segelboot sollte Léopoldine und ihren Gatten gemeinsam mit dem Schiffskonstrukteur Pierre Vacquerie und seinem Sohn Arthus von Villequier nach Caudebec befördern, um dort den Notar Bazire zum gemeinsamen Essen mit Charles Vacqueries Mutter abzuholen. Bereits bei der Abreise ist das Boot zu leicht und wird mit Steinen beladen. Die zunächst zögerliche Léopoldine geht dennoch an Bord. In Caudebec angekommen, weigert sich Bazire in das wackelige Boot einzusteigen und bietet Léopodine an, zusammen mit ihm in seinem Wagen nach Villequier zu fahren. Nach langer Diskussion entscheidet sich Léopoldine, die Rückfahrt gemeinsam mit ihrem Gatten im Boot anzutreten.

In ähnlicher Weise wie Hugo sein restliches Leben vom *fantôme* seiner toten Tochter verfolgt wird, begleiten die *fantômes* der jungen ertrunkenen Unbekannten sowie des in der Figur Marias personifizierten verlorenen Liebesobjekts auch Flaubert auf seinem persönlichen sowie schriftstellerischen Lebensweg. Die eigene Bezeichnung als Wahnsinniger, wie aus dem Titel der *Mémoires d'un fou* hervorgeht, prädestiniert Flaubert für die Rolle des Hamlet, der für die Romantikergeneration neben Goethes Werther als idealer Repräsentant der *folie romantique* fungiert.[71] Hamlet schöpft aus seinen Träumen und Visionen. Er ist eine erhabene Figur, die gleichwohl häufig missverstanden wird, wie Flaubert selbst unter Rückbezug auf einen Kommentar des von ihm gering geschätzten Musset ausführt:

> Je trouve l'observation de Musset sur *Hamlet* celle d'un profond bourgeois, et voici en quoi. Il reproche cette inconséquence, Hamlet sceptique, lorsqu'il a vu par ses yeux l'âme de son père. Mais d'abord, ce n'est pas l'âme qu'il a vue. Il a vu un fantôme, une ombre, *une chose*, une chose matérielle vivante, et qui n'a aucun lien dans les idées populaires et poétiques, reportons-[nous] à l'époque, avec l'idée abstraite de l'âme. C'est nous, métaphysiciens et modernes, qui parlons ce langage. Et puis Hamlet ne *doute* pas du tout au sens philosophique. *Il rêve.* [...] Un paysan de nos jours peut encore parfaitement voir un fantôme et, revenu au grand jour, le lendemain, réfléchir à froid sur la Vie et la Mort, mais non sur la Chair et l'Âme. Hamlet ne réfléchit pas sur des subtilités d'école, mais sur des pensers humains. C'est, au contraire, ce perpétuel état de fluctuation d'Hamlet, ce vague où il se tient, ce manque de décision dans la volonté et de solution dans la pensée qui en fait tout le sublime.[72]

Es ist gerade die von Musset kritisierte „inconséquence", die Hamlet zum „plus fort type"[73] der modernen Literatur mache. Denn die Grundlage von Hamlets Wahrnehmung bilden nicht etwa abstrakte philosophische Konzepte, sondern seine unvermittelten, objektiv nicht fassbaren Träume. Die Seelenverfassung des Shakespeareschen Helden, die mit Hilfe der Wassermetaphorik veranschaulicht wird, scheint in Flauberts Vorstellung bildhaft eingezeichnet zu sein, wie das wiederholte deiktische Demonstrativpronomen *ce* verdeutlicht.

Ihr Entschluss ist fatal: Das Boot kentert. Es gibt keine Überlebenden. Vgl. Henri Gourdin, *Léopoldine, l'enfant-muse de Victor Hugo*, S. 9 f.

71 Vgl. Jean Bruneau, *Les débuts littéraires de Gustave Flaubert. 1831–1845*, S. 250 ff.

72 Gustave Flaubert, Brief an Louise Colet vom 28. Juni 1853, *Corr. II*, S. 367 f.

73 Ebd., S. 368.

Der Zustand der „fluctuation" verbindet Hamlet mit der auf dem Wasser treibenden (*flotter*) Ophelia: So verweist die *fluctuation* im übertragenen Sinne auf die geistige Bewegung des träumenden Subjekts, die als schwankend und ziellos umhertreibend beschrieben werden kann, so wie die tote Frauenfigur auf der Wasseroberfläche.[74] Der Zustand des „vague" greift die ewige Rastlosigkeit der Vorstellungskraft wieder auf, die unaufhörlich Bilder produziert, ja im Sinne des Verbs *vaguer* – das dem Verb *flotter* semantisch verwandt ist – Gedanken und Vorstellungsinhalte unkontrolliert und frei treiben lässt.[75] Wenngleich die Woge (*la vague*) und der Zustand des *vague* unterschiedlichen etymologischen Ursprungs sind, ähneln sie sich nicht nur in ihrer Eigenschaft als Homophone. Denn der *vague*, der auch im frühromantischen von Chateaubriand geprägten *vague des passions* auftaucht, bezeichnet in seiner etymologischen Bedeutung eine Leere bzw. einen „[e]space indéterminé, sans limite précise"[76], der einen Bezug zum unbegrenzten Raum des Meeres als Projektionsfläche des imaginierenden Subjekts herzustellen vermag.

Neben Shakespeares Hamlet fungieren auch die romantischen Helden Byrons und Chateaubriands als Vorbilder des jungen Gustave, der, wie aus zahlreichen, jene Autoren bewundernden Korrespondenzstellen hervorgeht, mit dem träumenden Ich-Erzähler der *Mémoires* identifiziert werden kann. So berichtet der „jeune homme vierge de sensations"[77] in dem Kapitel, das sich der Traumpassage von der ertrinkenden Mutter anschließt, von den Werken und Autoren, die ihn in die unendliche Welt der romantischen Vorstellungskraft eingeführt haben. Es ist die „poésie âpre" Byrons, die dem jungen Erzähler in ihrem klanghaften Stil „qui retentit si bien, comme les vagues de la mer"[78] eine Idee der endlosen, unstillbaren Leidenschaft vermittelt:

> Ce caractère de passion brûlante, joint avec une si profonde ironie, devait agir fortement sur une nature ardente et vierge. Tous ces échos inconnus à la somptueuse dignité des littératures classiques avaient pour moi un parfum de nouveauté, un attrait qui m'attirait sans cesse vers cette poésie

---

74 Vgl. *Le Grand Robert de la langue française* (online), s. v. „fluctuation, n. f.". Die Bewegung der Seele Hamlets versinnbildlicht die von Musset angeprangerte Inkonsequenz. Vgl. auch den weiteren Briefverlauf: „Mais *les gens d'esprit* veulent des caractères tout d'une pièce et *conséquents* (comme il y en a seulement dans les livres)." Gustave Flaubert, Brief an Louise Colet vom 28. Juni 1853, *Corr. II*, S. 368.

75 Vgl. *Le Grand Robert de la langue française* (online), s. v. „flotter, v." und „vaguer, v. intr.".

76 Vgl. ebd., s. v. „vague, adj. et n. m.".

77 Gustave Flaubert, *Mémoires d'un fou*, in: *Œuvres de jeunesse*, S. 477.

78 Ebd.

> géante qui vous donne le vertige et vous fait tomber dans le gouffre sans fond de l'infini.[79]

Der Vergleich des Klangs der Poesie mit den Wogen des Meeres wird durch das Bild des endlosen Abgrunds, in den der Leser taumelnd sinkt, ergänzt. Es verbindet die früh ausgebildete literarische „volupté"[80] mit einer Todesvorstellung. Der Evokation der ersten Worte aus Byrons *Giaour*, einem im romantischen Orient situierten Gedicht von 1813, in dem die dem Harem Hassans entflohene Sklavin Leïlah im Meer ertränkt wird, folgt der Ausspruch aus *Childe-Harold*: „Ô mer je t'ai toujours aimée".[81] Das Meer offenbart sich als Imaginationsraum des Todes. In ihm versinkt nicht nur das weibliche Liebesobjekt, sondern auch das träumende Ich. Der melancholische Seelenzustand des von Leidenschaften getriebenen umherwandernden byronischen Helden erinnert an den *vague des passions* eines René, der in der einsamen Natur vergeblich nach einem Objekt für seine Leidenschaften sucht:

> [...] je descendais dans la vallée, je m'élevais sur la montagne, appelant de toute la force de mes désirs l'idéal objet d'une flamme future ; je l'embrassais dans les vents ; je croyais l'entendre dans les gémissements du fleuve : tout était ce fantôme imaginaire, et les astres dans les cieux, et le principe même de vie dans l'univers.[82]

Stärker noch als bei Hamlet wird deutlich, dass es sich bei Renés *fantôme* um das Produkt seiner Imagination handelt, um ein Ideal, das nur im Naturschauspiel zu finden ist und die Unerfüllbarkeit der Leidenschaften andeutet.

Der Flaubertsche Erzähler lässt sich schließlich in die Tradition des von einer Todessehnsucht getriebenen romantischen Helden einordnen. So scheint er in Werther, Hamlet und Romeo, die kursiviert als Werktitel auftreten, Identifikationsfiguren gefunden zu haben, die durch eine Todessehnsucht vereint werden.[83] Ähnlich wie René, dessen „rêveries enchantées" beim Wahrnehmen des kirchlichen Glockenklangs von der Wiege zum Grab, von der Vergangenheit zur Zukunft reichen,[84] verspürt der Erzähler der *Mémoires* bei ebenjenem Geräusch eine „vague tristesse, quelque chose d'indéfinissable et de rêveur

79 Ebd.

80 Ebd.

81 Ebd.

82 François-René de Chateaubriand, *Atala – René*, S. 174.

83 Vgl. Gustave Flaubert, *Mémoires d'un fou*, in: *Œuvres de jeunesse*, S. 477.

84 François-René de Chateaubriand, *Atala – René*, S. 160.

comme des vibrations mourantes.“[85] Auch er antizipiert seinen eigenen Tod als Teil des Kreislaufs des Lebens: „Ô cloches, vous sonnerez donc aussi sur ma mort, et une minute après pour un baptême !“[86]

Die Vorstellung des eigenen Todes wird stets bestimmt durch ein (abwesendes) Liebesobjekt. Seien es Werthers Lotte, Renés Amélie oder Flauberts Élisa/Maria: Die geliebten Frauenfiguren sind fatale Figuren, aus denen, wie der gen Himmel gerichtete ‚Todesblick‘ Marias während der Bootsfahrt illustriert, „quelque chose à faire mourir d'amour“[87] auszuströmen scheint. Es ist nicht nur der weibliche Tod, der in vielen romantischen Werken imaginiert und dargestellt wird. Auch der männliche Erzähler ‚ertrinkt‘ nicht selten im Blick auf die Frauenfigur: „Sourd et aveugle j'aurais deviné sa présence, car il y avait en moi quelque chose d'intime et de doux qui se noyait en extases et en gracieuses pensées, quand elle passait ainsi.“[88]

In den *Mémoires d'un fou* wird der Tod als „l'océan sans borne“[89] imaginiert. Er fügt sich somit ein in die Wassermetaphorik, die schon den weiblichen Tod bestimmte. Der Tod stellt sich als endloser Abgrund dar und greift die anhand des Meeres von *Trou*ville symbolisierte Leere wieder auf:

> Oh ! l'infini, l'infini gouffre immense, spirale qui monte du fond des abîmes aux plus hautes régions de l'inconnu – vieille idée dans laquelle nous tournons tous, pris par le vertige – abîme que chacun a dans le cœur, abîme incommensurable, abîme sans fond.[90]

Der nicht erfassbaren Unendlichkeit, die in der Imagination des Erzählers als bodenloser, unergründlicher Abgrund ausgestaltet wird, ist zunächst noch die Möglichkeit eines göttlichen Schöpfers eingeschrieben: „[...] qu'est-ce que ce mot... Dieu, éternité, infini ?“[91] Doch wenn der Erzähler in der Folge den Untergang der Welt imaginiert, so stellt er sich einen leeren Himmel vor, einen Raum des endlosen Nichts. Als Relikte der untergegangenen Welt werden neben der verbrannten Asche der Erde einzig einige Tropfen des Meeres bestehen bleiben:

---

85 Gustave Flaubert, *Mémoires d'un fou*, in: *Œuvres de jeunesse*, S. 515.

86 Ebd.

87 Ebd., S. 491.

88 Ebd., S. 486.

89 Ebd., S. 505.

90 Ebd., S. 504.

91 Ebd. Zugleich stellt sich der Erzähler die Frage nach einer Grenze: „Nous nous disons toujours cependant : après bien des siècles, des milliers d'ans, quand tout sera usé, il faudra bien qu'une borne soit là.“ Ebd.

> Sans doute quand le monde ne sera plus (que je voudrais vivre alors – vivre sans nature, sans homme – quelle grandeur que ce vide-là !), sans doute alors il y aura des ténèbres, – un peu de cendres brûlées qui aura été la terre et peut-être quelques gouttes d'eau – la mer. Ciel ! plus rien – du vide – que le néant étalé dans l'immensité comme un linceul ![92]

Im übertragenen Sinne ist es somit die durch den Projektionsraum des Meeres symbolisierte Imagination, die den Tod der Welt überleben wird. Die Kunst ist nicht nur imstande, den Tod vor- und darzustellen, sondern ebenso ihn zu übertrumpfen:

> S'il y a sur la terre, et parmi tous les néants, une croyance qu'on adore, s'il est quelque chose de saint, de pur de sublime [sic], quelque chose qui aille à ce désir immodéré de l'infini et du vague que nous appelons âme, c'est l'art.[93]

So stellen die autobiographischen *Mémoires*, die das Vergangene in einer literarischen Form verewigen, eine Möglichkeit dar, den Raum des Nichts auszufüllen und dem desillusionierten, von der Liebe enttäuschten Ich eine neue Existenz in der Kunst zu verschaffen. Denn es ist einzig und allein die Kunst, die ewig währen und der Vergänglichkeit des menschlichen Lebens Einhalt gebieten kann.

Erst in der melancholischen Rückschau, in der sich die Memoria mit der Imagination verbindet, konstituiert sich die unerreichbare, nicht greifbare Erscheinung Élisa Schlésingers als geliebtes Objekt, deren *fantôme* das gesamte Leben des Schriftstellers begleiten wird. Eros und Thanatos erscheinen im Bild der ‚Todeswogen', das sich in der einschneidenden Episode der Ertrunkenen von Trouville formiert und sich wie eine Schablone über die aus dem Wasser auftauchende, eine Todessehnsucht hervorbringende Maria legt. Bezeichnenderweise wird gerade eine Totenliste zwanzig Jahre nach Verfassen der *Mémoires* Flauberts Erinnerung an Élisa Schlésinger wachrufen: „Une liste nécrologique où j'ai lu le nom d'Henri Blanchard m'a fait rêver à la rue de Grammont… Et puis votre souvenir m'arrive !"[94] Desillusioniert und von der Liebe enttäuscht konstatiert Flaubert im weiteren Briefverlauf, dass sein Herz „vieux comme l'antiquité elle-même",„une nécropole" sei.[95] Dieses Mal

92 Ebd.

93 Ebd., S. 503.

94 Gustave Flaubert, Brief an Élisa Schlésinger vom 16. Januar 1859, *Corr. III*, S. 6.

95 Ebd.

hingegen ist der Abschied nicht an die geliebte Frau gerichtet, sondern an die mit ihr verbundenen Erinnerungen: „Adieu, mille et mille souvenirs."[96]

1.1.3 Lucinde als Ophelia. Inszenierte Todesbilder in der *Éducation sentimentale* (1845)

„N'était-ce pas Lucinde ? Grand Dieu ! était-ce elle ? serait-ce elle ? noyée ? perdue sous le torrent. Si jeune ! si belle ! morte ! morte !"[97] Mit diesen theatralischen, im *discours indirect libre* verfassten Worten wird in der ersten Fassung der *Éducation sentimentale* Jules' Vision vom Tod der Schauspielerin Mademoiselle Lucinde wiedergegeben, die er eines Nachts leblos auf einem Fluss treiben sieht. Der Ort, an dem die weibliche Leiche imaginiert wird, ist gleichzeitig Ort der eigenen Todessehnsucht: Es handelt sich um jene Brücke, die der Protagonist einst aufgesucht hatte, um zu sterben.[98] Der junge Mann entwirft nicht etwa ein individuelles Vorstellungsbild der Schauspielerin, sondern ein Stereotyp. Mit den Begriffen „jeune", „belle" und „morte" wird das Bild des schönen weiblichen Leichnams evoziert, der als Projektionsobjekt männlicher Sehnsucht fungiert:

> Et plongeant ses regards dans les ténèbres, au loin bien en avant il s'attendait à voir... il la voyait avec sa robe blanche, sa longue chevelure blonde épandue et les mains en croix sur la poitrine – qui s'en allait doucement au courant, portée sur les ondes.Elle était peut-être là – à cette place – ensevelie sous l'eau froide, couchée au fond du fleuve – sur les cailloux verts.[99]

Der männliche Betrachter erschafft ein Vorstellungsbild der toten Schauspielerin. Die „ténèbres" verweisen hierbei nicht nur auf die Dunkelheit der Nacht, die den Hintergrundprospekt für die Todesinszenierung bildet, sondern auf den dunklen Innenraum, der das Bild hervorbringt. Jules' Vision wirkt wie ein Entwurf für Paul Delaroches *La Jeune Martyre* (1855, Musée du Louvre), die in der Finsternis der Nacht leblos und in ein weißes Kleid gehüllt auf dem schwarz erscheinenden Wasser treibt und ihrerseits auf das Modell Ophelias zurückverweist. Doch das Vorstellungsbild, das Jules kreiert, ist kein beständiges,

96 Ebd.

97 Gustave Flaubert, *L'Éducation sentimentale (1845)*, in: *Œuvres de jeunesse*, S. 1028.

98 Vgl. ebd.

99 Ebd., S. 1028 f.

sondern ein flüchtiges Bild. Jules scheint sich der Vergänglichkeit der zur schönen Schlafenden stilisierten Frauenfigur, die engelsgleich im Fluss schwebt, bewusst zu sein. Auf der Wasseroberfläche ist der schöne weibliche Körper in traditioneller Totenkleidung jungfräulich hergerichtet und zum Abschied aufgebahrt.[100] Die den Körper umhüllende Kleidung fungiert als eine Art Totenbarke. Sie trägt den Leichnam bis zum Ort des Grabes, zum Grund des Flusses, auf den er in Jules' vager Vorstellung hinabsinkt. So heißt es bereits in Shakespeares Hamlet im Bericht über den Tod Ophelias:

> [...] Her clothes spread wide
> And mermaid-like awhile they bore her up,
> [...] But long it could not be
> Till that her garments, heavy with their drink,
> Pulled the poor wretch from her melodious lay
> To muddy death.[101]

Die Vision der friedlich ruhenden schönen Frau weicht der Vorstellung ihres Leichnams. Die geschlossenen Augen ermöglichen keinen Blick mehr in die Seele, auf dessen Austritt aus dem Körper der leicht geöffnete Mund verweisen könnte.[102] Der versunkene weibliche Körper spiegelt die Melancholie des todessehnsüchtigen Betrachters, wird jene doch, wie Starobinski anhand von Baudelaires Gedicht „L'Irrémédiable" erläutert, durch einen „sentiment de la pesanteur" bestimmt.[103] Die innere Schwere korrespondiert mit einem externen „espace hostile, qui bloque ou englue toute tentative de mouvement",[104] wie ihn der Grund des Flusses darstellt, auf dem der tote, regungslose Körper eingeschlossen ist.

Als Kulisse der Imagination des weiblichen Todes dient wie in zahlreichen Todesdarstellungen der Ophelia das Mondlicht,[105] das bereits in den *Mémoires*

100 Das Bild erinnert an die Beschreibung des aufgebahrten Leichnams Caroline Flauberts, die in ihrem weißen Hochzeitskleid gebettet ist. Vgl. Kap. 1.2.

101 William Shakespeare, *Hamlet*, Akt 4, Szene 7, V. 173–181.

102 „Et il se figurait son cadavre... la bouche entrouverte, les yeux fermés..." Gustave Flaubert, *L'Éducation sentimentale (1845)*, in: *Œuvres de jeunesse*, S. 1029.

103 Jean Starobinski, *La mélancolie au miroir. Trois lectures de Baudelaire*, S. 41.

104 Ebd.

105 Im 19. Jahrhundert avanciert der Mond zum Symbol der idealen Frau, die, wie Bram Dijkstra aufgezeigt hat, in der „dulled, passive whiteness of moonlight and the sterile glazing of wax" nicht nur Entsprechungen ihrer als Wertsymbol deutbaren Blässe, sondern auch ihrer inneren Tugendhaftigkeit und passiven Zerbrechlichkeit findet. Bram Dijkstra, *Idols of Perversity. Fantasies of Feminine Evil in Fin-de-Siècle Culture*, S. 123.

d'un fou den durch die Fischernetze symbolisierten Verlust des Liebesobjekts aufscheinen lässt:

> Les nuages s'ouvrirent et la lune se dégageant de leurs flocons grisâtres apparut sur un fond du ciel bleu sombre – bordé de nuées noires ; elles couraient vite et s'amoncelaient les unes sur les autres, en haut du ciel. La lune montait en suivant sa course – quelquefois un de ses rayons tombait sur la rivière ou bien faisait luire au loin les flaques d'eau restées dans les ornières des chemins creux.[106]

Das Mondlicht setzt das Vorstellungsbild der ertrunkenen Lucinde, die doch eigentlich bereits im Fluss versunken ist, erst nachträglich in Szene und konterkariert somit Bachelards Annahme, dass es erst der Mondschein ist, der das Bild der Ophelia für das imaginierende Subjekt, das zu derartigen poetischen Vorstellungen fähig ist, auf das Wasser wirft.[107] Das fixierte Bild der im Mondschein auf dem Fluss treibenden Ophelia ist in Jules' Vision in eine szenische Abfolge von Einzelbildern transformiert, die das literarische Modell der weiblichen Ertrunkenen auf subtile Weise als Konstrukt entlarven. Dabei erscheint das Wasser in der dunkel eingefärbten nächtlichen Mondlandschaft als undurchschaubares, unheimliches Element der Nacht, als Element des Todes.[108]

Jules tritt als Künstler auf. Das Ophelia-Motiv rezipierend erschafft er eine eigene bildlich-szenische Abfolge des weiblichen Todes, in dem die *femme artiste* Lucinde die Hauptrolle spielt. Auch Eugène Delacroix ließ in seinem Gemälde *La mort d'Ophélie* von 1838 sowie in einer Lithographie, die 1843 als Teil seiner *Hamlet*-Serie publiziert wurde, die Schauspielerin Harriet Smithson den Tod der Ophelia sterben, nachdem er sie 1827 in einer Aufführung des Stücks gesehen hatte.[109]

Es ist möglich, dass Flaubert Delacroix' Lithographien kannte, las er doch die Stücke seines „maître Shakespeare" im Jahr der Fertigstellung der ersten

106 Gustave Flaubert, *L'Éducation sentimentale (1845)*, in: *Œuvres de jeunesse*, S. 1029.

107 Vgl. Gaston Bachelard, *L'eau et les rêves. Essai sur l'imagination de la matière*, S. 121: „Il faut une culture poétique puissante pour retrouver l'image d'Ophélie dans la Lune reflétée par les eaux."

108 Vgl. ebd., S. 123.

109 Vgl. Nerina Santorius, „Satans Erben. Das Vermächtnis der Unvernunft in der französischen Romantik", S. 100. Jener Pariser Hamlet-Aufführung wohnte auch Berlioz bei, der sich in die Ophelia-Darstellerin verliebte. Harriet Smithson inspirierte ihn nicht nur zu seinen *Symphonies fantastiques*, sondern sollte außerdem seine Ehegattin werden. Vgl. Peter Raby, *Fair Ophelia. Harriet Smithson Berlioz*, S. 75–78.

ABBILDUNG 1 *Eugène Delacroix,* Le suicide d'Ophélie (*„Et d'abord ses habits étalés et flottants la soutiennent sur l'eau pendant quelques instants."), Suite lithographique „Hamlet", 1834–1843.*

Fassung der *Éducation sentimentale* „avec un amour croissant"[110]. In einem ein Jahr später verfassten Brief schildert Flaubert bewundernd eine innere Erhebung, die die Lektüre Shakespeares in ihm auslöse. Sie mutet wie eine Vergeistigung, eine kurzzeitige Vernichtung der körperlichen Existenz an und geht und mit einer inneren Bildproduktion einher:

> Quand je lis Shakespeare, je deviens plus grand, plus intelligent et plus pur. Parvenu au sommet d'une de ses œuvres, il me semble que je suis sur une haute montagne. Tout disparaît, et tout apparaît. On n'est plus homme. On est *œil.*[111]

Welche Rolle spielt die nächtliche Vision der ertrunkenen Lucinde in Jules' Künstlerbiographie, bildet sie doch den Abschluss seines „dernier jour de

110 Gustave Flaubert, Brief an Ernest Chevalier vom 13. August 1845, *Corr. I,* S. 249.

111 Gustave Flaubert, Brief an Louise Colet vom 27. September 1846, *Corr. I,* S. 364.

pathétique"[112]? Begleitet wird die Vision von der vieldiskutierten Begegnung mit dem mysteriösen Hund, die in der Forschung häufig als Emanzipation von romantischen identifikatorisch-subjektiven Wahrnehmungsstrukturen gedeutet wird.[113] Ist die Wahrnehmung Lucindes als Ophelia noch eine romantische oder bricht sie bereits mit ebenjener? Tatsächlich sind es die „sons furieux", die unaufhörlich klagenden und eindringlichen „vibrations" des Hundes, die Jules nicht nur den Ort der eigenen Todesvorstellung aufsuchen lassen, sondern die auch die Vision des weiblichen Todes provozieren.[114] Das für Jules nicht dechiffrierbare Bellen, „ce langage plus muet pour lui qu'une porte fermée", offenbart sich als Stimme des Todes.[115] Wenn Jules das Bellen der „bête funèbre" schließlich als Totenklage für die ertrunkene Lucinde deutet,[116] so wird ersichtlich, dass ein Bruch mit den romantischen Wahrnehmungsmustern noch nicht erfolgt ist. Doch es ist die Schlussszene der Todesvision, die einen

---

112 Gustave Flaubert, *L'Éducation sentimentale (1845)*, in: *Œuvres de jeunesse*, S. 1031.

113 Jean Bruneau konstatiert, dass jene Szene die wohl am häufigsten interpretierte des Romans darstellt. Er bietet einen guten Forschungsüberblick der älteren Literatur, die zu der Szene erschienen ist. Vgl. *Les débuts littéraires de Gustave Flaubert. 1831–1845*, S. 425 f. Der Hund, den Jules zunächst mit Fox, jenem Spaniel, den er Lucinde geschenkt hatte, identifiziert, dann jedoch aufgrund seiner kreatürlichen Hässlichkeit wegzujagen sucht, verfolgt Jules bis zu jener Stelle, an der er sich einst umbringen wollte und an der ihm nun die Vision der ertrunkenen Lucinde erscheint. Bruneau deutet den Hund, dem Jules schließlich den Tod herbeiwünscht, in zweifacher Weise als symbolischen Todesboten: „C'est donc bien Fox, le chien donné à Lucinde, qui lui [Jules, S. W.] annonce la mort de celle-ci, symboliquement, et celle de son passé, de sa jeunesse." Ebd., S. 428. Innerhalb der Szene finde, so Bruneau, eine Umkehr des Pathetischen statt: „Flaubert présente donc l'épisode du chien, d'abord comme un événement ‚pathétique', ensuite comme le dernier événement de cette nature. Il est évident que l'épisode marque la fin d'une période de la vie de Jules et le commencement d'une autre." Ebd., S. 427. Der Hund stehe dem „refus de la réalité" gegenüber, jenem „mal", an dem Jules leidet. Ebd. Jonathan Culler deutet den Hund als „a dialectical excess, as that which always exceeds the interpretations which it provokes". *Flaubert. The Uses of Uncertainty*, S. 65. Auch Timothy A. Unwin argumentiert, dass es keine *conclusio* in der Deutung der Szene geben könne. Vgl. „The Significance of the Encounter with the Dog in Flaubert's First *Éducation sentimentale*", S. 236. Dennoch stelle die Begegnung mit dem Hund eine Lektion für Jules dar, da er ihn mit jener nicht dechiffrierbaren Vision der weiblichen Leiche konfrontiert, die gerade in ihrer „potentially illusionary nature" immenses Deutungspotential birgt. Vgl. ebd., S. 237.

114 Gustave Flaubert, *L'Éducation sentimentale (1845)*, in: *Œuvres de jeunesse*, S. 1028.

115 Das schrille, vibrierende Bellen des Hundes antizipiert die „voix rauque" des blinden Bettlers, die die Schreckensvision Emma Bovarys in ihrer Todesszene begleiten wird. Gustave Flaubert, *Madame Bovary*, in: *OC III*, S. 437. Vgl. Kap. 2.3.

116 „„Est-ce là ce que tu veux dire, avec ta voix qui pleure comme si tu hurlais sur un tombeau ?'" Gustave Flaubert, *L'Éducation sentimentale (1845)*, in: *Œuvres de jeunesse*, S. 1029.

Bruch mit der traditionellen Inszenierung des weiblichen Todes markiert. Jules' (träumender) Blick, der von der auf dem Wasser treibenden Ophelia-Gestalt hin zum unter der Wasseroberfläche verborgenen Leichnam wandert, birgt eine Entpathetisierung des Todes, die zwar erst in der zweiten Fassung der *Éducation sentimentale* vollständig ausgestaltet werden soll, im Jugendwerk aber bereits angelegt ist. Die romantische Bildform der in schlafender Haltung fixierten, im nächtlichen Mondschein passiv forttreibenden schönen Ophelia wird aufgebrochen und versinkt in den Tiefen des Flusses. Der undurchdringliche Abgrund („cet abîme"[117]), in den Jules hervorzudringen sucht, um das Geheimnis der unverständlichen Laute zu lüften, offenbart sich nun als unsichtbarer, abgründiger Ort des Todes. Auf dem dunklen Grund des Flusses kann das romantische Bild der Ophelia nicht mehr bestehen. Es wird ausgelöscht und weicht dem unpathetischen Blick auf ihre vergängliche, seelenlose Leiche. Schließlich ist es der am weiblichen Körper wahrgenommene Verfall der äußeren Form, der maßgeblichen Anteil an der Entwicklung des jungen Künstlers hat. In der Figur des Jules scheint nicht zuletzt die Ästhetik seines Autors Gustave Flaubert auf: Wenn Jules in den Augen des Hundes „deux filets de flamme mince et flamboyante"[118] erblickt, die er als entweichende Seele der Frauenfigur zu deuten sucht,[119] so erinnern die Strahlen an die mit dem letzten Leuchten der verblassenden Sterne verglichene „prunelle des agonisants"[120], die Flaubert während der Totenwache seiner Schwester evozieren wird. Das Bild verweist auf die Ideenwelt, die sich dem Künstler als Produktionsraum von Vorstellungsinhalten offenbart und die mit der vergänglichen Form des verwesenden Leichnams kontrastiert. Die „lueurs pleines d'angoisses"[121], die aus den Himmelskörpern strömen, sind nicht nur Ausdruck der schöpferischen Ideenwelt, sondern gleichermaßen Sinnbild des Todes. Denn der Tod ist Raum des Unsichtbaren, des nicht greifbaren Unbekannten, und damit Raum der Angst.[122] Im Blick des nun verstummten Hundes kann Jules nicht etwa das Geheimnis des Todes lesen. Vielmehr dienen die Augen als Spiegel des Schreckens, da sie eine sinnliche Wahrnehmung provozieren, die sich jeglicher stabiler, auf Erkenntnis basierender Deutung entzieht. Jules „croyait voir une âme"[123]. Doch die Seele, die er in den Augen des Hundes gespiegelt sieht, ist

117 Ebd., S. 1028.

118 Ebd., S. 1029.

119 Vgl. ebd., S. 1029.

120 Gustave Flaubert, Brief an Louise Colet vom 21. Januar 1847, *Corr. I*, S. 431.

121 Ebd.

122 Vgl. Kap. 1.2.

123 Gustave Flaubert, *L'Éducation sentimentale (1845)*, in: *Œuvres de jeunesse*, S. 1029.

die Projektion seiner eigenen Imagination. Wenn sich dem Hund in Jules' Blick „peut-être un Dieu"[124] offenbart, so wirkt dies wie ein Kommentar des Autors über die schöpferische Imaginationskraft seines sich von stereotypen Mustern emanzipierenden Helden, dem es, wie seinem Autor, mehr und mehr gelingt, „dans l'idée pure, dans l'infini"[125] einzukehren, wie es in einem Brief von Flaubert heißt. Durch den Rückzug in die Ideenwelt kann der Künstler seine Präsenz im Werk verhüllen und wie der unsichtbare Gott im Universum, mit einer „impassibilité cachée et infinie"[126] operieren. Der Todesblick des Hundes ist somit als Symbol des kühlen Blicks des Künstlers deutbar, der die Vergänglichkeit der am weiblichen Körper dargelegten Formen erkennt. Die schöne Form wird mit einem unpathetischen Bild ersetzt, das sich in kühler Distanz, weit unter der Wasseroberfläche, im unsichtbaren Nichts verbirgt.

Die Schauspielerin Lucinde ist Chiffre für das sich ausbildende Künstlerideal des jungen Flaubert. So deutet schon Jean Bruneau Lucinde als kühle Frauenfigur, die mit der ihr häufig angenäherten Schauspielerin aus Goethes Bildungsroman *Wilhelm Meisters Lehrjahre* kontrastiert.[127] Lucinde tritt als Kunstfigur auf. Nicht erst in Jules' Vision der Wasserleiche schlüpft sie in die Rolle der Ophelia. Bereits bei ihrer ersten Begegnung mit Jules erscheint Lucinde maskiert und ausstaffiert. Jules erblickt Lucinde zum ersten Mal auf der Bühne, „dans le haut de la scène"[128], während der Theaterprobe für eine Vaudeville-Aufführung. Dem künstlichen Schauplatz der Bühne entspricht das höchst artifizielle Theatergenre des populären Possenstücks, das Tanz- und Gesangseinlagen beinhaltet und als „exagération très artificielle d'une certaine raideur naturelle des choses"[129] verstanden werden kann. Die Schauspielerin ist in sitzender Pose auf der Theaterbühne fixiert und wird von M. Bernardi, dem Theaterdirektor und Freund von Jules, zunächst unter dem Namen der Rollen vorgestellt, für die sie bekannt ist: als Tochter (nämlich von Madame Artémise), Elvire und Doña Sol.[130] Der Körper der Schauspielerin wird von einer mantelartigen Stola umhüllt, ihr Gesicht verschwindet im Dunkel des

124 Ebd.

125 Gustave Flaubert, Brief an Maxime Du Camp vom 7. April 1846, *Corr. I*, S. 263.

126 Gustave Flaubert, Brief an Louise Colet vom 9. Dezember 1852, *Corr. II*, S. 204.

127 „Autant Marianne est sympathique et vivante, autant Lucinde est froide, et sans ‚présence' réelle." Jean Bruneau, *Les débuts littéraires de Gustave Flaubert. 1831–1845*, S. 399.

128 Gustave Flaubert, *L'Éducation sentimentale (1845)*, in: *Œuvres de jeunesse*, S. 887.

129 Henri Bergson, *Le Rire*, S. 78, zit. in: *Le Grand Robert de la langue française* (online), s. v. „vaudeville, n. m." Wie das Melodrama hat das Vaudeville seinen Ursprung in einer populären Opernform des 18. Jahrhunderts. Vgl. Florence Naugrette, *Le théâtre romantique. Histoire, écriture, mise en scène*, S. 54.

130 Vgl. Gustave Flaubert, *L'Éducation sentimentale (1845)*, in: *Œuvres de jeunesse*, S. 887.

nicht mehr ausgeleuchteten Bühnenhintergrundes, sodass es nur einen „vague profil“[131] erahnen lässt. Auffällig ist, dass die junge Frau vor dem Bühnengeschehen von Jules als „étrangère“[132] wahrgenommen wird, ja wie eine künstlich (de)platzierte Figur wirkt. Sie fügt sich nicht in das Bühnenbild ein, sondern sticht hervor. Dennoch lenken Bühnenkulisse und -beleuchtung ihre Wahrnehmung:

> Un décor qu'on dérangea l'éclaira tout à coup et je la vis en entier ; elle était nu-tête, de longues papillotes à l'anglaise d'un blond cendré tombaient avec une grâce exquise sur ses épaules décolletées, qui frissonnaient comme si elle eût eu froid ou sommeil ; elle grelottait en effet, et s'enveloppait dans son grand châle bleu qu'elle serrait sur ses membres.[133]

Mademoiselle Lucinde ist nicht nur im Dekor der Bühne gefangen, auch die Korkenzieherlocken bringen das natürliche Haar in eine künstliche Form und umrahmen das Gesicht. Sie erinnern an die erstarrte Frisur *à l'anglaise*, die der Büste Caroline Flauberts eingemeißelt werden wird,[134] und sind selbst Teil eines Todesbildes. So endet das kühle, aschblonde Haar Lucindes auf ihren zitternden Schultern und antizipiert das Bild der im eisigen Fluss treibenden Ophelia. Auch Jules' Vorstellung der von einem Meer aus Rosen und Diamanten bedeckten, auf Ebenholz gebetteten Lucinde erweckt vielmehr ein Bild des Todes als des Schlafes, so wie es von zahlreichen *post mortem*-Darstellungen im 19. Jahrhundert gezeichnet wird.[135] Die Vision der schlafenden Schauspielerin mutet wie eine morbide Phantasie an, die schließlich im Traum vom gemeinsamen einer mystischen Erfahrung nahekommenden Liebestod kulminiert:

> [...] c'est avec elle qu'on devrait se sentir monter vers les étoiles, vers la lumière, vers l'éternelle extase, d'un vol plus rapide et plus tranquille que celui des aigles et des ramiers sauvages, et confondu à son âme se dissiper comme l'encens qui s'en va lentement, toujours, en montant, pour mourir dans un espace pur et sans limites.[136]

---

131 Ebd.

132 Ebd.

133 Ebd., S. 888.

134 Vgl. Kap. 1.2.

135 „C'est celle-là qu'on aimerait à voir dormir sous la soie, dans un lit d'ébène, à couvrir de fleurs pour que les roses soient moins roses que sa peau, à couvrir de diamants pour qu'on les rejette ensuite, leur préférant le doux éclat de ses prunelles.“ Gustave Flaubert, *L'Éducation sentimentale* (*1845*), in: *Œuvres de jeunesse*, S. 888. Vgl. Kap. 2.4.

136 Gustave Flaubert, *L'Éducation sentimentale* (*1845*), in: *Œuvres de jeunesse*, S. 888 f.

Der künstliche Charakter der *femme artiste* wird nicht zuletzt durch das den Körper ausstaffierende Kostüm verstärkt: „C'était un vieux cachemire à longues franges rouges qui lui prenait toute la taille, les bras, et la derrière de la tête ; elle l'avait ramené ainsi par-dessus son peigne et se tenait immobile sans rien faire [...]"[137] Der Körper erstarrt zum passiven, ja leblosen Objekt, der von den animierten Kleidungsstücken in eine Form gebracht wird. Einzig die in „petits mouvements saccadés"[138] wippenden Füße durchbrechen die Bewegungslosigkeit des Körpers, wenngleich auch sie in ihrer fetischisierenden Wahrnehmung als maskierte Kunstobjekte auftreten.[139] Der mit einem „soulier de satin blanc"[140] bekleidete Fuß wirkt auf Jules „plutôt ganté que chaussé, car il semblait flexible et doux comme une main"[141] und scheint somit Flauberts einige Jahre später in seinem *carnet d'idées* skizzierte „Théorie du gant" zu illustrieren:

> C'est qu'il idéalise la main, en la privant de sa couleur, comme fait la poudre de riz pour le visage ; il la rend inexpressive (voir le vilain effet des gants sur la scène), mais typique ; la forme seule est conservée et plus accusée. Cette couleur factice, grise, blanche ou jaune, s'harmonise avec [le vê] la manche du vêtement, et, <sans> donner l'idée d'une nature autre (puisque le dessin est conservé), met de la nouveauté dans le connu, et rapproche ainsi [le] ce membre couvert, d'un membre de statue. [Malgré] Et cependant, cette chose anti-naturelle a du mouvement (différent en cela du masque, mais le masque a du mouvement par les yeux). Rien n'est plus troublant qu'une main gantée.[142]

Der Handschuh versieht die Hand, die ihrer natürlichen Farbe beraubt wird, mit einer künstlichen Maske und verwandelt sie in ein statueskes, ausdrucksloses und totes Kunstobjekt. Von der artifiziellen Form geht nunmehr eine unheimliche Bewegung aus, die für den Betrachter beklemmend wirkt, da sie von einem leblos erscheinenden Kunstobjekt produziert wird.

Die Schauspielerin Lucinde trägt die Masken und Kostüme des Todes. Sie erscheint prädestiniert für die Rolle der sterbenden Bühnenheldin, sodass es nicht verwundert, wenn Jules von ihrer Rolle als Adèle d'Hervey in Alexandre

137 Ebd., S. 888.

138 Ebd.

139 Vgl. ebd.

140 Ebd.

141 Ebd.

142 Gustave Flaubert, *Carnet 2 (1859–1878 ?)*, F°28, in: *Carnets de travail*, S. 234.

Dumas' romantischem Bühnenstück *Antony* berichtet, das 1831 im Paris Boulevardtheater der Porte-Saint-Martin mit Marie Dorval und Bocage in den Hauptrollen uraufgeführt wurde und schnell zu einem Publikumsliebling avancierte. Insbesondere die Todesszene, in der Antony seine Geliebte Adèle auf ihre eigene Bitte und aus Schutz vor ihrem Mann mit einem Dolch ersticht und die mit dem berühmten Ausspruch „Elle me résistait, je l'ai assassinée !" Antonys gegenüber dem eintretenden Ehegatten endet, rührte die Zuschauer zu Tränen. Die Schlussszene trug zum Skandalerfolg des Bühnenstücks bei, das die unaufrichtige Doppelmoral der Julimonarchie spiegelt und schließlich von Adolphe Thiers zensiert wurde.[143]

Es ist anzunehmen, dass die auf dem Boulevardtheater debütierende, mit *Antony* als „reine du drame romantique"[144] berühmt gewordene Marie Dorval, die ab 1833 große Triumphe in der Comédie-Française feiern sollte, das Modell für Flauberts Beschreibung der Lucinde in der Rolle der Adèle d'Hervey bildet.[145] Anhand eines Kommentars von Maxime Du Camp über die Stimme von Marie Dorval, die Flaubert angeblich sehr gut nachahmen konnte, haben bereits Jean Bruneau und D. L. Demorest Ähnlichkeiten zu der Stimme Lucindes herausgestellt, die als „un peu traînarde et mélancolique" beschrieben wird und manchmal in „cris déchirants" und „sanglots désespérés" ausbricht, um plötzlich von leisen, sehnsuchtsvollen Seufzern unterbrochen zu werden.[146]

In ihrer Rolle als Adèle, die mit ihrem Bühnentod in den Armen ihres Geliebten endet, erntet Lucinde den unaufhörlichen Beifall des Publikums. Auch Marie Dorval weiß das Publikum zu begeistern: So wird sich Théophile Gautier nach dem Tod der Schauspielerin in großer Bewunderung an die von ihr ausgelösten „effets électriques" sowie ihre „cris d'une vérité poignante" erinnern.[147]

---

143 Vgl. Florence Naugrette, *Le théâtre romantique. Histoire, écriture, mise en scène*, S. 152–154.

144 Ebd., S. 104.

145 Vgl. ebd. Wenngleich das Theaterleben im 19. Jahrhundert stark zentralisiert war und vornehmlich in Paris stattfand, wurde Marie Dorval auch auf den Bühnen von Rouen empfangen, sowohl im Théâtre Français als auch im Théâtre des Arts. Vgl. ebd., S. 94 f.

146 Gustave Flaubert, *L'Éducation sentimentale (1845)*, in: *Œuvres de jeunesse*, S. 889. Vgl. Jean Bruneau, *Les débuts littéraires de Gustave Flaubert. 1831–1845*, S. 418 und Don Louis Demorest, *L'expression figurée et symbolique dans l'œuvre de Gustave Flaubert*, S. 222.

147 Théophile Gautier, „Madame Dorval. Née en 1801. – Morte en 1849", in: *Histoire du romantisme*, S. 274. Gautier lobt auch den gen Himmel gerichteten Tränenblick der Schauspielerin in *Antony*: „Quelle vérité dans ses gestes, dans ses poses, dans ses regards, lorsque, défaillante, elle s'appuyait contre quelque meuble, se tordait les bras, et levait au ciel ses yeux d'un bleu pâle tout noyés de larmes !" „La reprise d'*Antony* (en octobre 1867)", in: *Histoire du romantisme*, S. 170. Der Blick zum Himmel, der nicht selten von Tränen verschleiert ist, findet sich bereits bei Racine und avanciert schließlich zur typisch weiblichen

Nach Marie Dorvals abendlichen Todesszenen sehnen sich die Theaterbesucher stets nach einer Steigerung ihrer Passio, die ihnen realer erscheint als jedes Leid, das sie je selbst empfunden haben:

> Adèle d'Hervey, Ketty [sic] Bell, Marion de Lorme, vous avez vécu pour nous d'une vie réelle ; vous ne fûtes point de vains fantômes fardés, séparés de nous par un cordon de feu ; nous avons cru à votre amour, à vos larmes, à vos désespoirs : jamais chagrins personnels ne nous ont serré le cœur et rougi la paupière autant que les vôtres ; et si nous avons survécu à votre mort de chaque soir, c'est l'espérance de vous revoir le lendemain plus tristes, plus plaintives, plus passionnées et plus charmantes qui nous a soutenu. Ah ! comme nous avons été jaloux d'Antony, de Chatterton et de Didier ![148]

Auch Lucinde spielt den Bühnentod der Adèle mit einer Leidenschaft, die ins Maßlose gesteigert erscheint: „[...] je l'ai aperçue dans sa loge, encore toute tremblante de l'émotion de son rôle, agitée, souriant sous les bravos qui duraient encore, et renouant un bandeau de ses cheveux qui était tombé pendant la dernière scène."[149] Jules möchte Teil dieser künstlich erzeugten Leidenschaften sein, deren theatrale *mise en scène* wie eine Nachahmung der von ihm erträumten Welt wirkt. In ähnlicher Weise wie die Theaterbesucher, von denen Gautier berichtet, imaginiert sich Flauberts Protagonist selbst als Kunstfigur, als Antony, in dessen Arme Lucinde hinabfällt: „J'aurais voulu aller avec eux [der Schauspielgruppe, S. W.], vivre avec eux, être comédien moi-même, jouer avec Lucinde, être l'Antony qui la tutoie et qui la presse dans ses bras."[150] Im gelösten Haarband („tombé") der Lucinde ist der Bühnentod Adèles angedeutet:

romantischen Todespose. Vgl hierzu die Todesszenen von Chateaubriands Atala oder Bernardin de Saint-Pierres Virginie sowie die Kap. 2.1 und 2.2.3.

148 Théophile Gautier, „Madame Dorval. Née en 1801. – Morte en 1849", in: *Histoire du romantisme*, S. 272 f.

149 Gustave Flaubert, *L'Éducation sentimentale (1845)*, in: *Œuvres de jeunesse*, S. 889. Das Haarband, das sich in der Todesszene gelöst hat, kann als subtiler Verweis auf das gelöste Haar, die *cheveux dénoués*, gedeutet werden, die ein stereotypes Wiedererkennungszeichen der sterbenden und/oder wahnsinnigen Heldin auf der romantischen Bühne sind. So kündigen sie Charles Bovary während der Opernaufführung von *Lucie de Lammermoor* die berühmte *scène de folie* der Titelheldin an: „„Elle a les cheveux dénoués : cela promet d'être tragique."" Gustave Flaubert, *Madame Bovary*, in: *OC III*, S. 352. In der Todesszene Salammbôs wird das gelöste Haar schließlich eine subversive Funktion einnehmen. Vgl. Kap. 3.4.

150 Gustave Flaubert, *L'Éducation sentimentale (1845)*, in: *Œuvres de jeunesse*, S. 889.

Sie fällt nach hinten und wird durch die sie auffangenden Arme des Geliebten vom Sturz in den Abgrund bewahrt.[151] Der mit dem Nichts aufwartende Tod wird durch eine künstlerische Darstellungsform – nämlich den nach hinten gebeugten sinnlichen Frauenkörper – als Grenzraum markiert. In ebenjenen droht die Frauenfigur hinabzusinken, wird jedoch durch die künstlerische Imagination vor dem formlosen Nichts bewahrt. Der sich in die Figur des Antony projizierende Betrachter Jules kann die Todespose der zurückfallenden Bühnenheldin fixieren. Das Bild des Todes wird durch ihn getragen und gehalten. In ähnlicher Weise wie Antony seine Geliebte in den Armen hält und somit in ein ewiges Bild transformiert, kann auch das Bild der auf dem Fluss treibenden Ophelia nur durch das imaginierende Subjekt geschaffen und fixiert werden, bevor es – so zumindest in Jules' Vision – in den Tiefen des Flusses versinkt. Der weibliche Frauenkörper wird in seinem Tod in eine Form gebracht. Seine bildlich-szenische Darstellung, die sowohl auf der Theaterbühne aber ebenso im Raum der Imagination erfolgen kann, widersetzt sich dem im Tod drohenden Verlust der schönen Form.

Am Beispiel einer Anekdote über Marie Dorval lässt sich aufzeigen, inwieweit die Schauspielerin dem Tod eine subversive Darstellungsform verleihen kann, nämlich indem sie ihren Tod eigens inszeniert. In der Rolle der sterbenden Adèle d'Hervey konnte Marie Dorval bei einer Theateraufführung von *Antony* in der Provinz, dessen genaues Datum nicht bekannt ist, ihr Improvisationstalent unter Beweis stellen.[152] Wie der Schauspieler Bocage Jahre später in der Zeitschrift *Le Monde illustré* berichtet, wurde bei der besagten Aufführung der Theatervorhang zu früh gesenkt, sodass der berühmte Ausspruch Antonys: „Elle me résistait… je l'ai assassinée !" vom Publikum nicht mehr gehört werden konnte. Letzteres war überaus irritiert und verlangte lautstark nach der finalen Szene. Da der übermüdete Bocage das Theater jedoch bereits verlassen hatte, um sich auszuruhen, schlug Marie Dorval dem Regisseur vor, die Schlussszene alleine zu spielen:

> « – Laissez-moi faire seule, – vous n'avez qu'à lever la toile dès que je serai en scène ! »
> Elle arrive, se jette à terre dans une attitude pleine d'abandon et de fatalité, on lève le rideau.

---

151 Das Schlusstableau der in den Arm ihres Liebhabers hinabgesunkenen Adèle d'Hervey wurde von Alfred Johannot in einer Lithographie verewigt. Sie ist in Kap. 3.4 abgedruckt (Abb. 21).

152 Vgl. Sylvain Ledda, *Des feux dans l'ombre. La représentation de la mort sur la scène romantique (1827–1835)*, S. 7 f.

> Alors elle se soulève sur le coude et dit :
> « – Messieurs et dames... *Je lui résistais, il m'a assassinée...* et on l'a emmené en prison ! »[153]

Der stumm zu Boden gefallenen, erdolchten Adèle verleiht Marie Dorval in ihrer improvisierten Inszenierung eine Stimme. Es ist nicht länger der männliche Held, der das Bild der toten Frauenfigur kreiert und es in seinen Armen fixiert. Lediglich das Personalpronomen *il* in der transformierten Rede der weiblichen Heldin verweist auf Antony, der nicht nur syntaktisch an das Ende des *récit* der Tötung rückt, sondern auch gänzlich von der Bühne verschwunden ist, sodass sich nunmehr der Prozess der Formgebung des Tötens selbst nur noch aus der Imagination des Zuschauers konstituieren kann. Marie Dorval ist aus ihrer Totenstarre ausgebrochen und hat damit das Bild des fixierten toten Frauenkörpers ausgelöscht. Ihre Inszenierung stellt eine kontradiskursive Form des von einer stummen Theatralität bestimmten Bühnentods der romantischen Heldin dar.

Doch es ist in der Regel jener wortlose, durch exzentrische Gestik und Mimik in den Blick rückende Todessturz der Frauenfigur, dessen Bühnendarstellung vom Publikum sehnsuchtsvoll erwartet und verlangt wird. „[L]a pantomime de la mort", wie Sylvain Ledda treffend konstatiert, bestimmt über „la chute ou la gloire" des Schauspielers.[154] Das romantische Theater versucht, das Publikum durch spektakuläre Effekte zu begeistern und zu schockieren. Die ostentative *mise en scène* gewaltsamer Todesarten sowie die makabre Zurschaustellung von Leichen sind auf der Bühne um 1830 omnipräsent.[155] Nicht selten wird die pantomimische Darstellung des Todessturzes begleitet von einem „Ah ! je meurs", wodurch dem Tod eine performative Dimension eingeschrieben wird, die den Charakter einer artifiziell herbeigeführten Handlung annimmt.[156] Pathos und Exzentrik bestimmen den romantischen Bühnentod, dessen Darstellungsformen eine neue Diskussion der aristotelischen Dramentheorie entfachen.[157] Eine klare Grenzlinie zwischen ‚klassischen' und

---

153 „Courrier de Paris", in: *Le Monde illustré*, 10. August 1861, S. 498.

154 Sylvain Ledda, *Des feux dans l'ombre. La représentation de la mort sur la scène romantique (1827–1835)*, S. 8.

155 Vgl. ebd., S. 10 f.

156 Vgl. ebd., S. 29.

157 Wenngleich der Tod auf der offenen Bühne zu jenem schweren Leid (*pathos*) zählt (vgl. Aristoteles, *Poetik*, Kap. 11, S. 37), das beim Zuschauer eine *katharsis* bewirkt, spielt die Unterscheidung zwischen *mythos* und *opsis* in der Poetik des Aristoteles eine entscheidende Rolle. So sei der Handlungsverlauf der Tragödie ihrer Inszenierung überlegen. Die bloße Zurschaustellung grauenvoller Vorfälle sei nicht Ziel der Tragödie. Vgl. ebd., Kap. 14, S. 41 f.

melodramatischen, populären Theaterformen kann nicht mehr gezogen werden: In den Todesszenen überwiegt stets das Spektakulär-Pathetische.

Neben Marie Dorvals Improvisation des Bühnentods der Adèle d'Hervey sei an dieser Stelle auch auf ihre Inszenierung der sterbenden Kitty Bell aus Alfred de Vignys Drama *Chatterton* verwiesen, das wiederum mit einem weiblichen ‚Todessturz' – wie er im gelösten bzw. hinabgefallenen Haarband Lucindes versinnbildlicht ist – aufwartet.[158] In der Rolle der Kitty Bell feiert Marie Dorval ab 1835 große Erfolge, die nicht zuletzt auf ihre Darstellung der Todesszene zurückzuführen sind. Dass die Mätresse von Alfred de Vigny auf dem Boulevardtheater debütierte, wird in ihrem spektakulären Sturz von der Treppe ersichtlich, die als Teil des Bühnendekors zum Zimmer des in den finanziellen Ruin getriebenen, sich mit Arsen vergifteten jungen Dichters Thomas Chatterton führt. Während de Vigny ursprünglich vorsah, Kitty Bell in den Armen der Figur des Quäkers sterben zu lassen, entwirft Marie Dorval heimlich ihre eigene Inszenierung der Todesszene, in der sie ohne Rettung zu Boden stürzt. Im Gegensatz zur Presse, die ihren Treppensturz ironisch mit den akrobatischen Bewegungen der Madame Saqui vergleicht und ihn als der prestigeträchtigen Comédie-Française unwürdig kritisiert, ist das Publikum zu Tränen gerührt.[159]

Die romantischen Bühnenautoren brechen mit dem klassischen Vorbehalt, den Tod auf der Bühne zu zeigen. Stattdessen bestimmt die *opsis* ihre spektakulären Todesszenen. Die Kunst der *mise en scène*, die durch technische Innovationen vorangetrieben wird, steht vor der Dichtkunst. Vgl. Sylvain Ledda, *Des feux dans l'ombre. La représentation de la mort sur la scène romantique (1827–1835)*, S. 29–54. Ledda stellt die Ambivalenz des Todes in der *Poetik* des Aristoteles anschaulich heraus: „Pourtant, si la *Poétique* souligne le caractère indispensable de la mort inscrite dans le destin des héros, elle déprécie sa mise en scène. Dans la classification des différentes composantes de la tragédie, la part spectaculaire (*opsis*) est déconsidérée. Or, la représentation de la mort fait partie du spectacle tragique puisque, comme l'ont montré René Girard et Jean-Pierre Vernant, la tragédie intègre la notion ancienne du sacrifice (*pharmakoi*), dans sa dimension sacrée et spectaculaire. Selon Aristote, c'est seulement quand il est inscrit dans l'histoire (*muthos*) et participe de l'agencement des actions que le trépas appartient à l'art tragique. Dans tous les autres cas, il procède du spectaculaire pur et ne présente aucun intérêt pour le théoricien grec." Ebd., S. 38.

158 In ihrer Auseinandersetzung mit der bürgerlichen Gesellschaft werden sowohl Dumas' *Antony* als auch Vignys *Chatterton* als moderne romantische Dramen bezeichnet. Vgl. Florence Naugrette, *Le théâtre romantique. Histoire, écriture, mise en scène*, S. 37. Gustave Flaubert lobt Vigny als „une des rares honnêtes plumes de l'époque". Brief an Louise Colet vom 7. April 1854, *Corr. II*, S. 545.

159 Vgl. Florence Naugrette, *Le théâtre romantique. Histoire, écriture, mise en scène*, S. 167. Naugrette berichtet, dass sowohl George Sand als auch Berlioz ihre Tränen nicht zurückhalten konnten. Maxime Du Camp sei sogar in Ohnmacht gefallen. Vgl. ebd.

In seinen *Souvenirs littéraires* berichtet Maxime Du Camp rückblickend auf eine frühe Aufführung des Stücks von ebenjenem Todessturz Marie Dorvals in der Rolle der Kitty Bell:

> A je ne sais plus quel passage, on cria : « Assez ! » Immobile, appuyé sur le rebord de la loge, étreint par une émotion jusqu'alors inconnue, j'étouffais. Aux dernières scènes, lorsque Kitty Bell gravit en oscillant l'escalier de la chambre où Chatterton va mourir, lorsqu'elle glisse renversée sur la rampe et retombe à genoux, lorsque, à la voix de son mari, elle se redresse, saisit sa bible et va s'affaisser, expirante, pendant que ses enfants accourent vers elle, la salle se leva ; il y eut un cri d'horreur, de commisération et d'enthousiasme. « Oh ! dans ton sein, dans ton sein, Seigneur, reçois ces deux martyrs !... »[160]

Die Todesszene, die als beinahe unerträglich beschrieben wird und den jungen Maxime zunächst in eine regungslose Starre versetzen und schließlich einen Ohnmachtsanfall provozieren wird, erweist sich als prägende Jugenderfahrung. Die Erinnerung an Marie Dorval ist mit Du Camps „plus vives émotions"[161] verbunden.

In ähnlicher Weise wie in jenem Bild, das Jules in seinem retrospektiven Bericht von Lucinde zeichnet, ihre Kostümierung hervorsticht, erinnert sich Maxime Du Camp noch bildhaft an die Accessoires und Kleidungsstücke der Marie Dorval: „Je la vois encore avec ses mitaines de dentelle noire, son chapeau de velours, son tablier de taffetas [...]."[162] Auch ihre leidenschaftlichen, schmerzvollen Gesichtsausdrücke, ihre real wirkenden Tränen sowie die wiederholten Bewegungen ihrer Hand, mit der sie eine Haarsträhne zurückstreicht, sind Flauberts Freund in lebhafter Erinnerung geblieben.[163] Die szenische Darstellung auf der romantischen Bühne wird bestimmt von künstlich-affektierten Gesten, die insbesondere zur Pathetisierung der melodramatischen Todesszenen beitragen. So kann auch der effektvolle Sturz der Kitty Bell als pathetischer Tod gedeutet werden, der in seiner – zunächst paradox klingenden – Bedeutung als stummer Liebestod noch überhöht wird.[164]

---

160 Maxime Du Camp, *Souvenirs littéraires (1822–1850)*, S. 83.

161 Ebd., S. 82.

162 Ebd.

163 Vgl. ebd., S. 82 f.

164 In der Tat bestiecht *Chatterton* durch seine moderne „dramaturgie du silence", die sich in der von Alfred de Vigny selbst kommentierten stummen (da verbotenen) Liebe zwischen Chatterton und Kitty Bell manifestiert. Florence Naugrette, *Le théâtre romantique. Histoire,*

Jules' Vision der toten Lucinde stellt den Versuch da, das verlorene und stets unerreichbare Liebesobjekt in eine beständige Form zu überführen. Die auf dem Wasser treibende, nach Shakespeares Ophelia modellierte Frauenfigur nimmt die Form eines romantisch-morbiden Erinnerungsbildes ein, in dem Eros und Thanatos vereint sind. Doch das Erinnerungsbild, das Jules in seiner Vorstellungskraft formt, erweist sich als flüchtige Vision, deren artifizielle Konstruiertheit, ja Montage von stereotypen szenischen Elementen eines vielfach rezipierten weiblichen Todesbildes – zu denen neben der Flusslandschaft im Mondschein das weiße Kleid, das gelöste Haar und die auf der Brust verschränkten Hände der auf dem Wasser treibenden, als Schlafende stilisierten Ophelia zählen – in subtiler Weise durch die Darstellungsform entlarvt wird. In Jules' Vorstellungsbild, das zunächst wie eine unschuldige romantische Idealisierung des verlorenen Liebesobjekts wirkt, sind bereits jene Masken des weiblichen Todes erkennbar, die in Flauberts nachfolgenden Werken – allen voran in *Madame Bovary* und *Salammbô* – aufgenommen, ironisch deformiert und schließlich ausgelöscht werden. Während das verklärte Todesbild der Ophelia in *Madame Bovary* einer unheimlich-erhabenen Todesvergegenwärtigung weicht, präsentiert sich der Tod der Titelheldin in *Salammbô* als Kunstmoment *par excellence*, der den exzentrisch-pathetischen Todesszenen der Romantiker ein stilles, kühles und subversives Todestableau gegenüberstellt, das es zu dechiffrieren gilt. Auf den ersten Blick wirken sowohl Salammbô als auch Lucinde wie passive Kunstobjekte. Doch in ähnlicher Weise wie Salammbô als Wegbereiterin der *femme fatale* der Jahrhundertwende betrachtet werden kann, ihre Todesszene eine moderne Ästhetik verkündet, steht auch Lucinde nicht nur Modell für die Fantasien des männlichen Künstlers. Neben ihrer Darstellung als *femme fatale*, die zwar noch weitgehend von romantischen Klischees bestimmt zu sein scheint,[165] doch zugleich Lucindes

écriture, mise en scène, S. 167. „Derrière le drame écrit, il y a comme un second drame que l'écriture n'atteint pas, et que n'expriment pas les paroles. Ce drame repose dans le mystérieux amour de Chatterton et de Kitty Bell ; cet amour qui se devine toujours et ne se dit jamais." Alfred de Vigny, „Sur les représentations du drame joué le 12 février 1835 à la Comédie-Française", in: *Œuvres complètes*, Bd. I, S. 816–817, zit. nach: Florence Naugrette, *Le théâtre romantique. Histoire, écriture, mise en scène*, S. 168.

165 „Vaguement elle faisait penser à cette race des fille d'Ève venues pour perdre les hommes, à ces femmes magiques qui se jouent avec les serpents, s'enlacent le corps dans leurs anneaux et les apaisent en leur parlant, à ces maîtresses de rois qui causent les calamités publiques, créatures perfides et toujours aimées qui vous trahissent dans un baiser, vous vendent pour des bijoux et vous offrent le poison – tout en riant au milieu de la fête, en

Schauspiel-, ja Verstellungstalent hervorhebt („en se jouant"), entschlüpft sie dem Versuch ihres Verehrers, sie in ein ewiges Kunstobjekt zu transformieren. Auch wenn die Schauspielerin gerade in den Theaterszenen als maskierte Kunstfigur stilisiert ist, die berühmte Todesposen der romantischen Literatur zur Darstellung bringt, so deutet bereits die Annäherung an Marie Dorval eine mögliche Überschreitung des traditionellen Formenrepertoires des weiblichen Bühnentodes an. In Jules' Vision entzieht sich Lucinde dem Bild der Ophelia, indem sie nach ihrer flüchtigen Erscheinung als schöne Tote auf den Grund des Flusses hinabsinkt. Auch in Jules' eigens geschriebenem Theaterstück *Le Chevalier de Calatrava*, von dem gerade der vielversprechende fünfte Akt als Leerstelle konzipiert bleibt,[166] wird Lucinde nicht die Rolle der sterbenden Bühnenheldin einnehmen. Stattdessen verschwindet sie mit ihrer Schauspielgruppe um Bernardi, der sich später als ihr Liebhaber entpuppt, und erleidet in Jules' Vorstellung einen symbolischen Tod. Jules kann seine Geliebte nur als totes Objekt, nämlich als Ophelia, in seiner Erinnerung wiederherstellen. Doch es ist ein vergängliches Erinnerungsbild, in dem sich die endgültige Desillusionierung des Künstlers spiegelt, dessen poetische Aspirationen gemeinsam mit dem Traum von der Liebe zunichte gemacht werden. Lucinde kann nicht als Kunstobjekt fixiert werden. Sie endet als *marchande de modes* in London, als Händlerin jener Ware, die die moderne Flüchtigkeit symbolisiert und gleichzeitig auf das Inszenierungspotential der Schauspielerin – nämlich mitunter durch die Kostümierung – zurückverweist.

---

se jouant sur vos genoux." Gustave Flaubert, *L'Éducation sentimentale* (*1845*), in: *Œuvres de jeunesse*, S. 912. D. L. Demorest geht sogar so weit, Lucinde als Schwester der Salammbô zu bezeichnen. Vgl. *L'expression figurée et symbolique dans l'œuvre de Gustave Flaubert*, S. 222.

166 Zur der geplanten Rezitation des letzten Akts vor dem Theaterdirektor Bernardi, der versprochen hat, das Stück aufführen zu lassen, wird es nie kommen, obwohl sich Jules gerade von der Schlussszene, an der er nächtelang gearbeitet hat, großen Ruhm erhofft: „[...] ce fameux cinquième acte qui devait lui rapporter tant de gloire." Gustave Flaubert, *L'Éducation sentimentale* (*1845*), in: *Œuvres de jeunesse*, S. 909. Dass der letzte Akt eine Todesszene beinhalten könnte, geht aus einer kurzen Bemerkung, die Jules nach der Fertigstellung seines Dramas an Henry richtet, hervor: „Grande nouvelle ! grande nouvelle ! Il y a ici une troupe de comédiens ! On va jouer mon drame, oui, Henry, mon *Chevalier de Calatrava* qui est fini, terminé – j'ai fait le cinquième acte cette nuit ; je viens de me réveiller, je suis encore tout étourdi et endormi, je compte surtout sur la scène des tombeaux comme effet, tu verras ça." Ebd., S. 885 f. Es ist denkbar, dass die effektvoll in Szene gesetzten Gräber von Meyerbeers berühmter Oper *Robert le Diable* und den im dritten Akt aufgeführten Totentanz der aus ihren Gräbern emporsteigenden Nonnen inspiriert wurden. Vgl. zu *Robert le Diable* auch Kap. 3.1.

1.2 Manufakte des toten Körpers. Die Erinnerung an Caroline Flaubert

> „Le souvenir de mon pauvre rat ne me quitte pas. – J'ai toujours à son endroit une place vide au cœur que rien ne comble."
> Gustave Flaubert,
> Brief an seine Mutter im Januar 1851

Am 22. März 1846 stirbt mit nur 21 Jahren Joséphine Caroline Flaubert, zwei Monate nach der Geburt ihrer Tochter Désirée Caroline Hamard. Der Tod der Schwester, der an vielen Stellen der mit Erfahrungen des Verlusts durchzogenen Korrespondenz Gustave Flauberts Erwähnung findet, wird in zweifacher Weise zum Ausgangspunkt künstlerischer Schöpfung: Auf der einen Seite werden am Leichnam der jungen Frau Bilder des Todes gezeichnet und bürgerliche Erinnerungsobjekte abgeformt, die die existentielle Auslöschung zu kompensieren suchen. Auf der anderen Seite ist es gerade die Erfahrung der Vergänglichkeit, der nicht darstellbaren Leere, die eine weitere Form künstlerischer Schöpfung bedingt, indem sie maßgeblich zur Entwicklung der Ästhetik und des literarischen Werks Gustave Flauberts beiträgt.

In mehreren Briefen an Freunde und Vertraute spricht der junge Flaubert über den sich verschlechternden Gesundheitszustand seiner kleinen Schwester, die eine enge Bezugsperson für ihn darstellt. Auffallend ist die stoische, unberührte Haltung, mit der der Tod Carolines vorausgeahnt wird. In einem Brief an seinen Freund Maxime Du Camp vergleicht Flaubert den eigenen Seelenzustand mit dem einer Statue, einem unbewegten Standbild, dessen Augen im Gegensatz zur weinenden „statue" der Mutter[167] „secs comme du marbre"[168] und somit Ausdruck der im Herzen kristallisierten Schmerzen sind: „C'est étrange, autant je me sens expansif, fluide, abondant et débordant dans les douleurs fictives, autant les vraies restent dans mon cœur âcres, dures ; elles s'y cristallisent à mesure qu'elles y viennent."[169] Der absehbare Tod der Schwester wird aus der Perspektive des Schriftstellers wahrgenommen. Das persönliche Leid misst sich am literarischen Werk, in dem im Sinnbild der überbordenden, flüssigen Masse eine Fülle imaginierter Gefühle von Schmerz und Trauer in eine Form gegossen werden können. Der Schmerz um den Verlust der Schwester wird hingegen bereits im Voraus im Herzen eingefroren – als schwer lastende,

167 „Ma mère est une statue qui pleure." Gustave Flaubert, Brief an Maxime Du Camp vom 15. März 1846, *Corr. I*, S. 257.

168 Ebd.

169 Ebd.

feste Masse („âcres, dures“) – womit ihm jegliche überbordende Formbarkeit entzogen wird. Der künstlerische Schaffensprozess bringt das Selbstopfer der ‚echten‘ Gefühle mit sich.

Nur zwei Monate nach dem Tod des Vaters am 15. Januar 1846 wird Flaubert den Tod in der Gestalt der Leichenbestatter erneut mit lärmenden Schritten in das Haus der Familie in der Rue de Lecat in Rouen eindringen sehen:

> Encore une fois je vais revoir les draps noirs et j'entendrai l'ignoble bruit des souliers ferrés des croque-morts qui descendent l'escalier. J'aime mieux n'avoir pas d'espoir et entrer au contraire par la pensée dans mon chagrin qui va venir.[170]

Es ist der Künstler, der den nahenden Tod der Schwester vorzeichnet: So erschafft Flaubert das Tableau des sinnlich wahrnehmbaren Todes, der sich dem Gehör in der Präsenz der Bestatter nicht nur in den mit Eisen beschlagenen Schuhen aufdrängt, sondern bereits im onomatopoetischen Verb *croquer*, das dem populärsprachlichen Kompositum „croque-morts“[171] die physiologische Dimension des knirschend-zermalmenden Verfalls verleiht.[172] Die Imaginationskraft, die durch den absehbaren Verlust der Bezugsperson hervorgerufen wird, äußert sich weiterhin in der dem Tod vorausgehenden Vorstellung der Beerdigung: „Avant la mort de mon père et de ma sœur j'avais assisté à leur enterrement, et quand l'événement est arrivé je le connaissais.“[173]

Erfolgt der Entwurf der persönlichen Todeserfahrung aus der Wahrnehmung des Künstlers, so prägt der Tod der Schwester umgekehrt auch das Künstlertum. Es ist zu fragen, inwieweit der schmerzliche Verlust zur Abkehr von der romantischen Form beiträgt, die noch weite Teile des Flaubertschen Jugendwerks bestimmt. So generiert der Tod der Schwester gerade keine

---

170 Ebd.

171 Vgl. *Dictionnaire de l'Académie française* von 1835 (online), s. v. „croque-mort, s. m.“: „Il se dit, par dénigrement, de [c]eux qui sont chargés de transporter les morts au cimetière. Il est populaire.“

172 Vgl. ebd., s. v. „croquer, v. n.“: „Il se dit des choses dures ou sèches qui font du bruit sous la dent quant on les mange.“ Hingewiesen sei außerdem auf die weitere Bedeutung von *croquer* in der Kunst: „Prendre à la hâte, au moyen du crayon, du pinceau, etc., les traits principaux et caractéristiques des objets dont on veut conserver le souvenir, tels qu'une figure, un groupe, des fabriques, etc.“ Ebd. Ist es nicht die Aufgabe der *croque-morts*, in den Bestattungsriten eine Art Erinnerungsbild der Toten zu zeichnen? Im Angesicht der körperlichen Verwesung erscheint das skizzenhafte, hastig gezeichnete Bild als notwendige Konsequenz.

173 Gustave Flaubert, Brief an Louise Colet vom 21. Oktober 1846, *Corr. I*, S. 395.

„exhalaisons d'âme", keinen gefühlsbetonten „lyrisme", die, wie es in einem späteren Brief an Louise Colet heißt, noch die eigene „époque sentimentale"[174] charakterisierten. Wenn Flaubert 1852 im selben Brief konstatiert: *„Moins on sent une chose, plus on est apte à l'exprimer comme elle est* [...]"[175] und sich für den im Stil vermittelten *regard* des Künstlers ausspricht, so lassen sich die Wurzeln dieses Stilideals bereits in einem Brief kurz nach dem Tod Carolines finden: „Mes derniers malheurs m'ont attristé mais ne m'ont pas étonné. Sans rien ôter de la sensation je les ai analysés en artiste."[176] Mehr als je zuvor gelingt die Rückkehr „dans l'idée pure, dans l'infini"[177]. Damit verbunden ist allerdings eine Abkehr von der Welt, ein Rückzug in die kühle Schriftstellerexistenz:

> J'ai soif de longues études et d'âpres travaux. La vie interne que j'ai toujours rêvée commence enfin à surgir. Dans tout cela la poésie y perdra peut-être, je veux dire l'inspiration, la passion, le mouvement instinctif. J'ai peur de me dessécher à force de science et pourtant d'un autre côté je suis si ignorant que j'en rougis vis-à-vis de moi-même. – Il est singulier comme, depuis la mort de mon père et de ma sœur, j'ai perdu tout amour d'illustration.[178]

War der „amour d'illustration" noch unabdingbar für den bildhaften Stil des romantischen *lyrisme*, so verweist sein Verlust umso mehr auf die Ewigkeit der Idee, die den vergänglichen Formen übergeordnet ist. Die Erfahrung des Todes, der sich der menschlichen Vorstellungskraft entzieht und somit immer schon auf Bilder angewiesen ist, bringt nunmehr keine Bildlichkeit hervor.

Mit dem Tod der Schwester stirbt auch ein Teil Flauberts. Der partielle Tod der eigenen Existenz wird zur Bedingung für die literarische Schöpfung: „Depuis que mon père et ma sœur sont morts je n'ai plus d'ambition. Ils ont emporté ma vanité dans leur linceul et ils la gardent. Je ne sais pas même si jamais on imprimera une ligne de moi."[179] Wenngleich Flaubert berichtet, dass ihm der Verlust seines Vaters und seiner Schwester jegliche künstlerische Ambition raubt, ist ihr Tod konstitutiv für die Flaubertsche Ästhetik, die sich in den

---

174 Gustave Flaubert, Brief an Louise Colet vom 6. Juli 1852, *Corr. II*, S. 128.

175 Ebd., S. 127. Es bedürfe schließlich der „faculté *de se la faire sentir*", die mit dem Genie gleichgesetzt wird. Ebd. Vgl. auch Harald Nehr, *Das sentimentalische Objekt. Die Kritik der Romantik in Flauberts* Éducation sentimentale, S. 56 f.

176 Gustave Flaubert, Brief an Maxime Du Camp vom 7. April 1846, *Corr. I*, S. 261.

177 Ebd., S. 263.

178 Gustave Flaubert, Brief an Maxime Du Camp im Mai 1846, *Corr. I*, S. 264.

179 Gustave Flaubert, Brief an Louise Colet vom 14. Oktober 1846, *Corr. I*, S. 389.

Folgejahren entwickeln soll. Deutet man die *vanité* als persönliche Eitelkeit im Hinblick auf den Anspruch der Vollkommenheit an das eigene Werk, so scheint der Verlust der *vanité* auf den ersten Blick schädlich für die kreative Schöpfung. Doch weder der *amour propre* noch die Suche nach einer Form der *gloire* motivieren die schriftstellerische Arbeit Flauberts. Vielmehr konstituiert sich sein Werk aus der Absage an das eigene Ich. Flaubert opfert die eigene Existenz für die Kunst. Aus dieser Perspektive ist auch die *vanité* zu verstehen: als Bewusstsein von der Vergänglichkeit des irdischen Daseins, die eigene Nichtigkeit. Das Bild der entraubten *vanité* illustriert den Versuch der Überschreitung des sterblichen Körpers – der zwar nicht ganz ausgelöscht, sondern lediglich sinnbildlich durch das Leichentuch verhüllt werden kann – und bildet die Grundlage für die neue geistige Existenz des Künstlers. Es ist einzig die Feder, die der Schriftsteller zum Leben benötigt: „Je suis un homme-plume. Je sens par elle, à cause d'elle, par rapport à elle et beaucoup plus avec elle."[180] In einem Brief von 1857 deklariert Flaubert die Kunst schließlich zum einzigen Mittel, das Leben zu ertragen, nämlich in der Absage an dieses: „La vie est une chose tellement hideuse que le seul moyen de la supporter, c'est de l'éviter. Et on l'évite en vivant dans l'Art, dans la recherche incessante du Vrai rendu par le Beau."[181]

Der am weiblichen Leichnam der Schwester wahrgenommene Verfall der körperlichen Form trägt maßgeblich zum Selbstverständnis des Künstlers bei, dessen Blick sich in die unendliche Ideenwelt richtet:

> Quand ma sœur est morte, je l'ai veillée la nuit ; j'étais au bord de son lit ; je la regardais couchée sur le dos dans sa robe de noces avec son bouquet blanc. – Je lisais du Montaigne et mes yeux allaient du livre au cadavre ; son mari dormait et râlait ; le prêtre ronflait ; et je me disais en contemplant tout cela que les formes passaient, que l'idée seule restait et j'avais des tressaillements d'enthousiasme à des coins de phrases de l'écrivain. – Puis j'ai songé qu'il passerait aussi ; il gelait, la fenêtre était ouverte à cause de l'odeur, et de temps à autre je me levais pour voir les étoiles, calmes, chatoyantes, radieuses, éternelles ; et quand elles pâliront à leur tour, me

---

180 Gustave Flaubert, Brief an Louise Colet vom 31. Januar 1852, *Corr. II*, S. 42.

181 Gustave Flaubert, Brief an Mlle Leroyer de Chantepie vom 18. Mai 1857, *Corr. II*, S. 717. Bereits einige Monate nach dem Tod seiner Schwester gibt Flaubert Louise Colet den Ratschlag, die Idee und die Kunst zu lieben, da sie allein unsterblich seien: „Oh, va, aime plutôt l'Art que moi. Cette affection-là ne te manquera jamais, ni la maladie ni la mort ne l'attendront. Adore l'Idée. Elle seule est vraie parce qu'elle seule est éternelle." Gustave Flaubert, Brief an Louise Colet vom 2. September 1846, *Corr. I*, S. 325.

> disais-je, quand elles enverront, comme la prunelle des agonisants, des lueurs pleines d'angoisses tout sera dit et ce sera plus beau encore. Donc je me console à peu près de tout en regardant les étoiles et j'ai pour la vie une apathie si insurmontable que ça m'ennuie de manger même quand j'ai faim.[182]

Erst die im Tod erfahrene Vergänglichkeit der äußeren Form ermöglicht eine Reflexion über die Idee. Während der Totenwache wird die weibliche Leiche in einem romantischen und zugleich unbeständigen Bild wahrgenommen, das dem physiologischen Verfall weichen muss. Die einleitende Beschreibung der im Hochzeitskleid gebetteten Schwester, die von der Farbe Weiß und somit einer jungfräulichen Reinheit dominiert wird,[183] evoziert das insbesondere im 18. und frühen 19. Jahrhundert vorherrschende Bild des Todes als Schlaf.[184] Hierbei verweist das Partizip „couchée" auf eine konkrete romantische Darstellungsform dieses Vorstellungsbildes, nämlich die im „lit de la vierge"[185] gebettete Atala Chateaubriands: „Atala était couchée sur un gazon de sensitives de montagnes […]."[186] Doch in der Folge der Lektüre Montaignes schlägt das Bild der schlafenden Jungfrau um in die Erscheinung des toten Körpers.[187] Das romantische Bild wird ausgelöscht und durch den „cadavre" ersetzt, der auf kein Vorstellungsbild mehr verweisen kann: „Le cadavre est sa propre image."[188] Der Schlaf, der zuvor Symbol des Todes war, findet nunmehr seine Darstellung

182 Gustave Flaubert, Brief an Louise Colet vom 21. Januar 1847, *Corr. I*, S. 431.

183 Während der nackte Leichnam lange Zeit nur in ein Leichentuch eingewickelt wurde, beginnt man im 19. Jahrhundert, die Toten zu kleiden. Frauen tragen in der Regel ihre „robe de mariée". Vgl. Emmanuelle Héran, „Le dernier portrait ou la belle mort", S. 40. Das weiße Hochzeitskleid symbolisiert nicht nur Unschuld und Unsterblichkeit, sondern verweist zudem auf die gesellschaftliche Rolle der Verstorbenen, die auch im Tod als Ehefrau inszeniert wird.

184 Vgl. Thomas H. Macho, *Todesmetaphern. Zur Logik der Grenzerfahrung*, S. 249 ff. Die wohl bekannteste neuzeitliche Abhandlung über den Tod als „Zwillingsbruder des Schlafes" liefert Lessing, für den nicht etwa das Schrecken erregende Skelett, sondern ein mit gesenkter Fackel ausgestatteter, geflügelter junger Genius der Antike als Bild des Todes gedient habe. Vgl. Gotthold Ephraim Lessing, *Wie die Alten den Tod gebildet*, S. 201–219, hier S. 201.

185 François-René de Chateaubriand, *Atala – René*, S. 138.

186 Ebd., S. 137 f.

187 Zu Flauberts Rezeption von Montaigne, den er, wie aus seinen Notizen zu den *Essais* hervorgeht, sehr bewunderte, vgl. Timothy Chesters, „Flaubert's Reading Notes on Montaigne".

188 Maurice Blanchot, „Les deux versions de l'imaginaire", S. 347. Für Blanchot repräsentiert der tote Körper „la ressemblance par excellence", da er den lebendigen Körper in einen

im Röcheln des Émile Hamard, das nicht nur – wie das Schnarchen des anwesenden Priesters – als Schlafgeräusch, sondern ebenso als Rückbezug auf die Todesagonie seiner Ehegattin gedeutet werden kann.[189] Es sind die körperlichen Zeichen der Schlafenden sowie der Toten, aber auch die Momentaufnahme der eigenen Körperreaktion, der „tressaillements d'enthousiasme", die den Betrachter die Vergänglichkeit der Form lehren. Der romantische *lieu commun* weicht der sinnlich erfahrbaren physiologischen Präsenz der Leiche, deren Verwesungsprozess bereits eingesetzt hat. So ist das Fenster nicht etwa geöffnet, damit die Seele der Verstorbenen wegfliegen kann, sondern „à cause de l'odeur".

Auf der anderen Seite ermöglicht das geöffnete Fenster den Blick aus dem engen Raum der sterblichen Formen hinaus in die Ewigkeit der Himmelskörper, die dem Betrachter die Reziprozität von Form und Idee aufzeigen. War die Form zuvor Ausgangspunkt ästhetischer Reflektion über die Idee, so erscheint die Idee nunmehr selbst als Produzentin von Vorstellungsinhalten. Der Vergleich des Leuchtens der Sterne mit den „prunelles des agonisants" zeigt, dass auch die Ideenwelt nicht ohne Formen auskommen kann. Im Bruch mit der romantischen Tradition eröffnen die Augen nicht mehr den Blick in die Seele, sondern produzieren aktiv Bilder der im Innersten verborgenen „angoisses", die mittels der Darstellungsform der Erfahrung angenähert werden. Es sind Todesbilder, die sich an der Grenze des dunklen, im Verblassen der Sterne („pâliront") antizipierten Nichts präsentieren. Flaubert wird sich der leuchtenden Augen der „agonisants" an mehreren Stellen in seinem literarischen Werk bedienen, an denen dem Tod eine Form verliehen wird.[190] Die Vorstellung von

---

Schatten verwandelt, den kein Bild mehr zu fassen vermag. Somit kann der Leichnam nur Abbild des Nichts sein: „Mais à quoi ressemble-t- il ? A rien." Ebd.

189 Daneben könnte das Röcheln auf die *vulgarité* verweisen, die Flaubert seinem Schwager, den er von Beginn an als unwürdigen Gatten seiner Schwester betrachtete, noch Jahre nach ihrem Tod zuschreiben wird: „Je l'avais [Caroline, S. W.] élevée, c'était un esprit solide et fin qui me charmait ; elle s'est mariée à la vulgarité incarnée. Voilà les femmes." Gustave Flaubert, Brief an Louise Colet vom 9. Juni 1852, *Corr. II*, S. 101.

190 Vgl. die Himmelfahrt des Saint Julien mit dem Leprakranken: „Alors le Lépreux l'étreignit ; et ses yeux tout à coup prirent une clarté d'étoiles ; ses cheveux s'allongèrent comme les rais du soleil [...]." Gustave Flaubert, *La Légende de Saint Julien l'Hospitalier*, S. 128 f. In Flauberts Karthagoroman begegnet Mâtho einem in Weiß gekleideten Mann, der „impassible et indifférent à la mort qui l'entourait" erscheint: „Tout à coup ses prunelles flamboyèrent, sa face livide se crispa ; et en levant ses deux bras maigres il lui [Mâtho, S. W.] criait des injures." Gustave Flaubert, *Salammbô*, in: *OC III*, S. 781. Erst im nächsten Satz erfährt der Leser, dass es sich um den Priester Schahabarim handelt. An weiteren Stellen ist von „prunelles flamboyantes" die Rede. Ebd., S. 733, S. 800. Vgl. außerdem die Todesszene

der unerschöpflichen Ideenwelt resultiert in dem Wunsch nach der Überschreitung der vergänglichen Formen des Lebens, die sich in der apathischen Absage an die körperlichen Empfindungen manifestiert.

Ein Versuch der Überschreitung jener vergänglichen Formen wird schließlich am weiblichen Leichnam unternommen. Im Gegensatz zur geistigen Existenz in der *idée pure*, nach der sich der junge Schriftsteller sehnt und die den Körper zumindest in der eigenen sinnlichen Wahrnehmung auslöscht, wird dem sich auflösenden Körper der Schwester erneut eine materielle Präsenz zuteil: Die körperliche Form wird im Bild konserviert. Es sind die nach dem Tod geschaffenen Erinnerungsbilder Carolines, die der Verstorbenen eine den Tod überdauernde Präsenz einzuräumen, sie zu verewigen suchen. Über die Manufakte, die vom weiblichen Körper geformt werden, legt Flauberts an Maxime du Camp adressierter Bericht über die letzte Nacht der Totenwache sowie den Tag des Abschieds von seiner Schwester Zeugnis ab:

> C'est hier à 11 heures que nous l'avons enterrée, la pauvre fille. On lui a mis sa robe de noce, avec des bouquets de roses, d'immortelles et de violettes. J'ai passé toute la nuit à la garder. Elle était droite, couchée sur son lit, dans cette chambre où tu l'as vue faire de la musique. Elle paraissait bien plus grande et bien plus belle que vivante avec ce long voile blanc qui lui descendait jusqu'aux pieds. – Le matin quand tout a été fait je lui ai donné un long et dernier baiser d'adieu dans son cercueil. Je me suis penché dessus, j'y ai entré la tête et j'ai senti le plomb me plier sous les mains. C'est moi qui l'ai fait mouler. – J'ai vu les grosses pattes de ces rustres la manier et la recouvrir de plâtre. J'aurai sa main et sa face. Je prierai Pradier de me faire son buste et je le mettrai dans ma chambre. J'ai à moi son grand châle bariolé, une mèche de cheveux, la table et le pupitre sur lequel elle écrivait. Voilà tout, voilà tout ce qui reste de ceux qu'on a aimés ![191]

In der bereits an anderer Stelle dargestellten schlafenden Haltung der aufgebahrten Leiche, dem symbolhaften weißen Brautkleid und der Wahl der Blumen spiegelt sich das Bild des schönen Todes, das insbesondere zu Beginn des 19. Jahrhunderts in Kunst und Literatur, aber auch in Tagebucheinträgen

---

Mâthos, deren detaillierte Analyse an späterer Stelle erfolgt: „Il n'avait plus, sauf les yeux, d'apparence humaine […] ; de ses orbites sortaient deux flammes qui avaient l'air de monter jusqu'à ses cheveux ; – et le misérable marchait toujours !" Ebd., S. 835. Vgl. Kap. 3.3.

191 Gustave Flaubert, Brief an Maxime Du Camp vom 25. März 1846, *Corr. I*, S. 258.

und Zeitungsberichten gezeichnet wird.[192] Es ist der geschmückte, ja kulturell geformte, gerade gerichtete tote Körper, in dem sich die Vorstellung der Schönheit manifestiert – einer toten Kunstschönheit, deren „voile blanc" sinnbildlich die schöne Form des lebenden Körpers überdeckt und übertrumpft. Dass der Körper nunmehr einzig im künstlichen Gewand, im symbolischen Abbild fortbestehen kann, zeigt sich in besonderer Weise in der Evokation der Totenmaske. Wenn Flaubert sich zum Abschiedskuss in den Sarg seiner Schwester hinabbeugt, beschreibt er nicht etwa die Berührung mit dem Körper. Stattdessen fühlt er den bleiernen Sarg, der in seiner Materialität an die Gipsmaske erinnert. In der Aufbahrung im Sarg sowie im Abgießen der Totenmaske werden Körper und Gesicht mit einer kulturellen Form versehen, die ein Erinnerungsbild schafft.

Wie Hans Belting in seiner *Bild-Anthropologie* aufzeigt, handelt es sich bei der Totenmaske um eine uralte Form der Verkörperung, ein Medium, das den sterblichen Körper gegen einen stellvertretenden symbolischen Körper austauscht.[193] Das Bild des Toten, das sowohl die Gestalt einer Gesichtsmaske aber auch einer Mumie oder Puppe annehmen konnte, hatte ursprünglich die Funktion der Resozialisierung des Toten in die Gemeinschaft der Lebenden, in eine den Tod überdauernde Existenz.[194] Erst im antiken Griechenland vollzieht sich laut Belting der Wandel der Verkörperung des Toten hin zur Metapher des Todes. Das Bild kann fortan nicht mehr als „Tauschkörper" fungieren, sondern wird zur Repräsentationsinstanz der im Tod erfahrenen Abwesenheit.[195] Gleichwohl werden bis in die Neuzeit Bilder von Toten geschaffen, die nunmehr ihrer Erinnerung dienen. So werden in öffentlichen Trauerzügen Wachsfiguren, sogenannte Effigies, von verstorbenen Herrschern durch die

192 Vgl. Philippe Ariès, *L'homme devant la mort*, Bd. II, S. 119–183. Der Historiker konzentriert sich in seiner Analyse des Zeitalters der „belles morts" auf Tagebucheinträge und Briefe der Familien de La Ferronays und de Gaïx in Frankreich sowie Auszüge der Korrespondenz und der literarischen Werke der Brontë-Schwestern in England. Auch Michel Vovelle räumt der sanften „mort sommeil" in seiner Darstellung präromantischer Todesbilder im Zuge der Restauration und Wiederkehr christlicher Werte nach der Französischen Revolution eine zentrale Stellung ein. Vgl. *La mort et l'Occident. De 1300 à nos jours*, S. 494 ff.

193 Vgl. Hans Belting, *Bild-Anthropologie. Entwürfe für eine Bildwissenschaft*, S. 29, S. 144. Die wohl ältesten Bilder der Menschheit sind laut Belting die Totenschädel von Jericho (ca. 7000 v. Chr.), die mit einer Kalkschicht überzogen und bemalt waren. Daneben existieren weitere Ausgrabungen neolithischer Gesichtsmasken aus Stein. Vgl. ebd., S. 146, S. 153.

194 Vgl. ebd., S. 108.

195 Vgl. ebd., S. 172 f., hier S. 173. Als Tauschkörper bzw. Stellvertreter werden allerdings noch bis in die Neuzeit die Effigies von Straftätern hingerichtet. Vgl. Claudia Schmölders, „Die Totenmaske. Zum Reliquiar der Physiognomik", S. 174.

Stadt getragen. Ab dem Spätmittelalter wird zunehmend versucht, eine realistische *représentation* – so lautet der bezeichnende Name mittelalterlicher Totenstatuen – des Verstorbenen herzustellen, die mit Hilfe unmittelbar nach dem Tod abgenommener Totenmasken erreicht wird.[196] Schließlich entwickelt sich das individuelle Porträt des Toten – häufig in Form einer Büste – vom 16. bis zum 18. Jahrhundert zum zentralen Gegenstand des „tombeau banal"[197]. Parallel hierzu vollzieht sich im 18. Jahrhundert ein bedeutsamer Wandel der Totenmaske. Galt sie zuvor in der Regel als Hilfsmittel zur Herstellung königlicher Effigies, kann sie nun als eigenständiges Objekt bürgerlicher Erinnerungskultur bestehen, wie sich an der 1781 angefertigten Totenmaske Lessings zeigen lässt.[198] Nichtsdestotrotz konkurriert die Totenmaske vor allem im 19. Jahrhundert mit gemalten und später fotografierten Porträts.[199] Schmölders bezeichnet die Totenmaske als „Inbegriff des physiognomischen Porträts", das im „Fadenkreuz von Porträt und Maske, Ikone und Mondgesicht, Karikatur und akkuratem Steckbrief"[200] verortet werden könne. Im Gegensatz zum Porträt, das sowohl Lebende als auch Tote abbilden kann, handele es sich bei der Totenmaske um „leblose Physiognomie"[201], um den letzten Abdruck des sich auflösenden Angesichts. Was Porträt und Totenmaske verbindet, ist ihre Funktion als Erinnerungsbild an eine verstorbene Person, das in beiden Fällen häufig an der Wand befestigt wird.[202] Zuweilen wird das Abbild des toten Gesichts sogar zum mobilen Objekt, das an nahestehende Personen verschickt wird, die sich aufgrund räumlicher Distanz nicht mehr vom Verstorbenen verabschieden konnten.[203] Die Totenmaske ist nicht nur ein intimes Erinnerungsstück,

---

196 Vgl. Philippe Ariès, *L'homme devant la mort*, Bd. I, S. 170. Spätestens ab Mitte des 14. Jahrhunderts, so die These von Ariès, werden die „effigies funéraires" schließlich zu individualisierten Porträts (vgl. ebd., S. 255): „[...] on cherche à sauver du naufrage quelques choses qui expriment une individualité incorruptible, et en particulier le visage, secret de la personnalité." Ebd., S. 257.

197 Ebd., S. 260.

198 Vgl. Claudia Schmölders, „Die Totenmaske. Zum Reliquiar der Physiognomik", S. 176 f.

199 Vgl. ebd., S. 178. Bei den Porträts handelt es sich in erster Linie um Darstellungen der noch lebenden Person. Zu *post mortem*-Darstellungen vgl. Kap. 2.4. und 4.4. An dieser Stelle sei vorweggenommen, dass mit der Erfindung der *post mortem*-Fotografie die Totenmasken mehr und mehr schwinden. Es bleibt zu fragen, inwiefern die neue Technik ein authentischeres Bild des Toten herzustellen vermag. Vgl. Emmanuelle Héran, „Le dernier portrait ou la belle mort", S. 82.

200 Claudia Schmölders, „Die Totenmaske. Zum Reliquiar der Physiognomik", S. 190.

201 Hans Helmut Jansen, Rosemarie Jansen, „Tod und Maske", S. 52.

202 Vgl. Emmanuelle Héran, „Le dernier portrait ou la belle mort", S. 83.

203 Vgl. ebd., S. 86. Auch der tote Körper selbst wird zuweilen transportiert. In einem Brief an Eugène Delattre mokiert sich Flaubert über einen Bürgerlichen, der den Leichnam

sondern gleichermaßen ein „dreidimensionales Artefakt“[204], das neben dem Abbild des Verstorbenen mit einer weißen Projektionsfläche aufwartet, in der sich der Betrachter selbst spiegeln kann.[205]

Nicht nur im privaten, sondern auch im öffentlichen Raum gewinnt der Gesichtsabdruck von Verstorbenen im 19. Jahrhundert an Bedeutung. So wird er zum begehrten Objekt der Wissenschaften, allen voran der Phrenologie und der Anatomie.[206] Bereits ab 1780 werden im Wachsfigurenkabinett der Madame Tussaud Totenmasken von Pariser Revolutionären, wie zum Beispiel Marat, zur Schau gestellt.[207] In den Wohnzimmern der Bourgeoisie koexistiert das private Erinnerungsobjekt mit kommerzialisierten Totenmasken berühmter Persönlichkeiten, allen voran Napoleons. Es herrschte ein regelrechter Kult um die Maske Bonapartes, die 1821 zwei Tage nach seinem Tod auf St. Helena von Francesco Antommarchi abgenommen wurde und zahlreichen Künstlern als Modell ihrer Darstellung der Todesszene Bonapartes diente. Wurde Napoleons Totenmaske zunächst noch wie eine Reliquie verehrt, entwickelt sie sich im 19. Jahrhundert zum Kitschobjekt, das neben diversen kleinen Figuren das bürgerliche Interieur schmückt:[208] „[L']empreinte quasi sacrée du héros se banalisait et se transformait ainsi en bibelot.“[209] In Flauberts Arbeitszimmer befindet sich eine kommerzialisierte königliche Totenmaske, nämlich die von Heinrich IV.[210]

---

seiner Frau in einem Paket von Paris ins Burgund verschickte, da der Transport im Sarg wesentlich teurer gewesen wäre: „J'admire surtout le bourgeois qui avait fait du cadavre de sa femme un colis !!!“ Gustave Flaubert, Brief an Eugène Delattre vom 1. August 1858, *Corr. II*, S. 827. Vgl. auch Anmerkungen, ebd., S. 1433.

204 Claudia Schmölders, „Die Totenmaske. Zum Reliquiar der Physiognomik“, S. 190.

205 Vgl. ebd., S. 177.

206 Vgl. ebd., S. 178 f. Vanessa Schwartz berichtet von wissenschaftlichen Wachskollektionen in Paris, die beispielsweise im Musée Dupuytren oder im Musée Orfila der Lehre im Bereich der pathologischen Anatomie dienten. Vgl. „The Musée Grévin. Museum and Newspaper in One“, S. 97. Die Phrenologie interessiert sich insbesondere für den Gesichtsabdruck von Kriminellen und zum Tode Verurteilten, wobei es sich hierbei nicht um Totenmasken im engeren Sinne handelt, sondern um Abdrücke des ganzen Schädels. Vgl. Emmanuelle Héran, „Le dernier portrait ou la belle mort“, S. 81.

207 Vgl. Claudia Schmölders, „Die Totenmaske. Zum Reliquiar der Physiognomik“, S. 176 f.

208 Vgl. Alain Pougetoux, „Le masque de Napoléon : de la relique au bibelot“, S. 146 ff.

209 Ebd., S. 156.

210 Flaubert befestigt ein von der Princesse Mathilde angefertigtes Aquarell „entre un buste de [s]a sœur par Pradier et un masque d'Henri IV“, sodass es sich „en chère et illustre compagnie“ befinde. Gustave Flaubert, Brief an die Princesse Mathilde vom 12. Dezember 1865, *Corr. III*, S. 472.

Um das private Erinnerungsstück, den letzten Abdruck des leblosen Antlitzes herzustellen, bedarf es, wie am Beispiel Caroline Flauberts sichtbar wird, einer handwerklichen Arbeit an der ursprünglichen Form („la manier“). Unter der Maske der weißen Gipsschicht wird das Gesicht nunmehr zu einem technisch reproduzierbaren Objekt. Die individuellen Gesichtszüge, die den lebenden Menschen einzigartig machen, sind für immer eingefroren in der Gipsmaske des Handwerkers, dessen Arbeit gerade keine künstlerisch-kreative Schöpfung bedeutet, sondern den Anspruch erhebt, das tote Antlitz – im Abdruck des Originals – zu konservieren.[211] Erscheint das Handwerk im technischen Verb *manier* als rein körperliche Arbeit, die durch die „grosses pattes“ der derben Gießer veranschaulicht wird, so ist auch der moderne *artiste* im Ursprung ein Handwerker.[212] Es ist die mit Gips bedeckte Hand Carolines, die bereits auf ein neues Verständnis des *artiste* verweist, war sie doch zusammen mit dem „génie“[213] der talentierten jungen Frau Werkzeug künstlerischer Entwürfe.[214] Neben der Totenmaske des Gesichts war der Abdruck der Hand eine

211 Die Technik des m*oulage sur nature*, die insbesondere bei der Herstellung von Totenmasken angewandt wurde, wird im 19. Jahrhundert als „travail d'un spécialiste doué d'une grande habileté technique“ angesehen und nicht etwa als Arbeit eines Künstlers. Vgl. Musée Rodin, „Les techniques de la sculpture“, S. 11 (online). Viele *mouleurs* spezialisieren sich im 19. Jahrhundert auf die Abformung von Totenmasken und werben beispielsweise in Zeitungsannoncen für ihre Ateliers. In diesen arbeiten häufig junge Bildhauer, um sich Geld dazu zu verdienen. Vgl. Emmanuelle Héran, „Le dernier portrait ou la belle mort“, S. 80 f. Zu den einzelnen Schritten, die beim Herstellungsverfahren von Totenmasken durchlaufen werden – vom möglichen Ausstopfen der Wangen (hierfür ist es unabdingbar, dass die Leichenstarre noch nicht eingesetzt hat) über den Auftrag des Gipses hin zum *démoulage* (‚Aus-der-Form-nehmen‘) und zur Retouchierung bzw. zum *modelage* – vgl. ebd.

212 Erst im *Dictionnaire de l'Académie française* von 1762 (online) erscheint der *artiste* in der modernen Bedeutung, s. v. „artiste, s. m.“: „Celui qui travaille dans un art où le génie & la main doivent concourir. *Un Peintre, un Architecte sont des artistes.*“ Dieser Bedeutungswandel wird von Émile Littré in seinem *Dictionnaire de la langue française* von 1872–77 (online) vermerkt (s. v. „artiste, s. m. et f.“). Zur ursprünglichen Bedeutung, vgl. ebd.: „[...] il se disait : relativement, artiste en tapisserie, en orfévrerie ; absolument, artiste, celui qui était chimiste, qui travaillait au grand art.“

213 Vgl. *Dictionnaire de l'Académie française* von 1835 (online), s. v. „artiste, s. m.“: „Celui qui travaille dans un art où le génie et la main doivent concourir, qui cultive les arts libéraux.“

214 Bereits als junges Mädchen erhält Caroline in der bürgerlichen Tradition weiblicher Erziehung Unterricht im Klavierspielen und Zeichnen. Vor allem im Klavierspielen erscheint sie passioniert: „[...] et si ce n'est le piano que je travaille toujours avec ardeur, j'ai mis presque tout de côté.“ Brief von Caroline Flaubert an Gustave Flaubert vom 9. Mai 1843, *Corr. I*, S. 157. Dass Caroline Flaubert außerdem nicht nur sehr belesen war, sondern auch selbst kleinere Texte geschrieben hat, geht aus einer Anmerkung Jean Bruneaus zum

weit verbreitete Form bürgerlicher Erinnerungskultur, die ihren Höhepunkt wohl im Kult um die Hand Théodore Géricaults fand. Der Gipsabguss der rechten Hand des Künstlers, mit der er den berühmten *Radeau de la Méduse* gemalt hatte, erfolgte angeblich bereits zwei Stunden vor seinem Tod im Jahre 1824 und generierte zusammen mit dem ab 1834 kommerzialisierten *masque mortuaire* einen wahrhaften, mythenumwobenen „culte géricaldien"[215], der auch bekannte Künstler und Schriftsteller wie Léon Cogniet, die Brüder Goncourt und Jules Michelet in seinen Bann zog.[216]

Während die handwerkliche Prozedur am Körper Carolines in der Beschreibung ihres Bruders eher als unliebsames aber notwendiges Übel erscheint, das in der Kombination des Verbs *manier* mit dem direkten Objekt *la* sogar an eine dem weiblichen Körper zugefügte Gewalttat erinnert, ist es schließlich die Arbeit des Bildhauers, in der sich die moderne Bedeutung des *artiste* entfaltet. Wenngleich anzunehmen ist, dass James Pradier die ihm in Auftrag gegebene Büste nach dem Modell der Totenmaske herstellte,[217] vereint er doch *génie* und *main*: Aus der ungeformten Gipsmasse wird – höchstwahrscheinlich unter Hinzunahme eines Abgusses der Totenmaske – ein Kunstwerk erschaffen, das sich nicht mehr der direkten körperlichen Form bedienen kann,[218] sondern

---

Brief an ihren Bruder im April 1844 hervor. Vgl. Anmerkungen, ebd., S. 945. Im Allgemeinen zeugen die zahlreichen, ausführlichen Briefe Carolines an ihren Bruder von einer Freude am Schreiben, wie die Schwester selbst konstatiert: „Adieu cher bonhomme, tu m'as demandé une lettre, tant pis pour toi si elle t'ennuie, moi elle m'a amusée à écrire, c'est tout ce que je voulais." Brief von Caroline Hamard an Gustave Flaubert, Ende Juni 1845, *Corr. I*, S. 243. Bereits zwei Jahre zuvor kommentiert Flaubert den bildhaften Stil der Korrespondenz seiner Schwester: „J'ai assisté grâce à ton style pittoresque à la noce d'Amand dont j'ai bien regretté de ne pas être [...]. Écris-m'en souvent comme ça, mon bon Carolo, et tu feras bien plaisir à Boun." Gustave Flaubert, Brief an seine Schwester Caroline vom 23. Mai 1843, *Corr. I*, S. 165.

215 Bruno Chenique, „Le masque de Géricault ou la folle mémoire d'un culte sentimental et nauséabond", S. 161.

216 Vgl. ebd., S. 158 ff. Die Verbreitung der Totenmaske Géricaults habe, so die These Cheniques, maßgeblich zum „mythe de l'artiste maudit" (ebd., S. 165) beigetragen: „Le masque de Géricault acquit un incroyable statut : il était bien plus qu'un simple masque, témoin des derniers moments d'un artiste génial et malheureux. Il devint Géricault lui-même, le symbole absolu de sa vie, et [...] de son œuvre." Ebd. S. 167.

217 Über die Herstellung der Büste ist lediglich bekannt, dass Flaubert seinen Freund Maxime Du Camp beauftragte, die Arbeit des Bildhauers zu beaufsichtigen. Vgl. Maxime Du Camp, *Souvenirs littéraires*, Bd. I, S. 243.

218 Allerdings sei an dieser Stelle darauf hingewiesen, dass im 19. Jahrhundert „débats passionnés" über angeblich an lebenden Modellen durchgeführte Abgüsse, sogenannte *moulages sur nature*, geführt wurden. So rief Auguste Clésingers Marmorstatue, die am Körper

der produktiven Vorstellungskraft sowie des handwerklichen Geschicks des Bildhauers bedarf.[219]

Wenn Pradier die Totenmaske als Hilfsmittel für seine Büste benutzt, folgt er einer langen Tradition. Schon bei der Herstellung königlicher Effigies wurde die Gesichtsmaske mit künstlichen Augen und Haaren geschmückt. Auch David scheint sich für sein berühmtes Gemälde des als Revolutionsmärtyrer verehrten Marat von der Totenmaske desselben inspiriert zu haben.[220] Es ist die *creatio* des Künstlers, die das Modell vollendet, ihm aber ebenso einen

---

von Apollonie Sabatier modellierte *Femme piquée par un serpent* (1847), einen weitreichenden Skandal hervor. Vgl. Philippe Hamon, *Imageries. Littérature et image au XIXe siècle*, S. 300; Musée d'Orsay, „Auguste Clésinger : *Femme piquée par un serpent*" (online).

219 Maxime Du Camp, der die Arbeit Pradiers im Allgemeinen bewunderte, kritisiert jedoch einen Mangel an künstlerischer Originalität: „Ce fut là le tort de Pradier ; il confondit trop l'artisan et l'artiste. Son originalité reste contestable, parce qu'il demanda exclusivement à la main un travail auquel le cerveau aurait dû participer." *Souvenirs littéraires*, Bd. I, S. 244. Gleichwohl seien es die „doigts prodigieusement habiles" Pradiers, die seiner Bildhauerkunst den Status eines „art sensuel" verliehen. Ebd., S. 243 f. Die Sinnlichkeit des Kunsthandwerks Pradiers zeigt sich schließlich in Du Camps Würdigung der Büste Caroline Flauberts als „une des œuvres les plus délicates sorties de ses mains". Ebd., S. 248. Es sind die Hände des Künstlers, die das Manufakt des Antlitzes hervorbringen, wie auch aus der Schlussformel eines Briefes von Flaubert an die Princesse Mathilde ersichtlicht wird: „Je vous baise les deux mains, Princesse, et suis votre tout dévoué et très affectionné. À propos de vos mains, le moulage est-il bien venu ?" Gustave Flaubert, Brief an die Princesse Mathilde vom 15. August 1868, *Corr. III*, S. 789. Es ist anzunehmen, dass es sich bei jenem *moulage* um eine Büste handelt, die Jean Auguste Barre, Skulpteur des kaiserlichen Hofs von Napoleon III., von der Prinzessin anfertigte und im Salon von 1869 ausstellte. Die Hände der Prinzessin – selbst schon Symbol für die Kunst der begabten Aquarellmalerin – verweisen somit auf das Kunsthandwerk des Bildhauers. Vgl. Gustave Flaubert, Brief an die Princesse Mathilde vom 10. August 1868, *Corr. III*, S. 787 sowie Anmerkungen, ebd., S. 1556.

220 Vgl. Hans Helmut Jansen, Rosemarie Jansen, „Tod und Maske", S. 47. Oskar Bätschmann hingegen hält eine Zeichnung Davids vom Kopf des getöteten Marat für das Modell des Gemäldes. Nichtsdestotrotz beschreibt er die Darstellung Marats im Bild bezeichnenderweise als „immerwährende Wachsfigur". Vgl. „Kunst der Französischen Revolution 1789", S. 52. Zudem war die Totenmaske Marats Modell für eine Büste, die während der Revolution ein weit verbreitetes öffentliches Kultobjekt darstellte, im Zeitalter Flauberts jedoch nur noch ironisches Zeichen einer privaten Revolte sein kann: „Je passe des semaines entières sans voir un être humain, ni échanger une parole avec mes semblables. D'ailleurs, je deviens *insociable* comme l'individu Marat, qui est au fond mon homme. J'ai même envie de mettre son buste dans mon cabinet, uniquement pour révolter les bourgeois ; mais il est trop laid. Hélas ! Beau sous le rapport moral, mais pas de plastique." Gustave Flaubert, Brief an Edmond und Jules de Goncourt vom 12. Januar 1867, *Corr. III*, S. 592.

individuellen Stil einhaucht, es künstlerisch in Szene setzt. So wird das Gesicht der toten Caroline in der Darstellung Pradiers von zwei Korkenzieherlocken umrahmt, die der Büste eine antike Aura verleihen, wie bereits die Brüder Goncourt bei ihrem Besuch in Flauberts Arbeitszimmer in Croisset im Jahre 1863 konstatieren:

> Entre les deux fenêtres donnant sur la Seine, se lève, sur une gaine carrée peinte en bronze, le buste en marbre blanc de sa sœur morte, par Pradier, avec deux grandes anglaises, figure pure et ferme qui semble une figure grecque retrouvée dans un keepsake.[221]

Der künstlerische Akt kann schließlich als Schöpfung aus dem Tod heraus verstanden werden: Aus dem toten, zunächst formlosen Material des Bildhauers wird das Erinnerungsobjekt der Toten geschaffen. Der sterbliche Körper wird durch eine Gipsform ersetzt, die von einer weißen Patina, die sie als Marmorbüste schmückt, selbst wiederum als künstliches Abbild verhüllt und konserviert wird.[222] Von der ursprünglichen Form des Körpers bleibt lediglich die „mèche de cheveux"[223] erhalten, die der Verwesung standhält. Da es sich beim menschlichen Haar allerdings stets um tote Masse handelt, evoziert die traditionell aufbewahrte Haarsträhne der verlorenen Bezugsperson metonymisch den toten Körper, der auch in dieser Form der Erinnerung als Objekt dient.[224]

---

221 Edmond und Jules de Goncourt, Eintrag vom 29. Oktober 1863, *Journal*, Bd. I, S. 1346. Geht man davon aus, dass Pradier die Totenmaske der jungen Frau als Modell seiner Büste genommen hat, so kommt den Locken neben der idealisierenden auch eine praktische Funktion zu: Da sich eine Abformung des Gesichts samt Ohren schwierig gestaltete, wurden Letztere bei der Herstellung von Totenmasken oft weggelassen. Vgl. Emmanuelle Héran, „Le dernier portrait ou la belle mort", S. 80. Eine Fotografie der von Pradier angefertigten Büste wurde auf der Internetseite des Centre Flaubert veröffentlicht: http://flaubert.univ-rouen.fr/iconographie/caroline_soeur_pradier.php (29.03.2018).

222 Vgl. die Beschreibung der Büste als „moulage patiné de couleur blanche pour imiter le marbre". Musée de Haute-Normandie, „Caroline Hamard" (online).

223 Gustave Flaubert, Brief an Maxime Du Camp vom 25. März 1846, *Corr. I*, S. 258.

224 Als Erinnerungsobjekt gewinnt das Haar seit dem 18. Jahrhundert in hohem Maße an Bedeutung. War es zuvor das einbalsamierte, oft in kleinen tragbaren Bleikästen verschlossene Herz, das als Familienerbstück die Erinnerung an den Verstorbenen zu bewahren suchte, so wird das unverwesliche Haar fortan zum weit verbreiteten *keepsake*. Verarbeitet in Medaillons, als Hintergrund wertvoller Kameen, kann das Haar der geliebten Person als Kult- und Erinnerungsobjekt stets am Herzen getragen werden. Vgl. Philippe Ariès, *L'homme devant la mort*, Bd. II, S. 97. Anhand des Haars als „substitut du corps", als „fragment incorruptible" (ebd., S. 171) lässt sich bereits zu Beginn des 18. Jahrhunderts eine Entwicklung vom *memento mori* zum *memento illius* verfolgen: Die häufig in Miniatursärgen

„Das Werk ist die Totenmaske der Konzeption“[225], so lautet ein bekannter Aphorismus Walter Benjamins. Er resümiert in pointierter Weise Flauberts Verständnis von Form und Idee, das sich in besonderem Maße nach dem Tod seiner Schwester herausbildet. Die Konzeption entspricht einer abstrakten Idee, der der Künstler in seinem Werk eine Form verleiht. Erweist sich die Form in der platonischen Tradition als vergängliche Realisation der ihr übergeordneten Ideenwelt, so bedarf sie dem Schutz beziehungsweise der Verewigung durch die Totenmaske. Hinter der Totenmaske verbirgt sich die in der sprachlichen Form erstarrte, fixierte Idee, die wiederum nur über die sprachlichen Zeichen dechiffriert werden kann. Einige Monate nachdem die Totenmaske seiner geliebten Schwester abgenommen wurde – als Form der Erinnerung, als Versuch, den verwesenden Körper in eine ewige Form zu überführen – äußert Flaubert eine Leitidee seines künstlerischen Schaffens:

> Il n'y a pas de belles pensées sans belles formes, et réciproquement. La Beauté transsude de la forme dans le monde de l'Art, comme dans notre monde à nous il en sort la tentation, l'amour. De même que tu ne peux extraire d'un corps physique les qualités qui le constituent, c'est-à-dire couleur, étendue, solidité, sans le réduire à une abstraction creuse, sans le détruire en un mot, de même tu n'ôteras pas la forme de l'Idée, car l'Idée n'existe qu'en vertu de sa forme.[226]

Genauso wie die Form stets auf eine Idee verweist, wie am Körper des weiblichen Leichnams der Schwester aufgezeigt wurde, ist auch die Idee selbst stets auf Formen und Bilder angewiesen. Es ist die abstrakte Idee des Todes, der in der Herstellung der Totenmaske eine Form verliehen wird. Die enge Verbindung zwischen Tod und Form zeigt sich am Sinnbild des Körpers, der sich erst durch seine äußere Beschaffenheit konstituiert. Die dem semantischen Feld

---

verschlossene Haarsträhne ergänzt das Vanitas-Bild des Skeletts. Im 19. Jahrhundert wird das Bild des Sarges schließlich vollständig durch das Bild des Toten (als Miniaturporträt oder im *pars pro toto* der Haarsträhne) ersetzt. Vgl. ebd., S. 170 f. Zu verschiedenen Formen des Trauer- und Erinnerungsschmucks aus menschlichem Haar vgl. auch Isabel Richter, *Der phantasierte Tod. Bilder und Vorstellungen vom Lebensende im 19. Jahrhundert*, S. 152–178. Die Autorin ergänzt ihre detaillierten Ausführungen zur Kulturgeschichte und magischen Repräsentationsfunktion des Haarschmucks, zur geschlechtsspezifischen symbolischen Verknüpfung von Trauer und Weiblichkeit sowie zur Trauerarbeit, die mithilfe des Erinnerungsobjekts vollzogen wird, um interessante Abbildungen unterschiedlicher Schmuckstücke aus Haar.

225 Walter Benjamin, *Einbahnstraße*, S. 49.

226 Gustave Flaubert, Brief an Louise Colet vom 18. September 1846, *Corr. I*, S. 350.

der Zerstörung zugehörigen Verben *extraire, réduire, détruire* sowie das Adjektiv *creuse* illustrieren den körperlichen Formverlust, der in die „abstraction creuse“, in das unfassbare Nichts führt. Um den Tod greifbar zu machen, bedarf es eines Bildes, das räumlich-visuell, in „couleur“ und „étendue“, sowie als feste Masse („solidité“) wahrnehmbar wird. Sowohl im haptisch-visuellen, materiellen Bild der Totenmaske als auch im Vorstellungsbild des Todes als Schlaf wird der Versuch unternommen, den Tod darzustellen.

Gleichwohl kann sich die Repräsentation des Todes nie seiner Präsenz bedienen: Da der Tote *„absolument absent“*[227] ist, kann die Repräsentation nie wahres Abbild sein. Doch warum wird dem Tod überhaupt eine Form verliehen? Laut Jankélévitch manifestiert sich in der Totenmaske die Angst vor der eigenen Vergänglichkeit, die Unfassbarkeit des uns nach dem Tod erwartenden Nichts:

> Pour nous cacher à nous-mêmes l'escroquerie de la mort, nous nous plaisons à embellir le visage cadavérique et à lui rendre un culte : l'amour des momies, le fétichisme du masque mortuaire sont des formes entre bien d'autres d'une piété nécrophile où se lit clairement, face à l'ambiguïté de la mort, l'ambivalence de la phobie mortelle. La désanimation ayant rendu instable la forme organique, l'embaumement nous sert à enrayer la décomposition de cette forme.[228]

Doch die Maske ist nicht nur Sinnbild für die Fixierung der abstrakten Idee des Todes, für den Versuch seiner Bezähmung. Sie kann außerdem Chiffre für den Stil des Künstlers sein. In ähnlicher Weise wie H. und R. Jansen das novellistische Erzählen Conrad Ferdinand Meyers als ein maskiertes beschreiben,[229] ist auch die Flaubertsche Ästhetik von einer Distanz des Autors zum Text geprägt. So erscheint die „impassibilité cachée et infinie“ Flauberts als eine Maske, die seine Präsenz im Werk verhüllt, sie sogar mit der unsichtbaren Allgegenwärtigkeit Gottes im Universum in Parallele setzt.[230] Es ist nicht nur der Blick des Autors auf sein Werk, sondern auch der Blick des Bruders auf den aufgebahrten Leichnam seiner Schwester, der wie durch eine Maske aus der Distanz erfolgt und die Todesszene von oben analysiert – ganz im Sinne des kühlen *regard* des Künstlers.

---

227 Vladimir Jankélévitch, *La mort*, S. 247.

228 Ebd., S. 249 f.

229 Vgl. Hans Helmut Jansen, Rosemarie Jansen, „Tod und Maske“, S. 38.

230 Gustave Flaubert, Brief an Louise Colet vom 9. Dezember 1852, *Corr. II*, S. 204.

Die anhand der Totenmaske illustrierte Materialität des Todes, des zum Modell gewordenen toten Körpers, sowie die maskenhafte Distanz des Betrachters treffen in eindrucksvoller Weise in Flauberts Beschreibung der Beerdigung seiner Schwester aufeinander:

> Hamard a voulu venir avec nous. – Arrivés là-haut (dans ce cimetière derrière les murs duquel j'allais en promenade avec le collège et où Hamard m'a vu pour la première fois), sur le bord de la fosse il s'est agenouillé et lui a envoyé des baisers en pleurant. – La fosse était trop étroite, le cercueil n'a pas pu y entrer. On l'a secoué, tiré, tourné de toutes les façons, on a pris un louchet, des leviers, et enfin un fossoyeur a marché dessus (c'était la place de la tête) pour le faire entrer. – J'étais debout à côté, mon chapeau dans les mains, je l'ai jeté par terre en criant.
> Je te dirai le reste de vive voix, car j'écrirais trop mal tout cela. J'étais sec comme la pierre d'une tombe, mais horriblement irrité. J'ai voulu te raconter ce qui précède, pensant que ça te ferait plaisir. Tu as assez d'intelligence et tu m'aimes assez pour comprendre ce mot ‚plaisir' qui ferait rire le bourgeois.[231]

Der makaber anmutende Bericht über die Beerdigung und den zu großen Sarg der Schwester veranschaulicht auf eindringliche Weise die materielle Präsenz des Todes. Die sich dem Betrachter der Begräbnisszene aufdrängende Materialität des schweren bleiernen Sarges verhindert jegliche intime Erinnerung an die Verstorbene. Das heftige Auftreten des Totengräbers auf den Sarg, unter dem sich das Gesicht der Toten befindet, erscheint als perverse, nun im Fuß gespiegelte Wiederholung des groben Handwerks jener Gießer, die die Totenmaske abnahmen. Der Kopf Carolines ist nicht mehr unversehrter Teil ihres Körpers, sondern tritt als Darbietungsobjekt bürgerlicher Totenriten auf. Der Tod manifestiert sich in kulturellen bürgerlichen Darstellungsformen, in aufdringlichen (Ab-)Bildern, die die Erinnerung an die Toten bestimmen: „Voilà tout, voilà tout ce qui reste de ceux qu'on a aimés !" Hinter dem auf den ersten Blick von Trauer und Verzweiflung geprägten Ausspruch versteckt sich eine gesellschaftskritische Ironie. Flaubert erkennt, dass die persönliche Erinnerung an die verstorbene Person der bürgerlichen Erinnerungskultur unterworfen ist. Es ist die Demaskierung dieses an materielle Objekte gebundenen Totenkults, die in einem zweiten Schritt eine kritische Distanzierung ermöglicht. Denn natürlich sind es nicht nur die das Arbeitszimmer schmückenden Kultobjekte oder aber der Ort des Grabes, die die Erinnerung an die Schwester bewahren.

231 Gustave Flaubert, Brief an Maxime Du Camp vom 25. März 1846, *Corr. I*, S. 258.

Vor diesem Hintergrund kann der im Kontext der Beerdigung zunächst taktlos wirkende Ausdruck des „plaisir" letztlich als ironischer Kommentar der hellsichtigen Analyse bürgerlicher *sottise* gedeutet werden. Denn es ist der „bourgeois", für den das Wort *plaisir* die unreflektierte Reaktion des Lachens evoziert, während der antizipierte *plaisir* des Freundes mit einem geistigen Vorstellungsbild verknüpft ist. Die Reaktion des *bourgeois* ist schließlich auf die bürgerliche Erinnerungskultur übertragbar: So bedarf er eines konkreten Objekts, das die Erinnerung an den Verstorbenen aufrechterhält und als Sprungbrett seines Andenkens fungiert. Der analytische Blick Flauberts erfolgt aus ironischer Distanz – nicht zuletzt durch den unkonventionellen Gebrauch von *plaisir* – sowie im Zustand der steinernen Gefasstheit („sec comme la pierre d'une tombe") und erinnert an die eingangs zitierte stoisch-statueske Haltung vor dem Tod der Schwester. In ihm spiegelt sich schließlich die *impassibilité* der Flaubertschen Erzählinstanz, die an dieser Stelle jedoch nicht frei ist von innerem Schmerz („horriblement irrité").

Wenn Flaubert seinen Brief an den vertrauten Freund Maxime Du Camp mit der Erwartung der Verschwiegenheit abschließt,[232] so lässt er den Tod als höchst persönliche Erfahrung erscheinen und veranschaulicht einen tiefgreifenden Umbruch in der Wahrnehmung des Todes, der sich laut Philippe Ariès ab dem 18. Jahrhundert vollzieht. Folgt man den Ausführungen des Historikers, so unternimmt die abendländische Gesellschaft den Versuch, dem Tod einen „sens nouveau" einzuschreiben, indem sie ihn in der „mort romantique, rhétorique", in der *„mort de l'autre"* verherrlicht.[233] Es ist nicht länger der eigene Tod, mit dem sich der Mensch auseinandersetzt, sondern der unter dem Ausdruck „[l]a mort de toi" zusammengefasste Verlust der geliebten nahestehenden Person, der insbesondere im 19. und 20. Jahrhundert zu einem neuen Toten- und Erinnerungskult führen wird.[234] Als wichtigen Grund für die schwere Akzeptanz des Todes nennt Ariès den sich im 18. Jahrhundert vollziehenden Wandel der Familienstrukturen hin zur bürgerlichen Kleinfamilie, die auf Beziehungen „fondée sur le sentiment, l'affection" basiere.[235] Verschiedene Abschiedsszenen am Totenbett, die der Historiker anhand von exemplarischen Tagebucheinträgen, Briefen sowie Auszügen literarischer Werke untersucht,[236] zeugten von einer „intolérance à la mort des êtres chers", die sowohl um die Hoffnung

---

232 „Il va sans dire que cette lettre est pour toi seul et que tout ce qu'il y a n'en doit pas sortir." Gustave Flaubert, Brief an Maxime Du Camp vom 25. März 1846, *Corr. I*, S. 259.

233 Philippe Ariès, „La mort de toi", S. 51.

234 Vgl. ebd.

235 Ebd., S. 56.

236 Vgl. Philippe Ariès, *L'homme devant la mort*, Bd. II, S. 117–155.

des Wiedersehens als auch um eine „admiration du phénomène de la mort, de sa beauté intrinsèque" ergänzt werde.[237] Der Tod der geliebten Person entspreche nicht länger der seit dem Mittelalter vorherrschenden Konzeption des ‚gezähmten Todes', der „mort apprivoisée",[238] sondern führe, wie Ariès formuliert, nicht selten zu „deuils que le psychologue d'aujourd'hui appelle *hystériques*"[239]. Wenngleich sich der Tod auch im 19. Jahrhundert noch öffentlich präsentiert – so vor allem im Trauerzug und der Beerdigung des Toten, aber auch in der Trauerkleidung der Hinterbliebenen –, gewinnt die intime Bindung zum Verstorbenen an Bedeutung. Dies zeigt sich sowohl in individuell gestalteten Gräbern der Toten, die zum Erinnerungsort für Freunde und Familie werden, als auch in privaten Erinnerungsstücken, wie etwa Porträts, Haarsträhnen oder Totenmasken, die den Verstorbenen verewigen. Im Begräbnis- und Erinnerungskult des 19. Jahrhunderts wird folglich der Versuch unternommen, den schmerzlichen Verlust der geliebten Person in gewisser Weise zu kompensieren, indem ihr eine den Tod überdauernde Präsenz zuteil wird.

Abschließend sei noch einmal an die zu Beginn zitierte „place vide au cœur" erinnert, die der Tod der Schwester bei Flaubert hinterlässt. Die Leerstelle im Herzen versinnbildlicht nicht nur die Erfahrung des eigenen (partiellen) Todes und ähnelt somit der von Philippe Ariès aufgestellten Konzeption der „mort de moi"[240], sondern verdeutlicht auch und vor allem den schmerzvollen Verlust der geliebten Person, die im Possessivpronomen und Kosenamen („mon pauvre rat") ausgedrückte „mort de toi". Wenngleich der tote Körper Caroline Flauberts zum Objekt der bürgerlichen Erinnerungskultur wird, kann der Verlust der geliebten Schwester weder durch die Totenmaske oder die Büste noch durch die Grabstätte kompensiert werden. Kein Kultobjekt vermag es, die leere Stelle im Herzen zu füllen. Bei der „place vide" handelt es sich nicht etwa um einen Gemeinplatz, der beliebig ausgefüllt werden könnte, sondern um einen nicht greifbaren leeren Ort, einen ‚Nichtort'. Die Erinnerung an die tote Schwester konstituiert sich aus ihrer schmerzlichen Abwesenheit, aus der im Gedankenstrich repräsentierten Leerstelle, die sie in Flauberts Herz hinterlässt. Das Erinnerungsbild der Schwester bleibt im Herzen eingezeichnet. Es ist ein inneres Bild der Leere und als solches nicht nur Sinnbild einer unsagbaren Trauer, sondern ein Urbild des Todes, des hinter kulturell geformten Masken verborgenen Nichts.

---

237 Ebd., S. 151.

238 Vgl. Philippe Ariès, *L'homme devant la mort*, Bd. I, S. 36.

239 Philippe Ariès, „La mort de toi", S. 57.

240 Vgl. Philippe Ariès, *L'homme devant la mort*, Bd. I, S. 97 ff.

Vor diesem Hintergrund gewinnt auch Flauberts eigene Inszenierung als *artiste*, der die persönlichen Todeserfahrungen analysiert, „[s]ans rien ôter de la sensation“[241], eine gänzliche neue Bedeutungsdimension: So handelt es sich bei der *sensation* um eine „impression que l'âme reçoit des objets par les sens“[242], um einen Abdruck, den der Verlust der geliebten Person im Innersten hinterlässt. Als *artiste* erschafft Flaubert somit kein materielles Bild des Todes, wie es der Abdruck der Totenmaske darstellt, sondern gelangt durch die innere *impression* zur Erkenntnis der durch kein Bild kompensierbaren Abwesenheit.

Nicht zuletzt kündigt der Tod der Schwester die Dialektik von Zerstörung und Schöpfung an, die das Werk Flauberts durchziehen wird. Sie zeigt sich in besonderer Weise am weiblichen Körper, dessen schöne Form nicht etwa auf die platonische Idee des Wahren und Guten verweist, sondern auf seine zerstörbare Existenz. In seiner Sinnlichkeit, die es vermag, den nicht greifbaren, unaussprechlichen Tod erfahrbar zu machen, wird der schöne Frauenkörper zum Modell des Todes. Während sich im körperlichen Verfall auf der einen Seite ein radikaler Formverlust manifestiert, ist es gerade die Zerstörung, die die künstlerische Formgebung bedingt. Es ist der sich auflösende Körper der toten Schwester, der Flaubert die Nichtigkeit der vergänglichen Formen, aber auch der eigenen körperlichen Existenz lehrt. Das Bewusstsein der eigenen Nichtexistenz, die sich in der *impassibilité* und der *impersonnalité* der Flaubertschen Erzählinstanz spiegeln wird, bildet die Grundlage der literarischen Schöpfung. Wenngleich Erinnerungsbilder, ja Manufakte der toten Schwester hergestellt werden, so ist es doch das unwiderrufliche, sich der Vorstellungskraft entziehende Nichts, das heißt eine nicht auszufüllende Leere, die ihr Verlust hinterlässt. Die Masken des Todes werden von Flaubert als vergebliche Versuche erkannt, der Vergänglichkeit der körperlichen Formen Einhalt zu gebieten, den schönen Körper zu konservieren. Bestehen bleibt lediglich die „place vide“, die eine andere Form der Überschreitung impliziert: die Befreiung vom äußeren schönen Artefakt hin zu der im Innersten eingeschriebenen Absenz.

---

241 Gustave Flaubert, Brief an Maxime Du Camp vom 7. April 1846, *Corr. I*, S. 261.

242 *Dictionnaire de l'Académie française* von 1835 (online), s. v. „sensation“.

KAPITEL II

Madame Bovary. Mœurs de Province. Die Überschreibung romantischer Bilder und Inszenierungen des Todes

2.1 Die romantischen Masken Emma Bovarys

> „La vie est une chose tellement hideuse que le seul moyen de la supporter, c'est de l'évitér. Et on l'évite en vivant dans l'Art, dans la recherche incessante du Vrai rendu par le Beau."
>
> Gustave Flaubert an Mlle Leroyer de Chantepie, Brief vom 18. Mai 1857

Warum stirbt Emma Bovary? Für die meisten Zeitgenossen Flauberts ist die Antwort eindeutig: Emma Bovarys Tod erscheint als logische Konsequenz ihrer romantischen Lektüre, als Strafe einer nicht ernst zu nehmenden, da realitätsfremden und typisch weiblichen romantischen Subjektkonstitution. So hat der zeitgenössische Leser Alfred Dumesnil schnell geahnt, dass der Roman ein böses Ende nehmen würde: „Avec l'éducation ridicule qu'elle avait reçue, avec un entourage pareil au sien, elle ne pouvait finir que par le poison ou dans la rivière. Dès les premières pages, je l'attendais là."[1] Es sind die tragischen Schicksale berühmter romantischer Frauenfiguren, wie Chateaubriands Atala oder Bernardin de Saint-Pierres Virginie, aber ebenso die im 19. Jahrhundert vielfach rezipierten Todesszenen einer Phèdre oder Ophelia, die neben zahlreichen von Liebestoden junger Frauen berichtenden *faits divers* die Erwartungshaltung der zeitgenössischen Leserschaft prägen. Dass Emma Bovarys livreske Erziehung gemeinhin als Ursache für ihr ehebrecherisches, als sündhaft getadeltes Verhalten und schließlich für ihren Suizid herangezogen wird, so wie die Literatur in der männlichen Wahrnehmung des 19. Jahrhunderts die

1 Alfred Dumesnil, „*Madame Bovary* par Gustave Flaubert", in: *La Chronique artistique et littéraire*, 3. Mai 1857 (online).

 | DOI 10.30965/9783770563685_004

wohl größte Gefahr für die Integrität der Ehe darstellt,[2] macht sich Flauberts Verteidiger Jules Senard im berühmten ‚Immoralismusprozess' zunutze, der vom 29. Januar bis zum 7. Februar 1857 vor dem Tribunal correctionnel in Paris ausgetragen wird.[3] Dem Vorschlag des Staatsanwalts Ernest Pinard, den Roman im Untertitel *Histoire des adultères d'une femme de province* zu benennen, widerspricht Senard vehement:

> Non ! le second titre de cet ouvrage n'est pas : *Histoire des adultères d'une femme de province* ; il est, s'il vous faut absolument un second titre : histoire de l'éducation trop souvent donnée en province ; histoire des périls auxquels elle peut conduire, histoire de la dégradation, de la friponnerie, du suicide considéré comme conséquence d'une première faute, et d'une faute amenée elle-même par de premiers torts auxquels souvent une jeune femme est entraînée ; histoire de l'éducation, histoire d'une vie déplorable dont trop souvent l'éducation est la préface.[4]

Eine solche Argumentation, die die Klostererziehung der jungen Emma Rouault zur Ursache allen Übels erklärt, da sie nicht mit einer Hinwendung zu Gott einhergeht, sondern vielmehr mit einem sinnlichen Mystizismus und Träumereien von tragischen Liebesgeschichten, wie sie in den heimlich besorgten Lektüren dargestellt werden, verleiht dem grausamen Tod Emmas im Sinne der aristotelischen *katharsis* einen reinigenden Effekt, ja einen moralischen Sinn. Wenngleich äußerst zweifelhaft bleibt, ob eine derartige Deutung im

2 „Qui est-ce qui lit le roman de M. Flaubert ? Sont-ce des hommes qui s'occupent d'économie politique ou sociale ? Non ! les pages légères de *Madame Bovary* tombent en des mains plus légères, dans des mains de jeunes filles, quelquefois de femmes mariées." *Procès. Réquisitoire de M. l'avocat impérial M. Ernest Pinard*, S. 479. Ein Journaleintrag vom 14. Mai 1834 warnt die Männer davor, ihren Frauen Zugang zur Literatur zu verschaffen: „[...] ne mettez pas entre les mains de vos jeunes femmes les livres de la littérature à la mode, et détournez-les surtout de la fréquentation des jeunes femmes qui veulent ressembler à ces livres". Zit. nach: Louis Maigron, *Le romantisme et les mœurs*, S. 26. Auch Emma Bovarys Schwiegermutter übt Kritik an der weiblichen Lektüre, die von den häuslichen und ehelichen Pflichten abhalte, und bezeichnet den Beruf des Buchhändlers als „métier d'un empoisonneur". Gustave Flaubert, *Madame Bovary*, in: *OC III*, S. 261.

3 Zu den sogenannten ‚Immoralismusprozessen' des 19. Jahrhunderts, den verschiedenen Klägerinstanzen von Kirche und Politik, den inhaltlichen Anklagepunkten sowie zur ethisch-ästhetischen Argumentation vgl. Klaus Heitmann, *Der Immoralismus-Prozeß gegen die französische Literatur im 19. Jahrhundert*.

4 *Procès. Plaidoirie du défenseur Me Senard*, in: *OC III*, S. 485.

Sinne seines Mandanten war, gelingt es Flauberts Verteidiger, durch seine geschickte, die *idées reçues* hinsichtlich der weiblichen Erziehung aufgreifende moralisierende Rede eine Verurteilung abzuwenden:

> À chaque ligne de son livre il fait ressortir la désillusion, et au lieu de terminer par quelque chose de gracieux, il s'attache à nous montrer cette femme arrivant, après le mépris, l'abandon, la ruine de sa maison, à la mort la plus épouvantable. En un mot, je ne puis que répéter ce que j'ai dit en commençant la plaidoirie, que M. Flaubert est l'auteur d'un bon livre, d'un livre qui est l'excitation à la vertu par l'horreur du vice.[5]

Die im hässlichen Suizid endende Geschichte der Ehebrecherin solle insbesondere den Leserinnen des Romans ein Lehrstück sein, sie mittels des läuternden Schreckens der Todesszene, die als unabwendbare Konsequenz des transgressiven Verhaltens erscheine, zur Tugendhaftigkeit erziehen. Eine derartige Argumentation, die Emmas Schicksal eine moralisierende Funktion zuzuschreiben sucht, klagt nicht Flaubert, den Autor, sondern vielmehr seine Figur Emma Bovary der „délits d'outrage à la morale publique et religieuse et aux bonnes mœurs"[6] an. Der ästhetische Wert der livresken Träume bleibt unberücksichtigt, werden sie doch lediglich als Ursache, als „préface"[7] des Niedergangs der Protagonistin betrachtet.

Forschungsbeiträge aus der jüngeren Vergangenheit bemühen sich zwar um eine differenziertere Analyse der Gründe für Emma Bovarys Suizid und versuchen, im Tod einen ästhetischen Sinn zu lesen. Doch die grausame Todesagonie erscheint weiterhin als Strafe, Emma Bovary als lächerliche *femme romanesque*, deren Vorstellungsvermögen und Überschreitungswille durch einen bürgerlich-positivistischen Materialismus konterkariert wird. So deutet der Philosoph Jacques Rancière, der den Suizid wie viele Kritiker vor ihm als „le terme logique d'une suite de désillusions"[8] betrachtet, Emmas Illusionen vor der gesellschaftspolitischen Folie der bürgerlichen Demokratisierung, die mit einer „esthétisation de la vie quotidienne" einhergehe.[9] Emma sei keine

5 Ebd., S. 518.

6 *Procès. Jugement*, in: *OC III*, S. 533.

7 *Procès. Plaidoirie du défenseur Me Senard*, in: *OC III*, S. 485.

8 Jacques Rancière, „La mise à mort d'Emma Bovary. Littérature, démocratie et médecine", S. 59.

9 Vgl. ebd., S. 62 ff., hier S. 68. Rancière bezeichnet Flauberts Roman als „le premier manifeste anti-*kitsch*". Ebd., S. 69.

Künstlerin, sondern sie begehe ein Verbrechen gegen Kunst und Literatur und werde deshalb von ihrem Autor zum Tode verurteilt.[10] Eine ähnliche Deutung unternimmt Françoise Gaillard in ihrem Aufsatz „Qui a tué Madame Bovary ?". Die Autorin behauptet zwar, dass Emma nicht aufgrund ihrer romantischen Lektüre mit dem Tod bestraft werde, sondern aufgrund eines bürgerlichen Utilitarismus, der sich im unreflektierten Konsum banaler Kitschobjekte manifestiere.[11] Doch auch Gaillard spricht Flauberts Protagonistin jeglichen Idealismus ab, den frühere Kritiker wie etwa Baudelaire in ihr sahen.[12]

Letzterer hat als einer der wenigen Rezipienten des Romans den ästhetischen Wert der romantischen Träume Emma Bovarys, das Imaginations- und Transformationspotential der Frauenfigur erkannt. Baudelaire lobt die virile Vorstellungskraft Emmas und stellt sie in seiner Deutung als „poète hystérique" auf eine Ebene mit dem Künstler.[13] Ihr Streben nach einem Ideal, ihr Wille, den begrenzten Horizont der monotonen Provinzexistenz zu überschreiten, zeichneten sich, so Baudelaire, bereits während ihrer Erziehung im Ursulinenkloster ab, die nunmehr eine positive Deutung erfährt. Nicht etwa eine typisch weibliche Passivität, die der kreativen männlichen Produktionskraft gegenübersteht – so, wie sie beispielsweise Jules Michelet in seinen Ausführungen zur Erziehung von Jungen und Mädchen propagiert –,[14] kennzeichne Emma Rouaults religiöse Erziehung. Vielmehr präsentiere sich Flauberts Protagonistin bereits den Ordensschwestern als „l'homme d'action"[15], indem sie zur aktiven Schöpferin von Vorstellungsbildern werde. So werde der unsichtbare Gott, dessen Präsenz sich nach den Vorgaben der Religion im Innersten

10 Vgl. ebd.

11 Vgl. Françoise Gaillard, „Qui a tué Madame Bovary ?", S. 77–79.

12 Vgl. ebd., S. 78.

13 Vgl. Charles Baudelaire, „*Madame Bovary* par Gustave Flaubert", S. 82 f. Emma Bovary überschreitet die traditionellen Geschlechtergrenzen. Sie ist eine Figur der Revolte sowie des Epochenumbruchs. Vgl. Karin Westerwelle, „Die Darstellung nervöser Krankheit in *Madame Bovary. Mœurs de province*", S. 362–367.

14 „L'éducation du garçon, dans l'idée moderne, *c'est d'organiser une force*, force efficace et productrice, de créer un *créateur*. L'homme moderne n'est pas autre chose. L'éducation de la fille est de faire une harmonie, d'*harmoniser une religion*. La femme est une religion." Jules Michelet, *La femme*, S. 44 f. Flaubert selbst zeigt sich wenig begeistert vom Werk des zum Schwätzer degradierten Historikers: „Je viens de lire ce soir *La Femme* du père Michelet. Quel vieux radoteur ! Il abuse du bavardage, franchement. Ne te semble-t-il pas, au fond, jaloux de Balzac !" Gustave Flaubert, Brief an Ernest Feydeau vom 29. November 1859, *Corr. III*, S. 59. Zu Flauberts genereller Bewunderung des Historikers, seiner beinahe sinnlichen Lektüre der Werke Michelets im Jugendalter vgl. Paule Petitier, „Flaubert, lecteur d'histoire" (online).

15 Charles Baudelaire, „*Madame Bovary* par Gustave Flaubert", S. 83.

der Seele manifestieren soll, durch einen der „fantaisie“ entsprungenen „Dieu de vignette, avec éperons et moustaches“ ersetzt.[16] Die triste Umgebung des Klosters verwandelt sich in Emmas Vorstellungswelt in ein farbenfrohes, sinnlich erfassbares Kunstwerk. Außen- und Innenwelt vermischen sich in den von Emma heimlich gesammelten *keepsakes*, die von den an den Wänden des Klosters angebrachten Öllampen in Szene gesetzt werden:

> Et l'abat-jour du quinquet, accroché dans la muraille au-dessus de la tête d'Emma, éclairait tous ces tableaux du monde, qui passaient devant elle les uns après les autres, dans le silence du dortoir et au bruit lointain de quelque fiacre attardé qui roulait encore sur les boulevards.[17]

Die auf dem Seidenpapier der *keepsakes* abgedruckten Radierungen scheinen sich wie von selbst zu präsentieren: Lediglich ein Atemhauch Emmas setzt die Blätter in Bewegung, um eine Abfolge einzelner lebhaft erscheinender Liebesszenen zu kreieren, deren Protagonisten mit der Betrachterin Kontakt aufzunehmen scheinen.[18] Die im Medium des Buches von außen wahrgenommenen Bilder werden ins Innere verlagert, um dort die „excitations passionnelles“[19], die die junge Emma von der Literatur einfordert, hervorzurufen.

Als einer der wenigen Kritiker neben Baudelaire lobt auch Albert Thibaudet die Sinnlichkeit der Frauenfigur und bezeichnet sie als „véritable ‚héroïne‘ de roman“[20]. Emmas Imagination, die Thibaudet im Zusammenhang mit ihrer „grande naïveté“ als „vulgaire“ beschreibt,[21] erfährt allerdings eine Abwertung, erscheint sie doch beschränkt auf eine Nachahmung konventioneller, livresk vermittelter Vorstellungsmuster. Diese Bewertung der Imagination als eine nicht kreative, nachahmende Instanz korrespondiert mit dem noch bis zum 18. Jahrhundert vorherrschenden Prinzip der *imitatio naturae*, welches erst allmählich von einer produktionsästhetischen Kategorisierung der schöpferischen Vorstellungskraft abgelöst wird.[22] Wenngleich Baudelaire in Emma Bovary zwar im Unterschied zu Thibaudet nicht die Notwendigkeit einer Heldinnenfigur sieht, da es ausreiche, wenn sie „suffisament jolie“ sei sowie „des

---

16 Ebd., S. 83.

17 Gustave Flaubert, *Madame Bovary*, in: *OC III*, S. 183.

18 Vgl. ebd., S. 182.

19 Ebd., S. 183.

20 Albert Thibaudet, *Gustave Flaubert*, S. 99.

21 Ebd., S. 100 f.

22 Vgl. Rainer Warning, „Imagination II“, in: *Historisches Wörterbuch der Philosophie*, Bd. IV, Sp. 219 f.

nerfs, de l'ambition, une aspiration irréfrénable vers un monde supérieur" besitze,[23] so erkennt er doch ihr schöpferisches Vorstellungsvermögen. Von Emmas „qualités viriles"[24] hebt Baudelaire allen voran ihre Imagination hervor, die als „faculté suprême et tyrannique, substituée au cœur"[25] dargestellt wird. Es ist die *imagination virile*, die die Komplexität Emmas ausmacht und die negative Zuschreibung der Imagination „qui domine généralement dans la femme comme dans l'animal"[26] überwindet. Die Vorstellungskraft, die Baudelaire in seinem *Salon de 1859* als „reine des facultés"[27] bezeichnet, fungiert als Schöpferin neuer Welten und unendlicher Möglichkeiten:

> Elle décompose toute la création, et, avec les matériaux amassés et disposés suivant des règles dont on ne peut trouver l'origine que dans le plus profond de l'âme, elle crée un monde nouveau, elle produit la sensation du neuf.[28]

Die schöpferische Kraft der Imagination übersteigt das seinsmäßig Vorgegebene. Emma überschreitet die traditionellen Geschlechtergrenzen, wenngleich noch herauszustellen ist, ob ebenjene Überschreitung über eine gedankliche Ebene, über die Konstruktion eines imaginären Raums hinausgeht.[29]

Tatsächlich kann sogar gefragt werden, ob Emma Bovary überhaupt als passive Rezipientin einer Erziehung betrachtet werden kann (vgl. „l'éducation ridicule qu'elle avait *reçue* [Herv. S. W.]"[30]) oder ob sie nicht vielmehr den institutionellen, von dogmatisch-religiösen, pädagogischen und geschlechtsspezifischen Normen begrenzten Rahmen des Klosters aufsprengt und sich mittels ihrer Vorstellungskraft einen eigenen Raum schafft, in dem sich ihre romantische Subjektbildung vollzieht. Die Vorstellungsbilder, die sich in diesem Raum manifestieren, konstituieren sich in erster Linie aus der privaten

23 Charles Baudelaire, „Madame Bovary par Gustave Flaubert", S. 81.

24 Ebd., S. 82.

25 Ebd.

26 Ebd.

27 Charles Baudelaire, *Salon de 1859*, S. 620.

28 Ebd., S. 621.

29 Vgl. hierzu Jules Michelet, *La femme*, S. 257: „On ne peut dire (comme Proudhon) que la femme *n'est que réceptive*. Elle est productive aussi par son influence sur l'homme, et dans la sphère de l'idée, et dans le réel. Mais son idée n'arrive guère à la forte réalité. C'est pourquoi elle crée peu."

30 Alfred Dumesnil, „*Madame Bovary* par Gustave Flaubert", in: *La Chronique artistique et littéraire*, 3. Mai 1857 (online).

‚romantischen' Lektüre,[31] die bereits vor der Klostererziehung einsetzt und im Kloster heimlich fortgesetzt wird.[32] Weder in ihrer privaten Lektüre noch in der durch die Ordensschwestern forcierten religiösen Lektüre tritt Emma als passive Konsumentin auf. Vielmehr sucht sie als Rezipientin stets nach der

31 Die romantische Lektüre umfasst nicht nur die Werke der Autoren, die im engeren Sinne der Generation der Romantiker des beginnenden 19. Jahrhunderts zuzuordnen sind, wie etwa die Gedichte eines Alphonse de Lamartine, die exotischen Kurzromane eines Chateaubriand oder die Gedichte und historischen Romane eines Victor Hugo. Tatsächlich impliziert das Romantische nicht nur eine spezifische Epoche, sondern ebenso eine Rezeptionshaltung, wie Hans Robert Jauß herausgestellt hat. So zeigt die Wortgeschichte des Romantischen, das sich von mlat. *romanice* ableitet und zunächst den mittelalterlichen Roman (*romanz*) bezeichnet, einen Wandel von *romantic*, das im 17. Jahrhundert zunächst in England als das ‚wie in den alten Romanen' Erfundene, Unwahre, Überspannte verwendet wird und im französischen *romanesque* sein Pendant findet, hin zum 1776 aus dem Englischen entlehnten *romantique*, das sich vom romanhaft Unwirklichen zum Poetischen entwickelt und nunmehr die subjektive, melancholische, die Imagination anregende Wirkung der Natur bezeichnet. Die ästhetische Empfindung der Natur wird mit der Historie verbunden, der Suche nach dem Fernen, Abwesenden, Vergangenen. Vgl. Hans Robert Jauß, „Literarische Tradition und gegenwärtiges Bewußtsein der Modernität", S. 45–50. In der Form des Vergangenen taucht die Landschaft beispielsweise in den Ruinendarstellungen Chateaubriands auf. Aber ebenso spiegeln die historischen Mittelalterromane, wie sie von Walter Scott verfasst werden, sowie die sentimentalen Werke eines Rousseau oder Bernardin de Saint-Pierre die Sehnsucht nach einem Abwesenden, nach einer historisch entfernten, nur ruinenhaft überlieferten vergangenen Zeit oder nach einem verlorenen Naturzustand, der in der exotischen Landschaft gesucht wird. Die Wirkung der Ruinenlandschaft, in der sich das Ferne der Historie manifestiert, spielt für Emma eine tragende Rolle: „Elle n'aimait la mer qu'à cause de ses tempêtes, et la verdure seulement lorsqu'elle était clairsemée parmi les ruines." Gustave Flaubert, *Madame Bovary*, in: *OC III*, S. 181. In ihrer romantischen Lektüre träumt sich Emma in vergangene Jahrhunderte zurück, allen voran ins Mittelalter: „Elle aurait voulu vivre dans quelque vieux manoir, comme ces châteleines au long corsage, qui, sous le trèfle des ogives, passaient leurs jours, le coude sur la pierre et le menton dans la main, à regarder venir du fond de la camapagne un cavalier à plume blanche qui galope sur un cheval noir." Ebd., S. 181 f. Dass Emma Bovarys Lektüreauswahl keine spezifische literarische Epoche umfasst, wie sie die Romantik darstellt, hat Volker Roloff bereits herausgestellt und „das Prinzip der undifferenzierten Häufung der Lektüre", der unreflektierten *consommation*, ins Zentrum seiner Analyse gestellt. „Zur Thematik der Lektüre bei G. Flaubert. *Madame Bovary. Mœurs de province*", S. 328.

32 Sowohl in der Kritik durch Flauberts Zeitgenossen als auch in der gegenwärtigen Forschung werden romantische Lektüre und Klostererziehung häufig vermengt. Dabei beginnt das bezeichnende Lektürekapitel (I, 6) mit einem *plus-que-parfait*, das die der Klostererziehung vorgängige Lektüre von *Paul et Virginie* darstellt. Vgl. Gustave Flaubert, *Madame Bovary*, in: *OC III*, S. 179. Bernardin de Saint-Pierres populärer Roman von 1788,

„consommation immédiate de son cœur"[33], die sie in der Lektüre Chateaubriands erfährt. Die religiöse Lektüre soll nicht etwa einen didaktischen Wert aufweisen, sondern Emotionen auslösen:

> Le soir, avant la prière, on faisait dans l'étude une lecture religieuse. C'était, pendant la semaine, quelque résumé d'Histoire sainte ou les *Conférences* de l'abbé Frayssinous, et, le dimanche, des passages du *Génie du christianisme*, par récréation. Comme elle écouta, les premières fois, la lamentation sonore des mélancolies romantiques se répétant à tous les échos de la terre et de l'éternité ![34]

Es offenbart sich eine Opposition zwischen den unter der Woche gelesenen, mit „quelque" abwertend und vereinheitlichend beurteilten Heiligengeschichten und der Religionsschrift Chateaubriands, die als sonntägliche Lektüre aufgewertet wird. Auch die Nennung des *Génie du christianisme* im zweiten Teil des Satzes deutet auf eine Steigerung hin, die jedoch durch die Ergänzung „par récréation" ironisiert wird. Denn die Rekreation, die in ihrem Ursprung als Unterbrechung der profanen Welt zu verstehen ist, wird nun auf den Tag des Herrn übertragen, der hierdurch eine Abwertung erfährt. Die Bedeutung von *récréation* im Kontext religiöser Erziehungsanstalten als „[u]n certain temps accordé aux religieux, aux élèves pour se délasser, pour se divertir"[35] lässt den *Génie du christianisme* als unterhaltsame Lektüre mit wenig didaktischem Wert erscheinen. In diesem Sinne offenbart sich der im *discours indirect libre* verfasste Kommentar über die Empfindungen bei der Lektüre als völlige Umdeutung des Religiösen. Zum einen steht die Zeitlichkeit der „premières fois" in Opposition zur göttlichen „éternité". Zum anderen schließt die Melancholie in ihrer frühen theologisch-moralischen Deutung als *acedia*, als Todsünde und Ausdruck eines gestörten Gottesverhältnisses, als Welt- und Schöpfungsverneinung, die Ewigkeit aus.[36] Hier zeigt sich allerdings die Neubewertung

---

der besonders in der ersten Hälfte des 19. Jahrhunderts weitreichend rezipiert wurde und große Berühmtheit erlangte – nicht zuletzt durch zahlreiche Illustrationen –, wird als einziger Roman explizit genannt. Bereits Sartre konstatiert: „l'éducation n'a pas perverti Mme Bovary. *Avant* treize ans (avant d'aller à l'école) elle rêve des fées et de Paul et Virginie. Le contraste avec le réel, la désillusion. Si quelque chose la pervertit, c'est la *lecture*." Jean-Paul Sartre, *Notes sur „Madame Bovary"*, S. 804.

33 Gustave Flaubert, *Madame Bovary*, in: *OC III*, S. 181.

34 Ebd., S. 180.

35 *Dictionnaire de l'Académie française* von 1835 (online), s. v. „récréation".

36 Vgl. Joachim Ritter, Karlfried Gründer (Hgg.), *Historisches Wörterbuch der Philosophie*, Bd. V, s. v. „Melancholie I", Sp. 1038–1040 sowie s. v. „Melancholie II", Sp. 1040–1043.

der Melancholie in der Romantik, wie sie beispielsweise in Renés *vague des passions*, in seiner Sehnsucht nach einem – vielleicht im Jenseits auffindbaren – *bien inconnu*, ihren Ausdruck findet.[37] Für eine ‚romantische' Rezeption der religiösen Lektüre erscheint das Werk Chateaubriands besonders geeignet, stellt es doch in erster Linie die poetische Schönheit des Katholizismus heraus.[38]

Bei näherer Betrachtung gewinnt die aus der Innenperspektive von Charles' erster Ehegattin, Héloïse, erfolgte Feststellung, Emma habe „comme on dit, *une belle éducation*"[39] genossen, eine neue Bedeutung. Zunächst wird die ‚schöne' Erziehung in ihrer Kursivierung und durch die Instanz der öffentlichen, im Personalpronomen *on* repräsentierten allgemeingültigen Meinung als *idée reçue* ausgewiesen.[40] Ohne den Gemeinplatz zu hinterfragen, wird er von der eifersüchtigen ersten Madame Bovary mit Inhalten gefüllt: „[...] qu'elle savait, en conséquence, la danse, la géographie, le dessin, faire de la tapisserie et toucher du piano. Ce fut le comble !"[41] Doch es ist die Erzählinstanz, die die Inhalte der Klostererziehung im *discours indirect libre* vermittelt und sie durch die ironische Zitation, die Warning als Dialog mit „durchschaute[n] Wahrheiten"[42] bezeichnet, als Klischees demaskiert. Die curricularen Inhalte der *belle éducation*, wie sie sich in der öffentlichen Wahrnehmung manifestieren, lassen sich mit Ausnahme der Geographie unter den Begriff der *arts d'agrément* fassen. Sie folgen einer langen Tradition und werden besonders in der ersten Hälfte des 19. Jahrhunderts als dem weiblichen Geschlecht angemessene Lehrinhalte präsentiert.[43] Wenngleich sie auf den ersten Blick als angenehme, einen Nutzen entbehrende Freizeitbeschäftigungen erscheinen, erfüllen sie tatsächlich einen pragmatischen Zweck. So trägt die Erziehung dazu bei, den

---

37 Vgl. Reinhold R. Grimm, „Die Unergründlichkeit der Melancholie. Chateaubriands amerikanische Novellen", S. 36.

38 Die Innerlichkeit sowie der poetische Charakter der christlichen Religion verweisen auf eine ästhetische Erfahrungsdimension, die im Kontrast zu einer religiös-dogmatischen Deutung des *Génie du christianisme* steht. Vgl. Burkhart Steinwachs, *Epochenbewusstsein und Kunsterfahrung*, S. 124–126.

39 Gustave Flaubert, *Madame Bovary*, in: *OC III*, S. 165.

40 Claudia Jünke hat bereits darauf hingewiesen, dass es sich um den Diskurs des provinziellen Kleinbürgertums handelt, der an dieser Stelle zitiert wird. Allerdings wird *„belle éducation"* von der Autorin unkritisch als *‚gute Erziehung'* übersetzt, wodurch das Bedeutungspotential des Adjektivs *belle* verlorengeht. Vgl. *Die Polyphonie der Diskurse: Formen narrativer Sprach- und Bewusstseinskritik in Gustave Flauberts* Madame Bovary *und* L'Éducation sentimentale, S. 101.

41 Gustave Flaubert, *Madame Bovary*, in: *OC III*, S. 165.

42 Rainer Warning, „Der ironische Schein: Flaubert und die ‚Ordnung der Diskurse'", S. 182.

43 Vgl. Françoise Mayeur, *L'éducation des filles en France au XIXe siècle*, S. 91.

Wirkbereich der Frau auf die häusliche Sphäre zu beschränken, in dem sie ihre Rolle als Ehefrau und Mutter einnehmen wird.[44] Auch in der Geographie wird der häusliche Bereich nicht verlassen, sollen doch die vermittelten Kenntnisse in der Regel nur oberflächlich bleiben. Blickt man allerdings auf Emmas Umgang mit einer Straßenkarte von Paris, erscheint der pragmatische Nutzen der Erziehung schnell konterkariert:

> Elle s'acheta un plan de Paris, et, du bout de son doigt, sur la carte, elle faisait des courses dans la capitale. Elle remontait les boulevards, s'arrêtant à chaque angle, entre les lignes des rues, devant les carrés blancs qui figurent les maisons. Les yeux fatigués à la fin, elle fermait ses paupières, et elle voyait dans les ténèbres se tordre au vent des becs de gaz, avec des marchepieds de calèches, qui se déployaient à grand fracas devant le péristyle des théâtres.[45]

Der Gemeinplatz der *belle éducation* fungiert als äußerer Schein, als gesellschaftliche Konvention weiblicher Erziehung, unter deren Hülle nicht etwa eine pragmatische, sondern eine ästhetische Funktion aufscheint. In der haptischen Wahrnehmung der Karte manifestiert sich eine Sinnlichkeit, die die geometrische, pragmatische Form der vorgegebenen starren Linien der Straßen und der in weißen Quadraten dargestellten Häuser überschreitet. Die eingezeichneten Konturen fungieren zunächst noch als Wegweiser, als räumliche Orientierungspunkte der Imagination. Letztlich verblassen sie hinter der schwarzen Fläche der geschlossenen Augen und lassen der Imagination ihren freien Lauf. Im unsichtbaren Raum der Dunkelheit, der *ténèbres*, entfaltet sich nunmehr eine mit allen Sinnen erfassbare – in der Verbform *voyait* sichtbare und im Lärm der Kutschen hörbare – Szene in der Großstadt, deren Dekorum bezeichnenderweise das Peristyl eines Theaters bildet. Das Vorstellungsbild ist ein künstlerisches Bild, eine von den Säulen des Theatereingangs, von Gaslampen hell erleuchtete Kulisse. Emma Bovary erscheint kraft ihrer schöpferischen Imagination als Künstlerin. Die Welt, die sie mit ihren Sinnen wahrnimmt, ist nicht etwa die faktisch vorgegebene Wirklichkeit der kleinbürgerlichen Provinz, sondern eine höhere Wirklichkeit. Es ist das Adjektiv *belle*, das auf die sinnliche, sich in der Klostererziehung herauskristallisierende Charakterdisposition der jungen Emma verweist, ist doch das Schöne bereits bei Platon mit einer Sinnlichkeit verknüpft, die in den ästhetischen Diskursen des 18. Jahrhunderts auf die schönen Künste, die *beaux arts* angewandt wird,

---

44 Vgl. ebd., S. 68–71.

45 Gustave Flaubert, *Madame Bovary*, in: *OC III*, S. 199 f.

in denen der Idee des Schönen eine ideale Form verliehen wird.[46] Somit verweist *belle* nicht nur auf ein Klischee, sondern auf das wahrhaft Schöne der Imagination.

Diejenigen Kritiker, die Emma Bovarys Tod als logische Konsequenz ihrer livresken Erziehung im Kloster deuten, begründen Emmas Schicksal in erster Linie mit einer Verfehlung ebenjener pragmatischen Funktion der Erziehung. Anstatt zu Gott zu führen, habe die Klostererziehung die Tür zur nutzlosen, einzig den Sinnen dienenden Kunst geöffnet. Aus einer solchen Perspektive kann Emmas Tod nur als Strafe für ihr aus der mangelnden Erziehung resultierendes unmoralisches Verhalten und somit als Affirmation der im Immoralismusprozess hervorgebrachten Argumente der Verteidigung gewertet werden. Doch was ist der ästhetische Wert der romantischen Bilder, die sich bereits im Kloster abzeichnen?

Die vorliegenden Ausführungen versuchen eine neue Perspektive aufzuzeigen: In ähnlicher Weise wie der geschaffene Vorstellungsraum, in dem sich eine neue Wirklichkeit darbietet und der zumindest als augenblickliche Möglichkeit der Evasion aus der banalen Provinzexistenz betrachtet werden kann, haben auch die romantischen Masken, die ihren Ursprung bereits in der privaten Lektüre Emmas vor dem Eintritt ins Kloster finden und dort durch die heimliche Lektüre ausgeformt werden, einen ästhetischen Nutzen. Es ist nicht nur Emma Bovary selbst, die sich die romantischen Masken aufsetzt, sich in der mimetischen Subjektkonstitution eine ihre Vorbilder nachahmende Identität verschafft.[47] Auch ihre Liebhaber versehen Emma Bovary mit klischeehaften Masken. Beide Arten der romantischen Maskerade sind von einem bedeutsamen ästhetischen Wert. Die von Emma eigens geschaffenen Masken illustrieren auf der einen Seite das von Baudelaire gelobte Imaginations- und Transformationspotential der Protagonistin. Auf der anderen Seite verleihen sie dem Tod – und hierin korrespondieren sie mit den von den Liebhabern kreierten Masken – eine rhetorische Funktion: Der Tod illustriert den endgültigen Fall der romantischen Masken, die bereits zuvor partiell unterlaufen werden. Es geht nicht darum, im Tod Emmas schlechte Lektüre und damit einhergehend ihr unmoralisches Verhalten zu tadeln, sondern Emmas Überschreitung und Auslöschung der romantischen Vorbilder aufzuzeigen.

---

46 Vgl. Karlheinz Barck u. a. (Hgg.), *Ästhetische Grundbegriffe*, Bd. 5, s. v. „Schön/Schönheit", S. 390–412.

47 Vgl. René Girard, *Mensonge romantique et vérité romanesque*, S. 26–45; Jörg Dünne, *Asketisches Schreiben. Rousseau und Flaubert als Paradigmen literarischer Selbstpraxis in der Moderne*, S. 258–262.

„Je suis un vieux romantique enragé, ou encroûté, comme vous voudrez.“[48] Mit diesen Worten distanziert sich Flaubert von der Generation der Realisten, in deren Schule Sainte-Beuve ihn in seiner berühmten Rezension der *Madame Bovary* einzureihen sucht. Zumindest „par le cœur“ gehöre Flaubert der Romantikergeneration von 1830 an.[49] Wenn sich Flaubert mittels seiner Erzählinstanz als Autor in eine stoische Apathia zurückzieht, ja wie ein *deus absconditus* über seinem Werk zu schweben scheint, so ist doch Emma Bovary als Figur des Autors zu denken – als Figur, anhand der die noch im Herzen des Autors eingeschriebene Leidenschaft für die Romantik reflektiert wird. Doch die Romantik ist tot; sie ist im Sinnbild der Kruste („encroûté“) dem Zerfall anheimgefallen. Wenn Flaubert mittels seiner Frauenfigur den Versuch unternimmt, die romantischen Modelle wieder zum Leben zu erwecken, so können diese stets nur als äußere Hüllen, ja als Masken bestehen, die wie die Kruste bereits deformiert sind. Die romantischen Bilder, die Flaubert in einem ersten Schritt aus der Perspektive Emma Bovarys entwirft, werden in einem zweiten Schritt entwertet und zumindest partiell unterlaufen.

Emma Bovarys romantische Vorbilder werden nur in Form von Typen dargestellt. Neben den weiblichen Typen der Mystikerin, der romantisch-religiösen Märtyrerin, der „femmes illustres ou infortunées“[50] sowie der *femme fragile*, die aufgrund ihres unmittelbaren Bezugs zum Tod in einem gesonderten Kapitel behandelt werden,[51] lassen sich Emmas Vorbilder unter dem Typus der leidenschaftlichen *amoureuse* zusammenfassen. So ist bereits die weltliche Lektüre im Kloster geprägt von nicht näher definierten „[]amours, amants, amantes“, deren tragische Liebesgeschichten in einsamen Pavillons, dunklen Wäldern und kleinen Ruderbooten im Mondlicht situiert sind.[52] Die Leidenschaft der Liebenden wird in „serments, sanglots, larmes et baisers“[53] nach außen getragen. Der Schwur, der eigentlich vor Gott erbracht wird, verlässt in der Enumeratio der durch die weltliche Liebe hervorgerufenen körperlichen Affekte den traditionell dem Göttlichen zugeordneten Innenraum. Die Rezeption der Liebesliteratur ist in hohem Maße sinnlich: „Pendant six mois, à quinze ans, Emma se graissa donc les mains à cette poussière des vieux cabinets de lecture.“[54] Die romantische Literatur erscheint im Status des

48 Gustave Flaubert, Brief an Sainte-Beuve vom 5. Mai 1857, *Corr. II*, S. 710.

49 Vgl. ebd.

50 Gustave Flaubert, *Madame Bovary*, in: *OC III*, S. 182.

51 Vgl. Kap. 2.2.

52 Gustave Flaubert, *Madame Bovary*, in: *OC III*, S. 181.

53 Ebd.

54 Ebd.

Vergangenen;[55] sie ist nur noch in der deiktisch evozierten Staubschicht greifbar. In dieser vermischen sich Leben und Tod, wird doch der Mensch in der Schöpfungsgeschichte des Alten Testaments aus Staub geschaffen, zu der er am Ende seines Lebens zurückkehrt.[56] Während es in der Genesis Gott ist, der aus dem Staub der Erde Leben schafft, so wird nunmehr Flauberts Protagonistin eine Schöpferrolle zuteil. Emma transformiert den trockenen Staub in ihren Händen zu einem fettenden Balsam, einer weichen Substanz. Ihre Schöpferrolle wird sowohl im Reflexivpronomen *se* als auch in der *passé simple*-Form *graissa*, die an dieser Stelle aufgrund der angegebenen Zeitspanne von „six mois" ungewöhnlich wirkt, aber eine aktive Handlung bezeichnet, hervorgehoben.

Der Typus der Liebenden erscheint auf den bereits erwähnten Radierungen der *keepsakes*. Auf die nicht näher definierte „jeune fille en robe blanche", die auf einem Balkon in den Armen eines Mannes gehalten wird, folgen die „portraits anonymes des ladies anglaises à boucles blondes", deren helle Augen den Blick des mit „vous" angesprochenen Betrachters fesseln.[57] Doch die in der Höhe dargestellte vereinzelte Liebesszene der jungen Frau weicht einem vulgären Vorstellungsbild:

> On en voyait d'étalées dans des voitures, glissant au milieu des parcs, où un levrier sautait devant l'attelage que conduisaient au trot deux petits postillons en culotte blanche.[58]

Die Ladies verschwinden im Adverbialpronomen *en* zu einer anonymen Masse. Sie wahren nicht länger eine dem adeligen Stand angemessene Contenance,

---

55 Zur Verbindung des Romantischen mit dem Vergangenen vgl. Anm. 31.

56 Was im Alten Testament die Rückkehr zum Erdboden, aus dem der Mensch geformt wurde, bezeichnet, wird in Flauberts Korrespondenz ausgeweitet zum unendlichen Kosmos. Der Mensch erscheint als nichtiger Staubpartikel, der in der Weite des Universums keinen Halt findet: „Quand je regarde une des petites étoiles de la voie lactée, je me dis que la terre n'est pas plus grande que l'une de ces étincelles. – Et moi qui gravite une minute sur cette étincelle, que suis-je donc, que sommes-nous ? Ce sentiment de mon infirmité, de mon néant, me rassure. Il me semble être devenu un grain de poussière perdu dans l'espace, et pourtant je fais partie de cette grandeur illimitée qui m'enveloppe. Je n'ai jamais compris que cela fût désespérant. Car il se pourrait bien qu'il n'y eût rien du tout, derrière le rideau noir." Gustave Flaubert, Brief an Mademoiselle Leroyer de Chantepie vom 6. Juni 1857, *Corr. II*, S. 731. Es ist Aufgabe des Künstlers, aus dem abgründigen Nichts zu schöpfen. Eine Analyse der Korrespondenzstelle erfolgt in Kap. 2.2.3.

57 Gustave Flaubert, *Madame Bovary*, in: *OC III*, S. 182.

58 Ebd.

sondern fallen in die Horizontale, in der sie wie Gegenstände ausgebreitet von den Kutschen fortgetragen werden.[59] Im Verschwinden der Liebenden in den verborgenen Raum des Fahrzeugs kündigt sich die berühmte Kutschfahrt Emmas und Léons an, deren Schlusstableau die nackte Hand am Fenster bildet – als *pars pro toto* für den sich in der Verhüllung der wie ziellos umher fahrenden Kutsche hingebenden weiblichen Körper.[60]

Die von Emma nachgeahmten leidenschaftlichen Frauenfiguren erscheinen allesamt – abgesehen von den an anderer Stelle zu behandelnden historischen Frauenfiguren wie Maria Stuart oder Jeanne d'Arc[61] – als nicht reale, lediglich in einem künstlerischen Raum existierende Typen: „D'autres, rêvant sur des sofas près d'un billet décacheté, contemplaient la lune, par la fenêtre entrouverte, à demi drapée d'un rideau noir."[62] Die von Emma rezipierten Liebesszenen sind doppelt eingerahmt: Die Illustrationen der *keepsakes* wirken wie Bühnenbilder. So weist der schwarze Vorhang die Szene als eine Staffage aus. Der Blick aus dem Fenster ist ebenso inszeniert wie der nächtliche Mondschein, der sich kontrastiv vor der Folie des dunklen Fensterrahmens abhebt. Es ist sogar denkbar, dass der Mond selbst vom schwarzen Umhang eingerahmt wird, könnte sich das Partizip *drapée* doch ebenso auf *la lune* beziehen. In jedem Fall wird der Mond als Klischee ausgewiesen – als leicht abzudruckender, ein bestimmtes Repertoire an Emotionen auslösender ‚Abklatsch'. Der Mond ist mit einer Träumerei verknüpft: „LUNE. Inspire la mélancolie." – So wird Flaubert den Mond in seinem *Dictionnaire des idées reçues* als Gemeinplatz ausweisen.[63] Allerdings ist es nicht der Mond, der an dieser Stelle die *rêverie* der Verliebten,

---

59 Interessant sind in diesem Zusammenhang die Bedeutungen von *étaler*, das in erster Linie auf Gegenstände bezogen wird und neben „Exposer en vente, dans une boutique ou dans quelque autre lieu, des marchandises, des denrées, etc." sowie „Étendre, déployer, montrer en détail" ebenso im übertragenen Sinne von „Montrer avec ostentation" Verwendung findet. *Dictionnaire de l'Académie Française* von 1835 (online), s. v. „étaler".

60 Vgl. Gustave Flaubert, *Madame Bovary*, in: *OC III*, S. 366 f.

61 Vgl. Kap. 2.2.3.

62 Gustave Flaubert, *Madame Bovary*, in: *OC III*, S. 182.

63 Gustave Flaubert, *Le Dictionnaire des idées reçues*, s. v. „lune", S. 101. Die unmittelbar folgende Frage „Est peut-être habitée ?" reduziert den melancholischen Seelenzustand auf eine kurzweilige Laune, die sogleich der Neugierde nach einem möglichen Leben auf dem Mond weicht. Eine Anspielung auf den Great Moon Hoax, den ‚Großen Mondschwindel' im Jahr 1835, ist denkbar. Ende August wurden in der *New York Sun* sechs Artikel veröffentlicht, die behaupteten, der Astronom Sir John Herschel habe neben bedeutenden astronomischen Errungenschaften Leben auf dem Mond entdeckt. Die sensationellen Nachrichten verbreiteten sich rasend schnell in der ganzen Welt und wurden erst später als Schwindel entlarvt. Vgl. Museum of Hoaxes, „The Great Moon Hoax" (online).

die wohl gerade einen *billet doux* erhalten hat, auslöst. Umgekehrt scheint der Akt des Träumens auf dem Sofa den Blick zum Himmel zu evozieren.

Im Indefinitpronomen *d'autres* werden die von Emma nachgeahmten Frauenfiguren erneut zu einer nicht näher definierten Masse vermengt. Emmas Vorbilder werden nicht direkt genannt.[64] Im Anschluss an die berühmte Verführungsszene mit Rodolphe im Wald erinnert sich Emma an die „héroïnes"[65] der von ihr gelesenen Bücher und sieht sich beim Blick in den Spiegel selbst im Typus der Liebenden:

> Elle devenait elle-même comme une partie véritable de ces imaginations et réalisait la longue rêverie de sa jeunesse, en se considérant dans ce type d'amoureuse qu'elle avait tant envié.[66]

Der durch das deiktische Demonstrativpronomen verstärkte „type" deutet auf das Vorgefertigte, Stereotype hin, welches allgemein bekannt erscheint, aber dennoch nicht näher definiert wird und folglich eine Vielzahl von Bildern zulässt. Der romantische Typus der Liebenden verweist – in ähnlicher Weise wie die im Spiegel erblickten großen, schwarzen, tiefen Augen[67] – auf einen zitierbaren Diskurs, ein Klischee, das wie Rainer Warning herausgestellt hat, ironisch zitiert wird.[68] Doch es ist nicht der Typus selbst, der von Emma nachgeahmt wird, sondern vielmehr die Leidenschaften der *amoureuse*, wie die deiktisch evozierten „ces joies de l'amour, cette fièvre du bonheur"[69] verdeutlichen. Wie bereits René Girard herausgearbeitet hat, kann

---

64 Auch in den Manuskripten ist die Rede von nicht näher definierten „femmes rêvant. / femmes enlevées - / femmes amoureuses". Gustave Flaubert, *Les manuscrits de* Madame Bovary. *Édition intégrale sur le web*, „Plans et scénarios, folio 18, Plan et scénario partiels – l'éducation d'Emma : lectures, religion (I, 6)".

65 Gustave Flaubert, *Madame Bovary*, in: *OC III*, S. 293.

66 Ebd., S. 294.

67 „Mais, en s'apercevant dans la glace, elle s'étonna de son visage. Jamais elle n'avait eu les yeux si grands, si noirs, ni d'une telle profondeur." Ebd., S. 293.

68 Vgl. Rainer Warning, „Der ironische Schein: Flaubert und die ‚Ordnung der Diskurse'", S. 167: „Auf der Ebene ironischer Negation wird Emmas *transfiguration* interpretiert als pathologische, zerstörerische Selbstverliebtheit, als Narzißmus. Negiert wird damit der Wahrheitsanspruch jenes Diskurses, dem sich diese illusionäre *transfiguration* verdankt. Romantische Rede wähnt sich unmittelbar zum ‚signifiant'." Laut Warning konfrontiert Flaubert „den Optimismus der unvermittelten Rede mit dem Pessimismus des Klischees. Zitierbarkeit ist insofern Indiz des durchschauten Natürlichkeitsanspruchs einer Rede, über die das ironische Subjekt dereinst seine eigene Identität zu bilden suchte." Ebd., S. 168.

69 Gustave Flaubert, *Madame Bovary*, in: *OC III*, S. 293.

die mimetische Subjektkonstitution Emma Bovarys in das Modell eines *désir triangulaire* gefasst werden. So imitiert Emma die *désirs* ihrer selbstgewählten, livresken Vorbilder.[70] Die *désirs* fungieren als Mittlerinstanz. Aufgrund der Distanz zwischen der romantischen Welt der Mittlerinstanz und der bürgerlichen Existenz Emmas spricht Girard von einer *médiation externe*, wobei die Unüberbrückbarkeit Emmas Illusion der „vraie nature de son désir"[71] nicht vermindert, sondern vielmehr verstärkt. Im Gegensatz zum *désir* im *roman romantique*, welcher in seiner Unmittelbarkeit und Spontanität authentisch wirkt, offenbart der *roman romanesque* die Inauthentizität des Menschen im triangulären Begehren. Folglich wird das als spontan, unvermittelt und authentisch dargestellte Begehren des scheinbar freien Menschen in den Werken der Romantik von Girard als *mensonge* entlarvt, während die *vérité* in der nicht-spontanen Imitation über eine Mittlerinstanz liegt.[72] Tatsächlich ist jede Form des Begehrens insofern inauthentisch, als es stets durch die Sprache codiert ist. Dies gilt insbesondere für die moderne Bedeutung der Passio, die spätestens ab dem 17. Jahrhundert nicht mehr als natur- bzw. von Gott gegebenes, passiv empfangenes Leiden erscheint, sondern als höchst ästhetisierte Liebesleidenschaft, der ein spezielles Form- und Sprachinventar zuteil wird.[73] So wird die Passio im 17. Jahrhundert als „eine Art Religion, eine vermeintliche Erhöhung der menschlichen Existenz, die erstrebenswert schien und an der sich Grösse [sic] und Edelmut des Herzens erwies"[74], betrachtet. Das Liebesleiden wird als „verweltlichte, widerchristliche Wendung der Passionsmystik"[75] aktiv herbeigesehnt. In diesem Sinne entspringt auch die romantische Leidenschaft – sowohl der Seelenzustand des *vague des passions* eines René als

---

70 Vgl. René Girard, *Mensonge romantique et vérité romanesque*, S. 27.

71 Ebd., S. 32.

72 Vgl. ebd., S. 37 ff. „Le vaniteux romantique veut toujours se persuader que son désir est inscrit dans la nature des choses ou, ce qui revient au même, qu'il est l'émanation d'une subjectivité sereine, la création *ex nihilo* d'un Moi quasi-divin." Ebd., S. 38.

73 Erich Auerbach liefert hierzu einen exzellenten Beitrag, in dem er den Bedeutungswandel vom durch Aristoteles geprägten passiv empfangenen Leiden über die stoische, Unruhe stiftende *perturbatio*, die *gloriosa passio* des christlichen Märtyrers bis hin zur modernen Liebesleidenschaft (auch Selbstliebe im Sinne von *gloire* und *ambition*) nachzeichnet. Vgl. „Passio als Leidenschaft". Dass sich die Liebesleidenschaft in besonderen Formen artikuliert, zeigt sich anhand der Metapher der Liebesflamme, die allen voran in den Tragödien Racines eine herausragende Stellung einnimmt. Zur Verherrlichung der Leidenschaften in der Tragödie des 17. Jahrhunderts, die in der Kritik als *belles passions* auftreten und ihren Höhepunkt bei Racine finden, vgl. ebd., S. 1194.

74 Ebd., S. 1195.

75 Ebd.

auch die Liebesleidenschaft einer Atala, die vom Père Aubry als von der Natur entfremdeter „excès de passion“[76] beurteilt wird – nicht länger einer göttlichen Gabe. Vielmehr wird die Passio von Chateaubriand für romantisch-religiöse Vorstellungsmuster brauchbar gemacht und ästhetisiert.

Was in den romantischen Werken eines Chateaubriand unter dem Schleier eines Authentizitätsanspruchs angelegt ist, wird von Flaubert enthüllt. So versucht Emma zu Beginn ihrer Ehe noch daran zu glauben „qu'elle possédait enfin cette passion merveilleuse qui jusqu'alors s'était tenue comme un grand oiseau au plumage rose planant dans la splendeur des ciels poétiques“[77]. Die Passio ist keine natürliche, passiv erlittene Gemütserregung, deren Urheber Gott ist, sondern ein in der Sphäre des *merveilleux*, des Übernatürlich-Wunderbaren angelegtes künstlerisch geformtes Bild. Die deiktisch evozierte Passio, die sich dem Leser im Vergleich mit dem rosa gefiederten, in den himmlischen Gefilden schwebenden Vogel bildhaft präsentiert, wird als rezipierbares Klischee ausgewiesen. Das rosa Gefieder verweist auf den Pelikan, der in der christlichen Ikonographie den sich aufopfernden gekreuzigten Christus symbolisiert[78] und nunmehr zu einem artifiziellen Kitschobjekt degradiert ist, dem kein Schmerz mehr eingeschrieben ist. Der Himmel ist nicht länger Raum göttlichen Wirkens, sondern wird in den nicht länger einzigartigen „ciels poétiques“ zur Bühne, auf der die Passio mit einem „[g]rand éclat de lumière“[79] in Szene gesetzt wird. Auch in der Spiegelszene stellt sich die Passio im Raum des Wunderbaren dar:

> Elle entrait dans quelque chose de merveilleux où tout serait passion, extase, délire ; une immensité bleuâtre l'entourait, les sommets du sentiment étincelaient sous sa pensée, et l'existence ordinaire n'apparaissait qu'au loin, tout en bas, dans l'ombre, entre les intervalles de ces hauteurs.[80]

Das Wunderbare selbst wird im Indefinitpronomen „quelque chose de“ zu einem stereotypen Raum abgewertet, in dem sich die Passio in der Klimax

76 François-René de Chateaubriand, *Atala – René*, S. 124.

77 Gustave Flaubert, *Madame Bovary*, in: *OC III*, S. 184.

78 Vgl. Gerd Heinz-Mohr, *Lexikon der Symbole. Bilder und Zeichen der christlichen Kunst*, S. 235.

79 *Dictionnaire de l'Académie française* von 1835 (online), s. v. „splendeur, s. f.“. Es sei hervorgehoben, dass *splendeur* bereits im 19. Jahrhundert im übertragenen Sinne ebenfalls „Grand éclat d'honneur et de gloire“ sowie „Magnificence, pompe“ bezeichnete. Ebd.

80 Gustave Flaubert, *Madame Bovary*, in: *OC III*, S. 293.

über „extase“ zu „délire“ im Gewand der Passionsmystik präsentiert, in einer ekstatischen Entrückung, die jedoch räumlich begrenzt erscheint. Die erneut im Plural dargestellten Höhen der mystischen Erfahrungswelt sind in Intervallen messbar, wodurch die bläulich eingefärbte Grenzenlosigkeit, die auf Gott verweisende „immensité“, begrenzt erscheint. Die eigene Existenz kann nur im Raum der Kunst überschritten werden. Es ist eine zeitlich begrenzte Überschreitung, tritt doch die gewöhnliche Existenz in Zeitabständen aus dem dunklen Abgrund in Erscheinung. Die ursprünglich religiöse Konnotation der Passio wird *ad absurdum* geführt, indem die Passio aus der Höhe des Himmels, der mystischen Verzückung und des nicht Erfassbaren herabgesetzt und als literarisch codierte, stereotype, in verschiedene Gewänder schlüpfende Form demaskiert wird. Bereits in der mystischen Erfahrung verlässt die Passio den Raum der im Innersten verborgenen Gemütsbewegung, um durch körperliche Zeichen wie etwa dem Verbrennen oder Durchbohren zur Darstellung zu gelangen.[81]

Nicht nur die mystische Erfahrung wird an dieser Stelle ironisch verzerrt, sondern ebenso die Verklärung Jesu auf dem Berg Tabor. So öffnet die Spiegelszene mit einer Autospektion der eigenen Transfiguration: „Quelque chose de subtil épandu sur sa personne la transfigurait.“[82] Es ist offensichtlich, dass das Verb *transfigurer* nicht nur die wahrgenommene Verwandlung zur ‚romantischen Heldin‘ beschreibt, sondern ebenso auf die Transfiguration Jesu anspielt.[83] Die Verklärung Jesu findet auf dem Gipfel des Tabor statt, dem im Roman die in der internen Fokalisierung deiktisch evozierten Höhen („ces hauteurs“) entsprechen. Der Gipfel tritt nur noch als Metapher für das Gefühl, die Empfindung („sommets du sentiment“) in Erscheinung, die eine

---

81 Vgl. Kap. 2.2.1.

82 Gustave Flaubert, *Madame Bovary*, in: *OC III*, S. 293.

83 Tatsächlich ist das Verb *transfigurer* nach der Definition des *Dictionnaire de l'Académie française* von 1835 (online) ausschließlich für Jesus Christus zu verwenden: „Changer d'une figure en une autre. Il n'est usité qu'en parlant De JÉSUS-CHRIST. *Notre Seigneur se transfigura sur le mont Thabor.*“ Im Neuen Testament wird die Verklärung wie folgt dargestellt: „Und nach sechs Tagen nahm Jesus mit sich Petrus und Jakobus und Johannes, dessen Bruder, und führte sie allein auf einen hohen Berg. Und er wurde verklärt vor ihnen, und sein Angesicht leuchtete wie die Sonne, und seine Kleider wurden weiß wie das Licht. Und siehe, da erschienen ihnen Mose und Elia; die redeten mit ihm. Petrus aber fing an und sprach zu Jesus: Herr, hier ist gut sein! Willst du, so will ich hier drei Hütten bauen, dir eine, Mose eine und Elia eine. Als er noch so redete, siehe, da überschattete sie eine lichte Wolke. Und siehe, eine Stimme aus der Wolke sprach: Dies ist mein Sohn, an dem ich Wohlgefallen habe; den sollt ihr hören!“ Mt 17, 1–5, zit. nach *Luther Bibel 1984* (online).

Begrenzung im kognitiven Raum erfährt („sous sa pensée").[84] Die Erleuchtung Jesu, der sich den drei ihn begleitenden Aposteln in einem strahlend weißen Gewand präsentiert, wird transformiert in die Erleuchtung der Gefühlsgipfel, die sich jedoch nur im Inneren der Gedanken vollzieht. Die Offenbarung vor den Aposteln ist zu einer Selbstoffenbarung verkehrt, die sich als inneres Bild in Emmas Vorstellungsraum abzeichnet. Sinnbildlich für die Versenkung in den Innenraum stehen die im Spiegel erblickten tiefen schwarzen Augen Emmas: „Mais, en s'apercevant dans la glace, elle s'étonna de son visage. Jamais elle n'avait eu les yeux si grands, si noirs, ni d'une telle profondeur."[85] Die schwarzen Augen führen in den tiefen Abgrund der Seele. Es geht kein Licht von ihnen aus, sodass sich der Blick des Betrachters in ihnen verliert und nicht reflektiert, sondern absorbiert wird. Somit konterkarieren sie die Augen bzw. das Gesicht Jesu, von dem helle Lichtstrahlen abgehen. Das Vorstellungsbild selbst erscheint auf den ersten Blick als Klischee, nämlich als Abdruck der berühmten *Transfiguration* Raffaels. Allerdings unterläuft es den religiösen Sinngehalt der Verklärungsszene auf skandalöse Weise. Raffaels Gemälde nimmt eine Sonderstellung inmitten der zahlreichen künstlerischen Darstellungen der Transfiguration ein, indem es die in der oberen Bildhälfte präsentierte Verklärung um die sich in den Evangelien direkt anschließende Szene der Heilung eines mondsüchtigen Knaben in der unteren Bildhälfte ergänzt.[86] Jesus Christus ist in ein weißes, hell erleuchtetes Gewand gekleidet. Er ist von einer weißen Ganzkörpermandorla umgeben und schwebt inmitten eines bläulich eingefärbten Himmels. Mose und Elija flankieren ihn; zu seinen Füßen auf dem Gipfel des Tabor liegen die vom hellen Licht geblendeten Apostel. In der unteren Bildhälfte, deren Hintergrund dunkel eingefärbt ist und mit dem hell erleuchteten Himmel kontrastiert, befindet sich eine größere Gruppe von Aposteln und weiteren Figuren, die in großer Aufregung auf den von Dämonen besessenen mondsüchtigen Knaben[87] zeigen, dessen

---

84 Trotz der bildlichen Erhöhung erscheint das *sentiment* als verminderte Form der Passio. So entspricht die syntaktische Anordnung von „passion, extase, délire", über den „sentiment" hin zur gewöhnlichen Existenz („l'existence ordinaire") einem Abstieg. Erich Auerbach konstatiert, dass sich das Gefühl, die Empfindung (*sentiment*) bereits im 17. Jahrhundert von der Leidenschaft (*passion*) loslöst. Vgl. „Passio als Leidenschaft", S. 1179, S. 1193.

85 Gustave Flaubert, *Madame Bovary*, in: *OC III*, S. 293.

86 Vgl. Manfred Wundram, „Raffael, *Die Verklärung Christi* (Transfiguration)", S. 183.

87 Mit der Mondsucht wird nicht nur das Schlafwandeln bezeichnet, sondern ebenso die Epilepsie, die Fallsucht. Vgl. Mt 17, 14–18: „Und als sie [die Jünger, S. W.] zu dem Volk kamen, trat ein Mensch zu ihm, fiel ihm zu Füßen und sprach: Herr, erbarme dich über meinen Sohn! Denn er ist mondsüchtig und hat schwer zu leiden; er fällt oft ins Feuer und oft ins Wasser; und ich habe ihn zu deinen Jüngern gebracht und sie konnten ihm nicht

entblößter Körper im Anfall konvulsivisch nach hinten zu fallen droht. Seine weit aufgerissenen Augen sowie die ausgestreckte Hand weisen nach oben. Als einzige Figur stellt er eine Verbindung zur oberen Bildhälfte dar. Wenngleich Jesus den mondsüchtigen Jungen heilen wird, blicken die Augen Jesu in Raffaels Gemälde ‚wie verklärt' ins Leere des Himmels. Vor dem Hintergrund der fehlenden bzw. scheiternden Interaktion zwischen dem Heilenden und dem Kranken, der sich nach dem verklärten Herrn wie vergebens zu zehren scheint oder ihn möglicherweise gar nicht sieht, birgt bereits Raffaels Gemälde ein die neutestamentlichen Szenen deformierendes, skandalöses Potential.[88] Blickt man nun auf Emmas Transfigurationsszene, so scheint die im Gemälde angelegte religiöse Bedeutungsdimension vollends und auf ungeheure Weise ausgelöscht: Die Ehebrecherin schwebt in einem bläulich eingefärbten Himmel („une immensité bleuâtre l'entourait"); im Selbstgenuss der leidenschaftlichen Ekstase, in die sie sich in ihrer Imagination begibt („Elle entrait dans quelque chose de merveilleux où tout serait passion, extase, délire"), erscheint Emma Bovary im wörtlichen Sinne entrückt vom gewöhnlichen Leben, das sich in weiter Ferne unter ihr im Raum des Schattens abspielt. Die eigene exaltierte Passio verhindert die *compassio* mit den Figuren der realen, irdischen Welt. Weder für die eigene provinzbürgerliche Existenz als Ehegattin noch für ihren Mann oder ihre kleine Tochter verspürt Emma Mitgefühl. Vielmehr versucht sie, die mittelmäßige Existenz zu überschreiten, was ihr jedoch nur im Raum der Kunst gelingen kann.

Beim Blick in den Spiegel ahmt Emma nicht etwa konkrete Frauenfiguren nach. Auch erfolgt nur eine scheinhafte Transformation in den Typus der *amoureuse*.[89] Stattdessen trachtet Emma nach der Liebesleidenschaft ihrer Vorbilder, die durch die Stimmen der livresken Heldinnen, an die sie sich beim Blick in den Spiegel erinnert, sinnlich erfassbar gemacht wird: „[...] et la légion lyrique de ces femmes adultères se mit à chanter dans sa mémoire avec des voix de sœurs qui la charmaient."[90] Die Liebesleidenschaft dringt in

---

helfen. Jesus aber antwortete und sprach: O du ungläubiges und verkehrtes Geschlecht, wie lange soll ich bei euch sein? Wie lange soll ich euch erdulden? Bring ihn mir her! Und Jesus bedrohte ihn; und der böse Geist fuhr aus von ihm und der Knabe wurde gesund zu derselben Stunde." Zit. nach *Luther Bibel 1984* (online).

88 Tatsächlich setzt sich der Maler bereits in seiner Verbindung der beiden Szenen über die traditionellen Darstellungsformen der Transfiguration hinweg.

89 Emma nimmt nicht die romantische Identität ihrer livresken Vorbilder an; sie wird nicht zu einem starken Subjekt, wie es etwa Jörg Dünne behauptet. Vgl. *Asketisches Schreiben. Rousseau und Flaubert als Paradigmen literarischer Selbstpraxis in der Moderne*, S. 260 f.

90 Gustave Flaubert, *Madame Bovary*, in: *OC III*, S. 293 f. Es wird nicht nur auf die weltlichen Ehebrecherinnen angespielt, sondern ebenso auf die in den *sœurs* implizierten

der musikalischen Darbietung in Emmas Memoria ein. In der militärischen Metapher der Legion erscheint der Chor der Ehebrecherinnen als monumentale, bedrohliche Masse; das dem Heer inhärente gefahrbringende Potential eines Angriffs wird jedoch durch das Adjektiv *lyrique* unterlaufen. Die Erinnerung vergegenwärtigt nicht etwa eine ehebrecherische Handlung, sondern eine durch den Gesang transportierte Liebesleidenschaft. Eine mögliche im Gesang artikulierte Verleitung zum Ehebruch – ein handlungs(an)stiftendes Ethos, das dem Rezipienten jedoch verborgen bleibt – verschwindet hinter der ästhetischen Form.

Es ist die Memoria Emma Bovarys, die die Liebesleidenschaft zur Darstellung bringt. In ähnlicher Weise wie die Imagination ist auch die Memoria eine kreative Instanz, die nicht bloß rekonstruiert, sondern als Schöpferin einer sinnlich erfassbaren, höheren Wirklichkeit fungiert. Die traditionelle Bedeutung der Memoria als einheitsstiftende, ordnende Instanz, als Aufbewahrungsort eines auf Gott verweisenden Wahren,[91] wird an dieser Stelle verkehrt.[92] Die Leidenschaft gestaltet sich als in der Memoria geschaffenes (und nicht bloß rezipiertes) Artefakt. Emma imaginiert die betörenden Stimmen der livresken Ehebrecherinnen, um der Liebesleidenschaft in ihrer Vorstellung eine Bühne

Schwestern im Kloster. Darüber hinaus verweist die *mémoire* auf die liturgische Praxis der Commemoratio. Vgl. Émile Littré, *Dictionnaire de la langue française* von 1872–77 (online), s. v. „mémoire".

91 Vgl. Joachim Ritter, Karlfried Gründer (Hgg.), *Historisches Wörterbuch der Philosophie*, Bd. II, s. v. „Erinnerung", Sp. 636 f.

92 Bereits in der Folge des einschneidenden Vaubyessard-Balls erscheint die Memoria nicht in ihrer traditionellen Funktion als ordnendes Prinzip. Stattdessen wird sie mit einem Affekt, nämlich dem *regret* verbunden: „Ce fut donc une occupation pour Emma que le souvenir de ce bal. Toutes les fois que revenait le mercredi, elle se disait en s'éveillant : ‚Ah ! il y a huit jours..., il y a quinze jours..., il y a trois semaines, j'y étais !' Et peu à peu, les physionomies se confondirent dans sa mémoire, elle oublia l'air des contredanses, elle ne vit plus si nettement les livrées et les appartements ; quelques détails s'en allèrent, mais le regret lui resta." Gustave Flaubert, *Madame Bovary*, in: *OC III*, S. 198 f. Die Erinnerung an den Vaubyessard-Ball provoziert einen Schmerz, wie ihn der Tod einer geliebten Person hervorruft. Vgl. *Dictionnaire de l'Académie française* von 1835 (online), s. v. „regret": „Il se dit particulièrement Du chagrin que cause la perte, la mort d'une personne." Im Unterschied zum *souvenir* ist die *mémoire* weitreichender. Auch lässt sie mehr Raum für die Vorstellungskraft. Vgl. Pierre Larousse, *Grand Dictionnaire universel du XIXe siècle*, Bd. XI, s. v. „mémoire, s. f.", S. 2: „*Mémoire* et *souvenir* expriment l'un et l'autre l'action de notre esprit qui se reporte en arrière et qui rappelle à son attention des personnes ou des choses dont il s'est déjà occupé dans le passé. Mais le mot *mémoire* suppose un objet plus important plus étendu, plus vague quelquefois ; *souvenir* est plus restreint ou plus précis."

zu verschaffen.[93] Mittels ihrer Memoria wird sie zur Künstlerin einer erträumten Liebesleidenschaft, die jedoch eine todbringende ist. Dass der Gesang in einem von der Wirklichkeit entfernten Kunstraum vorgetragen wird und letztlich als Artikulation einer unerfüllbaren, sich erschöpfenden Liebesleidenschaft den Tod Emmas ankündigt, verdeutlicht das Verb *charmer*, das in seiner Etymologie von lat. *carmen* auf die musikalische Inszenierung eines betörenden, verzaubernden und fatalen Gesangs referiert, der dem Diskursfeld der Hexerei entspringt.[94] Die Bezeichnung der Stimmen als „voix des sœurs" kann auf der einen Seite als Verbundenheit mit den leidenschaftlichen Ehebrecherinnen gedeutet werden. Auf der anderen Seite ist ein ironischer Rückverweis auf die Ordensschwestern denkbar, die von der Erzählerinstanz zu Schöpferinnen eines diabolischen, in den Bann der Ausschweifung und der verbotenen Leidenschaften ziehenden Gesangs degradiert werden.

Nicht nur an dieser Stelle wird die Leidenschaft über eine musikalische Form codiert. Bereits die „lamentation sonore des mélancolies romantiques"[95], die während der klösterlichen Lektüre des *Génie du christianisme* in den Ohren der jungen Emma erklingt, verbindet die musikalische Form des Lamento mit der romantischen Affektivität der Melancholie, die als Verweis auf den von Chateaubriand beschriebenen Seelenzustand des *vague des passions* betrachtet werden kann. Ein Paradebeispiel für die musikalische Inszenierung der Passio stellt der Besuch der Oper *Lucie de Lammermoor* dar. So identifiziert sich Emma mit den Liebesleidenschaften, die Lucie und Edgar in ihren Klageliedern über die aufgrund der Feindschaft ihrer Familien unerfüllbare Liebe im ersten Akt zur Darstellung bringen:

> Elle s'emplissait le cœur de ces lamentations mélodieuses qui se traînaient à l'accompagnement des contrebasses, comme des cris de naufragés

---

93 Laut Larousse ist der Gehörsinn der weitreichendste Sinn, der eine beinhahe grenzenlose Entfaltung in der *mémoire* ermöglicht: „Mais le sens dont la *mémoire* est incomparablement la plus étendue, c'est l'ouïe. Quand on songe au nombre infini de mots qu'un homme bien doué peut retenir, aux inflexions, aux accents, aux intonations diverses dont chaque mot peut être accompagné dans sa *mémoire*, si l'on songe qu'il peut encore y ajouter les bruits infiniment variés de la nature et, enfin, un vaste répertoire d'airs de musique, on sera étonné, confondu. En certains hommes, cette mémoire semble n'avoir pas réellement de bornes". Ebd.

94 Vgl. Pierre Larousse, *Grand Dictionnaire universel du XIXe siècle*, Bd. III, s. v. „charme, s. m.", S. 1024. Ursprünglich handelt es sich um einen „chant magique, qui sert aux conjurations, aux *charmes*, aux incantations." Ebd.

95 Gustave Flaubert, *Madame Bovary*, in: *OC III*, S. 180.

> dans le tumulte d'une tempête. Elle reconnaissait tous les enivrements et les angoisses dont elle avait manqué mourir.[96]

Im Lamento der Liebenden erkennt Emma Bovary ihre eigene unerfüllte Leidenschaft wieder, ihr Leiden nach der Trennung von Rodolphe, das sich in körperlichen Symptomen von Rausch und großen Angstzuständen manifestierte. Während die Symptome des leidenden Körpers, die in der Grenzsituation zwischen Leben und Tod auftraten („dont elle avait manqué mourir"),[97] als authentisch zu bewerten sind, erfolgt Emmas eigene Wahrnehmung des leidenschaftlichen Klagegesangs noch immer über ein bereits existierendes Bild, das der Erzähler im Vergleich mit den Schreien von Schiffbrüchigen aufdeckt. Es referiert nicht nur auf die während der Klostererziehung herbeigesehnten Sturmszenen,[98] sondern konkret auf den Schiffbruch Virginies, die doch bereits in der Nennung des berühmten Romans Bernardin de Saint-Pierres das Lektürekapitel einleitet. Emmas Rezeption des Lamento ist somit eine Todesszene eingeschrieben, die dem tragischen Liebestod Lucies und Edgars vorgreift, ihn jedoch in einer ganz subjektiven, von der Vorlage – die Emma durch die Lektüre Walter Scotts bekannt war – abweichenden Form imaginiert.[99] Festzuhalten ist, dass die Leidenschaft in der Oper – und zwar bereits im ersten Akt – als todbringende vorgestellt wird: Als Auslöser eines romantischen

96 Ebd., S. 348.

97 Vgl. Kap. 2.2.2.

98 „Habituée aux aspects calmes, elle se tournait, au contraire, vers les accidentés. Elle n'aimait la mer qu'à cause de ses tempêtes, et la verdure seulement lorsqu'elle était clairsemée parmi les ruines." Gustave Flaubert, *Madame Bovary*, in: *OC III*, S. 181.

99 Das Lamento der Operndarstellerin evoziert eine in das romantische Bildgedächtnis eingeschriebene Todesszene, die von einer affektiven Gebärde gekennzeichnet ist: Der zum Himmel gerichtete Blick der Schiffbruch erleidenden Virginie kann als Pathosformel im Sinne Aby Warburgs betrachtet werden, als kulturell modulierter körperlicher Ausdruck einer *pathé*. Wenngleich sich Warburg nur am Rande mit der Musik beschäftigt hat, so spricht er in seinen Frühschriften dem *stile recitativo* der Florentiner Intermedien von 1589 eine tragende Rolle für die Entstehung der Oper zu. Vgl. Sigrid Weigel, „Pathosformel und Oper. Die Bedeutung des Musiktheaters für Aby Warburgs Konzept der Pathosformel", S. 234–240. Die im Rezitativ zum Ausdruck gebrachten Gemütsbewegungen stellen „eine Art Pathosformel *avant la lettre* dar." Ebd., S. 239 f. In ähnlicher Weise wie das ins kulturelle Gedächtnis eingeschriebene Bild kann auch die Opernstimme – in diesem Fall das Lamento der Liebenden Lucie und Edgar – Ausdruck einer Pathosformel sein und ebenso „Töne vergangener Affektkulturen hörbar" machen, wie sie „an die Verbindung von Ekstase und Stimme in der antiken Mythologie und in heidnischen Kulturen", z. B. im Dionysoskult der Bacchantinnen, erinnert. Ebd., S. 251.

Todes, den sich Emma selbst erträumt, wie die ambivalente Konstruktion des „manqué mourir“ verdeutlicht.[100] Die eigene Todessehnsucht evoziert schließlich in der Verbindung von Lamento und weiblichem Tod durch Ertrinken eine mythologische Vorlage, die in Claudio Monteverdis berühmter Oper *L'Arianna* zur musikalischen Darstellung gebracht worden ist: Es ist der im Klagegesang der Ariadne ausgedrückte Todeswunsch nach ihrem vergeblichen Todessturz ins Meer, aus dem sie von Fischern gerettet worden ist. Somit ist Ariadne wie Emma nur beinahe gestorben bzw. schärfer formuliert: Ihr ist das Sterben „missglückt“.[101]

Während die Opernaufführung als Spiegel für Emmas eigene Leidenschaften fungiert, in dem die romantischen Illusionen letztlich gebrochen werden, ist die Spiegelszene im Anschluss an den Ehebruch mit Rodolphe noch als Versuch zu werten, sich eine romantische Maske überzustreifen. Doch die Transformation in den Typus der *amoureuse* kann nicht gelingen. Vielmehr wird die Verwandlung als scheinhafte Inszenierung ausgewiesen:

> Elle devenait elle-même comme une partie véritable de ces imaginations et réalisait la longue rêverie de sa jeunesse, en se considérant dans ce type d'amoureuse qu'elle avait tant envié.[102]

Das romantische Modell wird nicht etwa imitiert bzw. eingenommen, wie es auf den ersten Blick scheint, sondern unterlaufen. Bereits der Vergleich („comme“) der im Spiegel wahrgenommen Identität mit den im Vorstellungsraum auftretenden livresken Heldinnen verkehrt die tatsächliche Verwandlung in eine scheinhafte, ja partielle („une partie“) Verwandlung, deren angebliche Authentizität durch das Adjektiv *véritable* bemüht wird, um sogleich zurück in die Sphäre des Erträumten („la longue rêverie“) transponiert zu werden. Dass Emmas Traum scheinbar erfüllt wird, drückt der Erzähler mittels der aktiven Verbform *réalisait* aus. Doch die Art und Weise der ‚Verwirklichung' artikuliert sich im Gérondif *en se considérant*, der Emmas Transformation in den Bereich des Subjektiven verlagert. Sowohl Traum als auch Erfüllung finden im Raum

---

100 Zu den romantischen Todesbildern Emma Bovarys vgl. Kap. 2.2.

101 Zum Lamento der Arianna in Monteverdis Oper, deren Aufführung vor einer Hochzeitsgesellschaft in Mantua 1608 großes Lob hinsichtlich des mit heftigem Affekt vorgetragenen, die Zuschauer zu Tränen rührenden „Lasciatemi morire“ der Sopranistin Virginia Ramponi Andreini einbrachte, vgl. Marcel Lepper, *Lamento. Zur Affektdarstellung in der Frühen Neuzeit*, S. 146–160. Das Lamento der Arianna ist ebenso modellbildend wie subversiv, stellt es doch im virtuos leidenden weiblichen Körper eine Ambivalenz zwischen weiblicher Schwäche und verführerischer Unruhe dar. Vgl. ebd., S. 157.

102 Gustave Flaubert, *Madame Bovary*, in: *OC III*, S. 294.

der Imagination statt. Im ungewöhnlichen Gebrauch der Präposition *dans*, an deren Stelle ein *comme* eher zu erwarten wäre, deckt die Erzählerinstanz das romantische Modell schließlich als Maskerade auf: Wenn Emma sich *im* Typus der *amoureuse* betrachtet („en se considérant *dans* ce type d'amoureuse […]" [Herv. S. W]), hüllt sie sich in ihrer Vorstellung in ein Kostüm. Der Spiegel dient nicht als Erkenntnisobjekt einer tatsächlich stattgefundenen Verwandlung, sondern als Instrument einer narzisstischen Selbstinszenierung. Der Erzähler entlarvt die Inauthentizität des romantischen Vorbilds, das als literarischer Typus nur in der Maskerade, im Schein existieren kann. Bereits an dieser Stelle wird Emma Bovary von der Erzählerinstanz als transgressive Figur dargestellt, die die bloße Nachahmung der livresken Vorbilder in der partiellen Abweichung überschreitet.

Ist es an dieser Stelle noch die Erzählerinstanz, die die künstlerische Maskerade der Passio im kleinen Detail aufdeckt, so wird bezeichnenderweise der Opernbesuch – die künstlerische Darstellung der Leidenschaften *par excellence* – zu Emma Bovarys eigener Erkenntnis über das Schauspiel der Leidenschaften führen. Auslöser ist die den dritten Akt einleitende Hochzeitsszene zwischen Lucie und Arthur, die nach dem plötzlichen Auftauchen des unerreichbaren Geliebten Edgar in die berühmte *scène de folie* der zur Hochzeit gezwungenen Opernheldin münden wird:

> Lucie s'avançait, à demi soutenue par ses femmes, une couronne d'oranger dans les cheveux, et plus pâle que le satin blanc de sa robe. Emma rêvait au jour de son mariage ; et elle se revoyait là-bas, au milieu des blés, sur le petit sentier, quand on marchait vers l'église. Pourquoi donc n'avait-elle pas, comme celle-là, résisté, supplié ? Elle était joyeuse, au contraire, sans s'apercevoir de l'abîme où elle se précipitait… Ah ! Si, dans la fraîcheur de sa beauté, avant les souillures du mariage et la désillusion de l'adultère, elle avait pu placer sa vie sur quelque grand cœur solide, alors la vertu, la tendresse, les voluptés et le devoir se confondant, jamais elle ne serait descendue d'une félicité si haute. Mais ce bonheur-là, sans doute, était un mensonge imaginé pour le désespoir de tout désir. Elle connaissait à présent la petitesse des passions que l'art exagérait. S'efforçant donc d'en détourner sa pensée, Emma voulut ne plus voir dans cette reproduction de ses douleurs qu'une fantaisie plastique bonne à amuser les yeux, et même elle souriait intérieurement d'une pitié dédaigneuse, quand au fond du théâtre, sous la portière de velours, un homme apparut en manteau noir.[103]

103 Ebd., S. 349.

Emmas anfängliche Identifikation mit Lucie erfolgt über ihre Kostümierung. Die Opernheldin betritt im weißen Hochzeitskleid sowie mit einer Krone aus Orangenblüten, die beide traditionell die jungfräuliche Unschuld symbolisieren,[104] die Bühne. Emma sieht sich zurückversetzt zu dem Tag ihrer eigenen Hochzeit. Dass die Oper keine Liebeshochzeit darstellt, sondern eine durch Lucies Bruder Ashton erzwungene Heirat mit Arthur, dem Freund der Familie, zeigt bereits die Tatsache, dass Lucie nicht eigenständig, sondern von ihren Frauen gestützt, schwächlich und blass die Bühne betritt. Die in der erlebten Rede gestellte Frage „Pourquoi donc n'avait-elle pas, comme celle-là, résisté, supplié ?" antizipiert die dem Auftritt folgende *scène de folie* im dritten Akt, in der Lucie ihren Ehegatten erdolchen wird und ihren Geliebten Edgar an einer Quelle, die im ersten Akt als Ort ihrer Liebesschwüre fungierte, zu sehen glaubt. Der Wahnsinn Lucies wird tödlich sein; ihr Geliebter Edgar wird ihr in den Tod folgen. Tatsächlich erscheinen Wahnsinn und Tod bereits im Orangenblütenkranz angelegt. So sind die Orangenblüten nicht nur ein traditioneller Hochzeitsschmuck. Ebenso finden sie im 19. Jahrhundert als Heilmittel gegen nervöse Krankheiten bzw. Zustände Verwendung.[105] Auch in Flauberts Roman tauchen die Orangenblüten mehrmals auf, nämlich in dem mit einem weißen Satinband gebundenen Brautstrauß der ersten Ehefrau Charles', den Emma unmittelbar nach ihrem Einzug in das eheliche Schlafzimmer auf dem Schreibtisch erblickt,[106] sowie in Emmas eigenem Brautstrauß, den sie vor dem Umzug nach Yonville verbrennen wird.[107] Ersterer erscheint als Reliquie, als Erinnerungsobjekt an die verstorbene erste Ehefrau, das Emma an ihren wie in einem Sarg einkartonierten eigenen Blumenstrauß denken und schließlich ihren eigenen Tod imaginieren lässt: „Emma songeait à son bouquet

---

104 Vgl. Pierre Larousse, *Grand Dictionnaire universel du XIXe siècle*, Bd. XI, s. v. „oranger, s. m.", S. 1409: „Considérées, à cause de leur éclatante blancheur, comme l'emblème de la virginité, ces fleurs [d'oranger, S. W.] parent le front des jeunes mariées que l'on mène à l'autel."

105 „Ces fleurs et leurs diverses préparations sont un remède souverain contre les accidents nerveux de toute nature, les mouvements convulsifs, les coliques, les vomissements, l'anxiété, l'oppression, les spasmes, les palpitations et les vapeurs, ces maux si souvent imaginaires. Mais il ne faut ni abuser de ce médicament ni s'y habituer." Ebd.

106 „[...] et, sur le secrétaire, près de la fenêtre, il y avait, dans une carafe, un bouquet de fleurs d'oranger, noué par des rubans de satin blanc. C'était un bouquet de mariée, le bouquet de l'autre !" Gustave Flaubert, *Madame Bovary*, in: *OC III*, S. 177.

107 „Un jour qu'en prévision de son départ elle faisait des rangements dans un tiroir, elle se piqua les doigts à quelque chose. C'était un fil de fer de son bouquet de mariage. Les boutons d'oranger étaient jaunes de poussière, et les rubans de satin, à liséré d'argent, s'effiloquaient par le bord. Elle le jeta dans le feu." Ebd., S. 209.

de mariage, qui était emballé dans un carton, et se demandait, en rêvant, ce qu'on en ferait, si par hasard elle venait à mourir."[108] Die Hochzeit und die mit ihr einhergehende unerfüllte Liebesleidenschaft wird Emma Bovary in den selbstgewählten Tod führen. Anhand der Figur Lucies, die sogleich nach der Unterzeichnung des Ehevertrags und dem Auftauchen ihres Geliebten auf der Hochzeitsfeier tiefe Reue empfindet, wahnsinnig wird und sich im transgressiven Tötungsakt zur Wehr setzt, muss Emma erkennen, wie sie sich selbst – in der blinden Hoffnung, eine glückliche Ehe führen zu können – langsam in den Abgrund stürzt. Der traurige Abgrund kontrastiert mit der in der Höhe angelegten, erträumten Glückseligkeit („félicité si haute"), wie sie bereits in der oben analysierten Spiegelszene nach dem Ehebruch mit Rodolphe codiert wird. Von Rodolphe nunmehr verlassen, gelingt es Emma, das erträumte Bild der himmlischen Leidenschaften als Lüge („un mensonge imaginé") aufzudecken – als scheinhafte Inszenierung, die zuvor nur der Erzähler zu durchschauen vermochte. Es ist die künstlerische Inszenierung, die die nunmehr als klein und unbedeutend bewertete Leidenschaft („la petitesse des passions") maßlos exaltiert. Für die theatralische Bühnendarstellung der Lucie, die als artifizielle Reproduktion des echten Leidens („reproduction de ses douleurs") nur noch ein plastisches Vorstellungsbild liefert, das zwar unterhaltsam („bonne à amuser des yeux"), aber doch nichtig erscheint, empfindet Emma ein verachtendes Mitleid. Das Oxymoron der *pitié dédaigneuse* verkehrt die aristotelische Wirkungsabsicht der Tragödie in ihr Gegenteil, zum einen, da die *pitié* als solche nicht als ein der Katharsis zugrundeliegender Affekt in der aristotelischen Poetik auftaucht, zum anderen, da die durchschauende Verachtung keine seelische Läuterung mehr zulässt. Dies wird umso mehr deutlich, als Emma bereits vom Bühnengeschehen abgelenkt ist und ihren Blick zum Theatereingang richtet, der ihr in der schwarzgekleideten männlichen Erscheinung Léon präsentieren wird.

Die übertriebene Darstellung der Passio ist besonders für das romantische Drama zu einem Gemeinplatz avanciert. Gerade der weibliche Wahnsinn, die *folie*, wird zum Gegenstand einer spektakulären Zurschaustellung und manifestiert sich in stereotypen körperlichen Zeichen, die dem Publikum bekannt sind. So ist es nicht verwunderlich, dass Charles das Theater während des dritten Akts nicht verlassen möchte, kündigt doch das gelöste Haar der Opernheldin die berühmte Wahnsinnsarie, die *scène de folie* an: „„Ah ! pas encore ! restons ! dit Bovary. Elle a les cheveux dénoués : cela promet d'être tragique.'"[109]

---

108 Ebd., S. 177. Eine detaillierte Analyse der Textstelle erfolgt in Kap. 2.2.3.

109 Gustave Flaubert, *Madame Bovary*, in: *OC III*, S. 352.

Emma hingegen betrachtet die weibliche Inszenierung als überspitzt: „Mais la scène de la folie n'intéressait point Emma, et le jeu de la chanteuse lui parut exagéré."[110] Dass sich die Operndarstellerinnen in ihren Wahnsinnsszenen in der Regel einem speziellen Repertoire an körperlichen Zeichen und Gesten bedienen, verdeutlicht der Zeitungsartikel eines gewissen T. d'Arceuil aus dem Jahr 1839. D'Arceuil zeigt sich begeistert über die schauspielerische Leistung der Opernsängerin Anna Thillon, eine gebürtige Engländerin, die im Théâtre de la Renaissance in Paris in der Rolle der Lucie auftritt:[111]

> Allez la [Mme Thillon, S. W.] voir et l'entendre, car elle est bonne à entendre et à voir, et vous nous direz si vous connaissez tendresse plus vive et plus chaste, grâce plus charmante et plus naïve, folie plus vraie, désespoir plus habilement exprimé, voix plus pure et plus flexible. Mme Thillon, on le sait, est anglaise. Walter Scott l'avait-il devinée lorsqu'il créa sa Lucie ? c'est bien là cette douce figure de fiancée, poétique à la manière d'Ossian, vaporeuse et pâle, la tête couronnée des nuages gris de la sombre Ecosse. [...] C'est dans le duo avec Ashton, surtout, que Mme Thillon nous a paru irréprochable. [...] aussi demanderons-nous à Mme Thillon de rester, autant que possible, dans les rôles tendres et gracieux. Certainement, elle joue mieux que beaucoup d'autres, et ce n'est pas un magnifique éloge, la scène de la folie ; mais, outre que la recette de ces scènes est parfaitement connue, que tout le monde sait ce qu'il faut de cheveux épars, de regards fixes, de vêtements en désordres, de démarche tantôt lente, tantôt précipitée, pour représenter très convenablement tous les fous de théâtre, nous ajouterons que la douce figure d'Anna perd sa beauté dans ces contorsions, sans gagner une suffisante compensation d'énergie. Qu'elle laisse aux actrices vulgaires ces cris, ces grimaces qui provoquent les applaudissements de la multitude, aux dépens des gens de goût. Vous êtes charmante, Anna, conservez vos avantages.[112]

---

110 Ebd.

111 Die von Gaetano Donizetti komponierte Oper *Lucie de Lammermoor*, wird am 10. August 1839 im Théâtre de la Renaissance uraufgeführt. Das Libretto stammt von Alphonse Royer und Gustave Vaëz. Sie basiert auf Donizettis italienischer Version *Lucia di Lammermoor*, die 1835 in Neapel uraufgeführt wurde und im Gegensatz zur französischen Adaption nicht vier, sondern drei Akte umfasst. Vgl. zu den inhaltlichen Unterschieden sowie zur Romanvorlage Walter Scotts (*The Bride of Lammermoor*) Adrienne Tooke, „Another Point of View on Donizetti: Charles and Emma at the Opera".

112 T. d'Arcueil, „Les comédiens. VII. Mme Anna Thillon", in: *Le Furet des salons. Journal du monde élégant, de l'industrie et des théâtres*, 17. November 1839.

Der Autor grenzt Anna Thillon in ihrer zurückhaltenden, zarten Anmut von ebenjenen als „vulgaires" – im Sinne von ‚gewöhnlich' oder gar ‚vulgär' – bezeichneten Schauspielerinnen ab, die das klischeehafte Repertoire der Wahnsinnsszenen beherrschen. Mit ihrem gelösten Haar, ihrem starren Blick, ihren Grimassen, Schreien und körperlichen Verrenkungen sowie einem unsteten Gang repräsentieren sie den Typus der Wahnsinnigen, der über eine bestimmte Körpersprache codiert ist[113] bzw. codiert sein muss, um den Geschmack des Massenpublikums zu treffen. Die Bühnenanweisungen im Libretto von *Lucie de Lammermoor* folgen dieser stereotypen Körpersprache, wenn es zum Beispiel in der sechsten Szene des dritten Akts heißt: „[...] *Lucie, accourant, ses cheveux sont déroulés, ses yeux hagards.*"[114] Auch von unsteten Bewegungen ist die Rede: „*Elle croit prendre la main d'Edgard, et se diriger vers la fontaine ; tout à coup elle s'arrête épouvantée.*"[115] Wenn der Flaubertsche Erzähler die Darstellung der Opernsängerin als artifizielles, theatralisches Spiel („jeu") entlarvt und Emma ihre Schreie als zu laut empfindet („‚Elle crie trop fort', dit elle en se tournant vers Charles, qui écoutait."[116]), emanzipiert sie sich vom Geschmack der Masse, die im Beifall wie gefesselt von der Wahnsinnsszene ist.

Jenes wild klatschende Publikum, das seine Blicke begeistert auf eine auf der Bühne dargebotene weibliche *scène de folie* richtet, wird Honoré Daumier noch im Jahre 1864 in einer Karikatur darstellen. Im zweiten Blatt seiner Serie *Croquis dramatiques par Daumier*, das am 18. April in *Le Charivari* publiziert wird, zeigt er eine für das romantische Melodrama typische Todesszene: Im linken Vordergrund der Bühne befindet sich eine Frauenfigur, die ihren Körper in einer wahnsinnigen Pose nach hinten gebeugt hat und sich mit ihren Händen, wie in großer Verzweiflung, durch das gelöste Haar fährt. Neben ihr, mitten auf der Bühne, liegt ein getöteter Mann; über ihm steht in bedrohlicher Haltung sein Mörder, der noch den Dolch gezückt hält und mit der anderen Hand auf sein Opfer zeigt. Wie der Untertitel der Karikatur erklärt, handelt es sich bei dem Getöteten um den Geliebten der Frauenfigur, die nunmehr vom Mörder und den begeisterten „Bravo!"-Rufen aus dem Publikum – das im linken Vordergrund der Karikatur in angespannter, miteifernder Mimik und Gestik dargestellt ist – aufgefordert wird, sich für ihren eigenen Tod zurecht zu

113 Diese verzerrte Mimik wird Flaubert in seinem *Dictionnaire des idées reçues* als Gemeinplatz für die Nervenkrankheit aufdecken: „MALADIE DE NERFS. Toujours des grimaces." S. 103.

114 Alphonse Royer, Gustave Vaëz, Gaetano Donizetti, *Lucie de Lammermoor*, III, 6 (online).

115 Ebd.

116 Gustave Flaubert, *Madame Bovary*, in: *OC III*, S. 352.

machen („Apprêtez-vous à mourir !").[117] Auch hier fungiert das gelöste Haar als Zeichen für den Wahnsinn und den sich anschließenden Tod, der die Vereinigung mit dem Geliebten bedeutet.

Das Tragische an der Figur Emma Bovarys – eine Tragik, die ihr in der aktuellen Forschungsliteratur in ähnlicher Weise wie in den Rezensionen des 19. Jahrhunderts weitestgehend aberkannt wird – liegt darin begründet, dass sie die Leidenschaft, deren Scheinhaftigkeit sie in der Oper erkannt hat, selbst nur hinter einer künstlichen, von romantischen Klischees getränkten Maske erfahren kann. Bereits in der romantischen Literatur, die Emma rezipiert, ist die Leidenschaft immer schon inauthentisch.[118] Doch auch außerhalb der livresken Welt gibt es kein Entkommen vor den romantischen Klischees, die den Liebesdiskurs Léons und Rodolphes dominieren.[119] Sowohl die Liebessprache als auch die Wahrnehmung des weiblichen Körpers sind durch die romantische Maske gefiltert und insofern inauthentisch. Im Fall des listigen Verführers Rodolphe ist die romantische Maske pragmatisches Mittel zum Zweck, nämlich Teil einer bewussten, strategischen Inszenierungspraxis,[120] während Léon als passiver Rezipient der romantischen Literatur erscheint, sich seine Wahrnehmung und Rede unbewusst aus ihren Klischees konstituiert.[121]

---

117 Für eine detaillierte Analyse der Karikatur vgl. Kap. 3.4. Ein Ölgemälde der Szene mit dem Titel *Le drame* (1860) befindet sich in der Neuen Pinakothek in München.

118 Vgl. René Girard, *Mensonge romantique et vérité romanesque*, S. 37–39.

119 So beschreibt Robert W. Greene Emma treffend als „a prisoner in solitary confinement, a victim of meaningless and misleading formulas." „Clichés, Moral Censure, and Heroism in Flaubert's *Madame Bovary*", S. 294.

120 Eine differenzierte Analyse des Verführungsdiskurses Rodolphes, der sowohl als berechnender, sich Klischees bedienender Verführer, aber auch als Verführter betrachtet werden kann, liefert Frank Leinen, *Flaubert und der Gemeinplatz*, S. 150 ff. Lawrence E. Harvey sieht Rodolphe als „liberated Emma". „The Ironic Triumph of Rodolphe", S. 122.

121 In der Forschungsliteratur wird Léon häufig als Emmas „reading *alter ego*" betrachtet. Christophe Ippolito, *Narrative Memory in Flaubert's Works*, S. 42. Dies ist insofern richtig, als beide zunächst als eifrige Konsumenten der romantischen Literatur erscheinen und vor allem die Topoi der Liebesromane perfekt beherrschen. Emma unterscheidet sich jedoch insofern von Léon, als sie den romantischen Diskurs, wie bereits oben aufgezeigt, in ihrer eigenen Vorstellungskraft unterläuft und verzerrt. Schließlich wird sie sich die romantische Maske in ähnlicher Weise wie Rodolphe selbst zunutze machen, wie noch aufzuzeigen ist. Léon wird sich vom ‚falschen' Romantiker zum aufstrebenden Bourgeois wandeln. Vgl. Frank Leinen, *Flaubert und der Gemeinplatz*, S. 155 ff. sowie Robert W. Greene, „Clichés, Moral Censure and Heroism in Flaubert's *Madame Bovary*", S. 292. Die romantische Jugendlektüre erscheint geradezu als integraler Bestandteil der bürgerlichen Karriere: „D'ailleurs, il allait devenir premier clerc : c'était le moment d'être sérieux. Aussi renonçait-il à la flûte, aux sentiments exaltés, à l'imagination ; – car tout bourgeois, dans

In der Anfangszeit ihrer Ehe ist Emmas eigener Liebesdiskurs von romantischen Gemeinplätzen geprägt. Es gelingt ihr nicht, die Scheinhaftigkeit der livresk vermittelten Liebesleidenschaft, die sie in ihr eintöniges Eheleben zu übertragen sucht, aufzudecken. Doch Emmas Bemühungen, die Liebe ihres mittelmäßigen Ehegatten durch rezitierte „rimes passionnées" und seufzend vorgesungene „adagios mélancoliques"[122] heraufzubeschwören, sind zum Scheitern verurteilt. Aus der Tatsache, dass Charles „ni plus amoureux ni plus remué" erscheint, schließt sie – in ihrer Unfähigkeit, „de croire à tout ce qui ne se manifestait point par des formes convenues" – „que la passion de Charles n'avait plus rien d'exorbitant".[123] Emma kann die Liebesleidenschaft nur in konventionellen, den Vorlagen ihrer romantischen Lektüre entsprechenden schablonenhaften Formen erfassen. Das ‚Außergewöhnliche' („exorbitant") ist für Emma nur wahrnehmbar, wenn es sich in Gemeinplätzen („formes convenues") manifestiert, wodurch es letztlich zum ‚Nicht-Außergewöhnlichen' abgewertet und als Klischee demaskiert wird.[124]

In ihren Liebhabern hingegen sieht Emma die erträumte Liebesleidenschaft, die in der bereits analysierten Spiegelszene eine konkrete, in den eigenen Innenraum eingeschriebene Form erlangt, zunächst erfüllt. Doch wenn bereits in der besagten Szene die Vorstellung von der romantischen Liebesleidenschaft durch die explizite Nennung der „femmes adultères"[125], die in der Himmelsvision befremdend wirken,[126] partiell gebrochen wird, so ist es spätestens die Wahrnehmung der Liebhaber, die die Vorstellung der nicht greifbaren, in den „hauteurs"[127] der sentimentalen Vorstellung schwebenden auratischen Heldin degradiert zu einem in der Körperlichkeit begehrenswerten Objekt. Nach der Verführung verliert der weibliche Körper seinen Reiz und wird durch ein neues Objekt der Begierde ausgetauscht:

---

l'échauffement de sa jeunesse, ne fût-ce qu'un jour, une minute, s'est cru capable d'immenses passions, de hautes entreprises. Le plus médiocre libertin a rêvé des sultanes ; chaque notaire porte en soi les débris d'un poète." Gustave Flaubert, *Madame Bovary*, in: *OC III*, S. 406.

122 Ebd., S. 187.

123 Ebd.

124 Vgl. Claudia Jünke, *Die Polyphonie der Diskurse: Formen narrativer Sprach- und Bewusstseinskritik in Gustave Flauberts* Madame Bovary *und* L'Éducation sentimentale, S. 94.

125 Gustave Flaubert, *Madame Bovary*, in: *OC III*, S. 293.

126 Hiermit wird ein Paradox aufgedeckt, das in der romantischen Literatur selbst vorhanden ist: Die romantischen Frauenfiguren erreichen nicht selten ein göttliches Himmelreich, obwohl sie zuvor im erträumten oder tatsächlich stattgefundenen sexuellen Akt gegen eine göttliche Ordnung verstoßen haben.

127 Gustave Flaubert, *Madame Bovary*, in: *OC III*, S. 293.

> Emma ressemblait à toutes les maîtresses ; et le charme de la nouveauté, peu à peu tombant comme un vêtement, laissait voir à nu l'éternelle monotonie de la passion, qui a toujours les mêmes formes et le même langage.[128]

Der die Regeln der Verführung in Sprache, Gestik und Mimik perfekt beherrschende Rodolphe durchschaut die von romantischen Klischees durchzogene leidenschaftliche Sprache Emmas, die sich dem Verführer in ihrer vergeblichen Suche nach der erträumten Liebesleidenschaft und aus Angst, durch eine bessere Mätresse ausgetauscht zu werden, selbst als körperliches Objekt präsentiert: „‚Oh ! non, n'est-ce pas, aucune ne te plaît ? Il y en a de plus belles ; mais, moi, je sais mieux aimer ! Je suis ta servante et ta concubine !'"[129] Indem sich Emma als Konkubine offeriert, bestärkt sie Rodolphe in seiner Libertinage; ihr Verhältnis ist im Gegensatz zum Pakt der Ehe an keine gesetzlichen oder kirchlich-institutionellen Pflichten gebunden. Nichtsdestotrotz sieht sich Emma selbst nicht als unbedeutende Affäre oder als Mätresse, sondern wünscht als Konkubine dauerhaft mit Rodolphe zusammenzuleben, wie die geplante Flucht verdeutlichen wird.[130] Doch Emma kann Rodolphe nicht halten: Mit der Kleidung fällt der Reiz der Verführten, die zu einer beliebig austauschbaren Mätresse degradiert wird, bedient sie sich doch des von Rodolphe bereits durchschauten festen Form- und Sprachrepertoires der Passio, die nicht mit einem Hochgefühl, sondern mit einer ewigen Monotonie korrespondiert. Die Leidenschaft artikuliert sich nicht etwa in den Höhen der himmlischen Ekstase, sondern in der Horizontalen, nämlich im während des gemeinsamen Ausritts stattfindenden „non-transcendental act on the *terre*"[131].

---

128 Ebd., S. 319.

129 Ebd.

130 „Il ne faut pas confondre la concubine avec la courtisane, ni même avec ce qu'on appelle ordinairement *maîtresse*. Qui dit maîtresse dit caprice, passion, amour du plaisir, et le plus souvent amour-propre et vanité ; la concubine est tout autre chose, c'est la femme sans le titre, c'est le mariage sans la sanction de la loi." Pierre Larousse, *Grand Dictionnaire universel du XIX*[e] *siècle*, Bd. IV, s. v. „concubinage, s. m.", S. 862.

131 Paul Andrew Tipper, „Emma's Feet on Clay: The Ironies of Romanticized Location in *Madame Bovary*", S. 373. Im Gegensatz zu den leidenschaftlichen Sturmszenen in den romantischen Werken eines Chateaubriand, wie etwa in der im Wald situierten Sturmszene zwischen Atala und Chactas, in der die Natur als Seelenraum des romantischen Subjekts und gleichzeitig als Spiegel einer göttlichen Ordnung fungiert, ist die Situierung des Waldes in Flauberts Verführungsszene auf einem hohen Berg als ironischer Verweis auf eine traditionell-allegorische Auslegung der Höhe auf die Nähe Gottes zu bewerten. Die religiöse Deutung wird ebenso unterminiert durch den stereotypen Vergleich, den Rodolphe

Auch für Léon erscheint Emma als begehrenswertes Objekt, das er nach ihrem Wiedersehen in der Oper zu besitzen trachtet: „Puis, en la revoyant après trois années d'absence, sa passion se réveilla. Il fallait, pensa-t-il, se résoudre enfin à la vouloir posséder."[132] Im Gegensatz zu Rodolphe ist Léon kein strategischer Verführer; selbst in seiner Absicht, Emma zu besitzen, zögert er, wie die ungewöhnliche Kombination des Vorhabens („se résoudre enfin à") mit dem Eroberungswillen („la vouloir posséder") verdeutlicht. Léons Verführungsabsicht kommt nur als der Notwendigkeit entspringendes Gedankenkonstrukt zum Ausdruck („Il fallait, pensa-t-il"). Die während der dreijährigen Abwesenheit vergessene Liebesleidenschaft versucht Léon nunmehr erneut heraufzubeschwören. Doch es ist nicht Emma selbst, zu der er sich hingezogen fühlt, sondern zu einem romantischen Bild von ihr, das sowohl durch die Erzählinstanz als auch durch die direkte Figurenrede Emmas und Léons gezeichnet wird:

> Emma, vêtue d'un peignoir en basin, appuyait son chignon contre le dossier du vieux fauteuil ; le papier jaune de la muraille faisait comme un fond d'or derrière elle ; et sa tête nue se répétait dans la glace avec la raie blanche au milieu, et le bout de ses oreilles dépassant sous ses bandeaux.
>
> « Mais, pardon, dit-elle, j'ai tort ! je vous ennuie avec mes éternelles plaintes !
>
> – Non, jamais, jamais !
>
> – Si vous saviez », reprit-elle, en levant au plafond ses beaux yeux qui roulaient une larme, « tout ce que j'avais rêvé !
>
> – Et moi, donc ! Oh ! j'ai bien souffert ! Souvent je sortais, je m'en allais, je me traînais le long des quais, m'étourdissant au bruit de la foule sans pouvoir bannir l'obsession qui me poursuivait. Il y a sur le boulevard, chez un marchand d'estampes, une gravure italienne, qui représente une Muse. Elle est drapée d'une tunique et elle regarde la lune, avec des myosotis sur sa chevelure dénouée. Quelque chose incessamment

---

zwischen Emma und einer „madone sur un piédestal, à une place haute, solide et immaculée" bemüht. Gustave Flaubert, *Madame Bovary,* in: *OC III*, S. 291. Der „orage du cœur" in Chateaubriands Kurzroman, in dem sich die Liebenden „en présence de l'Éternel" in den Armen halten und ihre Augen zum Himmel richten (François-René de Chateaubriand, *Atala – René*, S. 103), wird verkehrt in einen rein sexuellen Akt in der Horizontalen. Die Natur ist nicht mehr Spiegel einer göttlichen Ordnung, sondern der körperlichen Erregung. Die Sonne steht nicht mehr hoch am Himmel, sondern hat sich ebenso in die Horizontale begeben: „Les ombres du soir descendaient ; le soleil horizontal, passant entre les branches, lui éblouissait les yeux." Gustave Flaubert, *Madame Bovary*, in: *OC III*, S. 292.

132 Ebd., S. 354.

> me poussait là ; j'y suis resté des heures entières. »Puis, d'une voix tremblante :
> « Elle vous ressemblait un peu. »
> Madame Bovary détourna la tête, pour qu'il ne vît pas sur ses lèvres l'irrésistible sourire qu'elle y sentait monter.[133]

Léons unangekündigter Besuch im Hotelzimmer, in dem Emma und Charles nach dem Opernbesuch übernachtet haben und in dem sich Emma nunmehr alleine aufhält, bietet den beiden die Möglichkeit eines spontanen Austauschs romantischer Klischees, die sich zunächst auf das Erscheinungsbild Emmas beziehen. Die im Morgenmantel leicht bekleidete Frauenfigur wird zum Projektionsobjekt für die romantischen Fantasien Léons. Das in einem Dutt zurückgebundene Haar sowie die fehlende Kopfbedeckung machen das von Haarbändern oberhalb der Ohren eingerahmte Gesicht, dessen oberen Mittelpunkt der weiße Scheitel bildet, zur perfekten Projektionsfläche. Tatsächlich ist vom Gesicht selbst zunächst keine Rede; es sind die Konturen des nackten Kopfes („sa tête nue"), die sich vor der gelben, sich in eine goldene Leinwand verwandelnde Tapete abzeichnen und sich in ihrer Reflexion im Spiegel als Leinwand unzähliger Projektionen anbieten. Durch den zur Decke gerichteten Blick, der den als romantische Geste codierten Blick gen Himmel nachahmt, wie er allzu oft in weiblichen Todesszenen vorzufinden ist,[134] sowie der aus den Augen laufenden Träne, die in ihrer Vereinzelung sowie in der aktiven Produktion durch die als Subjekt in Erscheinung tretenden „beaux yeux" eine künstlich hervorgerufene Emotion zur Darstellung bringt, setzt Emma ihr Gesicht so in Szene, dass es im Folgenden zum Träger der durch Léon kreierten romantischen Maske werden kann.

Der italienische Druck einer Muse, an den sich Léon in der Folge erinnert, verleiht der von Emma dargebotenen vagen Skizze eine Form. Emmas Morgenmantel entspricht der locker fallenden Tunika. Ihr Blick zur Decke evoziert den zum Mond gerichteten Blick der Muse. Das streng zurückgebundene Haar öffnet sich in Léons Erinnerung zur mit Vergissmeinnicht geschmückten „chevelure dénouée". Nicht nur antizipiert das geöffnete Haar Emmas Ehebruch sowie ihren Tod,[135] sondern es rekurriert in der Verbindung mit dem

---

133 Ebd., S. 356.

134 So blicken beispielsweise Bernardin de Saint-Pierres Virginie und Chateaubriands Atala vor ihrem Tod gen Himmel.

135 „On eût dit qu'un artiste habile en corruptions avait disposé sur sa nuque la torsade de ses cheveux : ils s'enroulaient en une masse lourde, négligemment, et selon les hasards de l'adultère, qui les dénouait tous les jours." Gustave Flaubert, *Madame Bovary*, in: *OC III*,

Blumenschmuck und dem Mond auch auf die in der Romantik vielfach rezipierte Todesszene von Shakespeares Ophelia[136] – genauer gesagt auf ihre künstlerische Darstellung, beispielsweise durch Eugène Delacroix oder den britischen Präraffaeliten John Everett Millais.[137] Das Bild der Muse, dem sich Léon wie magisch angezogen fühlt, kann als Projektionsbild betrachtet werden. Die geringe Ähnlichkeit, die Léon – wohl als Kompliment gedacht – zwischen Emma und der Muse konstatiert, wird in seiner Imagination ausgeformt; Emmas nackter Kopf wird mit dem Schmuck der präraffaelitisch anmutenden Frauenfigur ausstaffiert. Die romantische Maske, die Léon Emma aufzusetzen sucht, entspricht dem Aussehen der von Bram Dijkstra untersuchten „Women of Moonlight and Wax", jenen ätherischen Frauenfiguren des 19. Jahrhunderts, die ebenso wie der Mond nur als passives Reflexionsobjekt fungieren: als Reflexionsobjekt männlicher Fantasien. So wird die blasse, fragile, ja beinahe sich verzehrende Frauenfigur – man denke an die zahlreichen Darstellungen Schwindsüchtiger – zu einem beliebten Sujet in Kunst und Literatur.[138]

Wenn Emma schließlich ihren Kopf wegdreht, beendet sie die romantische Maskerade, die sich in Léons Vorstellung vollzogen hat. Ihr aufsteigendes Lächeln zeugt von einem leisen Triumph: So war es Emma selbst, die das romantische Bild mithilfe des nach oben gerichteten, von einer Träne gezeichneten Blicks provoziert hat. Léon versteht die durch romantische Klischees

---

S. 322. Das durch den Ehebruch gelöste Haar fügt sich ein in die berühmte Beschreibung der Schönheit Emmas zur Zeit ihrer Liebesbeziehung mit Rodolphe, die Rainer Warning auf exzellente Weise in ihrer irdischen Vergänglichkeit und Unbeständigkeit der sich im Inneren manifestierenden ewigen und göttlichen Schönheit der romantischen Heldin Atala gegenüberstellt. Vgl. „Der ironische Schein: Flaubert und die ‚Ordnung der Diskurse'", S. 176. In der Todesszene unterbricht die Nennung des gelösten Haares bezeichnenderweise das draußen erklingende, vom Bettler vorgetragene vulgäre Liedchen: „Emma se releva comme un cadavre que l'on galvanise, les cheveux dénoués, la prunelle fixe, béante." Gustave Flaubert, *Madame Bovary*, in: *OC III*, S. 437.

136 Zu Flauberts Rezeption der Ophelia vgl. Kap. 1.1.1. sowie 1.1.3. Denkbar ist ebenso ein Bezug zur Todesszene Atalas, wenngleich der Mond hier keine Rolle spielt. Die Blumen, die die geöffnete Haarpracht der nach dem Tod in einer Grotte aufgebahrten Atala schmücken, fungieren als Vanitas-Symbol: „On voyait dans ses cheveux une fleur de magnolia fanée... celle-là même que j'avais déposée sur le lit de la vierge, pour la rendre féconde." François-René de Chateaubriand, *Atala – René*, S. 138.

137 Das wallende, mit Blumen geschmückte oder zumindest von Blumen umgebene Haar ist ein typisches Merkmal des präraffaelitischen Frauentypus, wie ihn neben Millais insbesondere Dante Gabriel Rossetti darstellte. Vgl. z. B. *Bocca Baciata* (1859), *The Roman Widow* (1874) oder *Lady Lilith* (1868).

138 Vgl. Bram Dijkstra, *Idols of Perversity*, S. 119–127.

codierte Körpersprache, kann sie jedoch nicht als bewusst eingesetztes Mittel durchschauen. In der Abwendung des Gesichts, im Ersetzen der vereinzelten Träne durch ein sich andeutendes triumphales Lächeln gewinnt nunmehr Emma die Oberhand im romantischen Maskenspiel.

Nach der gelungenen Eroberung, die sich in der berühmten Kutschszene hinter geschlossenen Vorhängen, also in einem unsichtbaren Raum vollzieht, dem Leser aber doch in skandalöser Weise durch die Bewegungen des Gefährts sowie eine nackte Hand an den Vorhängen sichtbar gemacht wird, folgen heimliche Treffen Emmas mit ihrem Liebhaber in einem Hotelzimmer in Rouen, wohin sie sich unter dem Vorwand des Klavierunterrichts einmal wöchentlich begibt. Das romantische Maskenspiel wird hier fortgesetzt:

> Le lit était un grand lit d'acajou en forme de nacelle. Les rideaux de levantine rouge, qui descendaient du plafond, se cintraient trop bas vers le chevet évasé ; – et rien au monde n'était beau comme sa tête brune et sa peau blanche se détachant sur cette couleur pourpre, quand, par un geste de pudeur, elle fermait ses deux bras nus, en se cachant la figure dans les mains.[139]

Das pompöse Mahagonibett bildet das Bühnenbild einer Inszenierung von Leidenschaft, die sich in erster Linie in Léons Vorstellung darbietet. Von roten Seidenvorhängen eingerahmt befindet sich Emma in der Mitte des Bühnenbilds. Ihre helle Haut kontrastiert mit der nunmehr deiktisch evozierten purpurnen Farbe, die nicht nur charakteristisch für den Theatervorhang ist, sondern ebenso das Feuer, das Leidenschaft symbolisiert. Der Fokus liegt auf Emmas Kopf, von dem nur das dunkle Haar und die blasse (Gesichts-)Haut sichtbar sind. Der Farbkontrast evoziert erneut den präraffaelitischen Typus der *femme fragile*. Das als ‚weiß' („blanche") bezeichnete Gesicht erscheint als Mondgesicht, als weiße Leinwand, und erweist sich somit als Projektionsfläche männlicher Fantasien. In der voyeuristischen Zurschaustellung auf dem Bett ist Emma jeglicher individueller Gesichtszüge beraubt. Entscheidend ist jedoch, dass sie sich gegen die Inszenierung als passive Bühnenfigur zu wehren beginnt: Emma versteckt ihr Gesicht in ihren Händen, eine Geste, die vom Erzähler als „geste de pudeur" ausgewiesen wird. Das Verdecken des Gesichts ist nicht als Versuch zu verstehen, die weibliche Keuschheit zu bewahren, deren Bruch bereits vollzogen ist; vielmehr ist *pudeur* als „mouvement excité par l'appréhension de ce qui blesse ou peu blesser la décence, la modestie,

139 Gustave Flaubert, *Madame Bovary*, in: *OC III*, S. 383.

l'honnêteté"[140] zu verstehen. Die innere Erkenntnis, dass das eigene Haupt als Fetisch- und Projektionsobjekt männlicher Fantasien dient, ruft die schützende Bewegung der Hände hervor.

Doch Emma gelingt es nicht, die Projektionen ihres Liebhabers, die nicht etwa einer fruchtbaren, kreativen Imagination entspringen, sondern durch und durch von romantischen Klischees geprägt sind, abzuwehren:

> Il admirait l'exaltation de son âme et les dentelles de sa jupe. D'ailleurs, n'était-ce pas *une femme du monde*, et une femme mariée ! une vraie maîtresse enfin ? Par la diversité de son humeur, tour à tour mystique ou joyeuse, babillarde, taciturne, emportée, nonchalante, elle allait rappelant en lui mille désirs, évoquant des instincts ou des réminiscences. Elle était l'amoureuse de tous les romans, l'héroïne de tous les drames, le vague *elle* de tous les volumes de vers. Il retrouvait sur ses épaules la couleur ambrée de l'*odalisque au bain* ; elle avait le corsage long des châtelaines féodales ; elle ressemblait aussi à la *femme pâle de Barcelone*, mais elle était par-dessus tout Ange ![141]

In Léons Wahrnehmung erfolgt eine Nivellierung von Innerem und Äußerem: Die Exaltiertheit der Seele wird in einem Satz mit dem spitzenbesetzten Rock genannt. Das Innenleben wird banalisiert, dessen Übersteigerung auf einen romantisch-religiösen Gemeinplatz hindeutet: So wird der Ausdruck *exaltation* zunächst beinahe ausschließlich im geistlichen Kontext der Erhebung zum Pontifikat sowie des christlichen Festes der Kreuzerhöhung verwendet,[142] um in der Folge auch in das romantische Vokabular einer überbordenden Imagination Einzug zu finden.[143] Doch Léons Bewunderung der exaltierten Seele

---

140 *Dictionnaire de l'Académie française* von 1835 (online), s. v. „pudeur, s. f.".

141 Gustave Flaubert, *Madame Bovary*, in: *OC III*, S. 384.

142 Vgl. *Dictionnaire de l'Académie française* von 1835 (online), s. v. „exaltation, s. f.": „Il n'est guère d'usage que pour signifier L'élévation du Pape au Pontificat [...] et pour désigner Une fête de l'année, qu'on nomme *L'Exaltation de la sainte croix*."

143 „En général, on peut dire que l'*exaltation* est un transport de l'âme où l'intelligence perd de sa force et de sa clarté, émoussée et troublée par la sensibilité et l'imagination surexcitées outre mesure. L'*exaltation* est un éblouissement [...]. Pierre Larousse, *Grand Dictionnaire universel du XIXe siècle*, Bd. VII, s. v. „exaltation, s. f.", S. 1174. Fälschlicherweise werde *exaltation* häufig zur Bezeichnung einer ekstatischen Seele verwendet: „[...] ces deux mots n'ont pas la même signification ; *exaltation* s'applique à tous les transports intérieurs violents ; extase ne s'applique qu'à un de ces transports intérieurs, à ce transport que ressentaient les alexandrins, Plotin, Porphyre, en communion avec l'unité divine et éternelle, et des chrétiens, saint Bonaventure, sainte Thérèse, ainsi que les solitaires de la

seiner Geliebten widerspricht dem romantischen Motiv des Geheimnisvollen, des nicht durchschaubaren Seelenzustandes. So spiegeln die Augen von Chateaubriands Atala dem Betrachter lediglich „un secret, une pensée cachée au fond de son âme“[144] vor. Weitere Projektionen als elegante Dame von Welt, als im „vague *elle*“ verkörperte dichterische Muse oder die auf ein Gedicht Mussets anspielende *„femme pâle de Barcelone“*[145] werden kursiviert als *idées reçues* ausgewiesen und kulminieren in der Figur des „Ange“, der zugleich Abschluss und Krönung der männlichen Wahrnehmung bildet. Seine Großschreibung deutet wiederum auf einen Typus hin, der in Flauberts *Dictionnaire des idées reçues* Einzug halten wird: „ANGE. Fait bien en amour, et en Littérature.“[146] Als Personifikation der verführerischen Geliebten illustriert der Engel, der in der romantischen Literatur zumeist in Verbindung mit einer himmlischen Unschuld und Keuschheit in Erscheinung tritt,[147] die beliebige Verwendbarkeit und Trivialität der zum Klischee verkommenen und einer moralischen Bedeutung beraubten Figur.

Emma wird zum Objekt ihrer Liebhaber, die ihre eigenen von Gemeinplätzen bestimmten Vorstellungen auf sie projizieren. Die „mille désirs“, die Emma durch ihre unterschiedlichen Gemütslagen in Léon hervorruft, spiegeln sich in ihrer wandlungsfähigen Augenfarbe.[148] Im reichen Farbenspektrum der Augen, die undurchschaubar sind und dem Betrachter stets seine eigenen, jeweils unterschiedlichen Fantasien zurückspiegeln, scheint ein Transgressionspotential der Frauenfigur auf. So kann sich Emma zwar nicht von den romantischen Masken, die ihr die Liebhaber in der Projektion aufzusetzen suchen, befreien. Doch sie kann sich selbst eine Maske aufsetzen: die verführerische Maske des weiblichen Dandys – um zu Baudelaires Lob der Flaubertschen Protagonistin zurückzukehren –, die die romantischen Masken der Liebhaber überschreitet.

Thébaïde, transportés, par un élan de leur âme, auprès de Dieu, jouissant de lui et vivant en lui. Voilà ce que c'est que l'extase. C'est l'anéantissement de l'homme en Dieu, c'est la destruction de la personne humaine, qui, pour mieux adorer Dieu, commence par se tuer. Et c'est pour cela que, comme l'*exaltation*, l'extase est mauvaise et même coupable.“ Ebd.

144 François-René de Chateaubriand, *Atala – René*, S. 95.

145 Vgl. Nicole Caron, Danielle Girard, „Personnages littéraires ou mythiques“ (online).

146 Gustave Flaubert, *Le Dictionnaire des idées reçues*, s. v. „ange“, S. 49.

147 Beispielhaft sei erneut die in der Grotte aufgebahrte Atala genannt: „Elle paraissaiat enchantée par l'Ange de la mélancolie, et par le double sommeil de l'innocence et de la tombe. Je n'ai rien vu de plus céleste.“ François-René de Chateaubriand, *Atala – René*, S. 138.

148 „[...] noirs à l'ombre et bleu foncé au grand jour, ils avaient comme des couches de couleurs successives, et qui plus épaisses dans le fond, allaient en s'éclaircissant vers la surface de l'émail.“ Gustave Flaubert, *Madame Bovary*, in: *OC III*, S. 178.

Als *évaporée*[149] erscheint Emma Bovary bereits als Exzessfigur angelegt. Es ist Baudelaire, der das Transgressionspotential der Frauenfigur scharfsinnig herausstellt:

> Goût immodéré de la séduction, de la domination et même de tous les moyens vulgaires de séduction, descendant jusqu'au charlatanisme du costume, des parfums et de la pommade, – le tout résumant en deux mots : dandysme, amour exclusif de la domination.[150]

Während die Überschreitung des faktisch Vorgegebenen auf dem Vaubyessard-Ball noch in erster Linie mittels der Imagination erfolgt,[151] so wird Emma bereits dort in ihrer sorgfältigen Ausstaffierung mit einer Schauspielerin verglichen, die sogleich in ihre erste Rolle schlüpfen wird: „Emma fit sa toilette avec la conscience méticuleuse d'une actrice à son début."[152] Im Umgang mit ihren Liebhabern erweitert Emma schließlich ihr Rollenrepertoire: Nachdem Langeweile in ihre Affäre mit Léon eingekehrt ist, nimmt Emma die Rolle einer *femme fatale* ein. Sie erscheint Léon nicht mehr als fragiles, zartes Wesen, das seine romantischen Vorstellungen teilt, sondern plötzlich als unberechenbare, angsteinflößende Verführerin:

> Elle se déshabillait brutalement, arrachant le lacet mince de son corset, qui sifflait autour de ses hanches comme une couleuvre qui glisse. Elle allait sur la pointe de ses pieds nus regarder encore une fois si la porte était fermée, puis elle faisait d'un seul geste tomber ensemble tous ses vêtements ; – et, pâle, sans parler, sérieuse, elle s'abattait contre sa poitrine, avec un long frisson. [...] Ce qui le [Léon, S. W.] charmait autrefois l'effrayait un peu maintenant.[153]

---

149 „Malgré ses airs évaporés (c'était le mot des bourgeoises d'Yonville), Emma pourtant ne paraissait pas joyeuse, et, d'habitude, elle gardait aux coins de la bouche cette immobile contraction qui plisse la figure des vieilles filles et celle des ambitieux déchus." Ebd., S. 260.

150 Charles Baudelaire, „*Madame Bovary* par Gustave Flaubert", S. 82.

151 Emmas Imaginations- und Transformationspotential zeigt sich eindrücklich in jener Tanzszene, in der das gleitende, wandelbare „elle" der Erzählinstanz die Projektion Emmas in die Gestalt einer vom Vicomte zum Tanz aufgeforderten „dame assise sur un tabouret" ermöglicht. Gustave Flaubert, *Madame Bovary*, in: *OC III*, S. 196. Der sich anschließende, im *discours indirect libre* verfasste Kommentar „Elle savait valser, celle-là !" verdeutlicht die imaginäre Besetzung der Tanzenden durch Emma. Ebd.

152 Ebd., S. 192.

153 Ebd., S. 399.

Im Inszenierungsspiel mit den weiblichen Reizen ist Emma zur Gebieterin des ihr unterlegenen Léons avanciert. Léon muss sich Emmas verführerische Macht, das Suchtpotential, das von ihr ausgeht und dem er sich nicht entziehen kann, und damit seine eigene Entmächtigung als Verführer eingestehen:

> D'ailleurs, il se révoltait contre l'absorption, chaque jour plus grande, de sa personnalité. Il en voulait à Emma de cette victoire permanente. Il s'efforçait même à ne pas la chérir ; puis, au craquement de ses bottines, il se sentait lâche, comme les ivrognes à la vue des liqueurs fortes.[154]

Während Léon zu einem verweichlichten, sich nach seiner Verführerin verzehrenden *homme fragile* degradiert wird, überschreitet auch Emma die traditionellen Geschlechtergrenzen. Für ihr transgressives Rollenspiel bedient sie sich typisch männlicher Requisiten und Kleidungselemente wie der Zigarette und der Weste.[155] Wenngleich Emma Bovary in ihrem Rollenspiel auf bereits existierende Typen wie die *femme fatale* sowie „banale[] Mittel, nämlich jene[] des eleganten Lebens, der Kleidung und Pomade"[156] zurückgreifen muss, so schöpft sie nicht aus demselben Repertoire der romantischen Gemeinplätze, dem sich ihre Liebhaber bedienen. Emma Bovary ist eben nicht, wie es ihr zahlreiche Kritiker unterstellen, passive Rezipientin romantischer Liebesliteratur. Die romantischen Entwürfe der Liebesleidenschaft, die sich als leere Worthülsen offenbaren, werden von Emma aktiv unterlaufen: auf der einen Seite in ihrer Vorstellung, die vom romantischen Modell – oftmals nur im kleinen, durch den Erzähler ironisch vermittelten Detail – abweicht und es somit partiell zerstört; auf der einen Seite in der eigenen Maskerade, die die einzig mögliche Existenzform in einer von Klischees und Gemeinplätzen beherrschten Welt darstellt.

---

154 Ebd.

155 „[...] elle eut même l'inconvenance de se promener avec M. Rodolphe, une cigarette à la bouche, *comme pour narguer le monde* ; enfin, ceux qui doutaient encore ne doutèrent plus quand on la vit, un jour, descendre de l'*Hirondelle*, la taille serrée dans un gilet, à la façon d'un homme [...]." Gustave Flaubert, *Madame Bovary*, in: *OC III*, S. 319 f.

156 Karin Westerwelle, „Der Dandy als Held", S. 896.

2.2 Bilder des weiblichen Todes

> Votre âme est un paysage chosi
> que vont charmant masques et bergamasques
> Jouant du luth et dansant et quasi
> Tristes sous leurs déguisements fantastiques.
>
> Paul Verlaine, „Clair de lune"

Wie wird der weibliche Tod gebildet? Bereits Lessing stellte sich in seiner berühmten Abhandlung *Wie die Alten den Tod gebildet* die Frage nach der Todesbildlichkeit, das heißt wie der Tod vorgestellt, inszeniert, symbolisiert werden kann. Während Lessing allegorische Todesrepräsentationen der Antike verhandelte, setzt sich Flaubert in seinem Roman mit Inszenierungen und Vorstellungen des Todes auseinander, die in erster Linie der Romantik entstammen. Die romantischen Todesbilder werden vom Erzähler aufgenommen, ironisch deformiert und in eine neue Form überführt. Sie folgen einer Prozesshaftigkeit, in die auch die Protagonistin des Romans eingebunden ist. So zeigt sich anhand der Figur Emma Bovarys ein Wandel von sentimental-kitschigen Todesbildern über scheinhaft mystische Todesvisionen hin zu einer unheimlich-erhabenen Todesvergegenwärtigung in einer *clair de lune*-Szene, die die Kulisse des letzten Treffens zwischen Emma und Rodolphe bildet und in der das Mondlicht den Tod beleuchtet. Die verklärten Todesbilder der Romantiker werden destruiert.

2.2.1 Sentimentale Todesbilder der Romantik

Was Louis Maigron in seinem Sittengemälde der Romantik auf ironische Weise zu beschreiben sucht, ist eine epochale Verklärung des Todes, den die Romantiker als legitime Antwort nicht nur auf einen durch die enttäuschte Liebe zugefügten Kummer, sondern ebenso auf den kollektiv wahrgenommenen *mal du siècle* ansehen.[157] Der Tod wird als befreiende und heilende Instanz herbeigerufen.[158] Mit der Leere der Welt konfrontiert, in der die jungen, maßlos gesteigerten Leidenschaften kein Objekt finden können, wie es Chateaubriand für den Zustand des *vague des passions* beschreibt,[159] sieht der romantische Held im Tod die Möglichkeit einer Weltflucht.

---

157 Vgl. Louis Maigron, *Le romantisme et les mœurs*, S. 312.

158 „Êtes-vous malheureux en amour ou incompris, et sans génies pour vous en consoler ? Osez demander à la mort la guérison radicale de toutes ces misères." Ebd., S. 314.

159 „Il reste à parler d'un état de l'âme, qui, ce nous semble, n'a pas encore été bien observé ; c'est celui qui précède le développement des passions, lorsque nos facultés,

Zahlreiche romantische Frauenfiguren begehen Suizid, schwinden nach langer Krankheit dahin oder sinken im Wahnsinn tot zu Boden. Ihr Tod stillt nicht selten das Leiden über eine enttäuschte, unerfüllte oder verbotene Liebesleidenschaft. In Chateaubriands Kurzroman *Atala* (1801) vergiftet sich die Titelheldin, eine christliche Mestizin, die den wilden, ungläubigen Chactas begehrt, um das von ihrer Mutter auferlegte Keuschheitsgelübte, welches ihr bei der Geburt das Leben rettete, nicht zu brechen. In Alexandre Dumas' Roman *La Dame aux Camélias* (1848) stirbt die Kurtisane Marguerite Gautier nach einem ausschweifenden Leben – ausgezehrt, mittellos und durch ein melodramatisches Missverständnis von ihrem Geliebten Armand Duval getrennt – an der Schwindsucht.[160] Weltliche Sinnlichkeit und mystische Religiosität vermischen sich in den Todesszenen dieser berühmten Frauenfiguren. Die diesseitigen Leidenschaften weichen einer jenseitigen Erlösung. Donizettis Lucie de Lammermoor geht an ihrem Wahnsinn über die unerfüllbare Liebe zu Edgar Ravenswood, einem Feind ihrer Familie, zugrunde, nachdem sie ihren Bräutigam Arthur, mit dem sie entgegen ihrem Willen verheiratet wurde,

jeunes, actives, entières mais renfermées, ne se sont exercées que sur elles-mêmes, sans but et sans objet. Plus les peuples avancent en civilisation, plus cet état du *vague* des passions augmente ; car il arrive alors une chose fort triste : le grand nombre d'exemples qu'on a sous les yeux, la multitude de livres qui traitent de l'homme et de ses sentiments, rendent habile sans expérience. On est détrompé sans avoir joui ; il reste encore des désirs, et l'on n'a plus d'illusions. L'imagination est riche, abondante et merveilleuse ; l'existence pauvre, sèche et désenchantée. On habite, avec un cœur plein, un monde vide ; et, sans avoir usé de rien, on est désabusé de tout." François-René de Chateaubriand, *Essai sur les révolutions. Génie du christianisme*, S. 714.

160 Flauberts Zeitgenosse Cuvillier-Fleury sieht in Emma Bovary eine neue Marguerite Gautier, eine bürgerliche Kurtisane. Emma Bovary verkörpere denselben ausschweifenden, würdelosen Frauentypus, der nach dem Modell der Heldinnen des Dumas seit zehn Jahren den Roman und die Pariser Theaterbühnen beherrsche. Ihr sündhaftes Verhalten führe sie in den Tod. Alfred-Auguste Cuvillier-Fleury, „*Madame Bovary*, par M. Gustave Flaubert. Deux volumes in-12. Paris, 1857", in: *Journal des Débats*, 26. Mai 1857 (online). Cuvilliers Kritik stößt auf Flauberts Ablehnung: „J'ai reçu le Cuvillier. C'est d'une insigne mauvaise foi. Remarquez-vous qu'on affecte de me confondre avec le jeune Alex ? Ma *Bovary* est une *Dame aux Camélias*, maintenant ! Boûnn !" Gustave Flaubert, Brief an Jules Duplan vom 28. Mai 1857, *Corr. II*, S. 726 f. Vgl. auch einen weiteren Brief, in dem Flaubert die bürgerliche Idiotie in der Kunst scharf kritisiert: „Le jeune Dumas, pour le quart d'heure, va se concilier à perpétuité toute la lorettanerie avec sa *Dame aux Camélias*." Brief an Louise Colet vom 15.-16. Mai 1852, *Corr. II*, S. 92. Als Bühnenstück adaptiert wird Dumas' Roman am 2. Februar 1852 im Pariser Théâtre du Vaudeville uraufgeführt. Dass Flaubert die Romane Dumas' im Allgemeinen nicht als große Kunst, sondern als Trivialliteratur bewertet, geht aus einem weiteren Brief hervor: „D'où vient le prodigieux succès des romans de Dumas ? C'est qu'il ne faut pour les lire aucune initiation, l'action en est amusante. On se distrait donc pendant qu'on les lit. Puis, le livre fermé,

erdolcht hat. Darüber hinaus erfährt die im selbst herbeigeführten Tod endende Liebesleidenschaft der Phèdre aus Racines gleichnamiger Tragödie eine bedeutsame Rezeption durch romantische Autoren wie Chateaubriand sowie Theaterkritiker wie Théophile Gautier. Chateaubriand lobt Phèdres Passio als moderne, vollendete Form der Liebesleidenschaft, die bei den antiken Vorbildern nur skizzenhaft angelegt sei.[161] In der Bezeichnung Phèdres als *„chrétienne réprouvée"*[162] unternimmt der Autor des *Génie du christianisme* eine religiöse Deutung der klassischen Frauenfigur.[163] Das inzestuöse Begehren wird im selbst herbeigeführten Vergiftungstod gesühnt. Théophile Gautier lobt die brennende Leidenschaft Phèdres insbesondere in der Darstellung durch die Schauspielerin Rachel, die Racines Frauenfigur als Wahnsinnige inszeniert:

> Ces yeux égarés, ce teint livide, cette démarche brisée, cette fièvre ardente, ces tremblemens, ces frissons, qui font de la passion antique une espèce de maladie, de délire, de manie, punition envoyée par la Vénus vengeresse, n'ont aucun rapport avec les quintescences et les idéalités chrétiennes.[164]

---

comme aucune impression ne vous reste et que tout cela a passé comme de l'eau claire, *on retourne à ses affaires.*" Brief an Louise Colet vom 20. Juni 1853, *Corr. II*, S. 358.

161 Die Tirade der verzweifelten, von Eifersucht getriebenen Phèdre (IV, 6), die sich des Verbrechens ihrer inzestuösen Liebe, die sie gegenüber ihrem Stiefsohn Hippolyte hegt, bewusst ist, lobt Chateaubriand in höchstem Maße: „Cet incomparable morceau offre une gradation de sentiments, une science de la tristesse, des angoisses et des transports de l'âme, que les anciens n'ont jamais connues. Chez eux, on trouve pour ainsi dire des ébauches de sentiments, mais rarement un sentiment achevé ; ici, c'est tout le cœur : *C'est Vénus tout entière à sa proie attachée !* et le cri le plus énergique que la passion ait jamais fait entendre, est peut-être celui-ci : *Hélas ! du crime affreux dont la honte me suit, / Jamais mon triste cœur n'a recueilli le fruit.* Il y a là-dedans un mélange des sens et de l'âme, de désespoir et de fureur amoureuse, qui passe toute expression." François-René de Chateaubriand, *Essai sur les révolutions. Génie du christianisme*, S. 693 f.

162 Ebd., S. 694.

163 Es ist anzunehmen, dass sich Chateaubriand bei seiner Konzeption der Atala von Racines Phèdre inspirieren ließ. Beide Frauenfiguren wählen den Vergiftungstod als einzig mögliche Konsequenz ihrer verbotenen Leidenschaften. Allerdings unterscheiden sich die Darstellungsformen der Sterbeszenen grundliegend: Chateaubriands christlich stilisierte, lange Todesbettszene steht im Kontrast zur relativ kurzen Sterbeszene Phèdres, die von Phèdres eigenem *aveu* gegenüber Thésée begleitet und durch Panopes Ausruf „Elle expire, Seigneur." beendet wird. Jean Racine, *Phèdre*, V, 7, V. 1644, S. 160. Die Symptome der Vergiftung werden nicht auf der Bühne gezeigt; lediglich die zerrissene Innerlichkeit Phèdres wird nach außen gekehrt. Zu den Parallelen zwischen Phèdre und Atala vgl. Mary Anne O'Neil, *„Phèdre*: Model for Chateaubriand's Atala".

164 Théophile Gautier, „Théâtre-Français. – *Phèdre.* – *Mlle Rachel.*", in: *La Presse*, 23. Januar 1843.

Gautier widerspricht der religiösen Deutung Chateaubriands, da die ungestüme Leidenschaft Phèdres die Leidenschaft einer gefallenen Sünderin maßlos überschreite.[165]

In der romantischen Überblendung der klassischen Frauenfigur spiegelt sich nicht nur das inzestuöse Begehren in körperlichen Symptomen, sondern ebenso eine unheilbare Todessehnsucht, die den weiblichen Körper als kunstvoll ausstaffiertes Gespenst erscheinen lässt:

> Quand elle s'est avancée pâle comme son propre fantôme, les yeux rougis dans son masque de marbre, les bras dénoués et morts, le corps inerte sous ses belles draperies à plis droits, il nous a semblé, non pas voir Mlle Rachel, mais bien Phèdre elle-même, et notre surprise a été profonde lorsque nous avons entendu tomber de sa bouche aux coins arqués, non pas un iambe grec, mais bien un alexandrin français.[166]

Der Körper der berühmten Schauspielerin wirkt aus der Sicht Gautiers wie eine antike, dem Tod geweihte Statue. Auch der junge Gustave Flaubert, der in seinem Jugendwerk von Rachel schwärmt und ihr einen kurzen Aufsatz widmet, nimmt die Schauspielerin als antike Statue wahr:

> Je me la rappellerai longtemps, ainsi qu'une statue grecque largement drapée, qui eût ouvert les lèvres et dit des vers d'Euripide, car c'est là de l'art grec, et du plus pur et du plus simple ; en l'écoutant on se prend à rêver à je ne sais quel profil idéal et classique, c'est en effet ce qui d'abord saillit dans son jeu. Mais il n'y a pas seulement la pose forte de la Muse antique, le geste accablant, le mot bien dit, il n'y a pas seulement profil pur et ligne découpée, il y a avant tout le cœur qui anime chaque mot [...].[167]

Auch einige männliche Protagonisten treibt der Liebeskummer in den Tod, der allerdings in der Regel nicht als langes Dahinscheiden, wie in den weiblichen

---

165 „M. de Chateaubriand a dit que la *Phèdre* était chrétienne : malgré tout le respect que l'on doit au génie, cette incarnation de la divinité, nous avouerons que la *Phèdre* de Racine nous paraît complètement païenne, et c'est là son mérite ; sa passion a la force et l'impétuosité antiques." Ebd.

166 Ebd.

167 Gustave Flaubert, *Mademoiselle Rachel*, in: *OC I*, S. 641. Darüber hinaus lobt er ihre „intuition poétique" sowie „ce feu sacré qui brûle". Ebd., S. 642.

deathbed scenes, den ‚Todesbettszenen' einer Clarissa Harlowe oder Marguerite Gautier, konzipiert ist. Ebenso wenig vergiftet sich kaum ein männlicher Held, um in einer verzweifelten Tirade einen letzten *aveu* an seine Geliebte auszusprechen, wie ihn die sterbende Phèdre an ihren Gatten richtet, oder um sich in einem langen Dialog von der zurückgelassenen Geliebten – in der Hoffnung, sich mit ihr in einem jenseitigen Leben wieder zu vereinen – zu verabschieden, wie es Atala in ihrer Todesagonie gegenüber Chactas tut. Im Gegensatz zu diesen traditionell weiblichen Sterbeszenen, die über eine mehr oder weniger lange Zeitspanne angelegt sind und den prozesshaften Vorgang des Versterbens darstellen, wird der männliche Tod in den häufig gewählten Todesarten des Sich-Erschießens oder Sich-Erdolchens als punktueller Akt der unmittelbaren existentiellen Auslöschung konzipiert.[168] Ein prominentes Beispiel ist Goethes Werther, der seinem von der unerfüllbaren Liebe zu Lotte bestimmten Leben durch einen Kopfschuss ein Ende setzt. Auch Edgar Ravenswood tötet sich selbst: Nachdem die Totenglocke ihm den Tod seiner Geliebten Lucie verkündet, erdolcht er sich. Sein Liebestod soll die beiden Liebenden, deren Liebesglück aufgrund der Feindschaft ihrer Familien auf Erden keine Erfüllung mehr finden kann, schließlich im Himmelreich vereinen:[169]

---

168 Dass der Suizid durch die Schusswaffe keine typisch weibliche Todesart darstellt, illustriert ein Zeitungsartikel in *Le Monde illustré* vom 10. August 1861, der von einer weiblichen Leiche berichtet, die in einer Bergschlucht im Gebirge von Rheineck, in der Nähe des preußischen Koblenz, am 22. März 1861 aufgefunden wurde. Es erscheint offensichtlich, dass sich die Frau selbst erschossen hat. Ihre Todesart wird als ungewöhnlich und zugleich mutig beurteilt. Der *fait divers* des weiblichen Suizids, der bereits einige Monate zurück liegt, soll besonders das Interesse der weiblichen Leserschaft wecken: „C'était évidemment un suicide... et bien rare chez les femmes, par une arme à feu ! Quels chagrins ont poussé cette pauvre créature à ce désespoir extrême ? Quelles passions avaient ravagé ce cœur qu'elle a percé de part en part d'un coup de feu. Les soins qu'a pris l'autorité allemande de rechercher l'identité de la morte sont-ils suivis d'effet ? Si nous l'apprenons, si l'histoire de cette malheureuse femme désespérée et résolue jusqu'à la mort, offre l'intérêt d'attendrissement et de pitié qu'on doit supposer d'un si grand courage, nous le dirons à nos – lectrices." „Courrier de Paris", in: *Le Monde illustré. Journal hebdomadaire*, 10. August 1861, S. 499.

169 In ähnlicher Weise kann auch Shakespeares berühmtes Liebespaar, das den verfeindeten Familien der Montagues und Capulets entstammt, erst im Tod vereint werden: Neben der scheintoten Juliet, die in der Familienkrypta aufgebahrt ist, legt sich Romeo nach der Einnahme eines Giftes zum Todesschlaf. Als Juliet schließlich erwacht und ihren Geliebten tot auffindet, erdolcht sie sich mit seinem Schwert. Shakespeares Liebespaar überschreitet in der Wahl ihrer Todesarten die traditionellen Geschlechtergrenzen.

Je te suis, ma bien-aimée,
Sur nous la terre est fermée,
Viens aux cieux me recevoir !
Saisissant son poignard.
Je te rejoins.[170]

Auch der todessehnsüchtige René verspürt am Tag des Klostergelübdes seiner Schwester Amélie, die ihn vor der Zeremonie nicht empfangen möchte und ihm mit einer „froide fermeté"[171] begegnet, den Wunsch, sich zu erdolchen, wenngleich er ihn nicht umsetzt. Die beabsichtigte gewaltsame Selbsttötung während der Zeremonie hat das Ziel, das Initiationsritual zu unterbrechen und von der geliebten Schwester erhört zu werden.[172] Die weiblichen Reize, die sich bei der Ankunft Amélies in der Kirche offenbaren, lassen den männlichen Protagonisten jedoch schwach werden:

> Elle était si belle, il y avait sur son visage quelque chose de si divin, qu'elle excita un mouvement de surprise et d'admiration. Vaincu par la glorieuse douleur de la sainte, abattu par les grandeurs de la religion, tous mes projets de violence s'évanouirent […].[173]

Der Anblick der zu einer Heiligen stilisierten Schwester erregt Erstaunen und Bewunderung beim männlichen Betrachter. Die als Bewegung angelegte Erregung ist durchaus sexuell konnotiert.[174] Sie überwältigt René, dessen Plan der gewaltsamen, heroischen Selbsttötung ausgelöscht wird. Für die schwindenden Suizidabsichten, die doch zuvor im Akt des Erdolchens als unmittelbare, unumkehrbare Handlung antizipiert wurden, wird das Verb *s'évanouir* verwendet, das im wörtlichen Sinne zumeist eine weiblich konnotierte Ohnmacht bezeichnet.[175] Tatsächlich erscheint der männliche Held als entmächtigte, verweichlichte, den weiblichen Reizen erlegene Figur. Der Akt der Selbsttötung widerspricht in zweifacher Weise einem traditionell männlichen Heroismus,

---

170 Alphonse Royer, Gustave Vaëz, Gaetano Donizetti, *Lucie de Lammermoor*, IV, 3 (online).

171 François-René de Chateaubriand, *Atala – René*, S. 188.

172 Vgl. ebd.

173 Ebd., S. 189.

174 Zur „morbide[n] Ambivalenz zwischen Religion und Sinnlichkeit", die den gesamten Kurzroman prägt, vgl. Reinhold R. Grimm, „Die Unergründlichkeit der Melancholie. Chateaubriands amerikanische Novellen", S. 34.

175 Vgl. Pierre Larousse, *Grand Dictionnaire universel du XIXe siècle*, Bd. VII, s. v. „évanoui, ie", S. 1151: „Tombé en pâmoison, en défaillance : *Une femme* ÉVANOUIE. *Tomber* ÉVANOUI."

wie er in der Antike begründet ist: Das Erdolchen, das als Akt der unmittelbaren Selbstauslöschung in der Antike gemeinhin dem Mann vorbehalten war und in bestimmten Fällen – nämlich in Folge eines *déshonneur* – als eine Form der *courage* (griech. *andreia*) Anerkennung fand,[176] erfolgt bei René nur in seiner Vorstellung. Der Todeswunsch ist nicht die Folge eines Ehrverlusts, wie ihn beispielsweise Sophokles' Ajax nach der Tötung der Schafherde des Odysseus erleidet, woraufhin er sich in sein eigenes Schwert stürzt,[177] sondern einer unerfüllten, aussichtslosen Liebe, die der romantische Held öffentlich zur Schau stellen möchte.

In der Todesart des Sichvergiftens folgt Emma Bovary ihren literarischen Vorgängerinnen Phèdre und Atala. Wie zahlreiche männliche und weibliche Todessehnsüchtige der Romantik leidet auch Emma an der Liebe. So erinnert sie sich unmittelbar nach dem letzten, aussichtslosen Treffen mit Rodolphe nicht etwa an den finanziellen Ruin, in dessen Begleichung auch ihr ehemaliger Liebhaber nicht einwilligt, sondern einzig und allein an die unerfüllbare, enttäuschte Liebe: „Elle ne souffrait que de son amour, et sentait son âme l'abandonner par ce souvenir, comme les blessés, en agonisant, sentent l'existence qui s'en va par leur plaie qui saigne."[178] Das Heilmittel gegen die klaffende Wunde sucht Emma im Giftschrank des Apothekers Homais, im erlösenden Tod, der den qualvollen Schmerz der Erinnerung auszulöschen vermag.[179]

Bevor Emma Bovary das Liebesleiden im eigenen seelischen Schmerz erfährt, speist sich ihre Vorstellung der Leidenschaft aus sentimentalen Passionsbildchen, die sie während ihrer Klostererziehung ‚konsumiert':

---

176 Vgl. Nicole Loraux, „Épouses tragiques, épouses mortes. La mort des femmes dans la tragédie grecque", S. 36 f. Erfolgt der männliche Suizid nicht als Folge eines *déshonneur*, so gilt er – Loraux verweist auf Platons *Nomoi* – als „manque absolu de virilité" und bringt eine öffentliche Sanktion in Form einer vereinzelten, anonymen Grabstätte am Rande der Stadt mit sich. Ebd., S. 37.

177 Vgl. ebd., S. 40 f.

178 Gustave Flaubert, *Madame Bovary*, in: *OC III*, S. 426. Auch der todessehnsüchtige René verspürt seine sich verflüchtigende Seele. Er nimmt sie allerdings nicht als Ergebnis eines Liebesleidens wahr, sondern antizipiert sie vor der Folie eines eigens inszenierten Todes nach antikem Vorbild: „Décidé que j'étais à me débarrasser du poids de la vie, je résolus de mettre toute ma raison dans cet acte insensé. Rien ne me pressait : je ne fixai point le moment du départ, afin de savourer à longs traits les derniers moments de l'existence, et de recueillir toutes mes forces, à l'exemple d'un ancien, pour sentir mon âme s'échapper." François-René de Chateaubriand, *Atala – René*, S. 178.

179 Zur Bedeutung der Pharmazie und dem verschlossenen *capharnaüm*, in dem das Gift aufbewahrt wird und dessen religiöser Ursprung als Wirkungsort Jesu eine ironische Verkehrung erfährt, vgl. James Rhodes, „Homais, Capharnaum, and *Madame Bovary*".

> Au lieu de suivre la messe, elle regardait dans son livre les vignettes pieuses bordées d'azur, et elle aimait la brebis malade, le Sacré-Cœur percé de flèches aiguës, ou le pauvre Jésus, qui tombe en marchant sur sa croix.[180]

In der kitschigen Darstellung der Jesusfigur sowie seines von Pfeilen durchbohrten Herzens wird das Leiden, das seinen christlichen Ursprung in der Passion Christi findet, radikal verstellt. Die sentimentalen Bildchen, die das Gebetbuch verzieren, deformieren die traditionelle Darstellung des Leidens auf mittelalterlichen Tafelkreuzen und Andachtsbildern. Mit dem „Wechsel vom aufrecht stehenden *Christus triumphans* zum tot am Kreuz hängenden *Christus patiens*"[181], der sich bereits im 13. Jahrhundert vollzieht und fortan den Tod des Gekreuzigten „mitsamt seinem menschlichen Leiden, mehr als seinen Triumph über den Tod" hervorhebt,[182] lädt das Tafelkreuz zur affektiven Kontemplation, zur Einfühlung in das Leiden Christi ein. Auch das Betrachten der Imago Pietatis zielt auf auf ein mimetisches Verhalten, nämlich die Identifikation mit dem physischen Leiden Christi.[183] Wie Hans Belting herausstellt, erweist sich das Andachtsbild vor allem ab dem 13. Jahrhundert – mit der Ausdifferenzierung zwischen privater und öffentlicher Religionsausübung – als dialogisches Erlebnisbild, das in der physiologisch-plastischen Darstellung des sterbenden bzw. toten Christus am Kreuz die sinnliche Affektivität des Betrachters anspricht.[184] Neben die rationale Funktion des öffentlichen Andachtsbildes tritt fortan die subjektive Selbsterfahrung bei der Betrachtung des privaten Bildnisses,[185] das besonders im ikonographischen Typus der Eleusa, der Darstellung der Gottesmutter mit dem Christuskind, in der Prolepsis der Passion einen Affekt beim Betrachter auszulösen vermag.[186] Seine „mystagogische[] Kontemplation" geht häufig mit einer Katharsis einher.[187]

---

180 Gustave Flaubert, *Madame Bovary*, in: *OC III*, S. 180.

181 Hans Belting, *Bild und Kult. Eine Geschichte des Bildes vor dem Zeitalter der Kunst*, S. 405.

182 Ebd. Als Modell für den neuen Bildtypus fungiert Franz von Assisi: „Der neue Bildtypus entspricht einem anderen ‚Bild', das man sich vom Kruzifixus machte, und auch einer jetzt aktuell gewordenen Einfühlung in sein Leiden. Franz von Assisi entwickelte durch seine Lebensführung und seine Predigten das Modell für den Kult des Kruzifixus, dem er selbst im Leiden ähnlich werden wollte." Ebd.

183 Vgl. Hans Belting, *Das Bild und sein Publikum im Mittelalter. Form und Funktion früher Bildtafeln der Passion*, S. 17 f.

184 Vgl. ebd., S. 18–22, S. 38 f.

185 Vgl. ebd., S. 38 f.

186 Vgl. ebd., S. 175.

187 Ebd.

Die junge Emma Rouault nimmt das Leiden Christi im Bild einer passiv empfangenen Liebesleidenschaft wahr. Die Passio präsentiert sich ihr nicht in der physiologischen Gestalt des Gekreuzigten, sondern sie wird im Bild des von Pfeilen durchbohrten Herzens symbolisiert. Die Verletzung des Herzens wird durch den Liebesgott Amor hervorgerufen, den die Pfeile metonymisch evozieren. In der Tradition der Liebeslyrik lösen die Pfeile Amors einen Liebesaffekt aus. Es ist das Heiligste Herz Jesu, das in Emmas Wahrnehmung von den Pfeilen Amors durchbohrt wird, das stigmatisierte Herz des Gekreuzigten, dessen kultische Verehrung bereits im Mittelalter einsetzt.[188] Zur Darstellung der seelischen Leidenschaft, die Amors Pfeile auslösen, wird ein körperliches Attribut, nämlich das Organ des Herzens, verwendet. Im Bild der verwundeten Körperlichkeit manifestiert sich die Verletzungsmacht Amors. Die Passion Christi präsentiert sich im Bild einer körperlich spürbaren Liebesleidenschaft.

Dem Bild der passiv empfangenen Liebesleidenschaft folgt das Bild der unter der Bürde des Kreuzes – bzw. wörtlich *auf* dem Kreuz – zusammenbrechenden Jesusfigur. Es wird durch die Konjunktion *ou* eingeleitet, die es willkürlich und austauschbar wirken lässt. Die ungewöhnliche Darstellung der Fallbewegung bringt die traditionellen Darstellungen der Passion Christi sinnbildlich zum Einsturz: So zeigt sich das Leiden Christi nicht etwa am hoch errichteten Tafelkreuz, sondern im Leidensweg auf dem irdischen Boden, auf den Jesus mitsamt seinem Kreuz hinabstürzt. In seiner exzentrischen Darstellung, die scheinbar zur christlichen *compassio* anregt („le pauvre Jésus"), offenbart sich das Bild des Leidens als rührendes Kitschbild. Eine aufrichtige *compassio* mit dem Leiden Christi wird der Betrachterin verwehrt, denn anstatt einen inneren Affekt des Mitleidens auszulösen, lädt das Kitschbild zum unmittelbaren, selbstbezüglichen Konsum ein. Leiden und *compassio* werden werden somit gleichermaßen verstellt.

Als Bildform für die sentimentale Darstellung der Passio fungieren die „vignettes pieuses bordées d'azur" des Gebetbuchs, das im profanen Wort „livre" evoziert wird. Die Vignetten, die in Form von Frontispizen, kleineren Zeichnungen zu Beginn oder am Ende eines Kapitels oder Randverzierungen bereits im 18. Jahrhundert zur Buchillustration verwendet werden,[189]

188 Zur Entwicklung des Herz-Jesu-Kults ab dem 13. Jahrhundert sowie seiner Bedeutung für die Ausbildung einer modernen Individualität vgl. Jean Nagle, *La civilisation du cœur. Histoire du sentiment politique en France, du XIIe au XIXe siècle*, S. 318–324.

189 Vgl. Champfleury, *Les vignettes romantiques. Histoire de la littérature et de l'art (1825–1840)*, S. 2. Ein Beispiel sind die Illustrationen in Jean-Jacques Rousseaus Briefroman *Julie ou la Nouvelle Héloïse*. Vgl ebd.

sind insbesondere zwischen 1830 und 1840 in Mode. In dieser Zeit erscheinen kaum Werke, die nicht illustriert sind. Graphische Verzierungen in Romanen, Erzählungen und Gedichten, die von Tony Johannot und anderen berühmten Zeichnern angefertigt werden, sind „la mode du moment"[190]. Bereits Lamartine und Chateaubriand schmücken ihre Werke zwischen 1830 und 1832 mit christlichen *vignettes*.[191] Die Illustrationen erfüllen die Erwartung der Leserschaft und steigern den Verkauf literarischer Werke.[192] Die Wirkung der romantischen *vignettes*, die in bekannten Zeitschriften wie der *Revue de Paris* für ein breites Publikum abgedruckt werden,[193] führt Champfleury bildlich vor Augen:

> [...] de ces images, imprimées ainsi à de nombreux exemplaires, découlait un enseignement pour les yeux, une invite à lire des récits passionnés, traversés par des poignards, illuminés par des éclairs, au milieu desquels se traînaient des héros pantelants et des héroïnes meurtriers [sic].[194]

Die Illustratoren bedienen sich nicht selten effekthascherischer Mittel, um den Blick der Leser auf ihre Bilder zu richten. Der literarische Text verschwindet hinter melodramatischen, teils gewaltsamen Szenen, die das Geschehen auf einen Blick illustrieren: Hervor stechen einzelne Objekte, wie der todbringende Dolch, oder in exzentrischen Posen fixierte Frauenfiguren, deren Mordgelüste dem Betrachter sofort ins Auge fallen. Die romantischen Illustrationen dienen einer „consommation immédiate"[195], einem unmittelbaren, unreflektierten Konsum, wie er der Rezeptionshaltung der jungen Emma Rouault entspricht. Die vielfach reproduzierten, sentimentalen *vignettes* zielen darauf ab, einfache Emotionen auszulösen. Sie erweisen sich zum größten Teil als Kitschbilder: „Kitsch parodiert die Katharsis."[196] Die Katharsis, die durch das Betrachten mittelalterlicher Andachtsbilder ausgelöst wird, bleibt bei Emmas selbstbezüglichem Verzehr der süßlich-sentimentalen Passionsbildchen aus.

---

190 Ebd., S. 4.

191 „Chateaubriand et Lamartine faisaient de la vignette une prière, un souvenir chrétien, une croix, une tombe, un cimetière de campagne, un *angelus* au clocher voisin." Ebd., S. 3.

192 Vgl. ebd., S. 6 f.

193 Vgl. ebd., S. 10.

194 Ebd.

195 Gustave Flaubert, *Madame Bovary*, in: *OC III*, S. 181. Vgl. Kap. 2.1.

196 Theodor W. Adorno, *Ästhetische Theorie*, S. 355. Zum Phänomen des Kitsches vgl. Jochen Schulte-Sasse, „Kitsch", in: *Historisches Wörterbuch der Philosophie*, Bd. IV, Sp. 844 f.

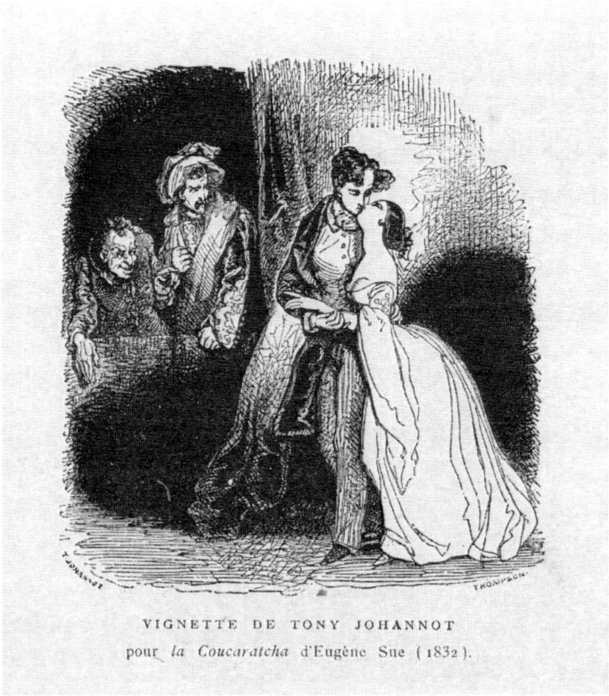

ABBILDUNG 2 *Tony Johannot, Vignette zu Eugène Sues* La Coucaratcha, *1832.*
Notiz: Johannots Vignette ist abgedruckt in Champfleury, *Les vignettes romantiques. Histoire de la littérature et de l'art* (*1825–1840*), S. 9. Champfleury zitiert eine Beschreibung aus der Zeitschrift *Le Petit Poucet. Revue de la littérature, des théâtres et des modes* von 1833: „Cette vignette, qui est des bons faiseurs, Tony Johannot et Thompson, a quelque chose d'admirable, c'est le buste de la jeune fille. Quelle molle langueur dans cette pose ! quel abandon dans cette étreinte ! quels traits délicats et fins sont en contact dans ce long baiser ! Et Crao le bossu, avec quel rire satanique il montre au sombre Marcel le couple qui se croit [sic] sans témoins ! Marcel a la main sur son poignard : ce geste présage et fait deviner la catastrophe." Zit. nach Champfleury, *Les vignettes romantiques. Histoire de la littérature et de l'art* (*1825–1840*), S. 9 f.

Bereits im Kloster träumt die junge Emma Rouault vom göttlichen Bräutigam,[197] mit dem sie sich Jahre später, nach der Trennung von Rodolphe, die mit einer Flucht in die Religion einhergeht, zu vereinen sucht. Nicht nur stattet sie ihr Zimmer mit religiösen Kultobjekten aus und stilisiert sich als Heilige,[198] sie sucht in der Religion einen Ersatz für ihre weltliche Leidenschaft:

> Quand elle se mettait à genoux sur son prie-Dieu gothique, elle adressait au Seigneur les mêmes paroles de suavité qu'elle murmurait jadis à son amant, dans les épanchements de l'adultère.[199]

Die während der Klosterzeit angedeuteten, durch die Vorstellung des göttlichen Bräutigams ausgelösten „douceurs inattendues"[200] kulminieren in einem skandalösen sinnlichen Verlangen,[201] dem sich Emma Bovary im Ehebruch hingibt. François Jost sieht in Emma Bovarys Stilisierung zur Braut Gottes sowohl religiöse als auch romantische Vorbilder: „elle se fait mystique : une Thérèse d'Avila qui aurait été à l'école de Chateaubriand [...]."[202] Tatsächlich verkörpert Emma Bovary eine spezielle Form des weiblichen Mystizismus. Bereits das im Kloster bewunderte vom Pfeil Amors durchbohrte Herz ist Teil eines traditionell mystischen Bildrepertoires, das in Teresa von Ávilas Schilderung ihrer ‚Herzdurchbohrung' sowie in Giovanni Lorenzo Berninis Skulptur *Die Verzückung der Heiligen Theresa*, die auf der Vision der Heiligen basiert, verwendet wird.[203] In verschiedenen Schriften bedient sich Teresa von Ávila einer mystischen Bildsprache, um dem Leser „auf äußerst plastische Art die in der Herzdurchbohrung stattfindende Liebesverwundung durch den geliebten und liebenden Gott" vor Augen zu führen.[204] Dass Emmas Mystizismus

---

197 „Les comparaisons de fiancé, d'époux, d'amant céleste et de mariage éternel qui reviennent dans les sermons lui soulevaient au fond de l'âme des douceurs inattendues." Gustave Flaubert, *Madame Bovary*, in: *OC III*, S. 180.

198 Vgl. ebd., S. 339.

199 Ebd., S. 340.

200 Ebd., S. 180.

201 Auf den sinnlichen Charakter der geistigen Nahrung der Religion, die von weltlichen *douceurs* überlagert wird, verweist bereits die folgende Notiz auf einem Entwurf des Lektürekapitels: „Couvent – Comme la Religion apporte une pature / *très doux* / & succède à ce type vague – époux céleste". Gustave Flaubert, *Les manuscrits de* Madame Bovary. *Édition intégrale sur le web*, „Brouillons, vol. 1, folio 132 – l'éducation d'Emma (I, 6)".

202 François Jost, „Littérature et suicide. De Werther à Madame Bovary", S. 192.

203 Vgl. Alois Maria Haas, „Das Subjekt im ‚sermo mysticus' am Beispiel der spanischen Mystik des 16. Jahrhunderts", S. 628–630.

204 Ebd., S. 630.

romantische Vorbilder zugrunde liegen, wird schnell durch einen Vergleich mit Chateaubriands Amélie ersichtlich. Amélie versucht, ihr inzestuöses Begehren durch den Eintritt ins Kloster zu stillen. Doch die religiöse Weltflucht geht mit einer Substitution und Anregung der Leidenschaften und somit einer Täuschung einher:

> C'est ici la sainte montagne, le sommet élevé d'où l'on entend les derniers bruits de la terre et les premiers concerts du ciel ; c'est ici que la religion trompe doucement une âme sensible : aux plus violentes amours elle substitue une sorte de chasteté brûlante où l'amante et la vierge sont unies ; elle épure les soupirs ; elle change en une flamme incorruptible une flamme périssable [...].[205]

Wenngleich das Kloster in der Höhe, in der Nähe Gottes gelegen ist, so ertönen auch hier noch die irdischen Klänge, die mit jenen des Himmels in der Konjunktion *et* auf eine Ebene gesetzt werden. Ihre Differenz ist lediglich im Nachklang („derniers bruits") bzw. Auftakt („premiers concerts") markiert. Die Komposition von irdischen und himmlischen Klängen erinnert an Emma Bovarys Lektüre des *Génie du christianisme*, an das ertönende romantische Lamento: „Comme elle écouta, les premières fois, la lamentation sonore des mélancolies romantiques se répétant à tous les échos de la terre et de l'éternité !"[206]. Im *discours indirect libre* seiner Protagonistin deckt Flaubert eine augenscheinliche Unvereinbarkeit auf, die der Religionsschrift Chateaubriands inhärent ist: So schließt die Melancholie in ihrer christlichen Bedeutung als *acedia*, als Nichtsorge um das Selbst und die göttliche Schöpfung, eigentlich die Ewigkeit aus. Doch im *vague des passions* erfährt die Melancholie eine Umwertung: Der „état indéterminé des passions"[207] ist Kennzeichen einer modernen Subjektivität, denn er spiegelt „die maßlos gesteigerte, aber ziellose Projektionskraft des Subjekts"[208] wider, die in ihrer Ausweg- und Objektlosigkeit nur in die Melancholie führen kann. Die romantische Subjektivität geht also unweigerlich mit einem melancholischen Seelenzustand einher. Der Lebensüberdruss

205 François-René de Chateaubriand, *Atala – René*, S. 195. Vgl. auch Reinhold R. Grimm, „Die Unergründlichkeit der Melancholie. Chateaubriands amerikanische Novellen", S. 34.

206 Gustave Flaubert, *Madame Bovary*, in: *OC III*, S. 180.

207 Mit diesen Worten bezeichnet Chateaubriand den Seelenzustand des *vague des passions* im Vorwort seiner 1805 in einer separaten Ausgabe publizierten Kurzromane *Atala* und *René*. François-René de Chateaubriand, *Atala – René*, S. 53.

208 Reinhold R. Grimm, „Die Unergründlichkeit der Melancholie. Chateaubriands amerikanische Novellen", S. 36.

des egozentrischen romantischen Helden, für den Chateaubriands René als Prototyp betrachtet werden kann, wird durch dessen Imaginationskraft legitimiert. Das romantische Lamento stellt sich als selbstbezüglicher Klagegesang dar. Eine ähnliche Ambivalenz weist auch die an ein Liebesobjekt geknüpfte Leidenschaft auf: Im auferlegten Keuschheitsgelübde einer Atala sowie im Klostergelübde einer Amélie wird das weltliche Begehren nicht etwa getilgt, sondern ins Maßlose gesteigert, um schließlich in den christlich stilisierten Tod zu münden bzw. durch ein religiöses Begehren, das die profane Leidenschaft in der „chasteté brûlante"[209] doch weiter aufglühen lässt, substituiert. Die mystische Anverlobung an den Bräutigam Christus – symbolisiert im „voile mystérieux"[210], im Schleier der jungfräulichen Braut, der den seiner sinnlichen Haarpracht beraubten Kopf bedeckt – vermag es lediglich, die inzestuöse Leidenschaft, die „criminelle passion"[211] auf ein anderes, in der Religion legitimiertes Liebesobjekt zu verlagern. Die Versenkung in die Religion ist eine Substitutionshandlung.

Im Gegensatz zur göttlichen Liebesverwundung heilig gesprochener Frauen, wie der berühmten Karmelitin Teresa von Ávila oder der Thérèse de Lisieux, die 1897 im Alter von 24 Jahren an Tuberkulose stirbt,[212] sind sowohl Amélies als auch Emma Bovarys religiöse Leidenschaften motiviert durch eine unerfüllbare, da verbotene bzw. enttäuschte weltliche Liebesleidenschaft. Bereits in frühen Manuskripten seines Romans verweist Flaubert in einer Randnotiz auf den „Catholicisme amoureux"[213], der dem Werk Chateaubriands

209 François-René de Chateaubriand, *Atala – René*, S. 195.

210 Ebd., S. 190.

211 Ebd., S. 191.

212 Flaubert las das Messbuch des in der Normandie situierten Karmeliterordens von Lisieux, während er an seiner Erzählung *Un cœur simple* schrieb. Zur gleichen Zeit beschäftigte er sich mit dem Krankheitsbild der Pneumonie, deren Symptome denen der Schwindsucht bzw. Tuberkulose, der „mystische[n] Krankheit par excellence" (Susanne Goumegou, Marie Gutmüller, Annika Nickenig, *Schwindend schreiben*, S. 31), sehr ähneln. Flauberts Frauenfiguren Virginie und Félicité werden schließlich beide an ‚mystischen' Krankheiten sterben. „Le matin j'avais eu le bon Laporte, qui m'a prêté le livre d'un chantre de Couronne pour m'instruire dans les processions, et un autre de médecine, où je puise des renseignements sur les pneumonies. – Actuellement, j'ai donc, sur ma table, autour du perroquet : le bréviaire du susdit chantre, ton paroissien, les 4 volumes du paroissien appartenant à ton époux, de plus : l'*Eucologe de Lisieux*, ayant appartenu à ton arrière-grand-mère. Mais je commence à *tomber sur les bottes*. La fin est dure ! Heureusement que je n'ai plus que 6 pages !" Gustave Flaubert, Brief an seine Nichte Caroline vom 3. August 1876, *Corr. V*, S. 90.

213 Gustave Flaubert, *Les manuscrits de* Madame Bovary. *Édition intégrale sur le web*, „Plans et scénarios, folio 5, Notes et plan partiel – les lectures d'Emma (I, 6)". Neben dem *Génie du christianisme* und seinen „croix & ruines" wird in den Manuskripten explizit das Werk *Atala* genannt, das in der Endfassung des Romans nicht mehr auftaucht. Ebd.

zugrunde liege. Der Katholizismus wird als „pas mystique mais po-é-tique (& sensuelle plus tard)“ definiert. Ihm werde „peu de véritable sentiment & de jugement“[214] zuteil. In einer weiteren Notiz heißt es: „Jeunes filles = anges qui montent au ciel“[215]. Flauberts Notizen lassen sich nicht nur auf Emmas Wahrnehmung beziehen, sondern sie enthüllen den Chateaubriandschen Katholizismus als im streng religiösen Sinne unaufrichtig: Anstatt katholische Glaubensgrundsätze abzuhandeln, konfessionelle Fragen aufzuwerfen oder eine theologisch-dogmatische Doktrin aufzustellen, rühmt Chateaubriand die poetische Schönheit des Christentums – die *Beautés de la religion chrétienne*, wie es im Untertitel der Religionsschrift heißt –, den mit allen Sinnen wahrnehmbaren christlichen Kult, der sich im Orgelgesang, in prunkvoll verzierten Kathedralen, aber auch in einer ästhetisierten exotischen Wildnis sowie in der Ruinenlandschaft manifestiert. Chateaubriand nimmt das Christentum als eine mystisch-sinnliche, gefühlsbetonte Religion wahr, die mit einer positiven Neubewertung der Leidenschaften einhergeht.[216] Die ins Unermessliche exaltierten Leidenschaften der Chateaubriandschen Frauenfiguren, wie sie insbesondere von Atala und Amélie verkörpert werden, verhindern nicht ihren engelsgleichen, als unschuldige Aufopferung stilisierten Aufstieg ins Himmelreich. Tatsächlich manifestiert sich die auf den ersten Blick paradox erscheinende Verbindung von Religiosität und irdischer Liebessinnlichkeit am schärfsten in den Sterbeszenen der romantischen Frauenfiguren, die eine scheinhafte mystische Vermählung mit Christus im Tod antizipieren. Diese augenscheinliche Vernichtung der weltlichen Leidenschaften im Tod wird von

---

214 Ebd.

215 Ebd.

216 Über den poetischen Charakter der als Apologie des Christentums konzipierten Religionsschrift ist viel diskutiert worden. Ebenso wurde die Aufrichtigkeit der Religiosität Chateaubriands nach seiner plötzlichen Konversion zum Christentum als Folge des Todes seiner Mutter im Jahre 1798 und seiner Schwester im Jahre 1799 angezweifelt, ist doch sein 1797 publizierter *Essai sur les révolutions* noch von einem atheistischen Gedankengut gekennzeichnet. Vgl. Alexander Minski, *Le préromantisme*, S. 181. Chateaubriand beschreibt den Augenblick der Bekehrung wie folgt: „Ces deux voix sorties du tombeau, cette mort qui servait d'interprète à la mort, m'ont frappé. Je suis devenu chrétien. Je n'ai point cédé, j'en conviens, à de grandes lumières surnaturelles, ma conviction est sortie du cœur : j'ai pleuré, et j'ai cru.“ François-René de Chateaubriand, *Essai sur les révolutions. Génie du christianisme*, S. 9. Einige Forscher sehen Chateaubriands Konversionsschilderung aufgrund chronologischer Unstimmigkeiten, auf die an dieser Stelle nicht näher eingegangen werden kann, als eigens stilisierte literarische Legende. Vgl. z. B. Rainer Zaiser, *Die Epiphanie in der französischen Literatur*, S. 156–162. Zur ästhetischen Erfahrungsdimension des *Génie du christianisme*, die im Kontrast zu einer religiös-dogmatischen Deutung des Werkes steht, vgl. Burkhart Steinwachs, *Epochenbewusstsein und Kunsterfahrung*, S. 126.

Emma Bovary rezipiert. Dabei verkennt sie – im Gegensatz zum Erzähler –, dass der existentiellen Auslöschung keine aufrichtige religiöse Mystik zugrunde liegt.

Dass die mystische Vereinigung mit Christus nur scheinhaft bzw. inszeniert sein kann, zeigt sich bereits im selbst herbeigeführten Vergiftungstod von Chateaubriands Atala. Denn in der christlichen Vorstellung kann die ‚Liebesverwundung' zwar herbeigesehnt, aber nicht aktiv herbeigeführt werden.[217] Vielmehr wird die Seele der Mystikerin von der göttlichen Passio befallen, wie Erich Auerbach treffend formuliert:

> Die Haltung der Seele ist eher eine dynamisch-potentielle als eine eigentlich tätige; sie ist eher empfangsbereit und sehnsuchtsvoll als eigentlich aktiv; sie ist ausgesprochen bräutlich. Zu welch stürmischer Liebesglut, zu welch glühender Hingabe die Seele auch gelangen mag, es ist immer Christus oder die Gnade, von deren Gewalt sie überwunden wird, und von denen also die Aktivität ausgeht.[218]

Suizid und mystische Unio schließen sich aus.[219] Während das mystische Martyrium traditionell in Bildern des Verbrennens, des Verwundet- und Durchbohrenwerdens veranschaulicht wird,[220] in einer passiv empfangenen göttlichen Liebesqual[221] oder in einer den weiblichen Körper befallenen Krankheit,[222] ist der Schmerz, den Atala in ihrer Todesagonie verspürt, selbst herbeigeführt. Wenngleich Chateaubriand im Erstarren und Abkühlen der Körperglieder sowie im allmählichen Verlust der Sinne das körperliche Leiden seiner Frauenfigur darstellt,[223] rückt er die mystische Schönheit des engelsgleichen

---

217 Eine Ausnahme bilden religiöse Praktiken der Askese, allen voran die Verweigerung der Nahrungsaufnahme berühmter Mystikerinnen.

218 Erich Auerbach, „Passio als Leidenschaft", S. 1188 f.

219 Hinzu kommt, dass der Suizid aus theologischer Sicht seit dem Konzil von Arles (452) als kriminelle Tat verurteilt wird. Vgl. Heinz Thoma, „Appell oder Flucht? – Der literarische Selbstmord als Epochendiagnose in *Werther, Le ultime lettere di Jacopo Ortis, Atala* und *René*", S. 99. Wie lassen sich der Akt der Selbsttötung und der christlich stilisierte Tod vereinbaren?

220 Vgl. Erich Auerbach, „Passio als Leidenschaft", S. 1190.

221 Vgl. ebd., S. 1189.

222 „Dans le vocabulaire de la théologie mystique, la maladie est classée à la rubrique des ‚purifications passives', c'est-à-dire des souffrances subies et non délibérément provoquées." Jean-Pierre Albert, *Le sang et le Ciel*, S. 332.

223 Vgl. François-René de Chateaubriand, *Atala – René*, S. 127.

Mädchens[224] in den Vordergrund, wie die Rede des Père Aubry am Sterbebett verdeutlicht:

> « Déjà le vêtement blanc et la couronne éclatante des vierges se préparent pour vous sur les nuées ; déjà j'entends la Reine des Anges qui vous crie : ‚[...] Venez, rose mystique, vous reposer sur le sein de Jésus-Christ. Ce cercueil, lit nuptial que vous vous êtes choisi, ne sera point trompé ; et les embrassements de votre céleste époux ne finiront jamais !' »[225]

In der Einkleidung der Todesszene durch die Rede des Priesters stilisiert Chateaubriand den Tod seiner Protagonistin als den einer jungfräulichen Braut Christi, die sich wie eine Märtyrerin für die Tugendhaftigkeit aufopfert. Die mystische Vermählung ist eine scheinhafte, in hohem Maße sinnliche Erfahrung, wie die immerwährenden *embrassements* des göttlichen Bräutigams illustrieren, die sowohl im Sinne von Umarmungen als auch einer „[c]onjonction de l'homme et de la femme"[226] verstanden werden können. Bereits die berühmte Sturmszene in Chateaubriands Kurzroman ist in der „[p]ompe nuptiale"[227], die Chactas in der bewegten Natur als Spiegel der unbändigen Leidenschaften vorfindet, als Vermählungsszene konzipiert. Tatsächlich ist zu bezweifeln, dass Atala in der besagten Szene ihre Keuschheit bewahrt, wenngleich der Erzähler über den Bruch keine explizite Auskunft gibt. Während die Hagiographie an vielen Stellen von Heiligen berichtet, die den Tod wählen, um so beispielsweise einer Vergewaltigung zu entkommen und ihre Jungfräulichkeit zu erhalten (oder sich von ihren Verlobten, denen sie sich vor der Heirat verwehren, umbringen lassen),[228] hat Atala ihre Tugendhaftigkeit bereits in der leidenschaftlichen Sturmszene eingebüßt. Die in der Sterbe- und Begräbnisszene dargestellte engelsgleiche Jungfräulichkeit kann nur eine scheinhaft wiederhergestellte sein. Doch zur Stilisierung als weibliche Märtyrerin ist die

224 Die weibliche Märtyrerin ist traditionell „jeune, tendre et belle". So erscheint sie bereits in den Heiligengeschichten der *Legenda aurea* des Jacobus de Voragine. Jean-Pierre Albert, *Le sang et le Ciel*, S. 101.

225 François-René de Chateaubriand, *Atala – René*, S. 131.

226 *Dictionnaire de l'Académie Française* von 1835 (online), s. v. „embrassement, s. m.". In der Bedeutung der Vereinigung von Mann und Frau taucht *embrassements* stets im Plural auf. Vgl. ebd.

227 François-René de Chateaubriand, *Atala – René*, S. 103.

228 Vgl. Jean-Pierre Albert, *Le sang et le Ciel*, S. 105. Es ist vielfach diskutiert worden, ob ebenjene Frauen überhaupt als christliche Märtyrerinnen gelten können: „En bonne théologie, il s'agit là de martyres d'une vertu – la chasteté – et non de la foi". Ebd.

Jungfräulichkeit unabdingbar: Während der Mann spontan durch eine Konversion zum Märtyrer werden und seine frühere Existenz auslöschen kann, sind die weiblichen Märtyrerinnen verpflichtet, „le seul élément positif (aux yeux de la religion) qui leur est donné, leur virginité“[229], zu erhalten.

Den Höhepunkt des als mystische Vermählung stilisierten schönen Sterbens bildet schließlich der von Chactas beobachtete Moment der sakramentalen Handlung durch den Priester:

> Le pêtre ouvrit le calice ; il prit entre ses deux doigts une hostie blanche comme la neige, et s'approcha d'Atala, en prononçant des mots mystérieux. Cette sainte avait les yeux levés au ciel, en extase. Toutes ses douleurs parurent suspendues, toute sa vie se rassembla sur sa bouche ; ses lèvres s'entrouvrirent, et vinrent avec respect chercher le Dieu caché sous le pain mystique.[230]

Der Ritus der Eucharistie wird bei Chateaubriand von einem männlichen Außenbetrachter beschrieben und gedeutet. Aus der voyeuristischen Perspektive erscheint die Einverleibung der Hostie als erotische Erfahrung. Sie erinnert auf den ersten Blick an die metaphorischen Kommunionsbeschreibungen berühmter Mystikerinnen wie der Marguerite du Saint-Sacrement (1619–1648): „elle allait recevoir (le Christ), comme la fleur qui rompt son calice aux premiers rayons du soleil [...]“[231]. Für die in Askese lebenden, teils anorektischen Mystikerinnen stellt die Eucharistie den einzigen sinnlich-materiellen Kontakt dar.[232] Doch bei näherer Betrachtung erweist sich Atalas mystische Vermählung mit dem göttlichen Bräutigam als künstlerisch inszenierte Scheinerfahrung: Schon in der schneeweißen Hostie, die der Priester bereithält, manifestiert sich ein Überhang im Bildlichen. Die Visualisierung des Weißen ist Ergebnis einer sinnlichen Bildproduktion. Im Bild des Schnees werden keine göttlichen Sonnenstrahlen evoziert, sondern eine irdische Kälte, die einer mystischen Erleuchtung, wie sie Marguerite du Saint-Sacrement erlebt, diametral gegenübersteht. Darüber hinaus wird die runde Form der Hostie, die in ihrer haptischen Wahrnehmung durch die Hände des Priesters evoziert wird und im katholischen Glauben den Leib Christi vergegenwärtigt, durch das Attribut der mit Schnee verglichenen weißen Farbe aufgelöst. Atala wird vom männlichen Betrachter als Heilige („sainte“) stilisiert; das deiktische

229 Ebd., S. 112.

230 François-René de Chateaubriand, *Atala – René*, S. 135.

231 Zit. nach: Jean-Pierre Albert, *Le sang et le Ciel*, S. 168.

232 Vgl. ebd., S. 169.

cette verweist dabei auf die visuelle Wahrnehmung des Frauenkörpers, der in seiner mystisch-ekstatischen Pose bildlich fixiert ist und auf ein traditionell-mystisches Formenrepertoire rekurriert. Die Verzückung der Frauenfigur geht nur mit einer scheinhaften, vom Außenbetrachter unterstellten Befreiung von den körperlichen Schmerzen, die das Gift ausgelöst hat, einher („Toutes ses douleurs *parurent* suspendues [Herv. S. W.]“). Eine Innenperspektive bleibt dem Leser verwehrt. An die Stelle einer spirituellen Gotteserfahrung rückt die sinnliche Wahrnehmung des weiblichen Körpers. Die göttliche Präsenz wird im Sinnesorgan des Mundes spürbar, das als Fetischobjekt des männlichen Betrachters gedeutet werden kann. Doch die allegorische Deutung der Eucharistie als Vereinigung mit dem Leib Christi wird unterminiert: So ist der Herr nicht im „pain mystique“ gegenwärtig, sondern unter ihm versteckt. Im Begriff des „Dieu caché“, der an den verborgenen Gott des Jansenismus erinnert, zeigt sich eine Absenz des Göttlichen. In der genauen Lokalisierung durch die Präposition *sous*, die letztlich in den Raum des Unsichtbaren führt, erfolgt auf subtile Weise eine kritische Auseinandersetzung mit dem Konzept des Deus absconditus. Wie im *Génie du christianisme* überwiegt auch in Chateaubriands Kurzroman die ästhetische Erfahrungsdimension der christlichen Religion.[233]

2.2.2 Todesmystik und Bildlichkeit

Auch Flaubert zitiert die mystische Erfahrung als Scheinerfahrung. Im Gegensatz zu Chateaubriand, der die mystische Vermählung aus der Aufsicht auf seine sterbende Titelheldin inszeniert, stellt Flaubert die mystische Scheinerfahrung aus der Innensicht seiner Protagonistin dar. Als sich Emma Bovary im Laufe einer längeren Krankheit eines Tages dem Tod nahe fühlt, bittet sie um die Kommunion. Während das körperliche Leiden im „willentlich selbstzerstörerische[n] Handeln des Abmagerns“[234] durch das Essigtrinken an früherer Stelle noch aktiv herbeigeführt wird, gilt dies nicht für die lange Krankheit. In ihren vagen, wechselnden Symptomen ist sie der Hysterie zuzuordnen, die „ein Moment des Leidens [bezeichnet], wo der Verlust des Liebesobjekts – der negierte Wunsch – sich dem Bewußtsein intensiv aufdrängt, von ihm Besitz ergreift und zu einer Art Vakanz des Bewußtseins oder der Wahrnehmung führt.“[235] Emma Bovary ist somit von einer Krankheit befallen, über die sie nicht verfügen kann, sondern die sie mehr und mehr entmächtigt, hin zu einer

---

233 Vgl. Burkhart Steinwachs, *Epochenbewusstsein und Kunsterfahrung*, S. 124–126.

234 Karin Westerwelle, „Die Darstellung nervöser Krankheit in *Madame Bovary. Mœurs de province*“, S. 381. Vgl. Gustave Flaubert, *Madame Bovary*, in: *OC III*, S. 208.

235 Karin Westerwelle, „Die Darstellung nervöser Krankheit in *Madame Bovary. Mœurs de province*“, S. 413.

fühlbaren Vernichtung ihrer eigenen Existenz. Dennoch fungiert die Krankheit, wenngleich sie passiv erlitten wird und somit in der mystischen Theologie traditionell der Kategorie der „‚purifications passives'"[236] angehört, nicht als „épreuve sanctifiante"[237]. Der Schmerz wird nur scheinbar in eine „valeur spirituelle"[238] umgewandelt. Bereits während der Vorbereitung der Sakramente im mit Dahlien geschmückten Krankenzimmer fühlt Emma, wie die Grenzen ihrer Existenz in etwas Größeres aufgehoben werden:

> [...] Emma sentait quelque chose de fort passant sur elle, qui la débarrassait de ses douleurs, de toute perception, de tout sentiment. Sa chair allégée ne pesait plus, une autre vie commençait ; il lui sembla que son être, montant vers Dieu, allait s'anéantir dans cet amour comme un encens allumé qui se dissipe en vapeur. On aspergea d'eau bénite les draps du lit ; le prêtre retira du saint ciboire la blanche hostie ; et ce fut en défaillant d'une joie céleste qu'elle avança les lèvres pour accepter le corps du Sauveur qui se présentait. Les rideaux de son alcôve se gonflaient mollement, autour d'elle, en façon de nuées, et les rayons des deux cierges brûlant sur la commode lui parurent être des gloires éblouissantes. Alors elle laissa retomber sa tête, croyant entendre dans les espaces le chant des harpes séraphiques et apercevoir en un ciel d'azur, sur un trône d'or, au milieu des saints tenant des palmes vertes, Dieu le Père tout éclatant de majesté, et qui d'un signe faisait descendre vers la terre des anges aux ailes de flamme pour l'emporter dans leurs bras.
>
> Cette vision splendide demeura dans sa mémoire comme la chose la plus belle qu'il fût possible de rêver ; si bien qu'à présent elle s'efforçait d'en ressaisir la sensation, qui continuait cependant, mais d'une manière moins exclusive et avec une douceur aussi profonde. Son âme, courbatue d'orgueil, se reposait enfin dans l'humilité chrétienne ; et, savourant le plaisir d'être faible, Emma contemplait en elle-même la destruction de sa volonté, qui devait faire aux envahissements de la grâce une large entrée. Il existait donc à la place du bonheur des félicités plus grandes, un autre amour au-dessus de tous les amours, sans intermittence ni fin, et qui s'accroîtrait éternellement ! Elle entrevit, parmi les illusions de son espoir, un état de pureté flottant au-dessus de la terre, se confondant avec le ciel, et où elle aspira d'être. Elle voulut devenir une sainte.[239]

---

236 Jean-Pierre Albert, *Le sang et le Ciel*, S. 332.

237 Ebd.

238 Ebd.

239 Gustave Flaubert, *Madame Bovary*, in: *OC III*, S. 338 f.

Die Kulisse der Kommunionsszene, in der wie bei Chateaubriand das Ritual der Hostiengabe durch den Priester dargestellt wird, ist um eine Innenvision ergänzt, die bereits vor dem Empfang der Eucharistie einsetzt. Emma spürt, wie ihre Existenz in einen metaphysischen Raum überführt wird, einen Raum der göttlichen Liebe, in dem sich ihre Subjektivität zu absorbieren scheint. An die Stelle des leidenden Körpers, dessen Empfindungen völlig ausgelöscht sind, tritt eine innere Bildlichkeit. Mit letzter Kraft streckt sich der Kopf nach oben, um die weiße Hostie und somit den Leib Christi, der sich in seiner physischen Gestalt („le corps du Sauveur") offenbart, zu empfangen. Der „Sauveur" ist als Erretter der Seele zu verstehen. Wenngleich er in seiner Körperlichkeit präsent ist, so stellt die Vermählung mit dem göttlichen Bräutigam keine erotische Erfahrung dar.[240] Die göttliche Liebe soll nicht das verlorene weltliche Liebesobjekt ersetzen, sondern zu einer anderen, höheren, unvergänglichen Liebe führen, in der das körperliche Begehren einem seelischen Wohlgefühl weicht. Die Erotik der mystischen Erfahrung, die laut Jean-Pierre Albert aus einem „[d]éplacement [...] du génital à l'alimentaire" resultiert und sich in der „jouissance orale liée à la consommation de l'eucharistie" äußert,[241] ist in Flauberts Kommunionsszene nur noch im Sinnesorgan der Lippen evoziert. In der Erinnerung an den mystischen Aufstieg, der mit einer noch näher zu analysierenden Vision des im Himmel thronenden Gottvaters einhergeht, werden Diesseits und Jenseits ins Verhältnis gesetzt. An die Stelle des körperlichen Schmerz- und Lustempfindens tritt eine bildliche Todesmystik. Das irdische, vom Schicksal bestimmte und unbeständige Glück („bonheur")[242] wird in Emmas Himmelsvision von höheren, bedingungslosen *félicités*, einer nicht definierbaren, über alle irdischen Gelüste erhabenen göttlichen Liebe ersetzt.[243] Bereits Chateaubriand stellt in einem Kapitel seines *Génie du christianisme*

---

240 Narrs Deutung, dass die Beschreibung des sich aufrichtenden, den Corpus Christi sehnsüchtig erwartenden Körpers, der schließlich auf das Kopfkissen zurücksinkt, einem Orgasmus gleicht, ist nicht haltbar. Vgl. Sabine Narr, *Die Legende als Kunstform*, S. 195 f. Emma sucht keine körperliche, sondern eine geistige Erfüllung.

241 Jean-Pierre Albert, *Le sang et le Ciel*, S. 168.

242 Vgl. Pierre Larousse, *Grand Dictionnaire universel du XIXe siècle*, Bd. II, s. v. „bonheur, s. m.", S. 964: „Évenement heureux ; bonne chance, circonstance favorable" sowie „*Avoir du bonheur*, Etre favorisé par le hasard, par les circonstances ; être secondé par la fortune".

243 „La *félicité* est le contentement de l'âme, le bonheur senti ; on peut appliquer ce mot aux élus, à peu près dans le même sens que *béatitude* [...]." Ebd., S. 965. „*Bonheur* est le terme général qui marque un état de satisfaction intérieure ou ce qui en est la cause. La *béatitude* est proprement le bonheur que Dieu donne aux élus dans le ciel ; c'est un bonheur complet, intime et exempt de toute crainte pour l'avenir." Ebd.

mit dem Titel „Désir de bonheur de l'homme" den *bonheur* der nicht näher bestimmbaren göttlichen *félicité* gegenüber.[244]

Die Vision des Aufstiegs in das ewige, grenzenlose Himmelreich entspricht einem Todeswunsch. In der mystischen Vermählung mit dem göttlichen Bräutigam strebt das Ich seine Auslöschung an. So rekurriert Emmas Wunsch, eine Heilige zu werden, auf die *unio mystica* als Form des Liebestodes.[245] Doch es ist kein aktiv herbeigeführter Liebestod, sondern ein Überwältigtwerden von der göttlichen Liebe: Die Liebe ist nicht länger als Bestätigung der *volonté* konzipiert, sondern sie bringt die Vernichtung der *volonté* und somit des Ich. Dass Emmas mystische Aspirationen auf eine Vernichtung ihres Ich abzielen, konstatierte schon Sartre: „Dévotion (et mysticisme) [...]. C'est la mort."[246] Bereits an früherer Stelle, in nostalgischer Erinnerung an die Klostererziehung, träumt Flauberts Frauenfigur davon, ihr eigenes Ich zu absorbieren:

> Elle aurait voulu, comme autrefois, être encore confondue dans la longue ligne des voiles blancs [...] ; le dimanche, à la messe, quand elle relevait sa tête, elle apercevait le doux visage de la Vierge parmi les tourbillons bleuâtres de l'encens qui montait. [...] et ce fut sans en avoir conscience qu'elle s'achemina vers l'église, disposée à n'importe quelle dévotion, pourvu qu'elle y absorbât son âme et que l'existence entière y disparût.[247]

Die Religion erscheint als Möglichkeit, die banale irdische Existenz zu überschreiten und mit den weißen, in einer geometrischen Linie angeordneten Schleiern der Nonnen, die das individuelle Innere und Äußere verhüllen, zu verschmelzen. Doch eine Auslöschung der eigenen Existenz in der Frömmigkeitspraxis kann nicht gelingen, ist doch Emma Bovarys Religiosität nicht in einer wahrhaftigen inneren Empfindung begründet, sondern in Kultobjekten, in der Marienverehrung sowie in zeremoniellen Ritualen. Der innere Glaube ist zu „n'importe quelle dévotion" verkehrt; die Religion ermöglicht nicht die Vernichtung der irdischen Existenz, sondern eine sinnlich-sentimentale Erfahrung. Das eigene Ich kann erst im Tod ausgelöscht werden.

---

244 Chateaubriand beschreibt das Streben nach einer *félicité* als „le seul qui manque de satisfaction comme d'objet". François-René de Chateaubriand, *Essai sur les révolutions. Génie du christianisme*, S. 602. Die menschliche Seele könne im gesamten Universum keine Erfüllung finden, sondern nur in der ihr entsprechenden Unendlichkeit, im *infini*, dessen Idee die Seele erst bei Gott erfahre. Vgl. ebd., S. 602 f.

245 Vgl. Thomas H. Macho, *Todesmetaphern. Zur Logik der Grenzerfahrung*, S. 270 f.

246 Jean-Paul Sartre, *Notes sur „Madame Bovary"*, S. 757.

247 Gustave Flaubert, *Madame Bovary*, in: *OC III*, S. 247.

Die Todesvision, die sich vor Emmas Augen abspielt, nachdem sie die heilige Kommunion auf dem Krankenbett empfangen hat, ist eine mystische Scheinerfahrung. Demaskiert wird neben der Bildlichkeit des Todes die Diskrepanz zwischen dem Wunsch der Vernichtung des Ich und der Bildproduktion, die durch das Subjekt erfolgt. Die Szenerie, die sich schon bei Chateaubriand in der Visualisierung des Weißen abzeichnete, ist bei Flaubert in ein künstliches Bühnendekorum gesteigert, vor dem das Todesbild in hellem Glanz erstrahlen wird: Eingerahmt von den Bettvorhängen, die sich zu einem Wolkengebilde aufbauschen, wird die Todesvision vom Kerzenschein, der wie ein Glorienschein („gloires éblouissantes") die göttliche Erscheinung verkündet, grandios in Szene gesetzt. In Emmas Kopf, mit dessen Zurücksinken auf das Kissen die körperlichen Bewegungen und Empfindungen endgültig zum Erliegen gebracht werden, zeichnet sich eine visuell und akustisch wahrnehmbare himmlische Thronvision ab:

> Alors elle laissa retomber sa tête, croyant entendre dans les espaces le chant des harpes séraphiques et apercevoir en un ciel d'azur, sur un trône d'or, au milieu des saints tenant des palmes vertes, Dieu le Père tout éclatant de majesté, et qui d'un signe faisait descendre vers la terre des anges aux ailes de flamme pour l'emporter dans leurs bras.[248]

In Emmas Vorstellungskraft findet eine Bildproduktion statt, die in einem Widerspruch zum Wunsch der Vernichtung ihres Subjekts steht. Das Bild des hell erleuchteten Gottvaters, der auf einem goldenen Thron, von Heiligen und Engeln umgeben, im Himmel schwebt, mutet wie eine verkitschte mittelalterliche Darstellung einer prophetischen Vision an. Himmel und Erde sind topographisch getrennt. Die Innenvision ist in bunten Farben ausgemalt, die in ähnlicher Weise wie die Harfen, der Thron, die Palmen und die Flammenflügel symbolisch gedeutet werden können. Es handelt sich um christliche Symbole der Apokalypse. Die prophetischen Visionen des Johannes, zu denen die des Jüngsten Gerichts zählt,[249] setzen ein mit der Vision vom thronenden Gott im Himmel:

---

248 Ebd., S. 338 f.

249 In der christlichen Kunst des Hoch- und Spätmittelalters waren Darstellungen des Jüngsten Gerichts weit verbreitet. Vgl. Sabine Poeschel, *Handbuch der Ikonographie. Sakrale und profane Themen der bildenden Kunst*, s. v. „Die Offenbarung des Johannes (Apokalypse)", S. 205. Auf zahlreichen Portalskulpturen ist das Weltgericht plastisch dargestellt und in Registern angeordnet. Im oberen Register sitzt Christus als Richter; unter ihm befinden sich die Seligen und Verdammten. Die Arma Christi werden von Engeln gehalten. Vgl. ebd., S. 206 f.

> Alsbald wurde ich vom Geist ergriffen. Und siehe, ein Thron stand im Himmel und auf dem Thron saß einer. Und der da saß, war anzusehen wie der Stein Jaspis und Sarder; und ein Regenbogen war um den Thron, anzusehen wie ein Smaragd. Und um den Thron waren vierundzwanzig Throne und auf den Thronen saßen vierundzwanzig Älteste, mit weißen Kleidern angetan, und hatten auf ihren Häuptern goldene Kronen.
>
> Und von dem Thron gingen aus Blitze, Stimmen und Donner; und sieben Fackeln mit Feuer brannten vor dem Thron, das sind die sieben Geister Gottes. Und vor dem Thron war es wie ein gläsernes Meer, gleich dem Kristall, und in der Mitte am Thron und um den Thron vier himmlische Gestalten, voller Augen vorn und hinten. Und die erste Gestalt war gleich einem Löwen, und die zweite Gestalt war gleich einem Stier, und die dritte Gestalt hatte ein Antlitz wie ein Mensch, und die vierte Gestalt war gleich einem fliegenden Adler. Und eine jede der vier Gestalten hatte sechs Flügel, und sie waren außen und innen voller Augen, und sie hatten keine Ruhe Tag und Nacht und sprachen: Heilig, heilig, heilig ist Gott der Herr, der Allmächtige, der da war und der da ist und der da kommt.[250]

In Emmas Vision werden nur einige Motive der Offenbarung des Johannes übernommen. Hervor sticht der Thron als „Zentralbild in der Apokalypse“[251], der in seiner goldenen Farbe die „göttliche Herrlichkeit“[252] symbolisiert. Auch die Palmen sind in ihrer grünen Farbe hervorgehoben. Die Palmzweige, die in der Apokalypse erst in der Vision des vom Lamm geöffneten Buches mit den sieben Siegeln auftauchen und von einer großen Schar aus allen Völkern getragen werden,[253] sind Zeichen „königlicher Majestät“[254]. In Emmas Vision erinnern sie als Attribut der Heiligen jedoch vielmehr an Märtyrerpalmen. So hält die Heilige Katharina von Alexandrien als Symbol ihres grausamen Martyriums auf zahlreichen künstlerischen Darstellungen einen Palmzweig in der Hand.[255] Neben den Palmen ist auch der Himmel durch seine Farbgebung

250 Offb 4, 2–8, zit. nach *Luther Bibel 1984* (online).

251 Heinrich Langenberg, *Die prophetische Bildsprache der Apokalypse. Erklärung sämtlicher Bilder der Offenbarung*, S. 122.

252 Ebd., S. 109. Das Endgericht findet schließlich vor einem großen weißen Thron statt, der die „absolute Heiligkeit Gottes, des Richters“ versinnbildlicht. Ebd., S. 123.

253 Vgl. Offb 7, 9.

254 Heinrich Langenberg, *Die prophetische Bildsprache der Apokalypse. Erklärung sämtlicher Bilder der Offenbarung*, S. 36.

255 Vgl. z. B. das Ölgemälde *Die heilige Katharina mit ihrem Attribut und der Märtyrerpalme* (ca. 1700), das Giuseppe Marchesi zugeschrieben wird (http://www.artnet.com/artists/giuseppe-marchesi/die-heilige-katharina-mit-ihrem-attribut-und-der-07JFOz2SO5X7

visualisiert. Das Adjektiv *azur* verweist ursprünglich auf das Mineral, das der Künstler verwendet, um Flächen und Gegenstände in einem leuchtenden Blauton einzufärben.[256] In der Dichtkunst dient der Begriff vor allem der Beschreibung von Himmel und Meer.[257] Im „ciel d'azur" ist der apokalyptische Himmelsozean evoziert, das einem Kristall gleichende „gläserne[] Meer", das in bildlichen Darstellungen der Thronvision unterschiedlich realisiert wird.[258] Auch das Bild des in Herrlichkeit erstrahlenden Himmelskönigs („Dieu le père tout éclatant de majesté") rekurriert auf ein traditionelles christliches Motiv, das in der mittelalterlichen Kunst, insbesondere in Darstellungen der prophetischen Vision des Johannes, weit verbreitet ist: das Motiv der Majestas Domini, des *Christ en gloire/en majesté*, den bereits die „gloires éblouissantes" ankündigen.[259] Die Erscheinung des Gottvaters steht im Zentrum von Emmas Vision. Der Azurhimmel, der goldene Thron und die Heiligen mit den grünen Palmzweigen bilden das farbenprächtige Bühnendekorum, vor dem der göttliche Retter in hellem Glanz erstrahlt. Im hypotaktischen Satzbau werden zunächst die Kulisse und die Requisiten der Thronvision langsam ausgestaltet, bevor Gott als Hauptdarsteller auftritt. In Emmas Vorstellungskraft zeichnet sich kein statisches, sondern ein bewegtes Bild ab, wird doch Gott zum Akteur, der seine Engel durch ein (Hand?)Zeichen zur Erde schickt. In jenem finalen, mit *et* eingeleiteten Tableau kulminiert und endet Emmas Vision.

Auch in der hebräischen Bibel finden sich Visionen eines himmlischen Thronrates, von denen die Propheten Jesaja, Ezechiel und Micha ben Jimla berichten.[260] Den Thronvisionen folgt jeweils ein Auftrag, der den Propheten durch die Engel als Boten des Herrn übermittelt wird.[261] In allen Visionen des

-OO4bYTuug2 [01.04.2018]), oder Dante Gabriel Rossettis Ölgemälde *St Catherine* (1857), das einen mittelalterlichen Künstler zeigt, vor dem ein weibliches als Heilige Katharina verkleidetes Modell posiert, das mit einem mit Blumen geschmückten Rad als Folterwerkzeug des Martyriums der Heiligen sowie einem Palmzweig ausstaffiert ist. Das Gemälde befindet sich im Tate-Museum in London.

256 Vgl. Pierre Larousse, *Grand Dictionnaire universel du XIXe siècle*, Bd. I, s. v. „azur, s. m.", S. 1113: „Minéral dont on fait un bleu fort, beau et de très-grand prix [...]."

257 Vgl. ebd., S. 1113: „Poét. Couleur de la nuance de l'azur ou de toute autre nuance d'un beau bleu : *L'AZUR du ciel, des cieux. L'AZUR des mers.*" Insbesondere der klare wolkenfreie Himmel wird mit dem Begriff des *azur* bezeichnet. Vgl. ebd., S. 1114.

258 Während einige Darstellungen der Thronvision bläulich eingefärbte Hintergrundelemente aufweisen, zeigen zwei Bilder der Hamburger Apokalypse einen großen Taufkessel als Sinnbild des Himmelsozeans. Vgl. Gertrud Schiller, *Ikonographie der christlichen Kunst*, Bd. V: *Die Apokalypse des Johannes. Bildteil*, S. 33.

259 Vgl. ebd., S. 29, S. 33.

260 Vgl. Johann Ev. Hafner, *Angelologie*, S. 227.

261 Vgl. ebd., S. 230 f.

thronenden Gottes stechen die Figuren der Engel hervor. Die vier himmlischen, allsehenden und mit sechs Flügeln ausgestatteten Wesen, die den Thron in der Vision des Johannes umgeben, werden traditionell als Evangelistensymbole (Löwe, Stier, Mensch, Adler) gedeutet.[262] In der Darstellung des Propheten Ezechiel sind die engelhaften Wesen als Cherubim ausgewiesen.[263] Der Prophet Jesaja erblickt Seraphim, die über dem himmlischen Thron schweben.[264]

Die „anges aux ailes de flamme", die in Emmas Vision zur Erde gesandt werden, können mit den Seraphim identifiziert werden. Die antiquierte Engeldarstellung, die in Emmas Vorstellung mobilisiert wird, erlebt in der romantischen Kunst des 19. Jahrhunderts eine Renaissance. Seraphim und Erzengel sind beispielsweise auf Gemälden von Félix Trézel, einem Schüler von Prud'hon, Girodet oder Bernard Gaillot abgebildet.[265] Die Seraphim werden bereits im Gesang der „harpes séraphiques" evoziert. Ein unverkennbares Attribut jener Engel sind ihre Flammenflügel. Die Seraphim besitzen traditionell drei Flügelpaare, die in bildlichen Darstellungen häufig rot eingefärbt sind.[266] In mehreren mittelalterlichen bildlichen Darstellungen der Apokalypse lassen sich einige jener Engel, die den Thron umgeben oder tragen, als Seraphim

262 Vgl. Gertrud Schiller, *Ikonographie der christlichen Kunst*, Bd. V: *Die Apokalypse des Johannes. Bildteil*, S. 25.

263 Vgl. Heinrich Langenberg, *Die prophetische Bildsprache der Apokalypse. Erklärung sämtlicher Bilder der Offenbarung*, S. 39 bzw. Hes 10, 1–22 und Hes 1,1–28.

264 „In dem Jahr, als der König Usija starb, sah ich den Herrn sitzen auf einem hohen und erhabenen Thron und sein Saum füllte den Tempel. Serafim standen über ihm; ein jeder hatte sechs Flügel: Mit zweien deckten sie ihr Antlitz, mit zweien deckten sie ihre Füße und mit zweien flogen sie. Und einer rief zum andern und sprach: *Heilig, heilig, heilig ist der HERR Zebaoth, alle Lande sind seiner Ehre voll!* Und die Schwellen bebten von der Stimme ihres Rufens und das Haus ward voll Rauch. Da sprach ich: Weh mir, ich vergehe! Denn ich bin unreiner Lippen und wohne unter einem Volk von unreinen Lippen; denn ich habe den König, den HERRN Zebaoth, gesehen mit meinen Augen. Da flog einer der Serafim zu mir und hatte eine glühende Kohle in der Hand, die er mit der Zange vom Altar nahm, und rührte meinen Mund an und sprach: Siehe, hiermit sind deine Lippen berührt, dass deine Schuld von dir genommen werde und deine Sünde gesühnt sei." Jes 6, 1–7, zit. nach *Luther Bibel 1984* (online). Zu bildlichen Darstellungen der Vision des Jesaja vgl. Sabine Poeschel, *Handbuch der Ikonographie. Sakrale und profane Themen der bildenden Kunst*, s. v. „Jesaja", S. 103.

265 Vgl. Bruno Foucart, *Le renouveau de la peinture religieuse en France (1800–1860)*, S. 242. Die Engeldarstellungen jener „artistes tardo-néo-classiques" (ebd.) gehen den präraffaelitischen Engeln voraus, die von etwa 1830 bis 1840 von Alaux und Amaury-Duval gemalt werden. Vgl. ebd.

266 Vgl. Rosa Giorgi, *Angels and Demons in Art*, S. 301.

identifizieren.[267] Sie treten nicht nur in den Visionen biblischer Propheten auf. Ein Seraph erscheint auch Franz von Assisi auf dem Berg La Verna, um ihm die Wundmale des Gekreuzigten zu übertragen.[268] Die Szene der Stigmatisierung ist auf zahlreichen mittelalterlichen Tafeln und Altarbildern abgebildet.[269] In einem berühmten Ordnungsmodell der Himmelwesen, das auf Pseudo-Dionysius zurückgeht, sind die neun Chöre der Engel hierarchisch geordnet. Die Seraphim sind an höchster Stelle vor bzw. bei Gott angeordnet. Ihre Attribute sind die Flamme, das brennende Herz und die Harfe.[270] Die Erkenntnis, die von den Cherubim personifiziert wird, überschreiten die Seraphim „zur überschwänglichen Liebe"[271]. Während die Engel in der Apokalypse häufig mit den Cherubim identifiziert werden, die in der Vision des Ezechiel flammende Fackeln hin- und herschießen,[272] die möglicherweise den Zorn Gottes symbolisieren,[273] sind die flammenden Flügel der Seraphim Zeichen einer „glühenden Liebe"[274].

Die Seraphim, die Emma in ihrer Todesvision akustisch im Harfengesang und visuell in den Flammenflügeln wahrnimmt, sollen in ihr die ewige Liebe erwecken („un amour au-dessus de tous les amours"), die sich erst im Tod erfüllen kann. Als himmlische Boten senden sie die brennende göttliche Liebe zur

---

267 So zeigt eine Illustration aus dem Beatuskommentar (um 1100) zwei explizit als Cherub und Seraph benannte Engel, die den nicht bildlich, sondern nur durch das Wort ‚thronum' dargestellten Thron tragen. Mit zwei weiteren Engeln stützen sie den Himmelskreis. Vgl. Gertrud Schiller, *Ikonographie der christlichen Kunst*, Bd. V: *Die Apokalypse des Johannes. Bildteil*, S. 28. Die Illustration ist im Bildteil abgedruckt. Vgl. ebd., S. 268, Abb. 71.

268 Vgl. Sabine Poeschel, *Handbuch der Ikonographie. Sakrale und profane Themen der bildenden Kunst*, s. v. „Franziskus von Assisi", S. 236. Wie sein Biograph Bonaventura berichtet, erschien dem schwer kranken und beinahe erblindeten Franz von Assisi auch in Rieti ein Engel. Er schwebt eines Nachts in das Zimmer des Kranken und tröstet ihn, indem er Gitarre spielt. Francisco Ribaltas Ölgemälde *San Francisco confortado por un ángel músico* (um 1620) stellt die nächtliche Szene dar (Museo del Prado, Madrid). Vgl. ebd., S. 237.

269 Vgl. ebd., S. 236. Berühmt ist Giottos Tafelbild *Stigmate di san Francesco* (ca. 1295–1300). Es befindet sich im Louvre und ist Teil eines Retabels, das vier Szenen aus dem Leben des Heiligen präsentiert.

270 Vgl. Johann Ev. Hafner, *Angelologie*, S. 128 f.

271 Ebd., S. 128. Hafner bezieht sich aus Thomas von Aquins *Summa theologica*.

272 „Und in der Mitte zwischen den Gestalten sah es aus, wie wenn feurige Kohlen brennen, und wie Fackeln, die zwischen den Gestalten hin und her fuhren. Das Feuer leuchtete und aus dem Feuer kamen Blitze." Hes 1, 13, zit. nach *Luther Bibel 1984* (online).

273 Vgl. Heinrich Langenberg, *Die prophetische Bildsprache der Apokalypse. Erklärung sämtlicher Bilder der Offenbarung*, S. 105.

274 Rosa Giorgi, *Angels and Demons in Art*, S. 301.

Erde, die mit einer Zerstörung der *volonté* einhergeht.[275] Nur um den Preis der Vernichtung des Ich kann die göttliche Liebe empfangen werden. Die Flammenflügel erinnern an die Darstellungen Amors als Todesgott, so wie ihn die geflügelten Grabfiguren mit ihrer umgekehrten Fackel, die zahlreiche römische Sarkophage verzieren, allegorisch repräsentieren.[276] In den flammenden Flügeln sind Thanatos und Eros vereint.

Der rettenden Liebesflamme, nach der sich Emma in ihrer Todesvision sehnt, steht jene verhängnisvolle Liebesflamme gegenüber, die Phèdre durch die Göttin Venus auferlegt wurde: „Le ciel mit dans mon sein une flamme funeste"[277]. Das weltliche Begehren erscheint als passiv erlittene Liebeskrankheit und ist insofern mit dem religiösen Begehren der Mystikerin verwandt: So bezeichnet die Karmeliterin Élisabeth de la Trinité (1880–1906), deren junger, schöner und zugleich stark geschwächter Körper in Folge einer wohl durch die Tuberkulose ausgelösten Nierenkrankheit dahingerafft wird,[278] Gott, der ihr die Krankheit auferlegt habe,[279] als „feu consumant"[280]. Das göttliche Feuer wird den weiblichen Körper, der sich bereits früh durch eine „anorexie forcée"[281] – die Substitution der Nahrung durch die Eucharistie – an der Grenze des fleischlichen Seins befindet und sich in Symptomen von Fieber und Durst in den letzten Tagen schließlich als „être en feu"[282] präsentiert, verbrennen. Im Gegensatz zu den Mystikerinnen verspürt Emma keinen Schmerz. In ihrer Erinnerung an die Todesvision ist von einer „douceur [...] profonde" die Rede.

---

275 Narrs These, dass die flammenden Flügel auf „die schmelzenden Wachsflügel des abstürzenden, hochmütigen Ikarus" anspielen könnten, ist nicht haltbar. Sabine Narr, *Die Legende als Kunstform*, S. 195. Eine derartige Deutung ließe den Tod Emma Bovarys im auf das Sterbebett zurückfallenden, eine Sturzbewegung nachahmenden Körper als Strafe für die Sünderin erscheinen. Zwar wäre eine solche Interpretation sowohl der Verteidigungsrede des Jules Senard im Immoralismusprozess als auch einigen Flaubertforschern sicherlich zuträglich, doch als Strafe ist der Tod Emma Bovarys nicht konzipiert. Er versinnbildlicht vielmehr den Fall der romantischen Maske, die rhetorische Auslöschung der romantischen Vorbilder, deren Rede an zahlreichen Stellen des Romans bereits durch die Erzählerinstanz ironisch gebrochen wird.

276 Vgl. Edgar Wind, „Amor als Todesgott", S. 183.

277 Jean Racine, *Phèdre*, V, 7, V. 1625, S. 160. Vgl. auch Phèdres *aveu* gegenüber Œnone: „Je reconnus Vénus et ses feux redoutables". Ebd., I, 3, V. 277, S. 38.

278 Vgl. Dominique-Marie Dauzet, *La mystique bien tempérée. Écriture féminine de l'expérience spirituelle* (*XIX*^e^ *– XX*^e^ *siècle*), S. 67–69.

279 Vgl. ebd., S. 73.

280 Elisabeth de la Trinité, *Souvenirs*, S. 245, zit. nach: Dominique-Marie Dauzet, *La mystique bien tempérée. Écriture féminine de l'expérience spirituelle* (*XIX*^e^ *– XX*^e^ *siècle*), S. 79.

281 Ebd., S. 76.

282 Ebd., S. 79.

Die süße Wahrnehmung konterkariert den von Gott auferlegten Schmerz, der den Körper der Mystikerin vor ihrer Vermählung mit dem himmlischen Bräutigam befällt.

Emmas Todesvision transportiert die Bildlichkeit der mystischen Erfahrung. Der *unio mystica* geht eine innere Schau von Bildern voraus.[283] Die Bilder, die Emma im Angesicht des Todes produziert, speisen sich aus einem bestehenden christlichen Bildinventar. Die obsolet gewordenen mittelalterlichen Bildmotive, die Emma mobilisiert, werden durch ihre Vorstellungskraft in ein farbenprächtiges Todesbild zusammengefügt, das die Errettung ihrer leidenden Seele in Aussicht stellt. Geht die mystische Erfahrung immer mit einer Bildproduktion einher? Inwieweit rekurriert sie auf bereits bestehende Bilder? Die enge Verbindung von Mystik und Bildandacht im späten Mittelalter hat bereits Belting herausgearbeitet. So dienen Andachtsbilder nicht nur der Frömmigkeitspraxis von Laien, sondern sie können ebenso als erste Stufe der mys-tischen Übung eingesetzt werden.[284] Als zweite Stufe folgt die „Eigenproduktion innerer Bilder", bevor sich die Mystik in der „Ausschaltung der Sinnenwelt und der bildlosen Gottesschau der Seele" vollendet.[285] Diese letzte Stufe entspricht der „ekstatischen Selbstaufgabe" und führt zur „‚mystische[n] Union'".[286] Als Ideal der Bildandacht, die immer dialogisch ist, fungieren die Visionen der Heiligen:

> Die Heiligen empfangen die Visionen oft vor den Bildern selbst, und sie versichern ausdrücklich, daß sie von den Bildern her all das wiedererkennen, was ihnen in der Vision erschienen ist. Die himmlischen Personen haben zu ihrer Überraschung eben die Gestalt, die ihnen von den Bildern her bekannt ist.[287]

---

283 Zum Spannungsverhältnis von mystischer Erfahrung und Bildproduktion vgl. Susanne Köbele, *Bilder der unbegriffenen Wahrheit. Zur Struktur mystischer Rede im Spannungsfeld von Latein und Volkssprache*, S. 9: „Wenn Mystik – nach einem Minimalkonsens – nichts anderes heißt als Vereinigung mit dem Einen, andererseits Bildlichkeit mit der Relation von Bild und Bedeutung ein prinzipielles Differenzphänomen ist, müßte diese, wo sie die Einheit und absolute Relationslosigkeit intendiert, notwendig ihre relationierenden Grenzen verlieren. Ein statisches Verhältnis von Bild und Bedeutung, von Bild und Begriff müßte gesprengt erscheinen."

284 Vgl. Hans Belting, *Bild und Kult. Eine Geschichte des Bildes vor dem Zeitalter der Kunst*, S. 459.

285 Ebd.

286 Ebd.

287 Ebd., S. 460. Die innere Bildproduktion vor den Andachtsbildern entspricht der zweiten Stufe der mystischen Übung, für die Belting ein anschauliches Beispiel nennt: „Die Mittelstufe [des mystischen Weges, S. W.] der Andacht oder Meditation ist durch zwei Bilder vertreten, in denen sich die *Bild*erfahrung von der *mystischen* Erfahrung trennt. Die

Es ist denkbar, dass auch Emma in ihrer Todesvision Andachtsbilder aus ihrer Klosterzeit wiedererkennt. Tatsächlich bedient sie sich in ihrer Erinnerung an die „vision splendide", die im *discours indirect libre* wiedergegeben wird, christlicher Deutungsmethoden, um dem Todesbild einen Sinn zuzuschreiben. Doch letztlich wird die Todesvision als illusionäre Hoffnung entlarvt.[288] Das Ich, das seine völlige Vernichtung anstrebt, schöpft ein künstlerisches Bühnentableau, vor dem sich eine sinnlich erfassbare göttliche Himmelsvision abspielt. Erst in Emmas Todesagonie am Ende des Romans wird der farbenprächtigen himmlischen Kulisse ein dunkler Abgrund entgegengestellt, in dem sich die sinnliche Bildproduktion erschöpft. Die scheinhafte Todesmystik weicht der völligen Auslöschung der Sinne.

In Chateaubriands *Atala* bleibt dem Leser eine mögliche Todesvision der Titelheldin verborgen. Stattdessen wird der männliche Außenbetrachter Chactas am Sterbebett seiner Geliebten von einer Epiphanie überwältigt.[289] Nach der Anrufung Gottes durch den Priester zwingt eine „force naturelle"[290] den Erzähler in die Knie. Die Grotte, in der sich das Sterbebett der Atala befindet, ist plötzlich hell erleuchtet; Engelstimmen und himmlische Harfen erklingen, bis Chactas schließlich Gott selbst zu sehen glaubt.[291] Während die Himmelsvision bei Chateaubriand im Außenraum visuell und akustisch wahrnehmbar ist, stellt sie sich bei Flaubert als inneres Vorstellungsbild dar. Die interne Fokalisierung offenbart die Todesvision als scheinhaft. So verweist bereits die Konstruktion des „croyant entendre" auf die Vorstellungskraft des Subjekts, das sich sein Todesbild selbst kreiert. Ihr ist Chactas' allgemeingültige Aussage „on entendit" gegenübergestellt. Erst in der Kommunionsszene kann der Leser die

Nonne kniet zuerst vor einem plastischen Andachtsbild der Marienkrönung und wirft sich im nächsten Bild vor der Vision des Passionschristus zu Boden. Dieser erscheint im Wolkenkranz und redet sie an [...]. Das plastische Bild steht fest auf dem Altar, während das Visionsbild darüber schwebt." Ebd., S. 462.

288 „Elle entrevit, parmi les illusions de son espoir, un état de pureté flottant au-dessus de la terre [...]." Gustave Flaubert, *Madame Bovary*, in: *OC III*, S. 339.

289 Zur Epiphanieszene kurz vor dem Tod der Atala, in der Chateaubriand die göttliche Allmacht verklärt, vgl. Rainer Zaiser, *Die Epiphanie in der französischen Literatur*, S. 163 f.

290 François-René de Chateaubriand, *Atala – René*, S. 134.

291 „À peine a-t-il prononcé ces mots, qu'une force surnaturelle me contraint de tomber à genoux, et m'incline la tête au pied du lit d'Atala. Le prêtre ouvre un lieu secret où était renfermée une urne d'or, couverte d'un voile de soie ; il se prosterne et adore profondément. La grotte parut soudain illuminée ; on entendit dans les airs les paroles des anges et les frémissements des harpes célestes ; et lorsque le Solitaire tira le vase sacré de son tabernacle, je crus voir Dieu lui-même sortir du flanc de la montagne." Ebd., S. 134 f.

Scheinhaftigkeit der mystischen Erfahrung, der eine inszenierte Bildlichkeit zugrunde liegt, aufdecken.

Die Todesvisionen auf dem Krankenbett folgen einer langen Tradition. Sie sind fester Bestandteil der sentimentalen, zumeist christlich stilisierten ‚Todesbettszenen' der romantischen und empfindsamen Literatur. Besonders in der englischen und amerikanischen Literatur des 18. und 19. Jahrhunderts nehmen ebenjene *deathbed scenes* – so die geläufige Bezeichnung – eine zentrale Stellung ein. Berühmt für ihre Todesbettszenen sind zwei englische ‚Verführungsromane' (*seduction novels*): In Samuel Richardsons Briefroman *Clarissa, or The History of a Young Lady* (1748) wird die tugendhafte Clarissa Harlowe von ihrer Familie zur Heirat mit einem wohlhabenden Mann gezwungen. Der Libertin Robert Lovelace verführt sie zur gemeinsamen Flucht, um sie in der Folge gefangen zu halten, zu vergewaltigen und zur Heirat zu drängen. Clarissa kann nach mehreren Versuchen entkommen, sieht sich nunmehr entehrt und sehnt ihren Tod herbei. Sie lässt ihren Körper bereitwillig dahinschwinden und stirbt – durch die verweigerte Nahrungsaufnahme völlig geschwächt und ausgezehrt, aber in seelenruhiger Erwartung eines jenseitigen Himmelreichs –, nachdem sie sich von ihren Liebsten auf dem Sterbebett sowie in zahlreichen Briefen verabschiedet hat. Ihr Tod dient der moralischen Läuterung der zu Tränen gerührten empfindsamen Leserschaft. Trotz des Sündenfalls durch die Vergewaltigung wird Clarissa auf ihrem Sterbebett als tugendhafte Heldin stilisiert.[292] Auch Susanna Rowsons Verführungsroman *Charlotte Temple* endet in einer sentimentalen Sterbebettszene.[293] Eine weitere berühmte *deathbed scene* der amerikanischen Literatur, die im Hinblick auf Flauberts Rezeption nicht unerwähnt bleiben darf, ist jene der Evangeline St. Clare, der ‚Little Eva', in Harriet Beecher Stowes 1852 publiziertem Roman *Uncle Tom's Cabin*. Der Tod des jungen Mädchens ist als christliches Entschlafen stilisiert. In ihrem

---

292 Die gemeinhin positive Deutung der verführten Frauenfigur versucht sich Flauberts Verteidiger Jules Senard im Immoralismusprozess zunutze zu machen, indem er Emma zu einer modernen Clarissa stilisiert: „Je vous prierai, encore, d'avoir la bonté de relire les détails de la chute de Clarissa Harlowe que je ne sache pas avoir été décrite dans un mauvais livre. M. Flaubert a substitué Rodolphe à Lovelace, et Emma à Clarisse. Vous comparerez les deux auteurs et les deux ouvrages ; et vous apprécierez." *Procès. Plaidoirie du défenseur Me Senard*, in: *OC III*, S. 506 f.

293 In Rowsons Roman, der 1791 zunächst in England und 1794 in Amerika unter dem Titel *Charlotte. A Tale of Truth* erschien, verführt der britische Lieutenant Montraville die fünfzehnjährige Titelheldin. Er entführt sie nach Amerika, wo er sie schwanger und krank verlässt. Kurz nach der Geburt ihrer Tochter verstirbt Charlotte. Auf dem Sterbebett bittet sie ihren Vater, sich um das Kind zu kümmern, bevor sie schließlich auf ihr Kissen zurücksinkt und in freudiger Erwartung den Blick gen Himmel richtet.

herzlichen, von Liebe erfüllten Umgang mit den Sklaven der Familie – unter denen sich Uncle Tom befindet, der das Mädchen auf einer Schifffahrt nach New Orleans vor dem Ertrinken gerettet hat und daraufhin von den St. Clares gekauft wurde – erscheint Little Eva als engelsgleiches Wesen. Auf dem Sterbebett verteilt sie Haarsträhnen an die Sklaven und fordert sie auf, Christen zu werden, sodass sie sich im Himmel wiedersehen können. Stowes Inszenierung des jungen Mädchens als Heilige im Tod stößt auf Flauberts Unverständnis: „La mort de la jeune Saint-Clair est celle d'une sainte. Pourquoi cela ? Je pleurerais plus si c'était un enfant ordinaire."[294] Neben der literarischen Darstellung existieren zahlreiche Kompendien bzw. Anthologien, die häufig von Geistlichen verfasst wurden und neben vorbildhaft christlichen auch der abschreckenden Läuterung dienende unchristliche Todesbettszenen versammeln.[295]

Im Gegensatz zu ihren literarischen Vorbildern wird Emma Bovary ihr Krankenbett vor dem Tod noch einmal verlassen. Die mystische Todeserfahrung ist eine Scheinerfahrung, die sich in Emmas Imagination abspielt. Wenngleich Emmas Vision auf stereotype christliche sowie romantisch-sentimentale Modelle rekurriert, so ist sie doch nicht als lächerliche Träumerei abzutun. Sie illustriert neben Emmas Imaginationspotential den unerhörten Wunsch nach der eigenen Überhöhung, der Überschreitung der weltlichen Existenz, die nur in der eigenen Vernichtung erreicht werden kann.

2.2.3 Unheimlich-erhabene Todesbilder. Emma im *clair de lune*

In einer gewissen Nähe zu den Mystikerinnen, die nicht selten am Ende ihres Lebens als vergeistigte Frauenfiguren erscheinen, deren fleischliche Hülle dahinschwindet, steht der Typus der *femme fragile*. Die Ausformungen der ätherisch zarten, kränklichen Frauengestalten, die in der Literatur und der Malerei des 19. Jahrhunderts allgegenwärtig sind, reichen von der schwindsüchtigen Kurtisane Marguerite Gautier über die vergeistigten, morbiden Untoten Edgar Allan Poes bis hin zu den entrückt anmutenden, übersinnlichen Schönheiten der Präraffaeliten.[296] Im zerbrechlichen, häufig ausgezehrten Körper, in der

294 Gustave Flaubert, Brief an Louise Colet vom 9. Dezember 1852, *Corr. II*, S. 203 f.

295 Beispielhaft genannt seien Erskine Neales *The Closing Scene: or, Christianity and Infidelity Contrasted in the Last Hours of Remarkable Persons* (London, 1848–1849; Philadelphia, 1850), Osmon C. Bakers *The Last Witness; or, The Dying Sayings of Eminent Christians and of Noted Infidels* (Boston, 1851) sowie Davis W. Clarks *Death-Bed Scenes; or, Dying with and without Religion: Designed to Illustrate the Truth and Power of Christianity* (New York, 1851). Vgl. Karl S. Guthke, *Last Words: Variations on a Theme in Cultural History*, S. 124.

296 Vgl. Ariane Thomalla, *Die* femme fragile. *Ein literarischer Frauentypus der Jahrhundertwende*, S. 18–30.

blassen, durchscheinenden Haut ist die *femme fragile* trotz ihres gemeinhin jungen Alters vom Tode gezeichnet: Dumas' Kameliendame wird von ihrer Krankheit ebenso dahingerafft wie etwa Poes Ligeia, die in der zweiten Ehefrau des Erzählers reinkarniert wird; Poes Eleonora „had been made perfect in loveliness only to die"[297]; Millais' blumengeschmückte Ophelia treibt leblos auf dem Wasser und Rossettis Beatrice richtet ihren Kopf – wie in Erwartung ihres bevorstehenden Todes – verklärt gen Himmel.[298]

Die ‚körperlichen Symptome' der *femme fragile* – genauer: der Schwindsüchtigen – lassen sich im Verlauf des Romans an Emma Bovary beobachten. Als Emma ihr monotones provinzbürgerliches Dasein nicht länger erträgt, sie von ihrem *ennui* regelrecht erdrückt wird und für ihren mittelmäßigen Ehemann nur noch Abneigung und Scham empfindet, beginnt sie, ihren Körper willentlich auszuzehren. Sie trinkt Essig, um abzumagern, zieht sich in der Folge einen trockenen Husten zu und verliert jeglichen Appetit.[299] Die Symptome der Schwindsucht werden von Emma im Abmagern und der damit einhergehenden Schwächung des Körpers bewusst herbeigeführt. Tatsächlich heißt es in medizinischen Traktaten, dass gerade sehr schlanke Personen jungen Alters, die einen langen Hals, flache Brüste, hervorstehende Schulterblätter, eine schmale Taille und helle Haut aufweisen, für eine Schwindsucht prädestiniert seien.[300] Besonders in der Viktorianischen Medizin gelten ebenjene Personen

297 Zit. nach: ebd., S. 41. In ihrer kindlichen Schönheit steht Eleonora in der romantischen Tradition der „Ephemeriden", „der Geschöpfe, die zu schön und zu vollkommen sind, um leben zu dürfen." Ebd.

298 Bei den englischen Präraffaeliten herrscht ein regelrechter „Kult der toten, madonnenhaften und kindlichen Geliebten", für die laut Thomalla sowohl Dantes Liebe zur früh verstorbenen Beatrice als auch der Marienkult der spätmittelalterlichen italienischen sowie altdeutschen Kunst modellbildend waren. Ebd., S. 19. Modell für Millais' *Ophelia* (1852) stand die 1862 verstorbene Elizabeth Siddal. Auch auf dem Ölgemälde *Beata Beatrix* (ca. 1864–1870) ihres Ehegatten Rossetti ist Siddal (posthum) porträtiert. Zum Mythos um diese präraffaelitische Muse, die sich, von einer Krankheit geschwächt, stets an der Grenze zwischen Leben und Tod befand und als ätherische Frauenfigur idealisiert wurde, vgl. Elisabeth Bronfen, *Over Her Dead Body. Death, Femininity and the Aesthetic*, S. 168–178. Elizabeth Siddal starb 1862 an einer Überdosis Laudanum.

299 Vgl. Gustave Flaubert, *Madame Bovary*, in: *OC III*, S. 208.

300 Vgl. Basil Meyer, „Till Death Do Us Part: The Consumptive Victorian Heroine in Popular Romantic Fiction", S. 289; William Buchan, *Domestic Medicine: Or, A Treatise on the Prevention and Cure of Diseases by Regimen and Simple Medicines*, S. 214. Eine französische Übersetzung des medizinischen Traktats des schottischen Arztes Buchan (1729–1805) konsultierte Flaubert während der Abfassung seines letzten Romans *Bouvard et Pécuchet* (d. h. 1872–1880, möglicherweise bereits vorher). Vgl. *Les dossiers de Bouvard et Pécuchet*, http://www.dossiers-flaubert.fr/b-444-1 (07.03.2015).

als „of a sanguine temperament, highly intelligent, sensitive, passionate, and artistic or imaginative“[301]. Die Schwindsucht wird als romantische Krankheit *par excellence* betrachtet: So führe die physische Auszehrung, die sowohl im deutschen Begriff der Schwindsucht als auch in der englischen Bezeichnung *consumption* bzw. der französischen *consomption* (auch: *phtisie*) bildlich erfasst wird, zu einer Beflügelung des kreativen und leidenschaftlichen Geistes. Dies gilt insbesondere für männliche Patienten, unter denen der Dichter John Keats, der kurz vor seinem Tod eine bedeutsame Schaffensphase erlebte, das wohl berühmteste Beispiel darstellt.[302] Weibliche Schwindsüchtige würden besonders in den Momenten vor ihrem Tod in voller Schönheit erblühen, um sodann dahinzusiechen.[303] Die Schwindsucht, die erst 1896 als ansteckende Infektionskrankheit wissenschaftlich erforscht und fortan nicht länger in romantischen Metaphern, sondern als Tuberkulose bezeichnet wird,[304] beginnt in der Regel mit einem gewöhnlichen Husten, der sich im Verlauf der Krankheit in einen Bluthusten verwandelt, sowie mit Fieber. Die Schwindsucht geht mit einem Appetitverlust sowie einer starken Abmagerung einher und ist fast immer tödlich.[305] Zwar wird Emma Bovarys Krankheit in Rouen als nicht genauer definierte „maladie nerveuse“[306] diagnostiziert; doch die daraus resultierende Empfehlung, „on devait la changer d'air“[307], verweist auf die Kuren am Meer oder auf dem Land, die seit jeher den Schwindsüchtigen verordnet wurden.[308] Der Ortswechsel, den Charles vorschlägt, ist jedoch nicht etwa mit

301 Basil Meyer, „Till Death Do Us Part: The Consumptive Victorian Heroine in Popular Romantic Fiction“, S. 289.

302 Vgl. David M. Morens, „At the Deathbed of Consumptive Art“, S. 1354.

303 Vgl. Clark Lawlor, „Transatlantic Consumptions: Disease, Fame, and Literary Nationalisms in the Davidson Sisters, Southey, and Poe“, S. 110.

304 Vgl. David M. Morens, „At the Deathbed of Consumptive Art“, S. 1355. Mit der Entwicklung der pathologischen Anatomie wird bereits zu Beginn des 19. Jahrhunderts nach einer Ursache für die *phtisie* geforscht. Der Mediziner Gaspard Laurent Bayle (*Recherches sur la phtisie pulmonaire*, 1810) beobachtet eine Läsion im Lungengewebe und bestimmt die äußerlich sichtbaren Symptome wie Fieber oder Abmagerung als unzureichend für eine Diagnose. Vgl. Michel Foucault, *Naissance de la clinique*, S. 195.

305 Vgl. Pierre-Charles-Alexandre Louis, *Recherches anatomiques, pathologiques et thérapeutiques sur la phthisie* [sic], S. 185–213.

306 Gustave Flaubert, *Madame Bovary*, in: *OC III*, S. 208.

307 Ebd.

308 Vgl. William Buchan, *Domestic Medicine: Or, A Treatise on the Prevention and Cure of Diseases by Regimen and Simple Medicines*, S. 215. Buchan stellt außerdem den Nutzen des Pferdereitens an der frischen Luft heraus. Vgl. ebd. Zur Therapie der Schwindsucht im 18. Jahrhundert vgl. auch Clark Lawlor, Akihito Suzuki, „The Disease of the Self: Representing Consumption, 1700–1830“, S. 470–475. Gegen Ende des 18. Jahrhunderts entwickelt sich

einem Umzug von der Stadt auf das Land verbunden, sondern vom ländlichen Tostes in das ebenso provinzielle Städtchen Yonville-l'Abbaye. Im Gegensatz zur Schwindsucht einer Marguerite Gautier ist Emmas Auszehrung das Ergebnis eines selbstzerstörerischen Verhaltens. Am abgemagerten Körper ist jene Schönheit, die charakteristisch für die weiblichen Schwindsüchtigen der Romantiker ist und ihren Tod vorausdeutet, ins Unheimlich-Erhabene gesteigert:

> Emma maigrit, ses joues pâlirent, sa figure s'allongea. Avec ses bandeaux noirs, ses grands yeux, son nez droit, sa démarche d'oiseau, et toujours silencieuse maintenant, ne semblait-elle pas traverser l'existence en y touchant à peine, et porter au front la vague empreinte de quelque prédestination sublime ? Elle était si triste et si calme, si douce à la fois et si réservée, que l'on se sentait près d'elle pris par un charme glacial, comme l'on frissonne dans les églises sous le parfum des fleurs mêlé au froid des marbres. Les autres même n'échappaient point à cette séduction.[309]

In ihrer heimlichen, verbotenen Liebe zu Léon nimmt Emma in ihrer zierlichen Statur, ihren blassen Wangen, den im schmalen Gesicht hervorstechenden Augen und ihrem schwebenden, leisen Gang mehr und mehr das Erscheinungsbild der grazilen Schwindsüchtigen an. Ihre Existenz ist nur noch spürbar in der kalten, verführerischen Aura, die sie umgibt und der sich niemand entziehen kann. Eine ähnliche unwiderstehliche Anziehungskraft übt der schwindende Körper der Kameliendame aus: „Elle était belle à ravir. Sa maigreur même était une grâce."[310] Doch im Gegensatz zur morbiden Schönheit von Dumas' Kurtisane, die sich neben ihrer fragilen Erscheinung in körperlichen Symptomen von Bluthusten, Schwächeanfällen und Kälte manifestiert, beginnt Emmas Körper in die Seele umzuschlagen. Dem ausgezehrten Körper wird das Leben ausgetrieben. In der „prédestination sublime" ist

---

die mit Reisen einhergehende Kur zu einer „experience associated with refined cultural values and aesthetic pleasures". Ebd., S. 475. Auch der schwindsüchtigen Marguerite Gautier wird im Frühjahr 1842 eine Kur in Bagnères verordnet. Vgl. Alexandre Dumas fils, *La Dame aux Camélias*, S. 28.

309 Gustave Flaubert, *Madame Bovary*, in: *OC III*, S. 244.

310 Alexandre Dumas fils, *La Dame aux Camélias*, S. 101. Im Gegensatz zur eisigen Unnahbarkeit Emma Bovarys verströmt der Körper der Kurtisane allerdings eine verführerische sinnliche Wärme: „Sa marche assurrée, sa taille souple, ses narines roses et ouvertes, ses grands yeux légèrement cerclés de bleu, dénotaient une de ces natures ardentes qui répandent autour d'elles un parfum de volupté, comme ces flacons d'Orient qui, si bien fermés qu'ils soient, laissent échapper le parfum de la liqueur qu'ils renferment." Ebd.

er zu etwas Höherem bestimmt, das die materielle Existenz übersteigt.[311] Die Todesannäherung in der Figur der Frau, deren schöner Körper traditionell als Darstellungsobjekt der Vergänglichkeit fungiert, ist ins Geistige verlagert. Doch dem Bild des in seiner Erscheinung sublimierten Todes ist eine Ambivalenz eingeschrieben: Im hyperbolischen „si" („Elle était si triste, si calme [...]") wird der seelische Rückzug der undurchschaubaren, vergeistigten Frauenfigur in etwas Schrilles verkehrt. Im „charme glacial" geht eine verführerische Kälte von Emma aus, die jedoch ins Irdische kippt: So verweist das Bild des eisigen Kirchenraums nicht auf eine höhere, göttliche Wirklichkeit, sondern auf das weltliche Kalte, das in der materiellen Wirklichkeit der kühlen Marmorsteine sowie im sinnlich wahrnehmbaren Blumenduft repräsentiert ist. Im Gestein des Marmors, das für prunkvolle Grabmäler Verwendung findet und ihnen eine erhabene Erscheinung verleiht, ist der Tod in einer künstlerisch-irdischen Form symbolisch fixiert.[312] Emma ist zugleich Eros und Thanatos.

311 Die „prédestination sublime" erscheint im Bild eines vagen Abdrucks auf der Stirn, das an die Stigmata der Mystikerinnen, die oftmals ihrem Tod vorausgehen, erinnert. Sowohl die Schwindsüchtige als auch die (oftmals unter der Schwindsucht leidende) Mystikerin sind zu einem frühen Tod bestimmt. Im 19. Jahrhundert ist die wohl berühmteste jung verstorbene Mystikerin Thérèse de Lisieux. Vgl. Jean-Pierre Albert, *Le sang et le Ciel*, S. 304. Noch heute finden verschiedene *images prières* der heilig gesprochenen Mystikerin Verbreitung, unter anderem eine *post mortem*-Fotografie von 1897. Vgl. Emmanuelle Héran, „Le dernier portrait ou la belle mort", S. 47–49. Jean-Pierre Albert stellt heraus, dass der frühzeitige Tod die Entscheidung zwischen Heirat und Kloster, zwischen „lit conjugal et le mariage mystique avec le Christ" vorwegnimmt. *Le sang et le Ciel*, S. 140. Für die zarten Frauenfiguren des *Fin de siècle* lässt sich der frühe Tod laut Ariane Thomalla mit der schon in der antiken Mythologie bestehenden Vorstellung erklären, „daß junge und besonders schöne Menschen – wobei im Fin de siècle schön auch durch aristokratisch ersetzt werden kann – als Lieblinge der Götter oder des Schicksals bereits in der Blüte ihrer Jugend dahingerafft werden." *Die* femme fragile. *Ein literarischer Frauentypus der Jahrhundertwende*, S. 41. Wenngleich Emma bereits verheiratet ist und sich nicht mehr in der Blüte ihrer Jugend befindet, gibt sie sich oft kindlich, was sich sowohl in der mangelnden Verantwortung gegenüber ihrer Tochter als auch in der „voix enfantine", mit der sie Rodolphe zu verführen sucht, manifestieren wird. Gustave Flaubert, *Madame Bovary*, in: *OC III*, S. 326.

312 Das Grab der Marguerite Gautier ist mit einem weißen Marmorstein, der von weißen Kamelien umgeben ist, verziert. Vgl. Alexandre Dumas fils, *La Dame aux Camélias*, S. 56 f. An anderer Stelle wird die Blässe der Kameliendame mit der Farbe des kostbaren Gesteins verglichen: „Elle était pâle comme le marbre." Ebd. S. 272. Daneben wird sich Chateaubriands Amélie auf einem kalten Marmorstein liegend in einer von „odeurs célestes", „anges" und „parfums" erfüllten Kirche einem symbolischen Begräbnisritual unterziehen. François-René de Chateaubriand, *Atala – René*, S. 190 f. Sie ist nicht nur als gottgeweihte Mystikerin, sondern ebenso als Schwindsüchtige stilisiert. Das Geheimnis ihrer

Die verführerische Anziehungskraft, die der abgemagerte Körper ausstrahlt, ist in Wahrheit eine Aura des Todes, die ein leises Unbehagen auslöst, das in den *clair de lune*-Szenen ins Schaurige gesteigert wird.

Dass es sich bei Emmas ‚Schwindsucht' um ein verklärtes Todesbild handelt, zeigt sich daran, dass sie die Symptome der romantischen *maladie de langueur*[313] aktiv herbeizuführen sucht. Das passive Befallensein, das im unabwendbaren Tod endet, ist in Flauberts Roman in ein selbstzerstörerisches Handeln verkehrt, das die eigene Auslöschung anstrebt. Die Imagination des eigenen Todes erfolgt bezeichnenderweise über den Brautstrauß, den Emma vor ihrer Abreise aus Tostes – also kurz nach Beginn der Selbstkasteiung – verbrennt:

> Un jour qu'en prévision de son départ elle faisait des rangements dans un tiroir, elle se piqua les doigts à quelque chose. C'était un fil de fer de son bouquet de mariage. Les boutons d'oranger étaient jaunes de poussière, et les rubans de satin, à liséré d'argent, s'effiloquaient par le bord. Elle le jeta dans le feu. Il s'enflamma plus vite qu'une paille sèche. Puis ce fut comme un buisson rouge sur les cendres, et qui se rongeait lentement. Elle le regarda brûler. Les petites baies de carton éclataient, les fils d'archal se tordaient, le galon se fondait ; et les corolles de papier, racornies, se balançant le long de la plaque comme des papillons noirs, enfin s'envolèrent par la cheminée.[314]

Nach der Ankunft in Tostes hatte Emma auf dem Sekretär im ehelichen Schlafgemach den Brautstrauß von Charles' erster, verstorbener Ehefrau erblickt und sich ihren eigenen Tod vorgestellt: „Emma songeait à son bouquet de mariage,

---

inzestuösen Leidenschaft lässt sie augenscheinlich dahinschwinden: „Elle maigrissait ; ses yeux se creusaient ; sa démarche était languissante, et sa voix troublée. Un jour, je la surpris tout en larmes au pied d'un cruxifix." Ebd., S. 181. Die Symptome der Schwindsucht waren Chateaubriand bekannt, starb doch seine Geliebte Pauline de Beaumont 1803 an ebenjener Krankheit. Ein Porträt der schönen Schwindsüchtigen zeichnet der Autor in seinen Memoiren. Vgl. François-René de Chateaubriand, *Mémoires d'outre-tombe*, Bd. I, S. 448–450. Auch die Sterbebettszene der Madame de Beaumont, die in den Armen Chateaubriands dahinscheidet, wird von ihm detailliert beschrieben. Vgl. ebd., S. 514–517. Chateaubriand ließ seiner verstorbenen Geliebten ein Marmorgrabmal in der Kirche *San Luigi dei Francesi* in Rom erbauen. Vgl. Susanne Goumegou, Marie Gutmüller, Annika Nickenig, *Schwindend schreiben*, S. 45.

313 In dieser Bezeichnung ist die Krankheit der Pauline de Beaumont in ihr Grabmal eingemeißelt. Vgl. ebd.

314 Gustave Flaubert, *Madame Bovary*, in: *OC III*, S. 209.

qui était emballé dans un carton, et se demandait, en rêvant, ce qu'on en ferait, si par hasard elle venait à mourir."[315] Der weibliche Tod wird über ein Objekt, den Blumenstrauß, der traditionell Zerfall und Vergänglichkeit symbolisiert,[316] evoziert. Der Ausdruck „par hasard" sowie die ungewöhnliche Konstruktion „venait à" können als Antizipation eines tragischen, schicksalhaften, plötzlichen Todes gedeutet werden. Doch in der Vorstellung des eigenen Todes mithilfe eines Objekts erscheint das träumende Subjekt entmächtigt. Der schicksalhafte Tod wird im Bild des einkartonierten Brautstraußes konterkariert: Die Schachtel fungiert als Sarg, in dem das Objekt und somit die imaginierte Todeskonzeption begraben sind. Dies wird syntaktisch durch den Einschub des Relativsatzes verstärkt. Wenn Emma ihren Brautstrauß nunmehr verbrennt, so imaginiert sie über das langsam in Asche zerfallende Objekt ihre eigene Auslöschung. Der „départ", der vorausgesehen wird, kann als Totenreise betrachtet werden, die im Austritt der von der Blütenkrone übrig gebliebenen Papierfetzen aus dem Kamin verbildlicht ist. Das Verb *s'envoler* deutet auf einen Himmelsflug, der durch den Vergleich mit den schwarzen Schmetterlingen – einer traditionellen Seelenmetapher – untermauert wird.[317] Die Beschreibung des brennenden Brautstraußes konstituiert sich aus Versatzstücken mystischer Todeserfahrungen. Im semantischen Feld des Feuers („le feu", „s'enflamma", „brûler"), das sich langsam über der Asche verzehrt („se rongeait"), wird der *feu consumant* der Mystikerin evoziert, das göttliche Feuer, das sie von innen verbrennt.[318] Sicherlich ist im „buisson rouge" eine weitere Erscheinungsform des göttlichen Feuers angelegt, nämlich der brennende Dornbusch (frz. *le buisson ardent*). Bei näherer Betrachtung offenbart sich das christliche Todesbild, das im brennenden Brautstrauß vorgestellt wird, als ironisch verzerrt. Die innere Verbrennung, die die Mystikerin in ihrem Tod durchlebt, ist im Objekt des Blumenstraußes nach außen gekehrt. Wenngleich der Körper der Mystikerin im Tod zwar oftmals völlig ausgezehrt und möglicherweise stigmatisiert ist, so bleibt er doch intakt. Emmas Brautstrauß hingegen verkohlt regelrecht. Die Zersetzung seiner einzelnen Teile wird detailgetreu beschrieben. Zurück bleibt lediglich die Asche, die sich verflüchtigt. Diente das Objekt des Brautstraußes bei der Ankunft Emmas in Tostes noch der Vorstellung des eigenen

315 Ebd., S. 177.

316 Zur Blumenmetaphorik der *femme fragile* vgl. Ariane Thomalla, *Die* femme fragile. *Ein literarischer Frauentypus der Jahrhundertwende*, S. 48 ff.

317 Zum Bild des Schmetterlings, der an zahlreichen Stellen in Flauberts Werk auftaucht, sowie zu Flauberts Rezeption von Apuleius' Märchen von Amor und Psyche, das er ironisch verzerrt, vgl. Kathrin Fehringer, „Schmetterling".

318 Vgl. Dominique-Marie Dauzet, *La mystique bien tempérée. Écriture féminine de l'expérience spirituelle* (*XIX*^{e} – *XX*^{e} *siècle*), S. 67–79.

schicksalhaften Todes, so hat es sich nunmehr in Luft aufgelöst. Mit seiner Vernichtung ist die Vernichtung der romantischen Todesbilder antizipiert, die Emmas Todesagonie in eindrücklicher Weise vollenden wird: In ihrer sinnlichen Grenzerfahrung ist Emma nicht länger Produzentin romantischer Todesbilder, sondern wird selbst zum entmächtigten Objekt, das in einen schwarzen Abgrund stürzen wird.

In Yonville angekommen, ist Emmas Erscheinungsbild in ihren „airs évaporés", ihrer Blässe sowie ihrem in die Ferne schweifenden Blick[319] weiterhin dem der schwindsüchtigen *femme fragile* angenähert. Doch Emmas Äußerem sind – in den angespannten Mundwinkeln sowie in grauen Haarsträhnen – Zeichen des Alters eingeschrieben,[320] die sie ebenso wie ihre Schwangerschaft von der kindlichen Schwindsüchtigen entfernen. Der schöne Körper ist dem langsamen Zerfall anheimgefallen, was sich nicht zuletzt in dem von Emma begrüßten Bluthusten äußert.[321] Im Unterschied zum anfänglichen selbstzerstörerischen Abmagern hat Emma nunmehr nicht länger die Kontrolle über ihre Krankheit, die bereits im anfänglichen Husten Symptome der Hysterie erkennen lässt.[322]

Während Emma ihr Erscheinungsbild im Verlauf des Romans mehr und mehr dem eines Mannes anzugleichen sucht, sich also von der stereotypen Rolle der *femme fragile* zu befreien beginnt,[323] wird sie noch an einigen Stellen im Umgang mit ihren Liebhabern als zarte Frauenfigur stilisiert. Der italienische Druck einer zum Mond blickenden Muse mit blumengeschmücktem Haar, der Léon an Emma erinnert,[324] ist nach einer präraffaelitischen Ophelia, wie sie Millais malte, modelliert, die mit gelöstem Haar auf dem Wasser treibt und von zahlreichen Blumen umgeben ist. In Léons Vorstellung tritt Emma als sich verflüchtigende Frauenfigur in Erscheinung, die er während ihrer langen Trennung in Fetischobjekten wieder zum Leben zu erwecken sucht: „„[...] J'ai cru vous reconnaître au coin des rues ; et je courais après tous les fiacres où flottait à la portière un châle, un voile pareil au vôtre..."[325] Kurz darauf berichtet

319 Gustave Flaubert, *Madame Bovary*, in: *OC III*, S. 260. Emmas Blick erinnert an ebenjenen der präraffaelitischen Frauenfiguren. Vgl. Ariane Thomalla, *Die* femme fragile. *Ein literarischer Frauentypus der Jahrhundertwende*, S. 19.

320 Vgl. Gustave Flaubert, *Madame Bovary*, in: *OC III*, S. 260.

321 Vgl. ebd.

322 Vgl. Karin Westerwelle, „Die Darstellung nervöser Krankheit in *Madame Bovary. Mœurs de province*", S. 381 ff.

323 Vgl. Kap. 2.1.

324 Vgl. ebd.

325 Gustave Flaubert, *Madame Bovary*, in: *OC III*, S. 356. Das Verb *flotter* verweist auf die im Wasser treibende Ophelia.

Emma von ihrer Krankheit, „où elle avait manqué mourir“[326] – der verfehlte Tod erscheint als Erinnerung an das herbeigesehnte Dahinschwinden, den selbstzerstörerischen Akt der Abmagerung, den Emma nicht vollenden konnte und über den sie nunmehr die Kontrolle verloren hat.

Das romantische Bild der toten, auf dem Wasser treibenden Ophelia spielt für das gesamte Werk Flauberts eine entscheidende Rolle. Ausgehend von der frühen Erfahrung des Anblicks einer Ertrunkenen am Strand von Trouville erhält es Einzug in das Jugendwerk,[327] um schließlich im Tod der Virginie in der Erzählung *Un cœur simple* ausgelöscht zu werden.[328] In *Madame Bovary* ist die tote Ophelia noch als verklärtes Todesbild präsent; die Erzählerinstanz entlarvt es jedoch in subtiler Weise bereits als scheinhaftes Maskenbild. In der berühmten *clair de lune*-Passage, die die Folie des letzten Treffens zwischen Emma und Rodolphe vor der geplanten Flucht bildet und die Flaubert wohl nach Chateaubriands Beschreibung des *clair de lune* in der Wüste der Neuen Welt modelliert hat,[329] wirkt die Mondlandschaft wie ein künstliches Dekorum:

> La lune, toute ronde et couleur de pourpre, se levait à ras de terre, au fond de la prairie. Elle montait vite entre les branches des peupliers, qui la cachaient de place en place, comme un rideau noir, troué. Puis, elle parut, éclatante de blancheur, dans le ciel vide qu'elle éclairait ; et alors, se ralentissant, elle laissa tomber sur la rivière une grande tache, qui faisait une infinité d'étoiles ; et cette lueur d'argent semblait s'y tordre jusqu'au fond, à la manière d'un serpent sans tête couvert d'écailles lumineuses. Cela ressemblait aussi à quelque monstrueux candélabre, d'où ruisselaient, tout au long, des gouttes de diamant en fusion.[330]

Die Bäume, hinter denen der Mond aufgeht, ähneln einem schwarzen, durchlöcherten Vorhang, der die Darstellungsfläche der Natur wie ein Theatervorhang unterteilt, ihre einzelnen Dekorelemente im Wechsel verdeckt und zur Schau stellt. Die Mondlandschaft, die die Szenerie für die romantischen Darstellungen der tot auf dem Wasser treibenden Ophelia bildet, ist als inszenierte Landschaft ausgewiesen, die wie von einem ungeheuren Armleuchter künstlich beleuchtet und mit einem prunkvollen silberfarbenen Schein überzogen wird. Darüber hinaus kann der Sternenglanz, den die Wasseroberfläche reflektiert,

326 Ebd., S. 357.

327 Vgl. Kap. 1.1.

328 Vgl. kurz zur Todesszene der Virginie Kap. 4.1.

329 Vgl. François-René de Chateaubriand, *Essai sur les révolutions. Génie du christianisme*, S. 591 f.

330 Gustave Flaubert, *Madame Bovary*, in: *OC III*, S. 325.

als Zeichen des unendlichen Kosmos gelesen werden. In diesem Sinne lässt sich die Beschreibung der Mondnacht Flauberts persönlicher Vorstellung des Universums annähern, von der er Mademoiselle Leroyer de Chantepie in einem Brief berichtet:

> Quand je regarde une des petites étoiles de la voie lactée, je me dis que la terre n'est pas plus grande que l'une de ces étincelles. – Et moi qui gravite une minute sur cette étincelle, que suis-je donc, que sommes-nous ? Ce sentiment de mon infirmité, de mon néant, me rassure. Il me semble être devenu un grain de poussière perdu dans l'espace, et pourtant je fais partie de cette grandeur illimitée qui m'enveloppe. Je n'ai jamais compris que cela fût désespérant. Car il se pourrait bien qu'il n'y eût rien du tout, derrière le rideau noir.[331]

Die Milchstraße, die Flaubert am Nachthimmel wahrnimmt, macht ebenso wie das vom Mond beleuchtete Wasser eine „infinité d'étoiles" sichtbar, deren Ausmaß die menschliche Vorstellungskraft übersteigt. In beiden Textstellen verwendet Flaubert den Begriff des „rideau noir": Er fungiert nicht nur als Vorhang, der die irdischen Naturelemente künstlerisch in Szene setzt, sondern ebenso als Begrenzung des Irdischen überhaupt. Was hinter dem schwarzen Vorhang verborgen ist, ist unbekannt; doch es ist anzunehmen, dass der Himmel in Flauberts Vorstellung ebenso leer ist wie der Himmel, über dem der Mond in *Madame Bovary* in hellem Glanz erstrahlt („dans le ciel vide qu'elle éclairait"). Zumindest schreckt Flaubert nicht davor zurück, sich ein schwarzes Nichts hinter dem schwarzen Vorhang auszumalen – einen *trou noir*, der im durchlöcherten Vorhang der Natur in der *clair de lune*-Passage *en miniature* angelegt ist.

Aus der Sicht Rodolphes, der nicht zur gemeinsamen Flucht antreten, sondern sich mit einem kühl kalkulierten Abschiedsbrief aus der Liebschaft herauswinden wird, erscheint Emma vor dem Dekorum der Mondlandschaft als phantomartiges, beinahe totes Wesen, das sich in die Sammlung seiner vergangenen Mätressen einfügen wird.[332] Durch den Fluss bereits zur Heimkehr getrennt, beugt sich Emma durch das Dickicht am Ufer noch einmal über das

---

331 Gustave Flaubert, Brief an Mademoiselle Leroyer de Chantepie vom 6. Juni 1857, *Corr. II*, S. 731. Es ist denkbar, dass Flaubert auf Pascal anspielt: „Le silence éternel de ces espaces infinis m'effraie." Blaise Pascal, *Pensées*, fragment 187 (*Fausseté des autres religions*), in: *OC II*, S. 615. Die Unendlichkeit ist für Flaubert nicht furchterregend, sondern beruhigend, da sie ihm die Nichtigkeit seiner eigenen Existenz im Universum aufzeigt.

332 Zu Rodolphes Sammlung ‚toter' Frauen, denen in Fetischobjekten erinnert wird, vgl. Elisabeth Bronfen, *Over Her Dead Body. Death, Femininity and the Aesthetic*, S. 161 f.

Wasser in Richtung ihres Liebhabers, um sich sodann wie ein Gespenst im Schatten zu verlieren: „[...] et, quand il la vit avec son vêtement blanc peu à peu s'évanouir dans l'ombre comme un fantôme, il fut pris d'un tel battement de cœur, qu'il s'appuya contre un arbre pour ne pas tomber."[333] Die vom Mond beleuchtete Flusslandschaft löst beim männlichen Betrachter eine unheimliche Todesvision aus, die sich aus dem Ophelia-Mythos speist. Doch Emma treibt nicht leblos auf dem Wasser, sondern entfernt sich wie ein Phantom von ebenjenem weiblichen Element[334] – und somit auch vom männlichen Betrachter, den sie wie im Schock zurücklässt.

Der Flaubertsche Erzähler lässt Emma Bovary aus dem verklärten Todesbild der Ophelia austreten. Seine Frauenfigur verschwindet im dunklen Schatten. Flaubert hat die *clair de lune*-Landschaft als künstlerisch inszeniertes Dekorum entlarvt. Da sie als Bühnenbild des Todes der Ophelia fungiert, ist auch der weibliche Tod vor diesem Hintergrund immer schon ein inszenierter. Es bedarf künstlerischer Formen, um den Tod darzustellen, um ihn aus dem unsichtbaren schwarzen Raum, der sich hinter dem Bühnenvorhang verbirgt, hervorzukehren und zur Schau zu stellen.

Auch während einer nächtlichen Bootsfahrt mit Léon ist Emma als Ophelia stilisiert. Die Szenerie bildet erneut die Mondlandschaft, die die beiden Liebenden zum Austausch romantischer Gemeinplätze einlädt.[335] Emma erscheint als präraffaelitisches Bild, das vom Mondlicht angestrahlt und in Szene gesetzt wird:

> Elle se tenait en face, appuyée contre la cloison de la chaloupe, où la lune entrait par un des volets ouverts. Sa robe noire, dont les draperies s'élargissaient en éventail, l'amincissait, la rendait plus grande. Elle avait la tête levée, les mains jointes, et les deux yeux vers le ciel. Parfois l'ombre des saules la cachait en entier, puis elle réapparaissait tout à coup, comme une vision, dans la lumière de la lune.[336]

Die geöffneten Fensterläden des Bootes umrahmen das weibliche Erscheinungsbild, das abwechselnd von Licht und Schatten enthüllt und wieder

333 Gustave Flaubert, *Madame Bovary*, in: *OC III*, S. 327.

334 Vgl. Gaston Bachelard, *L'eau et les rêves. Essai sur l'imagination de la matière*, S. 111.

335 „Une fois, la lune parut ; alors ils ne manquèrent pas à faire des phrases, trouvant l'astre mélancolique et plein de poésie ; même elle se mit à chanter : *Un soir, t'en souvient-il ? nous voguions*, etc." Gustave Flaubert, *Madame Bovary*, in: *OC III*, S. 377. Kursiviert als Klischee ausgewiesen ist ein Versbeginn aus Lamartines Gedicht „Le Lac", das Gegenstand mehrerer musikalischer Kompositionen wurde. Vgl. ebd., Anm. 24, S. 1182.

336 Ebd., S. 377.

verdeckt wird. In ihrem schwarzen ausgestellten Kleid ist Emma in das Kostüm der eleganten, fragilen Frauenfiguren der Präraffaeliten gehüllt. Emmas Pose – ihr Blick zum Mondhimmel sowie die gefalteten Hände – erinnert an ebenjene der auf dem Wasser treibenden toten Ophelia. Das Wechselspiel von einströmendem Licht und Schatten setzt die phantomartige, flüchtige Erscheinung in Bewegung. Dass Flauberts *promenade en barque* nicht nur, wie schnell zu erkennen ist, ironisch auf die Liebeslyrik Lamartines verweist, sondern ebenso auf den romantischen Mythos der ertrunkenen Ophelia, zeigt sich in einem kleinen Detail: Auf einer kleinen Insel angekommen, kehren Emma und Léon in einem Lokal ein, an dessen Eingangstür schwarze Fischernetze angebracht sind.[337] Sie evozieren das Fischernetz, in dem die Ertrunkene von Trouville an Land gespült wurde und das in Flauberts Jugendwerk die Maskierung und künstlerische Inszenierung des Todes im Ophelia-Mythos verbildlicht.[338] Einmal mehr erfolgt ein subtiler Rückverweis auf ein romantisches Todesbild, das nicht mehr plakativ als solches zur Schau gestellt wird, sondern wie eine unheimliche Vision aufscheint.

Dem Traum vom ‚schönen' Dahinschwinden, das in einer mystischen Vermählung kulminiert, steht der Tod der als Heldinnen verehrten „femmes illustres ou infortunées"[339], die Emma bereits im Kloster bewundert, diametral gegenüber. Während die *femme fragile* auf ihrem Sterbebett, das heißt im privaten Raum dahingerafft wird – oder sich in der Figur der Ophelia zwar selbst ertränkt, aber dann doch als in der verlassenen Natur auf dem Wasser treibende schöne Schlafende stilisiert ist –, sterben die *femmes infortunées* entweder einen öffentlichen Tod als Märtyrerinnen oder erlangen zumindest posthum Berühmtheit im öffentlichen Raum, indem sie beispielsweise in der Historiographie oder in Statuen verewigt werden. Zu den von Emma bewunderten schicksalhaften Frauenfiguren zählen sowohl zum Tode verurteilte Nationalheldinnen und Königinnen als auch berühmte Mätressen, geistliche Liebende und einflussreiche Gründerinnen:

> Elle eut dans ce temps-là le culte de Marie Stuart, et des vénérations enthousiastes à l'endroit des femmes illustres ou infortunées. Jeanne d'Arc, Héloïse, Agnès Sorel, la belle Ferronnière et Clémence Isaure, pour elle, se détachaient comme des comètes sur l'immensité ténébreuse de l'histoire, où saillissaient encore ça et là, mais plus perdus dans l'ombre et sans aucun rapport entre eux, saint Louis avec son chêne, Bayard

337 Vgl. ebd., S. 376.

338 Vgl. Kap. 1.1.1. und 1.1.2.

339 Gustave Flaubert, *Madame Bovary*, in: *OC III*, S. 182.

> mourant, quelques férocités de Louis XI, un peu de Saint-Barthélemy, le panache du Béarnais, et toujours le souvenir des assiettes peintes où Louis XIV était vanté.[340]

Die illustren Frauenfiguren treten in Emmas Vorstellung wie Kunstfiguren vor dem dunklen Bühnenprospekt der Geschichte in Erscheinung. Während die männlichen Heroen, Herrscher und Könige sich im Hintergrund verlieren, ihre Helden- und Greueltaten unerwähnt bleiben oder zu Nichtigkeiten („quelques férocités", „un peu de") degradiert werden und sie stattdessen nur noch über einzelne Kultobjekte erinnert werden, erlangen die Frauenfiguren in ihrer Nennung am Satzbeginn sowie im Kometenvergleich eine überproportionale Größe. Auf der einen Seite entlarvt der Erzähler in der wahllos erscheinenden Aneinanderreihung unterschiedlichster historischer Frauenfiguren, deren gemeinsamer Nenner einzig in den syndetisch verbundenen Adjektiven *illustres* und *infortunées* liegt, die Rezeptionshaltung seiner Protagonistin, die einen persönlichen Genuss am tragischen Unglück ihrer Heldinnen verspürt. Auf der anderen Seite unternimmt er eine scharfsinnige Analyse der Historiographie, die er als Staffage demaskiert, als Bühnendekorum, vor dem die Kunstfiguren der Geschichte sich ablösen („se détachaient") bzw. hervorspringen („saillissaient"). Als Beispiel sei Jules Michelets Darstellung des Todes der Charlotte Corday in seiner *Histoire de la Révolution Française* genannt, die in der szenischen, pathetischen und an vielen Stellen wertenden Beschreibung der Guillotinierung der schönen, verführerischen Mörderin des Marat die objektive Faktendarstellung des Geschichtsschreibers konterkariert und stattdessen in die Nähe künstlerisch-literarischer Todesszenen rückt.[341] Charlotte Corday wird als Kultfigur verehrt: „Une religion se fonde dans le sang de Charlotte Corday : la religion du poignard."[342] Umgekehrt erfährt das Schicksal historischer Frauenfiguren, die bereits einen festen Platz in der offiziellen Geschichtsschreibung innehaben, nicht selten eine literarische Bearbeitung, wie Casimir Delavignes Gedicht „La mort de Jeanne d'Arc", das in den patriotischen

---

340 Ebd.

341 Vgl. Jules Michelet, „Mort de Charlotte Corday (19 juillet 93)".

342 Ebd., S. 511. Der sich anschließende Vergleich mit dem heldenhaften Brutus sprengt die Geschlechtergrenzen auf. Der „vieux patron des meurtres héroïques" sei transformiert in eine „divinité nouvelle plus puissante et plus séduisante". Ebd. In der Verbindung des Dolches, der traditionell für den männlichen Helden steht, mit dem Blut, das die weibliche Märtyrerin vergießt, überschreitet Charlotte Corday die traditionellen Geschlechterrollen. Zum „sang répandu" der christlichen Märtyrerin vgl. Jean-Pierre Albert, *Le sang et le Ciel*, S. 200–212. Zum Unterschied zwischen männlichen und weiblichen Märtyrerinnen vgl. ebd., S. 105–112.

Elegien der *Messéniennes* (1818) enthalten ist, aufzeigt.[343] Delavigne inszeniert Jeanne d'Arc als jungfräuliche, heldenhafte Märtyrerin, die vom Feuer des Scheiterhaufens verzehrt wird:

> Ah ! pleure, fille infortunée !
> Ta jeunesse va se flétir,
> Dans sa fleur trop tôt moissonnée !
> Adieu, beau ciel, il faut mourir.[344]

Die *fille infortunée*, die Delavigne in seinem Klagegedicht beweint, erinnert an die von Emma verehrten *femmes infortunées*. Die unglücklichen Frauenfiguren gleichen einem romantischen Gemeinplatz, tauchen sie doch auch an mehreren Stellen im Werk Chateaubriands auf. So berichtet er in seinen *Mémoires d'outre-tombe* von den *femmes infortunées*, die in Shakespeares Bühnenstücken ein tragisches Schicksal erleiden[345] – man denke nur an den Liebestod der sich erdolchenden Juliet, den Suizid der skrupellosen Lady Macbeth, die im Wahnsinn ertrinkende Ophelia oder die zu Unrecht dem Ehebruch bezichtigte, von ihrem eifersüchtigen Mann Othello erdrosselte Desdemona. Es ist der grausame Tod, der die Shakespeareschen Frauenfiguren vereint. Darüber hinaus behandelt Chateaubriand in seinem *Génie du christianisme* das Schicksal der *reines infortunées* Dido und Phèdre, die von ihrer unermesslichen Liebesleidenschaft in den selbst gewählten Tod getrieben werden. In einer Manuskriptfassung des Lektürekapitels nennt Flaubert die *„infortunes des reines*[346]*"* in einer Randnotiz zur Lektüre des *Génie du christianisme*.[347] Auch Chateaubriands

---

343 Flaubert bezeichnet Delavigne als mittelmäßigen, konformistischen „Louis-Philippe en littérature". Gustave Flaubert, Brief an Louise Colet vom 29. Mai 1852, *Corr. II*, S. 96.

344 Casimir Delavigne, „La mort de Jeanne d'Arc", S. 28. Kurz vor ihrem Tod streckt Jeanne d'Arc ihren entwaffneten „bras à demi consumé" in die verängstigte Menge der um sie versammelten Engländer. Ihre letzten Worte sind „„O France ! ô mon roi bien aimé !"". Ebd., S. 29.

345 „Ainsi, d'une main Shakespeare avait pu toucher les têtes blanchies que menaça le glaive de l'avant-dernier des Tudors, de l'autre, la tête brune du second des Stuarts que la hache des parlementaires devait abattre. Appuyé sur ces fronts tragiques, le grand tragique s'enfonça dans la tombe ; il remplit l'intervalle des jours où il vécut, de ses spectres, de ses rois aveugles, de ses ambitieux punis, de ses femmes infortunées, afin de joindre, par des fictions analogues, les réalités du passé aux réalités de l'avenir." François-René de Chateaubriand, *Mémoires d'outre-tombe*, Bd. I, S. 408.

346 Gustave Flaubert, *Les manuscrits de* Madame Bovary. *Édition intégrale sur le web*, „I, chap. 6 : Lectures clandestines – brouillons, vol. 1, folio 138".

347 Die These, dass Flaubert mit seiner Notiz auf Dido und Phèdre verweist, stammt von den Herausgebern der Manuskripte. Vgl. http://flaubert.univ-rouen.fr/bovary/bovary_6/textes/c-reines.html (08.03.2015).

Amélie bezeichnet sich in einem Brief an ihren Bruder René kurz vor ihrem Klostereintritt, der als symbolischer Tod bewertet werden kann, als „infortunée que je suis“[348].

Da der beliebig erweiterbaren Enumeratio der *femmes illustres ou infortunées* die vereinzelte Nennung der Maria Stuart vorausgeht, ist anzunehmen, dass Emma die historischen Frauenfiguren in erster Linie aufgrund ihres tragischen Endes bewundert. Sowohl Maria Stuart als auch Jeanne d'Arc, die in prominenter Stellung am Satzanfang die Enumeratio eröffnet, werden öffentlich hingerichtet. Ihre grausamen Todesszenen werden zum Gegenstand historiographischer Abhandlungen und künstlerischer Bearbeitungen. Ihrer öffentlichen Entehrung – in der brutalen Abtrennung des Kopfes der Maria Stuart auf dem Schafott bzw. der Verbrennung Jeanne d'Arcs auf dem Scheiterhaufen – steht die Verewigung der Frauenfiguren in der europäischen Erinnerungskultur gegenüber. Wenn Homais nach Emmas Tod „quelques plaintes sur cette ‚infortunée jeune femme'“[349] zu formulieren sucht, so sind die *femmes infortunées* nicht nur endgültig als Klischee demaskiert. Die vorgefertigte Rede über die sich in die Erinnerung einschreibenden heldenhaften Märtyrerinnen wird nunmehr von Charles fortgeführt, der verzweifelt versucht, den der Verwesung anheimfallenden, entstellten Körper seiner Ehefrau in ein beständiges Erinnerungsbild zu transformieren, was ihm jedoch nicht gelingen wird.[350] Das verklärte Todesbild der posthum gerühmten, im öffentlichen Gedächtnis fortbestehenden *femmes infortunées* ist mit Emmas Tod ausgelöscht.

Nach Erhalt des Abschiedsbriefes, der das Ende ihrer Liaison mit Rodolphe besiegelt, wird Emma beinahe ebenjenen öffentlichen Tod wählen, der das Schicksal der berühmten *femmes infortunées* bestimmte. Im Gegensatz zu einer Jeanne d'Arc oder Maria Stuart ist Emma frei in der Wahl ihrer Todesart. Sie beabsichtigt, sich aus der Dachkammer auf die Pflastersteine des Dorfplatzes zu stürzen, was auf den ersten Blick einer öffentlichen Zurschaustellung des weiblichen Sterbens gleichkommt:

> Elle jetait les yeux tout autour d'elle avec l'envie que la terre croulât. Pourquoi n'en pas finir ? Qui la retenait donc ? Elle était libre. Et elle s'avança, elle regarda les pavés en se disant :
> « Allons ! allons ! »
> Le rayon lumineux qui montait d'en bas directement tirait vers l'abîme le poids de son corps. Il lui semblait que le sol de la place oscillant s'élevait

348 François-René de Chateaubriand, *Atala – René*, S. 182.

349 Gustave Flaubert, *Madame Bovary*, in: *OC III*, S. 440.

350 Vgl. Kap. 2.4.

> le long des murs, et que le plancher s'inclinait par le bout, à la manière d'un vaisseau qui tangue. Elle se tenait tout au bord, presque suspendue, entourée d'un grand espace. Le bleu du ciel l'envahissait, l'air circulait dans sa tête creuse, elle n'avait qu'à céder, qu'à se laisser prendre [...].[351]

Doch der selbstbewusste Akt des Sich-in-die-Tiefe-Stürzens – der einer traditionellen weiblichen Todesart entspricht[352] – ist verkehrt in eine Entmächtigung des Körpers, dessen Sinne von der sich in Bewegung setzenden Außenwelt überwältigt werden. Der grausame, aber dennoch kurze Akt des Sichhinabstürzens, in dem die Todeswillige die Kontrolle über ihren Körper bewusst abgibt, weicht der Imagination einer Entleerung, einer völligen Vernichtung, die jedoch unerfüllt bleibt. Anstelle einer Todesangst manifestiert sich in der internen Fokalisierung durch den *discours indirect libre* eine nüchterne Faszination für den Abgrund. Wie auf einem wankenden Schiff spürt Emma, wie sie sich allmählich vom Erdboden zu lösen beginnt, wie sie in einer Schwindelbewegung dem Himmel immer näher kommt. In den Weiten des Himmels fühlt sich das träumende Subjekt entleert, von jeglicher Last, jeglichem Gefühl befreit. Der Himmel wird nicht als Heimat Gottes evoziert – Gott ist gänzlich abwesend –, sondern in seiner blauen Farbe. In der Romantik symbolisiert das Blau neben der Melancholie den Traum von der Unendlichkeit.[353] Doch in Emmas ausgehöhltem Kopf („sa tête creuse") ist die romantische Sehnsucht nach dem *infini* verkehrt in die völlige Vereinnahmung durch einen Himmel, der ins Nichts führt. Der erträumte Todesfall wird schließlich durch die Rufe von Charles, der seine Frau zum Essen erwartet, abrupt beendet.

Die Selbstmordpläne des romantischen Helden René werden von einem Genuss am Schmerz um den Verlust seiner Schwester Amélie abgelöst. Das vom *taedium vitae* gekennzeichnete Herz Renés gibt dem zum Gewöhnlichen in Opposition stehenden Gefühl des Leidens statt. Es verleiht seinem Leben einen neuen Sinn: „Mon chagrin était devenu une occupation qui remplissait

351 Gustave Flaubert, *Madame Bovary*, in: *OC III*, S. 331 f.

352 Die wohl berühmteste Frauenfigur, die sich in den Tod gestürzt haben soll, ist die antike Dichterin Sappho. Der Überlieferung nach ist sie aus einer unglücklichen Liebe zum Fährmann Phaon am Kap von Leukas von der Klippe gesprungen. Auch Evadnes Sturz in den brennenden Scheiterhaufen ihres Gatten kann als Beispiel genannt werden. Vgl. Nicole Loraux, „Épouses tragiques, épouses mortes. La mort des femmes dans la tragédie grecque", S. 46 f. Zum Vergleich der Todesart des Sichhinabstürzens und des Sich-Erhängens, die beide eine Form des Davonfliegens darstellen, vgl. ebd., S. 46–48 sowie dies., *Tragische Weisen, eine Frau zu töten*, S. 37–39.

353 Vgl. Michel Pastoureau, *Bleu. Histoire d'une couleur*, S. 121 f.

tous mes moments : tant mon cœur est naturellement pétri d'ennui et de misère !"[354] Die Lust am Schmerz zeigt sich in ähnlicher Weise bei Flauberts Protagonistin, die im sinnlichen und materiellen Begehren einen Anlass für das Leiden findet, das sie aus der Gleichförmigkeit der Existenz, aus ihrem *ennui* befreit:

> Alors, les appétits de la chair, les convoitises d'argent et les mélancolies de la passion, tout se confondit dans une même souffrance ; – et, au lieu d'en détourner sa pensée, elle l'y attachait davantage, s'excitant à la douleur et en cherchant partout les occasions.[355]

Die im generischen Plural genannten Objekte des Begehrens erscheinen nicht in Form individueller ersehnter Personen oder Gegenstände, sondern als austauschbare Mittel der Steigerung der Affektivität Emmas, als Ermöglichungsinstanzen ihres Leidens.

Beispielhaft für Emmas affektives Schmerzerleben ist die Trauer um ihre verstorbene Mutter. Sie liefert außerdem Einsichten in den bürgerlichen Trauerkult:

> Quand sa mère mourut, elle pleura beaucoup les premiers jours. Elle se fit faire un tableau funèbre avec les cheveux de la défunte, et, dans une lettre qu'elle envoyait aux Bertaux, toute pleine de réflexions tristes sur la vie, elle demandait qu'on l'ensevelît plus tard dans le même tombeau. Le bonhomme la crut malade et vint la voir. Emma fut intérieurement satisfaite de se sentir arrivée du premier coup à ce rare idéal des existences pâles, où ne parviennent jamais les cœurs médiocres. Elle se laissa donc glisser dans les méandres lamartiniens, écouta les harpes sur les lacs, tous les chants de cygnes mourants, toutes les chutes de feuilles, les vierges pures qui montent au ciel, et la voix de l'Éternel discourant dans les vallons.[356]

Der *tableau funèbre*, in dem die Haarsträhnen der verstorbenen Mutter eingefasst sind, stellt ein typisches bürgerliches Erinnerungsobjekt dar.[357] Das Haarbild kann als Reliquie betrachtet werden; es ist Teil eines „deuil mystifié" und verschafft der Verstorbenen eine über den Tod hinausgehende Präsenz.[358]

---

354 François-René de Chateaubriand, *Atala – René*, S. 193.

355 Gustave Flaubert, *Madame Bovary*, in: *OC III*, S. 245.

356 Ebd., S. 183.

357 Vgl. Kap. 1.2.

358 Pierre Fédida, „La relique et le travail du deuil", S. 55.

Pierre Fédida beschreibt die Reliquie treffend als „un reste dériosire et répugnant“[359], als unheimlichen, in den Raum des Sichtbaren hervorgekehrten Teil des Leichnams, der sich in seiner Verwesung der Repräsentation entzieht. Somit erweist sich die Reliquie immer schon als doppelbödiges Objekt, das auf der einen Seite der Verewigung dient, dem jedoch auf der anderen Seite immer schon der Zerfall des Todes eingeschreiben ist – wie sich in besonderer Weise an der toten Materie der Haarstähne aufzeigen lässt. Das Haarbild der Mutter löst – in ähnlicher Weise wie die religiösen Kultobjekte, die Emma später in ihrem Zimmer versammeln wird, – Emotionen aus. Es dient einer außeralltäglichen Erfahrung des Schmerzes. Das Grab der Mutter wird nicht etwa in seiner Funktion als Erinnerungsort evoziert, sondern ermöglicht Emma erneut die Vorstellung ihres eigenen Todes. In ihrem Wunsch, gemeinsam mit der Mutter begraben zu werden, negiert Emma ihre Rolle als Ehefrau, die sie an späterer Stelle im symbolischen Akt der Verbrennung ihres Brautstraußes erneut unterlaufen wird.[360] Auch Léon wird die Pläne für seine eigene Bestattung schriftlich in einem Testament festhalten, wie er Emma in einem von romantischen Klischees durchzogenen Gespräch über die irdische Vergänglichkeit offenbart: „Léon tout de suite envia *le calme du tombeau*, et même, un soir, il avait écrit son testament en recommandant qu'on l'ensevelît dans ce beau couvre-pied, à bandes de velours, qu'il tenait d'elle [...].“[361] Im Fetischobjekt der Samtbänder wird er die Geliebte mit sich begraben.

Nicht etwa die Erinnerungen an die verstorbene Mutter provozieren die Trauer Emmas, sondern die romantischen Klänge eines Lamartine, die mit bekannten, stereotypen Todesbildern aufwarten. Die Trauer wird bewusst herbeigeführt, sie erscheint als „Kalkül“[362]. Wenngleich sich Emmas Trauer im Privaten manifestiert, eine mögliche öffentliche Zurschaustellung des Verlusts zumindest unerwähnt bleibt, so ist sie doch körperlich sichtbar: Es ist die Blässe („ce rare idéal des existences pâles“), die die Trauer veranschaulicht. Sie kontrastiert mit dem Schwarz der traditionellen Trauerkleidung, vor der sie noch heller erstrahlt. Doch die Blässe wird nicht etwa durch eine in der Öffentlichkeit trauernde Klagefrau, deren Bedeutung Jules Michelet noch für das 19.

359 Ebd., S. 56.

360 Aus einer psychoanalytischen Perspektive kann das von Emma gewünschte gemeinsame Grab als „perverse reversal of the natural tropes of maternity“ betrachtet werden. Elissa Marder, „Trauma, Addiction, and Temporal Bulimia in *Madame Bovary*“, S. 56.

361 Gustave Flaubert, *Madame Bovary*, in: *OC III*, S. 357.

362 Jörg Dünne, *Asketisches Schreiben. Rousseau und Flaubert als Paradigmen literarischer Selbstpraxis in der Moderne*, S. 271.

Jahrhundert hervorhebt, zur Schau getragen.[363] Vielmehr fühlt sich Emma in ihrer blassen Erscheinung den von ihr bewunderten anmutigen und fragilen Frauenfiguren angenähert, die die Werke der Romantiker und Präraffaeliten bevölkern. Emma stilisiert sich als schöne Trauernde; die wahllos rezipierten Schwanengesänge („tous les chants de cygnes mourants") dienen einer selbstbezüglichen Steigerung der Trauer, die an kein Objekt gerichtet ist.[364] Auch die Tränen, die Emma in den ersten Tagen nach dem Tod ihrer Mutter vergießt, tragen zur Inszenierung ihrer äußeren Reize bei.[365] Die in ihrer Trauer schwelgende blasse Schönheit, die Flaubert evoziert, wirkt wie eine präraffaelitische Klagefrau *avant la lettre*: Im Jahr 1874 wird Dante Gabriel Rossetti seine *Roman Widow* malen, eine zarte Frauenfigur mit blasser Haut und rötlichem Haar, die, in ein goldfarbenes Gewand gehüllt und in jeder Hand eine Lyra zupfend, ihren verstorbenen Gatten betrauert. Ihr melancholischer Blick schweift in die Ferne; neben ihr, im rechten Bildrand, befindet sich eine prunkvoll verzierte, mit Rosengirlanden geschmückte Urne aus Marmor, die die Asche ihres Geliebten bewahrt.

Doch Emmas selbstgefällige Distanzierung von den *cœurs médiocres* gelingt nur scheinhaft: So ist ihre melancholische Stimmung bereits in ihrer Klischeehaftigkeit von einer *médiocrité* befallen.[366] Die romantischen Klagegesänge

---

363 Laut Michelet werde der Schmerz am besten von Frauen verkörpert. So sollten gerade Frauen, die einen Verlust erlitten haben, einen festen Platz bei nationalen Feierlichkeiten erhalten: „Elles enseigneraient à tous, par leur présence seule, la force et la résignation. Elles mêleraient au transport de la joie publique un élément sérieux, la bonne et salutaire pensée de la mort. Dans le culte national, elles seraient elles-mêmes un objet de culte, y représentant la chose sainte entre toutes : la douleur." Jules Michelet, „Du sacerdoce et de la douleur", S. 623. Zur Verpflichtung der Frauen, die Toten zu beweinen – es war sogar gesetzlich vorgeschrieben, wie lange eine Witwe um ihren verstorbenen Ehemann zu trauern hatte – vgl. auch Thomas A. Kselman, *Death and the Afterlife in Modern France*, S. 248.

364 Das im Schwanengesang evozierte Wasser ist laut Gaston Bachelard Symbol der weiblichen Trauer: „L'eau est le symbole profond, organique de la femme qui ne sait que *pleurer* ses peines […]." *L'eau et les rêves. Essai sur l'imagination de la matière*, S. 113.

365 „Les larmes sont censées procurer aux femmes une beauté charmante." Anne Vincent-Buffault, *His-toire des larmes. XVIIIe-XIXe siècles*, S. 84. Auch die göttlichen Musen werden durch ihre Tränen verschönert: „Les muses sont des femmes célestes qui ne défigurent point leurs traits par des grimaces ; quand elles pleurent, c'est avec un secret dessein de s'embellir." François-René de Chateaubriand, *Atala – René* [Préface de la première édition (1801)], S. 39.

366 Vgl. Rainer Warning, „Der ironische Schein: Flaubert und die ‚Ordnung der Diskurse'", S. 182.

enden im bürgerlichen „discourant"; die Stimme der göttlichen Ewigkeit bildet den abgestuften Endpunkt der Aufzählung.[367] Die leeren Worthülsen des Bürgertums, die syntaktisch als Schlusstableau des Satzes hervorstechen, haben die romantischen Klagegesänge ersetzt. In der *participe présent*-Form ist das bürgerliche Schwadronieren auf Dauer gestellt. Es konterkariert die von Emma evozierte Trauer, die in der gesamten Textpassage im *passé simple* dargestellt ist und somit als aktiv eingesetztes Mittel erscheint, welches die monotone, passiv auf sie einwirkende Außenwelt, die für gewöhnlich im „éternel imparfait"[368] dargestellt wird, durchbricht. Emmas Trauer erweist sich als unaufrichtige, mit künstlerischen Mitteln exaltierte, berechnete Trauer. Sie dient dem privaten Genuss am eigenen Leiden und steht dem exzessiven öffentlichen Wehgeschrei traditioneller Klagefrauen diametral gegenüber.

Emma versucht, sowohl über ihre Trauer nach dem Tod der Mutter als auch über ihr eigenes Sterben zu verfügen. Letzteres antizipiert sie in Todesbildern der christlichen Mystikerin, der auf dem Sterbebett dahinschwindenden *femme fragile* sowie der öffentlichen Märtyrerin. Doch wie insbesondere die Analyse der mystischen Todesvision aufgezeigt hat, verliert Emma allmählich die Kontrolle über ihren Körper. Es wird ihr nicht gelingen, einen von ihr erträumten Tod zu inszenieren. Die romantische Maske, deren verklärte Todesbilder der Flaubertsche Erzähler auf subtile und zugleich scharfsinnige Art entlarvt hat, wird in Emmas Todesagonie abfallen. Dennoch ist es möglich, in Emmas Selbsttötung ein romantisches Relikt zu sehen: So ist ihm ein den romantischen Suizid kennzeichnender „sense of victory"[369] eingeschrieben, fungiert doch der Akt der Auslöschung als Befreiung von den bürgerlichen *mœurs de province*, denen Emma nie entsprechen konnte. Emmas Suizid ist trotz der heimtückischen Todesart des Sichvergiftens keine „[p]reuve de lâcheté"[370], sondern vielmehr der einzige Ausweg, sich den vorgefertigten bürgerlichen Sentenzen zu entziehen. Was Nicole Loraux bereits für zahlreiche antike Frauenfiguren konstatiert, gilt auch für Emma: „Liberté tragique des femmes : liberté dans la mort..."[371]

367 Vgl. Jörg Dünne, *Asketisches Schreiben. Rousseau und Flaubert als Paradigmen literarischer Selbstpraxis in der Moderne*, S. 271.

368 Marcel Proust, „À propos du ‚style' de Flaubert", S. 286.

369 Frederick Garber, „Self, Society, Value, and the Romantic Hero", S. 322.

370 Gustave Flaubert, *Le Dictionnaire des idées reçues*, s. v. „suicide", S. 121.

371 Nicole Loraux, „Épouses tragiques, épouses mortes. La mort des femmes dans la tragédie grecque", S. 45.

2.3 Der Fall der romantischen Maske

Sowohl die romantischen Masken, die sich Emma Bovary zeitlebens konstruiert hat, als auch jene, die ihr von ihren Liebhabern aufgesetzt worden sind, fallen in ihrer grausamen Todesagonie hinab. Die artifizielle Scheinhaftigkeit der Masken ist bereits zuvor durch den Erzähler aufgedeckt worden. Doch erst die Todesszene ermöglicht die Überschreitung der romantischen Vorbilder, ihre endgültige rhetorische Auslöschung. Mit den romantischen Vorbildern sterben auch die romantisch-sentimentalen Todesbilder, die an zahlreichen Stellen im Roman – bereits ironisch gebrochen – evoziert werden und zunehmend düster-erhabene Formen annehmen. Pointierter formuliert: Der weibliche Tod entledigt sich auf radikale Weise seiner traditionellen Darstellungsformen. An die Stelle der verklärten Bildlichkeit tritt eine exzessive Körperlichkeit. Am Ende steht das dunkle Nichts.

In Anbetracht der Fülle an Forschungsliteratur, die zu *Madame Bovary* verfasst worden ist und die zahlreiche kontroverse Besprechungen der Todesszene beinhaltet, erscheint es verwunderlich und zugleich bedauernswert, dass der Tod der Titelfigur – darüber herrscht ein auffälliger Konsens – zumeist vorschnell als Strafe für ihren unkritischen Konsum der romantischen Literatur gedeutet wird.[372] Bereits im Immoralismusprozess erhält der grausame Tod den Sinn einer Läuterung: Besonders für die weibliche Leserin stelle die romantische Literatur eine Gefahr da. Als abschreckendes Beispiel müsse Emma Bovary sterben.[373] Auf diesen weit verbreiteten, unreflektierten Konsens in der Forschungsliteratur hat bereits Joachim Küpper hingewiesen.[374] Doch wenn er die lange Todesszene als „konsequente Synthesis" der Imitatio vorgefertigter Muster,[375] als bewusst inszeniertes „Defilee von klischierten Verhaltensweisen"[376] deutet, so folgt er der Tradition jener Kritiker, die Emma Bovary als nicht ernst zu nehmende *femme romanesque* betrachten. Jörg Dünne argumentiert in eine ähnliche Richtung, wenn er Emmas Suizid als „Höhepunkt ihrer Konstitution als starkes Subjekt"[377], als absolute Auslebung der von ihr

372 Vgl. Kap. 2.1.

373 Dass eine derartige Argumentation insbesondere von Flauberts Verteidiger aus strategischen Gründen angewandt wurde, wird häufig verkannt. Vgl. Kap. 2.1.

374 Vgl. Joachim Küpper, „Das Ende von Emma Bovary", S. 83.

375 Ebd.

376 Ebd., S. 79. Vgl. auch ebd., S. 85: „Noch das Sterben ist unverbrüchlich codiertes Verhalten, jedoch in der Wahl der vom Sterbenden gewählten Muster zugleich Mitteilung, Inszenierung, Botschaft."

377 Jörg Dünne, *Asketisches Schreiben. Rousseau und Flaubert als Paradigmen literarischer Selbstpraxis in der Moderne*, S. 262.

selbstbewusst imitierten romantischen Vorbilder bezeichnet. Die Deutung des Todes als Synthese bzw. als logische Konsequenz der unreflektierten Imitatio kommt jenen Kritiken zugute, die Flaubert eine (latente) Misogynie, ein sadistisches Lustempfinden am Tod seiner Protagonistin oder eine grausame Kaltherzigkeit vorwerfen.[378] Insbesondere feministische Studien betrachten Emma Bovarys Todesagonie als Beweis für das vermeintlich misogyne Frauenbild des Autors.[379] In ihrer groß angelegten Studie zur Verbindung von Tod, Weiblichkeit und Ästhetik in der abendländischen Kunst und Literatur, die Ansätze aus den Kulturwissenschaften, der Psychoanalyse und den Gender Studies vereint, deutet Elisabeth Bronfen Emma Bovary zwar nicht als Opfer eines frauenfeindlichen oder sadistischen Autors. Doch wenn sie Emmas Todesagonie als „suicidal autobiography", als selbstbewussten Akt der „self-textualisation" über den weiblichen Körper beschreibt, der darauf abziele, es den romantischen Heldinnen im Tod gleichzutun,[380] verleiht Bronfen Emma Bovary eine Inszenierungsfähigkeit, die in der langen Sterbeszene gänzlich aufgehoben ist.

---

378 Letztere stellt z. B. Jules Barbey d'Aurevilly in seiner kritischen Rezension des Romans heraus: „Pour notre compte, nous ne connaissons pas de composition littéraire d'un talent plus vrai et qui soit en même temps plus dénuée d'enthousiasme, plus vide de cœur, d'un sang-froid plus cruel." „*Madame Bovary*, par M. Gustave Flaubert", in: *Le Pays*, 6. Oktober 1857 (online).

379 So behauptet z. B. Beth Ann Bassein, dass Flaubert seine Frauenfigur als „vile contaminator" konzipiert habe und sie mit einer verabscheuungswürdigen, hässlichen und langwierigen Todesagonie bestrafe. *Women and Death. Linkages in Western Thought and Literature*, S. 80. Vgl. auch ebd., S. 69. Bassein widerspricht außerdem Baudelaires positiver Deutung der Virilität Emmas, da sie in den männlichen Zügen, die Flaubert seiner Frauenfigur verleiht, lediglich ein traditionelles Mittel sieht, Frauen zu beleidigen. Vgl. ebd., S. 72. Zum angeblichen misogynen Frauenbild des Autors, der in seinen Frauenfiguren das gefährliche ‚Andere' sehe, vgl. auch Lucette Czyba, *Mythes et idéologies de la femme dans les romans de Flaubert*. Czyba unterstellt Flaubert einen „sadisme latent". Ebd., S. 110. Wenngleich Mary Orr in ihrem soziohistorischen Ansatz der Gender-Konstruktionen im 19. Jahrhundert eine differenziertere Analyse liefert, lobt sie Czybas Studie als wegweisend. Vgl. *Flaubert. Writing the Masculine*, S. 4. Mit ihrem Aufsatz „Death and the Post Mortem in Flaubert's Works" hat Mary Orr eine interessante Studie zu den „double deaths" in *Madame Bovary* und *Salammbô* vorgelegt, die sich nicht auf Geschlechterstereotype, sondern auf den Bruch der Geschlechtergrenzen konzentriert.

380 Elisabeth Bronfen, *Over Her Dead Body. Death, Femininity and the Aesthetic*, S. 157. Laut Bronfen wird Emma zur selbstbewussten Autorin ihres eigenen Todes und „writes herself out of existence to become the romantic heroines she has been so possessed by in her reading". Ebd.

Die romantische Identität, die sich Emma Bovary zeitlebens zu konstruieren versuchte, die romantischen Masken, mit denen sie sich im Verführungsspiel mit ihren Liebhabern ausstaffierte, werden mit der sterbenden Frauenfigur in den Abgrund geführt. Der Tod ist nicht Synthese, sondern radikaler Bruch der romantischen Subjektkonstitution. Wie Jean Starobinski in einer hellsichtigen Analyse der Temperaturenskala in *Madame Bovary* festgestellt hat, wird Emma Bovary in ihrer Todesszene von einer könästhetischen Grenzerfahrung, einer „expérience cénésthésique“[381] überwältigt. An die Stelle der im romantischen Liebes- und Todesdiskurs versprachlichten inauthentischen Vorstellungsmuster rückt in der Todesszene die Sprache des Körpers, die als Ausdrucksform der Wahrheit angesehen werden kann, als „seule expression humaine que ne contamineraient pas le poncif et l'ineptie“[382]. Der Körper der Sterbenden wird zum „Signifikant[en]“[383] der inneren Wahrnehmung des Ich, das sich an der Grenze des Seins befindet, sowie der Beobachtung von außen. Emma Bovary tritt nicht als Regisseurin ihres eigenen Todes auf. Stattdessen erlebt sie eine körperliche Entmächtigung, die mit einer doppelten Auslöschung einhergeht: der existentiellen Auslöschung der Frauenfigur sowie der rhetorischen Auslöschung romantischer (Todes-)Bilder. Die Form des ‚schönen' Todes, wie sie spätestens seit der Epoche der Romantik mustergültig ist, wird in den Abgrund geführt. Um die romantische Form zum Einsturz zu bringen, bedient sich Flaubert ihrer Versatzstücke, die er zumindest oberflächlich in seine Todesszene einfügt. Sie umfassen die Todesart, den Todesort und die Personen, die zugegen sind, sowie die Formen des Abschieds.

Emma Bovary wählt ihren Tod selbst. Von der antiken Mythologie über die klassische Tragödie bis hin zu den Romantikern beenden zahlreiche Frauenfiguren ihr Leben durch den Suizid. Zu den traditionell weiblichen Todesarten, die selbst herbeigeführt werden, gehört neben dem Sich-Erhängen, dem Tod durch Ertrinken und dem Sturz in die Tiefe auch der Vergiftungstod. Sowohl Racines Phèdre als auch Chateaubriands Atala, um nur zwei prominente Vergiftungstote aus der Literatur zu nennen, stillen ihre sündhaften Leidenschaften mit einem tödlichen Gift. Das Motiv des Vergiftungstods findet bereits Einzug in Flauberts Jugendwerk *Passion et vertu* (1837).[384] Nachdem die Ehebrecherin

381 Jean Starobinski, „L'échelle des températures. Lecture de corps dans *Madame Bovary*“, S. 61.

382 Ebd., S. 77.

383 Jean Starobinski, *Kleine Geschichte des Körpergefühls*, S. 23.

384 Zu den Gemeinsamkeiten und Unterschieden zwischen Mazza und Emma, die sich beide aus Gründen einer enttäuschten Leidenschaft töten, vgl. Jean Bruneau, *Les débuts littéraires de Gustave Flaubert. 1831–1845*, S. 500.

Mazza von ihrem Liebhaber Ernest, für den sie eine fatale Leidenschaft hegt, verlassen worden ist, tötet sie im Wahnsinn ihren Ehemann und ihre beiden Kinder. Wenngleich der Erzähler über die Mordmethode seiner skrupellosen Frauenfigur schweigt bzw. den Mord als Leerstelle konzipiert,[385] gibt er Hinweise auf eine Vergiftung. So berichtet der Erzähler, dass die Kinder auf die gleiche Art wie ihr Vater sterben. Ihre langsame Todesagonie geht mit einer Blässe, einer Abmagerung sowie nächtlichen Fieberanfällen einher. In ihrer Brust spüren die Kinder einen brennenden Schmerz, der sie wie Schlangenbisse von innen zerreißt.[386] Über die Todesursache seiner Protagonistin lässt der Erzähler schließlich keine Zweifel: Mazza wird sich mit der Blausäure vergiften, die sie ihrem ehemaligen Liebhaber zukommen lassen sollte.[387] Auf einem Zettel hinterlässt sie ein Geständnis ihrer heimtückischen Morde,[388] bevor sie einige Tropfen des Giftes trinkt und in einem qualvollen Todeskampf stirbt.[389]

Der Vergiftungstod wird traditionell den weiblichen Todesarten zugeordnet.[390] Als „jouissance d'un trépas plus lent"[391] ist die Vergiftung dem männlichen Todesschuss oder dem Erdolchen gegenübergestellt. Während die männlichen Selbsttötungsmethoden effizient sind, indem sie mit einer unmittelbaren Auslöschung einhergehen, offenbart sich der weibliche Suizid nicht

---

385 So endet das 5. Kapitel mit dem Hinweis auf die ‚Entrückung' der Frauenfigur: „Le cercle de sa vie n'était pas si étendu, mais c'était un monde à part, qui tournait dans les larmes et le désespoir, et qui enfin se perdait dans l'abîme d'un crime." Gustave Flaubert, *Passion et vertu*, in: *Œuvres de jeunesse*, S. 294. Der Mord an ihrem Ehemann ist als Leerstelle konzipiert. So beginnt das 6. Kapitel mit dem Hinweis auf einen schwarzen Trauerbehang. Es folgt die Beschreibung einer Beerdigung, an deren Ende sich Mazza mit einer „joie convulsive" (ebd., S. 295) auf das Sterbebett wirft, von dem der Leser nunmehr ahnt, dass es jenes ihres Ehemannes ist. Diese Vorahnung wird spätestens mit dem Eintritt der weinenden, nach ihrem Vater fragenden Kinder bestätigt. Vgl. ebd., S. 294 f.

386 Vgl. ebd., S. 296.

387 In ähnlicher Weise wie Emma betrachtet Mazza das Gift als Heilmittel für ihren durch die enttäuschte Liebe zugefügten Schmerz: „Elle passa devant le palais des rois et dit en serrant le poison dans ses deux mains : ‚Adieu l'existence, je vais me guérir de vos soucis.'" Ebd., S. 301.

388 *„J'aimais un homme ; pour lui j'ai tué mon mari, pour lui j'ai tué mes enfants. Je meurs sans remords, sans espoir, mais avec des regrets.*" Ebd.

389 Mazza, die ihren unbekleideten sinnlichen Körper vor ihrer Vergiftung noch einmal betrachtet und sich an „toutes les voluptés qu'il avait données" erinnert, stirbt auf dem Sofa „où si souvent elle s'était roulée dans les bras d'Ernest, dans les transports de l'amour." Ebd. *Mort* und *petite mort* sind im Todesort vereint.

390 Eine berühmte Ausnahme bildet der zum Tode verurteilte Sokrates, der gefasst den Schierlingsbecher trinkt.

391 François Jost, „Littérature et suicide. De Werther à Madame Bovary", S. 168.

selten als zögerlicher Akt, der nicht zwingend gelingen muss.[392] So kann dem vergifteten Körper beispielsweise ein wirksames Gegengift verabreicht werden. Doch da sich die Vergiftung im Verborgenen des Körpers abspielt und sich oftmals erst dann in Symptomen äußert, wenn die Ermittlung eines rettenden Antidots aussichtslos ist, stellt sie eine heimtückische Todesart dar, die, je nach Stärke und Dosis des gewählten Gifts, ebenso effektiv sein kann wie die typisch männlichen Selbsttötungsakte. Ein derartig effizientes Gift, gegen das sogar die versierten Naturvölker kein Antidot kennen, nimmt Chateaubriands Atala ein.[393] Ihre Vergiftung offenbart die Mestizin erst, als sie sich bereits auf ihrem Sterbebett in der Grotte befindet und ihr blasser, geschwächter Körper ein schweres Leiden erahnen lässt.[394]

Das noch heute vorherrschende Stereotyp, dass der weibliche Suizid als zögerlicher Versuch häufig unvollendet bleibt,[395] scheinen die im 19. Jahrhundert publizierten soziohistorischen Studien zum Suizid zu affirmieren. So stellt der Mediziner Brierre de Boismont in seiner 1856 veröffentlichten Studie *Du suicide et de la folie suicide* anhand von Daten aus dem Département de la Seine fest, dass die Suizidrate von Frauen weit unter der von Männern liege. Boismont sieht den Grund für die Differenz in der weiblichen Schwäche und Zaghaftigkeit sowie in ihrem Verantwortungsgefühl gegenüber Familie und Religion.[396] Boismont zitiert eine Studie des Psychiaters Guillaume Ferrus, Chefarzt im Bicêtre, das zugleich psychiatrische Klinik und Gefängnis war,[397] der von der

392 Vgl. ebd.

393 „Tout secours eût d'ailleurs été inutile ; car les Indiens mêmes, si habiles dans ce qui regarde les poisons, ne connaissent point de remède à celui que j'ai pris." François-René de Chateaubriand, *Atala – René*, S. 126.

394 Vgl. ebd., S. 119.

395 „[D]er Suizidversuch [ist] als ‚modernes' soziales Verhaltensmuster weiblich attribuiert". Christina Rachor, „Der ‚weibliche Suizidversuch'. Geschlechterstereotypen und suizidales Verhalten von Mann und Frau", S. 45. Tatsächlich ist die Suizidversuchsrate bei Frauen höher als bei Männern. Vgl. ebd., S. 46. Rachor zeigt auf, dass der weibliche Suizidversuch besonders seit dem Ende des Zweiten Weltkriegs die soziale Bedeutung des Appells annimmt. Vgl. ebd., S. 45. Es wäre zu fragen, inwiefern er bereits im 19. Jahrhundert eine Appellstruktur aufweist.

396 „Cette infériorité numérique semble déjà montrer qu'il faut, pour prendre une semblable détermination, un degré d'énergie, de courage, de désespoir, qui n'est pas en rapport avec la constitution faible et délicate de la femme. Chez elle aussi, le sentiment de la famille, le principe religieux, beaucoup plus prononcés, sont des obstacles qui luttent victorieusement contre l'idée de la destruction." A. Brierre de Boismont, *Du suicide et de la folie suicide*, S. 23 f.

397 Das in der Nähe von Paris situierte Bicêtre, das ursprünglich als Armenhaus errichtet wurde, nahm neben alten und kranken Menschen auch zahlreiche Strafgefangene und

extremen Seltenheit eines Suizids weiblicher Gefangener berichtet, obgleich sich gerade bei ihnen immer mehr Fälle von *folie* zeigten. Es sei ihre Empfindsamkeit, die die weiblichen Insassen dazu veranlasse, ihr Leid übermäßig zu exaltieren.[398] Dennoch wagen sie es nicht, ihr Leben zu beenden, was Ferrus mit einer typisch weiblichen „horreur du sang" begründet; wenn sie den Beschluss fassen, sich doch zu töten, so stelle ein „dernier instinct de coquetterie" sicher,[399] dass sie zumindest einen schmerzfreien Tod wählen, der sie körperlich nicht entstellt, ja ihre schöne Form wahrt.[400] Boismont versucht, Ferrus' Thesen zu untermauern, indem er dem weiblichen Geschlecht eine inhärente Wankelmütigkeit unterstellt, die suizidale Frauen schnell von ihren Selbsttötungsabsichten abkommen lasse.[401] So nehme der weibliche Suizid in der Regel nur die Form eines zeitweiligen Hirngespinstes an.[402]

Der Vergiftungstod, den Flaubert für seine Protagonistin wählt, entspricht auf den ersten Blick einer typisch weiblichen Todesart. Doch die Art und Weise, wie Flaubert seine vergiftete Frauenfigur ums Leben bringt, konterkariert die traditionellen Darstellungsformen des weiblichen (Vergiftungs-) Todes. Was Emma Bovary mit den antiken, klassischen und romantischen

---

geisteskranke auf. Besonders im Zuge der Französischen Revolution wurden viele politische Gefangene im Bicêtre inhaftiert. Zur gleichen Zeit entwickelte sich das Bicêtre zur Haupteinrichtung der stationären Behandlung von Geisteskranken, die aus Arbeitshäusern befreit oder aus dem überfüllten städtischen Krankenhaus ins Bicêtre gebracht wurden. Aus dem ursprünglichen Armenhaus wurde schließlich eine psychiatrische Nervenanstalt. Während der Restauration bot das Bicêtre einigen politisch verfolgten Aristokraten und Geistlichen Schutz, denen durch Mediziner wie Philippe Pinel eine Geisteskrankheit attestiert wurde. Pinel war bereits zur Zeit der *terreur* Mediziner im Bicêtre und veranlasste 1793 die Befreiung der Insassen von ihren Ketten. Vgl. Michel Foucault, *Histoire de la folie à l'âge classique*, S. 487 f.

398 Guillaume Ferrus, *Des prisonniers, de l'emprisonnement et des prisons*, S. 137, zit. nach: A. Brierre de Boismont, *Du suicide et de la folie suicide*, S. 25.

399 Ebd.

400 „[...] en recourant aux moyens qui ne causent pas de douleurs et tuent sans défigurer." Ebd. Da sich die Frauen im Gefängnis nicht ertränken oder ersticken können und sie zu schmerzvollen männlichen Todesmethoden greifen müssten, wie etwa sich den Kopf an der Kerkermauer einzuschlagen oder sich zu erhängen, gebe es laut Ferrus kaum Suizide weiblicher Insassen. Vgl. ebd.

401 „[...] il existe chez elles une mobilité de sentiments qui ne leur permet pas de s'arrêter longtemps aux mêmes choses [...]." A. Brierre de Boismont, *Du suicide et de la folie suicide*, S. 26.

402 „Sensibles au plus haut degré, elles vivent surtout par l'imagination, tandis que le raisonnement leur fait souvent défaut. Ces conditions, et d'autres que nous avons indiquées, contribuent à diminuer chez les femmes le penchant au suicide [...]." Ebd.

Frauenfiguren, deren vergiftete Körper langsam dahinsiechen, vereint, ist die Tatsache, dass der Vergiftungstod im Unterschied zu anderen Todesarten ‚gelesen' werden muss. Das Sterben der Vergifteten ist als ein auf eine gewisse Dauer gestellter Prozess angelegt, der sich in von außen sicht- und deutbaren Symptomen äußert. Dabei stellt es allerdings nicht zwangsläufig eine absichtsvolle „self-barred signature"[403] dar, den bewussten Wunsch, ein von außen lesbares Bild zu projizieren.[404] Ausgelöscht ist bei Flaubert – wie bereits bei Chateaubriands Atala – die potentielle Umkehrbarkeit des Sterbeprozesses in der Verabreichung eines wirksamen Antidots. Während bei Chateaubriand lediglich die traditionelle Medizin der Naturvölker an ihre Grenzen gelangt – bzw. ihre Mittel von vornherein durch Atala selbst als unwirksam bezeichnet und ausgeschlossen werden –, führt Flaubert im unabwendbaren, grausamen Vergiftungstod Emma Bovarys jegliche medizinischen, pharmakologischen und toxikologischen Fortschritte und Erkenntnisse seiner Epoche *ad absurdum*.

Nicht zuletzt befreit das Arsen, das Emma als Mittel ihrer Vergiftung auswählt, den weiblichen Tod von seiner stereotypen Konnotation als zaghafte „tentative réussie"[405]. Mit dem seit der Antike als Mordgift berüchtigten Arsen soll Marie Lafarge im Jahr 1840 ihren Ehegatten heimtückisch ermordet haben. Sowohl der Prozess gegen die angebliche Giftmörderin als auch ihre 1841 in der Haft publizierten Memoiren, die Flaubert bekannt waren, ließen Marie Lafarge Berühmtheit in der Kriminalgeschichte des 19. Jahrhunderts erlangen.[406] Auch für Emma Bovary wird das Arsen ein effektives Tötungs-, ja Selbst*mord*mittel darstellen, das allerdings noch im Akt der Einverleibung als harmloses, zuckerähnliches weißes Pulver („poudre blanche"[407]) erscheint.

---

403 Margaret Higonnet, „Suicide: Representations of the Feminine in the Nineteenth Century", S. 104.

404 Vornehmlich feministische Ansätze deuten den weiblichen Suizid als bewusste Forderung nach einer Deutung. Vgl. ebd. In diese Richtung argumentiert auch Elisabeth Bronfen, wenn sie Emma Bovarys Tod als Akt der „self-textualisation" bezeichnet. *Over Her Dead Body. Death, Femininity and the Aesthetic*, S. 157.

405 François Jost, „Littérature et suicide. De Werther à Madame Bovary", S. 168.

406 Wenngleich der Giftmord trotz verschiedener toxikologischer Gutachten nie eindeutig nachgewiesen werden konnte, wurde Marie Lafarge in einem skandalösen Prozess verurteilt. Nicht nur der angebliche Giftmord, auch die nervösen Attacken der körperlich geschwächten Marie Lafarge trugen zum öffentlichen Interesse an ihrem Sensationsprozess bei. Vgl. Karin Westerwelle, „Die Darstellung nervöser Krankheit in *Madame Bovary. Mœurs de province*", S. 369 f. Die Lektüre der Memoiren der Marie Lafarge wurde Flaubert von Louise Colet empfohlen. Vgl. Gustave Flaubert, Brief an Louise Colet vom 20. März 1852, *Corr. II*, S. 56 f.

407 Gustave Flaubert, *Madame Bovary*, in: *OC III*, S. 427. Die Ähnlichkeit des Arsens mit dem Zucker macht sich Homais nach dem Tod seiner Nachbarin zunutze, wenn er zur Verschleierung der Vergiftung eine „histoire d'arsenic qu'elle [Emma, S. W.] avait pris pour du sucre, en faisant une crème à la vanille" (ebd., S. 438) erfindet.

Als solches wird das Arsen in Flauberts *Dictionnaire des idées reçues* eingehen: „ARSENIC. Se trouve partout ! – Rappeler Mᵉ Lafarge. / Cependant, il y a des peuples qui en mangent !"[408] Spätestens in den Symptomen des sich im Todeskampf befindlichen Körpers – beginnend mit dem beißenden Geschmack auf der Zunge und dem unstillbaren Durst über das Erbrechen und das Abkühlen der Körperglieder hin zu den metallischen Ausdünstungen des entmächtigten Frauenkörpers, der von unkontrollierbaren Schreien und Konvulsionen heimgesucht wird,[409] – zeigt sich die Arsenintoxikation als unberechenbare, äußerst effiziente Tötungsmethode, die den weiblich konnotierten Todesarten nicht entspricht. Auf beinahe mechanische Weise wird der mit Arsen vergiftete Körper Emma Bovarys dahingerafft.

Dass Flaubert den Geschlechterstereotypen hinsichtlich der Todesarten nicht folgt, zeigt sich nicht nur am Tod Emma Bovarys. Auch Salammbô, die möglicherweise durch ein ihr verabreichtes Gift stirbt, schwindet nicht etwa langsam dahin, sondern fällt unverzüglich tot zurück. Das Gift erscheint in beiden Fällen als heimtückisches und effektives (Selbst-)Mordmittel. Die männlichen Protagonisten sterben demgegenüber einen völlig ‚unmännlichen' Tod: Während Emmas verwitweter Ehegatte Charles in einem unerklärbaren Liebestod, die Haarsträhne seiner verstorbenen Frau fest umklammernd unter der Gartenlaube, dem Rezitationsort romantischer Klischees, dahinschwindet, stirbt der Söldnerkrieger Mâtho vor den Augen der karthagischen Prinzessin einen qualvollen, unheroischen Tod. Er stirbt nicht etwa durch das Schwert eines anderen, heldenhaften Kriegers, sondern durch die Marterung der Volksmenge. Sein mutilierter Körper wird zum Gegenstand eines grausamen Opferrituals. Ein männlicher Heldentod, wie er im antiken Griechenland modellbildend wird, bleibt Mâtho verwehrt. So stirbt er nicht den schönen Tod (*kalos thanatos*) des ehrhaften Kriegers Achill, der das Schicksal eines frühen, gewaltsamen Todes selbst annimmt und in der Erinnerungskultur verewigt wird.[410] Betrachtet man alle vier Todesszenen zusammen, so lässt sich eine die Geschlechtergrenzen aufsprengende Verbindung der männlichen und weiblichen Hauptfiguren erkennen: Die langen und grausamen Sterbeszenen Emmas und Mâthos sind jenen kurzen und schmerzlosen Todesmomenten Salammbôs und Charles' gegenübergestellt.[411]

---

408 Gustave Flaubert, *Le Dictionnaire des idées reçues*, s. v. „arsenic", S. 50.

409 Vgl. Gustave Flaubert, *Madame Bovary*, in: *OC III*, S. 428 f.

410 Vgl. Jean-Pierre Vernant, *La Mort héroïque chez les Grecs*, S. 13–18. Mâthos Leichnam entspricht dem „cadavre outragé" eines Hector. Ebd., S. 32. Vgl. Kap. 3.3.

411 Vgl. hierzu bereits Mary Orr, „Death and the *Post Mortem* in Flaubert's Works", S. 108. Orr deutet die Todesszenen in Flauberts Romanen *Madame Bovary* und *Salammbô* vor der Folie des berühmten „double death" von Shakespeares Romeo und Juliet. Ebd. Der Tod erfahre eine Dopplung in seinen extremsten Formen: als lange Todesagonie und als unmittelbarer *„rigor mortis"*. Ebd.

Es wird häufig behauptet, dass Emma ihren Suizid, der ja auf den ersten Blick einer typisch weiblichen Todesart entspricht, bewusst als romantischen Tod inszeniert. Zumindest der „transport d'héroïsme“[412], mit dem sie sich zum Giftschrank des Apothekers begibt, könnte auf den Wunsch verweisen, die livresken Heldinnen auch im Tod nachzuahmen. Allerdings erscheint der Suizid nicht als sorgfältig geplante Handlung, wie sie eine bewusste Imitatio darstellen würde, sondern als spontaner, unüberlegter Akt der Selbstauslöschung.[413] So bezeichnet „transport“ im übertragenen Sinne eine „[v]iolente manifestation inspirée par la passion“[414], also einen unkontrollierten, von Affekten gesteuerten Akt.[415] Emmas Heroismus evoziert nicht nur die Heldinnen der Liebesliteratur,[416] sondern er erinnert den aufmerksamen Leser ebenso an die Verführungsrede des Rodolphe auf den *comices agricoles*. Nachdem der Verführer seinen Überdruss am *devoir* kundgetan hat, der seiner Meinung nach nicht Ausdrucksform eines von der Gesellschaft auferlegten Pflichtbewusstseins, sondern eines Empfindungsvermögens von Größe und Schönheit sein solle,[417] spricht er sich gegen eine Zügelung der *passions* aus, die er in einer rhetorischen Frage als „la seule belle chose qu'il y ait sur la terre, la source de l'héroïsme, de l'enthousiasme, de la poésie, de la musique, des arts, de tout enfin“[418] betrachtet. Das Heldentum wird in der im allgemeingültigen „tout“ endenden Enumeratio dessen, was die Leidenschaften zu schöpfen fähig sind, degradiert. Auf eine Ebene mit den schönen Künsten gestellt, ist das Heldentum nicht länger ein herausragender Akt ohnegleichen. Anstatt eine selbstlose,

---

412 Gustave Flaubert, *Madame Bovary*, in: *OC III*, S. 426.

413 Bereits Sartre stellt fest, dass Emmas Suizid aus einem plötzlichen Impuls heraus erfolgt: „Et en même temps [le] suicide [d'Emma est] *ponctuel* ([elle] ne l'aurait pas fait le lendemain).“ Jean-Paul Sartre, *Notes sur „Madame Bovary“*, S. 804.

414 Pierre Larousse, *Grand Dictionnaire universel du XIXe siècle*, Bd. XV, s. v. „transport, s. m.“, S. 423.

415 Der Suizid ist also nicht, wie Jörg Dünne behauptet, „Emmas selbstbewußtester Akt im ganzen Roman“. *Asketisches Schreiben. Rousseau und Flaubert als Paradigmen literarischer Selbstpraxis in der Moderne*, S. 262.

416 „Alors elle se rappela les héroïnes des livres qu'elle avait lus […].“ Gustave Flaubert, *Madame Bovary*, in: *OC III*, S. 293. Vgl. auch Léons Wahrnehmung seiner Geliebten, die von livresken Klischees geprägt ist: „Elle était l'amoureuse de tous les romans, l'héroïne de tous les drames […].“ Ebd., S. 384.

417 „Eh ! parbleu ! le devoir, c'est de sentir ce qui est grand, de chérir ce qui est beau, et non pas d'accepter toutes les conventions de la société, avec les ignominies qu'elle nous impose.“ Ebd., S. 277.

418 Ebd.

aufopferungsvolle Hingabe für einen großen, edlen Zweck zu verkörpern,[419] scheint das Heldentum bereits an dieser Stelle als selbstbezüglicher Akt auf, der durch die Exaltation der Leidenschaften künstlich heraufbeschworen werden kann. Von ihrer enttäuschten Liebesleidenschaft überwältigt, wird sich Emma Bovary in einer ebenso selbstbezüglichen ‚Heldentat' zum Giftschrank des Apothekers begeben. Nach der Einverleibung des weißen Arsenpulvers wird ihr beinahe das Gefühl einer Pflichterfüllung zuteil.[420] Das Adverb „presque", das Flaubert an dieser Stelle benutzt, sei hervorgehoben, denn es verkehrt auf subtile Weise den Heroismus zu einer unvollendeten Tat, die nicht einmal das ausführende Subjekt, die Heldin, glücklich stimmt. Bereits Emmas anfänglicher „transport d'héroïsme" wird durch den eingeschobenen Relativsatz „qui la rendait *presque* joyeuse [Herv. S. W.]"[421] konterkariert. Auch wenn Emma potentiell als Heldin in Erscheinung treten könnte,[422] wird sie als solche nicht reüssieren. Emma opfert sich nicht für ein höheres Gemeinwohl, sondern um sich selbst zu vernichten. Ihr Suizid ist eine eigennützige Tat, die ironischerweise mit einer Pflichterfüllung der Leidenschaften, wie sie in Rodolphes Verführungsrede über den *devoir* auftritt, einhergeht, nicht aber mit einem selbstlosen Pflichtgefühl, wie es traditionell für eine Heldentat vorgesehen ist.

Wenngleich der Akt der Selbstvergiftung, wie aufgezeigt, nicht als bewusst geplante Imitatio der livresken Heldinnen erfolgt, so rufen die Begriffe *héroïsme*, *devoir* und *sérénité* in hyperbolisch-klischeehafter Form die Todesszenen romantisch-sentimentaler Frauenfiguren in Erinnerung. Sowohl Chateaubriands sich vergiftende Atala als auch Richardsons willentlich dahinschwindende Clarissa – um nur zwei prominente Beispiele zu nennen – sind als tugendhafte Sterbende stilisiert, deren selbst herbeigeführter bzw. herbeigesehnter Tod einer Pflichterfüllung gleichkommt, die verlorene Keuschheit wiederherzustellen oder zumindest zu sühnen. Sie werden als heldenhafte

---

419 Pierre Larousse definiert das Heldentum wie folgt: „Vertu ou action héroïque ; grandeur d'âme qui fait le héros ; dévouement, généreux sacrifice fait dans l'intérêt d'une grande et noble cause". *Grand Dictionnaire universel du XIX*[e] *siècle*, Bd. IX, s. v. „héroïsme, s. m.", S. 239. Der Aspekt der selbstlosen Hingabe wird besonders hervorgehoben: „L'*héroïsme* […] consiste avant tout dans le désintéressement et le sacrifice." Ebd., S. 240.

420 „Puis elle s'en retourna subitement apaisée, et presque dans la sérénité d'un devoir accompli." Gustave Flaubert, *Madame Bovary*, in: *OC III*, S. 427.

421 Ebd., S. 426.

422 „L'*héroïsme* peut, à un moment donné, se produire chez l'être le plus vulgaire, pourvu qu'il ait inné dans l'âme un profond sentiment du devoir et de la générosité […]." Pierre Larousse, *Grand Dictionnaire universel du XIX*[e] *siècle*, Bd. IX, s. v. „héroïsme, s. m.", S. 239.

Märtyrerinnen gerühmt, die sich in tapferer Abgeklärtheit ihrem unabwendbaren Schicksal stellen.[423] An dieser Stelle offenbart sich der ‚Freitod', der in der Epoche der Romantik zur „triumphalen Geste der Selbstermächtigung [...] sublimiert"[424] wird, als unfreier Akt.

Ist es möglich, Emmas Bovarys Suizid als freien Akt zu werten? Flauberts Protagonistin opfert sich nicht für ein höheres Gut, wie es etwa die Tugend ihrer romantischen Vorgängerinnen darstellt. Von einem zu erfüllenden *devoir* kann nur in ironischer Reminiszenz an die Romantiker die Rede sein. Emma stirbt, weil sie an ihrer Seele leidet. Nicht um ihre romantischen Vorbilder weiter nachzuahmen, sondern um ihre eigene Existenz auszulöschen, ihr Ich zu vernichten, wählt sie den Freitod. Emmas Suizid ist zwar eine Affekthandlung, doch sie geht mit einer gewissen Selbstermächtigung einher, die erst nach der Einnahme des tödlichen Giftes in eine radikale Entmächtigung des Subjekts umschlägt.[425]

Emmas grausamer Vergiftungstod spielt sich vor einer den romantischen *deathbed scenes* verwandten Kulisse ab: Das Bett, in das sich die vergiftete Frauenfigur legt[426] und das bereits an anderer Stelle als Krankenbett diente,[427] wandelt sich nunmehr zum Sterbebett, um das sich im Verlauf der Agonie verschiedene Personen – ihr Gatte, der Apotheker Homais, zwei Ärzte, ihre Tochter Berthe, ihr Dienstmädchen sowie der Priester Bournisien – versammeln. War das Bett während der langen Krankheit, an der Emma zu sterben glaubte, Kulisse für eine Todesvision, in der eine Bildlichkeit an die Stelle des Körpers rückte,[428] so wird auf dem Sterbebett kein mystisches Innenbild, sondern der vergiftete

---

423 Dies gilt auch für Bernardin de Saint-Pierres Virginie, die ihre „yeux sereins" vor dem Ertrinken zum Himmel richtet und wie „un ange qui prend son vol vers les cieux" erscheint. *Paul et Virginie*, S. 181. Chateaubriand lobt den religiös motivierten, unabwendbaren Tod des jungen Mädchens, das sich weigert, seine Kleider vor dem Sprung ins Wasser abzulegen, als erhaben: „Il y a plus ; c'est en effet la religion qui détermine la catastrophe : Virginie meurt pour conserver une des premières vertus recommandées par l'Évangile. Il eût été absurde de faire mourir une Grecque, pour ne vouloir pas dépouiller ses vêtements. Mais l'amante de Paul est une vierge *chrétienne*, et le dénouement, ridicule sous une croyance moins pure, devient ici sublime." François-René de Chateaubriand, *Essai sur les révolutions. Génie du christianisme*, S. 706.

424 Jürgen Schlaeger, „Poetik des Todes. Zur Ästhetisierung des Endes in der englischen Romantik", S. 520 f.

425 Vgl. Karin Westerwelle, „Die Darstellung nervöser Krankheit in *Madame Bovary. Mœurs de province*", S. 416 f.

426 „Et elle se coucha tout du long sur son lit." Gustave Flaubert, *Madame Bovary*, in: *OC III*, S. 428.

427 Vgl. Kap. 2.2.2.

428 Vgl. ebd.

Körper selbst zum Gegenstand der Betrachtung. In einer autoreferenziellen Beobachtung versucht Emma, die Symptome der Arsenvergiftung zu erspüren: „Elle s'épiait curieusement, pour discerner si elle ne souffrait pas. Mais non ! rien encore."[429] Ging die Todesvision auf dem Krankenbett neben der Vernichtung der körperlichen Wahrnehmung ebenso mit einer völligen Ausschaltung der Außenwelt einher, ist es nunmehr Letztere, die sich im Schlagen der Penduluhr, im Knistern des Kaminfeuers sowie in Charles' Atmen dem Bewusstsein des leidenden Körpers aufdrängt.[430] Die leisen, gleichmäßig und mechanisch ertönenden Geräusche der Außenwelt kündigen die Agonie Emmas an, deren vergifteter Körper in einer mechanischen Reaktion auf das Arsen Geräusche produzieren wird, die in ihrer Lautstärke und intermittierenden Ungleichmäßigkeit mit den eintönigen, ruhigen Klängen der Umgebung interferieren werden. Die harmonischen Geräusche der Außenwelt – denen im Vanitassymbol der Uhr sowie im Atmen, das gleichzeitig auf das Leben und die Sterblichkeit verweist, bereits eine Spannung eingeschrieben ist – werden einer quälenden Dissonanz weichen. Doch zunächst wird ein sentimentales Todesbild evoziert, das in Erinnerung ruft, wie die Alten, und ihrem Vorbild folgend insbesondere die Romantiker, den Tod gebildet haben: „„Ah ! c'est bien peu de chose, la mort ! pensait-elle [Emma, S. W.] ; je vais m'endormir, et tout sera fini !""[431] Emma antizipiert ihren Tod nach dem Muster der romantisch-sentimentalen Sterbebettszenen als friedliches Entschlafen.[432] Doch bereits an dieser Stelle ist eine Diskrepanz zum romantischen Dahinscheiden erkennbar. Während Letzteres in der Regel mit der Erwartung eines jenseitigen Himmelreichs einhergeht,[433] das heißt mit einem Leben nach dem Tod, das in die göttliche Ewigkeit verlagert wird und somit die irdische Endlichkeit aufsprengt, folgt Emmas Todeserwartung den Kategorien einer irdischen Zeitlichkeit. So impliziert die *participe passé*-Form *fini* eine terminierte Existenz, die im Tod zu einem definitiven Abschluss kommt. Während die romantischen Heldinnen auf dem Sterbebett das grenzenlose, göttliche *infini* ersehnen, wünscht sich Emma die völlige Vernichtung ihrer Existenz herbei. Im allumfassenden „tout" ist das Ende von Körper und Seele gleichermaßen vorherbestimmt. Von einer herbeigesehnten „consolation de la religion", die noch in einer Manuskriptfassung

---

429 Gustave Flaubert, *Madame Bovary*, in: *OC III*, S. 428.

430 „Elle entendait le battement de la pendule, le bruit du feu, et Charles, debout près de sa couche, qui respirait." Ebd.

431 Ebd.

432 Laut Lessing findet das Bild vom Tod als Bruder des Schlafes seinen Ursprung bereits in der Antike. Vgl. Gotthold Ephraim Lessing, *Wie die Alten den Tod gebildet*, S. 201–219.

433 Berühmte Beispiele sind Bernardin de Saint-Pierres Virginie, Richardsons Clarissa, Chateaubriands Atala sowie Harriet Beecher Stowes Little Eva.

der Todesszene auftaucht,[434] ist in der Endfassung des Romans keine Rede mehr.

„Le christianisme est à son lit de mort."[435] Dem in einem frühen Notizbuch nüchtern konstatierten Sinnbild des sterbenden Christentums hat Flaubert mit seiner Todesbettszene Emma Bovarys, in der jegliche religiöse Heilserwartung unterminiert wird, nunmehr eine Form verliehen. In diesem Sinne ist nicht nur das romantische Dahinscheiden ausgelöscht, das im häufig gewählten Begriff des *trépas* immer schon eine Grenzüberschreitung, einen Übergang (*passage*) in ein den irdischen Raum aufsprengendes Totenreich impliziert.[436] Auch traditionelle christliche Sterbeszenen, deren Schauplatz häufig das von Familienmitgliedern sowie Geistlichen umgebene Sterbebett bildet, werden von Flaubert zitiert und zu Fall gebracht.

Wie Michel Vovelle herausgestellt hat, finden sich in den prunkvoll illustrierten spätmittelalterlichen Stundenbüchern (*livres d'heures*) zahlreiche Darstellungen von Todesszenen. Auf dem Sterbebett porträtiert wird in der Regel ein bürgerlicher Mann, der von (meist weiblichen) Familienangehörigen und mindestens einem Geistlichen umgeben ist.[437] Eine beliebte Szene ist die der

---

434 Gustave Flaubert, *Les manuscrits de* Madame Bovary. *Édition intégrale sur le web*, „Plans et scénarios, folio 37, Scénario d'ensemble, fin de la partie II, partie III". In seinem Manuskript verweist Flaubert auf die Erwartung einer „belle mort", eines ruhigen Dahinscheidens („le calme lui revient quand elle est sûre de mourir"). Gleichzeitig konzipiert er die „détails médicaux & précis", die die Todesagonie in der Endfassung bestimmen werden. In einer Randnotiz vermerkt Flaubert außerdem Emmas Wunsch nach einem Begräbnis nach dem Vorbild der romantischen Heldinnen: „elle ordonne qu'on l'ensevelisse de telle *dans du velours*. façon les cheveux épanchés sur les épaules par-dessus son linceul - ‚elle avait lu cela dans un livre'". Ebd. Die Vorkehrungen für die eigene Bestattung erinnern an die minutiöse Planung, die Richardsons Clarissa auf dem Sterbebett für ihr Begräbnis vornimmt. So berichtet John Belford seinem Freund Lovelace in einem Brief von dem Grabstein, dem Grabschmuck und der Grabinschrift, die Clarissa selbst entworfen hat. Auch der Sarg und das Totenkleid werden vor dem Tod ins Sterbezimmer bestellt. Vgl. Samuel Richardson, „Letter 451: Mr Belford to Robert Lovelace, Esq.", in: *Clarissa, or The History of a Young Lady*, S. 1305–1307. In der Endfassung von Flauberts Roman ist es nicht mehr Emma, die die Bestattungswünsche äußert, sondern Charles. Vgl. Kap. 2.4.

435 Gustave Flaubert, *Cahier intime de 1840–1841*, in: *Œuvres de jeunesse*, S. 752.

436 Vgl. *Dictionnaire de l'Académie française* von 1835 (online), s. v. „trépas, s. m.": „Décès, mort de l'homme, passage de la vie à la mort." Eine exemplarische Beschreibung des in das Himmelreich überführenden *trépas* findet sich in Chateaubriands *Atala*: „L'humble grotte était remplie de la grandeur de ce trépas chrétien, et les esprits célestes étaient, sans doute, attentifs à cette scène où la religion luttait seule contre l'amour, la jeunesse et la mort." François-René de Chateaubriand, *Atala – René*, S. 136.

437 Vgl. Michel Vovelle, *La mort et l'Occident*, S. 147.

Sterbekommunion und der Krankensalbung: „C'est en tout cas la scène qui est la plus dramatisée : le prêtre dispose les accessoires de l'onction ; le malade tient un cierge en main ou on le tient pour lui."[438] Die Confessio wird nur selten dargestellt.[439] Der Fokus liegt auf der Gabe der christlichen Sakramente, auf der Vorbereitung eines jenseitigen Lebens. Aus diesem Grund wird dem selten anwesenden Mediziner die untergeordnete Rolle eines „comparse occasionnel"[440] zuteil. Ab dem 15. Jahrhundert rückt das Sterbebett ebenso ins Zentrum der *artes moriendi*, also christlicher Erbauungsschriften, die auf einen guten Tod vorbereiten sollten und zum Verständnis der *laici* reich illustriert waren.[441] Der „grand drame cosmique"[442] des Jüngsten Gerichts ist in das intime Sterbezimmer verlagert, dessen Mittelpunkt das Sterbebett bildet.[443] Es ist traditionell von Familienangehörigen umgeben.[444]

Auch bildliche Darstellungen des Marientodes bedienen sich der Kulisse des Sterbebettes. Die Dormitio ist die vom Hochmittelalter bis zum 17. Jahrhundert am häufigsten dargestellte Todesszene und Inbegriff der „bonne mort".[445] Auf Heiligen- und Andachtsbildern ist die Dormitio als Zeremonie dargestellt: Um das monumentale Sterbebett, auf dem die Jungfrau in friedlicher Pose wie schlafend liegt, versammeln sich zahlreiche Apostel, von denen einer die Sterbekerze überreicht bzw. sie in die Hände der Maria legt, die die Kerze nicht mehr aus eigener Kraft zu halten vermag. Unter den Aposteln ist häufig Petrus dargestellt, der mit einem Weihwasserwedel den Körper der Sterbenden benetzt. Ein weiterer Apostel entzündet Weihrauch, während ein anderer aus einem liturgischen Gebetbuch liest.[446] Die traditionellen Darstellungen der Dormitio, wie beispielsweise die zahlreichen zweidimensionalen Ikonen, die

438 Ebd., S. 147 f.

439 Vgl. ebd., S. 147.

440 Ebd., S. 148.

441 Vgl. Philippe Ariès, *L'homme devant la mort*, Bd. I, S. 110.

442 Ebd., S. 109.

443 „Le drame a quitté les espaces de l'au-delà. Il s'est rapproché et il se joue maintenant dans la chambre même du malade, autour de son lit." Ebd., S. 110. In Darstellungen des Jüngsten Gerichts fungiert das Sterbebett als „lieu immémorial de la mort", als „symbole de l'amour et du repos", bis es sich schließlich in der Moderne zu einem „matériel technologique d'hôpital, réservé aux grands malades" wandelt. Ebd.

444 Vgl. ebd., S. 110 f.

445 Vgl. Philippe Ariès, *Images de l'homme devant la mort*, S. 102. Der Begriff der Dormitio, des Entschlafens, leitet sich aus der Grabterminologie der Alten Kirche ab. Vgl. ebd. Im 17. Jahrhundert wird die Dormitio abgelöst durch die Darstellung der intimen Todesszene des einsam sterbenden heiligen Josef, über dessen Tod keine Überlieferungen existieren. Vgl. ebd.

446 Vgl. ebd. sowie ders., *L'homme devant la mort*, Bd. I, S. 142.

die auf dem Sterbebett liegende Maria zum Betrachter gewandt und vor einem goldfarbenen Hintergrund mit sakralen Symbolen und Gegenständen, wie dem Heiligenschein oder der Sterbekerze, ausstaffiert porträtieren, werden bereits im frühen 17. Jahrhundert durch Caravaggios unkonventionell-‚realistische' Darstellung des Marientodes unterlaufen. Sein 1605/1606 fertiggestelltes Gemälde *Morte della Vergine* zeigt den in ein rotes Kleid gehüllten Körper der auf eine Liege gebetteten Maria in seiner physischen Präsenz. Als sakrales, die Gottesmutter identifizierendes Element fungiert nur noch der kaum sichtbare Heiligenschein, der über dem nach hinten geneigten, auf einem Kissen ruhenden Kopf eingezeichnet ist. Der linke Arm ist in den Bildvordergrund ausgestreckt; die Hand ragt leblos über den Kissenrand empor.[447] Maria ist nicht als Sterbende, sondern als Tote dargestellt, was nicht zuletzt die der Todesszene beiwohnenden weinenden Figuren illustrieren. Die von ihren Händen oder vom Schatten bedeckten Gesichter erschweren es, die einzelnen Apostel zu identifizieren, die zudem keine liturgischen Gegenstände bei sich tragen. Auf das Gesicht der Toten fällt hingegen ein helles Licht, wodurch ihre physische Präsenz verstärkt wird. Der wie ein Theatervorhang an der Decke drapierte rote Stoff verleiht der Szene einen dramatischen Charakter. Caravaggios krude Darstellung des Marientodes, den er für die Kirche Santa Maria della Scala malte, wurde von den geistlichen Auftraggebern als dem heiligen Ort unwürdig abgewiesen.[448] Als besonders anstößig und unschicklich empfanden die Karmeliter die nackten Füße der in einfache Gewänder gehüllten Apostel sowie die entblößten, über der Bettkante hinausragenden Beine der Madonna, kennzeichnet die Barfüßigkeit doch traditionell den sündhaften Menschen.[449]

In der Sterbebettszene Emma Bovarys wird die physische Präsenz des leidenden Körpers auf die Spitze getrieben. Beginnend mit der Bitte an Charles, ihr „pas une seule question"[450] bezüglich der Ursache ihres Leidens zu stellen, rückt das Bewusstsein der Protagonistin mehr und mehr auf die körperlich-sinnliche, nonverbale Ebene. Das Abschiednehmen und die Vorbereitung auf das göttliche Himmelreich, die im Zentrum romantischer und religiöser

---

447 Vgl. Philippe Ariès, *Images de l'homme devant la mort*, S. 109.

448 Vgl. Klaus Schreiner, *Rituale, Zeichen, Bilder. Formen und Funktionen symbolischer Kommunikation im Mittelalter*, S. 203. Für weiterführende Literatur zu den Gründen der Ablehnung vgl. ebd., Anm. 227.

449 Vgl. ebd., S. 203 f. Besonders für die Figur der Gottesmutter sind die entblößten Füße in hohem Maße skandalös: „Nackte Füße eines Sterbenden, die diesen als sündhaften Menschen ausweisen, der der Buße bedarf, widersprachen dem Gedanken von Marias unbefleckter Empfängnis. Als sündenlose, vom Makel der Erbsünde verschonte Frau war sie der Pflicht zur Buße enthoben." Ebd., S. 204.

450 Gustave Flaubert, *Madame Bovary*, in: *OC III*, S. 428.

Sterbebettszenen stehen, werden bei Flaubert von einer kruden Körperlichkeit überlagert. Die anfängliche Vorstellung eines ruhigen Dahinscheidens weicht einem unkontrollierbaren, unaufhaltbaren Todeskampf. Die romantische Sprache ist auf die körperliche Ebene der „verité du sentir"[451] verschoben. Folglich kann Emmas Agonie nicht als eigens konstruierte, simulierte „mise en scène"[452], die einem romantischen Modell folgt,[453] betrachtet werden. Auch wenn denkbar ist, dass sich Emma neben dem ruhigen Entschlafen ein körperliches Leiden herbeigesehnt hat – dieser Schluss ließe sich aus ihrer Autoobservation der Leidenssymptome nach der Einnahme des Giftes ziehen –, führt sie ihre Symptome nicht künstlich herbei:[454] Im Unterschied zu vorhergehenden hysterischen Krisen sind die Leidenssymptome in der Todesszene nicht psychologisch bedingt, sondern sie äußern sich im mit Arsen vergifteten Körper. Als „ästhetisches Darstellungs- und Kommentarmedium"[455] verbildlicht die Hysterie nunmehr die fortschreitende „körperliche Entmächtigung"[456] Emma Bovarys.

Die Vergiftungssymptome setzen ein mit einem grauenvollen Tintengeschmack, großem Durst, plötzlicher Übelkeit und einem starken Kältegefühl.[457] Nach außen manifestieren sie sich zunächst in Ausrufen, die der im Zimmer anwesende Charles nicht zu deuten vermag. Die anfänglichen Anweisungen, wie etwa das Fenster zu öffnen, weichen hörbaren Reaktionen des vergifteten Körpers, über den Emma nicht mehr verfügen kann. Sie reichen vom hohen Schrei („cri aigu"), der durch die Hand des Gatten auf ihrem Magen erzeugt wird, über ein klägliches Wimmern („Puis elle se mit à geindre, faiblement d'abord"), das immer lauter wird („Peu à peu, ses gémissements furent plus forts"), und das

451 Jean Starobinski, „L'échelle des températures. Lecture de corps dans *Madame Bovary*", S. 77.

452 Rudolf Behrens, „La représentation de l'agonie d'Emma et les désillusions du discours médical", S. 39.

453 „Dans ce cas, face à la mort, elle projetterait encore sa douleur physique sur le meurtre romantique et les sensations qui en participent […]." Ebd., S. 40.

454 Die Autoobservation ist somit nicht als „narcissisme hystérique feint" zu verstehen. Ebd., S. 42.

455 Karin Westerwelle, „Die Darstellung nervöser Krankheit in *Madame Bovary. Mœurs de province*", S. 417.

456 Ebd., S. 416.

457 Vgl. Gustave Flaubert, *Madame Bovary*, in: *OC III*, S. 428. Der „froid de glace" (ebd.), der in Emma von den Füßen bis zum Herzen aufsteigt, ist nicht nur ein Vergiftungssymptom, sondern ebenso ein unverkennbares Todeszeichen: „*Le refroidissement du corps* est un phénomène cadavérique qui ne manque jamais". Mateo Orfila, *Traité de médecine légale*, Bd. I, S. 477.

Klappern der Zähne („Ses dents claquaient") hin zu einem dumpfen Gebrüll („hurlement sourd").[458] Die animalischen Laute, die der leidende Körper produziert, werden von unkontrollierten Kieferbewegungen, Anfällen von Schüttelfrost, einer starken Blässe sowie Konvulsionen begleitet.[459] Das bläuliche Gesicht der Vergifteten erstarrt hinter metallischen Ausdünstungen.[460] Der einer Ärztefamilie entstammende Autor unternimmt eine klinisch detaillierte Beschreibung der Vergiftungssymptome, die dem zeitgenössischen Wissen über die Intoxikation entspricht.[461] Es sind jedoch nicht die unverkennbaren Symptome, die dem *officier de santé* Charles die Vergiftung seiner Frau offenbaren, sondern der Brief, den Emma vor ihrer Agonie verfasst hat und den ihr Gatte erst nach ihrem Tod lesen soll.

Der Brief, den Emma mit völliger Seelenruhe versiegelt und mit Datum und Uhrzeit versieht, bevor sie sich in einem „ton solennel" an ihren Gatten wendet,[462] mutet sowohl formal (in der Datums- und Zeitangabe) als auch in der posthum beabsichtigten Lektüre[463] wie ein Abschiedsbrief an. Doch im Unterschied zu jenen Selbstmördern, die ihre letzten Worte heimlich verfassen und deren Abschiedsbriefe erst nach ihrem Tod – häufig am Ort des Suizids zusammen mit der Leiche – gefunden werden,[464] schreibt Emma ihren letzten Brief vor den Augen ihres ahnungslosen Gatten. Mit dem Redeverbot, das sie ihm (und sich) in der Folge erteilt, werden die Zeilen des Briefes die letzten bewusst gewählten Worte des Abschieds darstellen. In Emmas Abwendung von der Außenwelt wird die Möglichkeit des persönlichen Abschieds zunichte gemacht. Die rührenden letzten Worte und Gesten ihrer romantischen Vorgängerinnen, die sich mit ausschweifenden Liebesbekundungen, ruhigen Gesprächen über ein Wiedersehen im jenseitigen Himmelreich sowie tränenreichen Umarmungen auf dem Sterbebett von ihren Liebsten verabschieden, sind in

458 Gustave Flaubert, *Madame Bovary*, in: *OC III*, S. 429.

459 Vgl. ebd.

460 „Des gouttes suintaient sur sa figure bleuâtre, qui semblait comme figée dans l'exhalaison d'une vapeur métallique." Ebd.

461 Vgl. Robert S. April, „Representation of the Dead Body in Literature and Medical Writing during the Restoration in France (1799–1848)", S. 72 f. Zu den medizinischen Quellen, die Flaubert zur Beschreibung der Arsenintoxikation verwendet und zu denen in erster Linie Mateo Orfilas *Traité de médecine légale* gehört, vgl. Douglas Siler, „La mort d'Emma Bovary: sources médicales".

462 Gustave Flaubert, *Madame Bovary*, in: *OC III*, S. 428.

463 „‚Tu la liras demain […].'" Ebd.

464 Vgl. Marie Isabel Schlinzig, *Abschiedsbriefe in Literatur und Kultur des 18. Jahrhunderts*, S. 181. Schlinzig konstatiert eine „bewusst arrangierte, raumzeitliche Nähe zwischen Schrift und Leiche". Ebd.

Emmas Todesagonie in selbstbezogene schmerzerfüllte Schreie, Konvulsionen und Tränen verkehrt. Weder von Emma selbst noch von den der Todesszene beiwohnenden Personen werden Worte des Abschieds ausgesprochen. Insbesondere der Ehegatte, dem eigentlich die Rolle zukäme, seine Frau im Sterben zu begleiten, ihr Trost zu spenden und letzte Worte der Liebe zu versichern, versinkt in seiner eigenen Trauer und Ohnmacht sowie in Selbstvorwürfen, nachdem er von der selbst herbeigeführten Vergiftung erfahren hat.[465] Der Abschied von ihrer Tochter, die Emma noch einmal zu sehen wünscht, pervertiert die rührseligen Abschiedsszenen der sentimental-romantischen Literatur schließlich zu einer schaurigen Schreckensvision: Mutter und Kind sind sich gänzlich fremd; während Emma auf Berthes Frage nach der Amme an ihre unheilvollen Liebschaften erinnert wird und sich, ihr inneres Leiden spürend, abwendet,[466] weicht das Kind beim gruseligen Anblick der großen Augen seiner blassen, schwitzenden Mutter angsterfüllt von der Bettkante zurück. An die Stelle der traditionellen mütterlichen Geborgenheit und Nähe rückt eine das Band der Mutterschaft auftrennende unheimliche Distanz.[467] Emma Bovarys

---

465 Auf Charles' Selbstvorwürfe und verzweifelten Fragen nach den Gründen für Emmas Suizid folgen nur nebulöse, knappe Antworten („Il le fallait, mon ami. [...]'" Gustave Flaubert, *Madame Bovary*, in: *OC III*, S. 430), die in einer schwachen Geste der Zuneigung münden, die die Verzweiflung des Gatten zwar nur noch mehr steigert, aber gleichzeitig als ultimativer Liebesbeweis gedeutet wird: „Et elle lui passait la main dans les cheveux, lentement. La douceur de cette sensation surchargeait sa tristesse ; il sentait tout son être s'écrouler de désespoir à l'idée qu'il fallait la perdre, quand, au contraire, elle avouait pour lui plus d'amour que jamais [...]." Ebd. Auch Chateaubriands Chactas stellt seiner Geliebten Atala die Frage nach seiner Schuld an ihrem Suizid. Doch wenngleich sich die Mestizin in ähnlicher Weise wie Emma kurz vor ihrem Tod befindet, sich „les ombres de la mort" bereits um ihre Augen und ihren Mund abzeichnen, ist sie noch fähig, ihren Geliebten mit der Erinnerung an ihr gemeinsames Glück zu besänftigen. François-René de Chateaubriand, *Atala – René*, S. 137. Sie reicht Chactas ihr Kruzifix als Andenken, bevor sie ihm in einer langen Rede ihre Erwartung eines Wiedersehens im Himmelreich mitteilt und ihn dazu auffordert, zum Christentum zu konvertieren. Vgl. ebd., S. 138.

466 „[...] Mme Bovary détourna sa tête, comme au dégoût d'un autre poison plus fort qui lui remontait à la bouche." Gustave Flaubert, *Madame Bovary*, in: *OC III*, S. 431.

467 Flauberts ‚Abschiedsszene' zwischen Mutter und Tochter steht in einem scharfen Kontrast zur Abschiedsszene zwischen Charlotte Temple, der Protagonistin aus Susanna Rowsons gleichnamigem Verführungsroman (1794), und ihrer Tochter Lucy. Vom Lieutenant John Montraville verführt und verlassen, bringt die junge Charlotte mittellos und fern von ihrer englischen Heimat in Amerika ein Kind zur Welt. Von einer Krankheit zum Tode bestimmt, kann Charlotte erst friedlich entschlafen, als sie ihr Kind ein letztes Mal in den fürsorglichen Armen ihres angereisten Vaters sieht: „Unable to finish the sentence, she sunk back on her pillow: her countenance was serenely composed; she regarded her

Körper, dessen einstige Schönheit längst gewichen ist, hat sich in eine Schreckensgestalt transformiert. Die verführerische Aura, die den schönen Körper im Prozess des steten Zerfalls, im selbst herbeigeführten Dahinschwinden an anderer Stelle noch umgab,[468] ist nunmehr gänzlich absent. Die düstere Vision des dahinsiechenden Körpers, die sich dem Leser in der Reaktion der kleinen Berthe andeutet, wird der noch unheimlicheren Vision eines Körpers weichen, der bereits im Sterbeprozess als Leichnam inszeniert ist.

Die einzigen bewusst gesetzten Worte des Abschieds finden sich in Emmas Brief. Sie entstammen einem vorgefertigten Sprachrepertoire und gehen der Todesagonie und somit der Verschiebung auf die Sprache der Sinne voraus. Wenngleich der Leser im Unklaren über die inhaltlichen Details des von Charles hektisch aus dem Umschlag gerissenen und laut vorgelesenen Briefes bleibt, so erfährt er doch einen entscheidenden Satz: „*Qu'on n'accuse personne…*"[469] Der weitere Verlauf des Briefes verliert sich in der Leerstelle am Ende des Satzes, die typographisch durch die Auslassungspunkte markiert ist. Im Folgenden beschränkt sich der Erzähler darauf, von der zunächst entgeistert abgebrochenen und sodann wiederaufgenommenen Lektüre des Gatten sowie dessen fassungsloser Reaktion zu berichten, die im unaufhörlichen Ausruf der Todesursache mündet.[470] Im Gegensatz zu den berühmten letzten Briefen, die Richardsons Clarissa an ihre Hinterbliebenen oder Goethes Werther an seine Lotte verfasst und die dem Leser einen intimen Einblick in die Innenwelt der Briefverfasser gewähren, verschwindet Emmas Innerlichkeit, die die wahren Beweggründe für ihren Suizid verbirgt, hinter einer vorgefertigten Abschiedsformel, die schon im Kursivdruck als *idée reçue* ausgewiesen ist. Wie Brierre de Boismont in seiner Analyse von Abschiedsbriefen herausstellt, findet sich die Formel *Qu'on n'accuse personne* an fünfter Stelle der schriftlich ausgedrückten „derniers sentiments" von Selbstmördern.[471] Boismont ordnet die

---

father as he pressed the infant to his breast with a steadfast look; a sudden beam of joy passed across her languid features, she raised her eyes to heaven – and then closed them forever." Susanna Rowson, *Charlotte Temple*, S. 115 f.

468 Vgl. Kap. 2.2.3.

469 Gustave Flaubert, *Madame Bovary*, in: *OC III*, S. 429.

470 Vgl. ebd.: „Empoisonnée ! empoisonnée !'"

471 Vgl. A. Brierre de Boismont, „Analyse des derniers sentiments exprimés par les suicidés dans leurs écrits", in: *Du suicide et de la folie suicide*, S. 296–331, hier S. 298: „Disent qu'ils ont leur raison : qu'on n'accuse personne de leur mort." Boismont zitiert eine Studie des Statistikers André-Michel Guerry (*Essai de statistique morale de la France*). An erster Stelle stehen sowohl bei Männern als auch Frauen „Reproches, plaintes, injures, déclamations, réflexions des suicidés sur les causes de leur mort". Es folgen – in abnehmender Häufigkeit – „Adieux à leurs parents, amis, connaissances, au monde", „Déclamations, plaintes contre la vie" sowie „Instructions pour leurs funérailles". Ebd.

Abschiedsformel in die Kategorie der „sentiments bons“ (neben „mauvais“ und „mixtes“) ein: „La plupart des individus de cette catégorie déclarent [...] qu'ils sont les auteurs de leur mort, et qu'il ne faut inquiéter personne. Le plus souvent, ils ne disent rien des motifs de leur suicide [...].“[472] Die Urheberschaft des eigenen Todes, die Emma zu Beginn ihrer Vergiftung feierlich postuliert, wird bereits zum Zeitpunkt der Lektüre des Briefes als leere Worthülse entlarvt. Die Verfügungsgewalt, die in der Regel mit einer Autorschaft einhergeht, weicht einer körperlichen Entmächtigung. Doch indem sich Emma als Autorin ihres Todes ausgibt, grenzt sie sich von jenen Selbstmörderinnen ab, die in ihren Abschiedsbriefen davon berichten, durch einen männlichen Verführer in den Suizid getrieben worden zu sein.[473] Jene erfüllen die weiblichen Rollenklischees ihrer Zeit.[474]

Die Abschiedsformel, die Emma Bovary noch vor ihrem Tod verwendet, wird mit Einsetzen der unkontrollierbaren Leidenssymptome als leere Floskel aufgedeckt. Das ruhige Entschlafen, von dem Emma zu Beginn ihrer Vergiftung träumt, offenbart sich als ein nicht umzusetzender Entwurf. Emma scheitert als Autorin eines nach dem Vorbild ihrer romantischen Heldinnen konzipierten Todes. Stattdessen überschreibt Flaubert die religiösen und sentimentalen Sterbebettszenen seiner Vorgänger mit einer Körperschrift, die keiner romantisch-klischierten Sprache bedarf. Die sinnliche Grenzerfahrung, die Flaubert mit einer medizinischen Detailbeschreibung der Vergiftungssymptome zur Darstellung bringt, vollzieht sich nicht am schönen Körper einer zur engelsgleichen Jungfrau stilisierten romantischen Märtyrerin, sondern am hässlich entstellten lebendigen Leichnam. Der weibliche Körper ist nicht länger Objekt einer schönen Todesinszenierung.

Während sowohl in romantischen als auch religiösen Sterbebettszenen die spirituelle Vorbereitung auf den Tod im Vordergrund steht, nimmt in *Madame Bovary* ein verzweifelter Rettungsversuch durch die Medizin einen großen Teil der Todesszene ein. Doch die beschwichtigende Aussage des an die „chimie pure et simple“[475] glaubenden Apothekers Homais, dass es nur „quelque

472 Ebd., S. 309.

473 Boismont berichtet von den „chutes de ces infortunées“, die am Ende bedauernswerter Verführungsgeschichten stehen: „La séduction, tel est le déplorable chapitre de leur histoire.“ Ebd., S. 308.

474 Zu den Inhalten typisch weiblicher Abschiedsbriefe zählt Boismont ebenso den Wunsch nach einer Versöhnung mit der Religion: „Le plus ordinairement, les lettres, surtout quand elles émanent des femmes, annoncent que leurs auteurs meurent dans la religion catholique ; ils désirent être enterrés avec les cérémonies de l'Église, ils demandent qu'on leur dise des messes.“ Ebd.

475 Gustave Flaubert, *Madame Bovary*, in: *OC III*, S. 268.

puissant antidote"[476] bedürfe, um Emma zu retten, erweist sich als hohle Floskel. Denn ein wirksames Gegengift ist dem Apotheker nicht bekannt; er behauptet, eine Analyse des Giftes vornehmen zu müssen.[477] Ein Ergebnis wird Homais allerdings nicht präsentieren. Dass es sich bei der Pharmazie um keine auf Kausalität beruhende allmächtige Wissenschaft handelt, wird spätestens deutlich, als das vom eintreffenden Arzt Canivet verabreichte Emetikum zwar den gewünschten Brechreiz auslöst, die grausame Agonie jedoch nicht zu stillen vermag: „[Canivet:, S. W.] ,Diable !... cependant... elle est purgée, et, du moment que la cause cesse... / – L'effet dois cesser, dit Homais ; c'est évident. [...]'"[478] Der Austausch zwischen Mediziner und Apotheker über Ursache und Wirkung erweist sich als pseudowissenschaftliches Gerede, das einer fundierten Untersuchung, einer von Homais geforderten Analyse entbehrt. Stattdessen mischen sich religiöse Begriffe unter die Rede des Mediziners: So wird im Ausruf der Bestürzung die Figur des Teufels evoziert und gleich darauf im medizinischen Terminus *purger* der religiöse Ort des Purgatoriums, in dem der gescheiterte Versuch der körperlichen Heilung der Hoffnung auf eine Läuterung der Seele weicht.

Der hoffnungsvoll erwartete Arzt Larivière mutet auf den ersten Blick an wie ein Repräsentant ebenjenes Zwischenzustands, da er wie ein Dämon gefürchtet wird und sein Blick bis in die Seele hervordringt.[479] Gleichzeitig entstammt er als Schüler Bichats der pathologischen Anatomie, die sich mit der Analyse der im Körper verborgenen kleinsten Gewebestrukturen beschäftigt.[480] Doch Larivière wird weder eine religiöse Läuterung noch eine medizinische Heilung vornehmen. Stattdessen wird seinem Skalpellblick eine bedeutsame ästhetische Funktion zuteil: „Son regard, plus tranchant que ses bistouris, vous descendait droit dans l'âme et désarticulait tout mensonge à travers les allégations et les pudeurs."[481] Die *désarticulation* taucht an dieser Stelle nicht als medizinischer Fachterminus für die chirurgische Abtrennung eines Gelenkteils auf,[482] sondern ist im übertragenen Sinne als rhetorische Desartikulierung zu verstehen. Der Skalpellblick seziert den im Innersten verborgenen *mensonge*, der als trügerisch-illusorisches Konstrukt der wahren

476 Ebd., S. 430.

477 „Car il savait qu'il faut, dans tous les empoisonnements, faire une analyse [...]." Ebd.

478 Ebd., S. 432.

479 Vgl. ebd., S. 432 f.

480 Vgl. Michel Foucault, *Naissance de la clinique*, S. 176–206; Olivier Faure, „Le regard des médecins", S. 19–26.

481 Gustave Flaubert, *Madame Bovary*, in: *OC III*, S. 432 f.

482 Vgl. Émile Littré, *Dictionnaire de la langue française* von 1872–77 (online), s. v. „désarticulation, s. f." Der entsprechende Begriff im Deutschen lautet Exartikulation.

Sprache des Körpers gegenübergestellt ist. Der in der Seele verhaftete „[d]iscours contraire à la vérité, tenu avec dessein de tromper"[483] tritt in inauthentischen Trugbildern in Erscheinung: So greifen die *allégations* auf vorgefertigte Gemeinplätze zurück,[484] während die *pudeurs* die wahre Sprache des Körpers hinter gesellschaftlichen Verhaltensnormen von *décence*, *modestie* und *honnêteté* maskieren.[485] Der Blick des Anatomisten, der auf Emmas Körper trifft, diskreditiert die romantische Sprache, die in Emmas Seele eingeschrieben ist, als trügerisches Konstrukt. Er kündigt den Fall der romantischen Maske an, der mit der fortschreitenden körperlichen Entmächtigung einsetzt und mit dem Tod vollendet wird. Er offenbart sich als prophetischer Blick, dem sich anstelle des sterbenden Körpers ein toter Körper präsentiert: „Il fronça les sourcils dès la porte, en apercevant la face cadavéreuse d'Emma, étendue sur le dos, la bouche ouverte."[486] Im Fokus der Wahrnehmung steht das leichenblasse Gesicht, das Mateo Orfila als primäres Zeichen einer *mort réelle* klassifiziert.[487] Der Tod ist Emma ins Gesicht gezeichnet. Somit erweist sich auch die Seele Emmas, in die der Mediziner blickt, als eine tote Seele, in der die romantische Sprache nur noch als Relikt erhalten ist.

Doch bevor die romantische Sprache völlig verstummt, tritt sie in Form von dissonanten Nachklängen, die sich am sterbenden Körper artikulieren, in Erscheinung. Emmas Körper produziert keinen harmonischen Schwanengesang, sondern einen intermittierenden, stets zu brechen drohenden Klagegesang. Die anfängliche verstärkte Wahrnehmung der Außenwelt wandelt sich im Verlauf der Todesagonie zunehmend in eine innere Wahrnehmung, die der von Starobinski herausgestellten könästhetischen Grenzerfahrung des Körpers entspricht: „[...] et de tous les bruits de la terre Emma n'entendait plus que l'intermittente lamentation de ce pauvre cœur, douce et indistincte, comme le dernier écho d'une symphonie qui s'éloigne."[488] Der Perspektivwechsel von außen nach innen wird durch das deiktische Demonstrativpronomen *ce* hervorgehoben, welches den Fokus auf das kaum hörbare Lamento des Herzens richtet. Ungewöhnlich erscheint der Gebrauch des Adjektivs *pauvre*, das ein Mitgefühl, ein Mitleiden ausdrückt. Es ist unklar, ob es sich an dieser Stelle um erlebte Rede handelt, ob Emma selbst an den Grenzen des Daseins ihr Herz als

---

483 *Dictionnaire de l'Académie française* von 1835 (online), s. v. „mensonge, s. m."

484 Vgl. ebd., s. v. „allégation, s. f.": „Citation d'une autorité, d'un passage, d'un fait, etc."

485 Vgl. ebd., s. v. „pudeur, s. f.": „Honte honnête, mouvement excité par l'appréhension de ce qui blesse ou peut blesser la décence, la modestie, l'honnêteté."

486 Gustave Flaubert, *Madame Bovary*, in: *OC III*, S. 433.

487 Vgl. Mateo Orfila, *Traité de médecine légale*, Bd. I, S. 476: „1° *La face est cadavéreuse*."

488 Gustave Flaubert, *Madame Bovary*, in: *OC III*, S. 430.

armselig wahrnimmt oder ob es nicht vielmehr der Erzähler ist, der eine empathische Bewertung des ersterbenden Herzens vornimmt. Es scheint eine dem *style indirect libre* typische Redevermischung vorzuliegen, bei der der Erzähler allmählich die Oberhand gewinnt. Auf den ersten Blick ruft der Begriff der *lamentation* die Klagegesänge der romantischen Vorbilder in Erinnerung – man denke zurück an die von Emma bewunderte „lamentation sonore des mélancolies romantiques"[489] des *Génie du christianisme,* das Lamento der vor Liebesleidenschaft dem Wahnsinn verfallenen Lucie de Lammermoor oder den Klagegesang der todessehnsüchtigen Arianna Monteverdis.[490] Doch das Lamento, das in Emmas Herz ertönt, ist keine von außen hörbare „[v]ive expression de regret, de douleur"[491], die vom virtuos leidenden weiblichen Körper der Bühnenheldin inszeniert wird. Emmas Herz produziert selbst keine Klagegesänge, sondern lediglich einen schwachen letzten Nachklang („dernier écho"), bevor es erstirbt. Es ist der Nachklang der romantischen Leidenschaften, die Emma zeitlebens zu imitieren suchte, doch die nun allmählich verstummen, wie der Vergleich mit der sich entfernenden Symphonie illustriert. Der Produktionskraft der klangvollen romantischen Leidensgesänge, die einen die Erde und die Ewigkeit gleichermaßen umfassenden Widerhall erzeugen,[492] ist das sanfte Verhallen des geschwächten Herzens gegenübergestellt. Das kaum hörbare Lamento, das nur in Emmas Wahrnehmung ertönt und nicht von einem leidenschaftlich glühenden, sondern von einem „pauvre cœur" abgegeben wird, dissoniert mit den romantischen Leidenschaften, die durch laute Klageschreie und exzessive Gesten exaltiert werden. Dennoch produziert Emmas Herz keinen ruhigen Schwanengesang. Wenngleich das Lamento kaum wahrnehmbar ist, so stellt es doch einen von Leid erfüllten Klagegesang dar, in dem der Schmerz über die enttäuschte Liebe vom körperlichen Schmerz überlagert wird. An die Stelle einer rhythmischen Abfolge der Herzschläge sind zeitweilige und undeutliche Klagelaute („l'intermittente lamentation") getreten, die in jedem Moment zu verklingen drohen.

---

489 Ebd., S. 180.

490 Vgl. Kap. 2.1.

491 Pierre Larousse, *Grand Dictionnaire universel du XIXe siècle*, Bd. X, s. v. „lamentation, s. f.", S. 115. Weiter wird die *lamentation* definiert als „[p]laintes accompagnées de gémissements, de cris". Ebd. In der lateinischen Bibelübersetzung bezeichnen die Lamentationes die Klagelieder des Jeremias. Vgl. Marcel Lepper, *Lamento. Zur Affektdarstellung in der Frühen Neuzeit*, S. 14.

492 „Comme elle écouta, les premières fois, la lamentation sonore des mélancolies romantiques se répétant à tous les échos de la terre et de l'éternité !" Gustave Flaubert, *Madame Bovary*, in: *OC III*, S. 180.

Neben dem intermittierenden Herzklopfen wird auch Emmas Puls – diesmal in der Wahrnehmung von außen – über eine musikalische Form codiert: „[...] et son pouls glissait sous les doigts comme un fil tendu, comme une corde de harpe près de se rompre."[493] Die mechanischen Auswirkungen des Herzschlags sind von außen tastbar. Der Vergleich mit einer Harfensaite, die so stark gespannt ist, dass sie im Begriff ist zu reißen, verleiht dem im Herzen ertönenden Lamento eine bedrohliche Dimension. So wird der Herzschlag nicht sanft verklingen, sondern abrupt brechen. Die aus der Innenperspektive kaum hörbaren Geräusche, die das Herz produziert, sind von außen umso stärker wahrnehmbar. So erzeugen die unter hoher Spannung stehenden Harfensaiten einen schrillen Ton, dessen Bruch den unmittelbaren Tod bedeutet. Die Harfensaite entspricht dem Lebensfaden, der in der griechischen Mythologie durch Atropos zerschnitten wird. Im plötzlichen Riss der Harfensaite, im abrupten Bruch der Musik scheint der romantische Bühnentod auf, der nicht selten mit einem hohen Schrei und einem plötzlichen Sturz einhergeht. Doch Emma wird nicht wie ihre romantischen Vorgängerinnen unangekündigt und unmittelbar zu Boden sinken. Emmas lange Todesagonie konterkariert sowohl den melodramatischen Treppensturz der Kitty Bell in Vignys *Chatterton* als auch den Tod der in die Arme ihres Liebhabers zurückfallenden Adèle in Dumas' *Antony*.[494] Während die romantischen Bühnenheldinnen vor allem im Melodrama in der Regel keine äußerlichen Zeichen des Zerfalls aufweisen und im Affekt sterben oder getötet werden, um schließlich als ‚schöne' weibliche Leichen auf der Bühne verewigt zu werden, durchleidet Emma eine lange, grausame und unansehnliche Todesagonie, an deren Ende ein halb verwester Leichnam steht.[495]

493 Ebd., S. 431 f.

494 Zu den melodramatischen Bühnentoden der Kitty Bell und der Adèle d'Hervey vgl. Kap. 1.1.3, 3.1 und 3.4.

495 Flauberts Roman entzieht sich der Möglichkeit einer szenischen Darstellung auf der Bühne: „*Madame Bovary* n'est pas un sujet théâtral." Gustave Flaubert, Brief an Monsieur X*** vom 17. März 1875, *Corr. IV*, S. 913. Auf der romantischen Bühne überwiegen kurze Todesszenen, die allerdings brutal und blutig sein können. Vgl. Sylvain Ledda, *Des feux dans l'ombre. La représentation de la mort sur la scène romantique* (*1827–1835*), S. 8–11. Dem Hinabsinken auf den Bühnenboden geht oftmals ein pathetisches, performatives „Ah ! je meurs" voraus. Vgl. ebd., S. 20. Eine berühmte Ausnahme bildet der lange Sterbeprozess der Schwindsüchtigen Marguerite Gautier, deren schöner Körper jedoch weitgehend intakt bleibt. Erst in der zweiten Hälfte des 19. Jahrhunderts scheinen die ausgedehnten, oft grausamen weiblichen Todesdarstellungen auf der Bühne zunehmend einem pathologischen Interesse Rechnung zu tragen. Als Beispiel kann Octave Feuillets Drama *Le Sphinx*, das 1874 in der Comédie-Française uraufgeführt wurde, genannt werden. Der realistische

Darüber hinaus werden im Bild der zu reißen drohenden Harfensaite religiöse Todesbilder zunichte gemacht. Der Harfenklang, der in der Todesszene Atalas in Form von „frémissements des harpes célestes“[496] in der von göttlichem Licht erhellten und von „paroles des anges“[497] erfüllten Grotte ertönt, ist bei Flaubert in den dunklen, unsichtbaren Innenraum der pulsierenden Arterien verlagert. Der Erzähler evoziert kein göttliches Instrument, das von Engeln gezupft wird und den Aufstieg der Seele in den Himmel musikalisch begleitet. Stattdessen verbildlicht die überspannte Harfensaite die Höllenqualen, die Emma Bovary in ihrer Todesagonie erleidet. Tatsächlich ist die Harfe in der christlichen Ikonographie nicht nur Attribut der Engel und Symbol eines göttlichen Paradieses, sondern sie tritt ebenso als Folterinstrument in der Hölle in Erscheinung, das die Sünder bestraft.[498] So präsentiert Hieronymus Boschs Tryptichon *Der Garten der Lüste* auf dem rechten Innenflügel *Die musikalische Hölle* (ca. 1500) eine Figur, die in die Saiten einer Harfe wie auf einer Streckleiter eingespannt ist.[499] Die romantischen Klänge des leidenschaftlichen Lamento und der himmlischen Harfenlaute werden in Emmas

---

Vergiftungstod der Heldin Blanche de Chelles, die von Sophie Croizette gespielt wurde, sorgte für großes Aufsehen: „Dans *le Sphinx*, une surprise attendait les spectateurs. Cette surprise, c'était la mort de l'héroïne. [...] Tous les jours une héroïne meurt, c'est dans l'ordre des choses ; mais jamais, au grand jamais, on n'avait vu mourir comme sait mourir cette demoiselle. C'est à croire que cette artiste, en sortant du Conservatoire, allait prendre ses répétitions à l'hôpital. Elle meurt si bien, qu'un croque-mort s'y tromperait. Il y a eu des larmes, des attaques de nefs [sic] et le reste. Mlle Croizette meurt empoisonnée ; elle roule, contracte et démène ses jolis membres convulsés pendant cinq minutes qui paraissent cinq siècles. [...] Enfin, elle meurt comme on ne meurt pas dans le plus sombre mélodrame du boulevard du crime.“ Jules Noriac, „Courrier de Paris“, in: *Le monde illustré*, 28. März 1874, S. 194. Zahlreiche Zeitungsdirektoren schicken ihre Reporter zur Schauspielerin, um das Geheimnis ihrer sensationellen Todesdarstellung – auch auf illegalem Wege durch Bestechung ihrer *femme de chambre* – zu enthüllen. Vgl. ebd. Der Autor des Artikels prophezeit ironisch die Kommerzialisierung einer erlernbaren Sterbekunst: „Il ne seraita pas extraordinaire qu'avant peu, quelque émule de Talbot ne mette sur sa porte un avis ainsi conçu : *ADAMASTOR / professeur de déclamation. / Trépas divers en vingt-cinq leçons* [...].“ Ebd. In einem weiteren Artikel der Zeitschrift wird der Tod der Bühnenheldin mit der langen Agonie von Émile Zolas Thérèse Raquin verglichen: „Quelques personnes ont trouvé que Mlle Croizette avait un peu forcé la note dans l'agonie de l'héroïne. La vérité est qu'à ce moment j'ai eu comme un ressouvenir des scènes dernières de *Thérèse Raquin*.“ Ch. Mouselet, „Théâtres. Comédie-Française : *Le Sphinx*, drame en quatre actes, par M. Octave Feuillet“, in: *Le monde illustré*, 28. März 1874, S. 202.

496 François-René de Chateaubriand, *Atala – René*, S. 139.

497 Ebd.

498 Vgl. Rosa Giorgi, *Angels and Demons in Art*, S. 107.

499 Das Tryptichon befindet sich im Museo del Prado, Madrid.

Todesszene unterlaufen. Sie sind in qualvolle körperliche Reaktionen verkehrt. Das Verklingen bzw. abrupte Verstummen, das sich im dissonanten Herz- und Pulsschlag ankündigt, entspricht einem doppelten Tod: der existentiellen Auslöschung der Frauenfigur, der kein ewiges Leben zuteil wird, sowie der rhetorischen Auslöschung der romantisch-religiösen (Todes-)Bilder.

Im Verlauf der Todesszene weicht die romantisch-religiöse Bildlichkeit mehr und mehr einer ungeschönten Körperlichkeit. Es manifestiert sich eine zunehmende Diskrepanz zwischen Innen- und Außenraum: Während Emmas Sterbezimmer mit sakralen und liturgischen Gegenständen ausgestattet ist, die auf das jenseitige Himmelreich vorbereiten sollen, wie der auf dem Tisch platzierten Silberplatte mit Watte und dem von zwei Kerzenleuchtern umgebenen Kruzifix, ist Emma selbst innerlich bereits verdammt. Es besteht keine Hoffnung mehr auf eine Rettung ihrer toten Seele. Auch Emmas Körper, der sich dem Mediziner schon als Leichnam präsentiert hat, wirkt deplatziert inmitten des zum christlichen Sterberitual hergerichteten Zimmers. Die Szenerie des Sterbezimmers wird sich als scheinhaft erweisen: Die liturgischen Gegenstände werden zu sinnentleerten, funktionslosen Requisiten degradiert, die Emma keine Rettung bringen.

Der dem Zerfall anheimgefallene weibliche Körper ist Teil einer Kulisse, die an die christlichen Sterbebettszenen religiöser Andachtsbilder erinnert. Nachdem der Mediziner als „comparse occasionnel“[500] bereits die Bühne verlassen hat, taucht der Priester Bournisien wie ein Deus ex machina auf.[501] Es sind die Requisiten der zur Krankensalbung bestimmten heiligen Öle sowie die liturgischen Gewandstücke der Soutane und der violetten Stola, die den Geistlichen wie eine Bühnenfigur in das mit sakralen Objekten ausstaffierte Sterbezimmer einfügen.[502] Nachdem er den herbeieilenden Priester erblickt hat, betritt Homais das Sterbezimmer in der Erwartung eines „tableau solennel“, eines im Gedächtnis bleibenden Lehrstücks, das er eigentlich seinen Kinder präsentieren wollte.[503] Doch schnell wird deutlich, dass es sich bei der Sterbebettszene, die sich vor den Augen des Apothekers abzeichnet, nicht um ein harmloses, moralisierendes Andachtsbild mit didaktischem Wert handelt, sondern um ein grausames, abschreckendes Bild des Zerfalls. Die zeremonielle Feierlichkeit christlicher Andachtsbilder ist in eine „solennité lugubre“[504] verkehrt, eine düster-schaurige Atmosphäre des Todes, die sich gerade aus der Diskrepanz

500 Michel Vovelle, *La mort et l'Occident*, S. 148.

501 „L'attention publique fut distraite par l'apparition de M. Bournisien, qui passait sous les halles avec les saintes huiles.“ Gustave Flaubert, *Madame Bovary*, in: *OC III*, S. 435.

502 Vgl. ebd.

503 Ebd.

504 Ebd.

zwischen dem religiösen Inventar und dem sich im Schmerz verzehrenden Körper speist: „Emma, le menton contre sa poitrine, ouvrait démesurément les paupières ; et ses pauvres mains se traînaient sur les draps, avec ce geste hideux et doux des agonisants qui semblent vouloir déjà se recouvrir du suaire.“[505] Während die auf den Heiligenbildern porträtierte Gottesmutter in andächtiger Ruhe den Empfang der Sterbesakramente erwartet, manifestiert sich in den über das Betttuch gleitenden gebrechlichen Händen eine Rastlosigkeit, die das religiöse Zeremoniell zu übergehen sucht. In der Handbewegung der Sterbenden, die ihren Körper augenscheinlich bereits in ein Leichentuch zu hüllen wünscht, spiegelt sich der Versuch, sich dem christlichen Ritus zu entziehen.

Dennoch wird der weibliche Körper zum Objekt einer religiösen Darbietungspraxis, die zu Beginn noch auf die Todesmystik der Krankenbettszene[506] zurückverweist:

> Elle [Emma, S. W.] tourna sa figure lentement, et parut saisie de joie à voir tout à coup l'étole violette, sans doute retrouvant au milieu d'un apaisement extraordinaire la volupté perdue de ses premiers élancements mystiques, avec des visions de béatitude éternelle qui commençaient.[507]

Doch im Unterschied zur mystischen Scheinerfahrung während Emmas langer Krankheit, in der eine Todesbildlichkeit an die Stelle des nicht mehr fühlbaren Körpers trat,[508] wird dem Leser nunmehr eine Innenansicht der Protagonistin verwehrt. Die mystische Bildproduktion, die während der Krankenbettszene stattgefunden hat, endete mit der Hoffnung auf eine ewige *félicité*, die sich in den beginnenden Visionen einer „béatitude éternelle“ zu erfüllen scheint. Doch genauso wie die *félicité*, die im Anschluss an die Todesvision durch den Erzähler als illusionäre Hoffnung entlarvt wurde, tritt die ewige Glückseligkeit auch an dieser Stelle nur in Form von scheinhaften „visions“ auf. Über den Inhalt der himmlischen Visionen gibt der Erzähler keine Auskunft. Tatsächlich kann angezweifelt werden, ob Emma überhaupt innere Bilder produziert. Die interne Fokalisierung der Krankenbettszene wird durch eine externe Fokalisierung ersetzt, bei der der Erzähler vorgibt, seiner Frauenfigur vor den Kopf zu blicken.[509] Im subtil gesetzten Adverb *sans doute* spekuliert er über den Grund

505 Ebd.

506 Vgl. Kap. 2.2.2.

507 Gustave Flaubert, *Madame Bovary*, in: *OC III*, S. 436.

508 Vgl. Kap. 2.2.2.

509 Die Innensicht der Protagonistin wird jedoch nur scheinhaft ausgespart. So deutet der Erzähler die Freude, die sich wohl im Emmas Mimik ausdrückt, als spontane Reaktion auf die violette Stola des Priesters, auf ein religiöses Repräsentationsobjekt.

für die Freude, die sich in Emmas Gesicht abzeichnet und den Todeskampf für einen Moment unterbricht. Es ist der Leser, der möglicherweise eine verklärte Todesbildlichkeit erwartet. Doch der Erzähler befreit seine Frauenfigur von den klischeehaften mystischen Todesvisionen und gibt ihr stattdessen die Macht über ihr Innenleben, das für den Leser opak bleibt.

An die Stelle einer inneren Himmelsvision rückt eine körperliche Sinnlichkeit. Die spirituelle Dimension der Krankensalbung, die eine Nähe zu Christus herstellen und mit einer Vergebung der Sünden einhergehen soll, wird mit einer erotischen Körperlichkeit überschrieben. Der Krankensalbung geht keine Confessio, kein reuevolles Sündenbekenntnis voraus, das dem traditionellen Topos der *death-bed repentance*, der „Reue und Bekehrung des Sünders auf dem Sterbebett“[510] entsprechen würde. Folgt man den Ausführungen des berühmten Theologen Fénelon, so stehen nonverbale Zeichen der Reue wie heftige Schmerzen oder bittere Tränenströme und nicht etwa ein verbales Bekenntnis des Sünders im Zentrum der Confessio.[511] Es sei nicht Aufgabe des Geistlichen, „de tirer des lèvres du pécheur un simple aveu de toutes ses fautes“, sondern „d'arracher de son cœur l'amour de tout ce qui est créé pour y mettre l'amour de son créateur.“[512] Der Liebesbeweis, den Emma vor dem Empfang der Sterbesakramente an den Herrn richtet, ist kein aus tiefstem Herzen empfundenes Reuebekenntnis, sondern mutet wie ein erotischer Akt an:

> Le prêtre se releva pour prendre le crucifix ; alors elle allongea le cou comme quelqu'un qui a soif, et, collant ses lèvres sur le corps de l'Homme-Dieu, elle y déposa de toute sa force expirante le plus grand baiser d'amour qu'elle eût jamais donné.[513]

Bereits in der Krankenbettszene streckte Emma ihre Lippen sehnsüchtig nach dem Körper des Herrn aus, den sie in der vom Priester gereichten weißen Hostie vergegenwärtigt sah. Die Einverleibung der Hostie ging mit der (illusionären) Hoffnung einer Vermählung mit dem göttlichen Bräutigam und einer (scheinbar) mystischen Himmelsvision einher. Somit ist dem sinnlichen Akt eine spirituelle Dimension eingeschrieben, wie sie sich modellhaft in Atalas

---

510 Marie Isabel Schlinzig, *Abschiedsbriefe in Literatur und Kultur des 18. Jahrhunderts*, S. 87.

511 Vgl. Fénelon, „Sur la confession générale“, S. 772: „Où sont les pénitents qui se réconciliaient avec Dieu par les humiliations profondes, par les vives douleurs, par les larmes amères, par les longues violences, pour couper jusqu'au vif la racine de tous leurs maux, pour vaincre leurs passions et leurs habitudes, pour se détacher, quoi qu'il en coûte, du monde entier et d'eux-mêmes ?“ Als modellhaft betrachtet Fénelon die „torrents de larmes“, die in der Bekehrungsszene des Augustinus aus den Augen des Kirchenvaters fließen. Ebd.

512 Ebd., S. 773.

513 Gustave Flaubert, *Madame Bovary*, in: *OC III*, S. 436.

Empfang der Heiligen Kommunion kurz vor ihrem Tod zeigt. In Emmas Todesszene findet jedoch keine göttliche Einverleibung statt. Nicht die weiße Hostie bringt Emma die gewünschte Rettung, sondern das weiße Arsenpulver. Somit kann der Kuss, den sie an den im Kruzifix vergegenwärtigten Körper des Herrn richtet, nur noch als letztes, vergebliches mystisches Aufbäumen verstanden werden, das bereits von den Reaktionen des vergifteten Körpers überlagert wird. Der Kuss wird weder Emmas Durst („soif") stillen, noch sie von ihren Qualen erlösen. Die „force expirante", die Emma in ihrem Kuss versammelt, wird nicht zu ihrem Ende geführt. Es erfolgt kein ruhiges Ableben (*expirer*), kein Aushauchen einer sich mit Gott vereinigenden unsterblichen Seele. Emmas Kuss ist kein mystischer Todeskuss, der mit einer Vernichtung des leidenden Körpers einhergeht. Ebenso wenig ist er als religiöser Liebesbeweis zu bewerten, der aus tiefstem Herzen erfolgt und dem ein Reuegefühl zugrunde liegt. Der Kuss markiert einen letzten Kraftakt der an die äußersten Grenzen getriebenen Sinne, der wie mechanisch vom vergifteten, um Erlösung ringenden Körper vollzogen wird.

Die nachfolgende Krankensalbung, die aufgrund ihres „mélange du sacré au voluptueux"[514] vom Staatsanwalt Pinard scharf verurteilt wurde, spiegelt neben den sinnlichen Begierden der Ehebrecherin, die mit den einzelnen Sinnesorganen befriedigt wurden, vor allem ihre körperliche Entmächtigung wider:

> [...] d'abord sur les yeux, qui avaient tant convoité toutes les somptuosités terrestres ; puis sur les narines, friandes de brises tièdes et de senteurs amoureuses ; puis sur la bouche, qui s'était ouverte pour le mensonge, qui avait gémi d'orgueil et crié dans la luxure ; puis sur les mains, qui se délectaient aux contacts suaves, et enfin sur la plante des pieds, si rapides autrefois quand elle courait à l'assouvissance de ses désirs, et qui maintenant ne marcheraient plus.[515]

Das in Bewegung setzende Begehren ist im finalen Tableau des Satzes, das durch das „*et* de mouvement"[516] eingeleitet wird, stillgestellt. An die Stelle des leidenschaftlichen Körpers ist ein erbarmungslos leidender Körper getreten, der an den Grenzen seiner sinnlichen Existenz angelangt ist. Das deiktische Zeitadverbium *maintenant* markiert das definitive Ende der sinnlichen Empfindungen. Emma Bovary wird ihr Sterbebett nicht mehr verlassen. Eine

---

514 *Procès. Réquisitoire de M. l'avocat impérial M. Ernest Pinard*, S. 477.

515 Gustave Flaubert, *Madame Bovary*, in: *OC III*, S. 436.

516 Albert Thibaudet, *Gustave Flaubert*, S. 266.

Auferstehung zu einem ewigen Leben wird spätestens in der mechanischen Aufrichtung des Körpers am Ende der Todesszene in ironischer Verzerrung zunichte gemacht.

Der katholische Ritus des Versehgangs wird von Flaubert als scheinhafte, ihrer religiösen Funktion beraubte Inszenierung aufgedeckt, die sich nicht im Innersten der Seele, sondern am entstellten, dem Zerfall geweihten Körper vollzieht. Emmas Körper fügt sich marionettenartig in das künstliche Arrangement des Sterbezimmers ein. Die Sterbekerze, die der Priester der Sterbenden reicht, wird der Seele nicht den Weg gen Himmel leuchten. Stattdessen droht sie, zu Boden zu fallen:

> [...] [I]l [Bournisien, S. W.] essaya de lui mettre dans la main un cierge bénit, symbole des gloires célestes dont elle allait tout à l'heure être environnée. Emma, trop faible, ne put fermer les doigts, et le cierge, sans M. Bournisien, serait tombé à terre.[517]

Die Sterbekerze, die als fester Bestandteil des Sterbesakraments in zahlreichen Todesszenen mittelalterlicher Stundenbücher sowie auf Andachtsbildern des Marientodes abgebildet ist, offenbart sich als preziöses Requisit, das die gesamte göttliche Herrlichkeit symbolisieren soll. Doch die Glorie erweist sich als profaner Schein, die Sterbekerze als eitles Requisit, das sich zum Erdboden neigt und nur durch die Hände des Priesters aufrecht gehalten werden kann. Dem himmlischen Glanz („gloires célestes"), der an die leuchtende Himmelsvision Emmas auf dem Krankenbett erinnert, ist nunmehr die irdische „terre" gegenübergestellt. Sie antizipiert das nichtige dunkle Erdloch, in das Emmas Leichnam nach dem Tod versinken wird und schließt als finales, mit *et* eingeleitetes Tableau den Satz. Die religiös-rituellen Handlungen, die sich am sterbenden Körper vollziehen, werden als scheinhafte Inszenierungspraktiken entlarvt, die nicht in die tote Seele eindringen, sondern stattdessen an der Oberfläche des Körpers haften bleiben und somit nur eine flüchtige Illusion der Heilung bewirken.[518]

Die romantisch-religiösen Masken, die noch in der Todesszene an den sterbenden Körper herangetragen werden, sind in der ironischen Zitation durch den Erzähler bereits als Trugbilder enthüllt. Doch der endgültige Fall der trügerischen Masken erfolgt erst in den letzten Momenten der Todesszene: Während der Spiegel, um den Emma vor ihrem Tod bittet, ihr das Bild ihrer unverkennbaren körperlichen Entmächtigung zurückwirft und die romantische

517 Gustave Flaubert, *Madame Bovary*, in: *OC III*, S. 436.

518 Vgl. ebd.

mise en scène endgültig als gescheitert ausweist, werden die romantisch-religiösen Bilder mit dem letzten Aufbäumen der Protagonistin auf dem Sterbebett und dem sich anschließenden ‚Todesfall' in den nichtigen Abgrund getrieben.

In Emmas Spiegelbild reflektiert sich ein Gesicht, das seiner romantischen Masken abtrünnig geworden ist. Der Blick in den Spiegel liefert die Erkenntnis über die Scheinhaftigkeit der Masken, die zwar nicht *durch* Emma selbst erfolgt – die in erster Linie ihr hässlich entstelltes Gesicht wahrnimmt –, aber doch *an* ihr:

> En effet, elle regarda tout autour d'elle, lentement, comme quelqu'un qui se réveille d'un songe ; puis, d'une voix distincte, elle demanda son miroir, et elle resta penchée dessus quelque temps, jusqu'au moment où de grosses larmes lui découlèrent des yeux. Alors elle se renversa la tête en poussant un soupir et retomba sur l'oreiller.[519]

Bereits in der ersten Spiegelszene nach Emmas Ehebruch mit Rodolphe wurden Traum und Wirklichkeit einander gegenübergestellt. In seiner subtilen Wortwahl konnte der Erzähler die romantische *amoureuse*, die Emma im Spiegel zu erblicken glaubte, als inauthentisches Traumbild entlarven, das sich nur im Raum der Imagination erfüllen kann.[520] Erst auf ihrem Sterbebett erwacht Emma aus ihrem schönen Traum („songe"), um im Spiegel die Fratze der kruden Wirklichkeit zu erkennen.[521] Der Spiegel reflektiert nicht mehr

519 Ebd., S. 436 f.

520 „Elle devenait elle-même comme une partie véritable de ces imaginations et réalisait la longue rêverie de sa jeunesse, en se considérant dans ce type d'amoureuse qu'elle avait tant envié." Ebd., S. 294. Vgl. Kap. 2.1.

521 Tatsächlich kann der Spiegel sowohl Symbol der Wahrheit und Selbsterkenntnis als auch der Täuschung sein. Als einziges Objekt kann er „dem Menschen direkt sein eigenes Bild, sein Doppel, sein Phantom, sein Trugbild sowie seine physische Vollkommenheiten oder Mängel" präsentieren. Jurgis Baltrušaitis, *Der Spiegel. Entdeckungen, Täuschungen, Phantasien*, S. 12. Zum Instrument einer Täuschung wird der Spiegel dann, wenn er das sich in ihm Spiegelnde „in einer völligen Auflösung seiner Proportionen und seines Gleichgewichtes zerlegt und wieder neu zusammensetzt." Ebd., S. 318. Ein berühmtes Beispiel für optische Spiegelillusionen ist der barocke Spiegelsaal. Auch das katoptrische Theater des jesuitischen Universalgelehrten Athanasius Kircher bediente sich täuschender Spiegeleffekte. Vgl. ebd., S. 319. In der Literatur lassen sich Spiegelmetaphern bis in die Antike zurückverfolgen. Vgl. Gustav René Hocke, *Die Welt als Labyrinth. Manierismus in der europäischen Kunst und Literatur*, S. 15. Im Manierismus wird der Spiegel „zur Bestätigung einer neu gewonnen Subjektivität" des modernen, neuzeitlichen Geistes. Ebd., S. 16. Der moderne, neuzeitliche Mensch ist undurchschaubar, wie das von Francesco Mazzola aus Parma (‚Il Parmigianino') vor einem Konvexspiegel angefertigte Selbstporträt aus dem

narzissartig die mimetisch konstruierte Identität der romantischen Heldin. Auch reflektiert er nicht das schöne Bild, das die fetischisierenden Blicke von Emmas Liebhabern auf sie zu projizieren suchten. Emmas gebeugte Haltung über dem Spiegel, vor dem sie eine Zeit lang wie versteinert innehält, erinnert an die Pose des schönen Jünglings Narziss, der seinen Körper über den Uferrand einer Quelle streckt und sich in das Bild verliebt, das ihm der Wasserspiegel zurückwirft.[522] Flaubert verkehrt Ovids Mythos in radikaler Weise. Der schöne Narziss erkennt sich zunächst nicht im Wasserspiegel und verliebt sich in ein „körperlose[s] Trugbild"[523]. Erst viel später erkennt er, dass er es selbst ist, der gespiegelt wird. Eine Vereinigung mit dem Trugbild, das er begehrt, erscheint nur in der Trennung vom eigenen Körper, also im Tod möglich.[524] Emma Blick in den Spiegel ist hingegen von Anfang an ein selbstreferentieller, forschender Blick. Sie bittet um den Spiegel, um sich in ihm bewusst zu betrachten.[525] Während ihr das Spiegelbild nach dem Ehebruch ein Trugbild zurückwarf, in das sie sich selbstverliebt versenkte, zeigt es nun Emmas vom Tode gezeichnetes, seiner romantischen Maske beraubtes wahres Gesicht. Es ist ein ihr entfremdetes Antlitz, ein Phantomgesicht, dessen Anblick einen Affekt in ihr auslöst: einen stillen Affekt, der sich in den Tränen, die aus Emmas Augen herauslaufen, manifestiert. Während die körperlichen Zeichen der „grosses larmes" hyperbolisch ins Zentrum des Spiegelbilds rücken, bleibt dem Leser eine Innensicht verwehrt. Der Spiegel wirft Emma ihren Zerfall physisch sichtbar zurück. Im von Todeskampf deformierten Antlitz, das Emma im Spiegel entgegenblickt, erkennt sie, dass sie sterben wird. Im Unterschied zu den bildlichen Repräsentationen des Todes, die mit einer Vergegenwärtigung

---

Jahre 1523 bezeugt: „Das maskenhaft schöne Jünglingsgesicht Mazzolas ist glatt, undurchdringlich, rätselhaft; fast abstrakt wirkt es durch die Aufgelöstheit der Flächen. In der perspektivischen Verzerrung des Konvexspiegels wird der Vordergrund von einer riesigen, anatomisch allerdings abstrusen Hand beherrscht." Ebd. Eine Farbabbildung des Selbstporträts findet sich in Hockes Werk im Bildanhang.

522 Auch in seinem Spätwerk *Saint Julien l'Hospitalier* wird Flaubert auf Ovids Narziss-Mythosnreferieren. Vgl. Karin Westerwelle, „Saint Julien et le mythe de Narcisse – Les images du christianisme chez Gustave Flaubert".

523 Thomas Macho, „Narziß und der Spiegel. Selbstrepräsentation in der Geschichte der Optik", S. 21.

524 Vgl. ebd., S. 22.

525 Wenngleich er auf eine Selbstidentifizierung abzielt, ist der Blick in den Spiegel in Wahrheit immer eine Fremdanschauung, da der Spiegel als Stellvertreter für den Anderen steht. Sein Gesicht kann der Mensch nur mit Hilfe eines Spiegels erkennen, der von außen an ihn herangetragen wird. Vgl. Rolf Haubl, *„Unter lauter Spiegelbildern..." Zur Kulturgeschichte des Spiegels*, Bd. I, S. 85.

romantisch-sentimentaler, religiöser und unheimlicher Todesvisionen einhergehen,[526] erfolgt in der Spiegelung eine *„Präsentation* (Gegenwärtigung)"[527], ein unmittelbares Erkennen. Wenngleich der Spiegel die Person, die sich in ihm betrachtet, nicht wie etwa ein Porträt verewigt, so fertigt er zumindest ein flüchtiges, umrahmtes Abbild an. Die Überschreibung des romantischen Bildes, der Fall der romantischen Maske, findet vor jenem künstlerischen Rahmen statt, den der Spiegel stellt.

Der Spiegel, der Emma ihren körperlichen Zerfall vor Augen hält, ist nicht als traditioneller Vanitasspiegel zu deuten, der die Vergänglichkeit der Existenz aufzeigt. Betrachtet man traditionelle Vanitasbilder, so findet man neben Stillleben, die etwa Totenschädel, angewelkte Blumen oder Uhren abbilden, auch zahlreiche Darstellungen, die sich des seit der Renaissance beliebten Sujets vom Tod und dem Mädchen bedienen. Neben seinem berühmten Gemälde *Der Tod und das Mädchen* (1517)[528] fertigte der deutsche Künstler Hans Baldung eine Federzeichnung mit dem Titel *Tod und Mädchen* (1515) an. Sie zeigt eine nackte junge Frau, die sich selbstversunken im Spiegel betrachtet, während sie ihr Haar kämmt. Hinter ihrem Rücken lauert der Tod in Gestalt eines Knochenmanns, der ihr in erotischer Annäherung um die Taille und unter die linke Brust greift. Das Mädchen, das ihren Blick nicht vom Spiegel abwendet, scheint den Knochenmann nicht zu bemerken, wohingegen Letzterer seine leeren Augenhöhlen dem Bildbetrachter zuwendet.

In Flauberts Spiegelszene ist es nicht mehr das schöne Mädchen, das in eitler Selbstvergessenheit ihr wohlgestaltetes Antlitz im Vanitasspiegel betrachtet, sondern eine grausam entstellte, blasse und ausgemergelte Phantomgestalt. Es bedarf keiner zum *memento mori* mahnenden Instanz wie dem Knochenmann, um Emma Bovary die Vergänglichkeit ihrer irdischen Schönheit aufzuzeigen. Die Auflösung des schönen Körpers hat längst begonnen. Der Tod lauert Emma nicht in allegorischer Gestalt auf. Er ist in ihrer physischen Erscheinung unmittelbar präsent. „La contemplation d'une femme nue me fait rêver à son squelette"[529], schreibt Flaubert im Jahre 1846 an Louise Colet. Während der junge Flaubert die Vergänglichkeit noch durch die künstlerische Imagination zu vergegenwärtigen suchte und sich des traditionellen Motivs der schönen Frau bediente, wird Emma Bovary ihr eigener Tod ohne Zwischeninstanz im Spiegelbild zurückgeworfen. Der Vanitasspiegel, in den Emma blickt,

526 Vgl. Kap. 2.2.

527 Thiemo Breyer, „Der Mensch im Spiegel des Anderen", S. 16.

528 Das Gemälde befindet sich im Kunstmuseum Basel.

529 Gustave Flaubert, Brief an Louise Colet vom 6. oder 7. August 1846, *Corr. I*, S. 275.

ABBILDUNG 3
Hans Baldung, Tod und Mädchen, *1515.*

ist ein „Wahrheitsspiegel"[530], der nicht nur dem Betrachter des Bildes – das heißt der als Tableau angelegten Spiegelszene – den Tod präsentiert, sondern ebenso dem Bildmodell – Emma Bovary – selbst.

Im romantischen Maskenspiel hat Emma einen Kontrollverlust erlitten.[531] Auf den Spiegel fällt weder ein koketter Blick, wie jener, der das romantisch konstruierte Maskenbild nach dem Ehebruch mit Rodolphe zu affirmieren sucht, noch ein inszenierter Blick, wie ihn Emma bewusst einsetzt, um Léon zu verführen. Die dicken Tränen, die aus Emmas Augen herausströmen, sind

530 Rolf Haubl, *„Unter lauter Spiegelbildern..." Zur Kulturgeschichte des Spiegels*, Bd. II, S. 607. „Emma's mirror now tells the truth", hat bereits Lawrence Thornton für die letzte Spiegelszene in Flauberts Roman festgestellt. „The Fairest of Them All: Modes of Vision in *Madame Bovary*", S. 990.

531 Elisabeth Bronfens These, dass die Spiegelszene Emmas Verfügungsmacht über ihren Tod verbildliche, ist nicht haltbar: „In her dying moments Emma returns to aspects of the death imaginarily staged before. [...] Emma dies confirming the control over her self, in the detour of her reflected image." *Over Her Dead Body. Death, Femininity and the Aesthetic*, S. 164. Im Gegenteil: Das Spiegelbild reflektiert den radikalen Kontrollverlust, den Emma in der Todesagonie erleidet.

aufrichtige körperliche Zeichen, die sich den inauthentischen, sprachlich codierten romantischen Formen entgegenstellen. Der Tränenfluss ist nicht bewusst inszeniert wie die vereinzelte Träne, die Emma bei ihrem Wiedersehen mit Léon im Hotelzimmer aus ihren schönen, nach oben gerichteten Augen herauslaufen lässt: „[...] en levant au plafond ses beaux yeux qui roulaient une larme [...]."[532] Anstelle der Augen bilden die „grosses larmes" in der Todesszene das Subjekt. Im Spiegelbild reflektiert sich ein entmächtigter Frauenkörper. Eine aktive Heraufbeschwörung der dicken Tränen ist bereits physiologisch ausgeschlossen.

Auf den ersten Blick könnte die hyperbolische Form der „grosses larmes" sowohl auf die überschwänglichen Tränenflüsse reuevoller Sünder, wie sie beispielsweise Fénelon beschreibt, oder aber die „torrents" und „ruisseaux de larmes"[533], die in den empfindsamen Romanen des 18. Jahrhunderts, wie etwa Rousseaus *Julie ou la Nouvelle Héloïse*, ausgeströmt werden, verweisen. Doch Emmas Tränen besitzen weder eine religiöse noch eine rührende Funktion.[534] Ebensowenig sind sie Zeichen einer weiblichen Tugendhaftigkeit[535] oder einer typisch weiblichen Dissimulatio. Die Tränen werden nicht bewusst eingesetzt, um das Gegenüber in Liebesdingen zu verführen, Mitleid zu erregen oder die weibliche Schönheit zu inszenieren.[536] Die Theatralität der Tränen, die sich

---

532 Gustave Flaubert, *Madame Bovary*, in: *OC III*, S. 356. Vgl. Kap. 2.1.

533 Anne Vincent-Buffault, *Histoire des larmes. XVIIIe-XIXe siècles*, S. 38.

534 Auch spiegelt sich in ihnen kein „attendrissement religieux", der besonders in der ersten Hälfte des 19. Jahrhunderts – so z. B. in religiösen Zeremonien wie der Kommunion – ein öffentliches Weinen legitimiert. Ebd., S. 206. Darüber hinaus geht der Marienkult mit einer Bewunderung der Tränen einher, wie Flaubert selbst konstatiert: „Avec le culte de la Vierge, l'adoration des larmes est arrivée dans le monde." Gustave Flaubert, Brief an Louise Colet vom 12. April 1854, *Corr. II*, S. 549.

535 In den Tränen von Richardsons Clarissa und Rousseaus Julie spiegelt sich eine Tugendhaftigkeit: „On ne peut négliger ces grandes figures féminines dont les larmes, loin d'être signe de faiblesse, témoignent d'une force vertueuse et sublime [...]."Anne Vincent-Buffault, *Histoire des larmes. XVIIIe-XIXe siècles*, S. 84.

536 Vgl. ebd., S. 82–86. „Les femmes apprennent, pour peu qu'elles soient coquettes, à présenter un visage en larmes." Ebd., S. 84. Vincent-Buffault nennt als Beispiel Choderlos de Laclos' Briefroman *Les Liaisons dangereuses*, in denen Cécile Volanges dem Verführer Valmont ihr tränenüberströmtes Gesicht präsentiert. Die weiblichen Tränen schwanken zwischen „[c]oquetterie ou perfidie, stratégie ou faiblesse d'organisation". Ebd., S. 86. Im 19. Jahrhundert oszillieren die Tränen schließlich zwischen „maladie" und „simulation", wie Vincent-Buffaults Analyse von Wörterbucheinträgen aufgezeigt hat. Ebd., S. 211. Vgl. auch Gustave Flaubert, *Le Dictionnaire des idées reçues*, S. 103: „MALADIE DE NERFS. Toujours des grimaces." Doch Emmas Tränen sind an dieser Stelle weder Symptom einer Nervenkrankheit noch ihrer Vergiftung.

bereits im tränenüberströmten Blick gen Himmel der Racineschen Frauenfiguren manifestiert,[537] ist bei Flaubert in einen unpathetischen Tränenfluss verkehrt. Die Augen sind nicht etwa einer göttlichen Instanz im Himmel zugewandt, sondern der Weinenden selbst. Sie „sind Folge der eigenen wahrgenommenen äußeren Verwandlung“[538], die Emma in ihrem Spiegelbild erkennt. Auch die vereinzelte Träne des Doktors Larivière, die auf seine Hemdkrause fällt,[539] kann in diesem Sinne gelesen werden. Sein Blick nimmt die unaufhaltsame Auflösung des Frauenkörpers, der wie ein Leichnam vor ihm aufgebahrt liegt, als Erster wahr.

Emmas Blick in den Spiegel beendet sowohl die romantische *mise en scène* als auch die Suche nach einer mystisch-ekstatischen Transzendenzerfahrung. Es erfolgt keine Selbstentgrenzung in ein romantisch konstruiertes Maskenbild oder eine himmlische Todesvision. Die auf dem Krankenbett herbeigesehnte Ablösung vom eigenen Körper ist in eine radikale körperliche Erfahrung des Selbst umgeschlagen, in eine schmerzliche Begegnung mit dem eigenen vom Tode gezeichneten Antlitz. Die Spiegelszene endet mit einem „selbstreflexiven Akt“[540], in dem Emma ihren Kopf vom Spiegel abwendet und auf das Kissen zurücksinken lässt. Im Unterschied zur Todesvision auf dem Krankenbett, die in dem Moment einsetzt, als Emmas Kopf nach dem Empfang der Hostie auf das Kissen zurückfällt, folgt nunmehr eine Leerstelle, die sich typographisch im Zeilenumbruch manifestiert. Die mystischen Todesbilder sind ausgelöscht. Es ist die Sprache des konvulsivischen Körpers, die im nächsten Absatz einsetzt.

---

537 Die Bedeutung der von Tränen verschleierten Augen hat bereits Roland Barthes in seiner hellsichtigen Analyse des Racineschen „fétichisme des yeux“ herausgestellt: „Les yeux sont par nature de la lumière offerte à l'ombre : ternis par la prison, ennuagés par les larmes. L'état parfait du *tenebroso* racinien, ce sont les yeux en larmes et levés vers le ciel. C'est là un geste qui a été souvent traité par les peintres, comme symbole de l'innocence martyrisée. Dans Racine, il est sans doute cela, mais il résume surtout un sens personnel de la substance : non seulement la lumière s'y purifie d'eau, perd de son éclat, s'étale, devient nappe heureuse, mais le mouvement ascensionnel lui-même indique peut-être moins une sublimation qu'un souvenir, celui de la terre, de l'obscurité dont ces yeux sont partis : c'est un mouvement qui est ici saisi dans son entretien même, en sorte qu'il représente simultanément par un paradoxe précieux les deux termes du conflit – et du plaisir.“ Roland Barthes, *Sur Racine*, S. 32 f.

538 Karin Westerwelle, „Die Darstellung nervöser Krankheit in *Madame Bovary. Mœurs de province*“, S. 437.

539 Vgl. Gustave Flaubert, *Madame Bovary*, in: *OC III*, S. 433.

540 Karin Westerwelle, „Die Darstellung nervöser Krankheit in *Madame Bovary. Mœurs de province*“, S. 437.

Wenn Flaubert seine Frauenfigur kurz vor ihrem Tod in den Spiegel blicken lässt, setzt er sich auch mit dem Volksglauben seiner Zeit auseinander. So war es ein weit verbreiteter Brauch, nach dem Tod eines Menschen alle Spiegel und reflektierenden Oberflächen zur Wand zu drehen oder zu verhängen, aus Angst, dass sich die Seele des Verstorbenen im Spiegel reflektiert und am Hinausfliegen gehindert wird.[541] Emma ist bei ihrem Blick in den Spiegel bereits zu einer unheimlichen Phantomgestalt transformiert, die dem Tod näher als dem Leben steht. Die tote Seele, die in Emmas leidendem Körper gefangen ist, kann erst nach einer langen schmerzvollen Agonie, die nach der Spiegelszene wieder aufgenommen wird, entweichen:

> Sa poitrine aussitôt se mit à haleter rapidement. La langue tout entière lui sortit hors de la bouche ; ses yeux, en roulant, pâlissaient comme deux globes de lampe qui s'éteignent, à la croire déjà morte, sans l'effrayante accélération de ses côtes, secouées par un souffle furieux, comme si l'âme eût fait des bonds pour se détacher.[542]

Seit dem 13. Jahrhundert herrscht die Vorstellung einer „migration de l'âme", einer Trennung der Seele vom Körper, die sich nach dem Tod vollzieht.[543] Die mittelalterliche Funeralkunst stellt das Aushauchen der Seele, die in Gestalt eines nackten Jünglings von Engeln in einem Stofftuch gen Himmel transportiert wird, bildlich dar.[544] Ab dem 15. Jahrhundert ist die Bildform des Seelenaufstiegs der Dormitio vorbehalten. Die Seele der Gottesmutter wird von Christus selbst empfangen und emporgetragen.[545] In den krampfhaften Bewegungen des röchelnden Brustkorbs Emma Bovarys wird das sanfte Aushauchen der Seele konterkariert. Die Seele wird nicht von einer himmlischen

541 Vgl. Thomas A. Kselman, *Death and the Afterlife in Modern France*, S. 50.

542 Gustave Flaubert, *Madame Bovary*, in: *OC III*, S. 437. Das Aushauchen der Seele ist in der letzten Strophe des frivolen Liedchens, das kurz vor Emmas Tod erklingt, verbildlicht: „*Il souffla bien fort ce jour-là. / Et le jupon court s'envola !*" Ebd., S. 438. „Der langwährende heftige Kampf, der sich als Kampf des Körpers mit der Seele darstellte [...], ist beendet." Karin Westerwelle, „Die Darstellung nervöser Krankheit in *Madame Bovary. Mœurs de province*", S. 443.

543 Philippe Ariès, *L'homme devant la mort*, Bd. I, S. 244.

544 „L'âme est figurée sous la forme d'un enfant nu (quelquefois emmailloté) comme dans les Jugements derniers. Elle est expirée par le gisant – d'où sans doute l'expression qui est restée en usage jusqu'à nos jours : rendre l'âme. Elle est recueillie à sa sortie de la bouche par des anges dans un linge dont ils tiennent les deux bouts et c'est dans cet appareil qu'elle est transportée vers la Jérusalem céleste." Ebd.

545 Vgl. ebd., S. 246.

Instanz behutsam in Empfang genommen. Stattdessen muss sich der leidende Körper mit letzter Kraft ihrer entledigen. Das versuchte Aushauchen der Seele setzt bereits vor dem Tod ein, in einem Körper, dem das Leben nur noch in mechanischen Bewegungen eingeschrieben ist. Der Körper ist an seine sinnlichen Grenzen angelangt. Die zuvor gesalbten Sinnesorgane sind entstellt. In der ausgestreckten Zunge, die anstelle der Seele aus dem Mund heraustritt, und den rollenden Augen ist die entsetzliche Fratze der Medusa angedeutet, die in der letzten Szene durch das Attribut der gelösten Haare ergänzt und ausgeformt wird.[546] Im Sehorgan reflektiert sich nicht mehr das eigene Spiegelbild. Auch nimmt es nicht mehr die äußere Umgebung wahr. Ebenso wenig spiegeln die Augen, die in ihrem wandelnden Farbspektrum bereits undurchschaubar sind, dem männlichen Betrachter seine Fantasien zurück.[547] Stattdessen erlischt das Augenlicht allmählich. Die Augen sind gänzlich opak geworden. An die Stelle des äußeren Dekorums der Sterbebettszene, das nunmehr ausgelöscht ist, tritt nicht etwa eine innere Todesvision. Den zwei Kerzen, die Emma während der Krankenbettszene mittels ihrer Vorstellungskraft in „gloires éblouissantes“[548] verwandelt, vor denen die himmlische Todesvision in hellem Licht erstrahlt, sind nunmehr die mit zwei verglimmenden Glühbirnen verglichenen Augen gegenübergestellt. Das göttliche Licht ist ausgelöscht. Außen- und Innenwelt sind gleichsam in Dunkelheit gehüllt.

Die Kulisse für den endgültigen Fall der romantischen Maske, der sich im letzten Aufbäumen Emma Bovarys auf ihrem Todesbett manifestiert, bildet also eine unheimliche Finsternis. Die romantischen Bilder sind bereits symbolisch ausgelöscht. Sie bestehen nur noch als schattenhafte Relikte im düsteren

---

546 Die Verbindung zur antiken Medusa hat Karin Westerwelle in ihrer detaillierten Analyse der körperlichen Transformation Emma Bovarys hergestellt. Vgl. „Die Darstellung nervöser Krankheit in *Madame Bovary. Mœurs de province*“, S. 445. Emmas deformierter Körper weist unverkennbare Merkmale der hysterisch Besessenen auf. Vgl. ebd., S. 437 f. Er gleicht einer unheimlichen Schreckgestalt, in der „das Fremde und Andere [...], das Angst bereitet“, dargestellt ist. Ebd., S. 438. Die Fratze der Medusa scheint bereits in Emmas Blick in den Spiegel, der ihr den Tod reflektiert, angelegt: „Or, Gorgô et ses deux sœurs portent la mort dans les yeux. Leur regard tue. Les voir, ne fût-ce qu'un instant, c'est quitter pour toujours la clarté du soleil, perdre la vie avec la vue [...].“ Jean-Pierre Vernant, *L'individu, la mort, l'amour*, S. 121. „[...] elles sont la figure du chaos, du retour à l'informe, à l'indistinct, à la confusion de la Nuit primordiale : le visage même de la mort, de cette mort qui n'a pas de visage.“ Ebd.

547 Vgl. Kap. 2.1. Auch kann Emma, die von Pietro Citati als „[r]eine des regards“ bezeichnet wird, ihre Augen nicht länger als Inszenierungsmittel einsetzen. „Les yeux d'Emma“, S. 377.

548 Gustave Flaubert, *Madame Bovary*, in: *OC III*, S. 338.

Abgrund der toten Seele. Während die sichtbare Außenwelt erlischt, werden die Geräusche, die der sterbende Körper in der letzten Phase seiner Agonie produziert, bis zum Exzess getrieben:

> À mesure que le râle devenait plus fort, l'ecclésiastique précipitait ses oraisons ; elles se mêlaient aux sanglots étouffés de Bovary, et quelquefois tout semblait disparaître dans le sourd murmure des syllabes latines, qui tintaient comme un glas de cloche.[549]

Das immer lauter werdende Röcheln der Sterbenden rivalisiert mit den immer schneller ausgestoßenen Gebeten des Priesters. Unter die Geräuschkulisse mischt sich das Schluchzen des verzweifelten Gatten. Den akustischen Wettstreit gewinnen die lauten Gebete des Priesters. Die religiöse Praxis der rituellen Hinwendung zu Gott wird jedoch konterkariert. So verlieren sich die heruntergeleierten Worte des Priesters in einem unverständlichen Gemurmel, in einer okkult-unheimlichen Aneinanderreihung lateinischer Silben. Sie produzieren keine sinngebende liturgische Wortfolge, sondern einen sinnentleerten lärmenden Schall, der wie ein Glockenklang alle anderen Geräusche überlagert. Die eklektischen Gebetsfetzen richten sich nicht etwa an eine rettende göttliche Instanz. Stattdessen werden sie in einen dunklen Abgrund herausgeschleudert, in den Emma selbst – und mit ihr sinnbildlich die romantischen Masken – hinabstürzen werden. So bezeichnet das Verb *précipiter* nicht nur die rasche Beschleunigung der ausgesprochenen Worte, die sich mimetisch im akzelerierenden Röcheln der Sterbenden spiegeln, sondern ebenso den Sturz aus der Höhe – die allegorisch dem Göttlichen entspricht – in einen tiefen Abgrund.[550] Der Todessturz, den der ruckartig aufgerichtete Körper Emma Bovarys auf dem Sterbebett erleiden wird, kündigt sich schließlich im Bild des schrillen Glockenschlags an. Wie eine unheimliche Totenglocke verkündet er nicht den Tod der Protagonistin, sondern prophezeit ihn.

Den priesterlichen Anrufungen, die zu abgründigen Todeslauten verkehrt sind, folgt schließlich keine göttliche Erscheinung, sondern der lautstarke Auftritt einer diabolischen Gestalt auf dem Gehweg vor dem Sterbezimmer.[551]

---

549 Ebd., S. 437.

550 Vgl. *Dictionnaire de l'Académie française* von 1835 (online), s. v. „précipiter, v. a.": „Jeter d'un lieu élevé dans un lieu fort bas, jeter dans un lieu profond."

551 Es ist der Blinde, der Emmas Sturz in den Abgrund besiegeln wird. In jenen Abgrund kann auch der Priester stürzen, wenn er einem reuelosen Sünder eine Absolution erteilt, wie die warnenden Worte Fénelons verdeutlichen: „L'absolution, quand elle est mal donnée à un pécheur qui n'a pas arraché la pourriture de son péché du fond de son cœur, n'est qu'un

Wenngleich sie nicht sichtbar in Erscheinung tritt, so erinnert sie mit den lärmenden „gros sabots", die entweder grobe Holzschuhe oder aber Hufe bezeichnen, an den Teufel. Als seine Reibeisenstimme beginnt, ein frivoles Liedchen zu singen, an dessen Ende Emma „‚L'Aveugle !'"[552] ausruft, wird dem Leser deutlich, dass es sich um jenen blinden Bettler handelt, den Emma nach einem ihrer heimlichen Treffen mit Léon in Rouen beobachtet. Dort wird er als „pauvre diable vagabondant avec son bâton"[553] beschrieben. In seinen leeren Augenhöhlen klaffen „deux orbites béantes tout ensanglantées"[554]. Er folgt der Kutsche, in der sich Emma befindet, während er die ersten beiden Verse des Liedchens anstimmt, das in der Todesszene erneut erklingen wird. In seiner Blindheit und seinen diabolischen Attributen verkörpert der Bettler die Finsternis, in der mit Emma die romantischen Bilder ausgelöscht werden. Der vulgäre Inhalt sowie die Form des vom Blinden vorgetragenen Liedes stellen Emmas Lebens- bzw. Liebesgeschichte eine abwertende „vision *diminutive*"[555] gegenüber und setzen ihre sinnlichen „tentations charnelles"[556] zum Klischee herab:

> *Souvent la chaleur d'un beau jour*
> *Fait rêver fillette à l'amour.*
>
> Emma se releva comme un cadavre que l'on galvanise, les cheveux dénoués, la prunelle fixe, béante.
>
> *Pour amasser diligemment*
> *Les épis que la faux moissonne,*
> *Ma Nanette va s'inclinant*
> *Vers le sillon qui nous les donne.*[557]

amas de paroles inutiles. Cette absolution rend le pénitent plus coupable qu'il n'était et entraîne dans sa condamnation le lâche confesseur qui l'absout par facilité contre les règles de son ministère. C'est un aveugle qui en mène un autre dans le précipice." Fénelon, „Sur la confession générale", S 774. Die sakramentale Lossprechung von den Sünden wird bei Flaubert mit leeren Phrasen ersetzt, die ebenso unweigerlich in den Abgrund führen.

552 Gustave Flaubert, *Madame Bovary*, in: *OC III*, S. 437.

553 Ebd., S. 385.

554 Ebd.

555 Jean Starobinski, „L'échelle des températures. Lecture de corps dans *Madame Bovary*", S. 64.

556 Ebd., S. 63.

557 Gustave Flaubert, *Madame Bovary*, in: *OC III*, S. 437.

Die „gauloise Heiterkeit“[558] des Liedes, das der „Histoire préliminaire“ aus Restif de la Bretonnes *L'Année des dames nationales* (1791) entstammt,[559] kontrastiert nicht nur mit der dämonischen Erscheinung des Bettlers,[560] sondern ebenso mit dem grausamen Todessturz, den das Lied begleitet.[561] Während der Blinde das anzügliche Lied vorträgt, verwandelt sich Emma zu einer Gestalt des Schreckens. Ihr Körper wird zum „mimetische[n] Spiegelbild“[562] des Liedes: In ironischer Opposition zur sich bückenden Ährenleserin richtet sich Emmas Körper ruckartig und mechanisch auf. Im Vergleich mit dem galvanisierten Leichnam manifestiert sich ein letztes romantisches Bild, das aufs Äußerste deformiert ist. Die Nekromantie, die sich in den durch elektrischen Strom künstlich wiederaufgerichteten Leichen in der Literatur der Romantiker manifestiert,[563] ist bei Flaubert verkehrt in eine Beschwörung des noch lebenden Körpers, dessen Muskelkontraktion zur Aufrichtung nicht durch Strom herbeigeführt wird, sondern in unerklärlich-unheimlicher Weise durch einen diabolischen Gesang. Es ist nicht etwa eine schöne weibliche Leiche, die sich auf ihrem Totenbett wiederaufrichtet und beim romantischen Betrachter eine nekrophile Neigung zum Vorschein bringt, sondern ein bis zur „kreatürliche[n] Häßlichkeit“[564] entstellter weiblicher Körper. Tatsächlich kündigt sich der Zerfall des einst schönen Körpers bereits an anderer Stelle an, nämlich paradoxerweise in der Beschreibung der Schönheit Emmas zur Zeit ihrer Liebesbeziehung mit Rodolphe:

---

558 Klaus Ley, „Tanz und Tod in *Madame Bovary*. Kompositionstechnik und Sinnkonstitution bei Flaubert“, S. 231.

559 Restif de la Bretonnes „Histoire préliminaire“ berichtet von der Liebesgeschichte zweier Schwestern – eine von ihnen heißt Nannette –, die auf dem Land leben und sich für oder gegen zwei Verehrer entscheiden müssen, die ihnen jeweils ein Ständchen vortragen. Vgl. ebd., S. 254. Flaubert bedient sich lediglich einiger Verszeilen der anzüglichen Chansons, deren Text zusammen mit der gesamten „Histoire préliminaire“ im Anhang von Klaus Leys Aufsatz abgedruckt ist.

560 Vgl. ebd., S. 231.

561 Der Tod ist nur in der Sense (*la faux*) als grotesk wirkende Anspielung auf die mittelalterliche Allegorie des Todes als Sensemann bzw. *faucheuse* evoziert. Vgl. Jean Starobinski, „L'échelle des températures. Lecture du corps dans *Madame Bovary*“, S. 64.

562 Karin Westerwelle, „Die Darstellung nervöser Krankheit in *Madame Bovary. Mœurs de province*“, S. 444.

563 Vgl. Yves Vadé, *L'enchantement littéraire. Écriture et magie de Chateaubriand à Rimbaud*, S. 146. Romantische Autoren wie Chateaubriand oder Vigny inszenieren sich selbst als Nekromanten. Vgl. auch Aloysius Bertrands *Gaspard de la Nuit*: „J'avais galvanisé un cadavre et le cadavre s'était levé.“ Zit. nach: ebd. Daneben bedient sich Théophile Gautier in seiner Literaturkritik häufig der Metapher des *cadavre galvanisé*. Vgl. ebd., Anm. 3.

564 Rainer Warning, „Der ironische Schein: Flaubert und die ‚Ordnung der Diskurse‘“, S. 176.

> Jamais madame Bovary ne fut aussi belle qu'à cette époque ; elle avait cette indéfinissable beauté qui résulte de la joie, de l'enthousiasme, du succès, et qui n'est que l'harmonie du tempérament avec les circonstances. Ses convoitises, ses chagrins, l'expérience du plaisir et ses illusions toujours jeunes, comme font aux fleurs le fumier, la pluie, les vents et le soleil, l'avaient par gradations développée, et elle s'épanouissait enfin dans la plénitude de sa nature.[565]

Wie bereits Rainer Warning treffend herausgestellt hat, ist Emmas Schönheit irdisch, scheinhaft und „verzeitlicht".[566] Um aufzublühen, benötigt sie die Gelüste, den sexuellen Akt als „fumier". Sie ist somit durch Emmas Liebesleben bedingt, beeinflussbar und unbeständig. Sie kontrastiert mit der sich im Inneren manifestierenden Schönheit der Chateaubriandschen Frauenfiguren, deren Attribute als „céleste"[567] beziehungsweise „divin"[568] gottgegeben sind und ewig währen. Die absolute göttliche Schönheit der romantischen Heldin bleibt bis über ihren Tod bestehen: So wird die Schönheit der toten Atala im Vergleich mit der „statue de la Virginité endormie"[569] verewigt.[570]

Emmas klaffende Augen und ihr gelöstes Haar vervollständigen das Bild der medusenartigen Schreckgestalt, das sich zuvor in der herausgestreckten Zunge andeutete.[571] Die „cheveux dénoués", die das angsteinflößende Schlangenhaupt

---

565 Gustave Flaubert, *Madame Bovary*, in: *OC III*, S. 322.

566 Rainer Warning, „Der ironische Schein: Flaubert und die ‚Ordnung der Diskurse'", S. 176. Warning stellt Emma die Schönheit Atalas gegenüber.

567 François-René de Chateaubriand, *Atala – René*, S. 73.

568 Ebd., S. 189.

569 Ebd., S. 138.

570 Emmas Verwandlung zur hässlichen Schreckgestalt konterkariert außerdem den Typus des unvergänglichen „floralized female corpse", der besonders im 18. Jahrhundert idealisiert wird. Vgl. Lennard J. Davis, „The Dreadful Gulph and the Glass Cadaver: Decomposing Women in Early Modern Literature", S. 128–131, hier S. 128. Als Beispiel kann der Körper von Richardsons Clarissa genannt werden, der auch nach ihrem Tod nicht zerfällt. Vgl. ebd. Die weibliche „floralization" (ebd., S. 127), das Aufblühen der weiblichen Schönheit, wird ironisch in den Bildern der Ernte im frivolen Liedchen des Blinden aufgenommen. Besonders im 18. Jahrhundert finden sich Bemühungen, den körperlichen Zerfall von Verstorbenen aufzuhalten. So entwarf der Architekt Pierre Giraud gegen Ende des 18. Jahrhunderts einen Friedhof, auf dem die toten Körper durch einen chemischen Prozess der Vitrifikation in Glas verwandelt werden sollten. Vgl. ebd., S. 129. Mit Emmas letzter Konvulsion wird das Bild der „floral woman" ausgelöscht. Ebd., S. 131.

571 Jean-Pierre Vernant beschreibt das monströse Maskengesicht (*gorgoneion*) der antiken Gorgone wie folgt: „La tête élargie, arrondie, évoque une face léonine, les yeux sont écarquillés, le regard fixe et perçant, la chevelure est traitée en crinière animale ou hérissée

der Medusa evozieren,[572] sind Zeichen der weiblichen Sexualität und tauchen bereits an anderen Stellen im Roman als Symbol des Ehebruchs auf:

> On eût dit qu'un artiste habile en corruptions avait disposé sur sa [Emmas, S. W.] nuque la torsade de ses cheveux : ils s'enroulaient en une masse lourde, négligemment, et selon les hasards de l'adultère, qui les dénouait tous les jours.[573]

Mit jeder neuen sinnlichen Begierde werden auch Emmas Zöpfe lockerer, Strähnen fallen heraus, bis das Haar in der Todesszene schließlich völlig geöffnet ist.[574] Im 19. Jahrhundert ist das weibliche Haar für gewöhnlich in Form gebracht und wird nicht offen getragen.[575] Das offene Haar besitzt eine erotische Konnotation, wie etwa Darstellungen der sinnlichen Göttin Venus oder sündhafter Frauenfiguren wie Eva oder Maria Magdalena mit ihrer langen Haarpracht veranschaulichen.[576] Ebenso ist das gelöste Haar Zeichen der Verführung und Prostitution.[577] Doch das gelöste Haar steht nicht nur für eine ungebändigte Sinnlichkeit, sondern kann außerdem Trauer und Leid signalisieren.[578] Deutet man die Tränen, die beim Blick in den Spiegel aus Emmas Augen herauslaufen, als Zeichen der Trauer über den eigenen Zerfall, so scheint sich ihr geöffnetes Haar bereits an dieser Stelle von seiner erotischen Konnotation zu befreien. Darüber hinaus wird dem geöffneten Haar in Emmas Todesszene eine bedeutsame ästhetische Funktion zuteil, die sich im *participe passé dénoués* manifestiert. Die feste Form des Haarknotens, die im Partizip

---

de serpents, les oreilles sont agrandies, déformées, semblables parfois à celles du bœuf, le crâne peut porter des cornes, la bouche, ouverte, en rictus, s'allonge jusqu'à couper toute la largeur du visage, découvrant les rangées de dents, avec des crocs de fauve ou des défenses de sanglier, la langue, projetée en avant, fait saillie au-dehors, le menton est poilu ou barbu, la peau parfois sillonnée de profondes rides. Cette face se présente moins comme un visage que comme une grimace." *Figures, idoles, masques*, S. 86 f.

572 Der antiken Überlieferung zufolge – Ovids Darstellung ist eine der meist rezipierten – verwandelte die Göttin Minerva das schöne goldene Haar der Medusa als Strafe für die Beschmutzung ihres Tempels, in dem die Gorgone von Neptun vergewaltigt wurde, in ein Schlangennest. Vgl. Jerome J. McGann, „The Beauty of the Medusa: A Study in Romantic Literary Iconology", S. 5.

573 Gustave Flaubert, *Madame Bovary*, in: *OC III*, S. 322.

574 Vgl. für weitere Beispiele Doris T. Wight, „Madame Bovary's Long Tresses", S. 183 ff.

575 Vgl. Carol Rifelj, „The Language of Hair in the Nineteenth-Century Novel", S. 88. Eine Ausnahme bildet der häusliche Rahmen der *toilette de nuit*. Hier ist der Anblick des gelösten Haares dem Ehemann vorbehalten. Vgl. ebd.

576 Vgl. ebd.

577 Vgl. ebd., S. 90.

578 Vgl. ebd., S. 88.

noué versprachlicht ist und dem im 19. Jahrhundert modischen, mit Haarklammern und Kämmen befestigten Chignon entspricht,[579] ist in Emmas „cheveux dénoués" aufgelöst. Dieser Formverlust lässt sich auf zweifache Weise deuten: Das geöffnete Haar ist nicht mehr Zeichen weiblicher Reize, sondern Attribut einer medusenähnlichen Schreckgestalt. Durch den Kunstgriff der Ellipse wird es dem Betrachter zusammen mit dem starren, klaffenden Blick („les cheveux dénoués, la prunelle fixe, beánte") eindringlich vor Augen geführt. Anstatt zu verführen, flößt das Haar Angst ein. Das weibliche Haar hat sich von seiner Konnotation als Fetischobjekt des männlichen Betrachters befreit. In der Todesagonie gewinnt die weibliche Körperlichkeit ein neues Anrecht: Emmas Körper ist nicht länger passives Projektionsobjekt, sondern bietet sich als verzerrte, entmachtete Gestalt dar, über die niemand – nicht einmal Emma selbst – verfügen kann. Im Auflösen des Haares ist darüber hinaus die Deformierung der romantischen Maske versinnbildlicht, die in der letzten Fallbewegung des Körpers auf dem Sterbebett in den dunklen Abgrund, in das *informe*, getrieben wird:

> Une convulsion la rabattit sur le matelas. Tous s'approchèrent. Elle n'existait plus.[580]

Der unheimlichen mechanischen Aufrichtung des Körpers, in dessen dunklem Inneren bereits jegliche Seelenbildlichkeit ausgelöscht ist, folgt ein Todessturz ins Nichts. Die romantisch-religiösen Todesaspirationen werden im nüchtern konstatierten Aufprall des konvulsivischen Körpers auf die Matratze geerdet. Doch während der Körper auf dem letzten, als ironisches *pars pro totum* evozierten Bruchstück der romantischen Kulisse des Sterbebettes zum Erliegen gebracht wird, stürzt die Seele in einen endlosen Abgrund. In jenem Moment, in dem das vom Bettler besungene kurze Röckchen der Nanette nach oben fliegt („*Et le jupon court s'envola !*"[581]), wird Emmas Seele in die dunkle Finsternis befördert. Letztere entspricht jedoch nicht traditionellen Höllen- oder

---

579 Vgl. ebd., S. 89. Im 18. Jahrhundert wurden die offenen Haare als „cheveux épars" bezeichnet, die zumeist auf einen „physical or emotional disarray" verweisen. Ebd., S. 88. Zahlreiche Beispiele finden sich in den *Liaisons dangereuses*. Mit der Haarmode des Chignon, die im 19. Jahrhundert weite Verbreitung findet, wird das Adjektiv *épars* durch das Partizip *dénoués* ersetzt, in einer wörtlichen Anlehnung an den Prozess des Entknotens der hochgesteckten Frisur. Vgl. ebd., S. 89.

580 Gustave Flaubert, *Madame Bovary*, in: *OC III*, S. 438.

581 Ebd. Das emporfliegende Röckchen erinnert an den Brautstrauß, der Emma zur Imagination ihres eigenen Todes diente: „[...] et les corolles de papier, racornies, se balançant le long de la plaque comme des papillons noirs, enfin s'envolèrent par la cheminée." Ebd., S. 209. Vgl. Kap. 2.2.3.

Unterweltsvorstellungen, den Orten der Verdammnis, in denen die Sünder ewig gepeinigt werden. Sie entspricht jenem Raum der Schwärze, in den sich Emmas eigenes Inneres bereits zuvor verwandelt hat. Im dunklen Innenraum kann sich nur noch die Dunkelheit selbst, das schwarze Nichts, präsentieren: „Et Emma se mit à rire, d'un rire atroce, frénétique, désespéré, croyant voir la face hideuse du misérable, qui se dressait dans les ténèbres éternelles comme un épouvantement."[582] Die dämonische Vision des blinden Bettlers, die die in aufrechter Pose auf dem Sterbebett erstarrte Frauenfigur in die Schwärze ihrer Seele projiziert, erweist sich als letzter Schöpfungsakt ihrer Imagination, deren Bilder sich im Dunkeln verlieren. Trotz seiner dämonischen Attribute ist der Blinde nicht etwa im christlichen Sinne als Personifizierung des Bösen, als Teufel zu verstehen, sondern als Figur des Nichts.[583] In den *ténèbres éternelles* erlöschen mit den Sinnen des Körpers die romantischen Bilder.[584]

Der Moment des Todes ist als von jeglichem Pathos befreite nüchterne Faktendarstellung konzipiert. Drei kurze, parataktische Schlusssätze beenden die Todesagonie. „Une convulsion la rabattit sur le matelas." In der Fallbewegung des Körpers, der auf die Matratze stürzt, ist der Fall des romantischen Kunstwerks angelegt. Neben der romantischen Sprache verstummt mit der letzten Konvulsion auch die Sprache des Körpers. Nicht nur die Kulisse des Sterbebettes, an das die Matratze wie ein Relikt erinnert, auch Emmas Körper scheint von der Bildfläche verschwunden. „Tous s'approchèrent." Während Emma selbst nur noch im Objektpronomen *la* evoziert wird, werden auch die der Sterbeszene beiwohnenden Personen nicht mehr einzeln bestimmt, sondern verlieren sich im Indefinitpronomen *tous*. Dem Verb *s'approcher* ist kein Objekt zugeordnet: Die Personen treten heran an eine Verstorbene, die sich nicht mehr repräsentieren lässt. „Elle n'existait plus." Jegliche Bildlichkeit

582 Ebd., S. 437.

583 Bereits Starobinski vertritt die These, dass der Blinde jenen „sens même du néant" verkörpert, der aus der Vernichtung der sinnlichen Wahrnehmung in der könästhetischen Grenzerfahrung der sterbenden Frauenfigur, dem „néant de sens", resultiert. Jean Starobinski, „L'échelle des températures. Lecture du corps dans *Madame Bovary*", S. 61. „Il [l'aveugle, S. W.] est la face hideuse du réel en excès, qui s'engouffre quand l'émoi corporel a atteint ses dernières limites." Ebd.

584 Die *ténèbres* verweisen nicht nur allgemein auf eine völlige Dunkelheit. Vgl. Pierre Larousse, *Grand Dictionnaire universel du XIXe siècle*, Bd. XIV, s. v. „ténèbres, s. f. pl.", S. 1601: „Absence complète ou presque complète de lumière, obscurité absolue ou très-profonde". Sie können ebenso das Erlöschen des Augenlichts im Moment des Todes bezeichnen: „*Ténèbres de la mort*, Obscurcissement de la vue qui se produit chez un mourant." Ebd., S. 1602.

ist außer Kraft gesetzt. Der Tod ist nicht darstellbar. Er bedeutet die radikale Nichtexistenz, eine unumkehrbare, definitive Vernichtung, die im *imparfait* auf Dauer gestellt ist. Die göttliche Ewigkeit, die die ausgehauchte Seele der romantischen Heldin Atala im Himmel erwartet,[585] wird bei Flaubert abgelöst von einem ort- und zeitlosen Nichts, in dem sich die Frauenfigur verliert. Mit Emma Bovary werden die traditionellen Darstellungsformen des weiblichen Todes in den Abgrund getrieben. Die romantische Bildlichkeit wird in der langen Todesagonie wie mechanisch aus dem vergifteten Körper verbannt. Zurück bleibt ein totes Objekt, das sich durch kein Zeichensystem mehr erfassen lässt. Die Form, die den Tod bildet, stürzt in den Abgrund. Was bedeutet diese Vernichtung der Form für den Künstler? Wenn Flaubert am toten Objekt schreibt, schöpft er dann nicht aus dem Tod, dem unförmigen Nichts und treibt somit auch die Sprache selbst in den Abgrund?

2.4 Artifizielle Erinnerungsbilder. *Post mortem*-Inszenierungen am Leichnam

Wenngleich Emma Bovarys Tod mit dem Fall ihrer romantischen Maske einhergeht, so wird der weibliche Leichnam nunmehr mit einer Reihe künstlerisch-metaphorischer ‚Totenmasken' versehen, die allesamt darauf abzielen, die Verstorbene in ein neues, beständiges Bild zu transformieren.[586]

War die Anfertigung eines *post mortem*-Bildes, das der Erinnerung an den Verstorbenen dienen sollte, im Mittelalter zunächst in Form von öffentlich platzierten, dreidimensionalen Abbildern des Toten, sogenannten Effigies, Königen und Heiligen vorbehalten, werden bereits ab dem ausgehenden 16. Jahrhundert, anfangs in Flandern und den Niederlanden, privat in Auftrag gegebene letzte Porträts als Teil der bürgerlichen Erinnerungskultur angefertigt.[587] Mit der Erfindung der Daguerreotypie und schließlich der Fotografie erlebt das *dernier portrait* im 19. Jahrhundert seinen Höhepunkt, wie zahlreiche

585 „Atala venait d'expirer." François-René de Chateaubriand, *Atala – René*, S. 135. In der Form des *passé récent* wird eine abgeschlossene Handlung dargestellt, nämlich der Akt des Aushauchens der Seele. Während sich die von Flaubert verwendete *imparfait*-Form *existait* einer zeitlichen Verortung entzieht, verweist die Verbalperiphrase *venir de* auf eine gerade vollzogene Handlung.

586 Der eingetretene Tod ist also nicht, wie etwa Joachim Küpper behauptet, als „brutum factum der physischen Wahrheit", als Kontingenz, „über die hinaus es nichts mehr zu sagen gibt", zu verstehen. „Das Ende von Emma Bovary", S. 85.

587 Vgl. Emmanuelle Héran, „Le dernier portrait ou la belle mort", S. 25.

Fotografien von Nadar zeigen. Unter ihnen finden sich berühmte Persönlichkeiten wie Victor Hugo,[588] dessen Beerdigungszeremonie im Jahr 1885 ein öffentliches Großereignis darstellte, oder die Dichterin Marceline Desbordes-Valmore (1859), die beide auf ihrem Sterbebett abgelichtet wurden.[589] Aus heutiger Sicht erscheint es schwer vorstellbar, dass ein großer Teil der im 19. und beginnenden 20. Jahrhundert entstandenen *post mortem*-Fotografien Kinder zeigt.[590] Sie sind oftmals in engelsgleicher Pose als schöne Schlafende stilisiert, wie etwa das in einem weißen Kleid auf weiche Kissen gebettete, von reich verzierten Vorhängen, Blumen und Schleifen umgebene tote Kind in *Sleeping Beauty, a Child Rests at Home* (ca. 1901)[591], das von der pompösen Ausstaffierung regelrecht erdrückt erscheint, oder Nadars nachträglich kolorierte, mit einer weißen Zierborte versehene Fotografie mit dem Titel *Le Dernier Sommeil* (1886)[592] verdeutlichen. Letztere porträtiert ein bis zur Brust zugedecktes, auf weißen Kissen ruhendes Kind. Seine Hände sind gefaltet, der stark schattierte Kopf ist leicht zur Seite geneigt und offenbart einen selig besonnenen Gesichtsausdruck. Bedient sich die Inszenierung der Verstorbenen als *sleeping beauty* bzw. Dornröschen hier der traditionellen Metapher des Todes als Schlaf, die laut Lessing ihren Ursprung bereits in der Antike findet,[593] so wird in anderen *post mortem*-Fotografien der Versuch unternommen, die Präsenz des Todes gänzlich auszuschalten. Insbesondere Kinder, deren früher

588 Nadars Fotografie *Victor Hugo sur son lit de mort* erscheint am 30. Mai 1885, zwei Tage vor der Beerdigung des Dichters, als Titelbild der Zeitschrift *L'Illustration*.

589 Wie verbreitet die *post mortem*-Fotografie im 19., aber auch noch zu Beginn des 20. Jahrhunderts war, zeigen zwei reich bebilderte Ausstellungskataloge: Während sich *Le Dernier Portrait* zur Ausstellung im Musée d'Orsay im Jahre 2002 neben Fotografien ebenso mit Gemälden sowie Totenmasken verstorbener Personen beschäftigt und die kulturgeschichtliche Entwicklung der *post mortem*-Darstellungen in exzellenten Aufsätzen nachzeichnet, konzentriert sich die im selben Jahr als Ergänzung zum Katalog des Pariser Museums erschienene Bildsammlung aus dem umfangreichen Archiv des Amerikaners Stanley B. Burns mit dem Titel *Sleeping Beauty II. Grief, Bereavement and the Family in Memorial Photography* auf amerikanische *post mortem*-Fotografien, ohne jedoch die europäische Tradition auszuklammern. Für die *post mortem*-Fotografie in Deutschland, Österreich und der Schweiz liefert Isabel Richter mit *Der phantasierte Tod. Bilder und Vorstellungen vom Lebensende im 19. Jahrhundert*, S. 257–307 eine quellen- und erkenntnisreiche Studie.

590 Zu *post mortem*-Inszenierungen von Kindern vgl. auch Kap. 4.4.

591 Vgl. Stanley B. und Elisabeth A. Burns, *Sleeping Beauty II. Grief, Bereavement and the Family in Memorial Photography* (*American & European Traditions*), Abb. 93.

592 Vgl. ebd., Abb. 60. Eine Auswahl der *post mortem*-Fotografien des Archivs ist auf folgender Internetseite veröffentlicht: www.burnsarchive.com (02.04.2018).

593 Vgl. Gotthold Ephraim Lessing, *Wie die Alten den Tod gebildet*, S. 201–219.

Tod nicht hingenommen werden kann, werden häufig mit geöffneten Augen fotografiert.[594] Ebenjene Bilder zeugen von einer unheimlichen Ambivalenz, scheint doch unter der Maske des leeren, in die Ferne starrenden Blicks, dem keine Kommunikation mit dem Betrachter gelingt, allzu oft der Tod auf.[595] Sieht man von den Fällen ab, in denen die sitzende Pose des Verstorbenen – hierbei handelt es sich beinahe ausschließlich um Kinder – eine leicht zu dechiffrierende Illusion des Lebens schafft, wird das letzte Porträt in der Regel entweder noch im Sterbebett oder im Sarg gefertigt, in denen der tote Körper schön hergerichtet und von Blumen, Kissen oder christlichen Symbolen wie Kreuzen oder Kerzen umgeben ist, „pour assurer une digne exposition et effacer les traces de l'agonie".[596] Das letzte Bild, das vom Verstorbenen eingefangen wird, entspricht der Vorstellung vom ‚schönen' Tod, die von der Mitte des 18. Jahrhunderts bis zu Beginn des 19. Jahrhunderts in zahlreichen sentimentalen und romantischen ‚Todesbettszenen' – im angloamerikanischen Raum ist der Begriff der *deathbed scenes* geläufig – ihre Blütezeit erlebt.[597] Eine seltene

---

594 Nicht selten wurden die geöffneten Augen nachträglich eingezeichnet. Vgl. Joëlle Bolloch, „Photographie après décès : pratique, usages et fonctions", S. 126. Zu den Techniken der ‚Verlebendigung' durch Kolorierung und Retusche vgl. auch Isabel Richter, *Der phantasierte Tod. Bilder und Vorstellungen vom Lebensende im 19. Jahrhundert*, S. 266–273. Daneben existierten in den Ateliers vieler Fotografen sogenannte Stellagen, d. h. Fixierungsapparate, die die für die Aufnahme notwendige bewegungslose Pose des toten Körpers unterstützten. Auf der fertigen Fotografie wurden die Stellagen in der Regel wegretuschiert; Teile von ihnen sind in manchen Bildern jedoch noch sichtbar. Vgl. ebd., S. 279.

595 Beispiele sind ein in scheinbar lässiger Pose und mit geöffneten Augen auf einem Sessel platziertes Mädchen, dessen Blick in die Ferne schweift, oder ein im Matrosenanzug gekleideter Junge, dessen Augen nachträglich geöffnet gemalt wurden. Vgl. Stanley B. und Elisabeth A. Burns, *Sleeping Beauty II. Grief, Bereavement and the Family in Memorial Photography (American & European Traditions)*, Abb. 39 (*Dead Girl Propped On a Couch*, ca. 1858) und Abb. 64 (*Dead Boy With Eyes Painted Open*, ca. 1875). Allerdings ist die erstarrte, ernste Mine nicht nur ein Merkmal der *post mortem*-Porträts. So zeigen die Porträtaufnahmen lebendiger Personen im 19. Jahrhundert in der Regel auch keine lächelnden Gesichter, was zum einen mit der für die Aufnahme erforderlichen Bewegungslosigkeit, zum anderen mit bürgerlichen Repräsentationsidealen zusammenhängt. Vgl. Isabel Richter, *Der phantasierte Tod. Bilder und Vorstellungen vom Lebensende im 19. Jahrhundert*, S. 280.

596 Vgl. Emmanuelle Héran, „Le dernier portrait ou la belle mort", S. 39–42, hier S. 39.

597 Beginnend mit der langen Todesszene der tugendhaften Titelheldin in Samuel Richardsons Briefroman *Clarissa, or The History of a Young Lady* (1748), die nach der Vergewaltigung durch den Lebemann Lovelace auf ein besseres, jenseitiges Leben hofft, über das christlich stilisierte Ableben der Julie d'Étanges in Jean-Jacques Rousseaus Briefroman *Julie ou La Nouvelle Héloïse* (1761) bis hin zu Chateaubriands Atala, die im gleichnamigen, dem *Génie du christianisme* (1802) angegliederten Kurzroman auf dem in einer Grotte in

Ausnahme bilden *post mortem*-Porträts, die anstelle des ‚schönen' Todes der „[ ]esthétique romantique du désordre" zu entsprechen scheinen, wie etwa das zunächst Théodore Géricault zugeschriebene, tatsächlich von Firmin Desclos gemalte *Portrait d'une jeune fille morte*.[598] Es zeigt den zur Seite gekippten Kopf einer jungen Verstorbenen, deren blasse Gesichtsfarbe sich in das Weiß der sie umhüllenden Bettlaken und des Kopftuches, das die dunkle, lediglich an der Stirn hervortretende Haarpracht verdeckt, einfügt. Wie zahlreiche *post mortem*-Fotografien, aber auch die romantisch-sentimentalen Todesszenen in

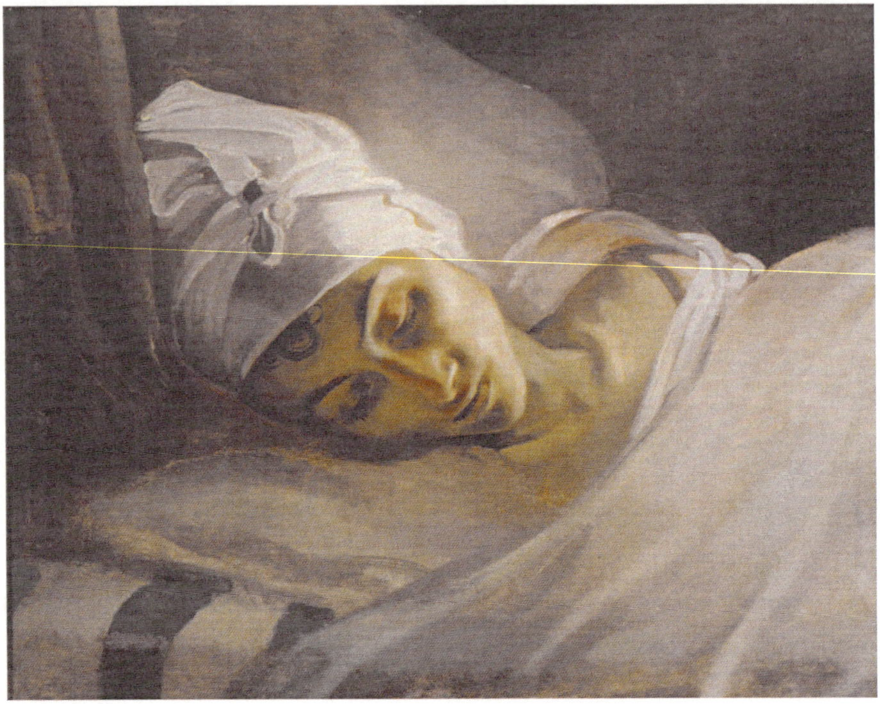

ABBILDUNG 4 *Firmin Desclos,* Portrait d'une jeune fille morte, étude d'après une jeune fille morte du Faubourg, *19e siècle.*

---

der exotischen Natur Louisianas hergerichteten Totenbett dahinscheidet, ist der weibliche Tod als friedlicher Schlaf stilisiert, der ein göttliches Himmelreich erwarten lässt. Ein derartig tugendhaft-christliches Entschlafen findet sich für den amerikanischen Raum noch in der *deathbed scene* der engelsgleichen Little Eva in Harriet Beecher Stowes 1852 publiziertem Roman *Uncle Tom's Cabin*, deren Stilisierung als Heilige auf Flauberts Unverständnis trifft: „La mort de la jeune Saint-Clair est celle d'une sainte. Pourquoi cela ? Je pleurerais plus si c'était un enfant ordinaire." Gustave Flaubert, Brief an Louise Colet vom 9. Dezember 1852, *Corr. II*, S. 203 f. Vgl. auch Kap. 2.2.2.

598 Emmanuelle Héran, „Le dernier portrait ou la belle mort", S. 39.

der Literatur illustrieren, werden die Sterbenden in den letzten Stunden sowie noch nach ihrem Tod häufig von Familienangehörigen, nahestehenden geliebten Personen und nicht selten Geistlichen begleitet, die sich um das Sterbebett versammeln, um Abschied zu nehmen.[599]

Auffällig ist, dass in der literarischen Darstellung Todesbettszenen weiblicher Figuren überwiegen; kaum ein Mann scheidet im Sterbebett umgeben von seinen Liebsten dahin. In der bildlichen Darstellung hingegen sticht eine männliche Todesbettszene hervor: Es ist der durch Krankheit geschwächte Napoleon Bonaparte, der in seinem Sterbebett im Exil von St. Helena im Mai 1821 zum beliebten Motiv vieler Drucker, aber auch Historienmaler wie Charles de Steuben oder Horace Vernet wird. Während Letzterer den gestürzten Napoleon 1826 im Detailbild mit einem Lorbeerkranz auf dem Haupt und einem Kruzifix auf der Brust im Sterbebett liegend porträtiert (*Napoléon sur son lit de mort*), stellt Charles de Steubens berühmtes Ölgemälde mit dem Titel *Mort de Napoléon* (1821), das später durch die Drucke von Jean-Pierre-Marie Jazet große Verbreitung finden sollte, den Sterbenden im Bett umgeben von seinen engsten Vertrauten dar, unter denen sich unter anderem der General Henri-Gatien Bertrand, dessen Frau Fanny und ihre Kinder, sein Arzt Francesco Antommarchi sowie sein treuer Diener Louis-Étienne Saint-Denis befinden.[600] Eine ähnliche Szene bilden der Schwarz-Weiß-Druck *Derniers moments de Napoléon*[601] oder die populäre *image d'Épinal* mit dem Titel *Mort de Napoléon le Grand* von Georgin ab, auf dem das mit der Trikolore geschmückte Sterbebett sowie die in den französischen Nationalfarben bunt bekleideten, um das Bett versammelten Offiziere, eine Frauenfigur und zwei Kinder die Totenblässe des in Weiß gehaltenen Napoleon kontrastiv hervorheben.

Bereits im 18. Jahrhundert porträtiert Jean-Baptiste Greuze eine männliche Figur auf dem Sterbebett: Das Gemälde *Le Fils puni* (1778) zeigt den aus dem Krieg zurückkehrenden verstoßenen Sohn, der seinen verstorbenen Vater umgeben von seinen trauernden, zutiefst bestürzten Geschwistern auf dem Sterbebett vorfindet.[602] Die Mutter blickt den in das bürgerliche Interieur

599 Vgl. ebd., S. 46.

600 Vgl. Karine Huguenaud, „Mort de Napoléon. Commentaires" (online).

601 Bibliothèque nationale de France, Estampes et photographie. Aus der Sammlung von Carl de Vinck, *Un siècle d'histoire de France par l'estampe, 1770–1870*.

602 Greuzes Gemälde ist Teil der Episode *La malédiction paternelle*. Ihm geht das Gemälde *Le fils ingrat* (1777) voraus, das auf pathetische Weise die Verfluchung eines Sohnes, der sich für das Militär anwerben und somit seine Familie im Stich lässt, darstellt. Der erzürnte Vater, den eine Frauenfigur zu besänftigen sucht, wendet sich mit einem vorwurfsvollen Blick sowie mit ungestüm ausgestreckten Händen in bedrohlicher Gestik zu seinem Sohn, der jedoch bereits im Begriff ist, aus der Tür des Familienheims zu treten. Seine

ABBILDUNG 5 *François Georgin, imprimerie Pellerin,* Mort de Napoléon le Grand.

eintretenden Sohn mit vorwurfsvoller Mine an; ihr ausgestreckter Arm ist auf den Leichnam gerichtet. Auch der Familienhund ist in der Szene anwesend. Eine von 1765 datierte Skizze des Gemäldes, die sich im Palais des Beaux-Arts in Lille befindet, lobt Diderot in seinem Salon zusammen mit der Skizze des *Fils ingrat* als erhabenes, „les actions vraies" darstellendes „chef[]-d'œuvre de composition"[603]. Dem dramatischen Tableau sei ein „intérêt violent"[604] eingezeichnet, der sich in der schonungslosen Darstellung heftiger *passiones* von unstillbarem Schmerz, Trauer und Klage spiegele. Mehr noch als das fertige Gemälde präsentiert Greuzes Skizze die häusliche Familienszene in einer besonders rührseligen, sentimentalisierenden Form. Das bürgerliche Interieur ist zu einer „demeure de l'indigence"[605] herabgesunken: Das Sterbezimmer ist kärglich ausgestattet. Der Verstorbene ist in einem schlichten Holzbett ohne Matratze aufgebahrt. Christliche Requisiten wie eine Weihkerze, ein Weihwasserkessel und ein Kruzifix, das die am Bett sitzende Tochter in der Hand hält, stechen aus der schlichten Einrichtung hervor. Es erfolgt eine

Mutter und Geschwister versuchen, ihn mit flehenden, verzweifelten Gesten zurückzuhalten. Vgl. auch Diderots Salonbesprechung zur Skizze des Gemäldes, „*Le Fils ingrat. Autre esquisse* du même.", in: *Salon de 1765*, S. 196–198. Greuzes Serie vom verlorenen Sohn befindet sich im Louvre in Paris.

603 Denis Diderot, „*Le Fils puni. Esquisse.* Du même.", in: *Salon de 1765*, S. 200.

604 Ebd.

605 Ebd., S. 198.

pathetische Zurschaustellung weiblicher Trauer, die auf ein typisches Ausdrucksrepertoire rekurriert:

> La fille aînée assise dans le vieux confessionnal de cuir, a le corps renversé en arrière, dans l'attitude du désespoir, une main portée à sa tempe, et l'autre élevée et tenant encore le crucifix qu'elle a fait baiser à son père.[606]

Nicht nur die Trauer wird ostentativ präsentiert, sondern ebenso die Schuld des Sohnes, der die Familie im Stich gelassen hat, um in den Krieg zu ziehen. Bereits die körperliche Verletzung, die er im Krieg davongetragen hat, erscheint als Sühne für sein Fehlverhalten. Doch in dem Moment, in dem der verlorene Sohn das Sterbezimmer betritt, wird er mit den größten Schuldgefühlen bestraft:

> Voilà le spectacle qui attend le fils ingrat. Il s'avance, le voilà sur le pas de la porte. Il a perdu la jambe dont il a repoussé sa mère, et il est perclus du bras dont il a menacé son père.
>
> Il entre. C'est sa mère qui le reçoit ; elle se tait, mais ses bras tendus vers le cadavre lui disent : Tiens, vois, regarde : voilà l'état où tu l'as mis !... Le fils ingrat paraît consterné, la tête lui tombe en devant, et il se frappe le front avec le poingt.
>
> Quelle leçon pour les pères et pour les enfants ![607]

Mit dem Tod des Vaters ist der verstoßene Sohn auf ewig bestraft. Sein Vergehen soll dem Bildbetrachter eine Lehre sein. Wie Diderots Exclamatio verdeutlicht, besitzt Greuzes bürgerliches Tableau eine moralisierende Funktion. Die männlichen Figuren – der Vater und der Sohn – stehen im Vordergrund. Im Gegensatz zu den zahlreichen weiblichen Sterbe- und Todesbettszenen, in denen die engelsgleiche weibliche Schönheit, die Erwartung eines Himmelreichs und die Versöhnung mit den Angehörigen ins Zentrum gerückt werden, überwiegt in Greuzes männlicher *post mortem*-Szene – denn das ist sie *de facto* – ein Ethos, in dem die Endlichkeit mit einer hoffnungslosen Unversöhnlichkeit zusammenfällt. Wenngleich den Frauenfiguren zwar nicht die traditionelle Rolle der schönen Sterbenden zuteil wird, so doch ebenjene der Trauernden, deren Darstellung im zurückfallenden Kopf, in den ausgestreckten Armen

606 Ebd.

607 Ebd., S. 199.

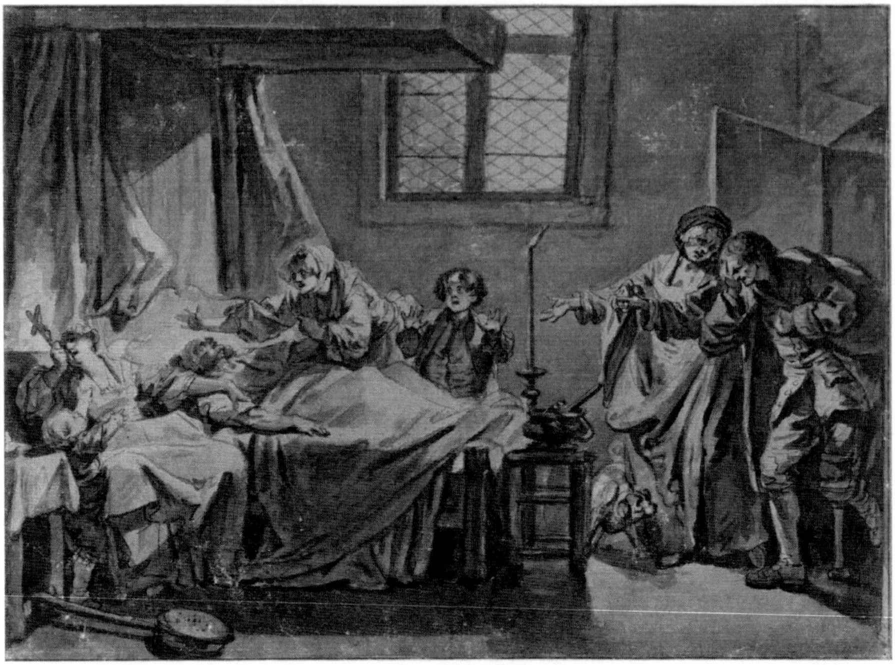

ABBILDUNG 6 *Jean-Baptiste Greuze,* La malédiction paternelle. Le fils puni (esquisse)*, 1765.*

sowie im Festhalten an christlichen Symbolen auf traditionelle Ausdrucksformen rekurriert.

Im Verlauf des 19. Jahrhunderts und mit der Verbreitung der Fotografie nehmen die *post mortem*-Bilder mehr und mehr die Form künstlicher Artefakte an. Es reicht nicht mehr, den zu porträtierenden Verstorbenen in weiße Kleidung zu hüllen – weibliche Verstorbene werden zumeist mit ihrer *robe de mariée* bekleidet[608] – und das Totenbett bzw. den Sarg mit einigen Kissen und Blumen auszustatten. Stattdessen wird der tote Körper zusätzlich durch Schminke, nachträgliche Retusche und Kolorierung sowie Lichteffekte in Szene gesetzt.[609] Das Detailbild des Gesichts, das zuvor das intime Erinnerungsporträt

608 Vgl. Emmanuelle Héran, „Le dernier portrait ou la belle mort", S. 40.

609 Beispiele hierfür sind die *post mortem*-Fotografien Nadars. Während zwei aus unterschiedlichen Perspektiven aufgenommene Fotografien der Dichterin Marceline Desbordes-Valmore Aufschluss über ihr geschminktes Gesicht geben, wurde Victor Hugo auf seinem Totenbett mit Hilfe eines neben seinem Gesicht platzierten weißen Schirms abgelichtet. Vgl. Joëlle Bolloch, „Photographie après décès : pratique, usages et fonctions", S. 130, S. 122 f.

konstituierte, wird Teil einer artifiziellen Inszenierung. Durch Accessoires, wie als Haarschmuck dienende Kronen, spitzenbesetzte Tücher und florale Dekorelemente, rückt es in die Ferne und bildet oftmals nur noch einen kleinen Ausschnitt der pompös hergerichteten Szenerie.[610] Besonders im amerikanischen Raum wird die *post mortem*-Fotografie noch im 19. Jahrhundert zunehmend kommerzialisiert. Foto-grafen, die sich auf das Ablichten Verstorbener spezialisiert haben, werben in Zeitungsannoncen und Vitrinen mit lebensechten Porträts. Aus dem privaten Erinnerungsbild ist ein banalisiertes, leicht reproduzierbares Massenmedium geworden, wie die *post mortem*-Bilder berühmter Persönlichkeiten veranschaulichen.[611]

Es steht außer Frage, dass sich Flaubert mit der bürgerlichen Erinnerungskultur, oftmals in ironisch-kritischer Distanz, auseinandersetzte. Wie am Beispiel Emma Bovarys aufgezeigt werden soll, zählen hierzu nicht nur das *post mortem*-Porträt im engeren Sinne, also das Bild der verstorbenen Person auf dem Sterbebett oder im Sarg, sondern ebenso all jene Manufakte, die vom Körper des Toten abgeformt werden, wie etwa Totenmasken, Büsten oder in Schmuckstücken eingefasste Haarsträhnen. Daneben kann auch der Leichnam selbst in ein *post mortem*-Bild transformiert werden. Noch im 19. Jahrhundert wird der tote Körper nicht selten einbalsamiert und über einen längeren Zeitraum aufgebahrt.[612] Als symbolische *post mortem*-Bilder, die nicht mehr

---

610 Vgl ebd., S. 131.

611 Vgl. ebd., S. 114 f. Auch im deutschsprachigen Raum wird in Anzeigen und Inseraten mit Leichenporträts geworben. Vgl. Isabel Richter, *Der phantasierte Tod. Bilder und Vorstellungen vom Lebensende im 19. Jahrhundert*, S. 273–275. Es ist möglich, in Honoré Daumiers Lithographie *Le Massacre de la rue Transnonain* eine Kritik an ebenjenen zum Klischee verkommenen letzten Porträts zu sehen. Laut Emmanuelle Héran pervertiert Daumiers Darstellung des im Schlaf massakrierten, aus dem Bett gefallenen Bürgerlichen das Genre des *post mortem*-Porträts. Der Tote liegt in schlafender Pose, mit nach unten gesenktem Kopf vor dem Bett. Sein toter Körper, der noch zur Hälfte mit einem weißen Bettlaken bedeckt ist, begräbt unter sich ein Kind. Vgl. Emmanuelle Héran, „Le dernier portrait ou la belle mort", S. 96, Anm. 68.

612 Die Technik der Einbalsamierung wurde durch Fortschritte in der Chemie vorangetrieben, die zuerst von Félix Gannal durch die Injektion einer konservierenden Flüssigkeit in die Arterien in die Praxis umgesetzt wurden. Vgl. Félix Gannal, *Trois notices sur les embaumements*, S. 6. Die neue von seinem Vater entwickelte Methode, die Gannal gegenüber den frühen Einbalsamierungsverfahren im antiken Griechenland und Rom sowie den noch zu Beginn des 19. Jahrhunderts verwendeten konservierenden Giftstoffen wie Arsensalz oder Quecksilberchlorid als innovativ preist, erfordert keine Organentnahme mehr, sodass der Leichnam intakt bleibt: „Par ce procédé d'embaumement, plus de mutilations, plus de suppression d'organes, plus de profanation." Félix Gannal, *Nouvelle notice sur les embaumements*, S. 11. Vgl. auch ebd., S. 9 f.

auf die körperliche Präsenz des Toten verweisen, können schließlich einerseits Grabstätten und -monumente betrachtet werden, die in ihrer materiellen Räumlichkeit einen Erinnerungsort konstituieren. Sie sind Zeugnis für den Paradigmenwandel „von mimetischer zu symbolischer Repräsentation“, von der mittelalterlichen Wachspuppe oder Effigie hin zur „*symbolischen* Substitution“ des toten Körpers durch das Totenbett, durch Statuen oder Monumente.[613] Diese Entwicklung, die Michel Vovelle als „remplacement du corps par la mémoire“, als Flucht vor der „proximité physique des morts“ beschreibt,[614] geht einher mit der Verlegung der Friedhöfe *extra muros*.[615] Andererseits konstituieren mentale Erinnerungsbilder, die oftmals auf traditionelle Metaphern und Klischees des Todes rekurrieren, symbolische *post mortem*-Bilder. Um über den Tod sprechen zu können, um überhaupt eine Vorstellung von der absoluten Grenzerfahrung, die der Tod bedeutet, zu erlangen, ist der Mensch auf Metaphern angewiesen: „Wir verwenden Bilder und Symbole, ‚absolute Metaphern‘, um die *Unsagbarkeit* dieses *leeren* Begriffs, dem keine Anschauung korrespondiert, auszufüllen.“[616]

Noch bevor Emma Bovary gemäß den „idées romanesques“[617] ihres Ehegatten, auf die an späterer Stelle näher einzugehen ist, hergerichtet wird, nimmt ihr aufgebahrter Leichnam bereits die Form eines *dernier portrait*, eines zur Schau gestellten Kunstobjekts an:

> Charles entra, et, s’avançant vers le lit, il tira lentement les rideaux.
> Emma avait la tête penchée sur l’épaule droite. Le coin de sa bouche, qui se tenait ouverte, faisait comme un trou noir au bas de son visage ; les deux pouces restaient infléchis dans la paume des mains ; une sorte de poussière blanche lui parsemait les cils, et ses yeux commençaient à

613 Thomas H. Macho, „Tod und Trauer im kulturwissenschaftlichen Vergleich“, S. 105. Allerdings sind Wachsfiguren im 19. Jahrhundert in der Reliquienkultur durchaus noch präsent. So beschreibt Stendhal in *Le Rouge et le Noir* die Segnung der als Reliquiar fungierenden Wachsfigur des Heiligen Clemens. Die Märtyrerstatue erweist sich als religiöses Kitschobjekt. Vgl. hierzu die detaillierten und erkenntnisreichen Ausführungen von Christina Bonhoff, *Hypokrisie und Macht. Kritik der bürgerlichen Gesellschaft bei Stendhal und Daumier*, S. 339–354.

614 Michel Vovelle, *La mort et l’Occident*, S. 467.

615 Vgl. Philippe Ariès, *L’homme devant la mort*, Bd. II, S. 225 f., S. 240 f.

616 Thomas H. Macho, *Todesmetaphern. Zur Logik der Grenzerfahrung*, S. 187. Unter Rückbezug auf Hans Blumenberg hebt Macho den Charakter der Metapher als Grenzbegriff hervor, als Versuch, das Unsagbare auszudrücken. Vgl. ebd., S. 185 f.

617 Gustave Flaubert, *Madame Bovary*, in: *OC III*, S. 439.

> disparaître dans une pâleur visqueuse qui ressemblait à une toile mince, comme si des araignées avaient filé dessus. Le drap se creusait depuis ses seins jusqu'à ses genoux, se relevant ensuite à la pointe des orteils ; et il semblait à Charles que des masses infinies, qu'un poids énorme pesait sur elle.[618]

Die physiologischen Details des toten Körpers, der noch nicht mit einer für die Totenwache typischen feierlichen Totenkleidung ausstaffiert ist, werden in einer rhetorischen Verhüllung präsentiert. Der weibliche Körper wird zum Gegenstand einer künstlerischen *mise en scène*: Wie auf einer Bühne ist er hinter Vorhängen ausgestellt. Erst die Öffnung der Vorhänge ermöglicht den Blick auf das Schauspiel des Todes, vor dem Homais Charles nachträglich warnt: „Allons, mon bon ami, dit-il, retirez-vous, ce spectacle vous déchire !'"[619] Der Apotheker beherrscht die *idées reçues* seiner Zeit: So scheint der Tod nicht selten in Form einer bühnenreif inszenierten, hinter Vorhängen oder in den Vitrinen der Leichenschauhäuser zur Schau gestellten spektakulären Körperlichkeit auf, wie zahlreiche *faits divers* und Besucherberichte belegen.[620] Während die ab 1804 auf dem Platz des Marché-Neuf der Ile-de-la-Cité situierte Pariser Morgue die Leichen noch hinter hohen Glasfenstern ausstellte, ist die 1864 im Zuge der Hausmannschen Umgestaltung von Paris eröffnete Morgue auf dem Quai de l'Archevêché zusätzlich mit grünen, an den Fenstern angebrachten Vorhängen ausgestattet, die immer dann in Bewegung gesetzt wurden, wenn ein neuer Leichnam in den Ausstellungsraum gebracht oder ein alter weggeführt wurde.[621] Die Vorhänge an Emmas Totenbett geben nicht nur den Blick

618 Ebd., S. 441.

619 Ebd.

620 Zur Pariser Morgue als Ort der Inszenierung des Todes als *spectacle* existieren zahlreiche Berichte und Abhandlungen aus dem 19. Jahrhundert. Exemplarisch genannt seien an dieser Stelle Maxime Du Camps Kapitel „La Morgue" in seiner sechsbändigen Abhandlung *Paris, ses organes, ses fonctions et sa vie dans la seconde moitié du XIX*[e] *siècle*, Charles Desmazes' Kapitel „La Morgue de Paris" in seiner *Histoire de la médecine légale en France d'après les lois, registres et arrêts criminels* (1880), Adolphe Guillots *Paris qui souffre. La basse Geôle du Grand Châtelet et les Morgues modernes* (1887), Firmin Maillards *Recherches historiques et critiques sur la Morgue* (1860) oder aber Émile Zolas fiktionale Beschreibung der zugleich Grauen und Lust erregenden aufgebahrten Wasserleiche in seinem Roman *Thérèse Raquin* (Kap. XIII, S. 123–130). Unter der Vielzahl an Forschungsliteratur seien die folgenden erkenntnisreichen Aufsätze erwähnt: Vanessa Schwartz, „Public Visits to the Morgue"; Allan Mitchell, „The Paris Morgue as a Social Institution in the Nineteenth Century"; Thomas Stöber, „Die Ostentation des Todes. Epistemologisches Apriori und kulturelles Gedächtnis in Todesrepräsentationen des 19. Jahrhunderts".

621 Vgl. Vanessa Schwartz, „Public Visits to the Morgue", S. 51–59.

frei auf den fetischisierten weiblichen Körper, der wie die Leichen in der Morgue von einem die weiblichen Formen nachzeichnenden Tuch bedeckt ist.[622] Sie setzen ihn gleichzeitig gekonnt in Szene, werden sie doch gerade beim Verfahren der *post mortem*-Fotografie eingesetzt, um besondere Lichteffekte zu erzielen.[623]

Hinter dem geöffneten Vorhang werden die Partikularitäten des weiblichen Körpers sichtbar, die der Erzähler beginnend mit Emmas Kopf, über ihren Mund, ihre Hände und Augen bis hin zu den Zehenspitzen beschreibt. Es handelt sich um jene Sinnesorgane, die in der Todesszene durch den Priester gesalbt werden. Während sie dort noch das ausschweifende Leben der Ehebrecherin vergegenwärtigen, sind sie nunmehr als tote Details stillgestellt. Der auf die rechte Schulter gesenkte Kopf erinnert an Desclos' *Portrait d'une jeune fille morte*.[624] Tatsächlich ist der Kopf der Verstorbenen in zahlreichen *post mortem*-Porträts zur Seite geneigt, um sich auf diese Weise dem Betrachter zu präsentieren. Als fetischisiertes, vom weißen Bettlaken abgetrenntes Objekt bildet der Kopf das Zentrum von Desclos' Bild, das wohl nicht ohne Grund zunächst dem Maler der *Têtes de suppliciés* zugeschrieben wurde.[625] Im Mittelpunkt

622 Zumindest die Geschlechtsteile der in der Regel nackt aufgebahrten Toten wurden von einem Tuch bedeckt. Vgl. ebd., S. 53.

623 Vgl. Joëlle Bolloch, „Photographie après décès : pratique, usages et fonctions", S. 122 f.

624 Daneben ist der zur Schulter geneigte Kopf auf den von Emma während ihrer Klosterzeit heimlich als *keepsakes* aufbewahrten illustrierten *livre-albums* abgebildet. Er ist Teil jener romantisch-leidenschaftlichen Frauenfiguren, in deren Existenz Emma Bovary sich mittels der Bilder hineinträumt: „Les naïves, une larme sur la joue, becquetaient une tourterelle à travers les barreaux d'une cage gothique, ou, souriant la tête sur l'épaule, effeuillaient une marguerite de leurs doigts pointus, retroussés comme des souliers à la poulaine." Gustave Flaubert, *Madame Bovary*, in: *OC III*, S. 182.

625 Zusammen mit dem ab der Brust mit einem Bettlaken zugedeckten Körper evoziert Flauberts Beschreibung der aufgebahrten Emma Bovary ein weiteres *post mortem*-Porträt, nämlich Paul Delaroches Gemälde seiner verstorbenen Frau, *Louise Vernet sur son lit de mort* (1845). Der Kopf der Toten ist vor einem schwarzen Hintergrund nach hinten geneigt, die offenen Haare fallen über die nackten Schultern, die Kontur der Brust zeichnet sich unter dem Laken ab. Der über dem Kopf schwebende Heiligenschein nähert die Verstorbene Mystikerinnen wie Teresa von Ávila an, deren Ekstase bzw. ‚Verzückung' in einer Ambivalenz zwischen körperlicher Sinnlichkeit und spiritueller Hinwendung zu Gott in Berninis berühmter Skulptur zum Ausdruck gebracht wird. Vgl. Emmanuelle Héran, „Le dernier portrait ou la belle mort", S. 62. Zur *extase mystique* und der Verbindung zwischen Tod und Erotik in der künstlerischen Darstellung vgl. Philippe Ariès, *Images de l'homme devant la mort*, S. 214–217. Der hinzugefügte Heiligenschein diskreditiert das *post mortem*-Porträt Delaroches nicht nur als Kitschbild, sondern lässt es darüber hinaus als hoch

des Gesichtsporträts der Emma Bovary steht – wie so oft in den Todesszenen Flauberts – der geöffnete Mund, der als „trou noir“ im blassen Gesicht hervorsticht. Im geöffneten Mund, der in einen dunklen Abgrund führt, manifestiert sich eine Sprachlosigkeit, die in noch stärkerer Form in der Todesszene Salammbôs zutage treten wird. Das abgründige, schwarze Nichts verleiht dem unaussprechlichen, nicht greifbaren Tod eine Form, indem es ihn als einen hinter dem *rideau noir* verborgenen formlosen, dunklen Raum konzipiert.[626] Die Form des geöffneten schwarzen Loches gibt den Blick auf die Formlosigkeit frei; der Blick in den weiblichen Mund offenbart das Obszöne, ja das Skandalöse des sich der menschlichen Vorstellungskraft entziehenden Todes.

Die Abgründigkeit des ins Gesicht eingezeichneten *trou noir* zeigt sich ebenso in den anderen physiologischen Details, die in einer Verhüllung präsentiert werden. Emmas Wimpern sind mit weißen Staubpartikeln versehen. In ihren langsam hinter einem netzartigen Film verschwindenden Augen, die keinen Zugang mehr zur toten Seele gewähren, ist die Vergänglichkeit eingewebt. Die Betrachtung der Toten, über deren Augen die Spinne bereits ihre Fäden gezogen hat, mutet wie eine nachzeitige Betrachtung an. Auf Emmas Augen lastet der Staub der Jahrhunderte. Der Spinnenvergleich veranschaulicht die rhetorische Verhüllung der körperlichen Details. Als Metapher für die künstlerische Formgebung fungiert das Spinnennetz an zahlreichen Stellen im Flaubertschen Œuvre.[627] Die wie von Spinnen gewobene „toile mince“ ist ein künstlerisches Tableau, das die körperlichen Zeichen des Todes mit einem rhetorischen Schleier versieht. Der netzartige Schleier ist nicht nur ein typisches

stilisiertes Artefakt erscheinen, das darauf abzielt, der Verstorbenen im Tod eine neue Identität zu verleihen – ein Versuch, den auch Charles Bovary, wenngleich mit anderen Mitteln, unternehmen wird.

626 Zum *rideau noir*, hinter dem Flaubert das im *trou noir* verbildlichte Nichts imaginiert, vgl. Kap. 2.2.3.

627 Vgl. Edi Zollinger, *Arachnes Rache*. In Anlehnung an Ovids Metamorphosen und anhand intertextueller Bezüge zu Victor Hugos *Notre-Dame de Paris* vertritt Zollinger die These, dass Flaubert einen Wettkampf im narrativen Weben gegen die Romantiker austrägt. Es ist jedoch fraglich, ob die Spinnenmetapher an jeder Stelle des Romans als Verspottung von Victor Hugos Jahrhundertroman gelesen werden kann. Zweifelsohne lässt sich ein Bezug zum griechischen Mythos von der hochmütigen Weberin Arachne, die die griechische Göttin der Kunst und des Handwerks, Athene, zu einem Wettstreit herausforderte, herstellen, hängt doch in Emmas Mädchenzimmer ein Bild der Göttin Minerva, der römischen Entsprechung der Athene, an der Wand. Zum Arachne-Mythos in Flauberts Roman vgl. auch Barbara Vinken, *Flaubert. Durchkreuzte Moderne*, S. 119–126. Vinken deutet Arachne als „tödliche[n] Eros“. Ebd., S. 119.

physiologisches Todeszeichen des verwesenden Leichnams, dem die faktische Todesursache des Vergiftens zugrunde liegt,[628] sondern er verweist ebenso auf das unter der Oberfläche der Körperdetails verborgene Spinnennetz, das der *ennui* im dunkel getrübten, schwermütigen Herzen gewoben hat: „[...] et l'ennui, araignée silencieuse, filait sa toile dans l'ombre à tous les coins de son cœur."[629] Hinter dem weißen, linienartigen Spinnennetz, tief im unsichtbaren Inneren verhüllt, schlummert die traditionell schwarze Flüssigkeit der Melancholie, die im Sinnbild der stillschweigenden Spinne als verborgene Todesursache maskiert bleibt.[630] In der im Innersten eingewobenen Melancholie lassen sich die „masses infinies" erkennen, jene formlose schwarze, schwere Masse, die aus Charles' Perspektive auf Emmas Körper lastet. Die unendliche Masse, die in ihrer Gewichtigkeit die Weite und Tiefe des Universums zu evozieren scheint, steht den zuvor dargestellten Feinheiten des weiblichen Körpers gegenüber.

---

628 Orfila beobachtet die Trübung der Hornhaut, die kurz nach dem Tod von einem membranartigen Netz überlagert wird: *„L'obscurcissement et l'affaissement des yeux.* On remarque sur la plupart des cadavres que la cornée transparente est obscurcie par un endui glaireux et comme membraneux, facile à détacher et à fendre. Quelques heures suffissent pour que les yeux deviennent flasques et mous, après la formation de cette toile." Mateo Orfila, *Traité de médecine légale*, Bd. I, S. 479. Ähnliches formuliert Félix Gannal zum „État des yeux" nach dem Tod: „Très peu de temps après la mort, quelquefois même à la fin de l'agonie, les yeux perdent leur éclat par le dépôt d'une couche glaireuse à la surface de la cornée transparente ; ce phénomène est suivi du ramollissement et de l'affaissement du globe oculaire. Les pupilles sont dilatées fixes et immobiles, de sorte que si on approche une lumière devant les yeux on n'observe plus le rétrécissement de l'orifice pupillaire, comme cela a lieu chez le vivant. Plus tard, on voit se former à l'angle externe de la sclérotique (cornée opaque) une tache noire, indélébile, qui se réunit, par la suite, à une autre tache formée à l'angle interne." *Mort réelle et mort apparente*, S. 97.

629 Gustave Flaubert, *Madame Bovary*, in: *OC III*, S. 188.

630 Das Spinnennetz erscheint in verschiedenen Melancholiedarstellungen in der Nachfolge der *Melencolia I* Albrecht Dürers. Auf dem nach einer Zeichnung Caspar David Friedrichs vom Bruder des Künstlers angefertigten Holzschnitt *Melancholie* (1818) ist eine in die unbestimmte Ferne blickende Frau abgebildet, über deren Kopf ein zwischen kargen Ästen gewobenes Spinnennetz thront. Auch eine deutsche Federzeichnung aus der zweiten Hälfte des 16. Jahrhunderts, die in der École des Beaux-Arts aufbewahrt ist und einen den Kopf abstützenden, seinen Erdglobus zu vermessen suchenden Melancholiker in Begleitung einer alten Frau abbildet, zeigt in der rechten oberen Bildecke ein Spinnennetz. Vgl. Raymond Klibansky, Erwin Panofsky, Fritz Saxl, *Saturn und Melancholie. Studien zur Geschichte der Naturphilosophie und Medizin, der Religion und der Kunst*, S. 547–550. Die Spinnwebe kann sowohl als Sinnbild einer „einsame[n] Versponnenheit" (ebd., S. 548) als auch einer *opera vana*, einer vergeblichen Mühe, wie sie Giovanni Pierio Valeriano in seinem berühmten Symbollexikon *Ieroglifici* definiert, betrachtet werden. Vgl. ebd., S. 550.

Die physiologischen Todesszeichen, die Flaubert durch das intensive Studium medizinischer Traktate, wie dem *Traité de médecine légale* Mateo Orfilas, bekannt waren,[631] werden in eine künstlerische Form überführt, die in ihrer Abgründigkeit die physiologische Präsenz des Todes übersteigt. Der abgeknickte Daumen, der staubartige weiße Schleier auf den Wimpern sowie die Schwere des toten Körpers treten allesamt als Todeszeichen in Orfilas Abhandlung auf.[632] Im *post mortem*-Tableau Emma Bovarys sind die winzigen Details mit künstlerischen Mitteln zu einem ungeheuerlichen Gesamtbild ausgestaltet: Nachdem der Erzähler die Augen mit feinen, wie Spinnenseide anmutenden Linien übermalt hat, zeichnet er im Bettlaken linienartig die weibliche Körperform nach. In der „poussière blanche" sowie in der „pâleur visqueuse" bedient er sich einer weißen Farbe, die dem formlosen Schwarz des in den dunklen Abgrund führenden Mundes diametral gegenübergestellt ist. Das weiße Spinnennetz, das sich über die Augen gelagert hat, versperrt zwar den Blick in die Seele. Doch der feine Schleier offenbart sich als durchlässig: In dem Moment, als Emma Bovary in ihre Totenkleidung gehüllt und einmal mehr als totes Kunstobjekt ausstaffiert wird, läuft aus ihrem Mund eine schwarze Flüssigkeit heraus. Jener nicht näher determinierte, lediglich mit einem „vomissement" verglichene „flot de liquides noirs"[633], der an die schwarze Tinte des Künstlers erinnert,[634] durchstößt das stillgestellte Maskenbild der hinter dem Vorhang

631 Vgl. Douglas Siler, „La mort d'Emma Bovary : sources médicales".

632 Mateo Orfila beschreibt die „poils des narines ou des cils parsemés d'une sorte de poussière d'un blanc terne ; visage fortement contourné et méconnaissable" in seinem Paragraphen „*Des signes de la mort réelle.*" Sie sind Teil des ersten Todeszeichens: „*La face est cadavéreuse.*" *Traité de médecine légale*, Bd. I, S. 476. Als Zeichen der *mort réelle* gilt laut Orfila zudem „*La flexion de la première phalange du pouce.*" Ebd., S. 578. Auch die Schwere des Leichnams und das eingefallene Gesicht beschreibt der Mediziner als Todeszeichen: „*L'immobilité du corps.* On sait que les diverses parties d'un cadavre abandonnées à elles-mêmes cèdent à leur propre poids et retombent lorsqu'on les soulève ; aussi la pointe du pied est-elle tournée en dehors, la mâchoire inférieure est pendante, les paupières entr'ouvertes, les joues et les tempes affaissées, etc." Ebd., S. 480.

633 Gustave Flaubert, *Madame Bovary*, in: *OC III*, S. 442.

634 Vgl. den „affreux goût d'encre", den Emma zu Beginn ihrer Vergiftung verspürt. Ebd., S. 428. In seiner Rezension des Romans zieht Sainte-Beuve einen Vergleich zwischen der Feder bzw. Tinte des Künstlers und der Anatomie des Körpers, aus der die Tinte in der *post mortem*-Szene Emma Bovarys herausströmt: „Fils et frère de médecins distingués, M. Gustave Flaubert tient la plume comme d'autres le scalpel. Anatomistes et physiologistes, je vous retrouve partout !" Charles-Augustin Sainte-Beuve, „*Madame Bovary* par Gustave Flaubert", in: *Le Moniteur Universel*, 4. Mai 1857 (online). Eine berühmte Karikatur von Achille Lemot, die am 5. Dezember 1869 in der Zeitschrift *La Parodie* erscheint und möglicherweise von Sainte-Beuves Rezension inspiriert worden ist, zeigt den Romancier am

aufgebahrten Frauenfigur. Aus dem unsichtbaren Raum des im Gesicht eingezeichneten *trou noir* läuft eine formlose schwarze Farbe über das in einem feinen weißen Schleier verhüllte Gesichtsporträt. Die linienartigen Spinnweben und weißen Staubpartikeln, die den verwesenden Leichnam in ein aus der Nachzeit betrachtetes, stillgestelltes Kunstwerk verwandeln, auf dem die Ewigkeit zu lasten scheint, werden mit einer schwarzen Tinte überschrieben. Aus der Unförmigkeit des Schwarzen entsteht in der fließenden Bewegung eine künstlerische Form. Die schwarze Farbe zerfließt über dem weißen Maskenbild, dessen ewige Starre aufgebrochen wird. Die tintenartige Flüssigkeit löscht das stillgestellte *post mortem*-Bild des dem Staub der Jahrhunderte anheimgefallenen weiblichen Körpers aus. Darüber hinaus kann sie als posthume Botschaft gelesen werden, kehrt sie doch die im Herzen eingewobene schwarze Masse der Melancholie nach außen. Es scheint gar so, als würde sich der tote Körper von der schweren Masse, die hinter dem Maskenbild im Innersten verhüllt war, befreien. Doch was sich in der Formlosigkeit der schwarzen Flüssigkeit in erster Linie manifestiert, ist der Tod: In unerhörter Weise, nämlich im unaufhaltsamen Fließen löscht er das Maskenbild aus. Der Tod breitet sich über den weißen Staub der Jahrhunderte aus. Das mit feinen Linien geformte Gesichtsporträt der Emma Bovary wird in den schwarzen Abgrund getrieben. Aus jenem Abgrund des Todes schöpft auch der Künstler, wenn er sein eigens kreiertes *post mortem*-Porträt mit der formlosen Flüssigkeit der schwarzen Tinte überzeichnet und somit vernichtet. Das physiologische Todeszeichen des „sang noir“, das sich, wie der berühmte Anatom Bichat beobachtete, stets aus

---

Seziertisch, auf dem die Beine einer toten Frauenfigur sichtbar werden. In der Hand hält er ein Skalpell, von dem das Blut eines aufgespießten Herzens in ein Tintenfass hinabtropft. Doch die Tintenmetapher steht nicht nur für den kühlen Stil des Autors bzw. Erzählers, der keine Anteilnahme am Schicksal seiner Frauenfigur zu nehmen scheint bzw. sein Mitleiden rhetorisch maskiert, sondern für das künstlerische Schaffen als solches. So deutet Karin Westerwelle den bitteren Tintengeschmack als „Ekel des Künstlers als *poète hystérique*“, dessen erträumtes Kunstwerk unerfüllt bleibt. „Die Darstellung nervöser Krankheit in *Madame Bovary. Mœurs de province*“, S. 427. In Anlehnung an Westerwelle bezeichnet Jörg Dünne die erbrochene Tinte als „eine rein körperliche ‚écriture‘“, die nur um den Preis der Selbstopferung ausströmen kann. *Asketisches Schreiben. Rousseau und Flaubert als Paradigmen literarischer Selbstpraxis in der Moderne*, S. 276. Edi Zollinger deutet die Tinte als das Gift der romantischen Kitschromane, die Emma zeitlebens konsumiert hat. Vgl. *Arachnes Rache*, S. 105 f. Emma Bovary erscheint bei Zollinger als lächerliche *femme romanesque*, die bis zuletzt an der „Fehlannahme, das Leben sei ein Kitschroman“ (ebd., S. 105) festgehalten habe und aus diesem Grund sterben müsse.

dem Körper heraus, „au dehors" bewegt,[635] hat sich in Flauberts Darstellung in eine schwarze Tintenflüssigkeit verwandelt, die in ihrer formlosen Fließbewegung weder greifbar noch dechiffrierbar ist.

Unter der weißen, von Spinnen gewobenen Maske lauert der Tod. In die physiologischen Details des Körpers ist unter der rhetorischen Verhüllung die Vergänglichkeit eingewoben. Emmas Körper befindet sich im Prozess des Zerfalls. Im Gegensatz zu den schönen Körpern der zum Abschied auf ihrem Sterbebett wie selig Schlafende verweilenden romantischen Frauenfiguren wirkt Emmas verwesender, mit Staub und feinen Spinnennetzen bedeckter Körper unerträglich deplatziert. Es scheint, als hätte er seine letzte Ruhestätte verfehlt, als wäre er aus den Tiefen der Erde ausgegraben und zurück ins Totenbett befördert worden. Es ist sicher kein Zufall, dass Flaubert den aufgebahrten Körper seiner Frauenfigur mit Merkmalen des exhumierten Körpers der Marguerite Gautier versieht. Armand Duval, der den Tod seiner Geliebten nicht fassen kann und dem ein Abschied von der schwindsüchtigen Kurtisane verwehrt bleibt, lässt ihren toten Körper eines Nachts auf dem Friedhof ausgraben und in ein anderes Grab umbetten. Der von den Totengräbern geöffnete einfache Holzsarg, aus dem ein übler Verwesungsgeruch herausströmt, gibt den Blick frei auf einen weiblichen Leichnam, von dem sowohl die von einem Leichentuch verhüllten Körperformen als auch das Gesichtsporträt nachgezeichnet werden. Die Darstellung erfolgt jedoch in umgekehrter Reihenfolge und in plakativerer Form als bei Flaubert:

> Un grand linceul blanc couvrait le cadavre, dont il dessinait quelques sinuosités. Ce linceul était presque complètement mangé à l'un des bouts, et laissait passer un pied de la morte.

---

635 Xavier Bichat, *Recherches physiologiques sur la vie et la mort*, S. 255 f. Dass Flaubert die bahnbrechenden Abhandlungen des berühmten Vertreters der pathologischen Anatomie kannte, geht aus einem Brief an George Sand hervor: „Savez-vous ce que je lis, pour me distraire, maintenant ? *Bichat* et *Cabanis*, qui m'amusent énormément. On savait faire des livres dans ce temps-là ! Ah ! que nos docteurs d'aujourd'hui sont loin de ces hommes !" Gustave Flaubert, Brief an George Sand vom 14. November 1871, *Corr. IV*, S. 411. Es ist anzunehmen, dass ihm Bichat bereits während seiner Arbeit an *Madame Bovary* bekannt war, verbrachte er doch als Sohn eines Chirurgen viel Zeit im Hôtel-Dieu von Rouen. Zur Bedeutung der pathologischen Anatomie, die den Tod nicht mehr als „point absolu" begreift, sondern als „multiple et dispersée dans le temps" und mit Hilfe des bei der Obduktion der Leichen angewandten analytisch-klinischen Blicks ein „tableau chronologique des morts successives" aufzustellen vermag, vgl. Michel Foucault, *Naissance de la clinique*, S. 200.

> [...]
> Alors un des deux hommes étendit la main, se mit à découdre le linceul, et, le prenant par le bout, découvrit brusquement le visage de Marguerite. C'était terrible à voir, c'est horrible à raconter. Les yeux ne faisaient plus que deux trous, les lèvres avaient disparu, et les dents blanches étaient serrées les unes contre les autres. Les longs cheveux noirs et secs étaient collés sur les tempes et voilaient un peu les cavités vertes des joues, et cependant je reconnaissais dans ce visage le visage blanc, rose et joyeux que j'avais vu si souvent.
> Armand, sans pouvoir détourner son regard de cette figure, avait porté son mouchoir à sa bouche et le mordait.[636]

Die weiblichen Körperformen, die bei Dumas nur in einzelnen Windungen („sinuosités") angedeutet sind, wird Flaubert in seiner skandalösen Darstellung der sich unter dem Bettlaken abzeichnenden weiblichen Brüste auf die Spitze treiben. Das kleine Detail der hervorstehenden Zehenspitze mutet an wie ein ironischer Verweis auf den Fuß der toten Kurtisane, der als Fetischobjekt aus dem von Würmern durchlöcherten Leichentuch hervortritt. Wenngleich das Gesichtsporträt der exhumierten Kameliendame durch die Beschreibung der kruden Verwesungsdetails der zu Löchern zerfallenen Augen, der verschwundenen Lippen, des hervorspringenden weißen Gebisses und der spröden schwarzen Haarbüschel, unter denen die eingefallenen Wangen durchscheinen, besticht, so wird es in seiner Abgründigkeit von Flauberts Gesichtsporträt seiner Protagonistin überboten. Denn während Dumas das Gesicht seiner Toten plakativ zur Schau stellt, seine schaudererregende Wirkung durch den Kommentar des Erzählers, der der nächtlichen Exhumierung beiwohnt, vorwegnimmt, um ihn im knöchernen Schädel abschließend doch das blasse, vergnügte Gesicht der schönen Kurtisane wiedererkennen zu lassen, ist die unheimliche Abgründigkeit der Flaubertschen Beschreibung erst auf den zweiten Blick erkennbar. Der weibliche Leichnam der Emma Bovary wird von einem teilnahmslos wirkenden Erzähler zur Schau gestellt. Die rhetorische Verhüllung, die er mittels der Spinnenmetaphorik unternimmt, rückt die physiologische Präsenz des Körpers in den Hintergrund. Der Leichnam erscheint als vom Staub der Jahrhunderte begrabenes Kunstobjekt, auf dem die im Bild der Masse dargestellte Zeit („masses infinies") lastet. Eine derart ungeheure, das Universum umfassende Dimension ist bei Dumas nicht zu finden. Der halb verweste exhumierte Leichnam seiner Titelheldin fungiert

636 Alexandre Dumas fils, *La Dame aux Camélias*, S. 68 f.

als makabre Reminiszenz an die körperliche Auszehrung der Schwindsüchtigen, die nach ihrem Tod fortwährt. Mit der nächtlichen Exhumierung sowie der schaudererregenden Darstellung der körperlichen Verwesung bedient sich Dumas typischer Versatzstücke der schwarzen Romantik, die in erster Linie auf eine spektakulär-pathetische Zurschaustellung des weiblichen Körpers abzielen.[637]

Die gnadenlose Darstellung des aufgebahrten Leichnams der Emma Bovary, dessen physiologische Details in die Masken der Vergänglichkeit eingewoben sind und der von einer schweren Last nach unten, in den Abgrund gedrückt wird, erinnert in seiner subtilen und dennoch abgründigen Gestaltungsform vielmehr an Hans Holbeins d. J. berühmtes Gemälde *Der tote Christus im Grab* (1521–1522), das sich im Kunstmuseum Basel befindet. Auf einer schmalen Holztafel in Lebensgröße[638] abgebildet ist der in seiner Grabnische auf einem dünnen Leichentuch hingestreckte Leib Christi, der dem Betrachter im Profil präsentiert wird. Die Darstellung des toten Herrn folgt einem schonungslosen Realismus, der die Konventionen traditioneller sakraler Passionsbilder aufsprengt: Der Leichnam liegt isoliert in der klaustrophobischen Enge der geschlossenen schmalen Grabnische, der der Blick des Betrachters nicht entkommen kann. Vor seinen Augen präsentiert sich der lediglich mit einem Lendentuch bedeckte, ausgemergelte und verwundete nackte Körper des Herrn. Seine verwesende Haut ist blau-grün eingefärbt; die Augen sowie der Mund sind halb geöffnet, so als würde sich der Verstorbene noch im Todeskampf befinden. Die Wundmale der Kreuzigung an der Brust, am Fuß und an der sich an zentraler Stelle im Bild befindlichen rechten Hand, deren durchtrennte Sehnen detailgetreu abgebildet sind, drängen sich dem Betrachter in ihrer Brutalität auf. Holbeins schonungslose Darstellung des körperlichen Verwesungsprozesses des in seiner Grabnische gefangenen, auf der kühlen Steinplatte wie für die Ewigkeit fixierten Erlösers ist eine Provokation an die christliche Hoffnung auf ein jenseitiges Himmelreich.

Der Tod erscheint absolut und unumkehrbar: „[C]e cadavre ne se relèvera plus“[639], konstatiert bereits Julia Kristeva in ihrer feinsinnigen Analyse des Gemäldes. Ein Aufstieg in den göttlichen Himmel erscheint hoffnungslos, wird jener doch durch die tiefe und massive Decke der Grabnische begrenzt.[640] Die

---

637 Vgl. Mario Praz, *Liebe, Tod und Teufel. Die schwarze Romantik*; Felix Krämer (Hg.), *Schwarze Romantik. Von Goya bis Max Ernst.*

638 Die massive Tafel aus Lindenholz umfasst die Maße 30,5 x 200 cm. Vgl. Oskar Bätschmann, *Hans Holbein d.J.*, S. 26.

639 Julia Kristeva, „Le *Christ mort*, de Holbein“, S. 122.

640 Vgl. ebd., S. 124 f.

ABBILDUNG 7 *Hans Holbein d. J.*, Der tote Christus im Grabe, *1521–1522*.

Betrachtung des toten Christus ruft keine Hoffnung auf eine Transzendenz hervor, sondern eine unerträgliche Angst:

> La représentation sans fard de la mort humaine, la mise à nu quasi anatomique du cadavre, communique aux spectateurs une angoisse insupportable devant la mort de Dieu, confondue ici avec notre propre mort, tant est absente la moindre suggestion de transcendance.[641]

Holbein präsentiert uns den Tod in seiner nackten Rohheit. Es ist Aufgabe des Betrachters, dem grauenvollen Verwesungsbild einen Sinn zu verleihen, das unsichtbare Jenseits zu imaginieren oder aber den Tod als Zäsur zu sehen, hinter der das sich der Vorstellungskraft entziehende Nichts wartet.[642] Holbein kreiert eine nie dagewesene „vision de la mort christique dépourvue de pathétisme et intimiste par sa banalité même."[643] Die „charge mélancolique majeure"[644], die Kristeva dem toten Christus attestiert, dessen körperlicher Zerfall in der klaustrophobischen Grabnische auf Dauer gestellt zu sein scheint, wird sich in der abgründigen Darstellung des aufgebahrten Leichnams der Emma Bovary wiederfinden. Flaubert stellt seiner Frauenfigur, auf der statt der schweren Grabplatte die Schwere des Universums zu lasten scheint, keine Rettung in Aussicht.

Das *post mortem*-Bild, das Flaubert von seiner Titelheldin zeichnet, erweist sich ebenso wie das berühmte Gemälde des toten Christus als ungeschminkte Darstellung des menschlichen Todes, um mit den Worten Kristevas zu sprechen. In der schwarzen Tinte, die aus dem als *trou noir*, als abgründiges Nichts konzipierten Mund herausströmt, zeigt Flaubert, wie die Maskenbilder des Todes immer schon durchstoßen sind. Die tradierten Bildformen des Todes, wie sie sowohl die romantisch-religiösen Todesvorstellungen Emma Bovarys als auch die hoch stilisierten, auf verklärte Todesmetaphern rekurrierenden

641 Ebd., S. 122.

642 Vgl. ebd., S. 125.

643 Ebd., S. 126.

644 Ebd., S. 124.

post mortem-Porträts abzubilden versuchen, werden durch die schwarze Tinte ausgelöscht.

Von all den Blicken, die auf den weiblichen Körper Emma Bovarys treffen, vermag es lediglich der scharfe Skalpellblick des Arztes Larivière, die romantischen Masken des Todes als Lüge zu entlarven.[645] Weder der nekrophilen „contemplation, qui n'était plus douloureuse à force d'être profonde"[646], in der sich Charles verliert, noch Homais' pragmatisch-spießbürgerlichem Blick gelingt es, die Masken des Todes zu durchschauen. Stattdessen erschaffen Homais und Charles selbst neue Totenmasken, die sie Emma Bovary auferlegen: Während Homais den grausamen Vergiftungstod seiner Nachbarin als didaktisches Erinnerungsbild für seine Kinder einfangen will,[647] was seinen von Ulrich Schulz-Buschhaus herausgearbeiteten „pädagogischen Bestrebungen"[648] entspricht, dringt Charles' Blick anstatt in die Seele seiner geliebten Ehefrau in eine dem Leser bis zu dieser Stelle verborgene romaneske Welt vor, in der die Verstorbene die Rolle einer märchenhaften Prinzessin einnimmt. Erscheint es bereits verwunderlich, dass der *officier de santé*, in dessen Bücherregal sich medizinische Lexikonbände befinden,[649] die kurze Hoffnung hegt, seine verstorbene Frau mittels des im 19. Jahrhundert großes Aufsehen erregenden Phänomens des Magnetismus und einer Willenskraft,

---

645 „Son regard, plus tranchant que ses bistouris, vous descendait droit dans l'âme et désarticulait tout mensonge à travers les allégations et les pudeurs." Gustave Flaubert, *Madame Bovary*, in: *OC III*, S. 432 f. Vgl. Kap. 2.3.

646 Gustave Flaubert, *Madame Bovary*, in: *OC III*, S. 441. Es ist eine „fascination", die Charles Bovary dazu bewegt, einen erneuten Blick auf den weiblichen Leichnam zu werfen. Ebd. Der Reiz der Faszination für den toten Körper grenzt an eine Nekrophilie, die Lisa Downing als „set of fantasies" an der Schwelle zwischen der erotischen Imagination des Subjekts und dem „object that is beyond desire" definiert. *Desiring the Dead. Necrophilia and Nineteenth-Century French Literature*, S. 1 f. Dieser Grenzbereich wird zum Produktionsraum neuer Bilder.

647 „[…] et même, sans les représentations de sa femme, il eût emmené avec lui ses deux fils, afin de les accoutumer aux fortes circonstances, pour que ce fût une leçon, un exemple, un tableau solennel qui leur restât plus tard dans la tête." Gustave Flaubert, *Madame Bovary*, in: *OC III*, S. 435. In Verbindung mit dem religiös konnotierten Adjektiv *solennel* nimmt das Erinnerungsbild die Form eines Andachtsbilds an und pervertiert das geläufige Motiv der christlichen Passion.

648 Ulrich Schulz-Buschhaus, „Homais oder die Norm des fortschrittlichen Berufsbürgers. Zur Interpretation von Flauberts *Madame Bovary*", S. 7.

649 „Les tomes du *Dictionnaire des sciences médicales*, non coupés, mais dont la brochure avait souffert dans toutes les ventes successives par où ils avaient passé, garnissaient presque à eux seuls, les six rayons d'une bibliothèque en bois de sapin." Gustave Flaubert, *Madame Bovary*, in: *OC III*, S. 177.

die jeglicher medizinisch-wissenschaftlicher *ratio* entgegensteht, wieder zum Leben zu erwecken,[650] stechen insbesondere seine romantisch vorgeprägten Bestattungswünsche hervor:

> *Je veux qu'on l'enterre dans sa robe de noces, avec des souliers blancs, une couronne. On lui étalera les cheveux sur les épaules ; trois cercueils, un de chêne, un d'acajou, un de plomb. Qu'on ne me dise rien, j'aurai de la force. On lui mettra par-dessus tout une grande pièce de velours vert. Je le veux. Faites-le.*[651]

Verschriftlicht und kursiviert verweisen die präzisen Forderungen im doppelten Sinne – auf den zwei Ebenen des fiktiven Schriftstücks und der typographischen Form der Wiedergabe im Roman – auf bereits existierende, vorgefertigte und von Charles zitierte *idées reçues*. In ihrer Detailgenauigkeit entwerfen sie ein *post mortem*-Bild der Verstorbenen, das an die Märchenprinzessinnen der Brüder Grimm oder Charles Perraults erinnert.[652] Dem Modell

---

650 „Il se rappelait des histoires de catalepsie, les miracles du magnétisme ; et il se disait qu'en le voulant extrêmement, il parviendrait peut-être à la ressusciter." Ebd., S. 441. Tatsächlich ist das wissenschaftlich nicht belegbare Phänomen des Magnetismus, ähnlich wie ebenjenes des Scheintodes, für den die Ursachen schwer erklärbar sind, dessen Symptome jedoch detailliert in medizinischen Traktaten behandelt werden, Teil des medizinischen Diskurses der damaligen Zeit. So beschreibt Félix Gannal einige Fälle wieder zum Leben erweckter Scheintoter, ist doch der Scheintod kaum vom richtigen Tod zu unterscheiden, zumindest was die äußeren, wieder als *spectacle* erscheinenden Zeichen des regungslosen Körpers, dessen Gliedmaßen oft verzerrt sind, angeht: „La mort apparente nous présente le même spectacle que la mort réelle [...]". *Mort réelle et mort apparente*, S. 9. In der romantischen Literatur nimmt der Wunsch nach einer magischen Wiedererweckung nicht nur vergangener Epochen, sondern ebenso toter Körper eine bedeutende Stellung ein. Vgl. Yves Vadé, *L'enchantement littéraire. Écriture et magie de Chateaubriand à Rimbaud*, S. 145–147. Daneben ist der Glaube an wiederkehrende Geister, sogenannte *spirites*, im 19. Jahrhundert weit verbreitet. Auf mehreren spiritistischen Fotografien, die angeblich das Unsichtbare sichtbar machen können, sind schemenhafte Körperformen zu sehen. Vgl. Philippe Ariès, *Images de l'homme devant la mort*, S. 181.

651 Gustave Flaubert, *Madame Bovary*, in: *OC III*, S. 439.

652 Wurden die „idées romanesques" Charles Bovarys in der Forschungsliteratur bislang vernachlässigt, hat Juliette Frølich als Erste den Bezug zum Märchen hergestellt. Bereits für das erste Treffen zwischen Charles und Emma konstatiert Frølich „une singulière affinité de structure et de décor avec la féerie en général" sowie mit Perraults *La Belle au bois dormant* im Besonderen. Juliette Frølich, „Charles Bovary et *La Belle au bois dormant*", S. 203. Vom Dekor des von dichten Ästen und Büschen verdeckten, schwer zugänglichen Hofes der Bertaux bis zur „*piqûre magique*" (ebd., S. 206) Emmas beim Nähen eines kleinen

eines Dornröschens und Schneewittchens folgend soll Emma Bovary als *sleeping beauty* stilisiert im dreiteiligen Sarg aufgebahrt und bestattet werden. Der sich bereits im Prozess der Verwesung befindende Leichnam soll im Bild der unschuldig schlafenden Prinzessin eingefroren, der Zerfall des weiblichen Körpers durch seine reiche Ausstaffierung aufgehalten werden. Vom Körper Emma Bovarys selbst bleibt nur das sinnlich konnotierte, über die Schultern ausgebreitete Haar bestehen, das allerdings schon immer eine tote Masse darstellt und dem ein unheimlicher Formverlust eingeschrieben ist. Daneben sind es ausschließlich künstliche Artefakte, die das *post mortem*-Bild konstituieren: Während das weiße Hochzeitskleid und die weißen Schuhe noch als Teil der traditionell bürgerlichen weiblichen Totenkleidung zu bewerten sind,[653] tritt die Krone syntaktisch aus der abrupt endenden Aufzählung hervor.

Es ist denkbar, dass sich Flaubert für die Stilisierung seiner Protagonistin als schlafende Märchenprinzessin von Perraults *La Belle au bois dormant* inspirieren ließ, las er doch während seiner Arbeit an *Madame Bovary* mit Begeisterung die Märchen des berühmten Verfechters einer modernen, von den antiken Vorbildern losgelösten französischen Literatur, wie aus einem seiner Briefe hervorgeht: „J'ai lu ces jours-ci les contes de fées de Perrault ; c'est charmant, charmant. [...] Et dire que, tant que les Français vivront, Boileau passera pour être un plus grand poète que cet homme-là."[654] Als die schöne Prinzessin in Perraults Märchen in den todesähnlichen Schlaf verfällt, wird sie im schönsten Zimmer des Königspalastes auf einem mit Gold und Silber verzierten Bett aufgebahrt.[655] Ihre Erscheinung gleicht der eines sanft ruhenden Engels:

Kissens für den Verband des gebrochenen Beines ihres Vaters, die sie in den Augen des verzauberten Charles in eine dornröschenartige Märchenprinzessin transformiert, zeichnet Frølich intertextuelle Bezüge zu Perraults *conte* nach. Vgl. ebd., S. 204–207. In einem späteren Aufsatz zeigt Anne Green, dass sich nicht nur in *Madame Bovary*, sondern ebenso bereits in *Novembre* sowie in *Salammbô* Referenzen auf Perraults *La Belle au bois dormant* finden, deren traumhafte Märchenwelt in Flauberts Jugendwelt jedoch die Form einer Desillusionserfahrung, in seinem späteren Werk sogar jene einer Horrorvision annimmt, wie sie schon im zweiten Teil von Perraults Märchen – in der Figur der menschenfressenden Stiefmutter – angelegt ist. Green konstatiert eine Subversion der Geschlechterrollen, nehmen doch gerade die männlichen Figuren die Attribute der traditionell passiven Märchenprinzessin an. Vgl. „Flaubert and the Sleeping Beauty: An Obsessive Image", S. 66–71. Während sowohl Frølich als auch Green für die erste Begegnung zwischen Charles und Emma detaillierte intertextuelle Bezüge zu Perrault herausstellen, vernachlässigen beide die *post mortem*-Szene der als Dornröschen im Sarg aufgebahrten Protagonistin.

653 Auch Flauberts Schwester Caroline wird in ihrer weißen *robe de noces* bestattet. Vgl. Kap. 1.2.

654 Gustave Flaubert, Brief an Louise Colet vom 16. Dezember 1852, *Corr. II*, S. 209.

655 Vgl. Charles Perrault, *La belle au bois dormant. Conte*, S. 188.

> On eût dit d'un ange, tant elle était belle ; car son évanouissement n'avait pas ôté les couleurs vives de son teint : ses joues étaient incarnates, et ses lèvres comme du corail : elle avait seulement les yeux fermés, mais on l'entendait respirer doucement, ce qui faisait voir qu'elle n'était pas morte.[656]

Als der junge Prinz hundert Jahre später in das Zimmer der schlafenden Schönen gelangt, wird seine Betrachtung des aufgebahrten weiblichen Körpers mit ebenjenen Begriffen der darstellenden Kunst versprachlicht, die die Wahrnehmung des zur Totenwache aufgebahrten Leichnams der Emma Bovary modellieren werden:

> [...] il entre dans une chambre toute dorée, et il vit sur un lit, dont les rideaux étaient ouverts de tous côtés, le plus beau spectacle qu'il eût jamais vu : une princesse qui paraissait avoir quinze ou seize ans, et dont l'éclat resplendissant avait quelque chose de lumineux et de divin.[657]

Während die von Charles Bovary geöffneten Vorhänge den Blick auf einen dem Verwesungsprozess anheimfallenden weiblichen Körper offenbaren, auf ein glanzloses, wie von einer weißen Staubschicht ermattetes Gesicht, verbirgt sich hinter dem Vorhang in Perraults Märchen eine im jugendlichen Glanz erstrahlende schlafende Schönheit. Dennoch ist beiden die Stilisierung als Schauspiel gemein: als schönes Schauspiel aus der Wahrnehmung des Prinzen, als herzzerreißendes Schauspiel gemäß den warnenden Worten Homais', dessen Rede im bereits herausgestellten Verweis auf die spektakuläre Zurschaustellung weiblicher Körperlichkeit als heuchlerische, einer wahren *pietas* entbehrenden Aussage diskreditiert ist. Um Emma Bovarys toten Körper in einen *beau spectacle* zu transformieren, wird er mit ihrer *robe de noces* bekleidet.[658]

---

656 Ebd.

657 Ebd., S. 192.

658 Das Bekleiden der Verstorbenen ist traditionellerweise Aufgabe der Frauen und wird gemeinsam vom Dienstmädchen und der Mère Bovary durchgeführt. Die *toilette mortuaire* wird bereits in spätmittelalterlichen Stundenbüchern als weibliche Tätigkeit dargestellt. Der Leichnam wurde von den Frauen entweder in eine Totenkleidung gehüllt oder in ein Leichentuch eingenäht. Vgl. Michel Vovelle, *La mort et l'Occident*, S. 151. Auch in Gustave Courbets Gemälde *La Toilette de la morte* [zuerst: *La Toilette de la mariée*] (ca. 1850–1855), das sich im Smith College Museum of Art in Normhampton, Massachusetts befindet, übernehmen Frauen die Ankleidung der Toten. In ein weißes Kleid gehüllt, ist der leblose Körper auf einem Stuhl platziert. Lediglich der leicht nach hinten fallende Oberkörper, der von einer Frauenfigur gestützt wird, sowie das ausdruckslose Gesicht lassen erkennen, dass es sich bei der *mariée*, wie sie ursprünglich im Titel des Gemäldes erscheint, um eine Tote handelt.

Es ist die künstliche Hülle des „long voile raide", der Emma Bovary bis zu den „souliers de satin" verhüllt,[659] sie wie eine tote Bühnenfigur einkostümiert. Doch die schwarze Flüssigkeit, die beim Aufsetzen der Krone aus Emmas Mund herausströmt und das weiße Kleid zu beflecken droht, löscht als Symbol des nicht darstellbaren Todes das nach dem Muster der Märchenprinzessin arrangierte *post mortem*-Bild aus. Die mit der Tinte der Feder von Charles Bovary präzise verfassten Bestattungswünsche werden mit einer formlosen, tintenartigen Flüssigkeit überschrieben. Das schöne Schauspiel kann nicht aufgeführt werden, treten doch unter der Maske der märchenhaften Kostümierung stets Spuren von Tod und Verfall auf, die auch die von Homais ins Zimmer gebrachten wohlriechenden Kräuter und nicht einmal die Chlorgase zu überlagern vermögen.[660]

Der Schleier der *belle au bois dormant* wird schließlich während des nächtlichen letzten Abschieds durch Charles gelüftet. Hatte der Erzähler im Vergleich des aufgebahrten Leichnams mit den regungslos schlafenden Totenwächtern Homais und Bournisien noch die traditionelle Metapher des Todes als Schlaf bedient – wenngleich er den Tod bereits in seiner physiologischen Präsenz als „cadavre" und somit den Schlaf als scheinhaft ausweist[661] –, so manifestieren sich mit dem Eintreten des Ehegatten in das Zimmer mehr und mehr Zeichen von Zerfall und Vergänglichkeit. Es ist der durch das geöffnete Fenster aus der sternenklaren Nacht einströmende, sich mit dem Dampf der aromatischen Kräuter vermischende Nebel, der bereits einen Übergang, eine mögliche Passage der Seele markiert.[662] Darüber hinaus präfiguriert das Bett das Bild des verschlossenen Sarges der Bestattungsszene: Das Kerzenwachs, das „par grosses larmes sur les draps du lit"[663] hinabfällt, antizipiert das über den Sarg ausgebreitete Bahrtuch, den mit weißen Tränen bestickten *drap mortuaire*, auf dessen Bedeutung an späterer Stelle noch eingegangen wird. Die gleichen „grosses larmes" strömen als körperliche Zeichen in der Spiegelszene der Todesagonie aus Emmas Augen heraus und markieren den Fall der romantischen Maske.[664]

Nicht nur im Dekor des Bettes zeichnet sich der Tod ab, sondern ebenso in der Kostümierung des feinen Seidenkleides: „Des moires frissonnaient sur la robe de satin, blanche comme un clair de lune."[665] Besonders in der ungewöhnlichen

659 Gustave Flaubert, *Madame Bovary*, in: *OC III*, S. 442.

660 Vgl. ebd.

661 „[...] et ils [Bournisien und Homais, S. W.] ne bougeaient pas plus que le cadavre à côté d'eux, qui avait l'air de dormir." Gustave Flaubert, *Madame Bovary*, in: *OC III*, S. 443.

662 Vgl. ebd. Die Szene erinnert stark an die Totenwache von Flauberts Schwester Caroline, während der das Röcheln ihres Ehegatten und das Schnarchen des anwesenden Priesters vor der Kulisse eines geöffneten Fensters hörbar sind. Vgl. Kap. 1.2.

663 Ebd.

664 Ebd., S. 437. Vgl. Kap. 2.3.

665 Gustave Flaubert, *Madame Bovary*, in: *OC III*, S. 443.

Verbindung mit dem Verb *frissonner*, das in erster Linie zur Beschreibung eines körperlichen Bebens oder Zitterns benutzt wird, erscheinen die *moires* doppeldeutig: Einerseits können sie das Moiré-Gewebe des Kleides bezeichnen, das sich als lebloses Objekt verselbstständigt, ja eine sentimentale Belebung erfährt, was ein wiederkehrendes Flaubertsches Stilmerkmal darstellt: Nicht der Mensch trägt die Kleidung; vielmehr tragen die Kleidungsstücke den Menschen, den sie nicht selten unter der Last der Stoffe zu begraben scheinen.[666] Das moirierte weiße Kleid entmächtigt den weiblichen Körper, der unter ihm verschwindet, ja stirbt: „Emma disparaissait dessous [...].“[667] Andererseits verweisen die *moires* auf die griechischen Schicksalsgöttinnen der Moiren, denen in der römischen Mythologie die Parzen entsprechen, und somit auf die den Lebensfaden durchschneidende Atropos, eine weibliche Personifizierung des Todes. In Platons *Politeia* sind die drei Parzen selbst mit weißen Gewändern bekleidet.[668] Der Vergleich des weißen Stoffes mit dem Mondlicht, dem *clair de lune*, evoziert einmal mehr den als künstliche Staffage demaskierten Bühnenprospekt zahlreicher romantisch-sentimentaler Liebes- und Todesszenen, die auf den Ophelia-Mythos rekurrieren.[669] Die von Charles kreierte

---

666 Nicht nur Kleidungsstücke, sondern auch einzelne Körperteile werden in Flauberts Werken zu Akteuren und entmächtigen den menschlichen Körper, der in seine Einzelteile zerfällt und wie mechanisch gesteuert wird. Als schönes Beispiel fungieren die Tanzenden auf dem Vaubyessard-Ball: „[...] les pieds retombaient en mesure, les jupes se bouffaient et frôlaient, les mains se donnaient, se quittaient ; les mêmes yeux, s'abaissant devant vous, revenaient se fixer sur les vôtres.“ Gustave Flaubert, *Madame Bovary*, in: *OC III*, S. 193 f. Über Emma und den Vicomte heißt es: „En passant auprès des portes, la robe d'Emma, par le bas, s'ériflait au pantalon ; leurs jambes entraient l'une dans l'autre [...]. Ebd., S. 195 f. Insbesondere die weiblichen Gäste des Balls verschwinden hinter ihren schweren, bunt schillernden Schmuckstücken und Accessoires, die den Körper mit einer artifiziellen Hülle versehen: „Sur la ligne des femmes assises, les éventails peints s'agitaient, les bouquets cachaient à demi le sourire des visages, et les flacons à bouchon d'or tournaient dans des mains entrouvertes dont les gants blancs marquaient la forme des ongles et serraient la chair au poignet. Les garnitures de dentelles, les broches de diamants, les bracelets à médaillon frissonaient aux corsages, scintillaient aux poitrines, bruissaient sur les bras nus. [...]“ Ebd., S. 193. In noch stärkerer Weise wird Flauberts karthagische Prinzessin Salammbô hinter einem funkelnden Bühnenkostüm verschwinden. Vgl. Kap. 3.1., 3.2. und 3.4.

667 Gustave Flaubert, *Madame Bovary*, in: *OC III*, S. 443.

668 Vgl. Platon, *Der Staat – Politeia*, Zehntes Buch, 617 b-c, S. 875: „Rings im Kreise aber, in gleichen Abständen, sitzen, in weißen Kleidern und mit heiligen Binden um das Haupt, drei andere Frauengestalten, jede auf einem Thron. Das seien die Töchter der Notwendigkeit, die Moiren Lachesis, Klotho und Atropos; sie sängen zu der Harmonie der Sirenen, Lachesis von der Vergangenheit, Klotho von der Gegenwart, und Atropos von der Zukunft.“

669 Vgl. Kap. 2.2.3.

Identität Emma Bovarys als *belle au bois dormant* schwindet schließlich dahin: „[...] et il lui semblait que, s'épandant au-dehors d'elle-même, elle se perdait confusément dans l'entourage des choses, dans le silence, dans la nuit, dans le vent qui passait, dans les senteurs humides qui montaient."[670] Die stilisierte Dekor-Umgebung kann das sich verflüchtigende Bild Emmas nicht bewahren. Charles, der die sich ihm aufdrängenden Erinnerungsbilder an Emma im Sinnbild einer unaufhörlich übertretenden Flut wahrnimmt,[671] wie sie bereits im Fließen der aus Emmas Mund austretenden schwarzen Flüssigkeit antizipiert worden ist, blickt in das Gesicht des Todes, dessen Schleier er, motiviert durch eine „curiosité terrible", gelüftet hat.[672]

Vor dem Hintergrund der Bühnen- und Schauspielmetaphern, die sich in Charles Perraults *La Belle au bois dormant* und in Charles Bovarys versuchter Reinszenierung der schönen Schlafenden finden, sei an dieser Stelle auf die im 19. Jahrhundert weit verbreiteten romantischen *féeries* verwiesen. Zahlreiche Autoren versuchten sich am Theatergenre, das sich märchenhaft-fantastischer oder exotischer Stoffe bediente und noch stärker als andere dramatische Gattungen der Zeit auf eine aufwändige, oft spektakuläre *mise en scène* bedacht war.[673] Von Perraults *La Belle au bois dormant* existierten verschiedene *féeries*, die von Hérolds und Scribes gleichnamiger *ballet-féerie*, die am 27. April 1829 mit der Primaballerina Marie Taglioni in der Académie Royale de Musique uraufgeführt wird, über verschiedene Vaudeville-Versionen, wie Gentil Désaugiers' *L'Ogresse, ou Belle au bois dormant* (1811), bis hin zu einer im Jahre 1846 von George Sand inszenierten *féerie* des Märchenstoffes reichen.[674] Flaubert selbst verfasste gemeinsam mit Louis Bouilhet und Charles d'Osmoy eine *féerie* mit dem Titel *Le Château des cœurs* (1863), die 1880 in *La Vie Moderne* publiziert, jedoch aufgrund ihrer nicht auf der Bühne darstellbaren fantastischen Elemente nie aufgeführt wurde.[675]

Die Krone, die Emma Bovarys ausgebreitete Haarpracht schmückt, ist Teil jener Accessoires, die darauf abzielen, den toten Körper als schönes Bühnenschauspiel zu stilisieren. Darüber hinaus erfüllt sie eine weitere Funktion: In ähnlicher Weise wie das grüne Samttuch, das das komplette weibliche

---

670 Gustave Flaubert, *Madame Bovary*, in: *OC III*, S. 443 f.

671 Vgl. ebd., S. 444.

672 Ebd.

673 Vgl. Roxane Martin, *La féerie romantique sur les scènes parisiennes (1791–1864)*, S. 18. Martin hebt „le rôle esthétique majeur" der populären Form der *féerie* für die „reforme de l'écriture théâtrale" hervor. Ebd., S. 19.

674 Vgl. ebd., S. 135, S. 141.

675 Vgl. Yvan Leclerc, „*Le Château des cœurs*. Gustave Flaubert, Louis Bouilhet et Charles d'Osmoy [Résumé]" (online).

‚Kunstwerk' am Ende mit einer weiteren künstlichen Hülle versehen wird und dessen Material Flaubert in seinem *Dictionnaire des idées reçues* als Zeichen von „distinction et richesse"[676] definiert, ist die Krone ein aristokratisches Insigne.[677] Träumte Emma doch zeitlebens davon, ihrer kleinbürgerlichen Existenz zu entfliehen und das Leben einer Adeligen zu führen, so erscheint ihr zumindest auf den ersten Blick ein der Aristokratie würdiges Totenritual zuteil zu werden. Doch der schöne Schein trügt: Die alte Aristokratie ist tot. Dies zeigt auf eindrückliche Weise die Szene des Vaubyessard-Balls, der in einem Schloss „de construction moderne", vor den sich im Hintergrund abzeichnenden Ruinen des alten Schlosses abgehalten wird.[678] Neben den alten Bildern, die die Wandtäfelung im Billardzimmer schmücken und die Genealogie der Andervilliers nur bis zu den im 16. und ausgehenden 17. Jahrhundert verstorbenen Aristokraten abbilden – die nachfolgenden Personen werden durch den ins Zimmer fallenden Schatten, der lediglich die Risse im Lack sichtbar macht, verdeckt –,[679] ist es die Figur des greisen Duc de Laverdière, der den Untergang der alten Aristokratie verkörpert. In den Augen Emma Bovarys erscheint er als lebendes Erinnerungsbild, als Verkörperung einer verlorenen Zeit, die in Emmas Vorstellungskraft wieder zum Leben erweckt wird: „Il avait vécu à la Cour et couché dans le lit des reines !"[680]

Interessanterweise ist gerade der Verführer Rodolphe Träger eines Redingotes aus grünem Samt.[681] Der Namenzusatz des ledigen Rentiers und Gutsbesitzers, der sich dem Apothekersohn Justin als M. Rodolphe Boulanger de la Huchette vorstellt, könnte zunächst eine adelige Herkunft vermuten lassen. Doch wie der Erzähler im nächsten Abschnitt ausführt, handelt es sich bei La Huchette um den Namen ebenjenen Guts, das Rodolphe käuflich oder durch ein Tauschgeschäft erworben hat („dont il venait d'acquérir le château, avec deux fermes qu'il cultivait lui-même"[682]). Er ist in das kapitalistische System des Großbürgertums eingebunden. Die elegante Kleidung des Verführers,

---

676 Gustave Flaubert, *Le dictionnaire des idées reçues*, s. v. „velours".

677 Sicherlich lässt sich die Krone auch als Totenkrone deuten, die als christliches Symbol der *sponsa Christi* seit dem 16. Jahrhundert insbesondere ledigen Frauen mit in den Sarg gegeben wurde. Vgl. Isabel Richter, *Der phantasierte Tod. Bilder und Vorstellungen vom Lebensende im 19. Jahrhundert*, S. 262.

678 Gustave Flaubert, *Madame Bovary*, in: *OC III*, S. 190.

679 Vgl., ebd., S. 190 f.

680 Ebd., S. 192.

681 Vgl. ebd., S. 262.

682 Ebd. Vgl. *Dictionnaire de l'Académie française* von 1835 (online), s. v. „acquérir": „Devenir propriétaire d'une chose par achat ou par échange. Il se dit, particulièrement, en parlant [d']immeubles et d'autres choses qui procurent des profits ou des avantages constants."

dessen samtener Mantel als verbreitetes Kleidungsstück des Bürgertums bereits jener der Aristokratie vorbehaltenen Exklusivität entbehrt, die dem kostbaren Samtstoff ursprünglich anhaftete, ist Teil einer gekonnten Inszenierungs- und Darstellungspraxis.[683] Der *velours vert*, der den toten Körper der in ein weißes Kleid gehüllten Emma Bovary verdecken soll, pervertiert schließlich die Ausstaffierung als tugendhafte Märchenprinzessin: So trägt Rodolphe während der berühmten Verführungsszene im Wald einen Samtanzug, an dem Emmas Kleid hängenbleibt,[684] wodurch das *post mortem*-Porträt der schönen Schlafenden in ein skandalöses Erinnerungsbild der Ehebrecherin transformiert wird.

Dass der Leichnam Emma Bovarys in einem dreifachen Sarg aus Eiche, Mahagoni und Blei bestattet werden soll, bleibt in der Forschung weitgehend unkommentiert.[685] Für eine Bürgerliche sind die von Charles angeordneten drei Särge äußerst extravagant, war doch im 19. Jahrhundert die Bestattung in einem einfachen Holzsarg – der gleichwohl verziert und mit Stoffen ausgelegt wurde – für Angehörige des Bürgertums die Regel.[686] Die kostspielige

683 In der Beschreibung der „*grande* pièce *de velours vert* [Herv. S. W.]" (Gustave Flaubert, *Madame Bovary*, in: *OC III*, S. 439), die Emma Bovarys Sarg verhüllen soll, scheint der Warencharakter des Samttuchs als Teil der eng mit dem monetären System verknüpften bürgerlichen Bestattungskultur auf.

684 „Le drap de sa robe s'accrochait au velours de l'habit." Ebd., S. 292.

685 Lediglich Jane E. Kairet widmet dem Motiv der drei Särge einen Aufsatz, in dem sie sich auf Freuds psychoanalytischen Ansatz der Kästchenwahl bezieht. Vgl. „Sur la signification mytho-poétique du motif des ‚trois cercueils' de Madame Bovary". In den drei Behältern sieht die Autorin die drei Frauen im Leben von Charles Bovary repräsentiert – seine Mutter, seine erste Frau Héloïse Dubuc und Emma Rouault. Letztere wird von Kairet als Atropos-Figur gedeutet, als „la mort faite femme" (ebd., S. 679), die sowohl ihren eigenen Tod als auch den Tod ihres zukünftigen Mannes vorherbestimme.

686 Bereits mit dem kaiserlichen *décret* über die Grablegung von 12. Juni 1804 wurde das Prinzip einer *égalité* im Todesfall eingeführt, die für jeden Verstorbenen einen Sarg und ein eigenes Grab vorschrieb. Die Beisetzung Bedürftiger, die zuvor in ein bloßes Leichentuch eingewickelt in Sammelgräbern bestattet wurden, wurde fortan unentgeltlich durch die Kommunen und Beerdigungsunternehmen organisiert. Vgl. Bruno Bertherat, Christian Chevandier, *Paris dernier voyage. Histoire des pompes funèbres* (*XIXe – XXe siècles*), S. 102 f. „Pourtant, l'égalité s'arrête là où commence la pompe." Ebd., S. 104. Wie Bertherat und Chevandier treffend ausführen, wird das Prinzip der *égalité* im Zuge des stark wachsenden Monopols der Bestattungsunternehmen rasch in eine *inégalité* verkehrt. Die Leichenzüge und Särge geben fortan Aufschluss über die sozialen Klassen. So können sich nur die reichen Schichten einen pompös geschmückten, von einer Wagenkolonne gefolgten Leichenzug leisten, in dem ein teurer Sarg aus Ebenholz oder Mahagoni und nicht etwa ein einfacher Sarg aus Eichen- oder Tannenholz transportiert wird. Vgl. ebd., S. 104.

Bestattung stellt einen Bruch mit den bürgerlichen Sitten, den *mœurs de province*, dar. Sie lässt Emma Bovary unter der anonymen Masse der Provinzbürger hervorstechen. So wird der dreifache Sarg zur geschlossenen Aufbahrung vor dem Haus der Bovarys – mit einem schwarzen Bahrtuch bedeckt – pompös zur Schau gestellt.[687] Es ist nicht der bereits den Zeichen des Zerfalls anheimfallende, zierliche weibliche Körper, der den Bewohnern von Yonville präsentiert wird, sondern ein kultisches Artefakt, hinter dessen fest verschlossener Hülle sich ein Hohlraum verbirgt, der nur für den Leser sichtbar wird. Tatsächlich ist der äußere Sarg zu groß für einen einfachen Holzsarg, sodass die hohlen Zwischenräume mit Matratzenwolle ausgestopft werden müssen – ebenjenem Stoff, der doch an die hässliche Todesagonie der auf die Bettmatratze zurückfallenden Frauenfigur erinnert.[688]

Es ist gerade die Verwandlung Emma Bovarys zur Schreckgestalt, die Verwesung ihres schönen Körpers, der der dreifache Sarg, insbesondere die äußere Hülle aus Blei, Einhalt gebieten soll. Vor diesem Hintergrund drängt sich ein konkretes Vorbild für die ungewöhnliche Sargkomposition auf: War es nicht ein vierfacher Sarg, der den Körper des 1821 im Exil von St. Helena verstorbenen, im Jahre 1840 exhumierten und in den Pariser Invalidendom überführten Napoleon Bonaparte vor dem Zerfall schützen sollte, so wie seine noch zu Lebzeiten einsetzende Stilisierung zum Mythos, seine Verehrung als Held ein Versuch war, die tatsächliche Niederlage Bonapartes umzukehren?[689] Wie der Zeitzeugenbericht des Marineoffiziers Édouard Pujol über die nächtliche

---

687 „Enfin, quand les trois couvercles furent rabotés, cloués, soudés, on l'exposa devant la porte ; on ouvrit toute grande la maison, et les gens d'Yonville commencèrent à affluer." Gustave Flaubert, *Madame Bovary*, in: *OC III*, S. 445.

688 Zur Matratze als ironischem Relikt romantischer und religiöser Sterbebettszenen vgl. Kap. 2.3.

689 Mit der Vorbereitung der Bestattung Napoleons wurde Andrew Darling beauftragt, der am 6. Mai 1821 in einem Brief an Napoleons Generaladjutanten Montholon eine genaue Beschreibung der gewünschten Särge liefert: „Le cercueil devait ainsi être conçu : tout d'abord un en fer-blanc, tapissé de satin, rembourré de coton, avec un petit matelas et oreiller des mêmes matériaux à son fond ; puis un second cercueil en bois, puis un troisième en plomb, et enfin un en acajou couvert de velours cramoisi, si cela pouvait être trouvé [...]." Andrew Darling, *Napoleon's Funeral – A lost record*, in: *The Times Literary Supplement*, 30. September 1915, zit. nach: Albert Benhamou, *L'autre Sainte-Hélène. La captivité, la maladie, la mort et les médecins autour de Napoléon*, S. 341. Die Sarglegung Napoleons erfolgt schließlich am 7. Mai in einen dreifachen Sarg aus Weißblech, Holz und Blei. Der äußere Sarg aus Mahagoni wird erst einen Tag später geliefert. Vgl. Albert Benhamou, *L'autre Sainte-Hélène. La captivité, la maladie, la mort et les médecins autour de Napoléon*, S. 343 f.

Graböffnung auf St. Helena darlegt, konnte der Leichnam Bonapartes erst nach stundenlanger Schwerstarbeit aus dem unter großen Steinen und einer Zementschicht begrabenen vierfachen, in seinen einzelnen Teilen fest verriegelten und zuletzt mit einem Weißblech bedeckten Sarg befreit werden.[690] Zum Vorschein kommt ein in ein weißes Satintuch gehüllter Körper,[691] der, wie der detaillierte Bericht Pujols ausführt, kaum Zeichen des Zerfalls aufweist. Die linke Hand erscheint dem Betrachter „rose, potelée, presque vivante“[692]. Über die Gründe für die Unversehrtheit des Körpers, der sich vor seiner Exhumierung bereits neunzehn Jahre unter der Erde befunden hatte, ranken sich verschiedene Mythen, die interessanterweise neben der Bestattung im vierfachen Sarg auch eine Vergiftung mit Arsen in Betracht ziehen.[693] Dennoch bleibt zu fragen, wie intakt Bonapartes Körper wirklich war. Fest steht, dass der angeblich wohlbehaltene Leichnam als Beweis der „moral probity“, der moralischen Integrität Napoleons, zu seiner Verehrung beitrug.[694] Wie nicht nur der

690 Vgl. Édouard Pujol, *Napoléon. De la vallée du tombeau au dôme des Invalides*, S. 80. Pujol erwähnt Särge aus Mahagoni, Ebenholz und Blei, deren Reihenfolge jedoch unklar bleibt. Vgl. ebd., S. 81 f.

691 „Enfin un drap de satin blanc, dont on avait doublé la bière intérieure parut, il s'était détaché et enveloppait le corps.“ Ebd., S. 83.

692 Ebd., S. 85.

693 Während mehrere Zeitzeugen glauben, dass die fest versiegelten und zusätzlich zugemauerten vier Särge dazu beitrugen, Napoleons Körper intakt zu halten, vertreten einige moderne Forscher die These, dass Napoleon mit Arsen vergiftet wurde, das im 19. Jahrhundert in geringen Dosen als Konservierungsmittel genutzt wurde. Vgl. Suzanne Glover Lindsay, „Mummies and Tombs: Turenne, Napoléon, and Death Ritual“, S. 492 f. Bezeichnenderweise erbricht auch Napoleon – im Gegensatz zu Emma allerdings noch vor seinem Tod – eine schwarze Flüssigkeit. Sein Arzt Antommarchi deutet sie fälschlicherweise als austretende Gallenflüssigkeit, der eine Hepatitiserkrankung zugrunde liege, und verordnet starke Brechmittel, wie sie auch Emma Bovary durch Canivet verabreicht werden. Napoleons Symptome deuten schließlich auf eine Gastritis, die durch die Brechmittel noch verschlimmert wird. Vgl. Albert Benhamou, *L'autre Sainte-Hélène. La captivité, la maladie, la mort et les médecins autour de Napoléon*, S. 281–284. Benhamou diskutiert eine mögliche Vergiftung Napoleons mit Arsen, die er jedoch für unwahrscheinlich hält. Vgl. ebd., S. 345 f. Stattdessen stellt er die Hypothese auf, dass die auf Basis von Arsen gefärbten Tapeten in Longwood zur Konservierung von Napoleons Körper beigetragen haben könnten. Durch die heißen Bäder, die Napoleon in einem verschlossenen Raum zu nehmen pflegte, könnten sich feine Arsenpartikel von der Wand gelöst haben und in die Luft gelangt sein. Auch das durch das Kaminfeuer im Anwesen von Longwood produzierte Kreosot könnte zum intakten Zustand des Leichnams beigetragen haben. Vgl. ebd., S. 393–396.

694 Suzanne Glover Lindsay, „Mummies and Tombs: Turenne, Napoléon, and Death Ritual“, S. 493.

pathetische Bericht des Marineoffiziers, der nicht mehr als nüchterne Faktendarstellung zu werten ist, sondern ebenso eine berühmte *image d'Épinal* illustrieren, wurde die Exhumierung Bonapartes zum Gegenstand künstlerischer Inszenierungen. Bereits zu Lebzeiten Napoleons dienten die populären Bilderbogen aus dem Hause Jean-Charles Pellerins (1756–1836), dessen Druckerfabrik im Ersten Kaiserreich florierte, als einflussreiche Propagandawerkzeuge für den Ruhm Napoleons.[695] Im Jahr 1822, nach der Verbannung und dem Tod des Kaisers, übergibt Jean-Charles Pellerin sein Unternehmen an seinen Sohn Nicolas sowie seinen Schwiegersohn Pierre-Germain Vadet. Letzterer galt als treuer Bonapartist und Urheber einer großen Serie populärer napoleonischer Bilderbogen, die das Renommee der berühmten Bilderfabrik Épinals endgültig festigte.[696] Einen Teil der Serie bilden populäre Drucke des Todes sowie der Exhumierung Napoleons auf St. Helena. So stellt die bunt kolorierte *image d'Épinal* mit dem Titel *Exhumation des cendres de Napoléon* die Exhumierung bei Sonnenschein dar, obwohl sie tatsächlich im nächtlichen Regenschauer stattfand.[697] In der großen gelben Sonne am blauen Himmel thront ein Adler. Unter ihm ist im Vordergrund der im geöffneten Sarg aufgebahrte, von zahlreichen Offizieren, festlich gekleideten Männern, zwei Kindern, die ein zum Himmel emporragendes Kreuz tragen, sowie einem Geistlichen umgebene Napoleon abgebildet. Einzig der Bildtitel sowie das geöffnete Grab auf der linken Bildseite lassen erkennen, dass es sich um eine Exhumierung handelt. Der Körper scheint bereits in jenen neuen Sarg umgebettet worden zu sein, in dem er schließlich nach Paris überführt wurde.

Der Druck ist das Produkt künstlerischer Imagination, musste doch der exhumierte Leichnam unmittelbar in einem neuen Sarg fest verschlossen werden, um seinem Zerfall weiterhin Einhalt zu gebieten. Laut Pujols Bericht handelt es sich hierbei um einen dreifachen Sarg, der aus den gleichen Materialien

695 Vgl. Anne Cablé, „Jean-Charles Pellerin, du cartier à l'industriel", S. 83–92. Im Ersten Kaiserreich wächst Pellerins Fabrik stetig, sodass er Bilder in einer sehr großen Anzahl abdrucken kann. Pellerin stellt verschiedene Holzgraveure ein, u. a. Charles Boulay und François Georgin. Vgl. ebd., S. 86 f. Im Zuge der Restauration nimmt die Polizei 1816 mehrere Bilder Napoleons in Pellerins Atelier in Beschlag. Pellerin wird zu vier Monaten Gefängnis und einer Geldstrafe verurteilt; 1817 wird er durch den König begnadigt und muss nur einen geringeren Geldbetrag zahlen. Vgl. ebd., S. 93.

696 Vgl. Martine Sadion, „La série napoléonienne et le lieutenant Vadet", S. 104–106. Das Bild *Bataille d'Esling. Mort de Montebello* begründet den Erfolg der Serie und den posthumen Ruhm des Kaisers. Vgl. ebd., S. 106.

697 Vgl. Suzanne Glover Lindsay, „Mummies and Tombs: Turenne, Napoléon, and Death Ritual", S. 493.

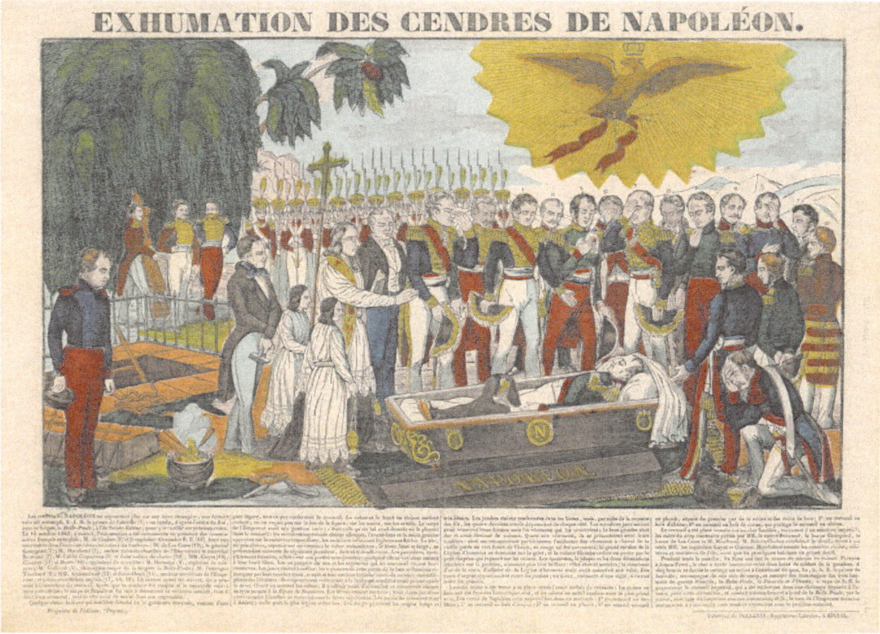

ABBILDUNG 8 *Fabrique de Pellerin,* Exhumation des cendres de Napoléon.

besteht wie ebenjener, in dem Emma Bovary bestattet werden soll, wenngleich die einzelnen Behältnisse in einer anderen Reihenfolge angeordnet sind:

> Le couvercle d'acajou fut seul replacé, sans y joindre la plaque de ferblanc, légèrement occidée. [...] Le cercueil de plomb fut resoudé ; une forte caisse de chêne reçut le tout, et l'on procéda à la sortie de la vallée.[698]

Der fest versiegelte dreifache Sarg maskiert den physiologischen Zerfallsprozess des toten Körpers, der schließlich durch die Grabstätte symbolisch

698 Edouard Pujol, *Napoléon. De la vallée du tombeau au dôme des Invalides*, S. 86. Laut Albert Benhamou waren abgesehen vom äußersten Sarg aus Mahagoni alle drei weiteren Särge weitgehend unversehrt, sodass sie in den großen, in Frankreich angefertigten Sarkophag überführt werden konnten: „Napoléon repose aujourd'hui dans les cercueils suivants, de l'intérieur vers l'extérieur : – le cercueil original en fer-blanc [...] /– le cercueil original, ou caisse, en bois exotique, voire en acajou, selon les temoins /– le cercueil original en plomb, soudé à nouveau /– un second cercueil en plomb, apporté de France [...] /– un cercueil en bois d'ébène, apporté de France / Ce sarcophage fut enfin enfermé dans une caisse de chêne, afin de le protéger lors du transport." *L'autre Sainte-Hélène. La captivité, la maladie, la mort et les médecins autour de Napoléon*, S. 396.

substituiert wird. Der von Louis Visconti entworfene Sarkophag, der sich in der Mitte einer gewaltigen Krypta im Pariser Invalidendom befindet, evoziert als Behältnis der sterblichen Überreste Napoleons seine Präsenz in größerer Weise als es beispielsweise eine idealisierende Grabstatue vermag.[699]

Das Mausoleum, das nach Charles' langen Überlegungen, zwei Reisen nach Rouen und der Beratung durch den *artiste peintre* Vaufrylard als Grabmal für seine Frau errichtet wird,[700] stellt ebenso eine Form des Behältnisses dar, übersteigt in seiner Monumentalität aber ebenjene des Sarkophags. Es scheint, als könne die Erinnerung an die geliebte Verstorbene lediglich durch ein öffentliches, die bürgerlichen Konventionen in seiner Extravaganz erneut sprengendes Kultobjekt bewahrt werden und nicht etwa durch ein privates Gedenken an das gemeinsame Leben. Charles tritt als moderne Artemisia auf, die ihrem verstorbenen Gatten und Bruder[701] Maussolos ein prunkvolles Grabmal errichten ließ, das der karische Satrap selbst noch zu Lebzeiten in Auftrag gegeben hatte.[702] Nach dem Maussolleion in Halikarnassos, das zu den sieben Weltwundern der Antike gehörte, wurde schließlich der monumentale Grabmaltyp benannt.[703] Wenngleich ein Totenkult um den verstorbenen Maussolos nicht durch antike Quellen belegt ist, so könnten sowohl die Bestattung innerhalb

699 Vgl. Suzanne Glover Lindsay, „Mummies and Tombs: Turenne, Napoléon, and Death Ritual", S. 495.

700 „Enfin, après avoir examiné une centaine de dessins, s'être commandé un devis et avoir fait un second voyage à Rouen, Charles se décida pour un mausolée qui devait porter sur ses deux faces principales ‚un génie tenant une torche éteinte'." Gustave Flaubert, *Madame Bovary*, in: *OC III*, S. 454.

701 Für die Dynastie der Hekatomniden war die Geschwisterehe üblich. Zur „Hekatomnid Sister-Marriage" vgl. Simon Hornblower, *Mausolus*, S. 358–363. In der Forschung wird diskutiert, ob die Geschwisterehe mit einer geteilten Herrschaft einherging. In jedem Fall besaßen die Ehefrauen eine gewisse öffentliche Autorität. Darüber hinaus ist die dynastische Geschwisterehe in ihrer Nachahmung der Götterheirat Zeichen der Distinktion vom gemeinen Volk. Vgl. Elizabeth D. Carney, „Women and *Dunasteia* in Caria", S. 81 f.

702 Das behaupten zumindest antike Quellen (u. a. Plinius). Simon Hornblower stellt derartige Überlieferungen in Frage, da Artemisia nur zwei Jahre regierte – eine zu kurze Zeit, um den Bau des Mausoleums abzuschließen. Dennoch ist es möglich, dass sie den bereits durch Maussolos begonnenen Bau des Grabmals fertigstellte. Vor allem literarische Quellen betonen die Bedeutung der trauernden Artemisia für die Errichtung der Erinnerungsstätte, wenngleich sie laut Plinius bei ihrem eigenen Tod noch nicht vollendet war. Vgl. Simon Hornblower, *Mausolus*, S. 238 f.

703 In der Epoche des Hellenismus wird die Grabstätte des Maussolos noch häufig als *mnema* (‚Monument') oder *taphos* (‚Grab') bezeichnet. Die griechische Bezeichnung für das ‚Mausoleum' taucht erstmals im sogenannten *Laterculi Alexandrini* auf, das auf einem Papyrus ptolemäischer Zeit überliefert ist und das Grabmonument als Teil der sieben Weltwunder der Antike auflistet. Vgl. ebd., S. 232–234.

der Stadtmauern, in der Nähe der Agora, als auch der durch Artemisia organisierte Wettbewerb von Rednern und Dichtern zu Ehren ihres toten Gatten Indizien für eine Stilisierung zum Heros sein. Vor diesem Hintergrund könnte das pompöse Mausoleum als Heroon intendiert gewesen sein.[704] Die Trauer der verwitweten Artemisia, die ihrem geliebten Maussolos nicht nur eine prachtvolle Erinnerungsstätte erbauen ließ, sondern sich in ihrem unstillbaren Schmerz ebenso die in einem Trank vermischten Knochen und die Asche des Verstorbenen einverleibte,[705] wurde von zahlreichen Künstlern rezipiert: So wurde Katharina von Medici, die nach dem Tod ihres Mannes Heinrich II. von 1560 bis 1563 die Regentschaft übernahm, als Artemisia repräsentiert.[706] Letztere herrschte nach dem Tod des Maussolos von 353 bis zu ihrem Tod 351 v. Chr. über Karien.[707] Aus Inschriften geht hervor, dass Artemisia bereits zu Lebzeiten ihres Mannes mitregiert hat – genauso wie ihre jüngere Schwester Ada, die mit dem gemeinsamen Bruder Idrieus verheiratet war, der nach Artemisias Tod die Herrschaft übernahm.[708] Katharina von Medicis eigene Inszenierung als trauernde Witwe Artemisia trug sehr wahrscheinlich zur Errichtung der Rotonde des Valois, die die Regentin um 1563 in Auftrag gab, bei. Sie wurde an die Kathedrale von Saint-Denis, die traditionelle Grabstätte der französischen Könige, angebaut. Die von Francesco Primaticcio entworfene Rotunde sollte neben Grabskulpturen das gemeinsame, 1561 beauftragte prunkvolle Grab von Heinrich II. und Katharina von Medici beherbergen und in ihrer *grandeur* mit dem legendären Mausoleum der Artemisia konkurrieren.[709] Das prunkvolle Grabmal, das ebenso wie die Rotunde von Primaticcio entworfen und von

---

704 Vgl. ebd., S. 252–260. Laut Simon Hornblower bleibt die Heroisierung des Maussolos jedoch reine Mutmaßung. Vgl. ebd., S. 260.

705 So ist es durch Theopompos überliefert. Vgl. ebd., S. 258 sowie Anm. 277. Vgl. auch Elizabeth D. Carney, „Women and *Dunasteia* in Caria", S. 66: „Greek literature made her grief for her husband famous, possibly conflating the biography of this particular Carian widow with a dynastic and regional type, the image of the mourning woman."

706 So z. B. in Nicolas Houels *Histoire de la royne Arthémise* (1563), die u. a. von Antoine Caron illustriert wurde. In den Illustrationen werden Szenen aus Artemisias Leben, wie ihre Eroberung von Rhodos oder die Einverleibung der Asche ihres Mannes, mit dem Monogramm Katharina von Medicis verziert. Vgl. Jeanice Brooks, „Catherine de Médicis, nouvelle Artémise: Women's Laments and the Virtue of Grief", S. 421 f.

707 Vgl. Simon Hornblower, *Mausolus*, S. 129, S. 268.

708 Vgl. Elizabeth D. Carney, „Women and *Dunasteia* in Caria", S. 71.

709 Vgl. Jeanice Brooks, „Catherine de Médicis, nouvelle Artémise: Women's Laments and the Virtue of Grief", S. 423. Dass Katharina von Medici anstelle eines Mausoleums eine Rotunde errichten ließ, hängt womöglich mit Carons Illustration der Grabstätte des Maussolos zusammen. Seine Zeichnung folgt Plinius' Darstellung des historischen Mausoleums mit Ausnahme von dessen Form, die Plinius als rechteckig beschreibt, Caron jedoch als Rotunde konzipiert. Vgl. ebd.

Germain Pilon erbaut und 1570, fast zwanzig Jahre vor Katharina von Medicis Tod, fertiggestellt wurde, ist mit vier Bronzestatuen verziert. Die Grabmonumente vorheriger französischer Herrscher (Ludwig XII. und Anne de Bretagne, Franz I. und Claude de France) dienten als Modell sowohl für die Tempelform und die in der Höhe knienden bekleideten Skulpturen der Königin und des Königs als auch für die im Inneren des Monuments als *gisants* aufgebahrten nackten Liegefiguren. Die Grabplastik Heinrichs II. folgt der seit dem Mittelalter vorherrschenden makabren Darstellung als *transi*, als dem Zerfall anheimgefallener knöcherner, in der Todesagonie erstarrter Leichnam, wohingegen Katharina von Medici in ihrer weiblichen Schönheit dargestellt ist, die sie wie die *Aphrodite pudique* in der Umarmung ihres Körpers verdeckt.[710]

Noch im 18. Jahrhundert ist die Trauer der Artemisia um ihren verstorbenen Gatten und Bruder Gegenstand künstlerischer Darstellung. So fertigte der Maler Jean-Baptiste Deshays kurz vor seinem Tod im Jahre 1765 eine Skizze mit dem Titel *Artemise au tombeau de Mausole* an, die zwar verloren gegangen ist, dem Leser von Diderots Salonbesprechung jedoch bildhaft – in der Konstruktion von Licht und Schatten, in der Figurenanordnung, aber allen voran in der emotionalen Wirkung auf den Betrachter – vor Augen geführt wird: „Toute cette composition est bien triste, bien lugubre, bien sépulcrale. Elle imprime de l'admiration, de la douleur, de la terreur et du respect."[711] Deshays stellt eine nächtliche Grabszene dar: Vor dem Mausoleum des verstorbenen Maussolos in der rechten Bildhälfte, auf das ein leicht getrübtes Licht von einer über dem Monument angebrachten Lampe scheint und von dem eine „grande draperie"[712] hinabfällt, kniet die trauernde Artemisia auf einem Kissen. Ihr Körper ist nach vorne gebeugt; ihre Hände umklammern die Urne, in der sich die Asche ihres Mannes befindet. Im Hintergrund erhebt sich eine Säule („une colonne"[713]), die Teil des Grabmonuments ist. Artemisia ist im Hintergrund von einigen Soldaten und Wächtern sowie von zwei Klageweibern umgeben, die in ihrer Haltung „le caractère du désespoir"[714] verkörpern. Eine der Frauen richtet ihre von der Lampe angestrahlte Trauermine gen Himmel. Doch es sei nicht die Gestik oder Mimik der Figuren, sondern in erster Linie ihre Ausstaffierung, die die düstere Atmosphäre der von Trauer und Schmerz erfüllten, von Diderot als „beau poème"[715] gelobten Zeichnung ausmache:

---

710 Vgl. ebd., S. 424.

711 Denis Diderot, „*Artemise au tombeau de Mausole*", in: *Salon de 1765*, S. 99.

712 Ebd., S. 100.

713 Ebd.

714 Ebd.

715 Ebd., S. 101.

> Mais pour sentir tout l'effet, tout le lugubre de cette composition, il faut voir comme ces figures sont drapées, la négligence, le volume, le désordre qui y règne [...]. L'Artémise est habillée d'une manière inconcevable ; ce grand lambeau de draperie ramené sur la tête, tombant en larges plis sur le devant et se déployant sur le côté de son visage, tourné vers le fond, laissant voir et faisant valoir en même temps toute la partie de sa tête exposée au spectateur, est de la plus grande manière et produit le plus bel effet. Que cette femme a l'air grand, touchant, triste et noble ! qu'elle est belle ! qu'elle a de grâces, car toute sa personne se discerne sous sa draperie ! Quel caractère cette pittoresque draperie donne à sa tête et à ses bras ! Qu'elle est bien posée ! qu'elle embrasse bien tendrement tout ce qui reste de ce qui lui fut cher ![716]

Die augenscheinliche Nachlässigkeit der Trauerkleidung spiegelt sich vor allem im großen, voluminösen Trauerschleier der Artemisia, der in seiner Bezeichnung als „draperie" auf die Ausstaffierung von Figuren in der Malerei und Bildhauerei verweist.[717] In einem kunstvollen Faltenwurf umspielt der Schleier den Körper der Trauernden und umrahmt ihr Gesicht effektvoll. Die pompöse Drapierung, die der Trauernden eine elegante Anmut verleiht, lässt die *négligence* als Ergebnis einer künstlerischen Inszenierung erscheinen. In der bühnenreifen Kostümierung, in der Geste der sanft umschlossenen Urne sowie im freigelegten Gesicht setzt Deshays die Trauer der Artemisia wirkungsvoll in Szene.

In Charles' Trauer um den Verlust seiner geliebten Ehefrau ist jene anmutige Schönheit der trauernden Artemisia absent. Der trauernde Ehegatte wird in seiner ungeschönten Verzweiflung, in seiner unbeholfenen Machtlosigkeit präsentiert. Es scheint, als habe Flaubert den Totenkult der Artemisia um ihren verstorbenen Gatten im Blick gehabt, wenn er von Charles' Überlegungen hinsichtlich der Gestaltung des Grabmals berichtet. Sie wirken wie eine eklektische Ansammlung antiker, königlicher sowie romantischer Ruhestätten:

> Il [Charles, S. W.] eut de belles idées à propos du tombeau d'Emma. Il proposa d'abord un tronçon de colonne avec une draperie, ensuite une

---

716 Ebd., S. 100 f.

717 Vgl. Émile Littré, *Dictionnaire de la langue française* von 1872–77 (online), s. v. „draperie, s. f.": „Terme de peinture et de sculpture. Représentation de vêtements amples et flottants dont l'artiste couvre les figures." Auch die pompösen Vorhänge der Theaterbühnen sind mit *draperies* versehen.

pyramide, puis un temple de Vesta, une manière de rotonde... ou bien « un amas de ruines ».[718]

Hervor sticht die mit einer Draperie versehene Säule, die in ihrer Konzeption als Teilstück („tronçon“) an das ebenso um eine Säule ergänzte Mausoleum des karischen Satrapen erinnert, so wie es in Deshays' Zeichnung dargestellt ist. Die Drapierung evoziert sowohl den von Diderot beschriebenen Vorhang, der an das Grabmonument des Maussolos angebracht ist, als auch den Trauerschleier der Artemisia. Auch in der Rotunde, von der Charles in der Folge träumt und die womöglich auf die von Katharina von Medici beauftragte Rotonde des Valois verweist, ist der Totenkult der Artemisia erfasst.

Wenn der Erzähler die Figur des Homais, der als Berater von Charles fungiert, darauf beharren lässt, das Grab in jedem Fall mit einer Echten Trauerweide, „qu'il considérait comme le symbole obligé de la tristesse“[719], zu schmücken, so deckt er den von romantischen Klischees und abgegriffenen Trauersymbolen durchzogenen bürgerlichen Totenkult auf. In einem Brief aus dem Jahre 1852 berichtet Flaubert Louise Colet von der Beerdigung eines entfernten Verwandten, die anstelle von Trauer vielmehr die Gewissheit über die bürgerliche *sottise* hervorbringt:

> T'ai-je dit que j'ai été, il y a quelques jours, à un enterrement (celui d'un oncle de ma belle-sœur) ? Je commence à être las du grotesque des funérailles, car c'est encore plus sot que ce n'est triste. J'ai revu là beaucoup de balles rouennaises oubliées. C'est fort ! J'étais à côté de deux beaux-frères du défunt qui s'entretenaient de la taille des arbres fruitiers. Comme c'était au cimetière où sont mon père et ma sœur, l'idée m'a pris d'aller voir leurs tombes. Cette vue m'a peu ému. Il n'y a là rien de ce que j'ai aimé, mais seulement les restes de deux cadavres que j'ai contemplés pendant quelques heures. Mais *eux* ils sont en moi, dans mon souvenir. La vue d'un vêtement qui leur a appartenu me fait plus d'effet que celle de leurs tombeaux. Idée reçue, l'idée de la tombe ! Il faut être triste là ; c'est de règle.[720]

718 Gustave Flaubert, *Madame Bovary*, in: *OC III*, S. 454. Interessanterweise waren die ägyptischen Pyramiden in ihrer Form sowie ihrer monumentalen Größe modellbildend für die Grabstätte des Maussolos, wenngleich sich jene nur anhand von antiken, sehr unterschiedlichen Quellen rekonstruieren lässt. Vgl. Simon Hornblower, *Mausolus*, S. 245 f.

719 Gustave Flaubert, *Madame Bovary*, in: *OC III*, S. 454.

720 Gustave Flaubert, Brief an Louise Colet vom 1.-2. Oktober 1852, *Corr. II*, S. 166 f.

Die bürgerliche Beerdigung bietet nicht nur Anlass zu einer mehr oder weniger pompösen, auf den sozialen Status verweisenden Inszenierung. Das Grab kann die im Innersten eingeschriebene Erinnerung an den Verstorbenen nicht ersetzen, sondern erscheint als banaler Gemeinplatz, der beim Betrachter keinen Affekt auszulösen vermag. Zumindest aus Flauberts Sicht kann die symbolische Substitution durch das Grab nicht gelingen, fungiert es doch lediglich als Aufbewahrungsort der bereits der Verwesung anheimgefallenen körperlichen Überreste. Der ursprünglich zeremonielle Charakter des Begräbnisrituals, in dessen Zentrum die Verabschiedung vom Verstorbenen und die Signalisierung der Anteilnahme stehen sollten, weicht unter der Oberfläche des schönen Scheins stumpfsinnig-banalen Unterhaltungen, die im sich anschließenden Leichenschmaus ihren Höhepunkt finden. In ähnlicher Weise wie die als Parks angelegten Friedhöfe im 19. Jahrhundert zu kurzweiligen Spaziergängen einluden, wurde die Beerdigung als willkommener Anlass zum geselligen Treffen genutzt. Ebenso dienen sowohl der Ort des Friedhofs als auch das Begräbnisritual selbst der öffentlichen Zurschaustellung der Trauer, die sich nicht als intime, eventuell durch Tränen nach außen getragene Gefühlsbewegung darstellt, sondern vielmehr durch die Trauerbekleidung, die den Schmerz um den Verlust in einer konventionellen, je nach Nähe zum Verstorbenen in Formen und Accessoires variierenden Kostümierung zum Ausdruck bringt. Die innere Trauer wird maskiert; die tränenden Augen der Frauen sind hinter einem Schleier verborgen. Auch Banner und Bahrtücher dienen der Signalisierung von Trauer. Nicht selten sind gerade die über den Sarg ausgebreiteten Bahrtücher mit Tränen bestickt. Ebenjene werden während des Trauerzugs zu Emmas Grab sichtbar: „Le drap noir, semé de larmes blanches, se levait de temps à autre en découvrant la bière."[721] Das Sargtuch ist Teil der künstlerischen Inszenierung des Todes. Dass diese wiederum leicht zu durchschauen ist, zeigt der bare Sarg, der unter der pompösen Verhüllung zum Vorschein kommt.

In eine künstlerische Form gebracht taucht das tränenbestickte Sargtuch, das bereits im Mittelalter verwendet wurde,[722] in zwei prominenten Werken des 19. Jahrhunderts auf, die Flaubert sicherlich kannte: in Victor Hugos Gedicht „À un voyageur" (1829) aus den *Feuilles d'automne* sowie in Gustave Courbets Gemälde *Un enterrement à Ornans* (1849–1850). Das an einen Reisenden

721 Gustave Flaubert, *Madame Bovary*, in: *OC III*, S. 448.

722 Neben über Kreuz gelegten Knochen sind die Tränen ein Emblem der *confréries* – jener Bruderschaften, die sich seit dem Mittelalter unter anderem um die Bestattung der Armen kümmerten. Sowohl die Schärpen der *confrères* als auch die von ihnen verwendeten Sargtücher sind oftmals mit Tränen bestickt. Vgl. Philippe Ariès, *Images de l'homme devant la mort*, S. 126.

gerichtete Gedicht Victor Hugos greift die Reise nicht nur als Sinnbild für die im Vergleich mit dem Wandel der Jahreszeiten beschrittenen Etappen des Lebens auf, sondern ebenso als traditionelle Metapher des Todes:

> Je les ai vus partir. J'ai, faible et plein d'alarmes,
> Vu trois fois un drap noir semé de blanches larmes
> Tendre ce corridor.
> J'ai sur leurs froides mains pleuré comme une femme.
> Mais, le cercueil fermé, mon âme a vu leur âme
> Ouvrir deux ailes d'or ![723]

Es ist unklar, ob die weißen Tränen auf dem Bahrtuch als religiöse Symbole gedeutet werden können. Auf jeden Fall läuten sie als Symbol des Abschieds eine Reise ein, deren Ziel unbestimmt bleibt: „Tandis que leurs [der drei Verstorbenen, S. W.] esprits font le voyage sombre, / Et vont où nous irons !"[724] Am „corridor" drapiert, dessen räumliche Präsenz das deiktische Demonstrativpronomen *ce* unterstreicht, illustriert das Bahrtuch die Vorstellung des Todes als Passage in einen anderen, ungewissen Raum. Tatsächlich fungiert der Verbindungsgang, der als banaler Begriff innerhalb der gehobenen Sprache der Lyrik Hugos hervorsticht,[725] auch in Flauberts Roman als Metapher für die Passage in einen unbekannten Raum, dessen Tür allerdings verschlossen bleibt:

> Elles [des mêmes journées, S. W.] allaient donc maintenant se suivre ainsi à la file, toujours pareilles, innombrables, et n'apportant rien ! Les autres existences, si plates qu'elles fussent, avaient du moins la chance d'un événement. Une aventure amenait parfois des péripéties à l'infini, et le décor changeait. Mais, pour elle, rien n'arrivait, Dieu l'avait voulu ! L'avenir était un corridor tout noir, et qui avait sa porte bien fermée.[726]

Die erlebte Rede Emma Bovarys kann als Bildentwurf über die Zeit gelesen werden, in dem der dunkle Korridor die endlose Monotonie, die Schwärze der bürgerlichen Existenz versinnbildlicht. Die verschlossene Tür versperrt nicht nur den Weg zu einem erfüllten zukünftigen Leben, sie markiert ebenso die Grenze zu einer jenseitigen Existenz. Das *infini*, die grenzenlose Unendlichkeit,

723 Victor Hugo, „À un voyageur", in: *Les Feuilles d'automne*, S. 274, V. 43–48.
724 Ebd., V. 59 f.
725 Vgl. ebd., Anm. 1.
726 Gustave Flaubert, *Madame Bovary*, in: *OC III*, S. 204.

die traditionell auf Gott verweist,[727] wird durch die Möglichkeit eines Wendepunkts, der einen Wandel des Bildes bedeuten würde („et le décor changeait"), bereits begrenzt. Doch das *infini* steht hier nicht für ein göttliches Himmelreich, sondern für die unendliche Schwärze des diesseitigen Daseins. Anstelle des *infini* ist es der *post mortem*-Kult, der Emma Bovary nach dem Tod erwartet. Der entgrenzte Raum des *infini* scheint tatsächlich im Sinne der *péripéties* abgewendet und in einen artifiziellen Raum verkehrt. Während den Tränen in Hugos Gedicht möglicherweise noch eine religiöse Konnotation, zumindest aber die Hoffnung auf einen durch die Totenreise zu erreichenden jenseitigen Raum zuteil wird, den sowohl das Bild der geöffneten goldenen Flügel der mit Schwalben verglichenen Seelen als auch der leuchtende Blick der sterbenden Mutter gen Himmel antizipieren,[728] sind sie in Emmas Bestattungsszene zu einem schmucken Beiwerk herabgesunken, das, syntaktisch als von Kommata abgetrennte Parenthese konstruiert („semé de larmes blanches"), zwar dazu dient, den schönen Schein zu bewahren, doch einer religiösen Verweisfunktion entbehrt.

Seit dem Mittelalter waren die Tränen ein Zeichen „göttliche[r] Gabe (*donum*) und Gnade (*gratia*)"[729]. Wie Klaus Schreiner herausstellt, waren sie Ausdruck monastischer Spiritualität und stellten eine Beziehung zu Gott her.[730] Im Akt des Weinens wurde nicht nur an die Tränen Christi und der mitleidenden Maria unter dem Kreuz erinnert.[731] Als Ausdruck von Reue und Buße wird den Tränen in zahlreichen mittelalterlichen Texten, wie beispielsweise von Bernhard von Clairvaux, ebenso eine reinigende Funktion zugeschrieben.[732]

---

727 Vgl. z, B. *Dictionnaire de l'Académie française* von 1835 (online), s. v. „infini" oder Paul Foulquié, Raymond Saint-Jean, *Dictionnaire de la langue philosophique*, s. v. „infini". Vgl. auch Victor Cousin, *Du Vrai, du Beau et du Bien*, S. 184: „Si toute beauté couvre une beauté morale, si l'idéal monte sans cesse vers l'infini, l'art qui exprime la beauté idéale épure l'âme en l'élevant vers l'infini, c'est-à-dire vers Dieu."

728 Vgl. Victor Hugo, „À un voyageur", in: *Les Feuilles d'automne*, S. 274, V. 49: „Je les ai vus partir comme trois hirondelles [...]" sowie V. 52–54: „Ma mère vit le ciel, et partit la première, / Et son œil en mourant fut plein d'une lumière / Qu'on n'a point vue ailleurs." Bezeichnenderweise fährt in Flauberts Roman kurz nach Emma Bovarys Tod die *Hirondelle* vor, deren Passagiere („voyageurs") Charles beim Blick aus dem Fenster aussteigen sieht. Vgl. Gustave Flaubert, *Madame Bovary*, in: *OC III*, S. 440.

729 Klaus Schreiner, „‚Brot der Tränen.' Emotionale Ausdrucksform monastischer Spiritualität", S. 194.

730 Vgl. ebd.

731 Vgl. ebd., S. 199.

732 Vgl. ebd., S. 201–203.

So sieht Hildegard von Bingen in den Reuetränen Maria Magdalenas, die die Füße Christi beweint, „den Prototyp des büßenden Christen“[733]. Darüber hinaus sind die Tränen Zeichen von Liebe und *compassio*, wie die Passionsmystik der Franziskaner und Dominikaner aufzeigt.[734] Jene im Mittelalter begründete Verbindung der Tränen mit der Hinwendung zu Gott ist – wenn auch in abgewandelter Form – noch in den klassischen Tragödien Racines sichtbar. Es sind die weiblichen Heldinnen, die ihre von Tränen verschleierten Augen gen Himmel richten. Diesen Blick deutet Roland Barthes in seiner berühmten Racine-Studie als Sinnbild des „*tenebroso* racinien“, das er als „à la fois tableau et théâtre“ und somit bereits als künstlerisch bzw. künstlich geformtes Bild definiert:[735] „Les yeux sont par nature de la lumière offerte à l'ombre : ternis par la prison, ennuagés par les larmes. L'état parfait du *tenebroso* racinien, ce sont des yeux en larmes et levés vers le ciel.“[736] In der romantischen Literatur sind die Augen gerade im Moment des Todes hoffnungsvoll gen Himmel gerichtet. Während Chateaubriands Atala „en extase“ zum Himmel blickt, um im Tod das ewige Leben zu empfangen,[737] richtet auch Bernardin de Saint-Pierres Virginie vor ihrem Ertrinken nach dem Schiffbruch ihre „yeux sereins“ zum Himmel und erscheint wie „un ange qui prend son vol vers les cieux“.[738]

Nicht nur Emmas Tränen in der Spiegelszene löschen den erwartungsvollen Himmelsblick der romantischen Heldinnen aus. Als Ausdrucksmedium des Weinens knüpfen Emmas Augen keine Beziehung zu Gott, sondern spiegeln vielmehr die eigene romantisch konstruierte Identität. Im Moment des Todes blicken Emmas klaffende Augen nicht hinauf in den Himmel, sondern in die ewige Finsternis. In ebenjene, nämlich in den Abgrund der Erde, führt sie auch die Totenreise der Bestattungsszene. So bewegt sich der Trauerzug zunächst über eine hügelige Landschaft, in der er an einigen Stellen bereits zu verschwinden droht; lediglich „la grande croix d'argent se dressait toujours entre les arbres.“[739] Emmas Grabstelle befindet sich schließlich „[]en bas, à une place dans le gazon où la fosse était creusée.“[740] Die unbestimmte, endlose Reise Emmas, die sich Charles noch vor der Bestattung vorzustellen

733 Ebd., S. 208.

734 Vgl. ebd., S. 224.

735 Roland Barthes, *Sur Racine*, S. 32.

736 Ebd., S. 33.

737 François-René de Chateaubriand, *Atala*, S. 135.

738 Bernardin de Saint-Pierre, *Paul et Virginie*, S. 181.

739 Gustave Flaubert, *Madame Bovary*, in: *OC III*, S. 447. Das in die Höhe ragende Kreuz erinnert an ebenjenes auf der oben genannten *image d'Épinal* mit dem Titel *Exhumation des cendres de Napoléon*.

740 Ebd., S. 448.

sucht und die mit der Hoffnung auf ein jenseitiges Leben, in dem er sie wiedersehen möge, verbunden ist, weicht der letzten, endgültigen Grabstätte.[741] Emma Bovarys Sarg, der auf dem Weg zum Grab noch mit einer „chaloupe qui tangue à chaque flot“[742] verglichen wird, erleidet Schiffbruch.[743] Die Metapher der Totenreise kreiert kein „kohärentes Symbolsystem“, in das die Verstorbene sinnstiftend integriert werden kann, wie es in der kulturellen Praxis des Totenrituals üblich ist.[744] Mit dem tränenbestickten Sargtuch wird die Metapher des Todes als sanfter Übergang, den schon die „saccades continues“[745] des zum Erdloch getragenen Sarges deformieren, begraben. Die Verstorbene kann nicht auf eine Reise gehen, ist doch der Tod weder räumlich noch zeitlich zu fassen, wie Jankélévitch ausführt: „Le mort est *absolument absent*, c'est-à-dire ailleurs non pas qu'ici ou là, mais ailleurs que partout ; non pas autre part, mais nulle part ! Le mort n'est donc même plus absent...“[746] Emma Bovary verschwindet im grenzenlosen Nichts, wie es die ewige Fallbewegung ihres in die Erde eingelassenen Sarges verbildlicht: „Puis, quand les quatre cordes furent disposés, on poussa la bière dessus. Il la regarda descendre. Elle descendait toujours.“[747]

Emma Bovarys Begräbnis, das im Bild des mit Tränen bestickten Sargtuchs Hugos romantisches Gedicht des Reisenden evoziert, verkehrt die Metapher der erwartungsvollen Reise in den Sturz in den Abgrund.[748] Es ist eine banale,

741 „Il tâchait cependant de s'exciter à la dévotion, de s'élancer dans l'espoir d'une vie future où il la reverrait. Il imaginait qu'elle était partie en voyage, bien loin, depuis longtemps. Mais, quand il pensait qu'elle se trouvait là-dessous, et que tout était fini, qu'on l'emportait dans la terre, il se prenait d'une rage farouche, noire, désespérée.“ Ebd., S. 447.

742 Ebd., S. 448.

743 Zur Metapher des Todes als Seereise, zum Fährmann Charon und seiner Barke vgl. Gaston Bachelard, *L'eau et les rêves. Essai sur l'imagination de la matière*, S. 100–109. Die Metaphern der See- sowie der Himmelsreise werden in Harriet Beecher Stowes *Uncle Tom's Cabin*, in der Vision St. Clares von der Totenreise seiner Tochter, der Little Eva, verbunden: „For so bright and placid was the farewell voyage of the little spirit, – by such sweet and fragrant breezes was the small bark borne towards the heavenly shores, – that it was impossible to realize that it was death that was approaching.“ *Uncle Tom's Cabin*, S. 254.

744 Thomas H. Macho, „Tod und Trauer im kulturwissenschaftlichen Vergleich“, S. 113.

745 Gustave Flaubert, *Madame Bovary*, in: *OC III*, S. 448.

746 Vladimir Jankélévitch, *La mort*, S. 247. Weiter heißt es: „Mais celui qui est parti pour Nulle-part (et dont pourtant on aurait tort de dire : il *n*'est allé nulle part) est parti à jamais [...].“ Ebd.

747 Gustave Flaubert, *Madame Bovary*, in: *OC III*, S. 448.

748 Tatsächlich wird die Erde als Grabstätte bereits in Victor Hugos Gedicht genannt. Sie fungiert als letzte Ruhestätte der sterblichen Überreste des Verstorbenen, der nach dem Tod in die Natur zurückkehrt: „Ces millions de morts, moisson du fils de l'homme / Sourdre confusément dans leurs sépulcres, comme / Le grain dans le sillon !“ Victor Hugo, „À un

von jeglicher Heilserwartung verlassene Bestattungsszene, die von Flaubert geschaffen wird. In diesem Sinne markiert sie den Übergang von der romantischen Todesvorstellung eines Victor Hugo hin zur als realistisch und vulgär bezeichneten Todesvorstellung eines Gustave Courbet. Sein Gemälde mit dem Titel *Un Enterrement à Ornans, dit aussi Tableau de figures humaines, historique d'un enterrement à Ornans* (1849–1850) wird 1855 im Rahmen der von Courbet organisierten, mit „DU RÉALISME" plakatierten Gegenausstellung zum offiziellen Salon präsentiert. Das monumentale Gemälde (315 x 668 cm), das eine Begräbnisszene auf dem Land abbildet, provoziert einen Skandal. Champfleury, der in seinem berühmten Brief an George Sand vom 2. September 1855 die Reaktionen auf die Gegenausstellung zusammenfasst, die von Bewertungen als „audace incroyable" und als Ausdruck der „liberté" bis hin zur Verschmähung als „l'art traîné dans la boue" reichen,[749] erkennt rasch, worin das Skandalöse des Gemäldes begründet liegt: Es ist die Darstellung der einfachen Landbevölkerung in einer dem Adel vorbehaltenen „grandeur naturelle", die sich im Großformat des Bildes, das doch eigentlich die offizielle Historienmalerei für sich beanspruchte, spiegelt.[750] Das Sujet des Bildes ist kein erhabenes oder sakrales, sondern ein banales. Die Bestattung besitzt nicht den Charakter einer Zeremonie, sondern wirkt wie eine beiläufige Zusammenkunft, wie auch das von James Rubin konstatierte „vacuum" des erwarteten Rituals aufzeigt.[751]

Wenngleich mit dem in den Himmel ragenden Kreuz sowie den Vertretern des Klerus durchaus ein religiöses Inventar vorhanden ist, so besticht besonders die Darstellung der zwei in rot gekleideten Kirchendiener, aber auch jene des Pfarrers, der am Rande des großen Erdlochs im Vordergrund des Bildes das Totengebet spricht, durch ihre Krudität. Die Figuren, die in den Details ihrer Physiognomie und Kleidung dargestellt sind, von den Sargträgern über die

---

voyageur", in: *Les Feuilles d'automne*, S. 274, V. 70–72. Der tote Körper zerfällt unter der Erde, die Erinnerung an den Verstorbenen bleibt jedoch im Herzen eingeschrieben: „Hélas! dans le cercueil ils tombent en poussière / Moins vite qu'en nos cœurs !" Ebd., S. 275, V. 77 f. Mit dem Bild der Ackerfurche sowie dem zu Beginn des Gedichts erwähnten „laboureur qui récolte et qui sème" (ebd., S. 272, V. 10) wird darüber hinaus scheinbar der Sensemann, die personifizierte Allegorie des Todes, evoziert. Jene Bildsprache des Ackerbaus findet auch im vulgären Lied der Nanette in Emmas Todesszene Verwendung. Im Gegensatz zu Emma Bovary, deren Existenz in der körperlichen Grenzerfahrung des Todes ausgelöscht wird und die nunmehr lediglich als scheinhaftes *post mortem*-Bild fortbestehen kann, bleibt dem Reisenden aus Hugos Gedicht neben dem der Verwesung anheimfallenden Körper die ewige Seele, die ihre goldenen Flügel zur Himmelsreise ausbreitet.

749 Champfleury, „Sur M. Courbet. Lettre à Madame Sand", S. 270.

750 Ebd, S. 274.

751 James Henry Rubin, *Realism and Social Vision in Courbet and Proudhon*, S. 155.

ABBILDUNG 9 *Gustave Courbet,* Un enterrement à Ornans, dit aussi Tableau de figures humaines, historique d'un enterrement à Ornans, *1849–1850.*

Chorjungen und Geistlichen auf der linken Bildhälfte bis hin zu den männlichen und weiblichen Trauergästen auf der rechten, erscheinen dem zeitgenössischen Betrachter hässlich überzeichnet.[752] Théophile Gautier geht sogar so weit, zu behaupten, Courbet wolle dem Karikaturisten Daumier Konkurrenz machen: „[...] les deux bedeaux avec leur trogne frottée de vermillon, leur attitude avinée, leurs robes rouges et leurs bonnets à côtes, sont d'un drolatique à rendre Daumier jaloux."[753] Der Kunstkritiker sieht den Maler als „maniériste en laid"[754]: Courbet hat dem Hässlichen eine künstlerische Form verliehen. Die Landschaft, in der die Begräbnisszene situiert ist, wird nicht etwa von einem hellen Himmelsstrahl erleuchtet, wie beispielsweise die Grotte in Girodets berühmtem Gemälde *Atala au tombeau, dit aussi Funérailles d'Atala* (1808), sondern zeichnet sich durch eine nüchterne Kargheit aus. Es erfolgt keine Sentimentalisierung des Todes wie beim Begräbnis der Chateaubriandschen Heldin in der schönen Natur Louisianas. Stattdessen zeigt Courbet die animalische Qualität von Leben und Tod, die durch den weißen Hund im rechten Bildvordergrund verkörpert wird. Der von einem weißen Tuch bedeckte Sarg, der in der linken Bildmitte hervorsticht, wird im dunklen Erdloch der Bildmitte verschwinden. Der Totenschädel, der sich am Rand des Lochs befindet und in seiner ‚Materialität' präsentiert wird, antizipiert den Zerfall des Körpers, den auch das reich geschmückte Sargtuch nicht zu verhindern

752 Vgl. Théophile Gautier, „Salon de 1850–51. M. Courbet", in: *La Presse*, 15. Februar 1851, S. 133.

753 Ebd., S. 136.

754 Ebd., S. 134. Als solcher wird Courbet dem „maniériste en joli" Boucher gegenübergestellt. Ebd.

vermag. Auf ebenjenem ist an prominenter Stelle in der Mitte des am vorderen Teil des Sargs herabhängenden Stoffes ein Knochenkreuz gestickt, das ebenso wie der Totenschädel als *memento mori*-Symbol gedeutet werden kann.[755] Im Gegensatz zum Kruzifix, das sich in den grauen Hintergrund des Himmels einfügt, erhält das schwarze Knochenkreuz mit dem weißen Sargtuch eine kontrastreiche Leinwand. Vom Kreuz am Himmel in weiter Distanz, ist der Verstorbene bereits durch das dekorative Bahrtuch dem Sturz in das dunkle Erdloch geweiht. Es ist ein unsichtbarer Abgrund, in den auch der Sarg Emma Bovarys hinabgelassen wird. Dass er unten angekommen ist, markiert auf der einen Seite der hörbare „choc"[756], der noch im 19. Jahrhundert den Zusammenprall zweier Körper bezeichnet.[757] Es ist die makabre Vision des weiblichen Leichnams, der unsanft auf die sich bereits unter der Erde befindlichen menschlichen Überreste prallt. Die romantische Vorstellung vom ewigen Himmelreich weicht der dunklen Vision einer abgründigen Ewigkeit in den Tiefen der Erde, die durch das Geräusch der vom Spaten des Priesters auf den Sarg prallenden Kieselsteine ausgelöst wird: „[...] et le bois du cercueil, heurté par les cailloux, fit ce bruit formidable qui nous semble être le retentissement de l'éternité."[758] Emma Bovarys Leichnam, auf dem schon auf dem Totenbett die Ewigkeit zu lasten schien,[759] versinkt im bodenlosen Nichts. Die unendliche Schwärze der irdischen Existenz, die im Sinnbild des schwarzen Korridors illustriert wurde, findet ihre makabre Entsprechung im düsteren Erdloch.

In einem kleinen, nicht auf den ersten Blick erkennbaren Detail, bedient sich auch Gustave Courbet dem Symbol der Tränen. Während bei Hugo und Flaubert das schwarze Sargtuch mit weißen Tränen besät („semé"), also über und über bedeckt ist, hat Courbet das traditionell schwarze Sargtuch durch ein weißes ersetzt, dessen unterster Zipfel mit kleinen schwarzen Tränen verziert ist. Die Tränen auf dem Sargtuch können nicht nur als religiöses Symbol im Sinne der bereits dargestellten traditionellen Funktion des Weinens gedeutet werden, sondern sind ebenso Zeichen der *confréries* bzw. *charités*, also jener laizistischen Bruderschaften, die sich als Akt der Barmherzigkeit um die Bestattungen der Armen und Benachteiligten kümmerten und sie darüber hinaus im

755 Vgl. Thomas A. Kselman, *Death and the Afterlife in Modern France*, S. 300.

756 Gustave Flaubert, *Madame Bovary*, in: *OC III*, S. 448.

757 Vgl. *Dictionnaire de l'Académie française* von 1835 (online), s. v. „choc, s. m.": „Heurt d'un corps contre un autre corps" sowie Émile Littré, *Dictionnaire de la langue française* von 1872–77 (online), s. v. „choc, s. m.": „Rencontre violente d'un corps avec un autre."

758 Gustave Flaubert, *Madame Bovary*, in: *OC III*, S. 448.

759 Vgl. die von Charles wahrgenommenen „masses infinies", die auf dem aufgebahrten Körper seiner Ehegattin lasten. Ebd., S. 441.

Sterben begleiteten.[760] Im Mittelalter gegründet, fanden die *charités* zu Zeiten der Pest, in denen es zahlreiche anonyme Tote zu begraben gab, zunehmend Verbreitung.[761] Besonders in ländlichen Regionen sind es bis ins ausgehende 19. Jahrhundert die *confréries*, die die Bestattungen zahlreicher Gemeindemitglieder organisieren und durchführen, wie Ulysse Butins Gemälde *Enterrement d'un marin* (1878) illustriert. Es zeigt zwei Sargträger, die eine mit Tränen und einem Knochenkreuz bestickte Schärpe tragen – jene Zeichen, die sich auch auf dem Sargtuch in Courbets Gemälde finden.[762] Tatsächlich waren die *confréries* im 19. Jahrhundert besonders in der Normandie weit verbreitet, wie sowohl Martine Segalens Untersuchung der „Rituels funéraires en Normandie" als auch verschiedene, mit den Insignien der Bruderschaften bedruckte Sargtücher, zum Beispiel jene der Ancienne Charité d'Acquigny, aufzeigen.[763]

Es ist möglich, dass sowohl Courbet als auch Flaubert mit ihren tränenbestickten Sargtüchern auf die *charités* anspielen, wodurch Charles' Wunsch der prunkvollen, einer Prinzessin würdigen Bestattung verkehrt würde in jene einer mittellosen Provinzbürgerin. Tatsächlich nehmen die Tränen gerade in Courbets Gemälde trotz ihrer Unscheinbarkeit eine besondere Stellung ein. In der Rezeption durch Courbets Zeitgenossen werden die Tränen als Klischee entlarvt, wie eine Karikatur von Bertall aus dem Jahre 1851 illustriert.

Vor einem schwarzen, am oberen Bildrand leicht schattierten Hintergrund sind die überzeichneten, in weiß gehaltenen Porträts der Kirchendiener abgebildet, die sich mittig links in eine Reihe großer weißer Tränen einfügen. Letztere dominieren die schwarze Bildfläche, auf der sich unten rechts ein weißer Hund befindet, dessen Fell die Tränen in schwarz wieder aufnimmt. Courbets Signatur ist groß in die linke untere Bildfläche hineinkopiert. Die Tränen entbehren jeglicher sinnstiftenden Funktion und sind zum banalen Klischee verkommen. Dessen bedient sich bereits Théophile Gautier in seiner Kritik von Courbets Gemälde:

> L'*Enterrement* nous semble un thème pathétique profondément émouvant, qui touche au cœur par le regret du passé et l'angoisse de l'avenir, car, après avoir accompagné les autres, chacun doit être accompagné à son tour dans ce fatal pèlerinage que nul n'évite, et il faut arriver au petit

760 Vgl. Philippe Ariès, *Images de l'homme devant la mort*, S. 126; Martine Segalen, „Rituels funéraires en Normandie", S. 81.

761 Vgl. Martine Segalen, „Rituels funéraires en Normandie", S. 80.

762 Vgl. Philippe Ariès, *Images de l'homme devant la mort*, S. 126.

763 Vgl. Françoise Thelamon, *La sociabilité en Normandie*, Abb. 92.

L'enterrement d'Ornans, par Courbet, maître peintre.

Cette toile est celle que l'on remarque le plus au Salon, et à juste titre. Un enterrement est généralement chose assez triste. M. Courbet qui n'accepte point les traditions vermoulues, et ne marche pas dans les sentiers battus, a combiné son enterrement de telle sorte qu'on est pris d'une gaieté folle en le regardant. — C'est là un trait de génie.

ABBILDUNG 10 *Bertall,* L'enterrement d'Ornans par Courbet, maître peintre, *1851.*

> jardin qu'on arrose avec des larmes, et où se sèche à l'ombre de l'if l'immortelle noire et jaune […].[764]

Die Frage nach der intendierten Wirkung des Werks führt Gautier zu einer von Klischees durchzogenen Reflexion über die Sterblichkeit eines jeden. Hierbei greift er neben dem Bild der Tränen, das hier als sentimentales Trauerzeichen der Hinterbliebenen untrennbar mit dem Tod verbunden ist, die Metapher des Todes als Reise auf.

Sowohl in Courbets Gemälde als auch in Flauberts Roman sind die Tränen auf dem Sargtuch Teil einer scheinhaften Inszenierung, die einer aufrichtigen *compassio* entgegensteht. Der Versuch, dem Tod mit Hilfe des tränenbestickten Sargtuchs eine Maske aufzusetzen, die sein wahres Gesicht durch ein Symbol verschleiert, das entweder als sentimentales, religiöses oder barmherziges Zeichen gedeutet werden kann, gelingt nicht. Der Tod ist in seiner Trivialität, ja animalischen Rohheit demaskiert, wie die Tränen auf dem Fell des Hundes in Bertalls Karikatur veranschaulichen.

764 Théophile Gautier, „Salon de 1850–51. M. Courbet", in: *La Presse*, 15. Februar 1851, S. 132.

Zusammenfassend ist festzuhalten, dass es Charles Bovary nicht gelingt, seine verstorbene Frau in ein romantisches Kunstwerk zurückzuführen, ja das ausgelöschte romantische Bild in ein beständiges *post mortem*-Bild zu verwandeln. Während bereits unter der Maske des als *belle au bois dormant* inszenierten aufgebahrten Körpers Zeichen des Zerfalls sichtbar werden, kann auch die nach romantischen Klischees geschaffene Grabstätte den Verlust der geliebten Frau nicht aufhalten. Indem Emma Charles „par-delà le tombeau" korrumpiert, tritt sie aus dem für sie kreierten Kunstwerk des Grabes hervor.[765] Emma erscheint als körper- und formloses *fantôme*, das nicht in eine romantische Form gebracht werden kann, sondern jegliche *post mortem*-Bilder überschreitet.[766] Mit Charles' Tod verschwindet schließlich auch das langsam verschwimmende Erinnerungsbild Emmas. „Le livre conclut par le rien"[767], konstatierte bereits Sartre. Zurück bleibt lediglich Emmas Haarsträhne, die Charles bei seinem ‚Liebestod' in der Hand hält und die sich als kultisches Fetischobjekt in das von Sartre als nichtige „matière" bezeichnete zurückbleibende Figureninventar

765 Gustave Flaubert, *Madame Bovary*, in: *OC III*, S. 452. Das Wiedererscheinen der Toten ist zunächst als romantisches Klischee zu werten, das oftmals in der Schauerliteratur Verwendung findet. In Emily Brontës Roman *Wuthering Heights* ist es die geheimnisvolle Figur des Heathcliff, der die Wiederkehr seiner verstorbenen Geliebten Catherine heraufbeschwört: „‚[…] Catherine Earnshaw, may you not rest, as long as I am living! You said I killed you – haunt me, then! […] I believe – I know that ghosts *have* wandered on earth. Be with me always – take any form – drive me mad! only *do* not leave me in this abyss, where I cannot find you! Oh, God! it is unutterable! I *cannot* live without my life! I *cannot* live without my soul!'" Emily Brontë, *Wuthering Heights*, S. 169.

766 Die *post mortem*-Bilder können die Erinnerung an die geliebte Frau nicht bewahren. Emmas Bild verblasst trotz aller großen Bemühungen in Charles' Erinnerung: „Une chose étrange, c'est que Bovary, tout en pensant à Emma continuellement, l'oubliait ; et il se désespérait à sentir cette image lui échapper de la mémoire au milieu des efforts qu'il faisait pour la retenir." Gustave Flaubert, *Madame Bovary*, in: *OC III*, S. 454. Die Überschreitung der *post mortem*-Bilder kündigt sich bereits vor Emma Bovarys Tod an. So lösen sich die Konturen des kontrastreichen Schwarz-Weiß-Bildes, das der Apothekerjunge Justin kurz vor der Vergiftung im *capharnaüm*, zu dem er seiner Nachbarin Zutritt verschaffen soll, zeichnet, auf in einen die gewöhnlichen Formen übersteigenden, erhabenen, phantomhaften Umriss: „Et il la regardait, tout étonné par la pâleur de son visage, qui tranchait en blanc sur le fond noir de la nuit. Elle lui apparut extraordinairement belle, et majestueuse comme un fantôme […]." Gustave Flaubert, *Madame Bovary*, in: *OC III*, S. 427. Emma Bovary entzieht sich dem *ordinaire*, dem Banalen, Vorgefertigten. Sie übersteigt die stereotype Maske, die ihr durch ihre Liebhaber, aber auch durch Charles aufgelegt wird, wodurch der im „transport d'héroïsme" (ebd., 426) eigens herbeigeführte Tod eine erhabene Note erfährt.

767 Jean-Paul Sartre, *Notes sur „Madame Bovary"*, S. 797.

eines Rodolphe, Léon und Homais einfügt.[768] Im Erinnerungsobjekt der Haarsträhne zeigt sich einmal mehr in eklatanter Weise die Maskenhaftigkeit der *post mortem*-Bilder: So sticht die zittrige Hand des Apothekers beim Abschneiden der Haarsträhnen mit der spitzen Schere in die Schläfen der aufgebahrten Toten, „ce qui fit des marques blanches dans cette belle chevelure noire."[769] In die formlose schwarze Haarmasse werden weiße Zeichen eingestochen. Der Versuch, aus der Unförmigkeit des Schwarzen eine beständige Form zu kreieren, geht unweigerlich mit der Zerstörung des weiblichen Leichnams einher. Sollte Emmas schöne Haarpracht über die Schultern ausgebreitet zur Stilisierung als schlafendes Dornröschen beitragen, so wird den kahlen weißen Stellen an ihrem Kopf nunmehr eine ähnliche Funktion zuteil wie dem feinen weißen Staub sowie dem weißen Spinnennetz, die sich über das Gesicht der Toten legen: Sie sind allesamt Zeichen des Zerfalls, des unbändigen Todes, der unter den künstlerischen Masken lauert.

768 Ebd.

769 Gustave Flaubert, *Madame Bovary*, in: *OC III*, S. 444. Barbara Vinken deutet Emma als moderne Arachne, „als die Homais ihre Leiche markiert, indem er sie wie Minerva die Arachne in die Schläfen sticht". *Flaubert. Durchkreuzte Moderne*, S. 126. Zweifelsohne spielt die Passage außerdem auf die bereits an zahlreichen weiteren Stellen ironisch unterlaufenen romantischen Sterbebettszenen an. Es sei an dieser Stelle auf die berühmte Abschiedsszene der Little Eva verwiesen, die sich einzelne Haarsträhnen kurz vor ihrem Tod abschneiden lässt, um sie ihrer Eltern und den Sklaven der Familie als Erinnerungsstücke zu schenken. Die Seelenruhe, mit der die Tante Miss Ophelia dem jungen Mädchen ihre Haarsträhnen entnimmt, kontrastiert mit dem nervös-hektischen, kahle Stellen verursachenden Herumstochern des unbeholfenen Apothekers: „St. Clare [Little Evas Vater, S. W.] closed his lips, and stood gloomily eying the long, beautiful curls, which, as they were separated from the child's head, were laid, one by one, in her lap. She raised them up, looked earnestly at them, twined them around her thin fingers, and looked, from time to time, anxiously at her father." Harriet Beecher Stowe, *Uncle Tom's Cabin*, S. 250. St. Clare, der die Locken seiner kleinen Tochter als seinen ganzen Stolz bezeichnet, fordert Miss Ophelia auf, die Haarsträhnen behutsam abzutrennen, sodass keine kahlen Stellen sichtbar werden und die Schönheit des engelsgleichen Mädchens intakt bleibt. Vgl. ebd., S. 249.

KAPITEL III

Salammbô. Der weibliche Todesfall vor dem Dekorum des antiken Orients

3.1 Bühnenbilder des Todes

Schon Eugène Delaplace bezeichnet Flauberts Roman *Salammbô* (1862), der den Söldneraufstand im antiken Karthago am Ende des Ersten Punischen Krieges in ungeheuren, grausam-sinnlichen Bildern neu erzählt, als „poème en tableaux“: *Salammbô* sei in Tableaus angelegt, die „un peu comme ces vues de dioramas“ aufeinanderfolgen und von sich hebenden und senkenden Vorhängen abgetrennt werden.[1] In ihrer Nähe zum Diorama erscheinen die literarischen Bühnenbilder, die Flaubert in seinem Roman kreiert, revolutionär. Nicht nur die imposanten Schlachtszenen, sondern auch die vereinzelten Auftritte der Titelheldin, Tochter des karthagischen Suffeten Hamilcar und Hohepriesterin der Göttin Tanit, werden vor einem künstlichen Dekorum inszeniert, das die Eigenschaften eines Operntableaus besitzt. Insbesondere mit dem Schlusstableau, das den Tod Salammbôs auf der Schaubühne von Karthago zeichnet, entwirft Flaubert ein imposantes, ja subversives Bühnenbild, das dem weiblichen Tod eine prominente Stellung verschafft.

Tatsächlich plante Flaubert eine Opernadaption seines Romans. Die Musik sollte Berlioz komponieren, das Libretto sollte Théophile Gautier verfassen. Wie seine Korrespondenz und ein Resümee des Romans, das dem Libretto als Modell dienen sollte, bezeugen, war Flaubert maßgeblich an der Konzeption der Oper beteiligt.[2] Auf den ersten Blick erscheint es verwunderlich, dass

1 Eugène Delaplace, „Le roman contemporain. *Salammbô* par M. Gustave Flaubert“, in: *Revue contemporaine*, 15. März 1863 (online). Die Bedeutung des Dioramas im 19. Jahrhundert wird im Verlauf des Kapitels herausgestellt.

2 Vgl. Klaus Ley, „Einleitung: *Salammbô* als Oper. Der Roman als Gegenstand musikalischer Komposition“, S. 263. Die Opernadaption wurde wohl von Théophile Gautier angeregt, der zusammen mit Flaubert an einem Librettoentwurf arbeitete. Vgl. Claude Aziza, „La mode *Salammbô*“, S. 188. Berlioz hatte sich in einer Rezension mit großer Begeisterung über den Roman und insbesondere seine Titelheldin, deren Tod er als Liebestod deutet, geäußert: „[...] À propos du grand art... littéraire, avez-vous lu *Salammbô* ? [...] Déjà j'en rêve la nuit, je sens mon cœur s'éprendre pour cette mystérieuse fille d'Hamilcar, pour cette vierge divine, prêtresse de Tanit, qui meurt d'horreur et d'amour pour le chef torturé des mercenaires, dédaignant son beau fiancé Narr'Havas...“ Hector Berlioz, „Théâtre-lyrique“, in: *Journal*

 | DOI 10.30965/9783770563685_005

Flaubert eine derartig bildgewaltige Inszenierung seiner *Salammbô*, wie sie eine Oper darstellt, unterstützte, sprach er sich doch gegen jegliche Illustration seiner Werke aus.[3]

Wenn in der berühmten „Querelle de *Salammbô*" die archäologische Detailtreue des Romans durch den aus Deutschland stammenden Archäologen und Kurator im Louvre Guillaume (Wilhelm) Froehner angefochten wird,[4] und die

des Débats, 23. Dezember 1862 (online). Wie ein bewegtes, überdimensionales Bühnenbild scheint ihm bereits die pompöse Architektur Karthagos vorzuschweben: „Je vois tourbillonner ces palais colossaux, toute cette architecture de géants, aux acclamations effrayantes de ces monstrueux sauvages barbouillés de civilisation... [...]". Ebd. Die Oper, die letzten Endes nicht von Berlioz, sondern von Ernest Reyer komponiert wurde und zu der Camille du Locle das Libretto verfasste, wurde erst nach Flauberts Tod am 10. Februar 1890 im Théâtre de la Monnaie in Brüssel uraufgeführt. Die erste Aufführung in der Pariser Oper fand am 16. Mai 1892 statt. Vgl. Klaus Ley, „Einleitung: *Salammbô* als Oper. Der Roman als Gegenstand musikalischer Komposition", S. 253 f. Bereits vor der Opernadaption entstanden verschiedene Operetten, die zum Teil burleske Züge trugen, wie z. B. Laurentins und Clairvilles *Folammbô ou les Cocasseries carthaginoises*, die 1863 im Théâtre du Palais-Royal uraufgeführt wurde. Vgl. Claude Aziza, „La mode *Salammbô*", S. 187.

3 Flaubert wehrt sich vehement gegen den Vorschlag des Herausgebers Michel Lévy, seinen Karthagoroman illustrieren zu lassen: „Quand aux illustrations, m'offrirait-on cent mille francs, je te jure qu'il n'en paraîtra pas *une*. [...] Cette idée seule me fait entrer en *ph*rénésie. Je trouve cela *stupide*, surtout à propos de *Carthage*. – Jamais, jamais ! [...] Je sais bien que vous allez me trouver complètement insensé. – Mais la persistance que Lévy met à demander des illustrations me fout dans une fureur *impossible à décrire*. Ah ! qu'on me le montre, le coco qui me fera le portrait d'Hannibal. – Et le dessin d'un fauteuil carthaginois ! Il me rendra grand service. Ce n'était guère la peine d'employer tant d'art à laisser tout dans le vague, pour qu'un pignouf vienne démolir mon rêve par sa précision inepte." Gustave Flaubert, Brief an Jules Duplan vom 24. Juni 1862, *Corr. III*, S. 226. Generell lehnt Flaubert jegliche Illustration seiner Werke ab: „Jamais, moi vivant, on ne m'illustrera, parce que la plus belle description littéraire est dévorée par le plus piètre dessin. Du moment qu'un type est fixé par le crayon, il perd ce caractère de généralité, cette concordance avec mille objets connus qui font dire au lecteur: ‚J'ai vu cela' ou ‚Cela doit être'. Une femme dessinée ressemble à une femme, voilà tout. L'idée est dès lors fermée, complète, et toutes les phrases sont inutiles, tandis qu'une femme écrite fait rêver à mille femmes. Donc, ceci étant une question d'esthétique, je refuse formellement toute espèce d'illustration." Gustave Flaubert, Brief an Ernest Duplan vom 12. Juni 1862, *Corr. III*, S. 221 f.

4 Vgl. Guillaume Froehner, „Le roman archéologique en France", in: *Revue contemporaine*, 31. Dezember 1862, in: Gustave Flaubert, *OC III*, S. 979–995. Es folgt ein offenes Antwortschreiben, in dem Flaubert den wissenschaftlichen Anspruch seiner Arbeit an der Historie, seine intensiven Quellenstudien hervorhebt, die neben Polybios und Creuzer auch zahlreiche unbekanntere Quellen umfassen, von denen Froehner Flaubert unterstellt, sie nicht zu kennen. Vgl. Gustave Flaubert, „Lettre ouverte de Flaubert à M. Froehner, rédacteur de la ‚Revue contemporaine'", in: *L'Opinion nationale*, 24. Januar 1863 sowie *Revue contemporaine*, 31. Januar

Unwahrscheinlichkeiten, ja das Theatrale, Opernhafte der Tableaus, die doch eigentlich auf eine Darstellung der Realität abzielen sollten, in drei eingehenden Rezensionen des Literaturkritikers Sainte-Beuve beanstandet werden,[5] so liegt der Auseinandersetzung eine zentrale Frage zugrunde: Wie lässt sich die Diskrepanz zwischen der in intensiven Quellenstudien unternommenen akribischen Arbeit an der Historie und den aus ihr hervorgegangenen artifiziell anmutenden Dekorbildern erklären? Anders gefragt: Ist die Rezeption der Antike nur als künstlerisch inszeniertes *spectacle* möglich? Ist das unter den Bedingungen der Gegenwart rezipierte Vergangene – sowohl in der Literatur als auch in der Historiographie – nicht stets eine rhetorische Inszenierung, ja Staffage? Die Bühnenbilder, die Flaubert in seinem Karthagoroman entwirft, fungieren als Metapher für die Reinszenierung der Antike. Dabei ist hervorzuheben, dass sich Flaubert von der zeitgenössischen Rezeption der exotischen Antike, allen voran durch die *peinture pompier* sowie die Oper, distanziert. Während in der Orientmalerei eines Jean-Léon Gérôme[6] sowie in zahlreichen Operetten, die im Verlauf des 19. Jahrhunderts entstehen, eine Popularisierung und Verflachung des antiken *sujets* sichtbar wird, ist Flaubert zwar auf der einen Seite um Panorama und Pathos in seiner Darstellung bemüht, doch durch den Exzess von Grausamkeit, den seine pompösen, farbenprächtigen Dekorbilder durchscheinen lassen, wird ihnen jegliches Pathos wieder ausgetrieben.

1863, in: *OC III*, S. 996–1003. Die „Querelle" zwischen Froehner und Flaubert wird in zwei weiteren offenen Briefen, die in der *Opinion nationale* abgedruckt werden, fortgesetzt. Vgl. ebd., S. 1003–1010.

5 Vgl. Charles-Augustin Sainte-Beuve, „*Salammbô*, par M. Gustave Flaubert", in: *Le Constitutionnel*, 8. Dezember, 15. Dezember, 22. Dezember 1862, in: Gustave Flaubert, *OC III*, S. 936–969.

6 Vgl. z. B. Gérômes Ölgemälde *La Danse de l'almée* (1863), Dayton Art Institute, Ohio. Gérôme stellt eine sinnliche Tänzerin dar, die sich mit entblößtem Bauch und in ein haremstypisches Beinkleid gehüllt vor Soldaten der Başi Bozuk bewegt. Die Almeh, die sowohl Tänzerin als auch Prostituierte sein konnte, ist als Verführerin porträtiert. Die strenge Geschlechtertrennung in der arabischen Welt des 19. Jahrhunderts ist in Gérômes Gemälde, auf dem der halbentblößte weibliche Körper vor den bekleideten männlichen Betrachtern zur Schau gestellt wird, aufgehoben. Vgl. Sophie Makariou, Charlotte Maury, „The Paradox of Realism: Gérôme in the Orient", S. 260. Zur Repräsentation orientalischer Weiblichkeit in der Malerei vom 18. bis zum beginnenden 20. Jahrhundert vgl. auch Lynne Thornton, *La femme dans la peinture orientaliste*. Thorntons reich bebildertes Werk liefert Beispiele sinnlich-erotischer orientalischer Weiblichkeit, die von Darstellungen im Harem über die weibliche Toilette bis hin zur Repräsentation der orientalischen Frau in prunkvollen Zeremonien und in der Tragödie reichen.

Wenn Flaubert seinen Roman in der exotischen Antike Karthagos situiert, so macht er sich zur Aufgabe, das ausgelöschte, weiße Blatt der Antike neu zu beschriften. Flauberts Darstellung der punischen Seerepublik erweist sich trotz seiner umfassenden Quellenstudien als Kunstwerk *par excellence*, als Schöpfung aus dem Nichts. Weder lässt sich sein Karthagoroman in Kategorisierungen als historischer Roman in der Nachfolge eines Walter Scott einordnen, noch liefert er ein bis in alle archäologischen Details fundiertes Abbild der antiken Handelsmacht.[7] Bereits als Kind träumt der junge Flaubert davon, den antiken Orient wieder zum Leben zu erwecken.[8] Die Reise in den Orient, auf die sich Flaubert gemeinsam mit Maxime Du Camp 1849 bis 1851 begibt, wird zur Inspirationsquelle, auf die er zeitlebens zurückblicken wird. Doch im Gegensatz zu seinem Freund Maxime, der unentwegt versucht, den Orient in einem fotografischen Abbild einzufangen, offenbart sich der Orient in den Augen Flauberts bereits als von der Wirklichkeit entfremdetes Artefakt. So erinnert ihn die bei einem Abendspaziergang in der Nähe der ägyptischen Stadt Dendera erblickte Landschaft an ein künstliches Bühnendekor:

> [L]es montagnes étaient lie de vin, le Nil bleu, le ciel outre-mer et les verdures d'un vert livide ; tout était immobile ; ça avait l'air d'un paysage peint, d'un immense décor de théâtre fait exprès pour nous.[9]

Das imposante Bühnenbild, das sich dem jungen Reisenden offenbart, zeigt eine Landschaft, in der die Bewegungen der Natur stillgestellt sind. Hervor stechen die sinnlichen Farben der bunt kolorierten Landschaftselemente. Weder wird das Gebirge etwa in seiner Form als Relief, noch wird der Nil in seiner linienartigen Flussform evoziert: Die Landschaftselemente präsentieren sich dem Betrachter stattdessen einzig über ihre Farbattribute als weinrote bzw. blaue Flächen, die um das Ultramarin des Himmels und das bläulich-blasse Grün der Gräser ergänzt werden. Das sinnliche Farbenspektrum löst die starre Landschaftsform auf. Darüber hinaus veranschaulicht die Farbe die Bedeutung des sinnlich-subjektiven Wahrnehmungseindrucks. So scheint insbesondere die

7 Vgl. die Kritik von Georges de Cadoudal: „Il est remarquable que M. Flaubert qui, à cette heure, est le Coryphée d'une école dont le but avoué est la reproduction servile et en quelque sorte photographique de la réalité, ait fait choix d'un sujet où ce qui manque le plus est précisément la réalité. Il a voulu, entreprise difficile, photographier le vide !" „*Salammbô*, par M. Gustave Flaubert", in: *L'Union*, 8. Januar 1863 (online).

8 Vgl. Jean Bruneau, *Le ‚Conte oriental' de Gustave Flaubert*, S. 37–80.

9 Gustave Flaubert, Brief an Louis Bouilhet vom 13. März 1850, *Corr. I*, S. 608.

Farbbenennung des „lie de vin" und des „vert livide" nicht zufällig zu erfolgen. Das Weinrot und das (leichen)blasse[10] Grün kündigen die Todesszenen an, die sich vor den Bühnenbildern, die Flaubert nach seiner Orientreise erschaffen wird, darbieten werden. Der Orient stellt sich Flaubert als Kunstraum dar. Er ist Raum einer ästhetischen Erfahrung, in dem Elemente der Flaubertschen Ästhetik visuell in Erscheinung treten. In Flauberts Wahrnehmung der exotischen Landschaft verbindet sich die sinnliche Farbigkeit mit einer leblosen *stasis*. Der Orient stellt sich als unbewegtes Bühnenbild dar, als Raum einer ästhetischen Anschaulichkeit, in dem die Überhöhung der Landschaft mit einer Exponiertheit des Todes einhergeht.[11] Neben der statischen Bildlichkeit nimmt der Reisende sehr wohl auch die anthropologische Dimension des Orients, seine Menschen und ihre Kultur wahr. Doch es ist falsch zu behaupten, Flaubert würde in der exotischen Landschaft einen Projektionsraum, in den orientalischen Frauenfiguren Projektionsobjekte seiner männlich-okzidentalen Phantasien erblicken.[12] Ihm ist bewusst, dass er den Orient mit den Blicken eines Europäers sieht.

Die wie versteinert wirkende exotische Landschaft erweist sich als idealer Schauplatz für die Wiedererweckung der ausgelöschten Antike, auf dem die Kunstfigur der Salammbô später ihren Tod finden wird. Die künstliche Gestalt der Salammbô ist Chiffre für die Ästhetik Flauberts.[13] Die Artifizialität ihrer Form fungiert ebenso als Maske des Leblosen wie das Dekorbild, in das Flaubert die Landschaft des Orients verwandelt. Unter den künstlichen Masken lauert der Tod.

Die artifizielle Landschaft verweist auf die pompösen Dekore der großen Theater- und Opernbühnen, die im 19. Jahrhundert eine szenische Revolution

10 Vgl. Émile Littré, *Dictionnaire de la langue française* von 1872–77 (online), s. v. „livide, adj.": „Qui est de couleur plombée, entre le noir et le bleu, telle que devient la couleur d'une chair meurtrie par quelque coup."

11 In diesem Sinne wird im Verlauf der Arbeit der Begriff des Kunstraums verwendet.

12 Vgl. Edward W. Said, *Orientalism*, S. 207 f. Entgegen der Unterstellung Saids nimmt Flaubert den Orient nicht als Projektionsraum erotischer Fantasien wahr. Der Orient offenbart sich stattdessen als ein Raum ästhetischer Erfahrung.

13 In diesem Sinne wird Salammbô im weiteren Verlauf der Arbeit als Kunstfigur bezeichnet. Diese Perspektive schließt nicht aus, in Salammbô ebenso jene lateinischen und biblischen Vorbilder einer Dido oder Judith zu erkennen, wie sie zuletzt von Christine Schmitz herausgearbeitet worden sind. Vgl. „Salammbô – Dido – Sophoniba – Psyche. Interfiguralität in Flauberts Karthago-Roman". Salammbô erscheint als Amalgamierung verschiedener Frauenfiguren. Ihre artifizielle Kostümierung verhüllt nicht nur den Tod, sondern ebenso die weiblichen Vorbilder, die an mehreren Stellen des Romans die starre Maske der Kunstfigur zu durchbrechen drohen.

erleben und bekannte Maler wie Delaroche oder Vernet inspirieren.[14] Viele der berühmten *décorateurs*, deren Ateliers in der ersten Jahrhunderthälfte monopolartig exklusive Aufträge erhalten und deren Entwürfe die Bühnen der prestigeträchtigen Comédie-Française, der Opéra und des Théâtre-Italien, aber auch des Pariser Boulevardtheaters der Porte Saint-Martin schmücken, sind außerdem Historien- und Landschaftsmaler. Insbesondere Pierre-Luc-Charles Cicéri, der 1816 zum leitenden Bühnenbildner in der Pariser Oper ernannt wird und unter anderem Bühnenbilder für *Robert le Diable*, *La Juive* und *Le Prophète* anfertigt, ist berühmt für seine Landschaftstableaus sowie seine in prächtigen Farben und mit kunstvollen Licht- und Schatteneffekten entworfenen historischen Bauwerke.[15] Neben bekannten Historienmalern wie Jean Alaux sowie weiteren *décorateurs* wie Louis-Jacques-Mandé Daguerre, dem Erfinder des Dioramas sowie der nach ihm benannten Daguerreotypie, ist Cicéri an den unter der Leitung des Baron Taylor herausgegebenen *Voyages pittoresques et romantiques dans l'ancienne France* beteiligt.[16] Im pompösen Dekor der romantischen Bühnen mischt sich die „vérité historique", durch die Nachbildung historischer Monumente sowie durch intensive Quellenstudien, mit der Imaginationskraft der einzelnen *décorateurs*, die sich mit ihrem individuellen

14 Vgl. Noëlle Guibert, „Les premières révolutions scéniques du XIXe siècle dans la splendeur de leurs draperies"; Catherine Join-Diéterle, *Les décors de scène de l'Opéra de Paris à l'époque romantique*, S. 240.

15 Vgl. Barry Daniels, *Le décor de théâtre à l'époque romantique. Catalogue raisonné des décors de la Comédie-Française (1799–1848)*, S. 44; Noëlle Guibert, „Les premières révolutions scéniques du XIXe siècle dans la splendeur de leurs draperies", S. 15; Catherine Join-Diéterle, *Les décors de scène de l'Opéra de Paris à l'époque romantique*, S. 218. Wie aus seiner Korrespondenz hervorgeht, besucht Flaubert am 26. Oktober 1849 eine Aufführung von Meyerbeers Oper *Le Prophète*, die vom Täufer Jan van Leiden, Herrscher des Täuferreichs von Münster, handelt, dessen Leichnam in einem eisernen Korb an der St. Lambertikirche aufgehängt wurde. Während der Aufführung erblickt Flaubert einen Perser „en costume", womit wohl ein traditionell persisches Gewand gemeint ist: „Hier au soir, après t'avoir écrit, j'ai été à l'Opéra voir *Le Prophète*. C'est magnifique ; ça m'a fait du bien. J'en suis sorti refraîchi, émerveillé, et plein de vie. Devine qui est-ce qui est venu s'asseoir à côté de moi ? – Un Persan en costume !" Gustave Flaubert, Brief an seine Mutter vom 27. Oktober 1849, *Corr. I*, S. 516. Inwiefern antizipieren die farbenprächtigen Dekorbilder, die Flaubert auf der Bühne erblickt, bereits eine Vision jenes Orients, den er kurz darauf bereisen wird und der ihm durch den persischen Zuschauer vergegenwärtigt erscheint?

16 Vgl. Catherine Join-Diéterle, „Les décorateurs : des dynasties d'artistes", S. 41. Auch zahlreiche Kostümbilder werden von Historienmalern, wie z. B. Alexandre-Évariste Fragonard oder Hippolyte Lecomte, entworfen. Vgl. Noëlle Guibert, „Les premières révolutions scéniques du XIXe siècle dans la splendeur de leurs draperies", S. 10.

Stil einen Namen machen.[17] Sie prägen in besonderer Weise das Orientbild des 19. Jahrhunderts, das den meisten Zuschauern nur durch die farbenprächtigen Kulissen der Theater- und Opernbühnen zugänglich ist, auf denen in exotischen Gewändern ausstaffierte Schauspieler und Sänger den gemeinsam von *décorateurs* und Dramenautoren bzw. Librettisten imaginierten, oftmals antiken Orient in Szene setzen. Auch historische Stoffe, die nicht im Orient situiert sind, bestimmen die Vorstellung vom Orient, dessen Exotik mit der fremdartigen Distanz vergangener Epochen zu korrespondieren scheint. Historie und Orient bedingen somit in ihrer unergründlichen Ferne und Fremde gleichermaßen die schöpferische Imaginationskraft.

Mit dem historischen Bewusstsein sowie der Vorstellung von einer souveränen Nation entwickelt sich im 19. Jahrhundert nicht nur das Interesse an der eigenen Nationalgeschichte, wie die *Voyages pittoresques* zeigen. Mit der voranschreitenden Expansion und Kolonialisierung wird auch die Stellung Frankreichs in der Welt hinterfragt, dessen Hegemonieanspruch die Ägyptische Expedition des von einer *Commission des sciences et des arts* begleiteten Napoleon (1798–1801) öffentlichkeitswirksam inszeniert.[18] Sinnbildlich hierfür steht das offiziell in Auftrag gegebene Gemälde mit dem Titel *Bonaparte visitant les pestiférés de Jaffa*, das Jean-Antoine Gros 1804 anfertigte. Es trägt in hohem Maße zur Glorifizierung Napoleons bei, deutet es den Kaiser, „der doch in Wirklichkeit seine von der Pest befallenen Soldaten mit Opium vergiften ließ, zum charismatischen, väterlichen Tröster derselben" um.[19] Als ideologisches Bild manipuliert es die Wahrnehmung des Betrachters, der der politisch instrumentalisierten Illusion eines „realistischen" Abbilds des Orients unterliegt. Dass Flaubert die Masken eines politischen oder romantischen Orientbildes durchschaut, zeigt sich in einem Brief an Louise Colet:

> Cela me rappelle Jaffa où, en entrant, je humais à la fois l'odeur des citronniers et celle des cadavres ; le cimetière défoncé laissait voir les squelettes à demi pourris, tandis que les arbustes verts balançaient au-dessus de nos têtes leurs fruits dorés. Ne sens-tu pas combien cette poésie est complète,

---

17 Catherine Join-Diéterle, *Les décors de scène de l'Opéra de Paris à l'époque romantique*, S. 246. Vgl. auch dies., „Les décorateurs : des dynasties d'artistes", S. 55. Cicéri ist besonders bekannt dafür, in seinem Stil „le pittoresque et la couleur locale" zu vereinen. Florence Naugrette, *Le théâtre romantique. Histoire, écriture, mise en scène*, S. 113.

18 Ziel der Expedition ist es, das Kulturerbe Ägyptens, das als „Inbegriff des modernen Orients" betrachtet wird, zu erfassen. André Stoll, „Die Entführung des Eremiten in die Wüste", S. 376.

19 Ebd., S. 404.

> et que c'est la grande synthèse ? Tous les appétits de l'imagination et de la pensée y sont assouvis à la fois ; elle ne laisse rien derrière elle.[20]

Der Orient präsentiert sich in der sinnlichen Wahrnehmung durch Flaubert als Kunstraum, der die Natur in der Nebeneinanderstellung von blühenden Sträuchern und verwesenden Leichen im Status des Vergänglichen darstellt, Eros und Thanatos vereint. Der Orient, den Flaubert wahrnimmt, ist von jeglicher byronischer Passio befreit: „Moi je l'ai senti différemment. Ce que j'aime au contraire dans l'Orient, c'est cette grandeur qui s'ignore, et cette harmonie de choses disparates."[21]

In das romantische Bühnendekor mischen sich im Zuge der Entdeckung des Orients, dessen faszinierende Andersartigkeit in zahlreichen Reiseberichten zum Ausdruck gebracht wird,[22] orientalistische Stilelemente, die neben ägyptischen Pyramiden und Sphinxfiguren auch opulent verzierte maurische Bogenformen beinhalten.[23] So wird nicht erst Verdis *Aida* vor einem exotischen Bühnendekor aufgeführt. Bereits in Aubers Oper *L'enfant prodigue* (1850), für die Charles Cambon einen von Sphinxfiguren umgebenen Isis-Tempel zeichnete, in dessen Hintergrund die Konturen einer Pyramide angedeutet sind,[24] in der *opéra-féerique Aladin ou La lampe merveilleuse* (1822), für die Cicéri und Daguerre gemeinsam ein beleuchtetes Bühnenbild gestalteten, in Delphine de Girardins *Cléopâtre* (1847) oder der in China situierten komischen Oper

---

20 Gustave Flaubert, Brief an Louise Colet vom 27. März 1853, *Corr. II*, S. 283 f.

21 Ebd., S. 283. Flaubert möchte ein Buch über den Orient mit dem Titel *De l'interprétation de l'antiquité* schreiben und ihm „le sentiment moderne" einverleiben. Ebd., S. 284.

22 Vgl. Friedrich Wolfzettel, *Ce désir de vagabondage cosmopolite. Wege und Entwicklung des französischen Reiseberichts im 19. Jahrhundert.*

23 Beispielhaft hierfür ist das von Léger und Cicéri entworfene Bühnenbild für *Hernani*, auf dem eine große, von einem reich verzierten Säulenportal eingefasste Treppe abgebildet ist. Victor Hugos Skandalstück ist im höfischen Spanien von 1519 situiert, das er selbst entschieden zum Orient zählte. Vgl. Hugos Vorwort zur 1829 publizierten Ausgabe seiner Gedichtsammlung *Les Orientales*: „Les couleurs orientales sont venues comme d'elles-mêmes empreindre toutes ses [l'auteur de ce livre, S. W.] pensées, toutes ses rêveries ; et ses rêveries et ses pensées se sont trouvées tour à tour, et presque sans l'avoir voulu, hébraïques, turques, grecques, persanes, arabes, espagnoles même, car l'Espagne c'est encore l'Orient [...]." Victor Hugo, „Préface de l'édition originale", in: *Les Orientales*, S. 52. Der maurische Stil findet sich auch in Balfes Oper *L'étoile de Séville* von 1845, für dessen ersten Akt Charles Cambon einen opulent bestuckten, von gewölbten Säulen und Treppenstufen eröffneten Palast kreierte.

24 1812 hatte bereits Jean-Baptiste Isabey für die gleichnamige *ballet-pantomime* von Berton und Gardel ein Bühnenbild des Platzes von Memphis angefertigt. Vgl. Nicole Wild, „Un demi-siècle de décors à l'Opéra de Paris : Salle Le Peletier (1822–1873)", S. 21.

ABBILDUNG 11 *Charles Cambon,* L'enfant prodigue *: esquisse de décor de l'acte II, 1850.*

ABBILDUNG 12 *Pierre-Luc-Charles Cicéri,* Aladin ou La lampe merveilleuse *: esquisse de décor de l'acte I ou acte II, 1822.*

Le cheval de bronze (1835) spiegelt sich die Orientbegeisterung in der *mise en scène* der Bühnenbildner. Sie vereint archäologische Details, wie sie Auguste Mariettes Forschungen in Ägypten hervorbrachten, mit auffälligen Mustern, Verzierungen und Symbolen, die das stereotype Bild des in seiner exotischen Fremdartigkeit faszinierenden Orients prägten.[25]

Spätere Beispiele sind Despléchins Darstellung der babylonischen Grabstätte in Rossinis Oper *Sémiramis*, die 1860 in Paris aufgeführt wird, die von Chaperon, Despléchin, Cambon und Rubé kreierten Bühnenbilder für die *Armide*-Aufführung von 1866 sowie die reich verzierten und bis ins kleinste Detail ausgearbeiteten Entwürfe für Gounods und Barbiers Oper *La reine de Saba*, die im Erscheinungsjahr von Flauberts *Salammbô* in Paris uraufgeführt wird.[26] Philippe Chaperon und Auguste Rubé sind schließlich neben anderen *décorateurs* auch am Bühnenbild für Ernest Reyers und Camille Du Locles Oper *Salammbô* (1892) beteiligt, von dem reich verzierte, farbenprächtige Skizzen erhalten sind.[27]

Dass für die Bühnenbilder des (vornehmlich antiken) Orients oftmals Kulissen mit gotischen und romanischen, aber auch barocken Stilelementen wiederverwendet oder als Vorlage genutzt werden, wie sie für die im mittelalterlichen Sizilien situierte Oper *Robert le Diable*, für die Rekonstruktion des spätmittelalterlichen Konstanz in *La Juive* oder die im Süditalien des 17. Jahrhunderts spielende *La muette de Portici* entworfen werden, bzw. dass sich auch umgekehrt im Bühnendekor ebenjener historischer Stoffe teils orientalisierende Stiltendenzen finden lassen, zeigen Théophile Gautiers Eindrücke aus Konstantinopel, wo er die in unterschiedlichen Stadtteilen gelegenen Friedhöfe von Pera und Scutari besichtigt, die in ihm im Unterschied zum christlichen Friedhof eines Père-Lachaise keine „mélancolie funèbre", sondern eine „vague et douce rêverie" auslösen:[28]

> Plus d'une fois j'ai traversé le cimetière de Péra, par les clairs de lune les plus fantastiques, à l'heure où les blanches colonnes funèbres se dressent

25 Vgl. ebd.

26 Zur Figur der Reine de Saba, die als exotisch-dämonische *femme fatale* in der Literatur und Malerei des 19. Jahrhunderts allgegenwärtig ist und auch in Flauberts *La Tentation de Saint-Antoine* (1874) in Erscheinung tritt, vgl. Michèle Haddad, „Une image ‚déversoir' : la Tentation de Saint-Antoine dans la deuxième moitié du XIXe siècle", S. 106–110. Zu Flauberts *Tentation* und den akribischen Quellenstudien, die dem Spätwerk zugrunde liegen, vgl. insbesondere Jean Seznec, *Nouvelles études sur* La Tentation de Saint Antoine.

27 Eine von Chaperon angefertigte Skizze des Bühnenbildes für den zweiten Akt ist auf dem Umschlag dieses Buches abgebildet.

28 Théophile Gautier, *Constantinople*, S. 156.

dans l'ombre, comme les nonnes de Sainte Rosalie au troisième acte de *Robert le Diable* sans que mon cœur battît une pulsation de plus...[29]

Der Orient, den der begeisterte Theaterbesucher und Kunstkritiker 1852 bereist, erscheint ihm vor der Folie der großen französischen Schaubühnen. Der unvermittelte Blick auf den Friedhof ist ebenso wenig möglich, wie sich in der abendländischen Welt ein von Klischees befreites Orientbild konstituieren kann. Durch die im Schattenspiel des Mondes angelegte Bewegung unterscheidet sich Gautiers Orientbild von jenem unbewegten Landschaftstableau, das Flaubert in Ägypten erblickt. Dennoch offenbaren sich beide als Bilder des Todes. Während in Flauberts Wahrnehmung die Vegetation in einem „vert livide" erblasst und der Nil in einer Totenstarre verharrt, evoziert Gautier die Anfangssequenz des berühmten Totentanzes der aus den Gräbern emporsteigenden Nonnen aus Meyerbeers Oper.[30] Das nächtliche Kloster dient als schauriger Hintergrundprospekt für den dritten Akt. Es ist zunächst ein unbewegtes Bild, das sich erst mittels der Darsteller und der Beleuchtung aus seiner Totenstarre lösen kann. Doch sowohl die sich wie galvanisierte Leichen aufrichtenden Nonnen, die starr einstudierte Choreographie des Nonnenballetts der Marie Taglioni als auch die neu eingeführte Gasbeleuchtung sind künstlerisch inszenierte, künstliche Bewegungen, die sich wie eine Maske über das Bühnendekor des Todes legen.[31]

---

29 Ebd., S. 157, zit. nach: Catherine Join-Diéterle, *Les décors de scène de l'Opéra de Paris à l'époque romantique*, S. 248. Tatsächlich ist auf dem „rideau de manœuvre", der, wie es für die *grand opéra* lange Zeit üblich war, für Meyerbeers *Robert le Diable* speziell angefertigt wurde, „une allégorie de la Religion dans un décor d'arabesques" abgebildet. Martine Kahane, „Rideau !", S. 89. Über das Panorama von Konstantinopel schreibt Gautier: „Cette vue est si étrangement belle, que l'on doute de sa réalité. On croirait avoir devant soi une de ces toiles d'opéra faites pour la décoration de quelque féerie d'Orient et baignées, par la fantaisie du peintre et le rayonnement des rampes de gaz, des impossibles lueurs de l'apothéose." Théophile Gautier, *Constantinople*, S. 84 f.

30 Meyerbeers erfolgreiche Oper *Robert le Diable* wurde am 21. November 1831 in der Académie royale de Musique uraufgeführt. Das Libretto wurde von Eugène Scribe und Germain Delavigne verfasst. Die Bühnenbilder, die Pierre Cicéri für die Oper entwarf, werden als sein Meisterwerk betrachtet. Vgl. Catherine Join-Diéterle, „*Robert le Diable* : le premier opéra romantique", S. 150. Die tanzenden Nonnen, unter denen sich die Primaballerina Marie Taglioni befindet, vereinen „la femme fantôme, porteuse de mort et la femme sensuelle". Ebd., S. 157.

31 Für die Lichteffekte der sensationellen Tanzszene war maßgeblich der Bühnenbildner Henri Duponchel verantwortlich. Um einen *clair de lune*-Effekt zu erzielen, wurden Gaslichter am Bühnenhimmel in versteckten Trägern angebracht. Vgl. ebd., S. 160. Dass das Licht nicht nur eine Bewegung in Szene setzen, sondern auch ein Landschaftstableau als

Wie sich am Beispiel von *Robert le Diable* aufzeigen lässt, sind die Bühnenbilder des 19. Jahrhunderts nicht nur häufig Schauplätze, sondern ebenso Chiffren des Todes. In ihrer Inszenierung weit zurückliegender Epochen und nur als Ruinen überlieferter Bauwerke präsentieren sie dem Zuschauer eine Szenerie des Todes, vor der sie tote Charaktere zum Leben erwecken und wieder andere einen spektakulären Tod sterben lassen. Schließlich kann den historischen und exotischen Stoffen ein neuer Sinn eingeschrieben werden, der sich ihrer eigentlichen Auslöschung zur Wehr setzt und ihnen eine neue künstlerische Existenz verschafft. Sinnbildlich hierfür stehen die Ruinen der mittelalterlichen Burg des sagenumwobenen Robert le Diable,[32] die Flaubert während einer Reise durch die Normandie auf einem Hügel oberhalb der Seine in Moulineaux erblickt:[33]

> Maintenant te faut-il parler de mon voyage ? Eh bien j'ai vu en passant le célèbre château de Robert le Diable restant là sur le haut de la montagne, immobile, muet et détruit, semblant par lui-même présenter une énigme à tous ceux qui regardent son front ridé par les siècles [...].[34]

Die Überreste der zerstörten Burganlage wirken wie ein stillgelegtes Bühnenprospekt. Ein Blick hinter die Kulisse der berühmten Burg, ein Blick in die historische Vergangenheit des sagenhaften Burgherrn, bleibt dem Betrachter hingegen verwehrt. Auf den Ruinen lasten die Jahrhunderte. Sie geben kein Zeugnis über die Vergangenheit ab, sondern schweigen als stillgelegte Relikte einer verlorengegangenen Zeit. Doch mittels der künstlerischen Imagination kann das legendenumwobene Mittelalter wieder zum Leben erweckt werden. Der enigmatische Charakter der zerstörten Burg, dessen Historie sich dem Betrachter entzieht, macht es zu einem ausgezeichneten künstlerischen Sujet. Die Vorstellungskraft kann den Ruinen eine Geschichte einschreiben,

---

erstarrtes, künstliches Bühnenbild fixieren kann, zeigt Flauberts Wahrnehmung der Berge von Bithynien, einer Landschaft im nordwestlichen Kleinasien: „Jamais je n'oublierai ces vieilles montagnes de Bithynie, toutes blanches, et la lumière qui les éclarait, si froide et si immobile qu'elle semblait factice". Gustave Flaubert, Brief an Louis Bouilhet vom 19. Dezember 1850, *Corr. I*, S. 728.

32 Es existieren verschiedene Legenden über Robert le Diable. Vielfach wurde versucht, die sagenhafte Person mit einem normannischen Adeligen gleichzusetzen, doch seine Identität ist nicht sicher nachweisbar. Vgl. Catherine Join-Diéterle, „*Robert le Diable* : le premier opéra romantique", S. 154. Für weiterführende Literatur vgl. ebd.

33 Die Burganlage wurde 1905 vom Architekten Lucien Lefort (1850–1916) restauriert. Vgl. Ed. Delabarre, „Notice sur M. Lucien Lefort".

34 Gustave Flaubert, Brief an Ernest Chevalier vom 26. März 1834, *Corr. I*, S. 13.

die verlorene Vergangenheit neu erzählen,[35] so wie dem schweigenden, unbewegten und tot erscheinenden Bühnenbild durch Kunstgriffe der Bühnenmaschinerie und Beleuchtungstechnik,[36] der schauspielerischen Darbietung und letztlich durch die Wahrnehmung der Zuschauer ein Sinn zuteil wird, der den ausgelöschten historischen Gegenstand wieder zum Leben erweckt.

Schließlich veranschaulicht der durch Gautiers Orientvision evozierte Totentanz vor dem unbewegten Bühnenbild aus *Robert le Diable*, das bis 1893 unverändert im Entwurf durch Cicéri fortbestehen sollte,[37] metonymisch eine bedeutsame szenische Revolution, die sich in der ersten Hälfte des 19. Jahrhunderts ereignet. So wird die *immobilité* des traditionellen Bühnendekors in besonderer Weise durch Daguerres Erfindung des Dioramas im Jahre 1822 durchbrochen. Daguerre, der seine Karriere als Bühnenbildner und Experte für Architektur und Beleuchtung am Ambigu-Comique beginnt und ab 1820 in der Pariser Oper tätig ist, trägt maßgeblich zur Erneuerung der romantischen *mise en scène* bei.[38] Er sucht nach neuen Illusionseffekten auf der Bühne. So bedient er sich früh innovativer Techniken wie der sogenannten *fermes*, Kulissenteilen, die aus der Untermaschinerie auf die Bühnenfläche gehoben werden und das Publikum begeistern.[39] Auch das 1787 von Robert Barker erfundene Panorama

---

35 So versucht beispielsweise Charles Nodier über die Ruinen der normannischen Burganlage die sagenhafte Figur des Robert le Diable wieder zum Leben zu erwecken. Seine Beschreibung der Burg, die 1830 im Almanach *Keepsake français, ou Souvenir de littérature contemporaine* publiziert wird, ist von Motiven der Schauerliteratur durchzogen: „Ce qui reste du château de Robert-le-Diable est, comme sa chronique, une chose vague et informe, qui rappelle quelques souvenirs merveilleux." Charles Nodier, „Le château de Robert-le-Diable", S. 116. Nodier berichtet weiter, dass der Geist Roberts noch in den Ruinen spuke: „Tout le monde y connaît les exploits aventureux de Robert et ses amours désordonnées, et ses violentes victoires, et les infructueuses rigueurs de sa pénitence qui ne put désarmer le ciel. Les cris de ses victimes résonnent souvent dans les souterrains du nord, et viennent le glacer d'effroi dans ses promenades nocturnes, car Robert est condamné à visiter long-temps [sic] les ruines de son château et le tombeau de ses maîtresses." Ebd., S. 120.

36 So wurden 1822 auf Anweisung Ludwigs XVIII. und nach dem Modell der Londoner Theaterbühnen die häufig zu Unfällen führenden Öllampen in der Pariser Oper durch eine Gasbeleuchtung ersetzt, mit der spektakuläre Effekte erzielt werden konnten. Vgl. Catherine Join-Diéterle, „L'art de l'éclairage au théâtre", S. 106. Zu weiteren technischen Innovationen in der Bühnenmaschinerie, wie zum Beispiel unsichtbaren *trappes*, die die Schauspieler in die Versenkung verschwinden ließen, vgl. Alain Batifoulier und Simon de Tovar, „Secrets de coulisses…"; dies., „Trucs et curiosités".

37 Vgl. Pauline Girard, „L'évolution stylistique des décors à l'Opéra de Paris de 1863 à 1907", S. 158.

38 Vgl. Catherine Join-Diéterle, „Les décorateurs : des dynasties d'artistes", S. 42.

39 Vgl. Florence Naugrette, *Le théâtre romantique. Histoire, écriture, mise en scène*, S. 110 f.

adaptiert der französische *décorateur*, womit die optische Tiefe der traditionellen Guckkastenbühne durch eine endlos erscheinende Weite ersetzt wird. Das fortan zirkulare Bühnendekor umgibt den Betrachter mit der Illusion eines nicht endenden Horizonts, auf dem neben überwältigenden Landschaftstableaus oftmals historische Monumente oder imposante Sakralbauten abgebildet sind, die durch magische Lichteffekte gekonnt in Szene gesetzt werden.[40] Mit der Erfindung des Dioramas und einer neuen Maltechnik verstärkt sich der Illusionscharakter des Bühnenbildes, indem die Leinwand von beiden Seiten zu Teilen mit einer opaken Leimfarbe sowie einer transparenten Farbe angestrichen wird. Die Lichtstrahlen, die auf die Leinwand treffen, werden schließlich in verschiedene Richtungen gestreut, gebrochen und reflektiert, sodass einzigartige Licht- und Schatteneffekte entstehen.[41] Durch die Verschiebung bzw. Abfolge mehrerer transparenter Leinwände können außerdem Bewegungen simuliert werden, von Sonnenaufgängen bis hin zu dunklen Nebelbänken.[42] Das Diorama dient nicht nur der spektakulären visuellen Illusionserzeugung auf der Theater- und Opernbühne, sondern findet auch als Modell Verwendung, das historische Szenen oder Gegenstände rekonstruiert, wie zum Beispiel der 1831 von Daguerre installierte *Tombeau de Napoléon à Sainte-Hélène*.[43]

---

40 Vgl. ebd., S. 111 f. und Catherine Join-Diéterle, *Les décors de scène de l'Opéra de Paris à l'époque romantique*, S. 208 ff.

41 Zu den Illusionseffekten, die Licht und Farbe im Bühnenbild kreieren, vgl. auch Flauberts Eintrag im *Dictionnaire des idées reçues*, s. v. „décor de théâtre", S. 66 f.: [„N'est pas de la peinture. Il suffit de jeter à vrac sur la toile un seau de couleurs, ~~puis~~ puis on l'étend avec un balai ; et l'éloignement ~~avec~~ et la lumière font l'illusion [Korrekturen im Original."] Der Farbauftrag erscheint in Flauberts ironischer Perspektive nicht als fein-künstlerischer, sondern als grob-mechanischer Prozess.

42 Vgl. Florence Naugrette, *Le théâtre romantique. Histoire, écriture, mise en scène*, S. 112.

43 Vgl. Catherine Join-Diéterle, *Les décors de scène de l'Opéra de Paris à l'époque romantique*, S. 208. Daguerre eröffnet sein Diorama gemeinsam mit dem Maler Charles Marie Bouton im Juli 1822 in der Rue Sanson in Paris. Vgl. Stephen C. Pinson, *Speculating Daguerre. Art and Enterprise in the Work of L. J. M. Daguerre*, S. 31. Im März 1839 wird es durch ein Feuer zerstört. Vgl. ebd., S. 120. Eine detaillierte Beschreibung der Installation, die das Grab Napoleons vor der Kulisse eines Sonnenuntergangs in Szene setzt, liefert eine Besprechung in der Zeitschrift *L'Artiste*: „Tableau poétique, cette fois ; disons pourtant que tout est réel comme dans un portrait. [...] Il [M. Daguerre, S. W.] a mis dans la nuit le ravin et le fond de la vallée, où est la pierre sur laquelle pleurent les saules que Napoléon aimait; les plans supérieurs sont éclairés par de grands reflets ; la cime des rocs qui font une ceinture au val des Géraniums reçoivent les derniers rayons du soleil dont le peintre a caché à demi le disque ardent derrière un rideau de nuages embrasés [...]. L'impression qu'on éprouve à la vue de ce soleil, descendant entre les deux profils âpres des montagnes qui encadrent la vallée du côté de la mer et se rejoignent par le bas comme les branches

Der Versuch, ein detailgetreues Abbild der Wirklichkeit zu schaffen, spiegelt sich schließlich im Verfahren der Daguerreotypie wider. Wenn Flaubert den Orient als „décor de théâtre" wahrnimmt, während sein Freund Maxime Du Camp unablässig versucht, Landschaften und Ruinen im fotografischen Blick einzufangen, offenbart sich der Orient als idealer Austragungsort der Antinomien von Schein und Sein, Wirklichkeit und Illusion, Leben und Tod, die sich in den größeren Kontext der Realismusdebatte in der Kunst des 19. Jahrhunderts einordnen lassen. Flauberts Blick dechiffriert den Orient als artifiziellen *trompe l'œil*, ja als Schaubühne des Todes. Vor seiner Kulisse erscheint jegliches Leben, jeglicher naturhafte Ursprung ausgetrieben. Der Orient kann sich nur im Kunstraum konstituieren.

1856 hatte bereits Honoré Daumier in seiner in *Le Charivari* veröffentlichten Lithographie *Ce qui représente la mer au peuple le plus spirituel de la terre* das Meer als Kunstschauspiel dargestellt, das von Bühnenarbeitern, die sich unter einem großen Stoff wellenartig auf und ab bewegen, inszeniert wird.

Im Gegensatz zu Flaubert ist das gemeine Theaterpublikum nicht fähig, die Illusion zu durchschauen, sondern erhebt die künstlerische Darstellung zum Modell für die Natur. Was in Daumiers hellsichtiger Analyse ironisch als höchste Spiritualität ausgewiesen wird, ist die von der materiellen Wirklichkeit entfernte Scheinwelt der spektakulären Theateraufführungen, der sich die bürgerliche Vergnügungsgesellschaft hingibt.

Du Camp hingegen betrachtet den Orient aus umgekehrter Perspektive: Mit Hilfe seiner Daguerreotypien versucht er, eine wirklichkeitsgetreue Illusion herzustellen. Doch anstelle einer technischen Reproduktion der Wirklichkeit liefern auch seine Daguerreotypien in Wahrheit spiegelverkehrte, künstlich verformte Bilder, deren Illusionscharakter schnell entlarvt ist. Bereits im mit einer langen Belichtungszeit einhergehenden technischen Verfahren,

---

d'un V, est difficile à décrire. [...] Un peu d'eau, provenant de la source qui est à gauche du tombeau de Napoléon, court par le ravin pour aller à la mer. Cette eau est celle que l'empereur aimait à boire. [...] M. Daguerre a exécuté son tableau avec un rare talent. Les difficultés étaient grandes pour laisser lire dans le clair-obscur toutes les formes du terrain et sa nature bizarre ; l'artiste a réussi merveilleusement. Fermeté, harmonie, vivacité de la lumière, finesse de ton, coloris vrai et riche, voilà ce qui distingue ce morceau, le plus parfait peut-être qui soit sorti du pinceau prestigieux des auteurs du Diorama. Quant à l'exactitude du portrait, on y peut compter ; M. Daguerre a eu à cet égard des documens [sic] en grand nombre dont l'authenticité est incontestable. Cette assurance ajoute beaucoup au charme de l'ouvrage." „Diorama. *Le Tombeau de Napoléon à Sainte-Hélène*, par M. Daguerre", S. 137 f. Zur Rezeption von Daguerres Installation, die vielfach gelobt wurde und dem Künstler großen Ruhm verschaffte, vgl. auch Stephen C. Pinson, *Speculating Daguerre. Art and Enterprise in the Work of L. J. M. Daguerre*, S. 110 f.

ABBILDUNG 13 *Honoré Daumier,* Ce qui représente la mer au peuple le plus spirituel de la terre (Croquis parisiens), *1856.*

das von vornherein nur unbewegte, ja leblos wirkende Szenen einzufangen vermag, doch spätestens hinter dem hergestellten „petit simulacre" des eingefrorenen Ausschnitts der kontingenten Wirklichkeit, das Roland Barthes in seinem Aufsatz über die Fotografie treffend als *„Spectrum"* bezeichnet, lauert der Tod.[44] Während die sinnliche Wahrnehmung des Künstlers die Illusion des unbelebten Bildes erkennt, ist der technische Blick durch die Kamera ein todbringender. Zugleich setzt die Fotografie dem Tod eine Maske auf: Sie fungiert als „figuration de la face immobile et fardée sous laquelle nous voyons les morts"[45]. Während Flaubert den Tod in seinen Bühnenbildern exponieren wird, sucht Du Camp den Tod zu bannen, indem er die flüchtigen Erscheinungen vor seiner Linse in dauerhafte Bilder verwandelt. Das geschaffene *Spectrum* des Fotos ist nicht nur etymologisch mit dem *spectacle* der Theaterbühne verwandt, das seinen Ursprung bezeichnenderweise im Totenkult findet.[46] Im

---

44 Roland Barthes, *La chambre claire. Note sur la photographie*, S. 22. Vgl. ebd., S. 23. Vgl. hierzu auch Hans Belting, *Bild-Anthropologie. Entwürfe für eine Bildwissenschaft*, S. 184–188.

45 Roland Barthes, *La chambre claire. Note sur la photographie*, S. 56.

46 Vgl. ebd., S. 22 f., S. 55 f.

antiken Rom treten Schauspieler mit den Masken von Toten auf, um ihre Präsenz im öffentlichen Raum aufrechtzuerhalten.[47] Die Masken sind ein „uraltes Medium der Verkörperung"[48]. War ein Kaiser oder angesehener Römer gestorben, war es die Aufgabe des Maskenträgers, den Verstorbenen so lebensecht wie möglich bei der Leichenfeier oder dem Begräbnis nachzuahmen.[49] Roland Barthes vergleicht das Foto, in dem sich die „rage à ‚faire vivante'" spiegele, mit einem „théâtre primitif".[50] Jene Verhüllung des Todes, die dem Fotografen der Inszenierung einer Illusion dient, macht sich der Künstler zunutze, indem er den Orient zum Schauplatz seiner Inszenierungen des Todes erklärt. Denn hinter den Masken kann sich der Tod nicht nur verstecken, sondern ebenso präsentieren: Erst in seiner Maskierung erlangt der Tod Sicht- und Darstellbarkeit.

Dass der maskierte Orient als perfekte Schaubühne fungiert, um das ausgelöschte Karthago wieder zum Leben zu erwecken, zeigt sich nicht zuletzt während der zweiten Orientreise, die Flaubert von April bis Juni 1858 nach Tunesien und Algerien führt. Sie dient dem Schriftsteller in besonderer Weise als Inspirationsquelle für die Orienttableaus, die er in *Salammbô* entwerfen wird. Unter seinen Aufzeichnungen finden sich neben detaillierten Beschreibungen der von ihm besuchten Orte einzelne beschriftete Skizzen, auf denen Landschaften und architektonische Elemente, wie Säulen oder kleine Skulpturen, abgebildet sind. In Flauberts rückblickender Bewertung seiner Orientreise als „bal masqué de deux mois"[51] präsentiert sich der Reisende selbst als Personal eines künstlichen Dekorums. Vor diesem wird er dem zum Gegenstand seines Romans erkorenen Karthago mittels einer künstlerischen, bühnenreifen Inszenierung, die mit einer Maskierung des Todes einhergeht, eine neue Existenz verleihen. Mit Hilfe der „puissances de l'émotion plastique" kann der Künstler „à travers le Beau" die unter Ruinen begrabene punische Seemacht wieder zum Leben erwecken.[52] Karthago erscheint als plastisches Bühnenrelief, seine Totenmaske wird in kräftigen, von einem Purpurrot[53] dominierten Farben

---

47 Vgl. Hans Belting, *Bild-Anthropologie. Entwürfe für eine Bildwissenschaft*, S. 178 f.

48 Ebd., S. 178.

49 Vgl. ebd., S. 179.

50 Roland Barthes, *La chambre claire. Note sur la photographie*, S. 56.

51 Gustave Flaubert, *Voyage en Algérie et en Tunisie*, in: *OC III*, S. 881.

52 Ebd.

53 Vgl. die Brüder Goncourt, die Flaubert in ihrem *Journal* vom 17. März 1861 zitieren: „Flaubert nous dit : ‚L'histoire, l'aventure d'un roman, ça m'est bien égal. J'ai l'idée, quand je fais un roman, de rendre une couleur, un ton. Par exemple, dans mon roman de *Carthage*, je veux faire quelque chose de pourpre.'" Edmond und Jules de Goncourt, *Journal. Mémoires de la vie littéraire*, Bd. I, S. 888 f.

bemalt und mit exotischen Requisiten ausstaffiert, die wie durch Lichteffekte beleuchtet perspektivisch in Szene gesetzt werden.

Im Unterschied zu den orientalischen Bühnenbildern seiner romantischen Vorgänger schöpft Flauberts Orientdarstellung nicht etwa aus einem bereits existierenden Fundus historischer Stoffe, Kulissen und Requisiten, die mit exotischen Stilelementen vermengt und erneuert werden. Stattdessen steht er vor der Aufgabe, „de [...] creuser sur le néant“[54]. In der Wahl des ausgelöschten und zur Entstehungszeit des Romans archäologisch noch nicht erfassten Karthago zeigt Flaubert nicht nur die „Unerreichbarkeit des Historischen“ auf, sondern setzt in radikaler Weise „das Historische außer Kraft“, wie Vittoria Borsò überzeugend argumentiert.[55] Orientalismus und Historismus werden somit gleichermaßen konterkariert.

Flauberts Karthagoroman ist keine Narration einer historisch sinnstiftenden Handlungsabfolge. Das *sujet* der sich jeglicher Sinnhaftigkeit entziehenden *guerre inexpiable* korreliert mit einer Abfolge von szenischen Tableaus, deren Essenz in der ästhetischen Form begründet liegt. Was schon Diderot in seinen *Entretiens sur Le Fils naturel* für das bürgerliche Trauerspiel forderte, nämlich die „coups de théâtre“ durch „tableaux“[56] zu ersetzen, ist in Flauberts Roman umgesetzt.[57] Insbesondere die szenische Gestaltung des Schlusskapitels, das den Tod der Titelheldin auf einer Schaubühne zeichnet, erfüllt die dramentheoretische Forderung.

Das Tableau der Schlussszene eröffnet in abgewandelter Form bereits den Roman. Das plötzliche Entschwinden sowie die erste Erscheinung Salammbôs werden vor einem ähnlichen Bühnenbild inszeniert. Die beiden Festivitäten der Anfangs- und Schlussszene bilden den zirkularen Rahmen des Romans.[58] In ihrer Inszenierung der Zerstörung und Wiederherstellung der Ordnung öffnen und schließen sie den Vorhang auf das Handlungsgeschehen. In seiner hellsichtigen Analyse des Romans als „Epic of Immobility“ hat bereits Victor

54 Gustave Flaubert, Brief an Edmond und Jules de Goncourt vom 15. Mai 1860, *Corr. III*, S. 92.

55 Vittoria Borsò, „‚Zeitbild‘ – Bildräume. Visualität und Zeitlichkeit in Gustave Flauberts *Salammbô*“, S. 203.

56 Denis Diderot, *Entretiens sur Le Fils naturel*, S. 148.

57 Dass das für das Drama konzipierte Programm Diderots erst durch die literarische Form des Romans eines Flaubert, Stendhal oder Balzac vollendet werden konnte und tatsächlich am Beginn einer „neuen Poetik der ‚Moderne‘“ steht, hat bereits Hans Robert Jauß aufgezeigt. „Diderots Paradox über das Schauspiel (*Entretiens sur le ‚Fils Naturel‘*)“, S. 408.

58 Zur symmetrischen Struktur vgl. Jean Rousset, „Position, distances, perspectives dans *Salammbô*“.

Brombert die Nähe einzelner Szenen zu ebenjenen der Opern- und Theaterbühnen, aber auch des Films hervorgehoben:

> There is something histrionic, and even operatic, about the entire work. The feast of the Mercenaries during which Salammbô emerges on the upper terrace, the return of Hamilcar and the crowds thronging the steps of the Acropolis, the brazen colossus appearing like a prop out of *Aïda*, the hierarchical cortèges proceeding to the rhythm of cymbals, castanets and tambourines — all those scenes of movement and monumentality seem to unfold on an outsized stage to the accompaniment of trumpets and choral effects. Salammbô has unquestionably the makings of a Hollywood extravaganza.[59]

Die „outsized stage" der Anfangsszene evoziert die panoramenartige Weite der großen Pariser Bühnen, auf denen sich ein pompöses, monumentales Dekor ausbreiten kann. Es versammelt Requisiten und Kulissenelemente, die bereits in berühmten Opern Verwendung fanden und nicht frei von einem Kitschverdacht sind. Trotz der Bewegung des Festzugs wirkt das Bühnenbild versteinert; es ist ein Bild des Todes, dessen Entwurf bereits in der Eröffnungsszene des Romans, in der Versteinerung der Natur in ein unbewegliches, einem „death principle" folgenden Kunstwerk, gezeichnet wird.[60] In der Tat scheint Flaubert das Bühnendekor der ersten Szene in der finalen Szene gemäß der gängigen Praxis der großen Theaterhäuser wiederzuverwenden, ist doch im Schlussakt des Resümees seines Karthagoromans, das wohl die Grundlage für Flauberts eigenen Libretto-Entwurf jener Opernadaption bildete, deren Aufführung er nicht mehr erleben sollte,[61] von „Le Festin" die Rede.[62]

Das Bühnendekor für den Auftritt und Abgang der Titelheldin offenbart sich als Panoramabild, das den Blick vom imposanten Palast Hamilcars und seiner in der Eingangsszene dargestellten Gartenanlage bis hin zum Khamontempel

---

59 Victor Brombert, *The Novels of Flaubert. A Study of Themes and Techniques*, S. 97. Mit Blick auf Bromberts Bezeichnung des Romans als „Epic of Immobility" ist zu fragen, ob das Bühnendekor eine epische Größe besitzt. Sowohl der exotischen Landschaft, die Flaubert während seiner Orientreise als „immense décor de théâtre" wahrnimmt, als auch den imposanten Bühnenbildern, die er in *Salammbô* kreiert, ist eine unendliche Weite eingeschrieben.

60 Ebd.

61 Vgl. Herbert Schneider, „Die kompositionsgeschichtliche Stellung der *Salammbô* (1890) von Ernest Reyer", S. 54–56.

62 Gustave Flaubert, *Résumé de „Salammbô"*, in: *OC III*, S. 935.

und seinem großen Vorplatz schweifen lässt. Das Verbindungselement zwischen Herrscherpalast und göttlichem Tempel bildet die Akropolis Karthagos mit ihren Terrassen und von exotischen Pflanzen und Ruinen geschmückten Wegen, die sich in der letzten Szene mit einer wilden, feiernden Menschenmenge bevölkern. Wenngleich einzelne Kulissenelemente ausgetauscht oder aus einer anderen Perspektive beleuchtet werden, nimmt das Tableau des Hochzeitsfestes von Salammbô und Narr'Havas zentrale Elemente des Festgelages wieder auf: Palast und Tempel sind mehrgeschossige, monumentale Bauten, die auf einem Podium in der Höhe errichtet sind. Große Treppen führen zu ihren einzelnen Terrassen, die als balkonartige Vorbauten angelegt sind und die Schaubühne für die erste Erscheinung und für den Tod der karthagischen Prinzessin bilden. Die feierliche Pracht des Palastes spiegelt sich in der Ausstaffierung Salammbôs auf den Terrassen des Khamontempels. Ihre Kostümierung als sirenen- oder melusinenartige Fischfrau verweist sowohl auf das Sakrileg der getöteten Fische als auch auf ein architektonisches Element der Eingangsszene: die große, aus Ebenholz gefertigte und gerade aufwärts zum prunkvollen Marmorpalast Hamilcars führende Treppe, deren Stufen beidseitig mit der Bugspitze einer besiegten Galeere gekleidet sind.[63] Als maritimes Siegessymbol erscheint auch das engmaschige, Fischschuppen imitierende und in Perlmuttfarben schimmernde Netz, das Salammbôs Unterkörper verhüllt bzw. wie eine Kriegsbeute vor ihrem Tod gefangen nimmt: „Des chevilles aux hanches, elle était prise dans un réseau de mailles étroites imitant les écailles d'un poisson et qui luisaient comme de la nacre [...]."[64] Der weibliche Körper wird in seiner prachtvollen Ausstaffierung als Repräsentationsinstanz der karthagischen Macht zur Schau gestellt. Er ist Teil des Dekors, in das er sich in ähnlicher Weise wie die Ebenholztreppe des Palastes „toute droite, dans une attitude hiératique"[65] — als unbewegte, in das Bühnenbild montierte Statue — einfügt. Als Sockel, aus dem der statueske Frauenkörper emporsteigt, fungiert ein dreistufiger Elfenbeinschemel.[66]

Auch der erste Auftritt Salammbôs während des Festgelages auf der obersten Palastterrasse wird vor der Kulisse der imposanten Ebenholztreppe, die

63 Vgl. Gustave Flaubert, *Salammbô*, in: *OC III*, S. 574.

64 Ebd., S. 831. Anne Green sieht in dem engmaschigen, den weiblichen Körper einschnürenden Netz einen Bezug zum bürgerlichen Korsett, das Flaubert als „chose hideuse, d'une lubricité révoltante, et d'une incommodité excessive" (Brief an Louise Colet vom 29. Januar 1854, *Corr. II*, S. 520) zutiefst verabscheut. Vgl. „Flaubert costumier : le rôle du vêtement", S. 127.

65 Gustave Flaubert, *Salammbô*, in: *OC III*, S. 832.

66 Vgl. ebd., S. 831.

zum ersten Stockwerk führt, sowie einer die drei weiteren Etagen entlanglaufenden Rundtreppe inszeniert. Der Palast, der seine als Kulissen und Schaubühnen dienenden Terrassen im Hintergrund wie von selbst errichtet,[67] und den Soldaten „dans son opulence farouche, aussi solennel et impénétrable que le visage d'Hamilcar"[68] erscheint, konstituiert ein unheimliches Bühnenbild. Der Blick hinter die undurchlässige Kulisse, der in seiner Demaskierung den Einsturz des Artefakts bedeuten würde, wird abgewehrt durch „ses portes rouges écartelées d'une croix noire, ses grillages d'airain qui le défendaient en bas des scorpions, et ses treillis de baguettes dorées qui bouchaient en haut ses ouvertures"[69]. Wie aus dem Nichts taucht Salammbô aus dem unsichtbaren Raum der Hinterbühne auf, von dem sie — wie mit Hilfe eines *praticable*[70] — auf die oberste Terrasse des Palasts katapultiert wird:

> Le palais s'éclaira d'un seul coup à sa plus haute terrasse, la porte du milieu s'ouvrit, et une femme, la fille d'Hamilcar elle-même, couverte de vêtements noirs, apparut sur le seuil. Elle descendit le premier escalier qui longeait obliquement le premier étage, puis le second, le troisième, et elle s'arrêta sur la dernière terrasse, au haut de l'escalier des galères. Immobile et la tête basse, elle regardait les soldats.[71]

Salammbô erscheint gemäß ihrem Stand als Tochter des Suffeten sowie ihrer Rolle als unerreichbares, kühles Idol wie auf einem Podest in erhabener Position. Wie durch ein Bühnenlicht beleuchtet, das die Blicke der Zuschauer nach oben lenkt, wird die oberste Palastterrasse zur Schaubühne der *ex nihilo*-Erscheinung der Kunstfigur, die von ihrem unsichtbaren und doch allgegenwärtigen Schöpfer[72] marionettenartig in die Szene bewegt wird. Dass Salammbô als Kunstfigur eine Schöpfung aus dem unsichtbaren Raum ist, dass sie den Tod in sich trägt, wird durch das Bühnendekor und ihr Kostüm hervorgehoben. Wenngleich die Tür, durch die sie die Schaubühne betritt, an dieser Stelle nicht näher beschrieben wird, handelt es sich um eine jener von einem

---

67 Vgl. ebd., S. 573 f.: „Le palais, bâti en marbre numidique tacheté de jaune, superposait tout au fond, sur de larges assises, ses quatre étages en terrasses."

68 Ebd., S. 574.

69 Ebd.

70 Hierbei handelt es sich um bewegliche, in der Höhe verstellbare Gerüste, die oftmals hinter einem Bühnendekor versteckt sind und es den Schauspielern ermöglichen, auf Balkone oder Tribünen emporzusteigen. Vgl. Alain Batifoulier und Simon de Tovar, „Secrets de coulisses...", S. 95.

71 Gustave Flaubert, *Salammbô*, in: *OC III*, S. 581.

72 Vgl. Gustave Flaubert, Brief an Louise Colet vom 9. Dezember 1852, *Corr. II*, S. 204.

schwarzen Kreuz viergeteilten roten Türen, die dem Palastdekor den Charakter einer angsteinflößenden, unnahbaren Totenmaske verleihen. Salammbô erscheint auf der Schwelle des Todes („sur le seuil"), die sie aus dem Raum des Unsagbaren, aus dem Raum des dunklen Nichts[73] in den Raum der Kunst führt. Sie ist in schwarzer Trauerkleidung verhüllt („couverte"), die nicht nur jegliches Bühnenlicht absorbiert und kontrastiv den künstlichen Schein des Palastes verstärkt, sondern außerdem die Blicke der sie betrachtenden Soldaten, denen sie sich als weibliches Projektionsobjekt entzieht, ins Leere laufen lässt. Obwohl Salammbô die erste Rundtreppe hinabschreitet, bevor sie am oberen Ende der symbolbehafteten Galeerentreppe innehält, ist der Abstieg narrativ als Aufstieg gestaltet: Die Rundtreppe führt von unten nach oben, von der ersten bis zur dritten Etage. Das „*et* de mouvement"[74], durch das die Bewegung des Satzes sowie der Frauenfigur zum Stehen kommt, lässt die als finales Tableau fixierte letzte Terrasse schließlich wie die oberste und nicht die unterste erscheinen. Salammbô steht im Mittelpunkt des Bühnenbildes, in das sie sich wie eine versteinerte Statue einfügt. Ihr nach unten gerichteter Blick auf die Soldaten wirkt wie eine erstarrte, unablässige Fixierung, wie die ins *imparfait* gesetzte Verbform *regardait* hervorhebt. In ähnlicher Weise wie der Treppenabstieg spiegelverkehrt das Hinaufsteigen auf die Schaubühne des letzten Akts, der Todesszene, und somit symbolisch den Fall der Frauenfigur ankündigt, ist auch die „tête basse"[75] ein Negativ der „tête en arrière"[76] des Schlusstableaus. Tatsächlich evoziert das spiegelverkehrte Negativbild in unheimlicher Weise das fotografische Verfahren der Daguerreotopie, die nun umso mehr als Schöpferin von Todesbildern erscheint.

Dass der karthagischen Prinzessin bereits bei ihrem ersten Auftritt der Tod eingeschrieben ist, wird nicht zuletzt durch den hinter ihr positionierten Chor der Eunuchenpriester verstärkt, deren bleiche, haarlose Gesichter und weiße Gewänder sie wie Geister wirken lassen.[77] Ihre mit einer „voix aiguë"[78] gesungene Lobeshymne auf die karthagische Gottheit kann ebenso als Totengesang auf die Sopranstimme der weiblichen Opernheldin gedeutet werden, die im toten Idol der Frauenfigur verstummt. Nicht nur das Bühnenlicht, auch

---

73 Vgl. den *trou noir*, aus dem Mâtho in der Schlussszene die Bühne betreten wird. Vgl. Kap. 3.3.

74 Albert Thibaudet, *Gustave Flaubert*, S. 266.

75 Gustave Flaubert, *Salammbô*, in: *OC III*, S. 581.

76 Ebd., S. 836.

77 Darüber hinaus erscheint das bleiche, maskenhafte Antlitz der Eunuchenpriester wie ein Vorbote der in Weiß geschminkten berühmten Kunstfigur des Pierrot, dessen Pantomime sich in der Sprachlosigkeit Salammbôs ankündigt. Vgl. Kap. 3.4.

78 Gustave Flaubert, *Salammbô*, in: *OC III*, S. 581.

die „mains étincelantes d'anneaux"[79] der einen weißen Schein abstrahlenden Priester beleuchten Salammbô aus dem Hintergrund, sodass sie von vorne nur als schwarze, sich inmitten eines hellen Lichtes abzeichnende Form wahrgenommen werden kann. Erst als Salammbô die Galeerentreppe hinabgestiegen ist, die den Hintergrundprospekt des Palastes mit dem im Vordergrund angelegten Garten verbindet, gewinnt die schwarze Masse an Farbe und Kontur. Wie von einem Rampenlicht angestrahlt, wird zunächst die in Form gebrachte Haarpracht sichtbar: „Sa chevelure, poudrée d'un sable violet, et réunie en forme de tour selon la mode des vierges chananéennes, la faisait paraître plus grande."[80] Die in der Höhe errichtete Frisur lässt nicht nur auf die aristokratische *grandeur*, die Überlegenheit über die einfachen Soldaten schließen. Sie bedarf außerdem einer geraden Körperhaltung, eines majestätischen Treppengangs, der keine Bewegungsfreiheit zulässt und bedrohlich wirkt. Wie der Leser kurz darauf erfährt, wird der Gang der Frauenfigur außerdem durch eine zwischen den Knöcheln angebrachte „chaînette d'or"[81] reguliert. Das Keuschheitskettchen sowie das im Stil der kanaanitischen Jungfrauen hochgesteckte Haar fungieren als gesellschaftliches Zwangskostüm. Sie sind öffentliche Symbole von Salammbôs Rolle als Hohepriesterin Tanits, als identitäts- und bewegungsloses *simulacre*, als bloßes Abbild der Göttin.[82] Der in den „cheveux dénoués"[83] der Todesszene versinnbildlichte Verlust der Form, die Überschreitung der theokratischen Ordnung, wird sanktioniert. Das kontrollierte Hinabschreiten der Treppenstufen des Palastes, der als Repräsentationsinstanz der religiös legitimierten Macht fungiert, steht folglich im Kontrast zum berühmten Treppensturz von Alfred de Vignys Kitty Bell – ein Liebestod, der dem von der Gesellschaft ausgestoßenen Chatterton gewidmet ist und der ein Aufbrechen der Ordnung markiert.[84]

Vom Rampenlicht beleuchtet werden neben Salammbôs Turmfrisur außerdem ihr Schmuck und ihre Kleidung, die nunmehr aus dem farblosen Schwarz befreit im Glanz erstrahlen und einzelne Ornamente aufscheinen lassen: Perlenschnüre umrahmen das Gesicht, von dem zunächst nur der Mund, „rose comme une grenade entrouverte"[85], näher beschrieben wird. Leuchtende

---

79 Ebd.

80 Ebd.

81 Ebd.

82 Vgl. Monika Bosse, André Stoll, „Die Agonie des archaischen Orients. Eine verschlüsselte Vision des Revolutionszeitalters", S. 427.

83 Gustave Flaubert, *Salammbô*, in: *OC III*, S. 836.

84 Vgl. Kap. 1.1.3.

85 Ebd., S. 581.

Steine zieren ihre Brust; die nackten Handgelenke sind mit funkelnden Diamanten geschmückt. Das Gewand tritt aus dem „fond tout noir" hervor und zeigt sich „étoilée de fleurs rouges", mit einem Ornamentmuster bestickt, dessen symbolische Funktion verschlüsselt bleibt und das sich somit als bloßes ästhetisches Anschauungsobjekt manifestiert.[86] Auch sichtbar wird nun der „grand manteau de pourpre sombre"[87], der den Schritten der Frauenfigur wellenartig folgt. Doch die Leere der aus dem Hintergrund in das Rampenlicht tretenden schwarzen Erscheinung füllt sich nicht etwa mit einer farbenfrohen Lebendigkeit, sondern mit einem in schillernden Farben glänzenden artifiziellen Schein. Stärker als zuvor offenbart sich Salammbô als wandelndes Idol, als Kunstfigur. So weichen die Hauptleute zurück, als sie an ihnen vorbei schreitet, ganz so wie es der Betrachter eines berühmten Kunstwerks tut, um es auf sich wirken zu lassen.[88] Es ist ein Schein des Todes, der von der Kunstfigur ausströmt, kündigt doch das Bild des halbgeöffneten Granatapfels bereits den geöffneten Mund der Todesszene an.[89] Dass das Treppendekor im Auftritt der Titelheldin in der ersten Szene bereits ihren Abgang in der letzten Szene spiegelt, dass Erscheinung und Tod durch einen künstlerischen Handgriff

86 Ebd.

87 Ebd.

88 Vgl. ebd.

89 Wenngleich der Granatapfel im Allgemeinen als sinnliches Fruchtbarkeits- und Liebessymbol fungiert und bereits im Vorderasien des 7. Jahrhunderts an Goldplättchen angebracht und die Stirn hinabhängend die Köpfe nackter Astartefiguren schmückt, ist er ebenso Symbol des Todes. Im Mythos der Persephone wird die Kore nach dem Genuss von sieben Granatapfelkernen für vier Monate des Jahres an das Totenreich gebunden. Als Opfergabe an Persephone schmückt der Granatapfel in der Alten Welt zahlreiche Grabreliefs. Den Verstorbenen in der Hoffnung auf ein jenseitiges Weiterleben oder eine Wiedergeburt mit ins Grab gegeben, ist der Granatapfel im frühen Toten- und Gräberkult noch immer Symbol von Leben und Fruchtbarkeit, um schließlich im christlichen Glauben die Funktion eines Auferstehungssymbols einzunehmen. Vgl. Friedrich Muthmann, *Der Granatapfel. Symbol des Lebens in der Alten Welt*, S. 35 f., S. 72–92. Der mit einem halbgeöffneten Granatapfel verglichene Mund Salammbôs ist somit ambivalent: Als Todesbote erscheint der Granatapfel gerade in seiner Funktion als Liebessymbol, kündigt er doch die sinnliche Transgression der Titelfigur an. Auch die Schlussszene des Romans nimmt beide Bedeutungen des Granatapfels wieder auf: Einerseits wird Salammbô in das ‚Totenreich' befördert. Andererseits scheint ihre Existenz nach dem Tod gesichert, wird sie doch als statueskes Kunstwerk in der künstlerischen Form des Todesfalls verewigt. Vgl. Kap. 3.4. Auch Creuzer nimmt in seiner berühmten Abhandlung Bezug auf den Granatapfel, den er als Fruchtbarkeitsemblem interpretiert. Vgl. Georg Friedrich Creuzer, *Religions de l'antiquité, considérées principalement dans leurs formes symboliques et mythologiques*, Bd. II, 3. Teil, S. 941.

verbunden werden, zeigt sich nicht zuletzt in den leuchtenden Steinen, die die Schuppen einer Muräne nachahmen und Salammbôs Brust zieren. Wie das Hinabschreiten von der Palasttreppe spiegelverkehrt das Hinaufschreiten auf die Schaubühne des Todes ankündigt, schreiten die den Oberkörper bedeckenden maritimen Schmuckstücke in der Todesszene hinab zum in Perlmuttfarben schimmernden, nun den Unterkörper verhüllenden Netz. Beide Schmuckstücke sind nicht nur der Galeerentreppe analoge Symbole der Macht, sondern darüber hinaus in höchster Weise artifizielle Objekte: Sie sind Nachahmungen von Fischschuppen und umhüllen den weiblichen Körper mit einem künstlichen Schein.

Die imposanten Treppenstufen des Herrscherpalastes und des Khamontempels, die die Errichtung und den Fall der Kunstfigur symbolisch inszenieren und in ihrer Verschiebung des Zuschauer- bzw. Leserblickes die einzelnen Tableaus perspektivieren, erweisen sich als zentrale Elemente des Bühnenbildes des Todes. Sie sind ein fest etablierter Bestandteil des romantischen Bühnendekors, das Flaubert aus zahlreichen Opern- und Theaterinszenierungen bekannt war. Während die Ebenholztreppe in ihrer geraden Positionierung beispielsweise an die massive, unter maurischen Bogenformen hindurch in eine endlos erscheinende Höhe führende Treppe erinnert, die Léger und Cicéri 1830 für den vierten Akt von *Hernani* entworfen haben, sind vor allem die großen panoramenartigen Bühnenbilder, die prachtvolle Palast- und Tempelbauten mit weiten Vorplätzen zeichnen, mit großen, oftmals opulent verzierten Treppen ausgestattet. Beispielhaft sind die Bühnenbilder, die Séchan 1835 für den fünften Akt von *La juive* kreierte, das vom Atelier Séchan entworfene Dekor für den zweiten Akt von *Les martyrs* (1840) sowie Cambons Entwurf für den zweiten Akt von *L'enfant prodigue* (1850). Daneben dienen imposante Rundtreppen, wie sie beispielsweise den *salon d'attente* des königlichen Palastes in Stockholm für das von Philastre und Cambon entworfene Bühnenbild des ersten Akts von *Gustave III* (1833) zieren, der Inszenierung aristokratischer *grandeur* im majestätischen Hinabschreiten.[90]

Für die Schlussszene von Flauberts Roman sei schließlich auf zwei weitere romantische Bühnenbilder verwiesen: die bereits evozierte Rundtreppe aus Alfred de Vignys *Chatterton* sowie die zwei seitlich vor der Fassade eines prächtigen, in bunten Farben angestrichenen und mit zahlreichen Blumen, Figuren und Vögeln verzierten Palastes zusammenlaufenden Treppen, die Cicéri 1822 für den ersten Akt von *Aladin ou La lampe merveilleuse* entwarf (Abb. 12). Als

90 Catherine Join-Diéterle sieht im barocken Bühnenbild des schwedischen Königspalastes die Treppe des französischen Königs in Versailles gespiegelt. Vgl. *Les décors de scène de l'Opéra de Paris à l'époque romantique*, S. 178.

ABBILDUNG 14 *Charles Séchan,* La juive *: esquisse de décor de l'acte V, 1835.*

ABBILDUNG 15 *Cicéri et Léger,* Théâtre Français. Hernani, *1830.*

Teil des bürgerlichen Interieurs führt die Rundtreppe in *Chatterton* zum abgetrennten Zimmer des toten Künstlers, um im Anschluss als Schauplatz des ostentativen Todessturzes der Kitty Bell zu dienen. Während das starre Hinabschreiten Salammbôs von der Palasttreppe mit jenem leidenschaftlichen Sturz der aufgelösten romantischen Heldin kontrastiert, kann eine Szene aus Mâthos ‚Spießrutenlauf' durch die Straßen Karthagos als ironischer Rückverweis auf den berühmten Treppensturz gedeutet werden:

> L'escalier de l'Acropole avait soixante marches. Il les descendit comme s'il eût roulé dans un torrent, du haut d'une montagne ; trois fois on l'aperçut qui bondissait, puis en bas, il retomba sur les deux talons.[91]

Der Sturz des männlichen Kriegers, der erst am Beginn der passiv erlittenen Todesqualen steht, erscheint im ironischen Licht des pathetischen (und durch die Schauspielerin Marie Dorval eigens inszenierten)[92] weiblichen Liebestodes. Auch die Bugspitzen, die die Treppe des prunkvollen Palastes schmücken, drohen Mâtho bereits in der ersten Szene aufzuspießen. Nachdem Mâtho von Salammbô einen Weinkelch angeboten bekommen hat, der als todbringender Liebestrank gedeutet werden kann und eine Kampfszene mit Narr'Havas provoziert,[93] eilt er die Treppenstufen des Palastes hinauf zu der sich an ihrem oberen Ende verschließenden Tür:

> On le vit courir entre les proues des galères, puis réapparaître le long des trois escaliers jusqu'à la porte rouge qu'il heurta de tout son corps. En haletant, il s'appuya contre le mur pour ne pas tomber.[94]

Die mit einem schwarzen Kreuz versehene rote Tür antizipiert die in der Schlussszene erlittenen Todesqualen des Anti-Helden. Denn die in der Entwendung des göttlichen Schleiers erfolgte Transgression, das Überschreiten jener verbotenen Türschwelle, bedeutet den Tod. In ähnlicher Weise wie Salammbô während des Emporsteigens auf die Schaubühne ihres Todes kurz im Bühnendekor verschwindet, wird Mâthos Körper von den Galeerenspitzen umzingelt, um erneut am oberen Ende der ersten Treppe wie aus der Versenkung wiederaufzutauchen. Nach dem Aufstieg droht auch ihm der im Verb *tomber* angelegte Fall, der in der Schlussszene jedoch nicht wie bei Salammbô den Tod besiegelt, sondern den Todeskampf erst eröffnet.

Die bereits analysierten Bühnenbilder des Todes laufen schließlich in der Schlussszene des Romans zusammen, so wie die vor dem Khamontempel konstruierten „doubles escaliers qui montaient contre les murailles, en se

---

91 Gustave Flaubert, *Salammbô*, in: *OC III*, S. 833.

92 Vgl. Kap. 1.1.3.

93 In ähnlicher Weise wie in der späteren Zeltszene mit Mâtho, in der Salammbô eine leise Mordlust verspürt und zum Dolch ihres schlafenden Liebhabers greift, droht ihre Rolle als passive Kunstfigur, als petrifiziertes Idol, bereits an dieser Stelle umzukippen. Es scheinen jene biblischen *femmes fatales* der Judith oder Salome auf, die in der Figur Salammbôs amalgamiert sind.

94 Ebd., S. 585.

rapprochant par le haut“[95]. Im Unterschied zum architektonisch ähnlich angeordneten Bühnenbild von *Aladin* sind es jedoch keine exotischen Vögel oder in bunten Farben verzierte Tonvasen, die das Orientdekor schmücken, sondern jene in gespenstigen Gewändern gekleideten Priester, die in der Eingangsszene den Tod verkündeten: „Des files de robes blanches apparaissaient entre les colonnades, et l'architecture se peuplait de statues humaines, – immobiles comme les statues de pierre.“[96] Die zwischen den Säulen auftauchenden weißen Roben, unter denen sich keine lebendigen Körper zu verbergen scheinen, erinnern an die zwischen den Friedhofssäulen des verfallenen Klosters in *Robert le Diable* tanzenden toten Nonnen. Nicht nur Salammbô, auch die sie umgebenen Priesterscharen sind zu Statuen erstarrt und fügen sich in das Bühnendekor ein.

Der Khamontempel gleicht einem dreidimensionalen Bühnenbild, das in Salammbôs Aufstieg auf die Schaubühne des Todes eine szenische Revolution widerspiegelt: Um auf die Terrasse zu gelangen, muss Salammbô eine für den Zuschauer bzw. Leser nicht sichtbare Treppe hinaufsteigen. Der purpurfarbene Baldachin, unter dem Salammbô schreitet und der sie als unbelebtes Objekt verkörpert und zugleich verschwinden lässt, versinkt zwischen den Pylonen des Tempelbaus: „le grand dais de pourpre s'enfonça entre les deux pylônes.“[97] Tritt sie in der Eingangsszene hinter der Kulisse hervor, entschwindet sie nun in dieser. Es handelt sich jedoch nicht um einen flachen Bühnenprospekt, sondern um einen revolutionären, begehbaren *praticable*, der Salammbô — die zunächst unter dem Baldachin versteckt bleibt,[98] so wie sie kurze Zeit im Bühnendekor versteckt ist — „au premier étage“[99] befördert. Im Gegensatz zum Bühnenbild des 18. Jahrhunderts wird bereits dem romantischen Bühnenbild neben der dekorativen eine praktische Funktion zuteil. Die als Berge, Treppen oder Brücken in das Bühnenbild integrierten Kulissenelemente „permettent aux acteurs de circuler dans le décor, et non plus de jouer devant“[100]. Weiterhin erzielen die *praticables* realistische Effekte.[101] Insgesamt gewinnt das zu Beginn panoramenartige Bühnenbild an Dimensionalität, die sich später im

95 Ebd., S. 831.

96 Ebd.

97 Ebd.

98 „Il [le grand dais de pourpre, S. W.] reparut au premier étage.“ Ebd.

99 Ebd.

100 Jacqueline Razgonnikoff, „Le rôle des machinistes au XIXe siècle : l'exemple de la Comédie-Française dans la première moitié du siècle“, in: Barry Daniels, *Le décor de théâtre à l'époque romantique. Catalogue raisonné des décors de la Comédie-Française (1799–1848)*, S. 62.

101 Vgl. Florence Naugrette, *Le théâtre romantique. Histoire, écriture, mise en scène*, S. 255.

Diorama widerspiegeln soll. Schließlich illustriert die wie in eine Versenkung verschwindende („s'enfonça") Frauenfigur nicht nur eine bühnentechnische Revolution. In ihrer kurzzeitigen Unsichtbarkeit erweist sie sich einmal mehr als Chiffre für das Flaubertsche Kunstwerk, für die unsichtbare Präsenz ihres Schöpfers im Werk, der sich zwar mit dem nicht sichtbaren, allgegenwärtigen Gott im Universum vergleicht,[102] aber in Wahrheit aus dem Tod schöpft. Wenn Flaubert die Kunst in seinem berühmten Brief an Louise Colet als „seconde nature"[103] bezeichnet und sie als der von Gott geschaffenen Natur analoge *creatio* auffasst, so symbolisiert Salammbô als Kunstfigur ebenso das geschaffene Werk, in dem sie in Erscheinung tritt. Vor diesem Hintergrund gewinnt auch der eingangs zitierte „décor de théâtre", mit dem Flaubert die Orientlandschaft vergleicht, eine neue Bedeutung: Das künstliche Bühnenbild gleicht einer zweiten Natur. In den architektonischen Kulissenelementen, farbenprächtigen Verzierungen und detailgetreuen Requisiten, „dans tous les atomes"[104], ist die „impassibilité cachée et infinie" des Schöpfers fühlbar. Auch der von Flaubert geforderte Effekt des Kunstwerks auf seine Betrachter erinnert an jenen der großen Bühnenbilder: „L'effet, pour le spectateur, doit être une espèce d'ébahissement."[105]

Die Terrasse des Tempels ist wie eine Zuschauertribüne schräg angelegt und ermöglicht Salammbô so den uneingeschränkten Blick auf den Tempelvorplatz, auf dem Mâtho geopfert werden soll. Denn den drei langen Tischen für die Priester, die Ältesten und die Reichen ist ein vierter Tisch „plus haute" übergeordnet:

> [...] pour Hamilcar, pour Narr'Havas et pour elle ; car Salammbô par la restitution du voile ayant sauvé la Patrie, le peuple faisait de ses noces une réjouissance nationale, et en bas, sur la place, il attendait qu'elle parût.[106]

Die vier Tische können als Rückverweis auf die vier Etagen des Palastes und somit auf die erste Errichtung der Kunstfigur auf der Bühne gelesen werden. Im nachgestellten „et pour elle" wird der Frauenfigur zudem eine Sonderstellung zuteil. Wie sich später herausstellt, sitzt Salammbô auf der Tribüne über Narr'Havas und ihrem Vater, die sich „deux sièges plus bas"[107] befinden.

---

102 Der Autor sei „présent partout, et visible nulle part". Gustave Flaubert, Brief an Louise Colet vom 9. Dezember 1852, *Corr. II*, S. 204.

103 Ebd.

104 Ebd.

105 Ebd.

106 Gustave Flaubert, *Salammbô*, in: *OC III*, S. 829.

107 Ebd., S. 832.

Tatsächlich wird die weibliche Kunstfigur auf dem höchsten und zugleich am weitesten entfernten Platz der Bühne positioniert, „au fond, sur une espèce de trône taillé dans une carapace de tortue“[108]. Trat sie bei ihrer ersten Erscheinung vor der Kulisse des Palastes hervor, fügt sie sich nun erneut in den Hintergrund ein. In ihrer distanzierten Position ist das weibliche Idol, das von „[]anneaux trop lourds“[109] beladen und in sitzender Pose fixiert wird, Chiffre für die exotische Fremde des antiken, ausgelöschten Karthago. Trotz ihrer Position im Hintergrund nimmt Salammbô eine prominente Stellung im Bühnenbild ein. Sie markiert den höchsten Punkt im Tableau, von dem aus sich die beiden Bühnenbilder ihres Auftritts und Abgangs schließlich verbinden. Denn legt man die seitlich zulaufenden Treppen des als Spiegel der Eingangsszene fungierenden Schlusstableaus als Schablone über die gerade Ebenholztreppe des Palastes, so ergibt sie von oben betrachtet ein Kreuz. Seine horizontale Linie, die in der christlichen Symbolik eine Verbindung zum Göttlichen herstellt, führt über den dreistufigen Schemel hin zu Salammbô, dem *simulacre* Tanits, die das Ende des Kreuzes schmückt. Das Kreuz ist nicht nur symbolisches Bindeglied zwischen Irdischem und Himmlischem. Bereits in vielen altorientalischen Kulturen ist es Sinnbild für den Kosmos und die vier Himmelsrichtungen, die die kosmische Einheit bilden.[110] Als Symbol für das Kreuz findet sich die Zahl Vier in den vier Etagen des Palastes sowie den vier Tischen auf der Terrasse des Khamontempels wieder, zu denen jeweils die das Kreuz konstituierenden Treppen führen. Das Kreuz bildet somit den Grundriss für das große Ganze, das Gerüst für die im imposanten Bühnenbild hervorgebrachte „seconde nature“, den im Kunstwerk wiederbelebten antiken Orient. In dieser Funktion ist es bereits Zeichen des Todes, da das ausgelöschte Karthago nur im Raum der Kunst existieren kann. In ebenjenem Raum kündigt es schließlich auch den Tod der Kunstfigur an, die an seinem oberen Ende – einer Perversion des Kreuzigungstodes Christi gleich – wie an einem Pranger fixiert ist. Ist das Kreuz als Todessymbol bereits im *infime*[111], im kleinen Detail der roten

108 Ebd., S. 831.

109 Ebd.

110 Vgl. Hans-Günter Heimbrock, *Das Kreuz. Gestalt, Wirkung, Deutung*, S. 85–87. „Zur Darstellung der Einheit des gesamten Kosmos schien in vielen Kulturen insbesondere das Kreuz als Symbol der Zentralität aufgrund seiner visuellen Gestalt geeignet. Das hängt auch mit der elementaren Veranschaulichung der Vierzahl im Kreuzzeichen zusammen.“ Ebd., S. 86. Schon im Neolithikum und den frühesten Stadtkulturen des Orients erscheint das gleicharmige, sogenannte griechische Kreuz als „Symbol des Universums, des Himmels und der Erde mit den vier Richtungen.“ Johannes Maringer, *Das Kreuz als Zeichen und Symbol in der vorchristlichen Welt*, S. 108.

111 Vgl. Jacques Rancière, „Puissances de l'infime“.

Palasttüren angelegt, aus denen Salammbô bei ihrem ersten Auftritt erscheint, so wird es in der Todesszene zum synthetisierenden Symbol der beiden großen Bühnenbilder der Eingangs- und Schlussszene, in denen die Konturen des Todes bereits skizziert sind.

3.2 Die Schillernden Masken der Kunstfigur

Ses yeux polis sont faits de minéraux charmants,
Et dans cette nature étrange et symbolique
Où l'ange inviolé se mêle au sphinx antique,

Où tout n'est qu'or, acier, lumière et diamants,
Resplendit à jamais, comme un astre inutile,
La froide majesté de la femme stérile.

Charles Baudelaire,
„Avec ses vêtements ondoyants et nacrés…"

„Le piédestal est trop grand pour la statue."[112] Mit diesen Worten reagiert Flaubert auf die von Sainte-Beuve geäußerte Kritik, dass sich Salammbô in ihrer Leidenschaftslosigkeit und Opazität dem Interesse des Lesers entziehe und es nicht vermöge, bei ebenjenem einen Affekt auszulösen. Anstatt „le mobile du livre et de l'action" zu konstituieren, rufe die Titelheldin des Karthagoromans keine innere Bewegtheit hervor, „elle n'anime rien et, au fond, n'intéresse pas."[113] Im Vergleich mit den mythologischen Frauenfiguren der Dido oder Medea, jenen „créations enchanteresses et immortelles", die sich in der literarischen Bearbeitung vor Leidenschaft verzehren („dévorées d'amour") und den Leser rühren, wird Flauberts karthagische Prinzessin von Sainte-Beuve in erster Linie als „bizarre", jenseits der Norm und des Gewohnten, wahrgenommen.[114]

112 Gustave Flaubert, Brief an Sainte Beuve vom 23.-24. Dezember 1862, *Corr. III*, S. 284.

113 Charles-Augustin Sainte-Beuve, „*Salammbô*, par M. Gustave Flaubert", in: *Le Constitutionnel*, 22. Dezember 1862, in: Gustave Flaubert, *OC III*, S. 963. In ähnlicher Weise wird die Figur der Salammbô von Froehner wahrgenommen: „Salammbô n'est pas une fille de la terre ; c'est un être hors nature et trop haut placé pour qu'il puisse intéresser le lecteur de ce bas-monde." Guillaume Froehner, „Le roman archéologique en France", in: *Revue contemporaine*, 31. Dezember 1862, in: Gustave Flaubert, *OC III*, S. 981 f.

114 Charles-Augustin Sainte-Beuve, „*Salammbô*, par M. Gustave Flaubert", in: *Le Constitutionnel*, 22. Dezember 1862, in: Gustave Flaubert, *OC III*, S. 963. Vgl. Pierre Larousse, *Grand*

Sie bricht mit den Erwartungen der zeitgenössischen, von den Konventionen der romantischen Vorgänger geprägten Leserschaft. Salammbô sei „piquante“[115]; in ihrer erotischen Anzüglichkeit erregt sie Anstoß und schockiert. Ihre „déguisements mythologiques“[116] verhüllen keine romantische Innerlichkeit, keine mit moralischen Maßstäben zu bewertende Subjektivität, sondern sie erweisen sich als leerer Schein. Erwähnenswert ist allerdings, dass Flauberts Frauenfigur von Sainte-Beuve an anderer Stelle in den „signes avant-coureurs de l'amour“ Chateaubriands Velléda und Atala angenähert wird.[117] Diesem Vergleich widerspricht Flaubert vehement:

> Quant à mon héroïne, je ne la défends pas. Elle ressemble selon vous à une « Elvire sentimentale », à Velléda, à Bovary. Mais non ! Velléda est active, intelligente, européenne, Mme Bovary est agitée par des passions multiples. Salammbô, au contraire, demeure clouée par l'idée fixe. C'est une maniaque, une espèce de saint Thérèse ? N'importe ! Je ne suis pas sûr de sa réalité. Car ni moi, ni vous, ni personne, aucun Ancien et aucun Moderne ne peut connaître la femme orientale par la raison qu'il est impossible de la fréquenter.[118]

Die romantische Subjektivität der Frauenfiguren eines Chateaubriand wird in Flauberts Roman aufgekündigt. Den in der Epoche der Romantik neubewerteten menschlichen Affekten, die im selbst gewählten Tod einer Velléda, dem frühen Typus der *femme fatale*, oder einer Atala, dem Typus der geheimnisvollen religiösen Märtyrerin, gesteigert werden, stellt Flaubert mit Salammbô eine kühle, hieratische Kunstfigur gegenüber. Erscheint der zu groß geratene Statuensockel auf den ersten Blick als apologetisch eingeräumter Fehler, der mit „cent pages de plus relatives à Salammbô, seulement“[119] beseitigt werden könne, so ist doch zu fragen, ob die im Postament verbildlichte artifizielle Erhöhung der statuesken Frauenfigur nicht vielmehr intendiert

---

Dictionnaire universel du XIXe siècle, Bd. II, s. v. „bizarre, adj.“, S. 781: „Fantasque, singulier, extravagant, en parlant des personnes et des choses. [...] – Par ext. Etrange, extraordinaire, étonnant [...].“

115 Charles-Augustin Sainte-Beuve, „*Salammbô*, par M. Gustave Flaubert“, in: *Le Constitutionnel*, 22. Dezember 1862, in: Gustave Flaubert, *OC III*, S. 963.

116 Ebd.

117 Charles-Augustin Sainte-Beuve, „*Salammbô*, par Monsieur Gustave Flaubert“, in: *Le Constitutionnel*, 15. Dezember 1862, in: Gustave Flaubert: *OC III*, S. 949.

118 Gustave Flaubert, Brief an Sainte-Beuve vom 23.-24. Dezember 1862, *Corr. III*, S. 276 f.

119 Ebd., S. 284.

ist.[120] Die Passio, deren Bedeutungswandel Erich Auerbach von einem durch Aristoteles geprägten passiv empfangenen Leiden, über die stoische, Unruhe stiftende *perturbatio*, die *gloriosa passio* des christlichen Märtyrers bis hin zur modernen Liebesleidenschaft (auch Selbstliebe im Sinne von *gloire* und *ambition*) auf exzellente Weise nachgezeichnet hat[121] und die noch Emma Bovary – wenngleich vergebens – in der Ehe, der Liebe und der Religiosität zu erfüllen sucht, ist in der Figur Salammbôs absent. Nicht nur dem Leser des Romans bleibt eine innere Regung verwehrt, auch Salammbô selbst erstarrt in der *idée fixe*, in einer inneren Unbeweglichkeit, wie das Verb *clouer* illustriert. An die Stelle der Leidenschaft rückt nunmehr der pathologische Zustand der Manie, der Besessenheit, die den unbestimmten, ins Unendliche schweifenden romantischen *vague des passions* ebenso auslöscht wie das objektgebundene, aktiv herbeigeführte Leiden einer Emma Bovary. Als *maniaque* erscheint Salammbô von jeglicher Norm und Erwartung entrückt, mit den Worten Sainte-Beuves gesprochen, *bizarre*.[122] Das Seelenleben der Besessenen, das gegen

---

120 Es ist anzunehmen, dass Flaubert einen derart schwerwiegenden Fehler im Vorfeld der Publikation seines Romans beseitigt hätte. Tatsächlich wurde der Roman, wie die anderen großen Werke des Romanciers, zahlreichen Überarbeitungen unterzogen, die vor allem im Hinblick auf die Figur der Salammbô mit nicht unwesentlichen Kürzungen einhergingen. Textgenetische Analysen der einzelnen Manuskripte konnten aufzeigen, dass Salammbô ursprünglich als leidenschaftliche, von unbestimmten *désirs* geleitete Frauenfigur konzipiert war, deren Liebe zu Mâtho sie schließlich einen romantischen Liebestod sterben ließ. Vgl. Geneviève Mondon, „Une éducation sentimentale ou le roman d'amour de Salammbô" (online) sowie die unlängst von Atsuko Ogane transkribierten Szenarien des Romans: „Plans et scénarios de *Salammbô*, classement et transcriptions" (online). Flauberts Aussage: „[...] on ne pèche jamais par *le trop*, mais *par le pas assez*" (Brief an Sainte-Beuve vom 23.-24. Dezember 1862, *Corr. III*, S. 284) erscheint bezüglich Salammbô aber auch seines präzisen Stils, der sich dem ausschweifenden romantischen *lyrisme* gegenüberstellt, höchst ironisch. In der Forschung wird Flauberts Apologie hinsichtlich der Titelheldin zumeist ernst genommen, vgl. Albert Thibaudet, *Gustave Flaubert*, S. 127: „Dans *Salammbô*, il y a bien Salammbô. Si elle tient plus de place dans le titre que dans le roman, c'est une faute, et Flaubert l'a reconnu."

121 Vgl. Erich Auerbach, „Passio als Leidenschaft".

122 Vgl. Pierre Larousse, *Grand Dictionnaire universel du XIX*^{e} *siècle*, Bd. X, s. v. „maniaque, adj.", S. 1075: „Par ext. Personne fantasque, bizarre, qui a des manies [...]." Als Synonym wird *lunatique* angegeben. Ebd. Vgl. ebd., s. v. „lunatique, adj.", S. 783: „Soumis aux influences de la lune, rendu fantasque, bizarre, changeant, par une influence qu'on attribuait autrefois à la lune [...]." In der Medizin wird die *manie* in ihrer Unberechenbarkeit als am meisten gefürchtete Form der *folie* aufgefasst. Vgl. ebd., s. v. „manie, s. f.", S. 1076: „[...] dans la langue médicale la *manie* est une des formes les plus redoutables de la folie. [...] Esquirol, Pinel, de Fodéré, Foville, Leuret définissent la *manie* un délire sans fièvre, accompagné ou non de fureur, et roulant sur une multitude d'objets. Quoique les difficultés

Ende des 19. Jahrhunderts zum Untersuchungsgegenstand der Mediziner avanciert, entzieht sich jeglicher Einsicht. Doch es ist gerade die im Innersten fixierte und unsichtbare, an kein Objekt des Außenraums gebundene Manie, die Flauberts Titelheldin auszeichnet. In ihrer statuesken *immobilité* und artifiziellen Gestalt, von ihrem Schöpfer wohl absichtlich auf dem zu großen Postament fixiert, wird Salammbô, so die These der nachfolgenden Ausführungen, zur Chiffre für das Flaubertsche Kunstwerk.

Wird bereits der Orient selbst durch die Maske der Bühnenbilder wahrgenommen, erscheint er nicht als historischer Ort, sondern als Kunstraum *par excellence*,[123] so stellt sich auch die *femme orientale* in den Augen Flauberts als Kunstfigur dar. Dass es unmöglich sei, mit ihr zu verkehren, erscheint auf den ersten Blick paradox, berichten doch zahlreiche Passagen der im Orient verfassten Briefe Flauberts von seinen sinnlich-amourösen, ja zum Teil erotischen Begegnungen mit verschiedenen Kurtisanen. Doch gerade die vielzitierte ägyptische Kurtisane und Tänzerin Kuchuk-Hanem, die Flaubert im März 1850 kennenlernt und mit der er eine Nacht verbringt, wird von ihm rückblickend zur Repräsentationsfigur der von jeglicher Passio befreiten, künstlich-maschinenartigen *femme orientale* erklärt. In einem langen, an Ostern 1853 verfassten Brief an Louise Colet, die aufgrund der im Orient erlebten amourösen Abenteuer eifersüchtig gestimmt ist, definiert und erläutert Flaubert seine Konzeption orientalischer Weiblichkeit, die in besonderer Weise die Titelfigur seines späteren Karthagoromans prägen wird. Anlässlich eines Gedichts aus der Feder des von den intimen Berichten seines Freundes inspirierten Louis Bouilhet mit dem Titel „Kuchiuk Hanem. Souvenir“ stellt Flaubert die Artifizialität der orientalischen Kurtisane heraus, die, wie er Louise Colet versichert, weder zu moralischen noch zu körperlichen Empfindungen im Stande sei:

> La femme orientale est une machine, et rien de plus ; elle ne fait aucune différence entre un homme et un autre homme. Fumer, aller au bain, se peindre les paupières et boire du café, tel est le cercle d'occupations où tourne son existence. Quant à la jouissance physique, elle-même doit être fort légère puisqu'on leur coupe de bonne heure ce fameux bouton, siège d'icelle. Et c'est là ce qui la rend, cette femme, si poétique à un certain point de vue, c'est qu'elle rentre absolument dans la nature.[124]

du sujet aient créé des désaccords dans leurs classifications, ils représentent généralement le maniaque comme un individu dont le désordre intellectuel pervertit presque toutes les facultés.“ Der *délire* gehe mit einer „prétendue insensibilité“ einher. Ebd.

123 Vgl. Kap. 3.1.

124 Gustave Flaubert, Brief an Louise Colet vom 27. März 1853, *Corr. II*, S. 282.

Es ist die Absenz der Triebhaftigkeit, die die orientalische Frau zum poetischen Sujet *par excellence* erhebt. Sie geht keinen körperlichen Bedürfnissen nach, sondern richtet ihren Körper als artifizielles Kunstobjekt her. Die sterbliche Natur des Körpers wird von der Maske der Schminke und dem Rauch des Tabaks verhüllt. Wenn Flaubert zu dem Schluss kommt, dass gerade die Verstümmelung der Sexualorgane den poetischen Charakter der Frau konstituiere, ja sie in die Natur zurückkehren ließe, so ist mit der Natur kein paradiesähnlicher Zustand unberührter Ursprünglichkeit gemeint. Bereits in Flauberts Wahrnehmung der orientalischen Landschaft als *décor de théâtre* manifestiert sich eine Überformung der Natur in einen anorganischen Kunstraum, den der Autor mit seinen Bühnenbildern in *Salammbô* in eine literarische Form überführt.[125] Doch in jenem Kunstraum, in den sich die sterile weibliche Kunstfigur einfügt, ist die Natur nicht gänzlich ausgelöscht. Dass die Natur in ihrer Zerstörungskraft immer wieder durchbricht, zeigt die gewaltsame weibliche Genitalverstümmelung – ein barbarischer Akt, der als kulturell-religiöses Ritual inszeniert ist. Auch in der bloßen Erscheinung der unnahbar wirkenden orientalischen Frau spiegelt sich die Natur wider. Schließlich lauert die Natur unter den künstlichen Masken der Schminke oder des Kostüms, die jene zu verhüllen und stillzulegen suchen.[126]

Das Weiblichkeitsbild, das Flaubert an dieser Stelle entwirft, steht den romantischen Konzeptionen orientalischer Sinnlichkeit, wie sie die Reiseberichte eines Chateaubriand (*Itinéraire de Paris à Jérusalem*, 1811) oder Nerval (*Voyage en Orient*, 1850) prägen, diametral gegenüber. Während das orientalische Frauenbild in Chateaubriands Kurzroman *Atala* an eine naturhaft-wilde Leidenschaftlichkeit geknüpft ist, die zwar bereits ihre Ursprünglichkeit verloren hat, sich aber noch im ästhetisierten exotischen Raum der Natur spiegelt, erscheint Flauberts typisierte *femme orientale* als artifizielles Idol in einer versteinerten, bühnenhaften Kunstlandschaft, die sich der

125 Vgl. Kap. 3.1.

126 Lucette Czyba verkennt in ihrer Interpretation der Textstelle als Beweis für die Misogynie, die sie Flaubert unterstellt, den poetischen Charakter der *femme orientale* als Kunstfigur. Flaubert reduziere „son existence à quelques gestes mécaniques de poupée", so Czyba. Indem Czyba Flauberts Begriff der *nature* als Gegenbegriff der Kultur – wie sie sich im „code culturel" von Weiblichkeit sowie in der „pratique prostitutionnelle" der Orientreisenden manifestiere – und die Rücktransformation der *femme orientale* in die *nature* als Schutz und einzigen Ausweg vor ihrer bedrohlichen und nicht dechiffrierbaren Existenz deutet, so reduziert sie selbst jene unter der Oberfläche verborgene Weiblichkeitskonzeption des Autors auf eine banale misogyne Aussage. *Mythes et idéologies de la femme dans les romans de Flaubert*, S. 127.

steinern-metallischen, anorganischen Anti-Natur Charles Baudelaires annähern lässt.[127]

Die orientalische Frau fungiert folglich nicht als sexuelles Fetischobjekt, auf das die imperialistischen Phantasmen des okzidentalen männlichen Blicks projiziert werden, wie etwa Edward Said oder Lucette Czyba behaupten.[128] Stattdessen wird sie zur Chiffre des Künstlers selbst erhoben, der sie nicht nur als Muse oder Inspirationsobjekt betrachtet, sondern in erster Linie als Identifikationsfigur. Nicht nur ihre Außenseiterstellung in der Gesellschaft rückt die orientalische Kurtisane in die Nähe des Künstlers. Vielmehr wird ihre sterile Regungslosigkeit zum Sinnbild künstlerischer *impassibilité*, wie sie den Stil Flauberts kennzeichnet.

In der künstlerischen Darstellungsform des Tanzes tritt die orientalische Frau selbst als *femme artiste* auf, die den Regeln der *impassibilité* zu folgen scheint:

> J'ai vu des danseuses dont le corps se balançait avec la régularité ou la furie insensible d'un palmier. Cet œil si plein de profondeurs, et où il y a des épaisseurs de teintes comme à la mer, n'exprime rien que le calme, le calme et le vide, comme le désert.[129]

In der Annäherung der orientalischen Tänzerin an das Meer und die Wüste manifestiert sich eine pathetische Erhöhung, die in ein unheimliches Vorstellungsbild umschlagen wird. Das Oxymoron der „furie insensible", mit dem die wiegenden Bewegungen der orientalischen Tänzerin jenen einer Palme angenähert werden, verweist auf eine inszenierte Passio, die auf keiner inneren Regung gründet, sondern nur im äußeren Schein besteht.[130] Auch das Auge

---

127 Vgl. Hans Robert Jauß, *Studien zum Epochenwandel der ästhetischen Moderne*, S. 141 ff.

128 Vgl. Edward W. Said, *Orientalism*, S. 207 f. Said konstatiert mit Blick auf Flauberts Erfahrungen im Orient „an almost uniform association between the Orient and sex." Ebd., S. 188. Lucette Czyba deutet Flauberts Faszination mit der *femme orientale* sowie seine Konzeption der Salammbô als „progrès de la misogynie et de la gynophobie dans son œuvre romanesque". *Mythes et idéologies de la femme dans les romans de Flaubert*, S. 157. Der Roman sei ein „procès de la femme fatale", ein Versuch des Autors, die Bedrohung durch ebenjene einzudämmen. Ebd.

129 Gustave Flaubert, Brief an Louise Colet vom 27. März 1853, *Corr. II*, S. 282 f.

130 Auch die äußere Regung des tanzenden Körpers ist eingeschränkt, wie Flaubert in seiner Beschreibung der mit weiten Hosen bekleideten und geschminkten orientalischen Tänzer konstatiert. Während sich Teile des Körpers konvulsiv und lasziv bewegen, erstarrt der Rest des Körpers in statuesker Unbeweglichkeit. Besonders das von der Maske der Schminke stillgestellte Gesicht erscheint ausdruckslos, ja *impassible*: „Les danseurs

der Tänzerin, das zwar eine Tiefe sowie Farbschichten, die so unergründlich wie das Meer erscheinen, aufweist, ist wie die exotische Natur selbst zu einem entfremdeten, leeren Raum geworden, in dem sich keine Innerlichkeit mehr zu spiegeln vermag. Der Blick in ihre Augen führt in eine stille, regungslose und tiefe Leere, für die der Raum der endlos wirkenden Wüste als Sinnbild steht. Als Symbollandschaften illustrieren sowohl die Wüste als auch das Meer eine unheimliche Abgründigkeit, eine enigmatische und zugleich undurchdringbare Tiefe. Die *femme orientale* erscheint als geschminkte Kunstfigur, deren Inneres sich als dunkler Abgrund erweist. Sie wird zum Sinnbild des im Flaubertschen Œuvre vielzitierten *trou noir*, das den grenzenlosen, sich in den romantischen Seelenlandschaften von Meer und Himmel spiegelnden Raum des *infini* in einen abtrünnigen, im Innersten verborgenen Raum des Todes umkehrt.[131] Wenn aus dem Inneren keine Passio herausströmen kann, so ist es einzig die äußere Form, die die Menschen im Orient konstituiert:

> À quoi tient donc la majesté de leurs formes, d'où résulte-t-elle ? De l'absence peut-être de toute passion. Ils ont cette beauté des taureaux qui ruminent, des lévriers qui courent, des aigles qui planent. Le sentiment de la fatalité qui les remplit, la conviction du néant de l'homme donne ainsi à leurs actions, à leurs poses, à leurs regards, un caractère grandiose et résigné. Les vêtements lâches et se prêtant à tous les gestes sont toujours en rapport avec les fonctions de l'individu par la ligne, avec le ciel par la couleur, etc.[132]

passent et reviennent, ils marchent remuant le bassin avec un mouvement court et convulsif. C'est un *trille de muscles* (seule expression qui soit juste). Quand le bassin remue, tout le reste du corps est immobile. Lorsque c'est au contraire la poitrine qui remue, tout le reste ne bouge. Ils avancent ainsi vers vous, les bras étendus, en jouant des crotales de cuivre, et la figure sous leur fard et leur sueur demeurant plus inexpressive qu'une statue. J'entends par là qu'ils ne sourient point. L'effet résulte de la gravité de la tête en opposition avec les mouvements lascifs du corps. Quelquefois ils se renversent tout à fait sur le dos par terre, comme une femme qui se couche pour se faire baiser, et se relèvent avec un mouvement de reins pareil à celui d'un arbre qui se redresse une fois le vent passé." Gustave Flaubert, Brief an Louis Bouilhet vom 15. Januar 1850, *Corr. I*, S. 571.

131 Die Nähe des leeren Innenraums zum Tod wird im Vergleich der von Flaubert bewunderten männlichen Köpfe mit einem „sépulcre vide" hervorgehoben. Während ihre äußere Form den Anschein macht, „les plus grandes pensées du monde" zu beinhalten, entpuppen sie sich bei einem Schlag auf den Kopf als leer. Gustave Flaubert, Brief an Louise Colet vom 27. März 1853, *Corr. II*, S. 283.

132 Ebd.

Das leere Innere, dem lediglich die Überzeugung von *fatalité* und *néant* innewohnt, wird in einer resignierten Form zur Darstellung gebracht, deren Größe sich gerade aus der Loslösung von jeglicher metaphysischen Hoffnung ergibt. Die Menschen des Orients treten in einem durch Linien und Farben kreierten Kunstraum auf, in dem der Himmel nicht etwa ein jenseitiges göttliches Reich darstellt, sondern mit der Farbe des Künstlers verbunden ist. Ihre Gesten, denen sich die Kleidungsstücke wie Kostüme anpassen, wirken wie künstlerisch inszenierte Bewegungen, die sich in den Kunstraum einfügen. In der locker sitzenden Kostümierung manifestiert sich eine *négligence*, die dem Kunstcharakter seine starre Form nimmt. Denn unter den linienartigen Bewegungen der Körper, die von weiten Kleidern verhüllt werden, verbirgt sich eine unergründliche Innerlichkeit, eine unendliche Leere, in der sich die äußere starre Form wie die konturlose Farbe aufzulösen scheint.[133]

Genauso wie sich der Orient, ja die ganze Welt in den Augen Flauberts als „œuvre d'art" präsentiert, als Raum der Poesie, „car elle gît en tout et partout",[134] fungiert auch der Körper der orientalischen Kurtisane als ästhetisches Darstellungsmedium der Kunst:

> Encore une légère considération sur les femmes, avant de causer d'autre chose (à propos des femmes orientales). La femme est un produit de l'homme. *Dieu a créé la femelle, et l'homme a fait la femme ;* elle est le résultat de la civilisation, une œuvre factice. Dans les pays où toute culture intellectuelle est nulle, elle n'existe pas (car c'est une œuvre d'art, au

133 In Flauberts Wahrnehmung kleiden sich die Menschen des Orients nicht mit Stoffen, sondern mit Farben: „Je n'ai *jamais vu* dans ma vie *rien* de luxueux, si ce n'est en Orient. On trouve là des gens couverts de poux et de haillons et qui ont au bras des bracelets d'or. Voilà des gens pour qui le beau est plus utile que le bon. Ils se couvrent avec de la couleur et non avec de l'étoffe. Ils ont plus besoin de fumer que de manger. – Belle prédominance de l'idée, quoi qu'on en dise." Gustave Flaubert, Brief an Louise Colet vom 29. Januar 1854, *Corr. II*, S. 520 f. In ähnlicher Weise wie Flaubert die Natur von Jaffa, in der sich „l'odeur des citronniers et celle des cadavres" vermischen (Brief an Louise Colet vom 27. März 1853, *Corr. II*, S. 283 f.), im Status des Vergänglichen wahrnimmt, ist das glanzvolle Schöne – in Form der goldfarbenen Armbänder – an dieser Stelle mit dem Zerfall verbunden, der sich in den abgetragenen Stofffetzen sowie den Läusen, die den Körper befallen, manifestiert. Im Glanz der Schmuckstücke und in den Farben der Kleider scheint die Idee des Schönen auf, die die vergänglichen Formen übersteigt. Obwohl die Menschen des Orients in Lumpen gehüllt sind, repräsentieren sie das ewige Schöne. Nicht ein materieller Reichtum, sondern eine ideelle Distinktion konstituiert den Luxus, den Flaubert im Orient wahrnimmt.

134 Gustave Flaubert, Brief an Louise Colet vom 27. März 1853, *Corr. II*, S. 284.

sens humanitaire ; est-ce pour cela que toutes les grandes idées générales se sont symbolisées au féminin ?).[135]

Flauberts Definition der Frau als Kunstwerk aus männlicher Hand ist nicht etwa als misogyne Abwertung der Frau als passives Objekt zu verstehen, sondern in erster Linie als scharfsinnige, ja modern zu bewertende Beobachtung der kulturellen Konstruktion von Weiblichkeit, wie sie später im *gender*-Begriff zusammengefasst werden sollte. Während der Frau in der westlichen Kultur eine politische Repräsentationsfunktion zugewiesen wird, die sich in den allegorischen Statuen der Republik[136] oder den Nationalfiguren einer Marianne oder Jeanne d'Arc manifestiert, ist zu fragen, ob die Frau im gesellschaftlichen Kollektiv des Orients – sofern ein solches überhaupt existiert – eine gesellschaftspolitische Rolle einnehmen kann.[137] Auch wenn sie hier sicherlich nicht im ironisch klingenden „sens humanitaire" als Symbolfigur für Freiheit und Bürgerrechte instrumentalisiert wird und eine *Liberté guidant le peuple*, wie sie Eugène Delacroix malte, im Orient undenkbar erscheint, so wird der *femme orientale*, deren faktische Realität bzw. Existenz zwar nicht gesichert ist, gleichwohl eine ästhetische Funktion zuteil.[138] Dies bedeutet nicht, dass die orientalische Frau in der literarischen Darstellung einzig als ästhetisches Darstellungsmedium fungiert. Wie an späterer Stelle anhand des Todesfalls der Salammbô aufzuzeigen ist, nimmt sie zumindest in der Imagination des Künstlers eine gesellschaftspolitische Funktion ein, deren Sprengkraft sich in Flauberts Spätwerk *Hérodias* entfalten wird. Zunächst soll jedoch Salammbôs bühnenhafte Inszenierung als Kunstfigur herausgestellt werden.

---

135 Ebd., S. 284 f.

136 Zu den weiblichen Allegorien der Republik vgl. Kap. 4.2.

137 Eine gesellschaftspolitische Funktion kann der Tänzerin und Kurtisane Kuchuk-Hanem zumindest aus der Perspektive Flauberts zugeschrieben werden, da sie als Prostituierte „die Kehrseite der verhaßten bürgerlichen Prüderie verkörpert und dennoch zugleich im Medium des Geldes, der erkauften Ersatzbefriedigungen, aufs tiefste in die Ökonomie dieses selben Bürgertums eingebunden ist." André Stoll, „Die Entführung des Eremiten in die Wüste", S. 409. Es ist zu fragen, welche Rolle die Kurtisane innerhalb der afrikanischen Gesellschaft einnimmt. Inwiefern fungiert ihr Körper als ökonomisches Wert- und Tauschobjekt?

138 Vgl. Bertrand Marchal, *Salomé entre vers et prose. Baudelaire, Mallarmé, Flaubert, Huysmans*, S. 164: „Kuchuk-Hanem l'Égyptienne, qui n'est pas pour rien la compatriote de saint Antoine, n'est pas seulement l'incarnation de l'Orient ; elle devient, à tous les sens du mot, la *figure* imaginaire d'un absolu littéraire […]." Kuchuk-Hanem, die nicht nur den Auftritt der Salammbô modelliert, sondern ebenso den Tanz der Salomé, sei laut Marchal das, was Hérodiade für Mallarmé darstellen wird: „la figure de la beauté moderne". Ebd., S. 165.

Der erste Auftritt Salammbôs in den Gärten des Palastes gleicht einer auratischen Epiphanie, die möglicherweise nach dem Vorbild der von einem Podest hinabschreitenden Kuchuk-Hanem modelliert wurde[139] und den Tod der Titelheldin präfiguriert.[140] Salammbô erscheint auf der höchsten Terrasse des Palastes, in nicht näher sichtbare „vêtements noirs"[141] verhüllt. Die Kunstfigur, die aus dem schwarzen Raum des Todes die Bühne betritt, wird zunächst unkenntlich gemacht. Dass der erste Auftritt seiner Titelheldin aus der Distanz erfolgen soll, zeigt Flauberts Resümee seines Romans, das wohl dem Libretto der geplanten Operninszenierung als Muster dienen sollte[142] und in dem Salammbô „au loin" die Bühne betritt.[143] Aus der Ferne ist die Frauenfigur nicht greifbar; ihre Erscheinung gleicht einer Traumvision, einem Phantasma. So wird Mâtho rückblickend auf seine Begegnung mit der karthagischen Prinzessin ihre Existenz anzweifeln:

> « [...] Elle est lointaine et tout inaccessible ! La splendeur de sa beauté fait autour d'elle un nuage de lumière ; et je crois, par moments, ne l'avoir jamais vue... qu'elle n'existe pas... et que tout cela est un songe ! »[144]

Wenngleich Salammbô in der männlichen Wahrnehmung wie ein distanziertes, wie von einer Lichtaureole umgebenes Idol wirkt, ist sie kein passives Kunstobjekt: Ihrer auratischen Erscheinung sind, wie Mâthos nachträgliche Beschreibung ihrer großen Augen, ihrer schillernden, von prunkvollen Schmuckstücken bedeckten Brust sowie ihres Duftes offenbart, Züge

139 Vgl. Gustave Flaubert, Brief an Bouilhet vom 13. März 1850, *Corr. I*, S. 605 f.: „Elle sortait du bain. Un grand tarbouch, dont le gland éparillé lui retombait sur ses larges épaules et qui avait sur son sommet une plaque d'or avec une pierre verte, couvrait le haut de sa tête, dont les cheveux sur le front étaient tressés en tresses minces allant se rattacher à la nuque ; le bas du corps caché par ses immenses pantalons roses, le torse tout nu couvert d'une gaze violette, elle se tenait debout au haut de son escalier, ayant le soleil derrière elle et apparaissant ainsi en plein dans le fond bleu du ciel qui l'entourait." Laut Bertrand Marchal präfiguriert die in der Höhe angelegte „[]apparition en gloire" der Kuchuk-Hanem die fulminanten Auftritte all jener „figures féminines impériales ou impérieuses des œuvres à venir", von Salammbô, über die Reine de Saba hin zu Hérodias, die allesamt aus der Froschperspektive wahrgenommen werden. *Salomé entre vers et prose. Baudelaire, Mallarmé, Flaubert, Huysmans*, S. 127.

140 Eine detaillierte Analyse des ersten Auftritts erfolgte in Kap. 3.1.

141 Gustave Flaubert, *Salammbô*, in: *OC III*, S. 581.

142 Vgl. Kap. 3.1.

143 Gustave Flaubert, *Résumé de „Salammbô"*, in: *OC III*, S. 927.

144 Gustave Flaubert, *Salammbô*, in: *OC III*, S. 598.

einer *femme fatale* eingeschrieben, die von Mâthos Seele Besitz ergreift und ihn innerlich verbrennt.[145] In Mâthos Erinnerung an die Begegnung mit der karthagischen Prinzessin erscheint die prunkvoll geschmückte, ebenso in ein schwarzes Kleid gehüllte Sarah Bernhardt vorskizziert, die auf einem Gemälde abgebildet ist, das oft Alphonse Mucha zugeschrieben wird, aber tatsächlich von Georges Clairins Darstellungen der Schauspielerin inspiriert zu sein scheint (Abb. 16). Der Maler ist unbekannt.[146] Sarah Bernhardts weit aufgerissenen, vom glänzenden Kopfschmuck umrahmten Augen starren den Betrachter des Bildes direkt an. Der Blick der Porträtierten ist auf unheimliche Weise geheimnisvoll und angsteinflößend. Es erscheint unmöglich, Salammbô aus der Nähe zu betrachten, selbst wenn sie sich ebenerdig und auf Höhe der Gärten zwischen den Tischen der Soldaten bewegt. So weichen die Männer vor ihrer Erscheinung zurück, als ob sie ein Kunstwerk aus der Distanz betrachten wollten.[147] Der Blick schweift schließlich vom funkelnden Haarschmuck über die den Körper zierenden glänzenden Edelsteine zu den Farb- und Musterdetails ihrer Kostümierung, die sich allesamt wie animierte Objekte selbst präsentieren, ja das Bild Salammbôs erst konstituieren. Ein Blick unter die Maske

145 „‚[...] Ses yeux me brûlent, j'entends sa voix. Elle m'environne, elle me pénètre. Il me semble qu'elle est devenue mon âme !'" Ebd. Unter der Maske des glanzvollen Schmucks strömt ein todesbringender Duft hervor, wie Mâtho im Gespräch mit Spendius konstatiert: „‚As-tu vu ses grands yeux sous ses grands sourcils, comme des soleils sous des arcs de triomphe ? Rappelle-toi : quand elle a paru, tous les flambeaux ont pâli. Entre les diamants de son collier, des places sur sa poitrine resplendissaient ; on sentait derrière elle comme l'odeur d'un temple, et quelque chose s'échappait de tout son être qui était plus suave que le vin et plus terrible que la mort. [...]' ‚Mais je la veux ! il me la faut ! j'en meurs ! [...]'" Ebd.

146 In Internetquellen wird angegeben, dass das Gemälde 1923 von Alphonse Mucha angefertigt worden sei. Vgl. http://pictify.com/328775/alphonse-mucha-sarah-bernhardt-1923 (29.03.2018). Auch auf der Bildplattform Pinterest wird das Gemälde Mucha zugeschrieben. Tatsächlich entwarf Mucha verschiedene Plakate der berühmten Schauspielerin. Für den Hinweis, dass das Porträt Sarah Bernhardts höchstwahrscheinlich nicht von Alphonse Mucha stammt, sondern möglicherweise von Georges Clairins Porträts der Schauspielerin inspiriert worden ist, danke ich der Mucha Foundation, die den künstlerischen Nachlass des Malers verwaltet und Zugang zu seinen privaten Aufzeichnungen hat. Die kuratorische Abteilung der Mucha Foundation geht davon aus, dass das Kostüm, in dem Sarah Bernhardt dargestellt ist, Victorien Sardous Drama *Theodora* zugordnet werden kann, das am 26. Dezember 1884 mit Sarah Bernhardt in der Titelrolle im Théâtre de la Porte Saint-Martin uraufgeführt wurde. Es existieren verschiedene Poster und Plakate, die Sarah Bernhardt im Kostüm der Theodora abbilden. Auch eine Red Cross Tea-Sammelkarte von etwa 1890, so die Mucha Foundation, zeigt die Schauspielerin als Theodora.

147 Vgl. Kap. 3.1.

ABBILDUNG 16 *Porträt von Sarah Bernhardt (nach 1884 als Théodora?), Maler unbekannt.*

ABBILDUNG 17 *Georges Jules Victor Clairin,* Sarah Bernhardt en Cléopâtre, *nach 1890.*

der Schmuckstücke, Schminke und Kleidung bleibt den Soldaten bzw. dem Leser verwehrt. Die natürliche Sinnlichkeit des weiblichen Körpers weicht einer schillernden, blendenden Künstlichkeit: Salammbôs Haar ist prunkvoll hochgesteckt und in einem „sable violet" eingefärbt, der Mund granatapfelrot geschminkt, die weibliche Brust mit bunt funkelnden Steinen bedeckt.[148] Die Arme sind mit Diamanten behangen, die Knöchel mit einem goldenen Keuschheitskettchen verbunden, sodass jegliche natürliche Bewegung stillgestellt ist.[149] Die glänzende Erscheinung der geschmückten karthagischen Prinzessin wirkt wie ein Modell für Georges Clairins Darstellung von Sarah Bernhardt in der Rolle der Kleopatra (Abb. 17).

---

148 Gustave Flaubert, *Salammbô*, in: *OC III*, S. 581.

149 Vgl. ebd.

In ihrer statuesken *immobilité* und kühl-distanzierten *impassibilité* ist Salammbô Chiffre für den Flaubertschen Stil. So vergleicht bereits Albert Thibaudet den ruhenden Satz, in dem ein „mouvement potentiel" angelegt ist und der den „génie du style" Flauberts ausmache, mit einer „grande sculpture".[150] Flauberts Romanwerk kennzeichnet nicht etwa eine dramatische Handlungsfolge nach dem Modell Balzacs, sondern „une succession de tableaux"[151], die in den bewegungslosen Standbildern seiner karthagischen Protagonistin, deren Masken und Gewänder in den einzelnen Tableaus ausgetauscht werden, verbildlicht ist. Die minutiös geplante syntaktische Komposition aufeinanderfolgender Bilder findet seinen Höhepunkt im Todestableau der Frauenfigur, das als autonomes Kunstwerk besteht und dem traditionellen Formverlust des weiblichen Todes eine neue, kühle Form verleiht, die ein subversives, modellbildendes Potential birgt.[152]

Auch in den Edelsteinen, die den weiblichen Körper schmücken und von denen ein artifizieller Schein ausstrahlt, spiegelt sich die Ästhetik Flauberts. Ihr Funkeln kreiert eine Distanz zum Betrachter, für den das schillernde Kunstwerk opak bleibt. Denn er wird geblendet vom Farbspiel der Mineralien und Kristalle, die als pseudochromatische Stoffe illusorische optische Effekte kreieren und in ihrer Reflexion von unterschiedlich leuchtenden Lichtstrahlen immer wieder zu einer neuen Betrachtung auffordern. Somit korrespondiert die Regungslosigkeit der Kunstfigur keinesfalls mit ihrer Wahrnehmung, da Letztere keinem beständigen Modell folgt, sondern stattdessen einem changierenden Perspektivwechsel unterworfen ist. Der direkte Blick unter die glänzende Oberfläche bleibt dem Betrachter verwehrt. Es ist die Aufgabe des Schriftstellers, jene steinern-mineralische, glattpolierte und zugleich glänzende Form in seinem Werk hervorzubringen, nämlich im Stil, der laut Flaubert „lisse comme un marbre et furieux comme un tigre"[153] sein solle. In ähnlicher Weise wie die Gewinnung und künstlerische Bearbeitung von Marmor ist die literarische Formgebung ein mühseliger Prozess, der ein ewig bestehendes, wertvolles Kunstwerk hervorzubringen vermag. Unter der feinkristallinen Oberfläche der „phrases marmoréennes", von denen bereits Sartre in Bezug auf *Salammbô* spricht,[154] verbirgt sich eine Bewegung, die im Furor des Tigers versinnbildlicht ist. Sie ist ambivalent, wird sie doch gerade in den

150 Albert Thibaudet, *Gustave Flaubert*, S. 266.

151 Ebd.

152 Vgl. Kap. 3.4.

153 Gustave Flaubert, Brief an Ernest Feydeau von Anfang Februar 1859, *Corr. III*, S. 14.

154 Vgl. Jean-Paul Sartre, *Notes sur „Madame Bovary"*, S. 685: „Les phrases marmoréennes qui, en fait, néantisent (surtout dans *Salammbô*)."

Szenen extremer Gewalt von den ruhig wirkenden statuesken Sätzen getragen und maskiert, die im Gegensatz zur formlosen Masse der auf dem Kriegsfeld aneinandergereihten getöteten Soldaten niemals ihre marmorhafte Form verlieren. Wie seine auf einem Podest platzierte Kunstfigur nimmt auch die Flaubertsche Erzählinstanz eine distanzierte Position ein. Seine Erzählhaltung, die gemeinhin mit dem Begriff der *impassibilité* charakterisiert wird, kann ebenso wie Salammbô durch die Kälte des Marmorgesteins repräsentiert werden. Salammbô ist Chiffre für Flauberts Ästhetik einer *écriture froide*, für die sich der Autor in einem Brief an Louise Colet ausspricht: „Il faut écrire plus *froidement*. [...] Tout doit se faire à froid, posément.“[155] Im Adverb *posément* evoziert Flaubert nicht nur den langandauernden, wohlüberlegten Prozess literarischer Komposition. Darüber hinaus kann *posément* im Sinne von *gravement* verwendet und der Schwere der statuesken, unbeweglichen Kunstfigur angenähert werden.[156] Ein Blick auf den etymologischen Ursprung des Verbs *poser* stellt eine noch deutlichere Verbindung zur Figur der Salammbô her: Aus den vulgärlateinischen bzw. klassischlateinischen Verben **pausare* bzw. *ponere* hervorgegangen, trägt *poser* zunächst die Bedeutung von ‚ensevelir‘, um später die starr-artifizielle Körperhaltung des vor dem Künstler posierenden Modells zu bezeichnen.[157] Es ist die Figur der Salammbô, die Flaubert nachträglich Modell steht für sein bereits Jahre zuvor postuliertes Ideal eines kühl-distanzierten Stils. In ein künstliches Gewand gehüllt, im ewigen Raum der Kunst begraben (*ensevelie*), wird sie vor Vergänglichkeit und Zerfall bewahrt. Dennoch konstituiert sich Salammbôs Artifizialität nicht allein aus dem Marmorhaften. Die glatte Marmorform der klassischen Antike wird in der Figur Salammbôs mit dem Ornamentalen des Orients als ‚andere‘ Antike überlagert. Es sind die reich verzierten Kostüme und die funkelnden Schmuckstücke, die der statuesken Form eine potentielle Bewegung einschreiben. Tatsächlich droht die marmorhafte, mit schillernden Masken überzogene Form an mehreren Stellen aufzubrechen, allen voran im Tanz mit der Schlange sowie während der Zeltszene mit Mâtho.

---

155 Gustave Flaubert, Brief an Louise Colet vom 27. Februar 1853, *Corr. II*, S. 252. Interessant ist, dass Flaubert als Illustration seiner Aussage das Beispiel der Tötung des Duc de Berry durch Louis-Pierre Louvel vor der Pariser Oper am 13. Februar 1820 wählt: „Quand Louvel a voulu tuer le duc de Berry, il a pris une carafe d'orgeat, et n'a pas manqué son coup.“ Ebd. Es ist die kühle Geste des Messerstichs, die dem Federstrich des Schriftstellers als Vorbild dient.

156 Vgl. Le Grand Robert de la langue française, s. v. „posément, adv.“

157 Vgl. ebd., s. v. „poser, v.“. Für das Adjektiv *posé* ist darüber hinaus die Bedeutung von ‚froid‘ vermerkt, vgl. ebd., s. v. posé, ée adj.“

Als Vorbild für den steinern-kühlen, glattpolierten Stil nimmt Flaubert den Dichter Amédée Pommier wahr, dessen *Colifichets. Jeux de rimes* er mit großer Begeisterung mehrfach gelesen hat. In einem Brief an Pommier lobt Flaubert dessen Gedichte als Juwelen („joyaux“[158]); sein Stil sei „clair et dense comme du diamant“[159]. Pommiers Dichtung wird zum Kunstwerk *par excellence* erhoben:

> Les œuvres d'art qui me plaisent par-dessus toutes les autres sont celles où l'art *excède*. J'aime dans la peinture, la Peinture ; dans les vers, le Vers. Or s'il fut un artiste au monde, c'est vous. Tour à tour, vous êtes abondant comme une cataracte et vif comme un oiseau. Les phrases découlent de votre sujet naturellement et sans que jamais on voie le *dessous*. Cela étincelle et chante, reluit, bruit, et résiste.[160]

Im Vergleich des Stils mit einem Wasserfall, dessen Absturz durch die Formung von Gesteinsschichten bedingt ist, bedient sich Flaubert erneut dem Sinnbild der glänzenden Oberfläche, an der sich der Blick des Lesers bricht. Konstituieren die Verse zwar keinen direkt durchschaubaren Sinn, so ergibt sich aus ihrem Glanz und ihrer Klangfülle gleichwohl ein ästhetischer Genuss. Es ist das Unsichtbare, Rätselhafte, das unter der künstlerischen Form verborgen und zugleich durch sie verewigt ist. Einen Rückbezug zum eingangs zitierten Statuensockel, der Flauberts weibliche Kunstfigur einer religiösen Erhöhung gleich in der erhabenen Sphäre der in seiner Korrespondenz nicht selten mit einer Majuskel geschriebenen Kunst[161] positioniert, bietet Pommiers Gedicht *Pygmalion*. Die zum Leben erweckte geliebte Statue des berühmten Künstlers löst sich aus ihrer hieratischen Pose als unbewegtes Idol[162]:

---

158 Gustave Flaubert, Brief an Amédée Pommier vom 8. September 1860, *Corr. III*, S. 110.

159 Ebd., S. 111.

160 Ebd.

161 Vgl. z. B. Gustave Flaubert, Brief an Louise Colet vom 20. Juni 1853, *Corr. II*, S. 357: „La haine que je vois partout, portée à la poésie, à l'Art pur, cette négation complexe du Vrai me donne des envies de suicide.“ Vgl. auch den oben zitierten Brief, in dem *Peinture* und *Vers* großgeschrieben werden.

162 Wenn sich Salammbô während der Verführungsszene im Zelt aus ihrer statuesken Regungslosigkeit löst, ist die prunkvoll ausstaffierte Kunstfigur nicht von ihren ornamental-artifiziellen Masken befreit. Die entkleideten Beine der Frauenfigur, deren Bewegung nicht mehr durch das aufgebrochene Keuschheitskettchen stillgestellt ist, werden von Mâtho mit dem *zaïmph* verhüllt, der zwar nunmehr als „simple tapis“ entweiht ist, aber dennoch die Funktion der Maskierung der Kunstfigur einnimmt. Gustave Flaubert, *Salammbô*, in: *OC III*, S. 741.

Vers son Pygmalion, aimante, elle se penche,
Et, premier mouvement de son instinct vital,
Pour se donner à lui, quitte son piédestal.[163]

Interessant ist nun die Wertung, die der Sprecher des Gedichts über die von Pygmalion erbetene Transformation seiner Statue in eine lebendige Frau unternimmt: So sei ihm der Wunsch, „un marbre, immutablement [sic] beau, / En un être vivant et sujet au tombeau" zu verwandeln, stets „bête" erschienen.[164] Denn es ist doch gerade die künstlerische Form der Statue, der „marbre dur", der den „type inaltérable et pur" der Galatea zu fixieren und sie vor den „dégoûts de la décrépitude" zu bewahren vermag.[165]

Die statueske Form schützt vor dem Tod. Gleichzeitig ist ihr der Tod eingeschrieben. Wie Michel Serres überzeugend aufzeigt, fungiert die Statue als „boîte noire"[166], die den menschlichen Leichnam enthält. Sie fixiert den sterblichen, zerstörbaren Körper und macht ihn zu einem unverwüstlichen Objekt: „Objectivant le sujet, la mort lui donne l'objet à condition qu'il le travaille. Comment nommer ce gisement, cette instance stable, sinon une statue ?"[167] Die Statue verleiht dem Unsagbaren, dem nicht greifbaren Tod eine Form. Indem sie der Sprache vorausgeht, ja sich außerhalb des Logos befindet, ist sie in ihrer Essenz mit dem Schweigen verbunden:[168] „L'essentiel de celle-ci, l'être de sa substance, est le silence."[169] Es sind die geöffneten Lippen Salammbôs, die in ihrer Todesszene auf ebenjene Sprachlosigkeit verweisen werden, die Tod und Statue inhärent sind.

Der dem natürlichen Zerfall geweihte menschliche Leichnam wird in eine solide, künstliche Form transformiert. Das Künstliche verhüllt den Tod, nicht nur in Form der vom Bildhauer geschaffenen steinernen Skulptur, sondern ebenso in Form von Schminke und Kostümierung. In seinem „Éloge du maquillage" aus dem berühmten 1863 publizierten Essay *Le Peintre de la vie moderne* verhandelt Charles Baudelaire die artifiziellen Masken der Frau, allen voran ihre Schminke, aber auch die Mode und den Schmuck, als der Natur gegenübergestellte Kunstformen. Baudelaire, dessen Gedichte Flaubert sehr bewunderte und dessen Ästhetik seiner eigenen in vielen Punkten nahe steht,

163 Amédée Pommier, *Pygmalion*, in: *Colifichets. Jeux de rimes*, S. 106.

164 Ebd.

165 Ebd., S. 107.

166 Michel Serres, *Statues. Le second livre des fondations*, S. 328.

167 Ebd., S. 48.

168 Vgl. ebd, S. 338. Es ist schließlich die Statue, die die Sprache hervorbringt: „Nos idées nous viennent des idoles, le langage même l'avoue". Ebd., S. 49.

169 Ebd., S. 340.

hebt die „majesté superlative des formes artificielles" hervor, die im „brillant", in farbenprächtigen Federkleidern sowie glänzenden Stoffen einen scharfen Kontrast zum „réel" bilden.[170] Jene materielle Wirklichkeit wird durch die künstlichen Formen ausgespielt und abgewertet. Der naive Blick – repräsentiert durch den Wilden und das Kind –, der sich zu den glanzvollen Formen hingezogen fühlt, ist Zeichen einer „[ ]immaterialité" der Seele, einer Innerlichkeit, die in den artifiziellen Stoffen und Schmuckstücken, in der „haute spiritualité de la toilette", ausgestaltet ist.[171] Die Mode, in der sich stets der „goût de l'idéal" spiegelt, unternimmt eine „déformation sublime de la nature", die von der Frau verkörpert wird:[172] Es sei ihre Aufgabe, sich über die Natur zu erheben, „magique et surnaturelle" zu erscheinen.[173] Baudelaire bezeichnet die Frau als „idole", die sich wie eine Kultfigur schmücken müsse „pour être adorée".[174] Denn um als göttliches Simulakrum verehrt zu werden, ist es notwendig, die „fragile beauté", die ihrer menschlichen, sterblichen Natur inhärent ist, zu festigen und zu verewigen („consolider et diviniser").[175] Wie der romantische Künstler kann sich die Frau der großen Palette künstlerischer Darstellungsmittel bedienen, „emprunter à tous les arts les moyens de s'élever au-dessus de la nature".[176] Die künstlerischen Gestaltungsmittel, die Baudelaire in seiner Definition der modernen Kunst evoziert – in ihrer materiellen Form als Farbpartikel, die durch den Pinsel des Malers oder den Schminkpinsel der Frau aufgetragen werden, – verwandeln das Gesicht der Frau, das in seiner scheinhaften Ausdruckslosigkeit Interesse weckt, in eine Projektionsfläche. Bereits etymologisch erscheint der *maquillage* als künstlerisches Darstellungsmittel, das zunächst als „[t]erme de coulisse" im Bereich des Theaters Verwendung findet, wo es der Verwandlung – zumeist der Verjüngung – des Schauspielers dient[177] und seine durch Sprache und Gesten vermittelten Affekte auf der Bühne verstärkt. Indem der Puder das von den Unebenheiten der Natur gezeichnete Gesicht in eine „unité abstraite" transformiert, die den Menschen der Statue und somit einem „être divin et supérieur" annähert, schafft es eine weiße Leinwand, eine künstlerische Kulisse, vor der die einzelnen

170 Charles Baudelaire, *Le Peintre de la vie moderne*, in: *OC II*, S. 716.

171 Ebd.

172 Ebd.

173 Ebd., S. 717.

174 Ebd.

175 Ebd.

176 Ebd. Vgl. Baudelaires Definition der modernen Kunst in „Qu'est-ce que le romantisme ?": „Qui dit romantisme dit art moderne, – c'est-à-dire intimité, spiritualité, couleur, aspiration vers l'infini, exprimés par tous les moyens que contiennent les arts." Charles Baudelaire, *Salon de 1846*, in: *OC II*, S. 421.

177 Émile Littré, *Dictionnaire de la langue française* (1872–77), s. v. „maquillage, s. m.".

Elemente des Gesichts in Szene gesetzt werden können.[178] Die Puderpartikel legen die Natur still, sie überlagern sie mit einer künstlichen Maske, die dem Schutz vor der Vergänglichkeit dient. Als beständige Form verhilft die Maske dem Gestaltlosen, nämlich der Innerlichkeit, zu einer Darstellung. So fungiert sie nicht etwa als Leinwand des Todes – wenngleich sie die Frau in eine von jeder natürlichen Lebendigkeit entfernte Kunstfigur verwandelt –, sondern als Untergrund der durch die Farben Rot und Schwarz repräsentierten „vie surnaturelle et excessive“[179]. Während der schwarze Kajal den Augen eine Tiefe sowie eine Kontur verleiht und einem Fensterrahmen gleich den Blick ins *infini* öffnet, in einen grenzenlosen Raum, der der „aspiration vers l’infini“[180] des romantischen Künstlers nahekommt, verweist das Rouge der Wangen auf die „passion mystérieuse“ der als „prêtresse“ bezeichneten Kultfigur, also auf eine im Innersten verborgene, unsichtbare Leidenschaftlichkeit, die durch die rote Farbe veranschaulicht wird. In Flauberts Karthagoroman sind es insbesondere die Hintergrundprospekte der einzelnen Tableaus, in denen die Farben Rot und Schwarz dominieren. Sie verweisen sowohl in den klar konturierten schwarzen Kreuzen, die auf den roten Palasttüren Hamilcars angebracht sind, als auch im konturlosen, ausschweifenden Rot, mit dem die Kriegsfelder eingefärbt sind und das die den Bildrahmen sprengende rote Farbe von Eugène Delacroix’ *Mort de Sardanapale* (1827) evoziert, auf den Tod.[181] Seine Präsenz drängt sich dem Betrachter in seiner grellen, kruden Farbigkeit auf.

Sowohl die Verwandlung der Frau in eine von der Natur entfernte Kunstfigur, deren Masken sie vor der Vergänglichkeit des Todes bewahren, als auch die unter ebenjenen Kunstformen verhüllte Innerlichkeit, die erst mit Hilfe der ‚Totenmasken‘ zu einer Darstellung gelangen kann, scheinen in Flauberts Frauenfigur vereint zu sein. Wenn Salammbô im Kapitel „Le serpent“ für die Verführungsszene im Zelt des Söldnerkriegers Mâtho geschminkt und hergerichtet wird, verwandelt sich der zunächst entkleidete Körper in ein ornamentales Kunstwerk, das unter seinen Artefakten eine im ekstatischen Tanz mit der Schlange aufscheinende Sinnlichkeit verbirgt, die sich gerade durch

---

178 Es ist denkbar, im weiß eingepuderten Gesicht, vor dem schließlich der rot geschminkte Mund hervortritt, einen Bezug zur Kunstfigur des Pierrot zu sehen, die in der Betrachtung des Todesfalls der Salammbô noch eine bedeutende Rolle spielen wird. Vgl. Kap. 3.4. Als karikaturale Kunstform, die die Frau als „artiste ‚comique‘“ auftreten lasse, deutet Michèle Hannoosh Baudelaires Konzeption des *maquillage*. „Peinture, caricature, maquillage : Baudelaire et l’art moderne“, S. 169.

179 Charles Baudelaire, *Le Peintre de la vie moderne*, in: *OC II*, S. 717.

180 Charles Baudelaire, „Qu’est-ce que le romantisme ?“, in: *Salon de 1846*, in: *OC II*, S. 421.

181 Vgl. Kap. 3.1.

die künstlichen Formen der Schminke, Kostümierung und Parfümierung artikuliert. Die äußere Hülle konstituiert den weiblichen Körper. Die Schleier des Körpers verschwimmen mit ebenjenem.[182] Als Salammbô in Mâthos Zelt den göttlichen Schleier zurückfordert, „les vêtements, pour lui, se confondaient avec le corps."[183] Die prunkvollen Kleider und der glanzvolle Schmuck sind untrennbar mit dem weiblichen Körper verbunden, dessen natürliche Elemente in die künstlichen Hüllen konturlos überlaufen:

> La moire des étoffes était, comme la splendeur de sa peau, quelque chose de spécial et n'appartenant qu'à elle. Ses yeux, ses diamants étincelaient ; le poli de ses ongles continuait la finesse des pierres qui chargeaient ses doigts ; les deux agrafes de sa tunique, soulevant un peu ses seins, les rapprochaient l'un de l'autre, et il [Mâtho, S. W.] se perdait par la pensée dans leur étroit intervalle, où descendait un fil tenant une plaque d'émeraudes, que l'on apercevait plus bas sous la gaze violette.[184]

Erscheint Salammbô insbesondere in der ersten und letzten Szene des Romans von jeglicher Innerlichkeit befreit, ja als apathisches, steriles Kunstwerk, so markiert die Verführungsszene in Mâthos Zelt jenen singulären Moment, in dem Salammbô „par une mollesse où elle perdait toute conscience d'elle-même" eingenommen wird.[185] Die artifizielle Maske, die zuvor das Bewusstsein der Kunstfigur bestimmt, bricht kurzzeitig auf, um „[q]uelque chose à la fois d'intime et de supérieur"[186], eine Form der Passio, unter den Schleier strömen zu lassen. Dies geschieht im Sinnbild der Wolken („nuages"), deren Konturlosigkeit der statuesken Form gegenübersteht und sie von ihrem festen Sockel zu lösen scheint („la soulevaient").[187] Für einen kurzen Moment hat Salammbô ihre Rolle als Kunstfigur, ihre Verschleierung abgelegt.

---

182 Vgl. hierzu Alain Buisine, *L'Orient voilé*, S. 138: „Salammbô est si enveloppée que les étoffes se confondent avec sa peau, que ses parures et ses bijoux ne sont pas simplement ornementaux, c'est-à-dire superposés à sa chair, mais constitutifs de son corps, à proprement parler dermiques". Der geschmückte Körper Salammbôs „rend impossible toute délimination du dehors et du dedans". Ebd., S. 139. Darüber hinaus verweist Buisine auf die ambivalenten Bedeutungsnuancen, die *voiler* und *orner* einnehmen können. Welche Funktion wird den Gewändern von Statuen zuteil? Sollen sie die nackte Form des Kunstwerks schmücken oder verhüllen? Vgl. ebd.

183 Gustave Flaubert, *Salammbô*, in: *OC III*, S. 737.

184 Ebd.

185 Ebd., S. 741.

186 Ebd.

187 Ebd.

Wenngleich die Zeltszene zum Bruch des Keuschheitskettchens führt und Salammbô an mehreren Stellen ihre Angst vor Tod und Zerstörung äußert,[188] bleibt sie insofern als Kunstfigur intakt, als ihre Artifizialität das Leblose maskiert. Die Artifizialität konstituiert sich nicht mehr aus der statuesken Form – Salammbô erscheint vielmehr als bewegte Statue, die ihren Sockel verlassen hat –, sondern in erster Linie aus einem Überhang im Ornamentalen. Dass es Salammbôs Künstlichkeit ist, die sie vor dem Tod schützt, verdeutlicht auf eindrückliche Weise ihre Schminke, die Baudelaires ‚Loblied' auf ebenjene zu illustrieren scheint:

> Tanaach revint près d'elle ; et quand elle eut disposé deux candélabres dont les lumières brûlaient dans des boules de cristal pleines d'eau, elle teignit de lausonia l'intérieur des mains, passa du vermillon sur ses joues, de l'antimoine au bord de ses paupières, et allongea ses sourcils avec un mélange de gomme, de musc, d'ébène et de pattes de mouches écrasées.[189]

Von Sainte-Beuve als Beispiel von „enfantillages bien innocents, mais indignes d'un pinceau sévère comme celui de l'auteur de *Salammbô*"[190], als Gegenstand einer prätentiösen Mystifizierung abqualifiziert, nehmen gerade die zermalmten Fliegenbeine, die als Augenbrauenfarbe eingesetzt werden, eine herausragende Stellung für die Konstitution der Kunstfigur ein. Wie bereits Ioan Pop-Curseu anhand von Textstellen aus Flauberts Jugendwerk *Novembre* sowie seiner Korrespondenz aufgezeigt hat, tauchen die Fliegen als Sinnbild des tödlichen Zerfalls entweder dort auf, wo ein menschlicher Leichnam aufgebahrt ist oder aber wo der körperlichen Verwesung in der Herstellung einer künstlerischen, statuesken Form Einhalt geboten wurde.[191] Das Detail der den

188 Während Salammbô zu Beginn der Szene in einer für sie singulären berechnenden Verführungsstrategie den Söldnerkrieger in einer „voix plaintive" – „afin de l'attendrir" – fragt, warum er ihren Tod wolle, ruft sie nach dem Bruch des Keuschheitskettchens aus: „„Moloch, tu me brûles !"" Ebd., S. 738, S. 741.

189 Ebd., S. 730.

190 Charles-Augustin Sainte-Beuve, „*Salammbô*, par M. Gustave Flaubert", in: *Le Constitutionnel*, 22. Dezember 1862, in: Gustave Flaubert, *OC III*, S. 966.

191 Vgl. Ioan Pop-Curseu, „La chair, la statue et les mouches : une obsession de Flaubert" (online). Am Beispiel von Flauberts persönlichen Todeserfahrungen erläutert Pop-Curseu, wie die statueske Form den Tod besiegen kann, indem sie sich dem sterblichen, von Fliegen umgebenen Körper entgegenstellt und ihn in ein ewiges Kunstwerk verwandelt. Pop-Curseu verweist auf die Büsten bzw. Statuen, die von Flauberts Familienmitgliedern – seiner Schwester und seinem Vater – sowie seinen Freunden Louis Bouilhet und George Sand angefertigt wurden.

toten Körper umschwirrenden Fliegen konstituiert Flauberts Erinnerungsbild an seine frühe Kindheit in unmittelbarer Nähe des Hôtel-Dieu, in dem sein Vater tätig war:

> L'amphithéâtre de l'Hôtel-Dieu donnait sur notre jardin. Que de fois, avec ma sœur, n'avons-nous pas grimpé au treillage et, suspendus entre la vigne, regardé curieusement les cadavres étalés ! Le soleil donnait dessus ; les mêmes mouches qui voltigeaient sur nous et sur les fleurs allaient s'abattre là, revenaient, bourdonnaient ! Comme j'ai pensé à tout cela, en la veillant pendant deux nuits, cette pauvre et chère belle fille ! Je vois encore mon père levant la tête de dessus sa dissection et nous disant de nous en aller. Autre cadavre aussi, lui.[192]

Während die Fliegen in der Kindheitserinnerung mit dem schmerzvollen Verlust der geliebten Schwester verbunden sind, so widersetzt sich doch bereits die starre, künstlerische Form der Totenmaske Carolines der in ihrer Kurzlebigkeit und schnellen Bewegung ephemeren Fliegen.[193]

Dass die Kunst den Tod besiegen kann, zeigt sich schließlich an der Maske, mit der Flaubert das Gesicht seiner phönizischen Protagonistin schminkt. Das Zinnoberrot, mit dem die Wangen eingefärbt werden, und der schwarze, auf die Augenlider applizierte Schminkpuder verwandeln das Gesicht in ein Kunstbild. Sie verleihen seiner zerbrechlichen Schönheit eine beständige Form, wie Baudelaire in seinem Aufsatz ausführen wird. Als Rahmen des gemalten Bildes fungieren die zermalmten Fliegenbeine, die die Stilllegung der organischen Natur versinnbildlichen und als neu geschaffene künstliche Form in ihrer Verlängerung und Überformung der Augenbrauen deren vergängliche Natürlichkeit konterkarieren. Zugleich drohen die zermalmten Fliegenbeine in ihrer Naturhaftigkeit, der die Dimension des Ekelhaften eingeschrieben ist, den schönen Schein zu zerstören. Unter der schönen Maske der Kunstfigur lauert stets der Tod.

Auch die Kleidung, mit der Salammbô nach dem Tanz mit der Schlange ausstaffiert wird, trägt zu ihrer Verwandlung in eine Kunstfigur bei:

---

192 Gustave Flaubert, Brief an Louise Colet vom 7. Juli 1853, *Corr. II*, S. 376. Als zentraler Bestandteil des Todesbildes des jungen Gustave tauchen die Fliegen ebenso in seiner Erinnerung an eine Cholera-Epidemie auf: „Je me rappelle avoir vécu en 1832 en plein choléra ; une simple cloison, percée d'une porte, séparait notre salle à manger d'une salle de malades où les gens mouraient comme des mouches. Notre heure est marquée. À quoi bon s'en inquiéter, quand on a la conscience tranquille ?" Gustave Flaubert, Brief an Mademoiselle Leroyer de Chantepie vom 24. August 1861, *Corr. III*, S. 173.

193 Zum Tod von Flauberts Schwester vgl. Kap. 1.2.

> Sur une première tunique, mince, et de couleur vineuse, elle en passa une seconde, brodée en plumes d'oiseaux. Des écailles d'or se collaient à ses hanches, et de cette large ceinture descendaient les flots de ses caleçons bleus, étoilés d'argent. Ensuite Tanaach lui emmancha une grande robe, faite avec la toile du pays des Sères, blanche et bariolée de lignes vertes. Elle attacha au bord de son épaule un carré de pourpre, appesanti dans le bas par des grains de sandastrum ; et par-dessus tous ces vêtements, elle posa un manteau noir à queue traînante ; puis elle la contempla, et, fière de son œuvre, ne put s'empêcher de dire :
> « Tu ne seras pas plus belle le jour de tes noces ! [...]. »[194]

Einkostümiert erscheint Salammbô als „œuvre", als fertiges Gesamtkunstwerk, von dem sie später selbst bei der Betrachtung im hohen Spiegel geblendet werden soll.[195] Sie ist von schweren, farbenprächtigen und funkelnden Kleidungsstücken behangen, über die sich – einer doppelten Verhüllung gleich – der schwere schwarze Umhang legt, der in der „queue traînante" die Bewegung des weiblichen Körpers in einer künstlichen Form nachzeichnet.[196]

Salammbô lässt sich der kühlen Frauenfigur aus Baudelaires Sonett XXVII aus der Sektion *Spleen et Idéal* der *Fleurs du mal* annähern, das mit dem Vers

---

194 Gustave Flaubert, *Salammbô*, in: *OC III*, S. 730 f.

195 „Ils [les cheveux, S. W.] étaient couverts de poudre d'or, crépus sur le front, et par-derrière ils pendaient dans le dos, en longues torsades que terminaient des perles. Les clartés des candélabres avivaient le fard de ses joues, l'or de ses vêtements, la blancheur de sa peau ; elle avait autour de la taille, sur les bras, sur les mains et aux doigts des pieds, une telle abondance de pierreries que le miroir, comme un soleil, lui renvoyait des rayons – et Salammbô, debout à côté de Taanach, se penchant pour la voir, souriait dans cet éblouissement." Ebd., S. 731.

196 Die Kostüme der karthagischen Prinzessin wurden bereits mit dem Erscheinen des Romans zu einer Modeerscheinung. Sie dienten zahlreichen vorwiegend aristokratischen Frauen als Modell ihrer auf Kostümbällen vorgeführten exotischen Roben. Vgl. Anne Green, „Flaubert costumier : le rôle du vêtement", S. 128. So provozierte Madame Rimsky-Korsakov, die Tante des gleichnamigen russischen Komponisten, bei der *fête impériale* im Jahre 1863 einen Skandal: Um sich gegen die schöne Comtesse de Castiglioni zu behaupten, die auf den kaiserlichen Bällen für gewöhnlich die Blicke auf sich zog, erschien Madame Rimsky-Korsakov im Tuilerienpalast „sous ce costume légendaire de Salammbô, qui n'en était pas un et dont l'étoffe transparente, ouverte sur les côtés, dévoilait si généreusement ses appas que l'impératrice scandalisée la fit reconduire hors des salons." Frédéric Loliée, *La fête impériale*, S. 14.

„Avec ses vêtements ondoyants et nacrés" beginnt.[197] Die kühle Künstlichkeit der vom Sprecher beschriebenen Frau, deren Identität im „elle" sowie in den auf Kleidung und Augen verweisenden Possessivpronomen („ses") verschleiert bleibt und die sich in der Bezeichnung als „femme stérile" im letzten Vers schließlich als geheimnisvolle, keinen Einblick in das Innere gewährende Kunstfigur präsentiert, wird bei Baudelaire in der starren äußeren Form des Sonetts gespiegelt.[198] Im regelmäßigen Versmaß des Alexandriners, im Wechselspiel des Kreuzreims in den ersten beiden Quartetten verleiht der Dichter dem erhabenen, dem Klang der Verse rhythmisch folgenden Gang der Frauenfigur eine wellenartige Form, um sie in den abschließenden Terzetten als mineralisch-anorganisches, glänzend-kühles Kunstwerk zu immobilisieren. Baudelaires Frauenfigur wird zunächst über ihre Kleider beschrieben, die in ihrer wogenden, schlangenartigen Bewegung den dunklen Umhang Salammbôs evozieren – der bereits bei ihrem ersten Auftritt wellenförmig ihrem von der Palasttreppe hinabschreitenden Körper folgt –, ebenso wie sie im perlmuttfarbenen Glanz jenem Fischschuppen imitierenden Kostüm ähneln, das Flauberts Titelheldin in ihrer Todesszene tragen wird.[199] Während das sterile Landschaftsbild der Wüste im zweiten Quartett als Spiegel der dem tanzenden Gang gegenüberstehenden inneren Bewegungslosigkeit, der *impassibilité* der Frauenfigur fungiert und sie zugleich in einem exotischen, entfernten Land situiert,[200] entwerfen die Schlussterzette ein mineralisch-metallisches Porträt

---

197 Charles Baudelaire, „Avec ses vêtements ondoyants et nacrés..." (XXVII, *Spleen et Idéal, Les Fleurs du mal*), in: *OC I*, S. 29. In einem Brief an Baudelaire vom 13. Juli 1857 äußert Flaubert, der die Gedichtsammlung *Les Fleurs du mal* regelrecht verschlungen habe, seine Begeisterung für das oben genannte Sonett neben weiteren Gedichten wie *La Beauté, L'Idéal, Une charogne, Spleen* und *Tristesses de la lune*. Vgl. *Corr. II*, S. 745.

198 Wenn Hugo Friedrich für die Formenstrenge eines Mallarmé feststellt, dass „die Schönheit der metrisch vollkommenen Formen", die Schönheit der Sprache „rettendes Gefäß für das im objektiven Sinne Nichtige" wird, so scheint jene Entwicklung bereits bei Baudelaire im Sinnbild des die schöne Kunstfigur verkörpernden „astre inutile" angekündigt. Hugo Friedrich, *Die Struktur der modernen Lyrik*, S. 115.

199 Vgl. die erste Strophe des Sonetts: „Avec ses vêtements ondoyants et nacrés, / Même quand elle marche on croirait qu'elle danse, Comme ces longs serpents que les jongleurs sacrés / Au bout de leurs bâtons agitent en cadence." Charles Baudelaire, „Avec ses vêtements ondoyants et nacrés..." (XXVII, *Spleen et Idéal, Les Fleurs du mal*), in: *OC I*, S. 29. Zu Salammbôs Fischschuppenkostüm vgl. Kap. 3.1.

200 „Comme le sable morne et l'azur des déserts, / Insensibles tous deux à l'humaine souffrance, / Comme les longs réseaux de la houle des mers, / Elle se développe avec indifférence." Charles Baudelaire, „Avec ses vêtements ondoyants et nacrés..." (XXVII, *Spleen et Idéal, Les Fleurs du mal*), in: *OC I*, S. 29.

der Frau, das den Blick des Betrachters in funkelnden Strahlen zurückwirft.[201] Wie die „sphinx antique" bleibt die Identität der Frauenfigur opak. Sie kann lediglich in der künstlerischen Form, als „nature étrange et symbolique", bestehen.[202] Baudelaires und Flauberts Kunstschönheiten sind in ihrer kühlen Artifizialität, die sich wie eine funkelnde Hülle um ihre Körper legt, vor Tod und Vergänglichkeit geschützt. Die diamantenen Strahlen, die sie absondern, wenden nicht nur den eigenen, im Spiegel geblendeten Blick ab, sondern bewahren die Kunstfiguren gleichermaßen davor, zur Projektionsfläche der fetischisierenden Blicke der Männer zu werden.[203]

Gleichzeitig kündigen die starre Maske der Schminke, der schwere Schmuck und das opulente Kostüm den Tod an.[204] So wird das fertig hergerichtete Kunstwerk, das Tanaach aus der Distanz, im unheimlichen Mondlicht („de loin, à la clarté de la lune"), betrachtet, von einem gigantischen Schatten begleitet, der sich als „présage de mort" erweist.[205] Wurde der Schatten im Volksglauben zahlreicher antiker Kulturen mit der Seele assoziiert, die die Gestalt eines dämonischen Todesboten annehmen konnte,[206] kündigt er an dieser Stelle die „âme corporifiée"[207] der karthagischen Göttin an, als die Salammbô in ihrem Kostüm in der Todesszene erscheinen wird. Wie Michel Serres überzeugend

---

201 In diesem Sinne kann das Porträt der Kunstfigur dem Bild von Paris angenähert werden, das Baudelaire in seinem „Rêve parisien" entwirft. Vgl. hierzu Hugo Friedrich, *Die Struktur der modernen Lyrik*, S. 55; Hans Robert Jauß, *Studien zum Epochenwandel der ästhetischen Moderne*, S. 133–144.

202 Charles Baudelaire, „Avec ses vêtements ondoyants et nacrés..." (XXVII, *Spleen et Idéal, Les Fleurs du mal*), in: *OC I*, S. 29.

203 Definiert man den Fetisch als von der Natur entfernte, künstliche Form, so ist es dennoch möglich, „the fetishist power of make-up and disguise" zu konstatieren, wie Vittoria Crespi Morbio in Bezug auf Sacher-Masochs *Venus in Pelz* aufzeigt. „Carmen in furs", S. 15.

204 Vgl. Kap. 3.4.

205 Gustave Flaubert, *Salammbô*, in: *OC III*, S. 731.

206 Die Vorstellung von der Schattenseele, des sogenannten *eidolon*, besteht bereits im antiken Griechenland. Dabei kann das *eidolon* verschiedene Bedeutungen annehmen: vom Double des Körpers bzw. Scheinkörper hin zur Totenseele, die sich als Schatten vom Körper löst und in den Hades hinabsteigt. Eine solche Schattenseele wird in Homers Dichtung beschrieben. Vgl. Hans Belting, *Bild-Anthropologie. Entwürfe für eine Bildwissenschaft*, S. 170 f. Im Alten Ägypten sind die Körperseelen der Ba und der Schatten Teil des sogenannten „Körperselbst". Vgl. Jan Assmann, *Tod und Jenseits im Alten Ägypten*, S. 16. Ba kann sich vom mumifizierten Leichnam dissoziieren. Vgl. ebd., S. 157 f.

207 Gustave Flaubert, *Salammbô*, in: *OC III*, S. 832. Es bleibt unklar, ob es sich um die Seele Tanits oder Karthagos handelt: „[...] Salammbô resplendissante se confondait avec Tanit et semblait le génie même de Carthage, son âme corporifiée."

ausführt, ist die schwere, die Frauenfigur in eine Statue verwandelnde Maske eine todbringende:

> La reine peinte et pompeusement parée, sur qui pèsent de vains ornements et voiles, importunée par la main qui a noué ses cheveux assemblés sur le front, perd la souplesse fine de l'expression et sa vivacité gestuelle : plus que lente, s'arrête, fixe, idole pétrifiée par le cosmétique ; alors la vie, affligée, vibre sous la raideur du masque tragique et proteste une dernière fois avant la mort, devant le soleil, au souvenir d'un rêve. Comme si le cosmétique préparait l'agonie. La toge et le masque tragiques ralentissent, solidifient, articles de mort, sculptent le personnage, voici la statue. Parée sur les planches ou le trône, préparée pour le sacrifice, comme un taureau à la robe sans tache ou méticuleusement variée.[208]

Die schillernden Masken der Kunstfigur sind folglich ambivalent. Auf der einen Seite verhüllen sie den Tod, auf der anderen Seite töten sie das unter ihrer schweren Last erstarrende menschliche Subjekt.[209] Serres nimmt Bezug auf die Frauenfiguren Racines, wenn er seinem „Costumes"-Kapitel ein Epigraph voranstellt, das dem Traum der Athalie entnommen ist und an dieser Stelle ausführlich zitiert sei:

---

208 Michel Serres, *Statues. Le second livre des fondations*, S. 186.

209 Auch die transparenten Schleier, die die Gesichter der orientalischen Frauen mit einer weißen, phantomartigen Maske versehen und unter denen ihre Schminke und ihr opulenter Schmuck sichtbar werden, scheinen den Tod zu verhüllen. Gleichzeitig sind die orientalischen Frauen mit der Verwestlichung des Orients, die Flaubert für die nahe Zukunft prophezeit, zum (symbolischen) Tode verurteilt: „Ah ! vieux polisson de père Parain, si vous étiez ici vous ouvririez de grands yeux à voir dans les rues les femmes. Elles se font voiturer dans des espèces de vieux carrosses suspendus et dorés à l'extérieur comme des tabatières. Là-dedans, couchées sur des divans comme dans leur maison (la voiture quelquefois est close par des rideaux de soie), on peut les contempler tout à son aise. Elles ont sur la figure un voile transparent à travers lequel on voit le rouge de leurs lèvres peintes et l'arc de leurs sourcils noirs. Dans l'intervalle du voile, entre le front et les joues, paraissent leurs yeux qui brûlent à regarder et qui dardent sur vous, d'aplomb, leurs prunelles fixes. De loin, ce voile, que l'on ne distingue pas, leur donne une pâleur étrange, qui vous arrête sur les talons, saisi d'étonnement et d'admiration. Elles ont l'air de fantômes. À travers les voiles qui retombent sur leurs mains, brillent leurs bagues de diamants ; et songer, miséricorde ! que dans dix ans elles seront en chapeau et en corset ! qu'elles imiteront leurs maris qui se font habiller à l'européenne, portent des bottes et des redingotes !" Gustave Flaubert, Brief an seinen Onkel Parain aus Konstantinopel vom 24. November 1850, *Corr. I*, S. 714 f.

Ma mère Jézabel devant moi s'est montrée,
Comme au jour de sa mort pompeusement parée.
Ses malheurs n'avaient point abattu sa fierté.
Même elle avait encor cet éclat emprunté,
Dont elle eut soin de peindre et d'orner son visage,
Pour réparer des ans l'irréparable outrage.[210]

Die phönizische Königin Isebel, deren gewaltsamer Tod im zweiten Buch der Könige (9,30–37) erzählt wird, ist nicht nur in ihrer mythischen Abstammung mit Flauberts karthagischer Titelheldin verwandt. Ebenso wie Salammbô ist sie vor ihrem Tod prunkvoll ausstaffiert. Ihre Maske distanziert sie als kühle Herrscherin, deren Macht gefestigt und unvergänglich erscheint. Ebenso wie die erhöhte Position des Fensters, zu dem der Feind Jehu emporblickt, fungiert die Schminke als schützende Hülle. Doch in ähnlicher Weise wie das schwere, pompös geschmückte Haar Salammbôs sich in ihrer Todesszene lösen wird, um zu Boden zu fallen, stürzen auch der Schmuck und die Schminke Isebels mit ihr aus dem Fenster, aus dem sie von drei Hofleuten heruntergestoßen wird.[211] Das Gewicht ihrer Masken scheint den Todesfall der statuesken Frauenfiguren zu beschleunigen, ja ihm eine Form zu verleihen: „farder veut dire aussi peser, s'affaisser comme un mur ou tenir sous un poids ou fardeau“[212]. So ruft auch die todessehnsüchtige Phèdre in Racines gleichnamiger Tragödie aus:

Que ces vains ornements, que ces voiles me pèsent !
Quelle importune main, en formant tous ces nœuds,
A pris soin sur mon front d'assembler mes cheveux ?[213]

Wenngleich sowohl Salammbô als auch Isebel im Tod vom schweren Schmuck, von der sie erstickenden, das Gesicht in eine leblose Totenmaske transformierenden Schminke befreit sind, wird lediglich Salammbô als ewiges Kunstwerk

210 Jean Racine, *Athalie*, V. 491–496.

211 Vgl. 2 Kön 9,30–33: „Und als Jehu nach Jesreel kam und Isebel das erfuhr, schminkte sie ihr Angesicht und schmückte ihr Haupt und schaute zum Fenster hinaus. Und als Jehu unter das Tor kam, sprach sie: Geht's gut, du Simri, der seinen Herrn erschlug? Und er hob sein Angesicht auf zum Fenster und sprach: Wer hält's hier mit mir? Da sahen zwei oder drei Kämmerer zu ihm heraus. Er sprach: Stürzt sie hinab! Und sie stürzten Isebel hinab, sodass die Wand und die Rosse mit ihrem Blut besprengt wurden; und sie wurde zertreten.“ Zit. nach *Luther Bibel 1984* (online).

212 Michel Serres, *Statues. Le second livre des fondations*, S. 188.

213 Jean Racine, *Phèdre*, V. 158–160. Der erste Vers wird von Michel Serres, *Statues. Le second livre des fondations*, S. 188, zitiert.

fortbestehen. Mit der grässlichen Zerstörung der Leiche der Isebel, die zunächst von Pferden zertrampelt wird und deren zerrissene, blutige Körperglieder schließlich wie jene eines toten Tieres, eines verwesenden Aas', den Hunden zum Fraß vorgesetzt werden sollen, sind Körper und Identität der Königin sowie jegliche Erinnerung an sie gänzlich ausgelöscht.[214]

Im Gegensatz zu Isebel, die die künstlichen Formen nicht vor ihrem körperlichen Zerfall bewahren können, ist Salammbô Chiffre für den Sieg der Kunst über den Tod, auch wenn ihr Schöpfer sie am Ende des Romans zum Tode verurteilt.[215] Dass Salammbôs Tod bereits früh als künstlerische Form antizipiert wird und damit jenen Prozess von Zerfall und Zerstörung konterkariert, den der Tod de facto darstellt, zeigt sich in Salammbô ‚Totentanz' mit der Pythonschlange, die der Ausstaffierung für die Zurückgewinnung des göttlichen Schleiers vorausgeht. Als künstlerische Darbietungsform, die in Flauberts Roman zusätzlich die Gestalt eines Rituals annimmt, wird der Tanz der Hohepriesterin vor einem Bühnenprospekt inszeniert.[216] Neben ihrer Rolle als Masken- und Kostümbildnerin ist es erneut Tanaach, die für das Bühnenbild

---

214 Vgl. 2 Kön 9,35–37: „Als sie [die Hofleute, S. W.] aber hingingen, um sie zu begraben, fanden sie nichts von ihr als den Schädel und die Füße und ihre Hände. Und sie kamen zurück und sagten's Jehu an. Er aber sprach: Das ist's, was der HERR geredet hat durch seinen Knecht Elia, den Tischbiter, als er sprach: Auf dem Acker von Jesreel sollen die Hunde das Fleisch Isebels fressen, und der Leichnam Isebels soll wie Mist auf dem Felde sein im Gefilde von Jesreel, dass man nicht sagen könne: Das ist Isebel." Zit. nach *Luther Bibel 1984* (online).

215 Vgl. Kap. 3.4.

216 Den Charakter eines Bühnenbildes besitzt bereits das Zimmer, in dem Salammbô schläft, als Mâtho den *zaïmph* entwendet. Als Kulisse fungiert der „matelas rouge", zu dem eine Ebenholztreppe führt und der vom „grand rideau" des Schattens lediglich partiell enthüllt wird. Salammbôs Gewand, das sich „en molles draperies" wölbt, wirkt wie ein Vorhang, der in den bläulich schimmernden, das Bett umrahmenden „courtines" wiederaufgegriffen wird. Gustave Flaubert, *Salammbô*, in: *OC III*, S. 639. Bereits in ihrem Verweis auf den literarischen Stoff von Amor und Psyche, der in der bildenden Kunst weite Verbreitung fand, reflektiert die Szene eine künstlerische Form. Flaubert zeigte sich insbesondere von Canovas Statue *Psyché ranimée par le baiser de l'Amour* begeistert. Während seiner Italienreise im April und Mai 1845 betrachtet er in der Villa Sommariva (der heutigen Villa Carlotta) am Comer See eine Kopie der Statue von Adamo Tadolini mit dem Titel *Amour et Psyché enlacés* (1827), die er für Canovas Werk hält: „Je n'ai rien regardé du reste de la galerie. J'y suis revenu à plusieurs reprises ; et à la dernière, j'ai embrassé sous l'aisselle la femme pâmée qui tend vers l'Amour ses deux longs bras de marbre – et le pied ! et la tête ! le profil. Qu'on me le pardonne : ç'a été depuis longtemps mon seul baiser sensuel. Il était quelque chose de plus encore. J'embrassais la beauté elle-même." Gustave Flaubert, *Voyage en Italie*, in: *Œuvres de jeunesse*, S. 1111. Vgl. Anm. 195, S. 1627.

zuständig ist. Sie entwirft einen abgegrenzten Bühnenraum, in dem die von ihr an Seilen „tout autour de la chambre“ angebrachten „grandes tapisseries babyloniennes“ eine vierte Wand konstituieren: „car Salammbô ne voulait pas être vue, même par les murailles.“[217] In ihrer verhüllten Präsenz hinter dem Wandbehang, der später zur Musik vibrieren wird, ist die Kunstfigur Chiffre für den unsichtbaren Erzähler, der aus dem Hintergrund die Kulissenelemente und Figuren bewegt und zu einer Darstellung bringt. Während eine eindringliche Musik gespielt wird, die sich in drei als „précipitées, furieuses“[218] bezeichneten Noten wiederholt, fällt zunächst die Kleidung von Salammbôs Körper herab und antizipiert den Fall der Kunstfigur am Ende des Romans. Es ist schließlich der Tanz mit der Schlange, der als künstlerische Darstellungsform die in der Todesszene zu Boden fallenden „cheveux dénoués“[219] der Frauenfigur vorzeichnet. Zugleich wird die statueske Form der Kunstfigur in der phallischen Umwindung durch den Schlangenkörper, mit dem sie sich in ekstatischen Bewegungen symbolisch vereint, aufgebrochen:

> La lourde tapisserie trembla, et par-dessus la corde qui la supportait, la tête du python apparut. Il descendit lentement, comme une goutte d'eau qui coule le long d'un mur, rampa entre les étoffes épandues, puis, la queue collée contre le sol, il se leva tout droit ; et ses yeux, plus brillants que des escarboucles, se dardaient sur Salammbô.L'horreur du froid ou une pudeur, peut-être, la fit d'abord hésiter. Mais elle se rappela les ordres de Schahabarim, elle s'avança ; le python se rabattit, et lui posant sur la nuque le milieu de son corps, il laissait pendre sa tête et sa queue, comme un collier rompu dont les deux bouts traînent jusqu'à terre. Salammbô enroula autour de ses flancs, sous ses bras, entre ses genoux ; puis le prenant à la mâchoire, elle approcha cette petite gueule triangulaire jusqu'au bord de ses dents ; et, en fermant à demi les yeux, elle se renversait sous les rayons de la lune. La blanche lumière semblait l'envelopper d'un brouillard d'argent, la forme de ses pas humides brillait sur les dalles, des étoiles palpitaient dans la profondeur de l'eau ; il serrait contre elle ses noirs anneaux tigrés de plaques d'or. Salammbô haletait sous ce poids trop lourd, ses reins pliaient, elle se sentait mourir ; et du bout de sa queue il lui battait la cuisse tout doucement ; puis la musique se taisant, il retomba.[220]

---

217 Gustave Flaubert, *Salammbô*, in: *OC III*, S. 728.

218 Ebd., S. 729.

219 Ebd., S. 836.

220 Ebd, S. 729 f.

Es ist der mit Kopf und Schwanz zu Boden hängende Schlangenkörper, der dem in der Schlussszene über die Lehne des Throns nach hinten fallenden weiblichen Körper eine Schablone liefert. Im Vergleich mit dem gebrochenen Collier wird zugleich die Todesursache antizipiert, die – deutet man Salammbô als Opfer patriarchaler Machtstrukturen – im Bruch des Keuschheitskettchens, der auf den transgressiven sexuellen Akt in Mâthos Zelt verweist, begründet liegt. Der sinnliche Tanz mit der Schlange, der den unbekleideten weiblichen Körper in seinen ekstatischen Bewegungen zur Schau stellt, bricht die statueske Form der Kunstfigur auf. Salammbô droht unter der Schwere der mit Gold dublierten Python einzustürzen. Somit gleicht ihr sinnlicher Tanz einem Totentanz, in dem Eros und Thanatos vereint sind.[221] Doch wenngleich

221 Neben dem Tanz mit der Schlange fungiert das Parfum als Todesbote. Es ist Teil der artifiziellen Ausstaffierung der Kunstfigur und ebenso wie die zermalmten Fliegenbeine Anlass für die Kritik Sainte-Beuves, der Flaubert mit den folgenden Worten begegnet: „Sentez donc, humez, dans la Bible, Judith et Esther ! On les pénétrait, on les empoissonnait de parfums littéralement." Gustave Flaubert, Brief an Sainte-Beuve vom 23.-24. Dezember 1862, *Corr. III*, S. 281. Die Schwere der orientalischen Düfte korrespondiert mit der Last des Schmucks, der die Frauenfigur nach unten zieht. Tatsächlich tauchen beide gemeinsam auf und antizipieren die künstlerische Darstellungsform des Todesfalls: „Elle avait pour pendants d'oreilles deux petites balances de saphir supportant une perle creuse, pleine d'un parfum liquide. Par les trous de la perle, de moment en moment, une gouttelette qui tombait mouillait son épaule nue. Mâtho la regardait tomber." Gustave Flaubert, *Salammbô*, in: *OC III*, S. 737. Salammbôs Ohrhänger, in denen wertvolle Duftmischungen eingefasst sind, besitzen nicht nur eine ornamentale Funktion. Das Parfum schützt die Trägerin zunächst vor dem Tod, wurden doch insbesondere ätherische Öle seit jeher als wirksame Heilmittel angesehen. Vgl. Edwin T. Morris, *Düfte. Die Kulturgeschichte des Parfums*, S. 26 f. Im 19. Jahrhundert wird die Heilkraft duftender Aromatika wissenschaftlich untersucht. Vgl. ebd., S. 61 f. Im Alten Ägypten wurden den Toten Parfumflaschen mit ins Grab gegeben. Daneben wurden Tote im Zuge ihrer Einbalsamierung mit duftenden Salben und Pomaden eingeschmiert sowie mit Aromata ausgestopft. Vgl. Paul Faure, *Magie der Düfte. Eine Kulturgeschichte der Wohlgerüche. Von den Pharaonen zu den Römern*, S. 34. Oberstes Ziel der Einbalsamierung war es, den Leichnam „in den Geruch der Heiligkeit [zu] versetzen, aus ihm einen neuen Osiris [zu] machen, ihn in unverweslichen, wohlriechenden Substanzen für ein Leben nach dem Tode und die Wiedergeburt [zu] konservieren." Ebd. Das Parfum ist fester Bestandteil der künstlichen Maske Salammbôs, ihrer Erscheinung als artifizielles Idol. Zugleich ist Salammbôs Parfum ein Mittel der Verführung, das ein fatales Potential birgt und ihre künstliche Maske aufzubrechen droht. Im Alten Testament findet das Parfum als tödliche Waffe Verwendung. So salbt Judith ihren Körper mit einem duftenden Balsam, bevor sie Holofernes in seinem Zelt verführt und enthauptet. Vgl. Edwin T. Morris, *Düfte. Die Kulturgeschichte des Parfums*, S. 86–90. Im Gegensatz zu Judith wird Salammbô nicht Mâtho, sondern in letzter Konsequenz sich selbst den Tod bringen, deutet man ihren Tod als Bestrafung für den transgressiven Akt.

sie ihrer statuesken *immobilité* abtrünnig geworden ist, bleibt Salammbô als Kunstfigur inszeniert: Anstatt mit opulenten Kostümen und prunkvollen Schmuckstücken wird der nackte Körper im Silberlicht des Nebels mit einer glanzvollen konturlosen Hülle maskiert. In ihrer blendenden, schillernden Maskierung entzieht sich die Kunstfigur dem direkten Blick auf ihren Körper: Dessen Partikularitäten, die feuchten Füße („ses pas humides"), werden im Licht auf den Fliesen reflektiert. Die im Mondlicht tanzende Prinzessin erscheint wie Baudelaires Frauenfigur als „astre inutile", der eine kühle Erhabenheit ausstrahlt und dessen heller, ewiger Glanz sich wie ein schützender Schleier um das weibliche Kunstwerk legt. Der „froide majesté" der sterilen Kunstfigur aus Baudelaires Sonett entspricht die „majesté de leurs formes", die Flaubert für die orientalischen, von jeglicher Passio befreiten Menschen, die lediglich die Überzeugung des *néant* in sich tragen, konstatiert.[222] In diesem Sinne ist die tanzende Salammbô eine *femme stérile*, die dem Wüten des Todes in majestätischer *impassibilité* standhält und sich als Chiffre für das Flaubertsche Kunstwerk auszeichnet. In ihrem Tanz mit der Pythonschlange hat Salammbô den zu groß geratenen Statuensockel endgültige verlassen. Von der statuesken Form übriggeblieben ist die Kälte, die Salammbô als Kunstfigur auszeichnet.

Flauberts Titelheldin verkörpert den Sieg der Kunst über den Tod. Die künstlichen Masken, die sie trägt, sind Sinnbilder für den Stil, die Rhetorik des Künstlers, mit deren Hilfe er ein ewiges Werk erschafft, das der Vergänglichkeit der Zeit standhält. Flaubert, der früh von persönlichen Todeserfahrungen, insbesondere dem Verlust seiner geliebten Schwester, gezeichnet ist, kreiert mit seiner statuesken Frauenfigur eine künstlerische Form, die die vom Tod geformte Leere zu füllen vermag. Wenn Ross Chambers die Figur der Schauspielerin als „forme creuse"[223] bezeichnet, als leeres Zeichen, so verweist er auf die Möglichkeit des Dichters, der Welt der Kontingenz und abgenutzten Zeichen mit der Schöpfung einer als „référent plus beau, plus prestigieux"[224] dienenden Kunstfigur einen neuen Sinn einzuschreiben. Es ist die Sprache des Dichters, die einer Maske gleich aus der „création un revêtement de signes embrassant le néant"[225] mache. In ihrem nostalgischen Verweis auf die Absenz des *réel*, als fragiles Konstrukt, das sich im Imaginationsraum des Künstlers stets am Rande des Todes bewegt, ist die weibliche Kunstfigur, wie

222 Gustave Flaubert, Brief an Louise Colet vom 27. März 1853, *Corr. II*, S. 283.

223 Ross Chambers, *L'ange et l'automate. Variations sur le mythe de l'actrice de Nerval à Proust*, S. 11.

224 Ebd.

225 Ebd., S. 76.

von Chambers am Beispiel der Schauspielerin Sarah Bernhardt dargelegt wird, eine „Muse de l'absence".[226] Dass Salammbô nicht weit entfernt ist von einer Schauspielerin, deren Kunstfertigkeit Diderot bereits an Clairons Schöpfung eines „grand fantôme" und ihrer Inkarnation als „l'âme d'un grand mannequin qui l'enveloppe" lobte,[227] wird ihr bühnenreifer Abgang am Ende des Romans aufzeigen.

3.3 Die Schaubühne des männlichen Todes

Die Terrasse des Khamontempels bildet nicht nur die Kulisse für den Tod der Titelheldin, der vereinzelt in Szene gesetzt wird. Sie fungiert ebenso als hoch errichtete Tribüne, von der aus das brutale Schauspiel des männlichen Todes wahrgenommen wird. Die Höhe, in der die unnahbar wirkende, ätherische und prachtvoll ausstaffierte Frauenfigur auf ihrem Podest fixiert ist, kontrastiert mit dem Abgrund, in den die männlichen Krieger sinnbildlich versenkt werden. Unter den unzählbaren barbarischen Massentoden, die die Krieger jeglicher Identität berauben, sticht eine vereinzelte Todesszene hervor: Der Söldnerführer Mâtho, nach dem das Schlusskapitel, der letzte Akt des Schauspiels, betitelt ist, nimmt die Hauptrolle in einem horrenden Spektakel ein, das vor den Augen der karthagischen Bevölkerung sowie der phönizischen Prinzessin aufgeführt wird. In ihrer erhöhten Position auf der Tribüne des Tempels blickt Salammbô hinab auf den Tempelvorplatz, auf dem Mâtho nach einem blutigen Spießrutenlauf durch die Straßen Karthagos in einem erbarmungslosen Ritual durch den Priester Schahabarim geopfert wird.

Mâtho stirbt einen grässlichen, unheroischen Tod, der sowohl das antike Ideal eines ehrhaften männlichen Kriegstodes als auch das religiöse Modell der Passion Christi konterkariert. Mâthos Sterben, das sich vor den Augen Salammbôs darbietet, erzeugt keinen Affekt. Der Tod tritt wie vor einer weißen Fassade in Erscheinung, die keine Bezüglichkeit, keine *compassio* zulässt. Mâthos Tod entbehrt jeder Sinnhaftigkeit. Der Söldnerführer ist nicht wie Jesus Teil einer christlichen Heilsgeschichte. Er „versinkt vielmehr im Nichts des

226 Ebd., S. 12.

227 Denis Diderot, *Paradoxe sur le comédien*, S. 277, zit. nach: Ross Chambers, *L'ange et l'automate. Variations sur le mythe de l'actrice de Nerval à Proust*, S. 13. Als „âme corporifiée" schlüpft Salammbô ebenso in eine phantomartige Rolle, die, mit den Worten von Chambers gesprochen, einer „apparence de femme, vidée en quelque sorte de la substance du réel" gleichkommt. Ebd., S. 7.

mythischen Bewusstseins"[228]. Salammbô kann Mâthos Tod nur auf sich beziehen. Doch was bedeutet es, wenn das grausame Todesspektakel keinen Affekt auslöst, wenn die Frauenfigur von den Bildern des Todes gänzlich unberührt bleibt? Oder ist es vielmehr so, dass sich der Affekt über den Tod der Darstellbarkeit entzieht?

Mâtho nimmt die Rolle eines Anti-Helden ein. Schon bevor er durch die Straßen der Seerepublik gejagt und von Frauen und Kindern verstümmelt wird, trägt er nicht mehr die Züge eines ehrhaften Kriegers, der bereit ist, sein Leben für ein höheres Gemeingut auf dem Schlachtfeld zu opfern. Sein Körper gleicht nicht dem eines antiken Helden, eines starken Achill, der mit einer göttlichen, strahlenden Rüstung gewappnet ist und sich tapfer in den Kampf begibt, sondern dem eines wilden Tieres, das jeglicher menschlicher Züge beraubt ist. Im Gegensatz zum gottgleichen Helden Achill erscheint Mâtho wie ein Wesen aus dem dunklen Abgrund. Die Bühne des Todes betritt er in Augenhöhe der Hohepriesterin, die vom Tempel zum Gipfel der Akropolis blickt:

> Mais Salammbô, comme si quelqu'un l'eût appelée, tourna la tête ; le peuple, qui la regardait, suivit la direction de ses yeux.
>
> Au sommet de l'Acropole, la porte du cachot, taillé dans le roc du pied du temple, venait de s'ouvrir ; et, dans ce trou noir, un homme sur le seuil était debout.
>
> Il en sortit courbé en deux, avec l'air effaré des bêtes fauves quand on les rend libres tout à coup.
>
> La lumière l'éblouissait ; il resta quelque temps immobile.[229]

Wenngleich es Salammbô ist, die den Blick der Menge auf den aus seinem Kerker heraustretenden Gefangenen lenkt, erhält der Leser keine Einsicht in ihr Innenleben. Ihr Blick gleicht einer nüchternen Regieanweisung, die einen szenischen Vorgang auf einem anderen Teil des pompösen Bühnenbildes auslöst. Wie aus der Versenkung, aus dem unsichtbaren Raum hinter der Bühne, wird Mâtho auf die Bühne befördert. Er tritt im *trou noir*, in jenem Raum des Todes, den Flaubert an vielen Stellen in seinem Werk evoziert, in Erscheinung und illustriert damit den Prozess der künstlerischen Formgebung, der Schöpfung

228 Monika Bosse, André Stoll, „Die Agonie des archaischen Orients. Eine verschlüsselte Vision des Revolutionszeitalters", S. 424. Wie bereits Bosse und Stoll aufgezeigt haben, wird die „hagiographische Vorbildhandlung" der Passion Christi reinszeniert und zugleich deformiert. Ebd., S. 423.

229 Gustave Flaubert, *Salammbô*, in: *OC III*, S. 833.

aus dem Nichts, den Flaubert in seinem Karthagoroman unternimmt. Mâthos vor Schmerzen zusammengekrümmter Körper konterkariert die aufrechte, selbstbewusste Pose des antiken Heros. Die Selbstbeherrschung des Letzteren ist in eine unberechenbare Wildheit verkehrt: Mâtho gleicht einem ungezähmten Raubtier. Im pompösen, opernhaften Bühnenbild wirkt er deplatziert. Er erinnert vielmehr an die Schautiere der Wandermenagerien oder der Pariser Jahrmarkttheater.[230] Um seinen unberechenbaren Bewegungen Einhalt zu gebieten, ist er gefesselt; Bronzeketten umrahmen die Straßen, an denen das wilde, aber durch die Fesseln gebändigte Tier der karthagischen Bevölkerung

---

230 Auf den Jahrmarkttheatern – die beiden bekanntesten sind die Pariser Foires von Saint-Germain und Saint-Laurent – treten neben Schauspieltruppen, Seiltänzern und Marionettenspielern auch außergewöhnliche Tiere auf. Vgl. Isabelle Martin, *Le Théâtre de la Foire. Des tréteaux aux boulevards*, S. 3–5. Zur historischen Entwicklung der Foires, von den artistischen Darbietungen und spektakulären Jahrmarktsattraktionen hin zu neuen Theaterformen, die ab dem 18. Jahrhundert zunehmend in Konkurrenz mit den etablierten Theaterformen der großen Pariser Bühnen treten, vgl. neben dem erkenntnisreichen Werk von Isabelle Martin auch Pierre Larousse, *Grand Dictionnaire universel du XIXe siècle*, Bd. VIII, s. v. „Foire (THÉÂTRES DE LA)", S. 533: „Ce genre de spectacle, qui a tiré son nom des foires de Saint-Germain et de Saint-Laurent à Paris, paraît remonter à l'année 1595. Vers cette époque, bon nombre de comédiens ambulants s'établirent dans la première de ces foires et s'y maintinrent malgré les confrères de la Passion et les acteurs de l'hôtel de Bourgogne, auxquels ils furent seulement tenus, par sentence du 5 février 1596, de payer une redevance annuelle de deux écus. Avant de produire des acteurs en chair et en os, on avait débuté par des acteurs en bois. En 1650, le fameux Brioché, premier du nom, s'y montra avec ses machines ; ses marionnettes firent merveille. Il eut des imitateurs nombreux. Puis vinrent les ménageries, les singes et les chiens savants, les joueurs de gobelets, enfin les sauteurs et les danseurs de corde. Ceux-ci, vers 1678, commencèrent à représenter des pièces de théâtre, quelques farces au gros sel, des fragments de canevas italiens." Larousse beschreibt die Foires als Ursprung der *opéra-comique*. Vgl. ebd. Auch Isabelle Martin sieht Autoren wie Fuselier, Lesage und Dorneval, die Stücke für die Pariser Jahrmarkttheater schrieben, als Begründer der *opéra-comique* im 18. Jahrhundert. Vgl. Isabelle Martin, *Le Théâtre de la Foire. Des tréteaux aux boulevards*, S. 53. Zur weiteren Entwicklung des Théâtre de la Foire im 18. Jahrhundert, insbesondere zu den Theaterstücken von Alain-René Lesage, vgl. auch Andrea Grewe, *Monde renversé – Théâtre renversé. Lesage und das Théâtre de la Foire*. Grewe konzentriert sich auf die Bühnenstücke, die von professionellen Theatertruppen auf den Foires von Saint-Germain und Saint-Laurent aufgeführt werden; weitere Formen der Jahrmarktsunterhaltung schließt sie aus ihrer Untersuchung aus. Vgl. ebd., S. 22. Das Théâtre de la Foire bedient sich bereits im 18. Jahrhundert exotischer *sujets*, die vor immer kostspieligeren, farbenprächtigen Bühnenbildern dargeboten werden. Ein Beispiel ist die *opéra-comique La Statue merveilleuse* von Lesage, Fuselier und Dorneval, die 1720 auf der Foire Saint-Laurent uraufgeführt wird. Vgl. Isabelle Martin, *Le Théâtre de la Foire. Des tréteaux aux boulevards*, S. 197.

in großer Nähe zur Schau gestellt wird.[231] Doch bevor Mâtho seinen brutalen Spießrutenlauf durch die Menschenmenge antritt, ist er wie ein *tableau vivant* auf der Höhe der Akropolis eingefangen. Das ihn blendende Licht setzt ihn wie ein Bühnenlicht als voyeuristisches Schauobjekt in Szene. Nicht die weibliche Bühnenheldin, sondern der männliche Krieger wird zum Objekt einer spektakulären Zurschaustellung. So ist der schaulustige Blick der weiblichen Zuschauerinnen auf den Mörder ihrer Ehegatten und Kinder gleichermaßen von einer verruchten Begierde und einer bodenlosen Abscheu erfüllt.[232] Der männliche Körper ist seiner individuellen Persönlichkeit abtrünnig geworden. Er gleicht einem religiösen Fetischobjekt: „Le corps de cette victime était pour eux une chose particulière et décorée d'une splendeur presque religieuse."[233] Kein prachtvolles Kostüm, sondern das rohe Fleisch des in Fesseln gelegten Körpers, der in keine schützende Rüstung mehr gehüllt ist, scheint einen Glanz abzusondern, dem sich keine Betrachterin entziehen kann.

Es sind ebenjene weiblichen Zuschauerinnen, die den männlichen Krieger, der durch die Straßen der Seerepublik gejagt wird, völlig entehren, indem sie seinen wehrlosen Körper mit spitzen Gegenständen verstümmeln. Mâthos Foltergang zum Tempelplatz unterminiert das religiöse Modell des Kreuzweges Christi durch Jerusalem. Während das Martyrium Jesu Christi zum Vorbild des gesamten Christentums wird, seinem Leiden in der Sündenvergebung und der Hoffnung auf ein ewiges Leben ein Sinn zugeschrieben wird, entbehrt das individuelle Opfer Mâthos jeglicher theologischer, moralischer sowie politischer Sinnhaftigkeit.[234] Mâthos Kampf als Söldnerführer ist beendet. Der *zaïmph*, das Symbol seines kurzzeitigen Ruhmes, wurde ihm bereits durch die verführerische Kraft der karthagischen Prinzessin entwendet. Nun ist er nicht den weiblichen Reizen einer einzelnen Frauenfigur, sondern der Rachelust der gesamten karthagischen Bevölkerung hilflos ausgeliefert. Das antike Ideal des männlichen Heldentodes auf dem Kriegsfeld wird ihm nicht zuteil.[235] Stattdessen wird er wie in der Manege den blutdürstigen Zuschauern

231 Vgl. Gustave Flaubert, *Salammbô*, in: *OC III*, S. 833 f.

232 „Ils se penchaient pour le voir, les femmes surtout. Elles brûlaient de contempler celui qui avait fait mourir leurs enfants et leurs époux ; et du fond de leur âme, malgré elles, surgissait une infâme curiosité, – le désir de le connaître complètement, envie mêlée de remords et qui se tournait en un surcroît d'exécration." Ebd., S. 833.

233 Ebd.

234 Vgl. Monika Bosse, André Stoll, „Die Agonie des archaischen Orients. Eine verschlüsselte Vision des Revolutionszeitalters", S. 423 f.

235 Vgl. Jean-Pierre Vernant, *La Mort héroïque chez les Grecs*, S. 13–16. Der antike Krieger stellt sich heldenhaft seinem Schicksal und stirbt nicht selten in der Blüte seiner Jugend auf dem Kriegsfeld: „On dépasse la mort en l'accueillant au lieu de la subir [...]." Jean-Pierre Vernant „La belle mort et le cadavre outragé", S. 53. Das „modèle de la virilité guerrière"

vorgeführt. Die unmittelbare Auslöschung, die der männlich konnotierte Tötungsakt durch das Schwert des Feindes oder das eigene bedeutet,[236] wird ausgeweitet in einen qualvollen Todeskampf. Ein unverzüglicher, erlösender Tod wird Mâtho verwehrt. Wenngleich sein Todesurteil feststeht, so mutet der Spießrutenlauf wie eine ironische Galgenfrist an, wird doch die mordlustige Menschenmenge angewiesen, weder Herz noch Augen des Gefangenen zu treffen, sodass dieser seine Qualen bei vollem Bewusstsein miterlebt.[237]

Das antike Ideal des *kalos thanatos*, des schönen Todes des ehrhaften Kriegers, ist bereits vor Mâthos Tod gänzlich vernichtet.[238] Im Gegensatz zum Leichnam des antiken Kriegshelden, der vor seiner Verbrennung schön hergerichtet wird,[239] nimmt Mâthos Körper schon während seines Todeskampfes die Form eines hässlichen „cadavre outragé" ein.[240] Als Modell für den geschändeten Leichnam fungiert der tapfere Krieger Hektor, dessen einst schöner Körper an den Kampfwagen des Achill gebunden um Troja geschleift wird. Der Körper des getöteten Feindes wird völlig entstellt. Er verwandelt sich in eine „masse informe"[241]. Im körperlichen Formverlust manifestiert sich ein

besteht bis ins 19. Jahrhundert fort, wenngleich die neuen Lebensumstände der Bourgeoisie sowie Vorstellungen einer bedrohlichen Weiblichkeit das Bild des tapferen Kriegers erschweren. Alain Corbin, „Le ‚sexe en deuil' et l'histoire des femmes au XIXe siècle", S. 101. Das Ideal des ehrhaften Kriegshelden wird bereits in Mâthos letztem Kampf, an dessen Ende er wie ein wildes Tier durch ein großes Netz von Narr'Havas eingefangen wird (vgl. Gustave Flaubert, *Salammbô*, in: *OC III*, S. 827), konterkariert. Der seiner Rüstung verlustig gegangene Krieger ist zu einem ungezähmten Tier mutiert, das in seiner nackten Rohheit präsentiert wird: „Mâtho avait perdu ses épaulières, son casque, sa cuirasse ; il était complètement nu, – plus livide que les morts, les cheveux tout droits, avec deux plaques d'écume au coin des lèvres […]." Ebd.

236 Nicole Loraux bezeichnet das Schwert als „Emblem des männlichen Sterbens". *Tragische Weisen, eine Frau zu töten*, S. 31.

237 „[…] et il était défendu de le frapper au cœur pour le faire vivre plus longtemps, de lui crever les yeux, afin qu'il pût voir jusqu'au bout sa torture, de rien lancer contre sa personne et de porter sur elle plus de trois doigts d'un seul coup." Gustave Flaubert, *Salammbô*, in: *OC III*, S. 830.

238 Zum Ideal des *kalos thanatos* vgl. Jean-Pierre Vernant, *La Mort héroïque chez les Grecs*, S. 13.

239 Vgl. ebd., S. 25 f. Zur „[b]eauté de la mort héroïque" vgl. auch Jean-Pierre Vernant, „La belle mort et le cadavre outragé", S. 62. Nicht selten wird der tote Krieger mit Haarsträhnen seiner Gefährten geschmückt. Vgl. ebd.

240 Jean-Pierre Vernant, *La Mort héroïque chez les Grecs*, S. 32. Vgl. auch ders., „La belle mort et le cadavre outragé", S. 64.

241 Ebd., S. 67. Es existieren zahlreiche weitere Beispiele für den *cadavre outragé*. So wird der Leichnam des Kriegsfeindes in der Antike nicht selten zerstückelt und den Hunden und Vögeln zum Fraß vorgeworfen. Vgl. ebd., S. 63 f.

Ehrverlust, war doch gerade das jugendliche und kraftvolle Erscheinungsbild sichtbares Zeichen des männlichen Ruhmes.[242]

Mâthos Auftritt aus dem *trou noir* kündigt das grausame Schicksal an, das der Söldnerkrieger erleiden wird: seine völlige Entstellung als *cadavre outragé*, dessen (Un-)Form er bereits vor seinem Tod einnimmt, sowie seine Versenkung in ein abgrundtiefes Nichts. Mâtho wird aus der kollektiven Erinnerungskultur ausgeschlossen. Sein Tod geht mit einer absoluten Vernichtung seines Subjekts einher. In diesem Sinne repräsentiert sein zerstümmelter Körper „l'horreur de l'indicible, l'infâmie absolue : celle qui vous exclut tout ensemble des vivants, des morts, de soi-même"[243]. Während sich der antike Heros in seinem blutigen, aber zugleich schönen und ruhmreichen Tod auf dem Kriegsfeld über die „condition humaine" erhebt und als götterähnliches Wesen verehrt wird,[244] ist Mâtho bereits vor seinem Tod zu einem barbarischen Raubtier degradiert. Sein Leichnam muss nicht erst den wilden Tieren zum Fraß hingeworfen werden, um sich in einer „entière inhumanité"[245] aufzulösen.

Auf dem Vorplatz des Khamontempels angekommen, gleicht Mâtho einer unheimlichen Schreckgestalt, die den Blick der karthagischen Prinzessin auf sich zieht:

> Mâtho regarda autour de lui, et ses yeux rencontrèrent Salammbô.
>
> Dès le premier pas qu'il avait fait, elle s'était levée ; puis, involontairement, à mesure qu'il se rapprochait, elle s'était avancée peu à peu jusqu'au bord de la terrasse ; et bientôt, toutes les choses extérieures s'effaçant, elle n'avait aperçu que Mâtho. Un silence s'était fait dans son âme, – un de ces abîmes où le monde entier disparaît sous la pression d'une pensée unique, d'un souvenir, d'un regard. Cet homme, qui marchait vers elle, l'attirait.[246]

Das farbenprächtige, pompöse Bühnenbild, das der Erzähler zuvor entworfen hat, verschwindet in der Dunkelheit. Es scheint, als trete Salammbô für einen kurzen Moment aus ihrem eigenen Bühnenbild, das sie in ihrer hieratischen Pose wie eine Gefangene hält, hervor. Die Geräusche des Festgelages, das sie umgibt, und der aufgebrachten Menschenmenge, die sich unter ihr befindet,

242 „Il s'agit de faire disparaître, sur le corps du guerrier défunt, ces aspects de jeunesse et de beauté viriles qui y manifestent comme les signes visibles de la gloire." Ebd., S. 64.

243 Ebd., S. 69.

244 Ebd., S. 60.

245 Ebd., S. 68.

246 Gustave Flaubert, *Salammbô*, in: *OC III*, S. 835.

verstummen. Salammbôs Blick fixiert sich auf Mâtho, der nicht etwa von einem Scheinwerferlicht angestrahlt wird, sondern der selbst flammende Lichtstrahlen aus seinen Augenhöhlen absondert.[247] Die Flammenblicke dringen in jenen inneren Abgrund („un de ces abîmes") der Seele ein, in dem die Außenwelt in Dunkelheit gehüllt ist. Doch ist es wirklich Mâtho, der Salammbô anblickt? Oder ist es vielmehr ihre Vorstellungskraft, die dem Blick des einstigen Liebhabers eine Form verleiht? Tatsächlich sind die Augen des bis zur körperlichen Unkenntlichkeit Gefolterten das letzte Merkmal seiner menschlichen Erscheinung: „Il n'avait plus, sauf les yeux, d'apparence humaine ; c'était une longue forme complètement rouge [...]."[248] Mâtho werden nicht einmal mehr die Attribute eines wilden Tiers zuteil. Er ist zu einem Objekt geworden, dessen menschliche Formen so wie seine Fesseln gänzlich zerstört sind.[249] Der grausame Formverlust weicht einer neuen Formgebung, die jedoch nicht durch die körperlichen Konturen, sondern durch die rote Farbe definiert wird. Es ist Salammbô, die in der roten Form, die sich ihr langsam nähert, einen Menschen wahrnimmt („Cet homme"). So glaubt sie, dass sich ihre Blicke treffen.

Welche Rolle spielt der Blick? Dringt er in die Seele ein, um in ihr einen Affekt auszulösen? Stellt er ein Kommunikationsmittel zwischen Salammbô und Mâtho dar? Auf der Theaterbühne, allen voran in den klassischen Tragödien Racines, spielt der Blick eine herausragende Rolle. Er übersteigt die Geste und wird „l'acte par excellence"[250]. Starobinski bezeichnet die Szenen bei Racine als „*entrevues*", als Wechselspiele von intensiven Blicken, die in die Seele eindringen und in ihr eine Regung auslösen.[251] Auf der einen Seite könnte man annehmen, dass der Blick im Unterschied zur körperlichen Geste ein symbolischer, ja spiritueller Akt des Ausdrucks ist, der den Regeln der klassischen *bienséance* folgt.[252] Aber wenn der Blick als geistige Ausdrucksform die physische Geste ersetzen kann, so lässt sich umgekehrt eine „‚matérialisation' du regard qui s'alourdit et se charge de toutes les valeurs corporelles, de toutes les significations pathétiques dont il s'est laissé envahir" konstatieren.[253]

247 „[...] de ses orbites sortaient deux flammes qui avaient l'air de monter jusqu'à ses cheveux [...]." Ebd.

248 Ebd.

249 „[...] ses liens rompus pendaient le long de ses cuisses, mais on ne les distinguait pas des tendons de ses poignets tout dénudés [...]." Ebd.

250 Jean Starobinski, *L'œil vivant*, S. 19.

251 Ebd., S. 76.

252 Vgl. ebd.

253 Ebd., S. 77. Starobinski nennt ein Beispiel aus Racines *Phèdre*: „Chargés d'un feu secret, vos yeux s'appesantissent." Jean Racine, *Phedre*, I, 1, V. 134, S. 24. In den flammenden Augen erkennt Théramène Hippolytes Liebesleidenschaft für Aricie.

Der stumme Blick kann als Sprache des Unsagbaren betrachtet werden, jener Affekte, die nicht versprachlicht werden können. Und doch wird der Blick durch die Sprache vermittelt, die es vermag, der Stille eine Bedeutung zu verleihen.[254] Traditionell ist es die Liebesleidenschaft, die durch den Blick eine Form erlangt. So erwächst die Passio in der Tradition der Liebesrhetorik stets „d'un seul coup d'œil, et du premier coup d'œil. Être amoureux, c'est être captif d'un regard."[255]

Die Blicke, die Salammbô mit Mâtho austauscht, der auf dem Tempelvorplatz zu ihr emporzuschauen scheint, konterkarieren auf subtile Weise die Seelenblicke der leidenschaftlichen Tragödienhelden. Salammbôs Gesicht ist wie von einer schillernden Maske überzogen. Ihre Augen, die in der Zeltszene mit funkelnden Diamanten verglichen werden,[256] blenden den Betrachter, der nicht in ihr Inneres hineinzublicken vermag. Die Verbindung zwischen Salammbô und Mâtho ist scheinhaft. Salammbô bleibt in ihrer hieratischen Pose in unerreichbarer Ferne. Es ist die Frauenfigur selbst, die Mâthos Feuerblick in ihr Inneres projiziert, ihn möglicherweise als ‚Liebesblick' deutet. Sie sieht die flammenden Augenhöhlen nicht etwa als Zeichen der Höllenqualen, die der Gemarterte erleidet, sondern als Ausdruck seiner Liebesleidenschaft, fühlt sie sich doch zurückversetzt in die Verführungsszene im Zelt:

> Il arriva juste au pied de la terrasse. Salammbô était penchée sur la balustrade ; ces effroyables prunelles la contemplaient, et la conscience lui surgit de tout ce qu'il avait souffert pour elle. Bien qu'il agonisât, elle le revoyait dans sa tente, à genoux, lui entourant la taille de ses bras, balbutiant des paroles douces ; elle avait soif de les sentir encore, de les entendre ; elle allait crier. Il s'abbatit à la renverse et ne bougea plus.[257]

---

254 Vgl. Jean Starobinski, *L'œil vivant*, S. 79: „Mais c'est là, en même temps, le triomphe de la parole, puisqu'elle a su faire exister ce qui paraît l'exclure : un silence, un espace, et des lignes de force affectives qui relient des présences humaines à travers le silence et l'espace."

255 Ebd., S. 83.

256 „Ses yeux, ses diamants étincelaient [...]." Gustave Flaubert, *Salammbô*, in: *OC III*, S. 737. Auf dem Festgelage zu Beginn des Romans schweifen Salammbôs Augen in die Ferne, so als könnten sie keinen Fixpunkt im Irdischen finden: „Ses prunelles semblaient regarder tout au loin au-delà des espaces terrestres." Ebd., S. 582. Nach seiner ersten Begegnung mit Salammbô vergleicht Mâtho die Augen der Hohepriesterin mit Sonnen: „‚[...] As-tu [Spendius, S. W.] vu ses grands yeux sous ses grands sourcils, comme des soleils sous des arcs de triomphe ? Rapelle-toi : quand elle a paru, tous les flambeaux ont pâli. [...]'" Ebd., S. 598.

257 Ebd., S. 836.

Salammbô kann die Todesqualen ihres einstigen Geliebten nur auf sich beziehen. Sie glaubt, dass Mâtho sein Leiden für sie erduldet, dass er sich für eine Liebesleidenschaft aufopfert („tout ce qu'il avait souffert pour elle"). Der Blick der Hohepriesterin sieht nicht den entstellten Körper des Söldnerkriegers, sondern wird in ihr eigenes Inneres zurückprojiziert.[258] Der Erzähler gewährt dem Leser einen kurzzeitigen Einblick in die Innenwelt der Protagonistin, in der sich keine aufrichtige *compassio* manifestiert, sondern ein selbstbezügliches Liebesbegehren. Es ist fraglich, ob der Schrei, den sie ausstoßen wird, bevor Mâtho in einem bühnenreifen Todessturz zu Boden sinkt, seinem Leiden gilt oder vielmehr ihrer eigenen Erkenntnis über den Verlust des Liebesobjekts, das sich zu ihren Füßen bereits in weiter Ferne befindet. Tatsächlich verweist die ungewöhnliche *futur proche*-Konstruktion „elle allait crier" auf eine Handlung, die in der nahen Zukunft situiert ist. Doch ob Salammbô wirklich schreit, bevor sie beinahe ohnmächtig auf ihren Thron zurückgetragen wird, bleibt ungewiss. Anstatt sich in Mâthos Leiden hineinzuversetzen, bezieht sie seinen unaufhaltsamen Tod auf sich selbst. In melancholischer Rückschau möchte sie jenen vereinzelten Moment der Nähe, der Vereinigung, wiederherstellen, den sie mit ihm im Zelt erlebte. Eine konkrete Szene der zurückliegenden intimen Begegnung bietet sich nunmehr in Salammbôs Erinnerung dar. Vor ihrem inneren Auge präsentiert sich der zu ihren Füßen kniende Söldnerführer, der ihr seine Liebe gesteht und weinend darum fleht, von ihr getötet zu werden. Der starke Krieger, der die Tochter des Feindes einen Moment zuvor noch zu seiner Gefangenen und Dienerin machen wollte („Tu es ma captive, mon esclave,

258 Einen selbstbezüglichen, ins Innere gekehrten Blick weist bereits Racines Phèdre auf. So sind die „flambeaux dans la nuit", die in *Andromaque*, *Britannicus* oder *Bérénice* in Erscheinung treten, in Phèdre „intériorisée et inversée". Jean Starobinski, *L'œil vivant*, S. 84. Das Schreckliche, die fatale Passio, ist nicht in der Wahrnehmung des Anderen zu verorten, sondern in Phèdres eigenem Blick, in dem sich die schwarze Nacht darbietet, wie Jean Starobinski treffend formuliert: „Mais le monstrueux n'est pas dans le spectacle qui s'offre au regard, il n'est pas *en face*, il est dans le regard même, dans sa stupeur, dans cette interrogation vaine où les yeux ne sont ouverts que pour s'emplir d'un effroi né d'eux-mêmes (comme les yeux de Phèdre s'emplissent de nuit)." *L'œil vivant*, S. 85. Starobinski bezieht sich auf die folgenden Verse: „Je voulais en mourant prendre soin de ma gloire, / Et dérober au jour une flamme si noire." Jean Racine, *Phedre*, I, 3, V. 310 f., S. 40. Phèdres Augen verdunkeln sich bereits beim ersten Anblick Hippolytes: „Mes yeux ne voyaient plus, je ne pouvais parler [...]." Ebd., V. 275, S. 38. „Ainsi, l'acte de voir, par sa violence même, produit la nuit." Jean Starobinski, *L'œil vivant*, S. 84. Es scheint, als würde Salammbô die Flammenstrahlen, die Mâthos Augenhöhlen absondern, als Zeichen einer nach außen gekehrten Passio deuten. Doch tatsächlich ist es die in ihrem eigenen Inneren gefangene Passio, die durch die Flammenstrahlen indirekt erhellt wird.

ma servante !"[259]) und ihr selbst mit dem Tod drohte, sollte sie einen Fluchtversuch unternehmen, gibt sich willentlich in die Rolle des Unterlegenen. Er verspürt eine an den Masochismus angrenzende Lust, von seiner Gebieterin gequält zu werden, nur damit er ihre Nähe spürt.[260] Die Zeltszene wirkt wie eine Schablone, vor der sich das Schlusstableau, der letzte Blick Salammbôs auf Mâtho, abzeichnet:

> Il était à genoux, par terre, devant elle ; et il lui entourait la taille de ses deux bras, la tête en arrière, les mains errantes ; les disques d'or suspendus à ses oreilles luisaient sur son cou bronzé ; de grosses larmes roulaient dans ses yeux pareils à des globes d'argent ; il soupirait d'une façon caressante, et murmurait de vagues paroles, plus légères qu'une brise et suaves comme un baiser.[261]

Die Liebesqualen, denen sich Mâtho vor den Knien seiner Angebeteten bereitwillig hingeben wollte, betrachtet Letztere nunmehr als erlitten. Die Tränen, die Mâthos Augen noch im Zelt als Zeichen seiner Liebe absonderten, werden in der Schlussszene von Flammenstrahlen überboten. Aus Salammbôs Sicht können sie als Zeichen einer unermesslichen, sich langsam verzehrenden, todbringenden Liebesleidenschaft gedeutet werden. Tatsächlich sind sie körperliche Zeichen einer grässlichen Agonie, die bis ins Hyperbolische gesteigert ist.

Die Schlussszene mutet in ihrer räumlichen Anordnung wie ein verkehrtes, ironisch deformiertes Andachtsbild der Passion Christi an. Auf mittelalterlichen und frühneuzeitlichen Tafelbildern ist häufig die weinende Gottesmutter Maria unter dem Kreuz ihres Sohnes abgebildet.[262] Wenngleich keine

---

259 Gustave Flaubert, *Salammbô*, in: *OC III*, S. 740.

260 Vgl. ebd., S. 740 f.

261 Ebd., S. 741.

262 Vgl. z. B. Giovanni di Paolo, *Kreuzigung Christi* (1426), Lindenau-Museum Altenberg. Neben der vertikalen Anordnung der zu Füßen des Gekreuzigten knienden Gottesmutter existieren verschiedene Darstellungen, die Maria und ihren Sohn nebeneinander auf einem Diptychon porträtieren. Vgl. Hans Belting, *Das Bild und sein Publikum im Mittelalter. Form und Funktion früher Bildtafeln der Passion*, S. 167. Als weinende Klagefrau ist Maria so beispielsweise auf einem im späten 14. Jahrhundert entstandenen Diptychon, das sich im Verklärungskloster der Meteoren in Griechenland befindet, links neben ihrem toten Sohn dargestellt. Ihre Gesichter sind einander zugewandt. Vgl. ebd., S. 168 f., Abb. 59. Die traditionelle „formal in sich geschlossene Mutter-Kind-Gruppe" (ebd., S. 172 f.) wird durch eine Klagefrau ersetzt, die durch den „innerbildlichen Weisegestus" (ebd., S. 174) „zur Mittlerfigur zwischen Christus und dem Betrachter" (ebd.) wird. Die Klagefrau wird zur Identifikationsfigur für die christliche Gemeinde. Vgl. ebd.

biblischen Belege für das Weinen der Gottesmutter existieren,[263] so wird Maria häufig als *mater dolorosa* dargestellt. Seit Anfang des 12. Jahrhunderts stellen sich viele Theologen vor, dass Maria Tränenströme beim Anblick ihres gekreuzigten Sohnes vergossen habe.[264] Fortan sind die Tränen fester Bestandteil der *imitatio Mariae*. Sogenannte Marienklagen fordern Christen dazu auf, Marias Leiden weinend mitzuempfinden.[265] Neben verschiedenen Tafelbildern der Kreuzigungsszene sind die Tränen der Gottesmutter in der Pietà in eine weit verbreitete künstlerische Form überführt. Das Vesperbild zeigt die trauernde Maria mit dem Leichnam ihres vom Kreuz abgenommen Sohnes, den sie entweder auf ihren Knien oder in ihrem Schoß hält. Seit dem 14. Jahrhunderts sind die Tränen fester Bestandteil der Pietà. Häufig werden sie als rote Bluttränen dargestellt.[266] Berühmt für seine Darstellung der Tränen Marias ist darüber hinaus der mittelalterliche Leidenshymnus *Stabat mater dolorosa*.[267] Bernhard von Clairvaux ordnet die Tränen der *compassio* allen anderen Tränenarten über.[268] Neben der Gottesmutter ist der Heilige Franz von Assisi für sein tränenreiches Mitleiden mit dem gekreuzigten Christus, der ihm erschien, bekannt.[269]

Bei Flaubert ist das mittelalterliche Passionsbild in hohem Maße deformiert. Das männliche Opfer ist nicht an ein in der Höhe errichtetes Kreuz genagelt, das in der Nähe zu Gott die Rettung Jesu Christi in der Auferstehung antizipiert und unter dem sich die Betrachter ehrfürchtig und mitleidend

---

263 Vgl. Klaus Schreiner, „‚Brot der Tränen.‘ Emotionale Ausdrucksform monastischer Spiritualität“, S. 199. „Ihre Tränen gehen auf die Vorstellungs- und Einfühlungskraft hochmittelalterlicher Theologen zurück.“ Ebd. Bereits in der spätantiken Kirche sowie erneut im späten Mittelalter wurde das mögliche Weinen Marias unter dem Kreuz kontrovers diskutiert. Vgl. ebd., S. 230. So spricht sich beispielsweise der Kirchenvater Ambrosius für eine Standhaftigkeit (*constantia*) der Gottesmutter aus. Sie habe unerschütterlich und ohne Tränen das Leiden ihres Sohnes ertragen. Als tapfere Heldin wird Maria oftmals der schwächlichen Maria Magdalena gegenübergestellt, die die Füße Jesu mit ihren Reuetränen benetzte. Vgl. ebd., S. 231. Zu Maria Magdalenas Reuetränen vgl. ebd., S. 214.

264 Vgl. ebd., S. 232.

265 Vgl. ebd. Auch das Andachtsbild, die Imago Pietatis, spricht als Dialogbild die Affekte des Betrachters an und regt ihn zum Mitleiden an. Vgl. Hans Belting, *Das Bild und sein Publikum im Mittelalter. Form und Funktion früher Bildtafeln der Passion*, S. 18 f.

266 Vgl. Klaus Schreiner, „‚Brot der Tränen.‘ Emotionale Ausdrucksform monastischer Spiritualität“, S. 234.

267 Die Urheberschaft des Gedichts ist umstritten. Oftmals wird es dem Franziskanermönchen Iacopone da Todi (1230–1306) zugeschrieben. Es existieren verschiedene Vertonungen des *Stabat mater*, u. a. von Haydn und Rossini. Vgl. ebd.

268 Vgl. ebd., S. 205.

269 Vgl. ebd., S. 218.

versammeln. Mâthos Martyrium findet auf dem Boden statt, auf dem Sockel des Khamontempels („au pied de la terrasse"), auf dem der Gemarterte schließlich zusammensinken wird. Die Zuschauer seines Todesspektakels blicken in aufsteigender Entfernung auf seinen auf dem Boden hingestreckten Leichnam hinab. Um den Toten herum befinden sich einige Molochpriester, unter anderem Schahabarim, die das Opferritual vornehmen werden. Weitere Priester sowie die Ältesten und die Reichen blicken von der Terrasse auf das Todesspektakel hinab. An höchster Stelle auf der Terrasse thronen Hamilcar, Narr'Havas und Salammbô. Über die Brüstung der Terrasse gelehnt, scheint Letztere konzentriert auf den zu Tode Gequälten herunterzublicken. Doch ihre Augen sind nicht wie jene der Gottesmutter von Tränenströmen erfüllt. Die selbstbezügliche Reaktion auf Mâthos Tod zeigt sich in Salammbôs Inneren. Die in die vage Zukunft projizierten Klagelaute („elle allait crier") beenden abrupt die Innensicht der Titelfigur. Nicht Mâtho, sondern Salammbô ist wie Jesus am Kreuz am höchsten Punkt des Bühnenbildes fixiert. Es konnte aufgezeigt werden, dass die Bühnenbilder der Eingangs- und Schlussszene zusammen die Form eines Kreuzes ergeben.[270] Es offenbart sich folglich ein ironischer Rollentausch: Die Trauer der Frauenfigur, der traditionell eine öffentliche Zurschaustellung der Passio zugeschrieben wird,[271] manifestiert sich lediglich in ihrem Inneren. Sie wird nicht nach außen gekehrt. Einzig der körperliche Schwächeanfall, den Salammbô nach Mâthos Tod erleidet, zeugt von einer inneren Bewegtheit. Auf ihren Thron zurückgetragen, wird sie wieder in die Pose der hieratischen, unbewegten Kunstfigur fixiert. Mâthos Leiden, das in erster Linie ein körperliches ist, wird hingegen wirkungsvoll zur Schau gestellt. Die roten Flammenstrahlen, die seine Augenhöhlen absondern, sind Zeichen seiner maßlos gesteigerten Qualen. Es ist nicht unbedeutend, dass sie Salammbô an den zu ihren Füßen knienden weinenden Liebhaber im Zelt erinnern. In abgründiger Weise hat Mâtho die Rolle einer ‚Klagefrau' eingenommen, deren ‚Flammentränen' keine sinnstiftende *compassio* repräsentieren, sondern das Leiden des eigenen, an die Grenzen der Existenz getriebenen Körpers.

Das horrende Spektakel des männlichen Todes löst keinen sichtbaren Affekt aus. Die mariologische Darstellung der traditionellen Klagefrau, die als *mater dolorosa* das männliche Opfer beweint, ist konterkariert. Den roten Flammenstrahlen, die aus Mâthos Augenhöhlen emporsteigen, ist die Fassade der ätherisierten Frauenfigur gegenübergestellt, als weiße Leinwand, vor der sich keine Passio darzustellen vermag. Das fehlende Weinen kann als einzig mögliche Reaktion auf den männlichen Tod gedeutet werden, der jeglicher

270 Vgl. Kap. 3.1.

271 Vgl. Jules Michelet, „Du sacerdoce et de la douleur", S. 623.

Sinnhaftigkeit entbehrt und folglich nur eine Sprach- und Affektlosigkeit hervorrufen kann. Die innere (selbstbezügliche) Regung, die Mâthos Qualen gleichwohl in Salammbô auslösen, kann nicht zur Darstellung gebracht werden. Die Kunstfigur verharrt in ihrer starren Form, in der sie letztlich selbst zu Boden sinkt.

Während Salammbôs Körper im Tod seine schöne Form bewahrt und wie ein Kunstwerk, in dessen Zentrum ihr weißes Maskengesicht steht, auf der Bühne fixiert wird,[272] stürzt Mâthos geschändeter Körper als leblose rote Form längs zu Boden. Im Gegensatz zu Salammbôs Todesfall, dem in erster Linie eine ästhetische Funktion zuteil wird, erscheint Mâthos Exitus nicht als Kunstmoment, sondern zeugt von einer an die Spitze getriebenen Körperlichkeit. Diese zeigt sich am eindringlichsten im Opferritual, das an Mâthos Leichnam vollzogen wird. Wenngleich Mâtho als religiöses Opfer stilisiert ist, wird der phönizische Götterkult im gesamten Roman als scheinhaft und sinnentleert entlarvt.[273] Die Sonne, die nach Mâthos Opferung hinter dem Meer versinkt, versinnbildlicht Mâthos Versenkung in das Nichts. Denn die Vereinigung von Moloch und Tanit, die durch die Sonne und das Meer repräsentiert wird, erweist sich als Fassade, als scheinhaftes Bühnenbild, vor dem das individuelle männliche Opfer und nach ihm die phönizische Prinzessin vereinzelt dem Tode geweiht sind. Es findet keine Hierogamie statt, sondern vielmehr eine Befreiung des Figurenpaars von jenen Gottheiten des Krieges und des Mondes, mit denen sie assoziiert waren. Ihre Todesszenen demaskieren die mythisch-kosmologische Basis der Erzählung endgültig als trügerisch.[274]

Die Herzextraktion, die an Mâthos ausgestrecktem Leichnam vollzogen wird, bildet den Höhepunkt des grausamen Todesspektakels. Der Priester Schahabarim hält das mit einem Messer entnommene Herz als Opfergabe der Sonne und somit der Gottheit Moloch auf einem Löffel entgegen. Während

---

272 Vgl. Kap. 3.4.

273 Wie bereits Sabine Friedrich aufgezeigt hat, besteht die Religiosität in *Salammbô* nur als Diskurs, der in Machtstrukturen eingebunden ist. So stirbt Mâtho beispielsweise nicht, als er den göttlichen *zaïmph* berührt. Der Schleier ist lediglich ein Machtinstrument, das „auf keine transzendente Instanz mehr verweist“. Mit Mâthos Transgression wird „die Nichtigkeit des Heiligen entlarvt“. *Die Imagination des Bösen. Zur narrativen Modellierung der Transgression bei Laclos, Sade und Flaubert*, S. 195.

274 Küpper hat bereits festgestellt, dass die mythische Basis der Erzählung keine metaphysische Validität besitzt, d. h. nicht über das Bewusstsein der einzelnen Figuren hinausgeht. Vgl. Joachim Küpper, „Considérations sur *Salammbô*“, S. 736. Nichtsdestotrotz deutet er das Hinabsinken der Sonne in das Meer, das sich mit Mâthos Opferung vollzieht, aus der Perspektive Salammbôs als „[]union cosmique“. Ebd., S. 755.

aus dem antiken Karthago in erster Linie Praktiken der Opferung von Kindern überliefert sind,[275] wurde das kultische Opferritual der Herzextraktion insbesondere durch die Azteken praktiziert. Auf der Tempelpyramide der Azteken wurde Kriegsgefangenen bei lebendigem Leib das Herz mit einem Messer herausgeschnitten, das noch schlagend dem Sonnengott präsentiert wurde. Die Opferpraxis ist Teil des aztekischen Schöpfungsmythos, der besagt, dass die Welt durch die untergehende und wieder am Horizont aufgehende Sonne stets neu erschaffen werde. Das Menschenopfer setzt das erneute Entflammen der Sonne in Kraft.[276] Der kosmischen Unio, die sich im Hinabsinken der Sonne am Meereshorizont nach dem Opferritual an Mâtho zu vollziehen scheint, folgt keine Wiedergeburt. Flauberts Karthagoroman endet mit dem Verschwinden der Götter sowie der ihr entsprechenden Gestirne, die von Mâtho und Salammbô repräsentiert werden:

> Le soleil s'abaissait derrière les flots ; ses rayons arrivaient comme de longues flèches sur le cœur tout rouge. L'astre s'enfonçait dans la mer à mesure que les battements diminuaient ; à la dernière palpitation, il disparut.[277]

Wie in einem letzten Kraftakt, in dem sich das Leiden Mâthos spiegelt, lässt die untergehende Sonne das ihr emporgehaltene Herz in einem kräftigen Rot erstrahlen. Die Sonnenstrahlen, die wie brennende Pfeile abgeworfen werden und

---

275 Ob den karthagischen Gottheiten wirklich Menschen, insbesondere Kinder, geopfert wurden, wird in der Forschung seit jeher kontrovers diskutiert. Die im Jahre 1921 entdeckte, nach Flauberts Roman benannte Nekropole des „tophet de Salammbô", die viele Kindergräber umfasst, ist zum Untersuchungsgegenstand zahlreicher Archäologen geworden, die den möglichen Opferkult im antiken Karthago zu rekonstruieren suchen. Nach der Untersuchung von Kinderurnen kommen verschiedene Archäologen zu dem Schluss, dass die Kinder eines natürlichen frühen Todes gestorben sind. Vgl. z. B. Hélène Bénichou-Safar, *Le tophet de Salammbô à Carthage. Essai de reconstitution*, S. 171. Die Autorin liefert eine detaillierte historische Rekonstruktion der einzelnen Ausgrabungen, die an der Kultstätte durchgeführt worden sind. Zur Kinderopferung an Moloch, die Flaubert in seinem Karthagoroman darstellt und die dem Despoten Hamilcar, der den eigenen Sohn vor der Opferung rettet, für einen Augenblick menschliche Züge verleiht, vgl. Sabine Friedrich, *Die Imagination des Bösen. Zur narrativen Modellierung der Transgression bei Laclos, Sade und Flaubert*, S. 198–207.

276 Vgl. Ole Martin Høystad, *Kulturgeschichte des Herzens. Von der Antike bis zur Gegenwart*, S. 105 f. In zahlreichen Kulturen fungiert die Opfergabe als *quid pro quo*, als Tauschmittel, das dem Tod einen Sinn verleiht. Vgl. Derek Hughes, *Culture and Sacrifice. Ritual Death in Literature and Opera*, S. 4–12.

277 Gustave Flaubert, *Salammbô*, in: *OC III*, S. 836.

an die Flammenstrahlen erinnern, die aus Mâthos Augenhöhlen ausströmten, setzen das herausgerissene Herz hyperbolisch in Szene. Mâthos Passio wird ein letztes Mal ironisch jenen Liebesqualen angenähert, die Salammbô in die Erscheinung des leidenden Kriegers hineinprojiziert, treffen doch eigentlich die Pfeile des Liebesgottes Amor in das Herz. Doch die Pfeile, die die Sonne abwirft, provozieren keine Liebesverwundung. Auch wird dem durchbohrten Herz keine spirituelle Bedeutung beigemessen. Im Unterschied zum durchbohrten Herz des gekreuzigten Christus, das als Symbol seiner unendlichen Liebe zum Gegenstand einer kultischen Verehrung wird, tritt Mâthos Herz in seiner physiologischen Präsenz in Erscheinung. Wie ein unheimliches Relikt wird das Organ des Herzens durch die Sonnenstrahlen, die es wie brennende Scheinwerfer beleuchten, ostentativ zur Schau gestellt. Wenngleich Mâtho bereits zum Zeitpunkt der Herzextraktion als „cadavre“[278] bezeichnet wird und der Leser folglich annehmen muss, dass sein plötzlicher Sturz, der ihn regungslos auf dem Boden zurücklässt, seinen Tod bedeutet, so ist die grausame Todesagonie noch nicht zu einem Ende gelangt. Das Schicksal des *cadavre outragé*, das in der Antike dem getöteten Kriegsfeind zuteil wurde, erleidet Mâtho bei lebendigem Leib. Das noch schlagende Herz verdeutlicht auf brutale Weise das Absterben eines Körpers, der längst die Form eines geschändeten Leichnams angenommen hat. Als köperliches Relikt illustriert das herausgerissene Herz eindrücklich die gewaltsame Zerstörung einer Form, die sich nunmehr jeglicher Darstellbarkeit entzieht. Mit der untergehenden Sonne, die mit dem letzten Herzschlag verschwindet, ist nicht nur das Schlusstableau in Dunkelheit gehüllt. Auch Mâtho versinkt endgültig im schwarzen Nichts.

An die Stelle einer mythisch-kosmischen Sinnhaftigkeit, die dem Ritual des geopferten Herzens in einigen Kulturen zuteil wird, rückt bei Flaubert die spektakuläre Zurschaustellung eines qualvollen öffentlichen Sterbens, das an die Exekutionen der Französischen Revolution erinnert. Nicht etwa durch die Guillotine, dem wohl bekanntesten Tötungsapparat der Revolutionsepoche, sondern durch die aufgebrachte Menschenmenge wurden Joseph-François Foulon, Finanzminister unter Ludwig XVI. in der Nachfolge von Jacques Necker, und sein Schwiegersohn Berthier de Sauvigny, Intendant von Paris, im Juli 1789 an der Place de Grève (der späteren Place de l’Hôtel-de-Ville) öffentlich hingerichtet. Insbesondere das Schicksal Berthier de Sauvignys lässt sich jenem Mâthos annähern, denn ihm wurde ebenso das Herz herausgerissen.[279] Jean-Baptiste-Joseph Champagnac bezeichnet die Place de l’Hôtel-de-Ville in seiner *Chronique du crime et de l’innocence*, einem „Recueil des Événemens

278 Ebd.

279 Vgl. Jean-Baptiste Joseph Champagnac, *Chronique du crime et de l’innocence*, Bd. V, S. 110 f.

[sic] les plus tragiques“, wie das 1833 publizierte achtbändige Werk im Untertitel heißt, als „théâtre de scènes [...] horribles“[280] und stellt somit den spektakulären Charakter der öffentlichen Hinrichtungen heraus. Nachdem Berthier de Sauvigny in Compiègne festgenommen worden war, wurde er in einem bewachten Wagen, dem eine wütende Menschenmenge folgte, nach Paris zur Place de l'Hôtel-de-Ville gebracht. Bei seiner Ankunft wurde ihm der aufgespießte, blutige Kopf seines Schwiegervaters entgegengestreckt, den er jedoch nicht erkannte.[281] Von der blutdürstigen Menschenmenge war Foulon kurz zuvor an einem Laternenpfahl erhängt und enthauptet worden, bevor sein aufgespießter Kopf durch die Straßen von Paris getragen wurde. Auch Berthier de Sauvigny fiel der aufgebrachten Menge, der er sich nicht zur Wehr setzen konnte, zum Opfer.[282] Sowohl Foulon als auch Berthier wurden auf grausame Weise öffentlich entstellt: Nachdem Foulons enthaupteter Kopf mit einer Handvoll Heu im Mund zum Palais Royal getragen und sein Leichnam durch den Schlamm gezogen worden war, wurde Berthier das Herz herausgerissen und blutüberströmt der Menschenschar präsentiert.[283]

Eine weitere Todesszene der Revolutionsepoche, von der sich Flaubert für den brutalen Tod des Söldnerführers möglicherweise inspirieren ließ, ist jene der Princesse de Lamballe, einer engen Vertrauten Marie-Antoinettes, die im Septembermassaker 1792 durch aufgebrachte Volksmassen brutal ermordet wurde. Noch vor Eintritt des Todes wurden der Madame de Lamballe Haupt und Brustwarzen abgetrennt. Schließlich wurde ihr Herz aus der Brust herausgerissen, bevor ihr abgeschlagener Kopf auf einer Pike durch die Straßen von Paris getragen wurde.[284] Angeblich wurde ihr Herz sogar verzehrt.[285] An

---

280 Ebd., S. 107.

281 Eine Zeichnung aus der Sammlung Michel Hennins mit dem Titel *Mr Berthier de Sauvigny ramené à Paris, le 23 juillet 1789* (1789) zeigt die besagte Szene. Der auf seinem Wagen zum Hinrichtungsplatz beförderte Berthier greift sich erschrocken an den Kopf, als er das ihm entgegengestreckte aufgespießte Haupt erblickt. Vgl. Abb. 18.

282 Vgl. Adolphe Thiers, *Histoire de la Révolution française* (1823–1827), zit. nach: Jean-Baptiste Joseph Champagnac, *Chronique du crime et de l'innocence*, Bd. V, S. 108–110.

283 Vgl. Jean-Baptiste Joseph Champagnac, *Chronique du crime et de l'innocence*, Bd. V, S. 110 f. Vgl. auch Jean Nagle, *La civilisation du cœur. Histoire du semtiment politique en France, du XIIe au XIXe siècle*, S. 339. Laut Nagle wurde Berthiers Herz in einem „bouquet“ durch die Straßen von Paris getragen, „présenté comme jadis les cœurs fleuris offerts au roi en hommage aux entrées de ville.“ Ebd.

284 Vgl. François Adolphe Mathurin de Lescure, *La princesse de Lamballe, Marie-Thérèse-Louise de Savoie-Carignan. Sa vie – sa mort (1749–1792)*, S. 361 f.

285 Vgl. Jean Nagle, *La civilisation du cœur. Histoire du semtiment politique en France, du XIIe au XIXe siècle*, S. 340. Eigentlich sei es das Herz der Königin gewesen, das die aufgebrachte

ABBILDUNG 18 Mr Berthier de Sauvigny ramené à Paris, le 23 juillet 1789, *1789*.

jene öffentliche Hinrichtung der Madame de Lamballe erinnert Flaubert den Kritiker Sainte-Beuve, der sich über die rohe Grausamkeit der Marterszenen in *Salammbô* empörte und sie als unglaubwürdig kritisierte:

> Dire que j'ai « inventé des supplices », aux funérailles des Barbares, n'est pas exact. Hendrich (*Carthago, seu Carth. respublica*, 1664) a réuni des textes pour prouver que les Carthaginois avaient coutume de mutiler les cadavres de leurs ennemis, et vous vous étonnez que des Barbares qui sont vaincus, désespérés, enragés, ne leur rendent pas la pareille, n'en fassent pas autant une fois et cette fois-là, seulement ? Faut-il vous rappeler Mme de Lamballe, les Mobiles en 48, et ce qui se passe actuellement aux États-Unis ? J'ai été sobre et très doux, au contraire.[286]

Menschenmenge verzehren wollte: „Et on le lui dévora en effet, moralement, en lui présentant le soir, aux fenêtres de sa prison, la tête déchirée de sa favorite au bout d'une pique.“ Ebd.

286 Gustave Flaubert, Brief an Sainte-Beuve vom 23.-24. Dezember 1862, *Corr. III*, S. 281.

Während der Revolutionsepoche fungiert das Herz nicht nur als schreckenerregendes Schauobjekt, sondern auch als Kultobjekt. So wurde das Herz des als Revolutionsmärtyrer gefeierten Jean-Paul Marat, Herausgeber der Zeitschrift *L'Ami du peuple*, nach seinem brutalen Tod durch den Dolch der Charlotte Corday aus seiner Brust entnommen, einbalsamiert und in einer Urne zunächst am Grab,[287] dann auf einem Altar im Sitzungssaal der Cordeliers aufgestellt.[288] Der Kult um den ermordeten Marat trägt Züge einer religiösen Verehrung und kulminiert in einer Art Glaubensbekenntnis.[289] Insbesondere die Verehrung seines Herzens erinnert an den Sacré-Cœur-Kult.[290] Generell nimmt das Herz in der Kulturgeschichte Frankreichs eine herausragende Rolle ein. Neben der Verehrung des Heiligsten Herzens Jesu ist die Herzbestattung seit dem Mittelalter fester Bestandteil der Beisetzung von Königen. Für die königlichen, getrennt vom Körper bestatteten Herzen wurden oftmals prunkvolle Grabmäler errichtet. Darüber hinaus halten verschiedene königliche Grabfiguren, wie jene Karls V., ihr Herz in der Hand.[291] Das Herzgrabmal dient der posthumen Repräsentation und Erinnerung des verstorbenen Herrschers. Die mystische Bedeutung des Herzens als ehrwürdige Reliquie wird in

287 Vgl. Martin Papenheim, *Erinnerung und Unsterblichkeit. Semantische Studien zum Totenkult in Frankreich (1715–1794)*, Stuttgart 1992, S. 13, S. 76, zit. nach: Thomas W. Gaehtgens, „Davids *Marat* (1793) oder die Dialektik des Opfers", S. 75.

288 Vgl. Thomas W. Gaehtgens, „Davids *Marat* (1793) oder die Dialektik des Opfers", S. 75. Zum Kult um das Herz des Marat als den Herzen der Könige entgegengesetztes *cœur populaire* vgl. auch Jean Nagle, *La civilisation du cœur. Histoire du semtiment politique en France, du XII*e *au XIX*e *siècle*, S. 340 f. Laut Nagle wurde das Herz des Marat im Sitzungssaal der Cordeliers an einer hohen Wölbung angebracht, „dans une position où seuls les cœurs de Louis XIII et de Louis XIV s'étaient jamais trouvés." Ebd., S. 341.

289 Vgl. Thomas W. Gaehtgens, „Davids *Marat* (1793) oder die Dialektik des Opfers", S. 75. Auch Jacques-Louis Davids berühmtes Gemälde *La Mort de Marat* (1793), das den zur Seite fallenden Oberkörper des Getöteten aus seiner Badewanne herausragend zeigt und das mit der Widmung „À Marat. David" versehen ist, trug maßgeblich zur kultischen Verehrung Marats als Revolutionsmärtyrer bei. Marat ist wie ein Heiliger inszeniert, bediente sich David doch einer Darstellungsform, die Züge des christlichen Bildtypus der Pietà trägt. Vgl. ebd., S. 73.

290 Vgl. Frank Paul Bowman, *Le Christ romantique*, S. 63. Marat wurde als „nouveau Messie" gefeiert. Ebd. Zum Herzkult um den „divin Marat", dessen Überreste am 21. September 1794 ins Panthéon überführt wurden, vgl. auch Jean-Claude Bonnet, *Naissance du Panthéon. Essai sur le culte des grands hommes*, S. 273 f. Laut Bonnet habe Marat den posthumen Kult um seine Person durch verschiedene Selbstinszenierungsstrategien eigens vorbereitet. Vgl. ebd., S. 274 f. Bereits am 26. Februar 1795 wurden seine Überreste wieder aus dem Pantheon entfernt. Vgl. ebd., S. 273.

291 Vgl. Armin Dietz, *Ewige Herzen. Kleine Kulturgeschichte der Herzbestattungen*, S. 57–80.

Flauberts Karthagoroman gänzlich aufgekündigt. Eine Einbalsamierung und feierliche Bestattung wird Mâthos Herzen nicht zuteil. Stattdessen wird es auf grausame Weise profaniert.

Neben den historisch belegten Folter- und Opferritualen ist die brutale Herzextraktion ein bis in das Mittelalter zurückreichendes Motiv in der Literatur. Es rekurriert auf die Legende von einem eifersüchtigen Gatten, der seine ehebrecherische Gattin unwissentlich das Herz ihres Liebhabers essen lässt. Auch Mâthos Herz wird augenscheinlich zum Verzehr gereicht, wenn es zunächst mit einem Messer, das dem Schneiden von „viandes sacrées" dient, der Brust entnommen und auf einem Löffel serviert wird – allerdings nicht der Geliebten, sondern dem Sonnengott.[292] Die wohl älteste Bearbeitung des Stoffes bildet der *Lai Guirun* des *Roman de Tristan*, der in der zweiten Hälfte des 12. Jahrhunderts von Thomas verfasst wurde.[293] Auch der mittelalterliche *Roman du Castelain de Couci et de la Dame de Fayel*, der nach 1285 entstanden ist, bearbeitet das Motiv des *cœur mangé*.[294] Ebenso wird Boccaccios *Decamerone* das Motiv aufgreifen.[295] Im 18. Jahrhundert avanciert die Legende des aus Eifersucht und Rache zum Verzehr gereichten Herzens zum „thème à la mode", von dem verschiedene Varianten existieren.[296] Pervertiert wird die Legende schließlich vom Marquis de Sade, der in seiner *Nouvelle Justine ou les Malheurs de la vertu* (1799) den physischen, sexuell konnotierten Akt der Einverleibung des Herzens hervorhebt.[297] Bereits in *Les 120 Journées de Sodome* (1785) liefert de Sade einen „véritable catalogue clinique d'offrandes et de profanations du cœur"[298]. Thematisiert werden neben dem Verzehr des Herzens durch die Geliebte verschiedenste Arten der Verstümmelung des Organs, das nicht vereinzelt in Szene gesetzt wird, sondern Teil eines „carnage général" ist.[299] Auch im

292 Gustave Flaubert, *Salammbô*, in: *OC III*, S. 836.

293 Vgl. Mariella Di Maio, *Le Cœur mangé. Histoire d'un thème littéraire du Moyen Âge au XIXe siècle*, S. 15.

294 Vgl. ebd., S. 26.

295 Vgl. Christine Marcandier-Colard, *Crimes de sang et scènes capitales. Essai sur l'esthétique romantique de la violence*, S. 156.

296 Mariella Di Maio, *Le Cœur mangé. Histoire d'un thème littéraire du Moyen Âge au XIXe siècle*, S. 56.

297 Vgl. ebd., S. 69. Laut Di Maio wird dem legendären Stoff bei de Sade kein melodramatischer Effekt mehr zuteil. Stattdessen werde die Legende reduziert auf den „caractère purement physique de l'*acte*, à travers la profanation pure et simple du corps de l'autre." Ebd.

298 Christine Marcandier-Colard, *Crimes de sang et scènes capitales. Essai sur l'esthétique romantique de la violence*, S. 156.

299 Ebd.

19. Jahrhundert erfreut sich der Stoff des *cœur mangé* großer Beliebtheit. In Gaetano Donizettis Oper *Gabriella di Vergy* (1826 und 1838) tötet der eifersüchtige Graf Fayel den Geliebten seiner Gattin Gabriella im Duell, um ihr anschließend sein aus der Brust geschnittenes warmes Herz in einer Urne zu bringen. Über jenem sinkt Gabriella nach einem verzweifelten letzten Monolog tot zu Boden.[300] In der Populärliteratur sowie im Melodrama des 19. Jahrhunderts avanciert die Legende des Châtelain de Coucy zur „mauvaise histoire macabre et effroyable"[301]. Während dem herausgerissenen, oftmals zum Verzehr gereichten Herzen traditionell die Bedeutung einer mystischen Einverleibung, der symbolischen Vermählung zweier Liebender zugeschrieben wurde,[302] rückt der körperliche Akt der Herzextraktion ausgehend von de Sade über die Literatur der Romantik bis ins späte 19. Jahrhundert in den Vordergrund. Es ist das *cœur profané*, das neben Szenen der gewaltsamen Zerstörung, aber auch der anatomischen Untersuchung des Körpers, wie sie etwa Pétrus Borel darstellt, das Interesse der Literaten weckt.[303] Das Herz als Sitz der Passio wird zum privilegierten Objekt einer ausschweifenden Gewalt; es wird verzehrt, verbrannt oder den Hunden zum Fraß vorgeworfen.[304] Exemplarisch genannt sei an dieser Stelle Barbey d'Aurevillys Novelle *La vengeance d'une femme*, die 1874 in *Les Diaboliques* publiziert wurde und der Geschichte des aus Eifersucht und Rache entrissenen Herzens eine erotisch-makabre Form verleiht. So lässt der Ehegatte der Duchesse de Sierra-Leone ihren Liebhaber erdrosseln und reißt ihm das Herz heraus, das er vor den Augen seiner Gattin seinen Hunden zum Fraß vorwirft. Die Duchesse fleht ihn an, das Herz selbst verzehren zu dürfen, es sich nach dem Vorbild der Gabrielle de Vergy einzuverleiben – ein Wunsch, der ihr verwehrt bleibt. Durch den barbarischen, vor ihren Augen stattfindenden Akt fühlt sie ihr eigenes Herz zerrissen.[305]

Laut Marcandier-Colard repräsentiert das entnommene Herz als exzessives Detail die romantische Ästhetik der Gewalt:

---

300 Vgl. Mariella Di Maio, *Le Cœur mangé. Histoire d'un thème littéraire du Moyen Âge au XIXe siècle*, S. 74.

301 Ebd., S. 86.

302 Vgl. ebd., S. 19.

303 Vgl. Christine Marcandier-Colard, *Crimes de sang et scènes capitales. Essai sur l'esthétique romantique de la violence*, S. 145–161.

304 Vgl. ebd., S. 156.

305 Vgl. ebd., S. 157 f.

> Le cœur est donc bien un *détail* particulier du corps humain, un détail *excessif*, comme la tête coupée. Il attire et focalise le regard, il est une image fondamentale de l'imaginaire romantique, un tropisme de son écriture des crimes et de la violence. Il illustre sa stratégie esthétique du détail : le morceau, le lambeau de chair concentrent les effets sublimes, provoquent dégoût, voyeurisme et fascination, sont une miniaturisation des passions hyperboliques mises en scène par les écrivains. Cette exhibition obscène et érotique de la mutilation, de la profanation du corps et de la transgression esthétique est l'image même d'une sacralisation de la violence, comme geste esthétique."[306]

Auch in Flauberts *Salammbô* wird das entnommene Herz hyperbolisch zur Schau gestellt. Die Effekte, die Mâthos herausgerissenes Herz beim Leser hervorruft, können ebenso von angsterfüllter Abscheu hin zu einer voyeuristischen Faszination reichen. Doch das dem Sonnengott gereichte Herz fungiert weder als Objekt einer sadistischen Zerstörungslust noch ist es Bestandteil eines „rituel amoureux extrême", das dem traditionellen Motiv des *cœur mangé* folgend mit der Opfergabe bzw. dem Verzehr des Herzens die Unio zweier Liebender im Tod besiegelt.[307] Wenn das entnommene Herz nach dem Vorbild der Romantiker eine Ästhetik der Gewalt widerspiegelt, so handelt es sich um eine Gewalt, die jeglicher Sinnhaftigkeit entbehrt. Mit Mâthos herausgerissenem Herzen wird nicht etwa seine Liebesleidenschaft brutal zur Schau gestellt, sondern der qualvolle, auf Dauer gestellte Todeskampf, der sich erst nach der absoluten Zerstörung des Körpers mit dem Stillstand des Herzens erschöpft. Im Gegensatz zu Salammbô, die in einer subtilen Geste tot zurücksinkt und dem Zuschauer nichts außer ihr weißes Maskengesicht präsentiert, von dem das Haar wie ein dunkler Schleier hinabfällt, wird Mâtho in einem grausamen Todesspektakel hingerichtet. Er wird den Zuschauern als ungebändigte Bestie vorgeführt. Sein Körper wird zum Darbietungsobjekt eines prozessualen Tötens, das auf die langsame und schmerzvolle Zerstörung eines Menschen abzielt, der längst als lebendiger Leichnam inszeniert ist.

---

306 Ebd., S. 160 f.

307 Mariella Di Maio, *Le Cœur mangé. Histoire d'un thème littéraire du Moyen Âge au XIXe siècle*, S. 19.

3.4 Der Fall des Kunstwerks

„[...] il y a des gestes sublimes que toute l'éloquence oratoire ne rendra jamais."
Denis Diderot, *Lettre sur les sourds et muets*

Dass Flaubert seinen Karthagoroman mit dem Tod der Titelheldin beschließt, ist keine narrative Verlegenheitslösung. Salammbôs Tod ist sowohl auf formalästhetischer als auch auf kulturgeschichtlicher Ebene von höchster Signifikanz. Dennoch mangelt es in der bestehenden Forschungsliteratur an einer überzeugenden, in die Tiefe gehenden Deutung der Schlussszene. Entweder werden die letzten zwei Sätze des Romans, die ins Zentrum der nachfolgenden Analyse rücken sollen, zugunsten einer textgenetischen Herangehensweise und der mit ihr einhergehenden Analyse früherer Versionen vernachlässigt, oder aber die enigmatische Todesszene, die ja tatsächlich eine Vielzahl an Deutungen zulässt, wird am Darstellungsmedium der sterbenden Frauenfigur zur affirmierenden Projektionsfläche diskursanalytischer, historisch-mythologischer, religionsphilosophischer oder feministischer Ansätze, in deren Zentrum jedoch nie das Schlusstableau selbst steht.[308]

---

308 Eine religionsphilosophische Deutung wird von Cordula Reichart unternommen, die in Salammbôs Tod den Höhepunkt der Deformation, ja die Absenz einer christlichen Erlösung sieht. Vgl. „‚Faire clair et vif avec des éléments complexes'. Défigurations de l'Histoire (des religions) dans *Salammbô* et *Hérodias*" (online). Joachim Küpper konzentriert sich auf die mythologischen Modelle, die dem Handeln der passiven Frauenfigur zugrunde liegen und ihren Tod herbeiführen. Vgl. „Considérations sur *Salammbô*", S. 760. Barbara Potthast deutet Salammbôs Tod im Kontext des „destruktiven, auf Tod und Untergang verweisenden Kreissystems" des Flaubertschen Geschichtskosmos. „‚L'exigence du plus fort' und das ironische Ende der Geschichte – Gustave Flaubert: *Salammbô* (1862)", S. 187. Jean Rousset interpretiert die Todesszene als „noces de sang" zwischen Mâtho und Salammbô, die sich in einer Art „mariage mystique" aus der Distanz vereinigten. „Positions, distances, perspectives dans *Salammbô*", S. 153. Sabine Friedrich zeigt anhand des ambivalenten Schlusssatzes „das Verhältnis zwischen Ironie und mythischer Transgression" auf. *Die Imagination des Bösen. Zur narrativen Modellierung der Transgression bei Laclos, Sade und Flaubert*, S. 197. Von Jonathan Culler wird die im Schlusssatz evozierte „notion of the sacred" als Strategie der *uncertainty* gedeutet. *Flaubert. The Uses of Uncertainty*, S. 223. So sei der göttliche Schleier eine „pure" bzw. „empty form", die sowohl Salammbô als auch der Leser mit einem Sinn zu füllen suchten. Ebd., S. 222 f., S. 226. Laut Lucette Czyba versetzt der von ihr als misogyn bezeichnete Autor seine zu einem voyeuristischen Fetischobjekt erstarrte und mythologisierte Titelheldin in den entfernten, barbarischen Orient, um sie dort im Sinne eines „procès de la femme fatale" auszulöschen. *Mythes et idéologie de la femme dans les romans de Flaubert*, S. 157.

Tatsächlich beinhalten bereits die frühesten Entwürfe der Todesszene Salammbôs – wenngleich sie zunächst nicht das Ende des Romans bildet – die in die finale Version übernommenen Schlusssätze. Sowohl Salammbôs Todesfall als auch die Erklärung ihres Todes sind sehr früh angelegt. Dennoch stützen sich textgenetische Interpretationen bei der Deutung des Todes hauptsächlich auf vorausgehende Szenen des Romans. So zeichnet Geneviève Mondon die sinnliche Entwicklung der Frauenfigur sowie ihr amouröses Begehren zu Mâtho nach, die in Salammbôs eigens evoziertem tragischem Liebestod gipfeln.[309] Dass eine solche Deutung jedoch wenn überhaupt nur auf den früheren Manuskriptversionen basieren kann, da Salammbô in der finalen Version des Romans vielmehr als kühle Kunstfigur denn als sinnliche Verliebte erscheint, wird außer Acht gelassen.[310]

Im Folgenden sollen zwei Deutungshypothesen verfolgt werden: Auf der einen Seite kündigt Salammbôs bühnenreifer Todesfall eine subversive, modellbildende neue Ästhetik an. Auf der anderen Seite markiert er vor der gesellschaftspolitischen Folie des bürgerlichen Zeitalters einen Aufbruch der Geschlechterrollen.

Die vorliegende Analyse basiert somit dezidiert auf der finalen, im November 1862 publizierten Version des Romans. Dass Flaubert während des mit einer hohen Anstrengung verbundenen Schaffensprozesses, den Roland Barthes treffend als „écriture artisanale"[311] bezeichnete, eine Vielzahl an Skizzen und Szenarien verworfen hat, um zu seiner definitiven Version zu gelangen und sich womöglich sogar gegen eine posthume Veröffentlichung seiner Manuskripte gewehrt hätte, zeigt ein Brief an Ernest Feydeau:

> Ne te flatte pas, aimable neveu, de l'espoir d'entendre les aventures de mademoiselle Salammbô. Non, mon bichon, *cela me troublerait* ; tu me ferais des critiques qui m'embêteraient d'autant plus qu'elles seraient justes. Bref, tu ne verras cela que plus tard, quand il en aura un bon bout de fait ! À quoi bon d'ailleurs te lire des choses qui probablement ne resteront pas ?[312]

Das Schlusstableau des Romans, das den Todesfall der eponymen Heldin fixiert, ist ebenjenen nicht beständigen, noch nicht in eine präzise Form gebrachten

309 Vgl. Geneviève Mondon, „Une éducation sentimentale ou le roman d'amour de Salammbô" (online).

310 Tatsächlich ist es möglich, das früh angelegte Schlusstableau als autonomes Kunstwerk zu verstehen, das in seiner Vieldeutigkeit sogar Sinnbild für die Wende hin zu rezeptionsästhetischen Strömungen sein kann.

311 Roland Barthes, *Le degré zéro de l'écriture suivi de nouveaux essais critiques*, S. 47.

312 Gustave Flaubert, Brief an Ernest Feydeau, Ende November 1857, *Corr. II*, S. 782.

„choses“ entgegengesetzt. Es ist Sinnbild für den in minutiöser Arbeit vollendeten Kunstgriff Flauberts:

> Elle retomba, la tête en arrière, par-dessus le dossier du trône, blême, raidie, les lèvres ouvertes, – et ses cheveux dénoués pendaient jusqu'à terre. Ainsi mourut la fille d'Hamilcar pour avoir touché au manteau de Tanit.[313]

Wie kann Salammbôs Todesfall gedeutet werden? Betrachtet man den Tod in einer ersten Annäherung an die enigmatische Schlussszene als physiologisches Faktum, stellt sich die Frage nach der Todesursache. Über den plötzlichen Tod der karthagischen Prinzessin gibt der Schlusssatz Auskunft, der im *passé simple* „mourut“ die ‚punktuelle Handlung‘ des Sterbens artikuliert. Eine Begründung für den Tod liefert der Erzähler in der den Flaubertschen Stil kennzeichnenden *impassibilité* sogleich mit: Salammbô stirbt „pour avoir touché au manteau de Tanit.“ Die Berührung des göttlichen Schleiers hat den Tod zur Folge. Die unmittelbare Todesursache bleibt jedoch opak. So geht dem Todesfall der Frauenfigur eine Leerstelle voraus, die durch den Leser beliebig gefüllt werden kann: „Salammbô se leva comme son époux, avec une coupe à la main, afin de boire aussi.“[314] Die konsekutive Präposition „afin de“ drückt eine Handlungsabsicht aus, nämlich die des Trinkens, deren mögliche Ausführung sich in der Leerstelle vor dem sich anschließenden, eine neue Handlung markierenden „Elle retomba“ vollzieht. Jener unsichtbare Raum kann einzig durch die Imagination des Lesers, der Kelch in Salammbôs Hand mit einem giftigen Todestrank gefüllt werden. Doch eine rationale, ja biologische Erklärung des Todes wird dem Leser verwehrt. Stattdessen muss er sich mit der indirekten Todesursache der transgressiven Berührung des göttlichen Schleiers zufriedengeben, auf deren gesellschaftspolitische Bedeutung an anderer Stelle noch eingegangen wird.

Tatsächlich scheint die Erzählinstanz die Todesursache bewusst zu verschleiern. Es ist die Darstellung der Todesart, die die Frage nach ihrer direkten Ursache verdrängt. In raffinierter narrativer Kunstfertigkeit entgegnet der Erzähler dem Leser auf die Frage *Warum stirbt Salammbô?* die Frage *Wie stirbt Salammbô?*: So erfolgt im deiktischen Modaladverb „Ainsi“, das den Schlusssatz einleitet und dem gemäß der lateinischen Etymologie *antius sic* die

---

313 Gustave Flaubert, *Salammbô*, in: *OC III*, S. 836. In einer verkürzten Form bilden jene Sätze auch den Schluss des Resümees, das wohl als Grundlage für Flauberts eigenen Libretto-Entwurf diente: „Salammbô se lève. – Elle retombe. / Ainsi mourut... pour avoir touché au manteau de Tanit.“ Gustave Flaubert, *Résumé de „Salammbô“*, in: *OC III*, S. 935.

314 Gustave Flaubert, *Salammbô*, in: *OC III*, S. 836.

Bedeutung ‚de cette manière' entspricht,[315] ein Rückverweis auf die Todesart des (Zurück-)Fallens, auf die Darstellungsform des weiblichen Todes selbst. In einer selbstreferentiellen Aussage über die geschaffene Form – *ainsi* hier im Sinne von ‚in dieser künstlerischen *manière* bzw. Ausdrucksform' – umrahmt der Erzähler das Schlusstableau des weiblichen Todes. Typographisch im Zeilenumbruch abgetrennt lässt der Schlusssatz den einen eigenen Absatz bildenden Todesfall als autonomes Kunstwerk erscheinen. Die Bedeutung des Todes konstituiert sich folglich nicht aus seiner naturhaft-biologischen oder metaphysischen Faktizität, sondern aus seiner ästhetischen Form. Salammbôs Tod fungiert in erster Linie als Kunstmoment.

Der Blick des Lesers wird durch das deiktische *ainsi* zurück auf die Todesszene gelenkt, die auf einer großen Bühne situiert ist.[316] Wie eine verspätete Regieanweisung stellt der nüchterne Schlusssatz die Bedeutung der Darstellungsform heraus. Nicht nur wird der weibliche Tod explizit vor Augen geführt – ein Bruch mit der klassischen *bienséance*, den bereits die Generation der Romantiker vollzogen hatte. Doch im Gegensatz zum romantischen Bühnentod, der in der Regel als effektvoller *coup de théâtre* inszeniert wurde und in blutigen Duellen und pathetisch-rührseligen Liebestoden die Sensationslust des Publikums zu stillen suchte, entwirft Flaubert den Bühnentod seiner Titelheldin als stilles, kühles Tableau. Tatsächlich äußert Flaubert im oben zitierten Brief an Ernest Feydeau über die „aventures de mademoiselle Salammbô" seine Sorge, ins populäre Melodrama abzugleiten:

> Cela sent tour à tour le Pétrus Borel et le Jacques Delille. Parole d'honneur ! j'ai peur que ce ne soit poncif et rococo en diable. D'un autre côté, comme il faut faire *violent*, je tombe dans le mélodrame. C'est à se casser la gueule, nom d'un petit bonhomme ![317]

315 Vgl. *Le Grand Robert de la langue française* (online), s. v. „ainsi, adv.".

316 Vgl. Kap. 3.1.

317 Gustave Flaubert, Brief an Ernest Feydeau, Ende November 1857, *Corr. II*, S. 782. Der Verweis auf den Schriftsteller Pétrus Borel, der 1833 eine schaurig-romantische Novellensammlung mit dem Titel *Champavert ou les contes immoraux* publizierte, ist im Hinblick auf die Todesszene Salammbôs von Bedeutung. In Borels Novelle *Don Andréa Vésalius. L'Anatomiste* seziert der berühmte Anatomist der Renaissance Andréa Vésalius die drei Geliebten seiner jungen Ehegattin Maria bei lebendigem Leib. Nach dem Geständnis der durch eine mysteriöse Krankheit geschwächten Ehebrecherin führt der Anatomist seine Gattin in sein Labor, um ihr die konservierten Leichen ihrer ersten beiden Liebhaber zu zeigen. In einer Truhe präsentiert er ihr schließlich die Fleischfetzen ihres letzten Liebhabers, nach deren Anblick Maria zu Boden sinkt: „Alors avec un râle affreux, Maria tomba massivement sur la dalle." Pétrus Borel, *Don Andréa Vésalius. L'Anatomiste*, S. 85. Ihr Tod ist ähnlich dem der Salammbô als Leerstelle konzipiert. Es folgen der Hinweis auf

Mit den Adjektiven *poncif* und *rococo* nennt Flaubert Eigenschaften, die auf die romantischen Sensationsdramen zutreffen. Während sich die Melodramen seiner Zeit inhaltlich banalen Themen widmen, wie aus dem Adjektiv *poncif* hervorgeht, das in seiner etymologischen Bedeutung in ähnlicher Weise wie das Klischee auf ein technisches Reproduktionsverfahren zurückverweist, um im übertragenen Sinne einen banalen Abklatsch, einen Gemeinplatz zu bezeichnen,[318] bedienen sie sich auf formaler Ebene spektakulären, reich verzierten Bühnenbildern, die nicht selten Stilelemente des Rokoko aufnehmen. Der Dekorationsstil, der zunächst unter dem Begriff *rocaille* auftaucht und die muschelartigen Dekorelemente bezeichnet, die unter Ludwig XV. *en vogue* waren, erhält in den Ateliers des 19. Jahrhundert den „nom un peu vulgaire de *rococo*"[319]. Der pejorativ gebrauchte Begriff degradiert die überbordenden Verzierungen und verschnörkelten Wölbungen zu Kitschelementen, die mit dem trivialen Bühnengeschehen korrespondieren.

Wenngleich Flaubert ein imposantes Bühnenbild entwirft, vor dem seine reich geschmückte, prunkvoll kostümierte Titelheldin den Tod finden wird,[320] nimmt er eine ironisch-distanzierte Haltung gegenüber den farbenprächtigen

einen Wagen, der am nächsten Tag vom Krankenhaus aufbricht, und die Beschreibung der Beerdigung. Doch der Sarg erscheint leer: „Les fossoyeurs qui descendirent la bière dans les caveaux de *Santa Maria la Mayor* remarquèrent entre eux, qu'elle était lourde et sonore, et qu'un bruit s'était fait dans sa chute, qui n'était pas le bruit d'un corps." Ebd., S. 85. Wie der Leser daraufhin erfährt, befindet sich ein weiblicher Leichnam – wohl jener der Maria – im Labor des Anatomisten Vésalius. Die blonden Haare der schönen Leiche fallen vom Seziertisch zu Boden und präfigurieren das vom Thron hinabfallende Haar der Salammbô: „Et la nuit suivante, à travers les barbacanes de la porte, on aurait pu voir Andréa Vésalius, dans son laboratoire, disséquant sur son établi un beau cadavre de femme, dont les cheveux blonds tombaient jusqu'à terre." Ebd., S. 86. Es ist denkbar, dass sich Flaubert für seine weibliche Todesszene von Borel inspirieren ließ. Doch Salammbô ist nicht etwa wie Maria als schöne weibliche Leiche dem männlichen Fetischblick ausgesetzt. Stattdessen wird ihr toter Körper zum Gegenstand einer ästhetischen Überformung, in der sich die Kunst zeigt. Die dunklen Haare Salammbôs kontrastieren mit der blonden Haarpracht der Maria. Auch knapp vier Jahre später, während Flaubert wohl an den grausamen Schlacht- und Tötungsszenen seines Karthagoromans schreibt, evoziert er Borel erneut: „J'arrive aux tons un peu foncés. On commence à marcher dans les tripes et à brûler les moutards. Baudelaire sera content ! et l'ombre de P[étrus] Borel, blanche et innocente comme la face de Pierrot, en sera peut-être jalouse." Brief an Ernest Feydeau vom 17. August 1861, *Corr. III*, S. 170. Es ist interessant, dass Flaubert seinen romantischen Vorgänger in seiner Vorstellung mit dem Maskengesicht des Pierrot versieht, dem, wie noch aufzuzeigen sein wird, Salammbô in ihrer Todesszene angenähert werden kann.

318 Vgl. *Le Grand Robert de la langue française* (online), s. v. „poncif, n. m." und „cliché, n. m."

319 Stendhal, *Promenades dans Rome*, 25. März 1828, zit. nach: *Le Grand Robert de la langue française* (online), s. v. „rococo, n. m. et adj."

320 Vgl. Kap. 3.1.

ornamentalistischen Dekorelementen der Romantikergeneration ein. So kann der Perlmuttglanz des engmaschigen, Fischschuppen imitierenden Netzes, das Salammbôs Unterkörper umhüllt, im Sinne Warnings als ironische Zitation[321] der muschelförmigen Dekorelemente des zu Kitsch abqualifizierten Kunststils des Rokokos gedeutet werden. Die prunkvollen Edelsteine, die die von „cercles de diamants“ behangenen Arme Salammbôs nach unten drücken sowie in Form von auf ihrem Kopf thronenden „pierreries“ ihre Frisur aus Pfauenfedern sternartig beleuchten,[322] lassen die Frauenfigur in einer statuesken Unbeweglichkeit erstarren. Die Artifizialität und Schwere der Kunststeine konterkariert die elegante Leichtigkeit und Natürlichkeit, die den Dekorationsstil des Rokokos kennzeichnen. Insgesamt kann das Kostüm der Kultfigur nur noch als Kitsch entlarvt werden: als bunt zusammengewürfelte Agglomeration kultisch-religiöser Symbole, deren göttliche Repräsentationsfunktion ins Leere läuft. Dass die Inkarnation der Göttin Tanit nicht gelingen kann, sondern stattdessen als leerer Schein enthüllt wird, manifestiert sich nicht zuletzt im weißen Umhang, der Salammbôs Todesszene antizipiert und den weißen Hintergrundprospekt des auf die Bühne montierten sakralen Kunstwerks bildet:

> [...] un large manteau, blanc comme de la neige, retombait derrière elle, – et les coudes au corps, les genoux serrés, avec des cercles de diamants au haut des bras, elle restait toute droite, dans une attitude hiératique.[323]

Der Fall der Kunstfigur findet vor ebenjenem weißen Hintergrund statt, der die bunten Farben der Bühnenprospekte populärer Melodramen auslöscht.

Nicht nur in Kostümierung und Szenerie, auch in der Wahl der weiblichen Todesart nimmt Flaubert eine ironische Distanz zu den Sensationsstücken der Boulevardtheater sowie den mit pathetischen Todesszenen aufwartenden großen Pariser Theater- und Opernbühnen ein. Während sich die Aufführungen der Boulevardtheater in gewaltsamen Todesarten und der Anzahl der Leichen auf der Bühne gegenseitig zu überbieten suchen, bedienen sich die großen Bühnen vornehmlich dem Motiv des Liebestodes.[324] Auch noch auf den Bühnen

---

321 Vgl. Rainer Warning, „Der ironische Schein: Flaubert und die ‚Ordnung der Diskurse‘“, S. 182.

322 Gustave Flaubert, *Salammbô*, in: *OC III*, S. 831.

323 Ebd., S. 831 f.

324 Von sieben Bühnentoten berichtet der theaterbegeisterte elfjährige Flaubert seinem Freund Ernest Feydeau in einem Brief vom 3. September 1833, *Corr. I*, S. 10: „Nous avons été lundi dernier à la Porte-Saint-Martin où l'on jouait *La Chambre ardente*, drame en cinq actes dans lequel meurent sept personnes, c'est un beau drame que je te raconterai lorsque tu viendras à l'Hôpital.“

ABBILDUNG 19 *Honoré Daumier,* Croquis dramatiques par Daumier, *1864.*

des Second Empire sind spektakuläre Todesszenen omnipräsent, wie eine Karikatur Honoré Daumiers aus den *Croquis dramatiques* illustriert.

Die Lithographie, die 1864 in *Le Charivari* erschien, zeigt eine Theaterbühne, auf der eine halb entblößte, ihr gelöstes Haar in wahnsinniger Pose zurückwerfende Frauenfigur den Blick von ihrem am Boden liegenden getöteten Liebhaber abwendet, über dem noch der Mörder mit gezücktem Dolch steht. Im vorderen linken Bildbereich ist ein wild Beifall klatschendes Publikum abgebildet, das sich zum Teil von den Sitzen erhoben hat und überrascht, entsetzt oder auch freudig erregt auf die Bühne blickt. Der Lithographie ist folgender Text angefügt:

> L'ACTEUR -, Il était votre amant, Madame ! (Bravo ! bravo !) Et je l'ai assassiné ! (Bravo ! bravo !) Apprêtez-vous a mourir ! (Bravo ! bravo !) Et je me tuerai après sur vos deux cadavrrres !...
> UN TITI – Ah ! ben, non, alors ! Qu'est ce qui porterait le deuil ?[325]

325 Honoré Daumier, *Croquis dramatiques par Daumier,* DR Nummer 3280, in: *The Daumier Register Digital Work Catalogue* (online). Ein Ölgemälde Honoré Daumiers mit dem Titel *Le drame,* das die gleiche Szene darstellt und auf etwa 1860 datiert wird, befindet sich in der Neuen Pinakothek.

Die romantische Todesszene einer Adèle d'Hervey, der tragischen Frauenfigur aus Dumas' *Antony*, die das Publikum stets zu Tränen rührte, ist zum Klischee verkommen. Der Ausruf des Schauspielers „Et je l'ai assassiné !" parodiert die berühmten Schlussworte Antonys „Elle m'a résisté et je l'ai assassinée !".[326] Interessant ist, dass in dem von Daumier dargestellten *ménage à trois* der männliche Liebhaber sterben muss, während die Frauenfigur die ebenso weit verbreitete stereotyp weibliche Rolle der Wahnsinnigen einnimmt. Als publikumswirksames Wiedererkennungszeichen jener Rolle fungiert das gelöste Haar, das doch bereits, fokalisiert aus der stereotypen Wahrnehmung Charles Bovarys, die *scène de folie* Lucie de Lammermoors aus der gleichnamigen, von Charles und Emma Bovary besuchten Operninszenierung ankündigt: „‚[…] Elle a les cheveux dénoués : cela promet d'être tragique.'"[327] Dass in Daumiers Darstellung letztlich alle drei Figuren den Tod finden, was den entsetzten, auf eine angemessene bürgerliche Bestattung bestehenden Zwischenruf zur Folge hat, zeugt von einer Deformation des romantischen Liebestodes. Der Bühnentod ist von jeglicher Sinnhaftigkeit befreit. Er dient lediglich der Zurschaustellung lebloser Körper(teile) sowie einer klischeehaften Weiblichkeit.

Was sein Zeitgenosse Honoré Daumier in einer Karikatur überzeichnend ins Lächerliche zieht, überschreibt Flaubert mit einer kühlen, zurückhaltend-nüchternen Darstellungsform. Salammbôs Tod untergräbt die spektakulären Todesszenen auf den Bühnen des sogenannten „Boulevard du crime" ebenso wie die pathetischen Liebestode der berühmten Tragödien- und Operndarstellerinnen. Während der Tod auf der romantischen Theaterbühne nicht selten von einem performativen „Ah ! je meurs" oder zumindest einem Todesschrei begleitet wird,[328] stirbt Salammbô stumm. Der stille Todesfall wird durch die Erzählinstanz in eine narrative Abfolge gebracht, die wie eine Regieanweisung für die szenische Umsetzung anmutet und die Körperbewegung der Frauenfigur zeichnet. Es erfolgt weder eine Deutung des Todes – abgesehen vom enigmatischen Schlusssatz –, noch wird der Vorgang des Sterbens sprachlich ausgeschmückt oder in das szenische Gesamtbild

---

326 Vgl. Kap. 1.1.3.

327 Gustave Flaubert, *Madame Bovary*, in: *OC III*, S. 352. Zu den verschiedenen Konnotationsebenen des gelösten Haares, die von einem erotisch-verführerischen Weiblichkeitsmerkmal hin zu einem Zeichen von Trauer, Verwirrung oder Wahnsinn reichen, vgl. Carol Rifelj, „The Language of Hair in the Nineteenth-Century Novel". Bis zum 19. Jahrhundert war zumeist von *cheveux épars* die Rede. Mit dem Aufkommen der sogenannten *chignons*, der Haarknoten, vollzog sich neben dem modischen ebenso ein linguistischer Wandel hin zum Begriff der *cheveux dénoués*. Vgl. ebd., S. 89.

328 Vgl. Sylvain Ledda, *Des feux dans l'ombre. La représentation de la mort sur la scène romantique (1827–1835)*, S. 29.

eingeordnet. Stattdessen vollzieht die unsichtbare Erzählinstanz einen Perspektivwechsel. Der zuvor allumfassende Blick des wie Gott über seinem Werk schwebenden Erzählers[329] wandert nun von oben auf seine Titelheldin, um wie ein Deus ex machina ihren plötzlichen Tod einzuleiten. Seine Präsenz bleibt für den Leser jedoch verhüllt, inszeniert er sich doch als unbeteiligter Beobachter. Es scheint, als habe Salammbô in der ihrem Fall vorausgehenden Leerstelle die Fäden selbst in die Hand genommen, wenn der Erzähler, der zuvor noch ihre Handlungsabsicht des Trinkens („afin de boire aussi") zum Ausdruck bringen konnte, nunmehr die Bewegungen sukzessive *nach*zeichnet: In einer aufgesprengten, zerstückelten Syntax wird der mechanisch wirkende Umsturz der Kunstfigur beschrieben. Die Schlussszene des Romans überschreitet die epischen Gattungsgrenzen hin zu einer dramatischen Darstellungsform. Der allwissende Erzähler verschwindet hinter seiner Regieanweisung, indem er sich selbst als die einzelnen Gesten der Darstellerin inspizierenden Beobachter inszeniert. Hierbei treten zwei nonverbale Ausdrucksformen in den Vordergrund: Auf der einen Seite die ‚globale' Bewegung des fallenden Körpers („Elle retomba"), auf der anderen Seite das parenthetisch abgetrennte Detailbild der Gesichtsmimik. Hatte bereits Diderot in seinen theaterästhetischen Schriften (*Paradoxe sur le comédien*, *Entretien sur le fils naturel*) sowie Briefen zur Sinnesphysiologie (*Lettre sur les aveugles*, *Lettre sur les sourds et muets*) die Eloquenz des Körpers, die Überlegenheit der pantomimischen Geste bei der Darstellung von Affekten herausgestellt, so können auch Salammbôs Bewegungen im Diderotschen Sinne als *gestes sublimes* gedeutet werden. Keine eloquente Rede ist ihnen ebenbürtig; der nüchterne Erzähler, der einzig und allein die körperlichen Gesten nachzeichnet, fungiert als performative, den Todesfall auf die Bühne der Imagination des Lesers katapultierende Instanz. Erhaben ist die Bewegung des Körpers insofern, als sie, wie eingangs herausgearbeitet, nicht nur das Faktum des Sterbens verbildlicht, sondern in erster Linie als metaphorische Geste zu deuten ist. Salammbôs Fall ist Chiffre für das autonome Kunstwerk und stummer Verkünder einer ästhetischen Wende, die sich im *Fin de siècle* vollziehen wird. In diesem Sinne übertrumpft er die von Diderot bewunderte stille Geste des Händewaschens einer nachtwandelnden Lady Macbeth, die auf ihre im Blut des getöteten Königs getränkten Hände verweist,[330] und bereitet den Weg hin zu subversiven Darstellungsformen der Jahrhundertwende, allen voran der Pantomime. Salammbôs Fall ist folglich keine bloße Todesgeste. Er deformiert die theatralischen, exzentrischen Gesten, die schon

329 Vgl. Gustave Flaubert, Brief an Louise Colet vom 9. Dezember 1852, *Corr. II*, S. 204.

330 Vgl. Denis Diderot, *Lettre sur les sourds et muets*, S. 96 f.

das *dénouement* romantischer Spektakelstücke und Melodramen bestimmten, dort jedoch einer über effekthascherische Pathossteigerung und moralische Läuterung hinausgehenden ästhetischen Funktion entbehrten.[331]

Dass Salammbôs Tod nunmehr als Kunstmoment fungiert und sich von einer metaphysischen oder moralischen Zuweisung zu befreien beginnt, manifestiert sich im Sinnbild der herabhängenden „cheveux dénoués", die in der durch das „*et* de mouvement" eingeleiteten „phrase ternaire" den „trait décisif", den entscheidenden ‚Pinsel-' bzw. ‚Federstrich' des Schlusstableaus bilden.[332] Manifestiert sich in den im *passé simple* konjugierten Verbformen *se leva* sowie *retomba* noch eine den Auf- und Abstieg der Kunstfigur nachzeichnende Bewegung, die von Salammbô bzw. *Elle* direkt ausgeführt wird (und in dieser Form eine noch herauszustellende Subversivität beinhaltet!), wird ebenjene in der Tempusform des „éternel imparfait"[333] stillgestellt: Es sind die herabhängenden (*pendaient*) offenen Haare, die das Schlussbild konstituieren. Salammbô selbst ist nur noch im auf ihre gelösten Haare verweisenden Possessivpronomen *ses* präsent. Das Haar ist nicht nur kulturgeschichtlich sowie für eine gesellschaftspolitische Lesart der Todesszene, die in einem zweiten Teil der Analyse erfolgen soll, von herausragender Bedeutung. Wie ein Bühnenvorhang fällt das Haar herab und verhüllt das Todestableau. Der Vorgang des Hinabsenkens ist für den Leser zwar nicht sichtbar, wird jedoch durch das „Elle retomba" initiiert: Einleitungs- und Schlussphrase fassen das Detailbild des finalen Tableaus in einen Rahmen, der typographisch durch das Komma vor „blême" und den Gedankenstrich repräsentiert wird. Der symbolische Bühnenvorhang ist konstitutiv für die Deutung des Todes als Kunstmoment, fungiert er doch als Maske, hinter der sich das zu dechiffrierende umgestürzte Kunstwerk verbirgt. „Il cache pour mieux découvrir."[334]: Was Martine Kahane für den schweren, oft opulent verzierten Vorhang der Opern- und Theaterbühnen des 19. Jahrhunderts feststellt, lässt sich auf das wie ein schwerer Stoff zu Boden („jusqu'à terre") fallende Haar übertragen. Es ist der Blick des Lesers, der die künstlerische Form enthüllen, den Bühnenvorhang öffnen kann. Hierfür muss er jedoch die im *ainsi* suggerierte ästhetische Darstellungsfunktion der Todesszene

331 Vgl. Sylvain Ledda, *Des feux dans l'ombre. La représentation de la mort sur la scène romantique (1827–1835)*, S. 16; Peter Brooks, *The Melodramatic Imagination. Balzac, Henry James, Melodrama, and the Mode of Excess*, S. 15.

332 Abert Thibaudet, *Gustave Flaubert*, S. 266. Die Todesszene kann als exzellentes Beispiel für eine Vielzahl der von Thibaudet analysierten Flaubertschen Stilelemente herangezogen werden.

333 Marcel Proust, „A propos du ‚style' de Flaubert", S. 286.

334 Martine Kahane, „Rideau !", S. 88.

erkennen, anstatt sie den Kriterien einer „consommation immédiate“[335], wie sie die Rezeptionshaltung einer Emma Bovary kennzeichnet, zu unterwerfen.

Wenngleich das durch den Bühnenvorhang der Haare fixierte Schlusstableau formal keine ‚bühnentechnische‘ Innovation Flauberts ist, so entfaltet es in seiner symbolischen Verweisfunktion eine subversive, modellbildende Sprengkraft. Auch im Melodrama werden die Gesten der Schauspieler häufig gegen Ende der einzelnen Szenen bzw. Akte in einem Tableau fixiert. Doch während das melodramatische Schlusstableau als „an illustrative painting, a visual summary of the emotional situation“[336] fungiert, dessen rezeptionsästhetische Absicht es besonders im finalen Akt ist, „to see meanings represented, emotions and moral states rendered in clear visible signs“[337], verweist Flauberts Schlussbild auf keinen eindeutigen Signifikaten. Als Zeichenkörper kann die umgestürzte Kunstfigur mit einer Vielzahl möglicher Bedeutungen besetzt werden. Sie ist Symbol einer modernen Sprachkritik, die auf die Arbitrarität der sprachlichen Zeichen aufmerksam macht und ihre Repräsentationsfunktion herausfordert. Dies wird besonders deutlich im Detailbild des Gesichts, das bezeichnenderweise durch Kommata abgetrennt wird und im Gedankenstrich endet, die als *blancs* bzw. Leerstellen einen außersprachlichen Raum eröffnen: einen Raum der Körpersprache, insbesondere der Gesichtsmimik. Sind es in Mâthos Todesszene die Augen, die als Ausdrucksmedium fungieren,[338] so ist nun der Mund einziger Sinnträger.[339] Der Blick in die Seele, der traditionell über die Augen erfolgt, bleibt dem Leser verwehrt; einmal mehr

335 Gustave Flaubert, *Madame Bovary*, in: *OC III*, S. 181.

336 Peter Brooks, *The Melodramatic Imagination. Balzac, Henry James, Melodrama, and the Mode of Excess*, S. 48.

337 Ebd., S. 62. Zu den „codes of visual – and gestural – signification“ von „virtue, nobility, birth“ im populären Melodrama vgl. außerdem die sehr lesenswerte Studie von Mary Ann Smart, *Mimomania. Music and Gesture in Nineteenth-Century Opera*, S. 10.

338 Vgl. Kap. 3.3.

339 Dass in der Todesszene lediglich von den geöffneten Lippen die Rede ist, erscheint insofern auffällig, als Flaubert in seinen Todesszenen fast immer Mund und Augen beschreibt. So empfangen jene Sinnesorgane in Emma Bovarys Todesszene das religiöse Sakrament der Salbung, um schließlich in der herausgestreckten Zunge sowie den rollenden, wie Lampen ausgelöschten Augen die deformierende Transformation zur medusenartigen Schreckgestalt zu illustrieren. Vgl. Gustave Flaubert, *Madame Bovary*, in: *OC III*, S. 436 f. In Flauberts Karthagoroman sind es vor allem die getöteten männlichen Krieger, deren Augen und Münder geöffnet bleiben. So werden von den in aufrechter Haltung mit der Menschenmasse mitgezogenen Leichen die „yeux fixes“ und die „bouches ouvertes pour crier“ evoziert. Gustave Flaubert, *Salammbô*, in: *OC III*, S. 779. Auch der abgeschlagene, in eine Brunnenschale springende Kopf einer der drei Gefangenen, die Hannon kurzerhand und wie aus einer Laune heraus zum Tode verurteilt, treibt „la bouche ouverte, les yeux fixes“ auf der Oberfläche. Ebd., S. 658. Er erinnert sowohl an den auf einem Teller servierten Kopf Johannes des Täufers als auch an Géricaults *Têtes de suppliciés*.

erscheint Salammbô als seelenlose Kunstfigur. Doch ihr statuesker Kunstcharakter wird gebrochen durch die „lèvres ouvertes“, die eine über ihre sinnliche Konnotation hinausweisende Sprache sprechen: Aus ihnen ertönt nicht etwa ein Todesschrei, sondern sie umrahmen einen inkommensurablen Raum der Stille, der sich im Gedankenstrich der sprachlichen Verfüg- und Beschreibbarkeit entzieht. Der Mund ist zum ästhetischen Darstellungsmedium avanciert. Seine primäre physiologische Funktion als Produzent sprachlicher Äußerungen wird durch eine Mimik der Sprachlosigkeit untergraben. Doch die Stille ist nicht etwa als affirmativer Ausdruck der Identitätslosigkeit der karthagischen Prinzessin, die doch in der patriarchalen Gesellschaft ohnehin nichts zu sagen hat, zu deuten. Denn im Medium der Kunst, als Chiffre für das Kunstwerk, sprechen die geöffneten Lippen der Frauenfigur eine kontradiskursive Sprache: Sie veranschaulichen den Sinnverlust der zu leeren Worthülsen verkommenen, abgenutzten „langue usée jusqu'à la corde, vermoulue, aiffablie“[340] und stellen ihr einen unvermittelten, nonverbalen, sinnlichen Körperausdruck entgegen. Salammbôs Gebärde eröffnet den Raum des Imaginären, des Unsagbaren. Dass sie im Schlusstableau des Todesfalles erfolgt, hat eine doppelte Funktion: Deutet man den Tod als physiologisches Moment, so erscheint das Verstummen als einzig mögliche Darstellungsform des unaussprechlichen, unfassbaren Todes. Als Kunstmoment wird der Todesfall in der globalen Fallbewegung des Körpers sowie der Detailbewegung der Gesichtsmimik zum Wegbereiter der unter dem Begriff der Dekadenz zusammengefassten modernen literarischen Strömungen des *Fin de siècle*. Schon Aufstieg („Salammbô se leva“) und Fall („Elle retomba“) der Titelheldin zeichnen bildhaft die Bewegung der Dekadenz nach, der stets eine „période ascensionnelle“[341] zugrunde liegt. Es ist das bürgerliche Zeitalter, dessen Fortschrittsglaube sich ausgeschöpft hat, das nur noch sinnentleerte *clichés* und Gemeinplätze hervorzubringen vermag und schlussendlich von Flaubert als „siècle de putains“[342] verurteilt wird: als Jahrhundert der Prostitution der Kunst, die im Zuge der Industrialisierung zur hässlichen Ware verkommt, um nunmehr „de petites statuettes, de petite musique et de petite littérature“[343] unter das gemeine Volk zu bringen.

Salammbô ist Chiffre für ein modernes, autonomes Kunstwerk. Auch eine gesellschaftspolitische Deutung des weiblichen Todes als Opfertod degradiert die Frauenfigur nicht etwa zu einer fetischisierten Kunstware, wie im Folgenden noch aufzuzeigen ist. Stattdessen überschreiten die „cheveux dénoués“ sowie die „lèvres ouvertes“ die ihnen traditionell zugewiesene Konnotation

---

340 Gustave Flaubert, Brief an Mademoiselle Leroyer de Chantepie vom 18. Februar 1859, *Corr. III*, S. 17.

341 Vladimir Jankélévitch, „La décadence“, S. 33.

342 Gustave Flaubert, Brief an Louise Colet vom 29. Januar 1854, *Corr. II*, S. 518.

343 Ebd. Zur Prostitution der Kunst im bürgerlichen Zeitalter vgl. Kap. 4.4.

als sinnliche Weiblichkeitsmerkmale. In ihrer Funktion als ästhetische Darstellungsmedien eröffnen sie nicht nur eine neue sprachliche Konnotationsebene, sondern gleichzeitig einen außersprachlichen Raum unmittelbarer Ausdrucksformen, die dem „Sinnverlust der Worte" begegnen können.[344] Die Suche nach einer neuen Ausdrucksform wird in besonderer Weise die Schriftsteller und Künstler der Jahrhundertwende beschäftigen: „La décadence, c'est la volonté de l'expression à tout prix, la furie de l'expression. *Expressivo*, dit Nietzsche, est la consigne fondamentale de la décadence."[345] So sehen die sprachkritischen Autoren der Wiener Moderne um 1900 in der Körperkunst der Pantomime eine Möglichkeit, „den beklagten Bruch zwischen Subjekt und Objektwelt, zwischen Zeichen und Bezeichnetem zu einer Einheit zurückzuführen und das Unaussprechliche, Außersprachliche sinnlich erlebbar zu visualisieren."[346] Doch nicht nur die deutschsprachigen Repräsentanten des *Fin de siècle*, wie beispielsweise Hofmannsthal in seinem berühmten *Chandos*-Brief, diagnostizieren die durch die Unzulänglichkeit der Sprache bedingte moderne Sprachkrise und setzen ihr mit der Pantomime, dem Tanz und schließlich dem Stummfilm neue Ausdrucksformen entgegen.[347]

Bereits in der ersten Hälfte des 19. Jahrhunderts erlebt die Pantomime auf den französischen Theaterbühnen als subversive Kunstform eine Blütezeit.[348] Sie begegnet dem Sprechverbot, das den kleinen Pariser Boulevardtheatern gegenüber den privilegierten, prestigeträchtigen Bühnen der Pariser Oper und der Comédie-Française auferlegt wurde,[349] und erfindet in exzentrischen Gebärden eine neue, visuell-sinnliche Ausdrucksweise. Zu dieser Zeit ist die

---

344 Hartmut Vollmer, *Die literarische Pantomime. Studien zu einer Literaturgattung der Moderne*, S. 26.

345 Vladimir Jankélévitch, „La décadence", S. 45.

346 Hartmut Vollmer, *Die literarische Pantomime. Studien zu einer Literaturgattung der Moderne*, S. 28.

347 Vgl. ebd., S. 26.

348 Die literarische Tradition der Pantomime reicht zurück bis in die Antike. In der italienischen Commedia dell'arte etablieren sich im 16. Jahrhundert die „repräsentative[n] Typenfiguren" des Arlequino, der Colombina, des Dottore sowie des Pantalone, die in „entindividualisierten Masken und Kostüme[n] [...] als theatralische Kunstfiguren" auftreten und „durch übertriebene, drastische Gesten und Gebärden, durch clowneske mimische Szenen" die Wirklichkeit „in ein komödiantisches Schau-Spiel verwandelten". Ebd., S. 12. Jene Maskenfiguren der Commedia dell'arte werden schließlich in der Pantomime des 19. Jahrhunderts wieder zum Leben erweckt. Vgl. Jörg von Brincken, *Tours de force – Die Ästhetik des Grotesken in der französischen Pantomime des 19. Jahrhunderts*, S. 128.

349 Vgl. Peter Brooks, *The Melodramatic Imagination. Balzac, Henry James, Melodrama, and the Mode of Excess*, S. 62.

Pantomime untrennbar mit dem Mimen Jean Gaspard Deburau verbunden, der 1819 in der Rolle des Pierrot am Théâtre des Funambules debütierte.[350] In seiner kühlen, artifiziellen Expressivität erhebt sich der Artist Deburau in seiner Rolle der melancholischen, weiß geschminkten stummen Bühnenfigur „über jede pragmatische Rückprojizierbarkeit auf die moralische Ebene“[351]. Wenngleich sich die Pantomime in ihrer Inszenierung von grotesken Gewaltszenen der melodramatischen Vorlage spektakulärer Todesszenen und blutiger Duelle bedient, kann sie im Gegensatz zum Klischees reproduzierenden Melodrama als subversive Kunstform betrachtet werden: Zum einen überschreiten die typisierten Maskenfiguren der Pantomime in ihren „symbolreichen Gebärden“ die „naturalistisch gezeichnete Realität“ hin zu einer Projektion des Innersten.[352] Zum anderen gelingt es der Pantomime, „das Klischee in all seiner historisch gewordenen Komik offensiv auszustellen“[353]. Während die exzentrischen Körperdarstellungen im Melodrama noch darauf abzielen, „a visible, legible register of the message“ zu liefern, das es durch Sprache, Bühnenbild und Musik zu verstärken gilt,[354] ist die *message* der Pantomime zunächst opak. Es ist das wie eine weiße Leinwand wirkende Mondgesicht des Pierrot, in dem sich jener Raum des Imaginären, des Unsagbaren und Verschlüsselten spiegelt. Pierrot, „ce personnage pâle comme la lune, mystérieux comme le silence, souple et muet comme le serpent, droit et long comme une potence, cet homme artificiel“[355], um mit den Worten Baudelaires zu sprechen, ist eine mysteriöse, aber dennoch formbare Kunstfigur, ein ästhetisches Darstellungsmedium *par excellence.*

Dass sich Salammbôs Todesfall der literarischen Pantomime annähern lässt, zeigt nicht nur das im Folgenden näher zu analysierende Detailbild des Gesichts. Flaubert selbst interessierte sich zeitlebens für pantomimische Darstellungsformen, wie seine posthum veröffentlichte, gemeinsam mit Louis Bouilhet kreierte Pantomime *Pierrot au sérail*, die die beiden Freunde 1855

350 Vgl. Jörg von Brincken, *Tours de force – Die Ästhetik des Grotesken in der französischen Pantomime des 19. Jahrhunderts*, S. 177.

351 Ebd., S. 193.

352 Hartmut Vollmer, *Die literarische Pantomime. Studien zu einer Literaturgattung der Moderne*, S. 53. Rainer Warning geht sogar so weit, die nachromantische Figur des Pierrot als „Inkarnation [...] einer ur- wie abbildlosen Mimesis“ zu bezeichnen. *Die Phantasie der Realisten*, S. 18.

353 Jörg von Brincken, *Tours de force – Die Ästhetik des Grotesken in der französischen Pantomime des 19. Jahrhunderts*, S. 128.

354 Peter Brooks, „Body and Voice in Melodrama and Opera“, S. 118.

355 Charles Baudelaire, *De l'essence du rire et généralement du comique dans les arts plastiques*, in: *OC II*, S. 538.

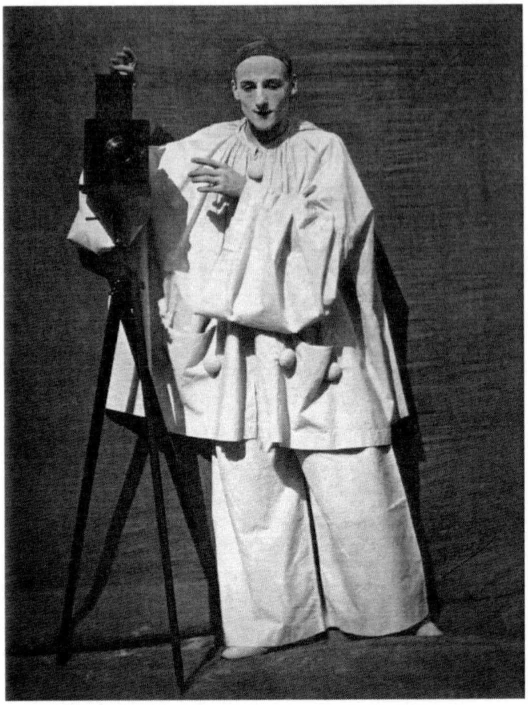

ABBILDUNG 20
Félix Nadar, Adrien Tournachon, Pierrot Photographe dit aussi Le mime Deburau, *1854.*

im Théâtre des Folies-Nouvelles vergebens aufzuführen suchten, offenbart.[356] Wenn Flaubert und Bouilhet einen exotischen Schauplatz für die berühmte Bühnenfigur des Pierrot wählen, der sonst allzu häufig im bürgerlichen Milieu auftritt, so sind sie um die Mitte des 19. Jahrhunderts nicht allein, wie die Titel der Stücke *Pierrot pacha, Le Docteur blanc, ou Pierrot dans les colonies, Pierrot en Espagne* sowie *Pierrot chez les noirs* verdeutlichen.[357] Tatsächlich ist der Orient in den Augen Flauberts eng mit einer pantomimischen Körpersprache verbunden, wie aus einem in Kairo verfassten Brief von 1850 hervorgeht:

> On se figure en Europe le peuple arabe très grave. Ici il est très gai, très artiste dans sa gesticulation et son ornamentation. […] Les *plus grands*

356 Guy Sagnes und Yvan Leclerc datieren die Entstehung der Pantomime, die den vollständigen Titel *Pierrot au sérail. Pantomime en six actes suivie de L'apothéose de Pierrot dans le paradis de Mahomet* trägt, um das Jahr 1847. Vgl. *Pierrot au sérail. Notice*, in: Gustave Flaubert, *OC III*, S. 1054.

357 Vgl. Charles Beaumont Wicks, Jerome W. Schweitzer, *The Parisian Stage. Alphabetical Indexes of Plays and Authors*, Bd. III: 1831–1850.

> *écarts de la presse* donneraient une idée faible des facéties que l'on se permet sur les places publiques. Le saltimbanque, ici, touche au sublime du cynisme. Si Boileau, qui trouvait que le latin dans les mots blesse l'honnêteté, eût connu l'arabe, qu'aurait-il dit, bon Dieu ! Du reste cet arabe-là n'a guère besoin de drogman pour se faire comprendre ; la pantomime explique la glose.[358]

Als unvermittelter Ausdruck bedarf die Körpersprache keiner Mittlerinstanz. Die pantomimische Darbietung des arabischen *saltimbanque* steht metonymisch für die Sehnsucht nach dem Orient als freiem Projektionsraum der Imagination, als Raum einer neuen Sprache, die sich den leeren, abgenutzten Worthülsen des französischen Bürgertums gegenüberstellt. In ähnlicher Weise wie die ‚Körperschrift' bilden auch die ägyptischen Hieroglyphen, die 1822 durch Jean-François Champollion vollständig entziffert wurden, eine alternative Schriftsprache, die in ihrer ornamentalen Darstellungsform eine bildliche Verbindung zwischen *res* und *verba* konstituiert. Dennoch ist die Hieroglyphenschrift wie die Pantomime eine geheimnisvolle, symbolhafte, ja poetische Schrift, der keine unmittelbare Abbildfunktion zugrunde liegt, sondern die es zu entschlüsseln gilt. Gleiches gilt für das Kunstwerk, das zunächst verschleiert erscheint, wie Hugo von Hofmannsthal in seinem *Chandos*-Brief aus dem Jahre 1902[359] konstatiert:

> Ich wollte die Fabeln und mythischen Erzählungen, welche die Alten uns hinterlassen haben, und an denen die Maler und Bildhauer ein endloses und gedankenloses Gefallen finden, aufschließen als die Hieroglyphen einer geheimen, unerschöpflichen Weisheit, deren Anhauch ich manchmal, wie hinter einem Schleier, zu spüren meinte.[360]

Es ist schließlich die Schrift des Körpers, die als Chiffrenschrift die verbalsprachlichen Grenzen hin zu einer ‚wahrhafteren' Dechiffrierung der Welt

358 Gustave Flaubert, Brief an den Docteur Jules Cloquet vom 15. Januar 1850, *Corr. I*, S. 564.

359 Hofmannsthals *Ein Brief*, ein fiktiver Brief eines gewissen Lord Chandos an den englischen Philosophen Francis Bacon, wurde im August 1902 verfasst. Er wurde in der Berliner Zeitung *Der Tag* am 18. und 19. Oktober 1902 abgedruckt und 1905 in einer Sammlung von Erzählungen mit dem Titel *Das Märchen der 672. Nacht und andere Erzählungen* erneut publiziert. Somit handelt es sich nicht um einen Essay, sondern um einen fiktionalen Text. Vgl. Jacques Le Rider, „La ‚Lettre de Lord Chandos'", S. 94.

360 Hugo von Hofmannsthal, *Der Brief des Lord Chandos. Schriften zur Literatur, Kultur und Geschichte*, S. 48.

überschreiten kann.[361] Die französische Bühnenfigur des Pierrot verkörpert jene poetische Chiffrenschrift in seiner pantomimischen Darstellung und kann in diesem Sinne als Figur des Orients betrachtet werden. In seinem weißen Gewand und seiner stummen, melancholischen Gebärde widersetzt sich Pierrot dem idealtypischen *bourgeois*, der nur noch seinem schwarzen Anzug entsprechende uniforme, stereotype Aussagen hervorzubringen vermag, wie Hamons exzellente Analyse von Félix Nadars und Adrien Turnachons berühmter Fotografie *Pierrot photographe* (1854) aufzeigt:

> Il [Pierrot bzw. der Mime Deburau, S. W.] tranche donc sur le siècle de l'uniforme redingote noire, siècle que, justement, on ne peut plus regarder qu'à travers la photographie devenue la médiation, la couleur locale et obligatoire du réel. Plaque sensible de son siècle, il est le ‚négatif' léger (voleur, gourmand, fripon, paresseux) et muet du bourgeois ‚positif', pesant et sentencieux, machine phonographique vouée à la réitération langagière des clichés. Muet, il est l'antithèse de la littérature bavarde, l'antithèse d'un siècle bruyant, tintamaresque et charivarique abasourdi par le réclame et le puff […].[362]

Wird jener Idealtypus des bornierten, geschwätzigen Spießbürgers bereits durch Henry Monniers karikaturale Schöpfung des Monsieur Prudhomme offengelegt,[363] so verkörpert die Figur des Pierrot nun erstmals eine Alternative zur bürgerlichen Daseinsform, eine im exotischen Orient versinnbildlichte Überschreitung des engstirnigen, mit Klischees befüllten Raums des Bürgertums hin zu einem neu zu beschriftenden, weißen Raum der Imagination. Salammbô verkörpert jene Entwicklung, wird sie doch zunächst „couverte de vêtements noirs"[364] und wie eine ins Karthagische übersetzte Madame

---

361 „Es ist mir dann, als bestünde mein Körper aus lauter Chiffern [sic], die mir alles aufschließen. Oder als könnten wir in ein neues, ahnungsloses Verhältnis zum ganzen Dasein treten, wenn wir anfingen, mit dem Herzen zu denken." Ebd., S. 56. Die Sprachkritik, die Hofmannsthal in seinem *Chandos*-Brief unternimmt, offenbart sich in erster Linie als Aversion gegenüber einer Sprache der Abstraktionen und Verallgemeinerungen. Es sind die darstellenden Künste sowie im Allgemeinen der Ausdruck des Körpers sowie die Sinneserfahrung, die zu einer *daseinsunmittelbaren Sprache* zurückführen können. Vgl. Jacques Le Rider, „La ‚Lettre de Lord Chandos'", S. 103. Vor diesem Hintergrund stellt Hofmannsthals Tätigkeit als Opernlibrettist, z. B. für Strauss' *Elektra*, „une hygiène esthétique" dar. Ebd.

362 Philippe Hamon, „Pierrot photographe", S. 39.

363 Vgl. Ségolène Le Men, „Les images sociales du corps", S. 129–136.

364 Gustave Flaubert, *Salammbô*, in: *OC III*, S. 581.

Bovary[365] auf die Bühne gestellt, um am Ende ihr auf die bürgerliche *redingote noire* verweisendes dunkles Gewand gegen einen „large manteau, blanc comme de la neige“[366] einzutauschen. Allerdings ist der *habit noir* nicht nur als negatives Symbol bürgerlicher Uniformiertheit, sondern als das moderne Zeitalter symbolisierender Trauerbehang zu deuten:

> Et cependant, n'a-t-il pas sa beauté et son charme indigène, cet habit tant victimé ? N'est-il pas l'habit nécessaire de notre époque, souffrante et portant jusque sur ses épaules noires et maigres le symbole d'un deuil perpétuel ? Remarquez bien que l'habit noir et la redingote ont non seulement leur beauté politique, qui est l'expression de l'égalité universelle, mais encore leur beauté poétique, qui est l'expression de l'âme publique ; – une immense défilade de croque-morts, croque-morts politiques, croque-morts amoureux, croque-morts bourgeois. Nous célébrons tous quelque enterrement.[367]

365 Eine interessante Annäherung zwischen Salammbô und der Bürgerlichen Madame Bovary unternimmt bereits Friedrich Nietzsche, *Der Fall Wagner*, S. 117: „Würden Sie es glauben, dass die Wagnerischen Heroinen sammt und sonders, sobald man nur erst den heroischen Balg abgestreift hat, zum Verwechseln Madame Bovary ähnlich sehn! – wie man umgekehrt auch begreift, dass es Flaubert freistand, seine Heldin in's Skandinavische oder Karthagische zu übersetzen und sie dann, mythologisirt, Wagnern als Textbuch anzubieten. Ja, in's Grosse gerechnet, scheint Wagner sich für keine andern Probleme interessirt zu haben, als die, welche heute die kleinen Pariser décadents interessiren.“ Auch an anderen Stellen in seinen Werken vergleicht Nietzsche den französischen Autor, den er zum ersten Mal im November 1872 in seiner Korrespondenz erwähnt, mit dem *décadent* Wagner. Flauberts *décadence* begründet sich laut Nietzsche vor allem aus seinem unermesslichen Hass gegenüber der Existenz – ein Hass, der in der Selbstaufgabe in der Kunst münde. Darüber hinaus betrachtet Nietzsche Flaubert auf moralischer, ästhetischer und psychologischer Ebene als Repräsentant einer europäischen Zivilisationskrise. Vgl. Jacques Le Rider, *L'Allemagne au temps du réalisme. De l'espoir au désenchantement (1848–1890)*, S. 440–450, insbesondere S. 447.

366 Gustave Flaubert, *Salammbô*, in: *OC III*, S. 831 f.

367 Charles Baudelaire, „De l'héroïsme de la vie moderne“, in: *OC II*, S. 494. Dolf Oehler sieht in Baudelaires Würdigung des schwarzen Anzugs Delacroix' berühmtes Revolutionsgemälde der Freiheit auf den Barrikaden von den Karikaturen Daumiers überblendet. *Vgl. Pariser Bilder I (1830–1848). Antibourgeoise Ästhetik bei Baudelaire, Daumier und Heine*, S. 188–193. Der *habit noir* ist kein Heldenanzug mehr, sondern „das Kostüm der Robert Macaires in der Börse, in der Deputiertenkammer und in den Tuilerien“, „Ausdruck des Elends der bürgerlichen Ära“. Ebd., S. 190.

Wird das schwarze Gewand in Flauberts Roman zum Verkünder des Todes der Frauenfigur, so kann es gleichzeitig als Dekadenzsymbol des zum Tode geweihten Bürgertums interpretiert werden. Der *deuil perpétuel* wird in der Auswechslung durch den weißen Umhang aufgebrochen. Zwar antizipiert das schneeweiße Gewand selbst die Bewegung des Todesfalls („[…] retombait derrière elle“[368]), bereitet damit jedoch zugleich den Weg hin zu einer modernen Ästhetik.

Es ist das in Parenthesen eingefügte Detailbild des Gesichts, das nicht nur in seinem Fragmentcharakter die literarische Dekadenz ankündigt,[369] sondern in den Adjektiven „blême“ und „raidie“ direkt auf die Bühnenfigur des Pierrot verweist. Denn neben ihrer Funktion als physiologisches Symptom des Todes evoziert die Gesichtsblässe das weiß geschminkte Gesicht der Maskenfigur und hebt kontrastiv die geöffneten (roten?) Lippen hervor, die als primäres Ausdrucksmittel fungieren.[370] Das blasse Gesicht ist weiße Leinwand und Mondgesicht zugleich: Es verleiht der Kunstfigur eine geheimnisvolle Aura und wird zur Projektionsfläche des träumenden Betrachters. Zahlreiche Frauenfiguren um die Jahrhundertwende sind mit einem Mondgesicht ausgestattet.[371] Für Salammbô, Hohepriesterin der dem Mond zugeordneten Göttin Tanit, gilt dies

368 Gustave Flaubert, *Salammbô*, in: *OC III*, S. 832.

369 Vgl. hierzu Friedrich Nietzsche, *Der Fall Wagner*, S. 110: „Ich halte mich dies Mal nur bei der Frage des Stils auf. – Womit kennzeichnet sich jede litterarische décadence? Damit, dass das Leben nicht mehr im Ganzen wohnt. Das Wort wird souverain und springt aus dem Satz hinaus, der Satz greift über und verdunkelt den Sinn der Seite, die Seite gewinnt Leben auf Unkosten des Ganzen – das Ganze ist kein Ganzes mehr. […] Das Ganze lebt überhaupt nicht mehr: es ist zusammengesetzt, gerechnet, künstlich, ein Artefakt.“

Die das *Fin de siècle* kennzeichnende Ästhetik des Fragments kann nicht nur als „Referenz auf eine Totalität als einer verloren geglaubten Einheit oder eines intellektuell und sinnlich nicht wahrnehmbaren Ganzen“ verstanden werden, sondern beinhaltet zudem einen in der „Möglichkeit der Konstitution eines Dritten“ angelegten „spekulativen Sprung“. Regine Elzenheimer, *Pause. Schweigen. Stille. Dramaturgien der Abwesenheit im postdramatischen Musik-Theater*, S. 84. Elzenheimer nennt als Beispiele den „Sprachtod“ von Kleists Penthesilea (vgl. ebd., S. 51), Wagners „tönendes Schweigen“ (vgl. ebd., S. 65) sowie das symbolistische Theater Maeterlincks (vgl. ebd., S. 84).

370 Für die *décadents* wird die Blässe, die in der Epoche der Romantik noch „l'effet de terribles passions“ darstellte, zum Zeichen „que l'on est, avant tout, une âme, que l'on peut entrer dans le domaine de la Mort d'un instant à l'autre sans regrets, avec grâce.“ Philippe Jullian, *Esthètes et magiciens. L'art fin de siècle*, S. 52 f.

371 Vgl. Bram Dijkstra, „Women of Moonlight and Wax; the Mirror of Venus and the Lesbian Glass“, in: ders., *Idols of Perversity. Fantasies of Feminine Evil in Fin-de-Siècle Culture*, S. 119–159. Der Mond wird zur Repräsentationsinstanz der weiblichen „sterile, self-reflective identity“. Ebd., S. 127.

in besonderer Weise. So fällt der Blick der Soldaten bereits zu Beginn auf das Mondgesicht ihrer auratischen nächtlichen Erscheinung:

> Des soldats l'avaient aperçue la nuit, sur le haut de son palais, à genoux devant les étoiles, entre les tourbillons des cassolettes allumées. C'était la lune qui l'avait rendue si pâle, et quelque chose des Dieux l'enveloppait comme une vapeur subtile.[372]

Der die blasse Gesichtskontur verschleiernde Nebel schützt die aus der Ferne betrachtete Frauenfigur davor, zur leeren Projektionsfläche zu werden. Ihre geheimnisvolle Erscheinung gibt dem Betrachter ein Rätsel auf. Eine Enthüllung ihres Gesichts wird ihm verwehrt. Es entzieht sich der direkten Deutung. Während Salammbôs Augen „tout au loin au-delà des espaces terrestres“[373] zu blicken scheinen und nicht etwa als Spiegel der Seele einen Einblick in ihr Innerstes ermöglichen, spricht auch das Sinnesorgan des Mundes eine enigmatische Sprache: Die Soldaten hören sie „murmurer“, verstehen jedoch nicht, was sie sagt.[374] Auch ihr in einem „vieil idiome chananéen“[375] vorgetragener Gesang ist den Soldaten unverständlich. Stattdessen ruft ihre von „gestes effrayants“[376] begleitete Rede bei den Soldaten phantomartige „vagues histoires qui se balançaient devant leur imagination“[377] hervor. Es ist erst der Ausdruck des Körpers, der in seiner (gestischen) Bewegung und Mimik einen dechiffrierbaren, doch in seiner Uneindeutigkeit phantomartig bleibenden Sinn erzeugen kann. Das Sinngebungsverfahren wird durch die parataktische Satzkonstruktion („blême, raidie, les lèvres ouvertes“) verdeutlicht. Sie erinnert an die kurzen, gerafften Sätze der Pantomimentexte, die den Mimen bzw. Leser anleiten, mittels der Vorstellungskraft ein (individuelles) visuelles Bild zu erzeugen.[378] Der Erzähler bedient sich keiner ausschweifenden, geschmückten Sprache, die ein Bild vorwegnehmen könnte. Vielmehr scheinen sich die einzelnen Bilder – wie in der Pantomime – selbst zu präsentieren.[379]

---

372 Gustave Flaubert, *Salammbô*, in: *OC III*, S. 582.

373 Ebd.

374 Ebd.

375 Ebd., S. 583.

376 Ebd.

377 Ebd.

378 Vgl. Hartmut Vollmer, *Die literarische Pantomime. Studien zu einer Literaturgattung der Moderne*, S. 42.

379 Dass sich die Gegenstände in Flauberts Werken wie von selbst zu präsentieren scheinen, dass der Autor „notre vision des choses“ beinhahe so sehr verändert habe wie Kant, stellte bereits Marcel Proust heraus. „À propos du ‚style' de Flaubert“, S. 282.

Die sukzessive Aufzählung stellt zunächst die weiße Leinwand bereit, dann die globale Bewegung des Körpers und schließlich das mimische Detail. Im Partizip „raidie" manifestiert sich nicht nur ein weiteres physiologisches Symptom des Todes – nämlich die Totenstarre –, sondern in ähnlicher Weise wie „blême" fungiert es darüber hinaus als ästhetisches Darstellungsmedium. Es lässt den Tod als Kunstmoment erscheinen, als mechanisch wirkenden Umsturz der zu einer Statue versteinerten Kunstfigur, den die Partizipkonstruktion des Verbs *raidir* als das Ergebnis künstlerischer Formgebung ausweist. In der Tat verleiht das Partizip dem Todesfall eine konkrete Form: Als Referenzpunkt für das „Ainsi mourut [...]" des Schlusssatzes deutet die erstarrte Pose Salammbôs auf einen punktuellen, plötzlichen Sturz hin, wie er bereits in den *passé simple*-Formen *retomba* und *mourut* angelegt ist. In dieser Form gewinnt der Todesfall eine subversive Kraft: Er ist nicht nur symbolischer Wegbereiter der Jahrhundertwende und damit einhergehend neuer, kontradiskursiver Ausdrucksformen, sondern repräsentiert darüber hinaus eine rhetorische Auslöschung antik-heroischer, romantischer sowie traditionell weiblicher Todesarten.

Der Fall der erstarrten Kunstfigur wirkt hart, beinahe geometrisch angeordnet, bildet er doch im durch die „cheveux dénoués" vollendeten Schlusstableau ein unbewegliches Dreieck, dessen untere zwei Eckpunkte vom Boden, der obere Eckpunkt von der den nach hinten fallenden Kopf stützenden Rückenlehne des Throns konstituiert werden. Der starre Fall untergräbt das klassische Ideal der „avec décence, avec mollesse"[380] sanft zu Boden fallenden Heroine, das Diderot noch in seinem *Paradoxe sur le comédien* zitiert. Wenngleich das gelöste Haar zunächst als typisch weibliches, sinnliches Element erscheint, so entzieht es sich in seiner starren, auf den Boden aufprallenden Form gerade jener in der Verbform „pendaient" evozierten traditionell weiblichen Todesart des Erhängens: Salammbôs hinabfallendes Haar veranschaulicht gerade nicht die formlose „mort féminine", wie sie im Suizid durch Erhängen in der griechischen Tragödie dargestellt wird.[381] Stattdessen ist das herabhängende Haar Salammbôs das Ergebnis künstlerischer Formgebung. Wie ein schließender Bühnenvorhang, der vom erstarrten, durch das Partizip *raidie* fixierten weiblichen Körper hinabfällt, bleibt das gelöste Haar als ewiges Kunstwerk auf

380 Denis Diderot, *Paradoxe sur le comédien*, S. 286. Die Verben *mollir* und *courber*, die dem weichen, von Diderot beschriebenen Bühnentod zugeordnet sind, fungieren als Antonyme zum statuesken *raidir*.

381 Nicole Loraux, „Épouses tragiques, épouses mortes. La mort des femmes dans la tragédie grecque", S. 38.

der Bühne bestehen und erinnert an ein Denkmal, das doch traditionell dem männlichen Helden vorbehalten war. Im Gegensatz zu den Heldinnen der klassischen Tragödie, deren (eigens evozierter) Tod in der Regel im nicht sichtbaren Hintergrund erfolgt und dem Zuschauer lediglich durch einen Botenbericht vor Augen geführt wird, ereignet sich Salammbôs Tod auf dem höchsten Punkt der Bühne, der durch das Insigne des Throns eine weitere symbolische Erhebung erfährt. Von ebenjenem Punkt fällt Salammbô nicht etwa in das formlose Nichts, wie es die traditionell weiblichen Todesarten des Erhängens sowie des Sichhinabstürzens verbildlichen. Der freie Fall der Frauenfigur wird ersetzt durch das auf den Boden fallende Haar, das nunmehr als totes Erinnerungsobjekt an den sinnlichen, zu einer unbewegten Statue transformierten Frauenkörper fungiert. Wie sich anhand der triangulären geometrischen Figur illustrieren lässt, bewahrt Salammbô im Tod Haltung. Sie verschwindet nicht etwa in der Versenkung, sondern bleibt auch nach ihrem Todesfall, nunmehr als künstlerische Form verewigt, auf der Bühne. Die im „pendaient" zitierte formlose, typisch weibliche Todesart wird somit konterkariert.[382]

Eine weitere Todesart, die Flaubert in seinem Schlusstableau evoziert, um sie sodann auszulöschen, ist der romantische Liebestod. Während Geneviève Mondon ihre Analyse der Todesszene auf Flauberts vielzitierte eigene Bezeichnung als „vieux romantique enragé"[383] stützt und den Tod der Frauenfigur als tragischen Höhepunkt ihrer Liebesgeschichte deutet, als eigens evozierte

382 Es ist möglich, in Salammbôs Todesszene ebenso die traditionell weibliche Todesart des Hinabstürzens evoziert zu sehen. Den Unterkörper in ein Fischschuppenkostüm gekleidet, erinnert Salammbô an die sich ins Meer hinabstürzenden Sirenen der griechischen Mythologie. Die Sirenen sind enigmatische Figuren, deren Darstellung in der Mythologie, Literatur und Kunst einem stetigen Wandel unterworfen ist. Als verführerisch singende Todesboten gehören sie gleichzeitig „au monde souterrain des Enfers, au monde céleste de la musique et à l'univers marin des navigateurs". Annie Lermant-Parès, „Les Sirènes dans l'Antiquité", in: *Dictionnaire des mythes littéraires*, S. 1235. Ihr Todesgesang verkündet dem Seefahrer einen grausamen Tod, der mit der völligen Auflösung des Körpers einhergeht und jegliche Hoffnung auf eine posthume *gloire* oder *mémoire* zunichte macht. Vgl. Jean-Pierre Vernant, *L'individu, la mort, l'amour*, S. 146. Vernant nähert die Sirenen der grauenhaften Fratze der Medusa an. Schließlich erwartet den Mann im Tod „le beau visage féminin", das sich als „face de terreur" offenbart, unter der das Unsagbare, „l'indicible", verborgen ist. Ebd.

383 Gustave Flaubert, Brief an Sainte-Beuve vom 5. Mai 1857, *Corr. II*, S. 710. Mondon gibt das Zitat nur unvollständig wieder. Dabei verweist doch besonders die Ergänzung „ou encroûté, comme vous voudrez" bildhaft auf den Tod der romantischen Vorbilder. Ihre ‚weichen' Muster sind unter einer harten Kruste begraben.

Vergiftung, deren Effekt durch die „tension de son désir amoureux“, durch die flammenden Blicke ihres gefolterten Liebhabers gesteigert werde,[384] ist eine derartige Deutung für die finale Version des Romans nicht haltbar. Denn weder sinkt Salammbô nach dem Vorbild einer Isolde über dem Leichnam ihres getöteten Liebhabers zusammen oder begeht wie eine Doña Sol einen gemeinsamen Suizid mit ihrem Liebhaber,[385] noch fällt sie – einem weiteren romantischen Muster folgend – wie eine Adèle d'Hervey in die Arme eines (noch lebenden) männlichen Helden. Salammbôs Todesfall wirkt geradezu wie eine Parodie der berühmten Schlussszene aus Dumas' *Antony*, von der Alfred Johannot eine 1831 in der Zeitschrift *L'artiste* publizierte Lithographie mit dem bezeichnenden Titel *Elle me résistait... je l'ai assassinée* anfertigte. Die Lithographie zeigt im Vordergrund die ganz in Weiß gekleidete, nach hinten fallende Adèle, deren Hinabsinken auf den sich unter ihr befindenden Sessel durch den starken Arm Antonys aufgehalten wird. Während er mit der einen

---

384 Geneviève Mondon, „Une éducation sentimentale ou le roman d'amour de Salammbô“ (online). Mondon zitiert eine frühe Manuskriptversion, in der Pyrrha (der frühe Name der Titelfigur) auf Mâthos Leichnam fällt: „Regard de la jeune fille sur le corps déchiré de Mâtho. Elle l'aime. C'est lui l'époux. Ils ont été mariés par la mort. Elle pâlit et tombe, dans le sang de Mâtho.“ NAF 23 662, f° 219, f° 220. Wenngleich Salammbôs Tod vor allem in Anbetracht ihrer Konzeption als sterile Kunstfigur (vgl. Kap. 3.2) nicht als leidenschaftlicher Liebestod deutbar ist, ist es möglich, ihn als Reaktion auf Mâthos Tod zu betrachten. Die sprachlose Geste des Todesfalls erscheint als *mise en scène* einer *tristesse*, die nur in einer artifziellen Veräußerlichung zum Ausdruck gebracht werden kann. Eine mögliche Vorlage für die fatale Trauergeste bildet Montaignes Essai „De la Tristesse“, in dem das Beispiel des über dem Leichnam seines Sohns tot zu Boden sinkenden Feldhauptmanns genannt wird, dessen Reaktion einen inneren Affekt spiegelt: „Mais de nul tant que de Raisciac seigneur Allemand, esprins d'une si rare vertu : le corps estant rapporté, cetuicy d'une commune curiosité, s'approcha pour voir qui c'estoit : et les armes ostées au trespassé, il reconut son fils. Cela augmenta la compassion aux assistants : luy seul, sans rien dire, sans siller les yeux, se tint debout, contemplant fixement le corps de son fils : jusques à ce que la vehemence de la tristesse, aiant accablé ses esprits vitaux, le porta roide mort par terre.“ Michel de Montaigne, „De la Tristesse“, in: *Les Essais*, S. 36.

Als stumme Veräußerlichung des Schmerzes um den Verlust des geliebten Roland offenbart sich bereits der Tod der Alde im mittelalterlichen Rolandslied, der wie Salammbôs Todesszene eine markante Leerstelle aufweist: „Pert la culor, chet as piez Carlemagne, / Sempres est morte : Deus ait mercit de l'anme !“ *La Chanson de Roland*, V. 3720 f. Aldes Tod kann als sinnstiftende Geste von *humilitas* interpretiert werden.

385 Salammbôs kurze Todesszene konterkariert den langen Liebestod in Victor Hugos *Hernani* (1830). Salammbôs sprachlos-kühlem Tod ist die von pathetischen Liebesschwüren begleitete Todesszene von Hernani und Doña Sol gegenübergestellt. Im gemeinsamen, von Doña Sol initiierten Trinken eines tödlichen Giftes wird die „nuit de noces“ der im Tod vereinten Liebenden eingeleitet, die nacheinander auf den Bühnenboden stürzen. Victor Hugo, *Hernani*, S. 189.

ABBILDUNG 21
Alfred Johannot, Lemercier, Elle me résistait... je l'ai assassinée ! (Antony, *acte 5, scène dernière*), *1831*.

Hand die Taille seiner wie eine schwerelose *femme fragile* zurückfallenden Geliebten umfasst, streckt er mit der anderen Hand und in aufrechter, selbstbewusster Pose dem eintretenden Ehegatten den gezückten Dolch entgegen.

Adèle und Salammbô fallen beide mit nach hinten geneigtem Kopf. Doch im Unterschied zum weichen Hinabsinken Adèles, das die von Diderot zitierten Kriterien von *mollesse* und *décence* verkörpert, erhebt sich Salammbôs harter Fall über die traditionelle ‚Etikette' weiblichen Sterbens. Mehr noch: Er kehrt den traditionell weiblichen Tod radikal um. Salammbô stirbt Kraft ihrer selbst. Sie benötigt weder pompöse Dekorelemente oder Requisiten noch einen männlichen Helden.[386] Im Auf- („Salammbô se leva") und Abstieg („Elle

386 Im Unterschied zum eigenständigen Tod Salammbôs bedient sich der romantische Bühnentod in der Regel einer „forme tangible : guillotine, poison, stylet, poignard, échafaud, crime, suicide, bourreau ; autant d'éléments empruntés à la réalité qui se muent en accessoires, personnages ou décors." Sylvain Ledda, *Des feux dans l'ombre. La représentation de la mort sur la scène romantique (1827–1835)*, S. 11. „Montrée 'en direct', la mort violente se manifeste de deux manières : par les accessoires qui la représentent (armes, catafalques, tombeaux, échafauds, etc.) mais aussi par la pantomime et la vision du cadavre gisant sur les planches (la didascalie *'il (elle) tombe'* ou *'il (elle) meurt'* est un *leitmotiv* des pièces étudiées)." Ebd., S. 16.

retomba“) zeichnet sie als Kunstfigur ihr eigenes Todesbild. Ihr nach hinten fallender Körper wird nicht etwa von einem schützenden männlichen Arm aufgefangen. Es ist stattdessen die gerade, als geometrischer Schnittpunkt fungierende Rückenlehne des Throns, die den Fall unsanft zum Erliegen bringt, indem sie – einem Genickbruch gleich – den Kopf vom erstarrten Körper ‚abtrennt‘. Die hart auf den Boden prallenden symbolträchtigen „cheveux dénoués“ vollenden die Deformation des romantischen Bühnentodes: Während das weiße, unbefleckte Kleid der romantischen Bühnenheldin auf Johannots Lithographie hervorsticht, sind es in Flauberts Schlusstableau die gelösten dunklen Haare. Als das, was von den Frauenfiguren übrig bleibt, versinnbildlichen Kleid und Haare Weiblichkeitsbilder. Im feinen, beweglichen, drapier- und formbaren Kleid Adèles manifestiert sich eine Passivität, die bereits die Todesart der Frauenfigur kennzeichnet. Denn Adèle wird von ihrem Liebhaber Antony erdolcht. Wenn auch auf ihre Bitte hin, formt er ihren Tod und lässt die zarte, biegsame Frauenfigur in seine schützenden Arme fallen. Es ist schließlich der männliche Held, der durch den passiven Tod der Geliebten seine in der aufrechten Haltung verkörperte Machtposition stärken kann. Er wird zum Schöpfer eines romantisch-verklärten weiblichen Todesideals: Durch die fehlenden Blutspuren auf dem weißen Kleid wird Adèle als engelsgleiches Wesen stilisiert, deren auratische Schönheit den Tod überdauern wird, ist sie doch primäres Merkmal traditioneller Weiblichkeit.

Salammbôs Haar bildet in Farbe und Form einen scharfen Kontrast zum Kleid der Adèle. Seine dunkle Farbe strahlt keinen engelsgleichen Schein aus. Es absorbiert auf sie auftreffende (männliche) Projektionen, wird es doch insbesondere im *Fin de siècle* zum Symbol geheimnisvoller, unergründlicher Weiblichkeit.[387] Im Gegensatz zum federnden, nachgiebigen Kleid ist das hart auf den Boden fallende Haar nicht mehr formbar. Die schweren Edelsteine, die das Haar in eine Form gebracht hatten, sind herabgefallen. Das gelöste Haar erscheint nunmehr befreit von der auferlegten Form, wie das Präfix *dé-*, das den fest geschnürten Knoten (*nouer*) löst, verbildlicht.

Die formende Hand eines Antony wird durch den Thron, der Salammbô auffängt, konterkariert. Der Thron kann als Statuensockel betrachtet werden, der den bereits zuvor zu einem Kunstwerk erstarrten weiblichen Körper nicht etwa formt, sondern nur noch ausstellt.[388] Denn die Frauenfigur ist keine

387 Vgl. bereits das als „mer d'ébène“ und „ce noir océan“ beschriebene Haar in Baudelaires Gedicht „La Chevelure“. Charles Baudelaire, „La Chevelure“ (XXIII, *Spleen et Idéal, Les Fleurs du mal*), in: *OC I*, S. 26.

388 Flauberts Schlusstableau wirkt wie ein Modell für Arthur Schnitzlers Pantomime *Der Schleier der Pierrette* (1910), in der Pierrette zunächst als kostümierte Kunstfigur auf

formbare Marionette, sondern eine unnachgiebige Kunstfigur. Es erfolgt keine ostentative Zurschaustellung weiblicher Körperlichkeit. Als subversives Fragment weiblicher Sinnlichkeit übrig geblieben sind die „cheveux dénoués": Sie entziehen sich einer bloßen Deutung als männliches Fetischobjekt, verweisen sie doch auf die Transgression der Titelheldin.

Salammbôs gelöstes Haar erinnert an eine weitere romantische Todesart, die sich wie ein subtiles Bild durch das Werk des Romanciers zieht.[389] Es ist der Tod durch Ertrinken, verkörpert durch Shakespeares Ophelia. Jenes Bild der passiv auf der Wasseroberfläche treibenden schönen Wasserleiche wird in Salammbôs Todesszene ausgelöscht.[390] Während ihr Fischkostüm zunächst noch als ironisch-grotesker Verweis auf das Element des Wassers gedeutet werden kann, so tritt im Schlusstableau das Element der Erde, die den Fall der Haare stumpf auffangende *terre*, an die Stelle der wogenartig vom Fluss bewegten „chevelure flottante, une chevelure dénouée par les flots"[391]. Das gelöste Haar der Ophelia ist Teil ihres fixierten Todestableaus, es ist mit einem Blumenkranz geschmückt und umschmeichelt ihr selig ruhendes Gesicht.

---

einem Gemälde auf einer Staffelei erscheint. Schnitzler inszeniert in seiner Pantomime einen im Tod endenden Dreieckskonflikt zwischen dem todessehnsüchtigen Pierrot, seiner Geliebten Pierrette sowie dem ihr angetrauten Arlequin. Als zentrales Symbol fungiert der Schleier, den Pierrette auf ihrer Hochzeitsfeier trägt, den sie jedoch verliert, nachdem sie Pierrot einen Todestrank serviert, der die beiden Liebenden im Tod vereinen soll, von dem sie jedoch selbst aus Angst vor dem Tod nicht trinkt. Zurück auf der Hochzeitsfeier erscheint ihr der mit ihrem Schleier verhüllte Geist des toten Pierrot, der sie in sein Zimmer führt. Arlequin, der Pierrette gefolgt ist, zwingt sie, aus einem Kelch zu trinken. Es folgt ein frenetischer Totentanz der Pierrette über dem auf dem Boden liegenden Leichnam Pierrots, der in ihrem eigenen Todessturz auf ebenjenem endet. Vgl. Hartmut Vollmer, *Die literarische Pantomime. Studien zu einer Literaturgattung der Moderne*, S. 90 f., S. 318.

389 Vgl. Kap. 1.1.3 und Kap. 2.2.3.

390 Bereits Salammbôs Schlange evoziert das Bild der toten Ophelia, indem sie die Bewegungen der gelösten Haarpracht ankündigt: Während des Tanzes mit der Schlange fallen Kopf und Schwanz ebenjener „comme un collier rompu dont les deux bouts traînent jusqu'à terre" über Salammbôs Schultern. Gustave Flaubert, *Salammbô*, in: *OC III*, S. 729. Das Bild der durchbrochenen Halskette antizipiert hierbei nicht nur den Bruch des Keuschheitskettchens. Als Todessymbol verkündet es die ebenso zu Boden hängenden *cheveux dénoués* der Schlussszene. Die Bewegungen der Schlange sind Sinnbild für das gelöste Haar, das laut Bachelard stets auf das Element des Wassers verweist: „Or, il suffit qu'une chevelure dénouée tombe – coule – sur des épaules nues pour que se réanime tout le symbole des eaux." Gaston Bachelard, *L'eau et les rêves. Essai sur l'imagination de la matière*, S. 115. In diesem Sinne erinnert die „démarche" der Schlange an die „ondulations des fleuves". Gustave Flaubert, *Salammbô*, in: *OC III*, S. 721.

391 Gaston Bachelard, *L'eau et les rêves. Essai sur l'imagination de la matière*, S. 114.

Salammbôs Haar hingegen bildet den Endpunkt ihres Todesfalles, auf den es in der herabhängenden Form noch verweist. Das Haar der Flaubertschen Kunstfigur ist schwer; es würde, wie die statueske Frauenfigur selbst, im Wasser versinken. Im Gegensatz zum horizontalen Bild der passiv vom Wasser getragenen, sich in das naturhafte Element einfügenden Haare der Ophelia, stößt Salammbôs Haarpracht vertikal auf den Boden auf. Das der Erde zugeordnete Gestein macht sie zum geeigneten Element der sterilen Kunstfigur. Ihm steht das dem zarten Weiblichen zugeordnete Element des Wassers gegenüber.

Darüber hinaus deformiert Salammbôs Todesfall den Tod der romantisch-religiösen Märtyrerin, wie sie Chateaubriands Atala und Amélie oder Bernardin de Saint-Pierres Virginie repräsentieren. Als Kultfigur ausstaffiert erscheint Salammbô als Inkarnation der Göttin Tanit. Es ist ihr weiblicher Körper, der die Seele Karthagos bzw. Tanits visuell vergegenwärtigen soll: „[…] Salammbô resplendissante se confondait avec Tanit et semblait le génie même de Carthage, son âme corporifiée.“[392] Doch es ist ein trügerischer Schein, der vom statuesken Idol ausstrahlt. Auf die Erhöhung zur Kultfigur folgt der Fall, der nicht nur den Tod der Frauenfigur zur Folge hat, sondern ebenso die dogmatische Lehre der christlichen Inkarnation verkehrt. Salammbô kann nicht Tanit sein.[393] In ihrer Fischschuppen imitierenden Beinkleidung erscheint sie vielmehr als Nixe oder Melusine, als seelenloses Wasserwesen, das sich besonders um die Jahrhundertwende in Literatur, Kunst und Oper großer Beliebtheit erfreuen wird. Im sagenhaften Mischwesen, dessen Darstellung in den einzelnen mythischen Überlieferungen variiert, treffen schließlich verschiedene

392 Gustave Flaubert, *Salammbô*, in: *OC III*, S. 832.

393 Auch der Marienkult wird in Salammbôs Todesfall *ad absurdum* geführt. Denn sie ist nicht, um mit den Worten des sie anbetenden Mâtho zu sprechen, „toute-puissante, immaculée, radieuse et belle comme Tanit !‘“ Gustave Flaubert, *Salammbô*, in: *OC III*, S. 739. In diesem Sinne muss auch die im Schlusssatz postulierte Macht des göttlichen Schleiers ironisch gelesen werden, endet der Roman doch nicht etwa in einer Vision von Frieden, Liebe und Gemeinschaft, in der das weibliche Prinzip der Tanit dominiert. Stattdessen wird das Schlusskapitel, das den bezeichnenden Titel „Mâtho“ trägt, ebenso wie der Rest des Romans vom kriegerisch-zerstörerischen Prinzip Molochs bestimmt. Vgl. Barbara Potthast, „‚L'exigence du plus fort‘ und das ironische Ende der Geschichte – Gustave Flaubert: *Salammbô* (1862)“, S. 200. Wolf Wucherpfennigs Deutung, dass Salammbô sterben muss, weil sie „selbst zur Verkörperung mythischer Weiblichkeit“ geworden sei und somit „ein Mensch *als* Göttin“ sterbe, ist hingegen nicht haltbar. Denn Salammbô ist vor ihrer Verkörperung der Göttin nicht mit „menschlicher Innerlichkeit“ ausgestattet, sondern erscheint vielmehr als seelenloses, totes Kunstobjekt. „Gustave Flaubert: *Salammbô* – der fremde Spiegel“, S. 85.

Formen der *femme fatale* aufeinander.[394] Wenn Philippe Jullian feststellt: „Les âmes sont au Symbolisme ce que les anges étaient au Romantisme“[395], so wird jene Kunstströmung des *Fin de siècle* bereits von Salammbô antizipiert. Wurden traditionell noch die geistigen Wesen der Engel körperlich vorgestellt, soll nunmehr eine nicht sichtbare, immaterielle Seele verkörpert werden. Dass die Inkarnation der göttlichen Seele nicht gelingen kann, wird im Todesfall verbildlicht: So ist das Haar nicht etwa Zeichen einer hypostasierten Weiblichkeit, sondern endet stumpf auf dem Sinnbild des Irdischen, der *terre*. Wenngleich der Blick der Frauenfigur im zurückgeworfenen Kopf nach oben gerichtet ist, so ist die Verbindung zum göttlichen Sternenhimmel, der sich auf der Tribüne über ihrem Kopf befindet,[396] gebrochen. Salammbô erhebt sich nicht wie ein zartes, engelsgleiches Wesen gen Himmel, sondern ist als versteinerte Kunstfigur auf dem diesseitigen Boden fixiert, ja geerdet.[397]

Im Gegensatz zu einer Atala, Virginie oder Amélie, denen es mit ihrem (symbolischen) Tod noch gelingt, ihre Tugendhaftigkeit zu bewahren, zeichnet der Todesfall Salammbôs einen symbolischen Sündenfall nach.[398] In den sinnlich konnotierten „cheveux dénoués“ wird an die in der Zeltszene begangene sexuelle Transgression, an den verbotenen *dévoilement* des göttlichen Schleiers erinnert. Das symbolische Begräbnisritual Amélies, der dem weltlichen Dasein absagenden Schwester des berühmten romantischen Helden René, das mit einer *prise de voile* einhergeht, bei der ihr von seiner Haarpracht beraubter Kopf mit einem „voile mystérieux“ als „double symbole de la virginité et de la religion“ bedeckt wird,[399] wird durch Salammbôs *prise de voile* in der Zeltszene in radikaler Weise deformiert: Das sinnliche Haar wird nicht etwa abgeschnitten, sondern gezielt als Verführungsmittel eingesetzt. Während Salammbô den

394 Vgl. Jens Malte Fischer, „Kundry, Salome und Melusine. Verführung und Erlösung in der Oper der Jahrhundertwende“, S. 151 f.

395 Philippe Jullian, *Esthètes et magiciens. L'art fin de siècle*, S. 81.

396 „Ayant ainsi le peuple à ses pieds, le firmament sur sa tête, autour d'elle l'immensité de la mer, le golfe, les montagnes, et les perspectives des provinces, Salammbô resplendissante [...].“ Gustave Flaubert, *Salammbô*, in: *OC III*, S. 832.

397 Dass Salammbô auch in ihrer Rolle als *âme corporifiée* eine statueske Kunstfigur bleibt, zeigt die Bedeutung von *âme* im übertragenen Sinne als Fundament einer Statue oder Figur, die sich bereits im 19. Jahrhundert nachweisen lässt: „*L'âme d'une figure, d'une statue*, L'espèce de massif, de noyau sur lequel on applique le stuc, le plâtre, etc., dont on forme une figure, une statue.“ *Dictionnaire de l'Académie française* von 1835 (online), s. v. „âme“.

398 Auch im (modernen) Tanz wird der Fallbewegung des Körpers oftmals eine symbolische Bedeutung beigemessen, die etwa auf ein sündhaftes Vergehen verweist oder den Tod der Ballerina ankündigt. Vgl. Sylviane Pagès, „Tomber“, S. 40 f.

399 François-René de Chateaubriand, *Atala – René*, S. 190.

göttlichen *zaïmph* einfordert, enthüllt sie „les voiles de sa tête“[400]. Die religiös-zeremonielle Handlung der *prise de voile* wird in eine transgressiv-sexuelle verkehrt: In der Bedeutung von *prendre* als ‚posséder sexuellement‘ wird Salammbô zur *femme prise*.[401] Der Bruch des Keuschheitskettchens ist der Preis, den Salammbô für die Zurückgewinnung des göttlichen Schleiers zahlen muss. In diesem Sinne kann Salammbôs *prise de voile* ebenso als symbolischer Tod gedeutet werden. Denn das in der Berührung des Schleiers versinnbildlichte transgressive Verhalten – an welches das aus dem ansonsten so nüchternen Schlusssatz hervorstechende sinnliche Verb *toucher* eindrücklich erinnert – wird mit dem Tod bestraft. Tatsächlich kann der sexuelle Akt im Zelt bereits als Todesagonie gedeutet werden (von der die karthagische Prinzessin doch im punktuellen Todesfall befreit zu sein scheint), wie die gegen Salammbô gehaltene Schmährede des totgeglaubten Giscon, der sie zusammen mit Mâtho im Zelt belauscht hat, verdeutlicht: „‚Ah ! j'étais là ! s'écria-t-il. Je t'ai entendue râler d'amour comme une prostituée […].‘“[402] Im Verb *râler*, das traditionell zur Beschreibung des Röchelns Sterbender benutzt wird, fallen *mort* und *petite mort* zusammen.[403] Letztlich ist es nicht etwa der göttliche Schleier, sondern die sinnliche Haarpracht, die als Bühnenvorhang das Schlusstableau des Todes schließt und damit eine göttliche Inkarnation endgültig als gescheitert ausweist.

Zusammenfassend fungiert Salammbôs Todesfall in zweifacher Weise als Kunstmoment: Zum einen symbolisiert er den Fall, das heißt die rhetorische Auslöschung vorwiegend klassischer und romantischer weiblicher Todesarten. Zum anderen manifestiert sich im Detailbild des geöffneten Mundes der Frauenfigur eine Sprachlosigkeit, die die profunde Sprachskepsis der Jahrhundertwende und mit ihr einhergehend alternative körperliche Darstellungsformen antizipiert. Salammbô erscheint als moderne Bühnenfigur, deren stummer Fall nicht nur an die männliche Maskenfigur des Pierrot erinnert, sondern ebenso an jene weiblichen Operndarstellerinnen, die auf den großen und kleinen Bühnen des 19. Jahrhunderts einen (symbolischen) Tod sterben. Sie stellen nicht nur den Tod der weiblichen Heldinnen in Form eines publikumswirksamen

400 Gustave Flaubert, *Salammbô*, in: *OC III*, S. 737.

401 Vgl. *Le Grand Robert de la langue française* (online), s. v. „prendre, v.“.

402 Gustave Flaubert, *Salammbô*, in: *OC III*, S. 744.

403 Zum Konzept der *petite mort*, die auf die Verbindung von Eros und Thanatos zurückgeht und in den Werken des Marquis de Sade ihren skandalösen Ausdruck findet, vgl. Michel Vovelle, *La mort et l'Occident de 1300 à nos jours*, S. 478–483; Lisa Downing, *Desiring the Dead. Necrophilia and Nine-teenth-Century French Literature*, S. 6 ff. Auch Georges Bataille beschäftigte unter anderem in *L'Érotisme* mit der orgiastischen *mort violente*.

„dramatic farewell" dar, war doch „[t]he death of the lead soprano in opera [...] often an extended and highly manipulated affair"[404]. Salammbôs Todesfall erinnert an den weiblichen Operntod, der in der Regel mit einem sichtbaren, genau einstudierten Fall[405] sowie einer hörbaren „grand vocal gesture or a finalizing cadence"[406] zusammenfällt. Wenngleich Salammbô stumm zurückfällt, evoziert doch ihr geöffneter Mund den hohen Todesschrei der Sopranistin. Auch ist ihr Tod nicht tonlos: So ist es die *prose sonore*[407] Flauberts, die den einem präzisen Bewegungsablauf folgenden Fall komponiert.[408]

---

404 Helen Greenwald, „*Ars moriendi.* Reflections on the Death of Mimì", S. 169.

405 Die körperliche Darstellungsform des Operntodes wurde nicht dem Zufall überlassen. So existierten im 19. Jahrhundert eine Vielzahl an Handbüchern, die den SchauspielerInnen Anleitungen zu exzentrischen Todesstürzen, konvulsivischen Rollbewegungen auf dem Bühnenboden oder verzerrten Gesichtsausdrücken lieferten. Beispielhaft ist das Werk von François Delsarte (1811–71), Sänger, Komponist und Schauspiellehrer, der ein anatomisches Interesse für die Posen toter Körper hegte und im Leichenschauhaus die den erstarrten Körpergesten eingeschriebene subtile Sprache des Todes zu entschlüsseln suchte, um sie sodann an seine Schauspielschüler weiterzugeben. Vgl. Helen Greenwald, „*Ars moriendi.* Reflections on the Death of Mimì", S. 178.

406 Ebd., S. 170.

407 „Je crois pourtant qu'on peut lui [la prose, S. W.] donner la consistance du vers. Une bonne phrase de prose doit être comme un bon vers, *inchangeable*, aussi rythmée, aussi sonore." Gustave Flaubert, Brief an Louise Colet vom 22. Juli 1852, *Corr. II*, S. 135. Im weiteren Briefverlauf vergleicht Flaubert den Klang der nach den Kriterien der „précision" gewählten Worte mit dem reinen Klang der Musik: „Il en est en style comme en musique : ce qu'il y a de plus beau et de plus rare c'est la pureté du son." Ebd., S. 137. Maupassant, ein großer Bewunderer Flauberts, sieht gerade in *Salammbô* „une sorte d'opéra en prose": „Les tableaux se développent avec une magnificence prodigieuse, un éclat, une couleur et un rythme surprenants. La phrase chante, crie, a des fureurs et des sonorités de trompette, des murmures de hautbois, des ondulations de violoncelle, des souplesses de violon et des finesses de flûte." Guy de Maupassant, „Gustave Flaubert", XIX f.

408 Ein sehr schönes Zitat, in dem Flaubert seine Zukunftsvision der Kunst zeichnet, verbindet die Musikalität der Sprache mit der präzise komponierten, wie ein geometrisches Konstrukt anmutenden Form, so wie sie bereits in der Todesszene Salammbôs aufscheint: „Quelle est la poétique qui soit debout maintenant ? La plastique même devient de plus en plus presque impossible, avec nos langues circonscrites et précises et nos idées vagues, mêlées, insaisissables. – Tout ce que nous pouvons faire, c'est donc, à force d'habileté, de serrer plus raide les cordes de la guitare tant de fois raclées, et d'être surtout des virtuoses, puisque la naïveté à notre époque est une chimère. Avec cela le pittoresque s'en va presque du monde. La Poésie ne mourra pas cependant. – Mais quelle sera celle des choses de l'avenir ? Je ne la vois guère. Qui sait ? La Beauté deviendra peut-être un sentiment inutile à l'humanité. Et l'art sera quelque chose qui tiendra le milieu entre l'algèbre et la musique ?" Gustave Flaubert, Brief an Louise Colet vom 4. September 1852, *Corr. II*, S. 152.

Darüber hinaus singen sich die weiblichen Opernheldinnen in einen symbolischen Tod: Stehen sie zunächst als gefeierte Diven auf dem Podest der öffentlichen Bühne, folgt nicht selten der Sturz in den Abgrund der Vergessenheit oder Diffamierung. Erfüllen der zur Schau gestellte, hergerichtete weibliche Körper oder die überanstrengte, bis an die Grenzen getriebene Stimme nicht mehr die Anforderungen des Publikums, folgt der professionelle Tod: So findet die kurze Karriere der äußerst erfolgreichen Sopranistin Cornélie Falcon, die 1832 an der Pariser Oper in Meyerbeers *Robert le Diable* debütiert, bereits im Jahre 1837, als ihre Stimme während einer Aufführung von Niedermeyers *Stradella* nur noch gutturale Laute hervorzubringen vermag, ein jähes Ende.[409] Während Cornélie Falcon wohl durch Überanstrengung oder aufgrund der bei ihrem frühen Debüt noch nicht ausgereiften Stimmbänder verstummt,[410] wird der Mezzosopranistin Rosine Stoltz durch die ihr auferlegten Rollen, in Sensationsblättern abgedruckte Gerüchte über Affären sowie ihren dämonischen

---

Kann die Algebra in ihrer etymologischen Bedeutung als „l'art de remettre les membres disloqués" definiert werden, so offenbart sie sich als moderne Kunst des Fragments, wie sie in den einzelnen abgetrennten Komposita der Flaubertschen Todesszene versinnbildlicht ist. Émile Littré, *Dictionnaire de la langue française* von 1872–77 (online), s. v. „algèbre, s. f.". Auch die Nähe der poetischen Sprache zur Geometrie wird von Flaubert herausgestellt: „La poésie est une chose aussi précise que la géometrie. L'induction vaut la déduction, et puis, arrivé à un certain point, on ne se trompe plus quant à tout ce qui est de l'âme." Gustave Flaubert, Brief an Louise Colet vom 14. August 1853, *Corr. II*, S. 392. Vgl. hierzu im größeren Kontext von Musik und Dichtkunst im 19. Jahrhundert Klaus Ley, *Die Oper im Roman. Erzählkunst und Musik bei Stendhal, Balzac und Flaubert*, S. 1–25. Ulrich Schulz-Buschhaus, der Flauberts Antikekonzeption derjenigen Nietzsches annähert, sieht in Flauberts Frage nach der Zukunft der Kunst („qui tiendra le milieu entre l'algèbre et la musique") „ein direktes Analogon der Distinktion von Apollinischem und Dionysischem, von Wissenschaft und Musik". „Flauberts dionysische Antike", S. 17.

409 Vgl. Mary Ann Smart, „Roles, Reputations, Shadows: Singers of *grand opéra*", S. 116. Auch während einer *représentation d'adieu* in der Pariser Oper am 14. März 1840 zugunsten des 1839 verstorbenen Alphonse Nourrit, der auf der Bühne seine Stimme verloren hatte und sich aus Verzweiflung in den Tod stürzte, ist Cornélie Falcon selbst ohne Stimme. Vgl. Anne Martin-Fugier, *Comédiennes. Les actrices en France au XIXe siècle*, S. 292. Im Publikum sitzt die Comtesse Dash, die von der Aufführung in ihren *Mémoires* rückblickend von Falcons Stimmlosigkeit berichten wird: „Tout à coup, elle ouvre la bouche, et il n'en sort plus aucun son ; je ne saurais rendre ce qui se passa alors, le cri qui s'échappa de toutes ces poitrines, comme si chacun eût voulu donner de son souffle. Elle essaya en vain ; alors sa physionomie exprima une douleur que rien ne saurait peindre." *Mémoires des autres*, III, *Souvenirs anecdotiques sur Charles X et la révolution de Juillet*, Paris 1896, S. 158, zit. nach: ebd., S. 292.

410 Vgl. Mary Ann Smart, „Roles, Reputations, Shadows: Singers of *grand opéra*", S. 116.

Einfluss auf Donizetti, der ihretwegen angeblich einen Nervenzusammenbruch erleidet, ihre eigene Stimme genommen.[411] Es ist die Rolle der Léonor aus *La Favorite*, mit der Rosine Stoltz noch nach ihrem Tod assoziiert werden sollte: Als Mätresse und *favorite* von Léon Pillet, von 1840 bis 1847 Direktor der Pariser Oper, wurde die Operndiva zum „allegorical symbol" von „power, intrigue, ambition".[412] Nachdem ihr Ruf infolge der zahllosen Gerüchte geschädigt war und sie vom Publikum ausgepfiffen wurde, zog sie sich 1847 von der Bühne zurück.[413]

Obwohl Salammbôs Todesfall symbolisch den Fall des verstummten weiblichen Bühnenidols nachzeichnet, reiht sich die karthagische Prinzessin nicht etwa ein in die Riege all jener zum Tode verurteilten Opernheldinnen, die Catherine Clément in ihrer in einem äußerst pathetischen Stil verfassten feministischen Analyse beklagt.[414] Der Todesfall besiegelt nicht die „éternelle défaite"[415] der Frauenfiguren, sondern deckt vielmehr patriarchale Machtstrukturen auf, denen eine subversive Form entgegengesetzt wird.

Was bereits in Salammbôs Verkörperung der männlichen Bühnenfigur des Pierrot angelegt ist, offenbart sich auch in einer Deutung des Todes hinsichtlich seiner außerliterarischen Wirklichkeit: Es erfolgt ein Bruch traditioneller Geschlechterrollen. Denn wenngleich Salammbôs Todesfall symbolisch die Ära der Dekadenz ankündigt, die den Tod von jeglicher moralischen Zuweisung befreien wird, so wird seine artifizielle Darstellung noch nicht, wie es bei den *décadents* der Fall sein wird, „ins Extrem des Bedeutungslosen" getrieben.[416] Der Tod fungiert nicht als rein künstlerisch produktives Motiv, sondern besitzt eine gesellschaftspolitische Relevanz.

Während sich die vorliegende Analyse bislang auf die im *ainsi* des Schlusssatzes angelegte Todes*form* konzentriert hat, so spielt die Todes*ursache* (nicht in einem physiologischen Sinn, sondern im Sinne einer kausalen Begründung) vor dem kulturgeschichtlichen und gesellschaftspolitischen Hintergrund des 19. Jahrhunderts eine zentrale Rolle. In der Begründung, dass die „fille

411 Vgl. Mary Ann Smart, „The Lost Voice of Rosine Stoltz", S. 33 ff.

412 Ebd., S. 38.

413 Vgl. ebd., S. 40.

414 „L'opéra est affaire de femmes. Non, pas une version féministe ; non, pas une libération. Tout au contraire : elles souffrent, elles crient, elles meurent, c'est là aussi ce qu'on appelle chanter. Elles s'exposent, décolletées jusqu'au cœur, luisantes de larmes, au regard de ceux qui viennent jouir de leurs supplices feints." Catherine Clément, *L'opéra ou la défaite des femmes*, S. 24.

415 Ebd., S. 13.

416 Jörg von Brincken, *Tours de force – Die Ästhetik des Grotesken in der französischen Pantomime des 19. Jahrhunderts*, S. 329.

d'Hamilcar" stirbt, „pour avoir touché au manteau de Tanit", werden patriarchale Herrschaftsstrukturen sichtbar, die nicht nur im antiken, theokratischen Karthago vorherrschen, sondern die sich in das bürgerliche Zeitalter des 19. Jahrhunderts übertragen lassen. Die Frauenfigur stirbt in der gesellschaftlich determinierten Rolle als Tochter des mächtigen Suffeten. Der imposante Herrscherpalast, die prunkvollen Roben und glänzenden Edelsteine sowie zuletzt der Thron, auf dem die karthagische Prinzessin in der Schlussszene Platz nimmt, sind Insignien, die die väterliche Macht sowie ein nach außen sichtbares Abhängigkeitsverhältnis demonstrieren. Dass Flaubert im Schlusssatz statt einer auch denkbaren kausalen Konjunktion wie *parce que* gerade die Infinitivkonstruktion *pour avoir* verwendet, trägt zu einer gesellschaftspolitischen Lesart der Todesszene bei: Wird die Präposition *pour* bereits im 19. Jahrhundert in der Bedeutung von „[m]oyennant un certain prix, en échange de"[417] benutzt, so stellt sie den Tod der Frauenfigur in ein Warenverhältnis. Als Tauschwert für die religiöse Transgression fungiert der tote Frauenkörper. Tatsächlich folgt die theokratische Regierungspraxis Hamilcar Barcas nicht nur religiösen und militärischen, sondern ebenso ökonomischen Prinzipien. Der Suffet verkörpert „das ins Hyperbolische gesteigerte Klischee des modernen Kapitalisten"[418]. Bereits in der Zurückeroberung des göttlichen Schleiers wird Salammbô zum austauschbaren Instrument patriarchaler Machtstrukturen: „[...] qu'importe la vie d'une femme !"[419], denkt Schahabarim, bevor er die Hohepriesterin darauf ansetzt, ihren weiblichen Körper als Tauschobjekt für den entwendeten *zaïmph* anzubieten. Deutet man Salammbôs Tod als Opfertod, so findet der Warencharakter des weiblichen Körpers in der Schlussszene seinen Höhepunkt.

Doch unter der Maske des Opfertodes, der mit der augenscheinlichen Wiederherstellung der theokratischen Ordnung einhergeht,[420] verbirgt sich eine

417 *Dictionnaire de l'Académie française* von 1835 (online), s. v. „pour".

418 Barbara Potthast, „‚L'exigence du plus fort' und das ironische Ende der Geschichte – Gustave Flaubert: *Salammbô* (1862)", S. 177

419 Gustave Flaubert, *Salammbô*, in: *OC III*, S. 725.

420 Eine oberflächliche Deutung der Schlussszene könnte eine Nähe zum romantischen Melodrama suggerieren, das traditionell mit der Wiederherstellung von Ordnung, Tugend und Unschuld endet. In klaren Zeichen – oftmals in Form eines Schlusstableaus – werden die Bösen bestraft und die Guten belohnt. Vgl. Peter Brooks, *The Melodramatic Imagination. Balzac, Henry James, Melodrama, and the Mode of Excess*, S. 32. Dass eine Trennung von Gut und Böse in Flauberts Karthagoroman jedoch nicht mehr gelingen kann, dass stattdessen das Böse – einer möglichen sinnkonstituierenden Funktion entbehrt – zur ästhetischen Kategorie avanciert ist, hat bereits Karl Heinz Bohrer, *Imaginationen des Bösen. Für eine ästhetische Kategorie*, S. 22–32, aufgezeigt.

subversive Kraft: In ihrem Fall „*par-dessus* le dossier du trône [Herv. S. W.]“ erhebt sich Salammbô über das Insigne der patriarchal-theokratischen Macht. Das von der Lehne des Throns zum irdischen Boden hinabhängende Haar profaniert die göttlich legitimierte Herrschaft. Wiederum ist es das dem Schlusssatz vorausgehende Todestableau, das der Todesszene eine nicht nur formalästhetisch, sondern auch kulturgeschichtlich modellbildende Funktion zuweist: Indem Salammbô ihr eigenes Todestableau zeichnet („*Salammbô* se leva [...]. *Elle* retomba [...] [Herv. S. W.]“), befreit sie sich aus ebenjener unterwürfigen Rolle als Tochter des Suffeten, an die noch der Schlusssatz erinnert.[421] Der Frauenfigur wird keine öffentliche Repräsentationsfunktion mehr zuteil. Die den Kopf krönenden Edelsteine sind abgefallen, das Haar hat seine Funktion als prunkvolles und in die Höhe geformtes, für alle sichtbares Darstellungsmedium der patriarchalen Macht verloren. In seiner gelösten, sinnlichen Form kann es nunmehr als ironischer Verweis auf einen väterlichen Machtverlust gedeutet werden, konnte doch Hamilcar Barca das transgressive Verhalten seiner Tochter und somit die Überschreitung der ihr zugewiesenen Rolle nicht verhindern.

Schließlich verschwindet Salammbô weder in der Versenkung, noch wird ihr toter Körper voyeuristisch zur Schau gestellt, wie es bei einer Vielzahl ihrer einen romantischen Bühnentod sterbenden Vorgängerinnen der Fall ist. Auch stirbt sie nicht inmitten der auf dem Kriegsfeld aneinandergereihten männlichen Krieger, die bereits vor ihrem Tod als leb- und formlose Masse erscheinen und zuletzt in grausamer Weise von Tieren gefressen werden. Salammbôs künstliche Unbeweglichkeit schützt sie vor dem Fall in den Abgrund, in die Formlosigkeit. Salammbôs umgestürzter Körper bleibt intakt. Wie eine Statue oder antike Stele[422] wird er als ewiges Kunstwerk fortbestehen, um schließlich als Modell für die Kunstfiguren des *Fin de siècle* zu fungieren. Tatsächlich

421 Darüber hinaus wird in Salammbôs Bezeichnung als „fille d'Hamilcar“ die zunächst namenlose Salomé evoziert, die noch im Evangelium als „la fille d'Hérodiade“ auftaucht. In der künstlerischen Form des verführerischen Tanzes bringt sie selbst den Tod. Vgl. Mireille Dottin, „Salomé (appelée aussi Hérodiade ou Hérodias)“, in: *Dictionnaire des mythes littéraires*, S. 1176.

422 Tatsächlich ist ein Bezug zum altägyptischen Mundöffnungsritual, das der Beseelung von Statuen diente, denkbar. Die Zeremonie der Mundöffnung, die in Salammbôs geöffneten Lippen sowie in ihrer Beschreibung als „âme corporifiée“ aufscheint, wird zumeist von einem Opferritual begleitet, das sich in der Todesszene Mâthos spiegelt. Vgl. Jan Assmann, *Tod und Jenseits im Alten Ägypten*, S. 149 f., S. 408–431; Hans Belting, *Bild-Anthropologie. Entwürfe für eine Bildwissenschaft*, S. 160–164. Das Mundöffnungsritual fungierte als magischer „Animations-Akt“, der die Statue in das Medium des Bildes transformierte und sie „zur Verkörperung qualifizierte“. Ebd., S. 163.

weist Flauberts Titelheldin eine Nähe zu zwei subversiven Kunstfiguren der Jahrhundertwende auf: zur bereits genannten männlichen Maskenfigur des Pierrot sowie zu der Schauspielerin Sarah Bernhardt.

Spätestens um die Jahrhundertwende avanciert Pierrot zur Chiffrenfigur eines modernen *silence*, der aus der profunden Sprachskepsis resultiert. Der Sprachlosigkeit setzt der Mime in seiner Körperdarstellung, um mit den Worten Mallarmés zu sprechen, einen „milieu pur, de fiction“[423] entgegen. Neben der pantomimischen Gebärde ist auch die poetische Sprache fähig, jenen Raum der Stille auszufüllen, indem sie im Klang der Wörter, in der rhythmischen Syntax sowie im unkonventionellen Wortschatz ein sinnlich-musikalisches Erleben ermöglicht. Es ist ein suggestiver Raum, dessen Sinn sich nicht direkt erschließt und der für die moderne Lyrik gemeinhin mit dem Begriff der *obscuritas* bezeichnet wird.[424] Doch nicht erst die Lyrik der Symbolisten, die in den musikalischen Versen eines Paul Verlaine mündet, auch die Prosa Flauberts kann als poetische, suggestive und musikalische Sprache betrachtet werden. Tatsächlich beschreibt bereits Sartre den Flaubertschen Stil insbesondere in *Salammbô* wie folgt:

> Fort et dense et après la dernière ligne : néant. Un art du néant développé par Mallarmé. C'est cela, le style absolu : décrire un objet, rapporter un événement et du même coup le détruire.[425]

Die ‚Kunst des Nichts‘ manifestiert sich im Schlusstableau des weiblichen Todes. Salammbôs Todesszene ‚steht und fällt‘ mit ihrer Darstellungsform. Getragen durch den Flaubertschen Stil, die präzise Beschreibung der körperlichen Bewegung und die Melodie des Satzes, dessen einzelne Teile wie klanghafte Verse anmuten, ist Salammbôs Tod eine poetische, zu entschlüsselnde Schrift. Wie die moderne Poesie tritt bereits die Flaubertsche Prosa als „meurtre du langage, une sorte d'analogue spatial, sensible, du silence“[426] auf.

Die *prose sonore*, die die stumme Todesgeste der Frauenfigur unterlegt, ermöglicht eine Annäherung an das moderne Musiktheater. Im Unterschied zu den populären Melodramen, die in der synchronen Bewegung des sterbenden weiblichen Körpers zur Musik häufig einem „miming model“ folgen, das

423 Stéphane Mallarmé, „Mimique“, in: *Crayonné au théâtre*, in: *OC II*, S. 179.

424 Vgl. Stefan Hartung, „Formen und Funktionen der *obscuritas* in der modernen Lyrik: Baudelaire, Rimbaud, Mallarmé. Mit einem Ausblick auf die italienische Hermetik“.

425 Jean-Paul Sartre, *Notes sur „Madame Bovary“*, S. 797.

426 Roland Barthes, *Mythologies*, S. 242.

Carolyn Abbate als patriarchale Struktur aufgedeckt hat,[427] wird Letzteres bereits in den Bühnenwerken Richard Wagners unterminiert. Im Bruch mit der romantischen Harmonik eröffnen seine Musikdramen einen unendlichen Raum, der sich einer direkten Deutung entzieht. Laut Nietzsche habe Wagner „das Sprachvermögen der Musik in's Unermessliche vermehrt“[428]. Beispielhaft hierfür ist neben der suggestiven Kraft des Tristan-Akkords das unsichtbare „tönende Schweigen“[429] der Musik. Die amimetische Darstellungsform des modernen Musiktheaters kulminiert in den frenetischen Tanzgebärden von Strauss' und Hofmannsthals Elektra.[430] Auch der stumme Fall Salammbôs gewinnt erst in seiner suggestiven Symbolik einen Sinn. Der pathetische Bühnentod der „soprano diva“ des Melodramas, die mit einer brechenden Stimme zu Boden fällt und einen spektakulären Effekt von extremer Leidenschaft erzeugt,[431] wird durch Salammbôs kühle Todesform konterkariert.

Die Schauspielerin Sarah Bernhardt, die für ihre effektvollen Todesszenen berühmt war,[432] präsentiert sich in ähnlicher Weise wie Salammbô als kühle Kunstfigur, deren „Idolisierung [...] optischen Ausdruck fand als juwelenbedecktes Artefakt“[433]. Auf einer Fotografie von W. & D. Downey, die sie um 1885 in der Rolle der Théodora ablichteten, ist Sarah Bernhardt in unbeweglicher, aufrechter Pose und mit schwerem Kopfschmuck abgebildet. Eine weitere Fotografie von W. & D. Downey zeigt sie mit einem exotischen, opulenten

427 Vgl. Carolyn Abbate, *Unsung Voices. Opera and Musical Narrative in the Nineteenth Century*, S. 27 ff.

428 Friedrich Nietzsche, *Der Fall Wagner*, S. 113.

429 Die „tiefe Kunst des tönenden Schweigens“ sieht Wagner, wie aus seinem Brief an Mathilde Wesendonck vom 12. Oktober 1858 hervorgeht, in seinem *Tristan* ausgedrückt. Zit. nach: Regine Elzenheimer, *Pause. Schweigen. Stille. Dramaturgien der Abwesenheit im postdramatischen Musik-Theater*, S. 65.

430 Noch stärker als die Pantomime fungiert der Tanz als unmittelbare körperliche Darstellungsform, die auf eine „nicht-arbiträre Zeichenrelation“ abzielt, auf eine „Signifikanz, die nicht auf sozialer Konvention und nicht auf zeitlicher Verkettung beruht, sondern die motiviert und zeitlos ist“. Carsten Zelle, „Konstellationen der Moderne. Verstummen – Medienwechsel – literarische Phänomenologie“, S. 97.

431 Peter Brooks, „Body and Voice in Melodrama and Opera“, S. 123.

432 „By the early 1880s, her talent for dying was so remarked on that a final death agony was practically mandatory. Rhapsodic critics insisted that she never died the same way twice. For the next forty years, she died nightly, and sometimes two times a day, as Camille/Marguerite Gautier, Phaedra, Doña Sol (in *Hernani*), Hamlet, Cleopatra, Tosca, and a host of others [...].“ Carol Ockman, Kenneth E. Silver (Hgg.), *Sarah Bernhardt. The Art of High Drama*, S. 55.

433 Claudia Balk, *Theatergöttinnen. Inszenierte Weiblichkeit. Clara Ziegler, Sarah Bernhardt, Eleonora Duse*, S. 75.

Kostüm ausstaffiert wie eine unbewegte Statue auf einem Thron sitzend. Auch Sarah Bernhardts Darstellungsstil wurde als artifiziell beschrieben: Ihre Gesten erstarrten oftmals in Tableaus,[434] ihren Todesszenen liegt eine „science de composition"[435] zugrunde. Nicht nur in Paris, auch auf ihren Welttourneen wurde die Schauspielerin als „Princesse du geste" bewundert.[436] Mit ihren exzentrischen, mechanisch kontrollierten Bühnendarstellungen tritt Sarah Bernhardt als emanzipierte Künstlerin auf. Auch im privaten Bereich inszeniert sie sich selbst als Kunstfigur, indem sie sich beispielsweise in schlafender Pose in einem Sarg ablichten lässt.[437]

Den geöffneten Lippen Salammbôs, die in ihrer sprachlosen Geste bereits die patriarchalen Machtstrukturen aufzudecken fähig waren, verleiht

ABBILDUNG 22
W. & D. Downey, Sarah Bernhardt as the Empress Theodora in Sardou's *Théodora, 1884.*

434 Vgl. ebd., S. 92.

435 So lobt zumindest Auguste Vitu in einem Artikel im *Figaro* Sarah Bernhardts Bühnentod in ihrer Rolle als Adrienne Lecouvreur. Zit. nach: Sarah Bernhardt, *Ma double vie. Mémoires de Sarah Bernhardt*, S. 443.

436 Vgl. Philippe Jullian, *Esthètes et magiciens. L'art fin de siècle*, S. 218.

437 Zur Todesobsession Sarah Bernhardts vgl. Carol Ockman, Kenneth E. Silver (Hgg.), *Sarah Bernhardt. The Art of High Drama*, S. 51–55; Alan R. Young, „Sarah Bernhardt's Ophelia".

Sarah Bernhardt gewissermaßen eine Stimme. Dem Motto „Quand même" folgend,[438] schlüpft die exzentrische Schauspielerin in die phantasmagorischen Weiblichkeitsrollen der dämonisch-orientalischen *femme fatale*, wie sie Kleopatra darstellt, oder der zerbrechlich-erotischen *femme fragile* in Gestalt der schwindsüchtigen Kurtisane Marguerite Gautier, denen sie jedoch eine ganz eigene, subversive Darstellungsform verleiht, die sich in ihrer Unberechenbarkeit jenen männlich konstruierten stereotypen Vorstellungswelten entzieht. Als undurchsichtige, distanzierte und kühl berechnende Kunstfigur ist Sarah Bernhardt nicht mehr bloß passives Projektionsobjekt männlicher Fantasien, wie es eine Vielzahl ihrer Vorgängerinnen war. Sie leistet Widerstand gegenüber den von außen auferlegten Erwartungen, wie sie beispielsweise von ihrem Arzt Parrot geäußert werden, der ihr aufgrund ihrer Schwäche verbieten will, am 6. August 1873 als Zaïre aufzutreten: „Il ne voulut rien entendre. Alors, moi, furieuse de l'entêtement féroce de ce bourgeois intellectuel, je me jurai de jouer à en mourir. Il m'est arrivé souvent, étant enfant, de vouloir me tuer pour embêter les autres."[439] Ihr Bühnentod in der Rolle der Zaïre wird schließlich zu einem wahren Kampf um Leben und Tod, aus dem die Schauspielerin nichtsdestotrotz gestärkt hervorgeht:

> Voulant tomber évanouie, voulant cracher le sang, voulant mourir pour faire enrager Perrin [seinerzeit *administrateur* der Comédie-Française, S. W.], je m'étais donnée tout entière : j'avais sangloté, j'avais aimé, j'avais souffert, et j'avais été frappée par le poignard d'Orosmane en poussant le cri vrai de la vraie douleur ; car j'avais senti le fer pénétrer dans mon sein, puis, tombant, haletante, mourante, sur le divan oriental, j'avais pensé mourir sérieusement ; et pendant tout le temps de la fin de l'acte, j'osais à peine remuer un bras, convaincue que j'étais de ma languissante agonie, et un peu effrayée, je l'avoue, de voir réaliser ma méchante farce à Perrin. Mais grande fut ma surprise quand, le rideau tombé sur la fin de la pièce, je me relevai prestement pour le rappel, et saluai le public sans langueur, sans affaiblissement, prête à recommencer la pièce.[440]

Sarah Bernhardt trotzt den männlich-bürgerlichen Normvorstellungen. Ihre Bühnendarstellungen sind unberechenbar und folgen dennoch einem kühlen Kalkül. Es ist der eigene, bis an die Grenzen seiner Kraft getriebene Körper, den

438 Vgl. Claudia Balk, *Theatergöttinnen. Inszenierte Weiblichkeit. Clara Ziegler, Sarah Bernhardt, Eleonora Duse*, S. 62.

439 Sarah Bernhardt, *Ma double vie. Mémoires de Sarah Bernhardt*, S. 333.

440 Ebd., S. 334 f.

die Schauspielerin als schöpferisch-produktives Darstellungsmedium einsetzt. Der weibliche Körper fungiert als eigens stilisiertes Kunstobjekt. Eine Rückprojizierbarkeit männlicher Phantasmen auf ebenjenen ist zum Scheitern verurteilt: Seine Darstellungsform bleibt für den Betrachter unvorhersehbar und opak. In ähnlicher Weise wie der Todesfall Salammbôs kreiert die weibliche Körperdarstellung Sarah Bernhardts eine symbolische Gebärde, eine zu dechiffrierende Körperschrift. In ihrer bewusst eingesetzten manipulativ-kontrollierten Darstellungsform übersteigt Sarah Bernhardt die stille, gleichwohl bereits subversive Geste Salammbôs.[441]

Sinnbildlich für den weiblichen Körper als schöpferisches Darstellungsmedium steht eine Fotografie Sarah Bernhardts von Nadar, der sie in ihrer Rolle als Pierrot in Jean Richepins Pantomime *Pierrot assassin* (1883) verewigte.

Sarah Bernhardt mimt nicht etwa die weibliche Maskenfigur der Colombine, sondern schlüpft in die Rolle jener männlichen Kunstfigur, die der Mime

441 Gustave Flaubert kannte die berühmte Schauspielerin und zeigt sich von ihrer Darstellung in Bouilhets *La Conjuration d'Amboise* begeistert: „J'ai été hier à l'Odéon voir Sarah Bernhardt, dans le 5e acte de *La Conjuration d'Amboise*. J'étais dans un bel état nerveux ! J'en suis encore tout brisé aujourd'hui ! Cette représentation (à bénéfice) a été splendide." Gustave Flaubert, Brief an seine Nichte Caroline vom 6. November 1869, *Corr. IV*, S. 124. In einem Brief an den Adoptivsohn seines Freundes Louis Bouilhet kündigt Flaubert die Aufführung Sarah Bernhardts vom 5. November als „une éprouvette" an. Gustave Flaubert, Brief an Philippe Leparfait vom 26. Oktober 1869, *Corr. IV*, S. 122. In Bouilhets Stück spielt Sarah Bernhardt die Rolle der Comtesse de Brisson, der Geliebten des Prince de Condé, der im Gefängnis auf seine Hinrichtung wartet. Um ihren Geliebten vor dem ehrlosen Tod am Schafott zu bewahren, bringt sie ihm ein Gift, von dem sie bereits die Hälfte getrunken hat. Der Prinz lehnt den Gifttrank ab; er wird durch die eintreffende Katharina von Medici freigesprochen. In einer dramatischen Todesszene stirbt die Comtesse. Vgl. ebd., Anmerkung, S. 1111. Es ist davon auszugehen, dass Flaubert selbst überlegte, die Schauspielerin für eine seiner eigenen geplanten Bühneninszenierungen zu engagieren. In einem Brief an Philippe Leparfait vom 10. Oktober 1871, *Corr. IV*, S. 386, berichtet Flaubert vom Vorschlag Félix Duquesnels, der 1872 zum Direktor des Odéon berufen wurde, Sarah Bernhardt in der Rolle der Aïssé auftreten zu lassen. Es handelt sich um Louis Bouilhets Stück *Mademoiselle Aïssé*, um dessen Aufführung sich Flaubert nach dem Tod seines Freundes intensiv kümmerte und für das er eigene Skizzen zum Bühnenbild und zu den Kostümen anfertigte. Das Stück wurde schließlich am 6. Januar 1872 im Odéon uraufgeführt, wurde jedoch von der Presse als langweilig betrachtet und verschwand nur einen Monat später vom Programm. Vgl. Gaston Bosquet, „Gustave Flaubert metteur en scène de *Mademoiselle Aïssé* de Louis Bouilhet", S. 31–34. In Bouilhets Stück, in dem die Titelheldin in die Arme D'Argentals fällt und in ihnen dahinscheidet, konnte Sarah Bernhardt wieder einmal einen weiblichen Bühnentod sterben.

ABBILDUNG 23
Nadar, Sarah Bernhardt dans *Pierrot assassin*, pantomime de Jean Richepin, *1883*.

Deburau berühmt gemacht hatte.[442] Nadars Fotografie zeigt Sarah Bernhardt in einem weißen, zu groß geratenen Hosenanzug bekleidet, in selbstbewusster Pose, die Hände locker in die weiten Hosentaschen versenkt. Die Form ihrer weiblichen Taille lässt nur ein vom Gewand halb verdeckter Gürtel erahnen; ihr Hals ist von einem typischen Pierrotkragen umgeben, das lange Haar unter einem weißen Hut verborgen. Das weiße Gewand, das sich vom dunklen Hintergrund abhebt, erscheint wie eine Leinwand, von der eine geheimnisvolle Aura ausstrahlt. Der Blick der Kunstfigur schweift in die Ferne. Es ist kein träumerischer, sondern ein starrer, entschiedener Blick, der jedoch keinen Einblick in das Seelenleben der Figur ermöglicht. Die dunkel umrandeten Augen, die mit schwarzer Farbe konturierten Augenbrauen und der dunkel geschminkte große geschlossene Mund, die gemeinsam einen starken Kontrast zum weiß

442 Tatsächlich verkörperte Sarah Bernhardt verschiedene Männerrollen, für die sie durch ihre androgyne Figur prädestiniert erschien. So spielte sie beispielsweise den Troubadour Zanetto in Coppées *Le Passant* oder Cherubin in Beaumarchais' *La folle journée ou le Mariage de Figaro*. Vgl. Claudia Balk, *Theatergöttinnen. Inszenierte Weiblichkeit. Clara Ziegler, Sarah Bernhardt, Eleonora Duse*, S. 89. Später schlüpfte sie in die Rolle des Hamlet.

geschminkten Mondgesicht bilden, lassen die Schauspielerin als distanzierte, artifizielle, sterile Maskenfigur erscheinen. Sarah Bernhardt trägt wie so oft ein Kostüm des Todes: Doch dieses Mal ist sie nicht als weibliche Bühnenfigur zum Tode verurteilt, sondern bringt als „Pierrot assassin" selbst den Tod. Das in der grotesken Figur des mörderischen Pierrot angelegte Spiel mit dem Tod kann als ironische Subversion des Weiblichkeitsbildes der *femme fatale* gedeutet werden. War die *femme fatale* zuvor das Konstrukt männlicher Fantasien, das trotz seiner dämonischen Gestalt ein passives Projektionsobjekt blieb, kann sie sich nun hinter dem Maskengesicht des Pierrot von ebenjener auferlegten Rolle befreien. In der pantomimischen Darstellung grotesker Tötungsszenen wird die Bühnenfigur des Pierrot selbst formgebend; er erscheint als Künstler *par excellence*. Tatsächlich wird der Pierrot spätestens zur Jahrhundertwende „eine Chiffre für die Künstlerexistenz"[443]. Wie der Künstler ist er von der Gesellschaft ausgeschlossen und nimmt eine „resignativ-melancholische Distanz" zu ebenjener ein.[444] Dass Sarah Bernhardt gerade in der männlichen Figur des Pierrot eine Identifikationsfigur gefunden hat, zeigt sich in ihrer eigenen schöpferischen Tätigkeit als Bildhauerin, Malerin und Dramenautorin. Als Künstlerin verleiht sie bezeichnender Weise dem weiblichen Tod selbst eine Form, indem sie ein Marmorrelief der toten Ophelia (ca. 1880)[445] sowie die Büste ihrer an Tuberkulose verstorbenen jüngeren Schwester Régina anfertigte.[446] In ihrem eigens kreierten Bühnenstück *Adrienne Lecouvreur*, das 1907 in Paris aufgeführt wurde, inszeniert sie den mysteriösen Tod der von Voltaire verehrten, 1730 verstorbenen gleichnamigen Schauspielerin, die bereits zum Gegenstand verschiedener Dramen- und Operninszenierungen, unter anderem von Eugène Scribe, wurde,[447] auf eine ganz eigene künstlerische Weise:

443 Christoph Vitali, „Vorwort", in: Thomas Kellein (Hg.), *Pierrot. Melancholie und Maske*, S. 7. In ähnlicher Weise eignet sich die von der Gesellschaft ausgegrenzte Prostituierte als Symbolfigur für den Künstler. Vgl. Werner Hofmann, *Das Irdische Paradies. Kunst im neunzehnten Jahrhundert*, S. 287.

444 Christoph Vitali, „Vorwort", in: Thomas Kellein (Hg.), *Pierrot. Melancholie und Maske*, S. 7.

445 Vgl. Alan R. Young, „Sarah Bernhardt's Ophelia" (online).

446 Vgl. Sarah Bernhardt, *Ma double vie. Mémoires de Sarah Bernhardt*, S. 337.

447 Dass das Interesse an der amourösen Liaison mit dem Comte de Saxe, an den Intrigen durch die eifersüchtige Duchesse de Bouillon sowie dem angeblichen Vergiftungstod Adrienne Lecouvreurs durch ihre Rivalin bis ins ausgehende 20. Jahrhundert ungebrochen ist, zeigt Catherine Cléments Biographie der Schauspielerin. Sie lässt das tragische Leben der Adrienne durch den fiktionalen Bericht der Schriftstellerin George Sand nacherzählen, in dem sich biographische Fakten und historisches Quellenmaterial mit fiktiven Anekdoten und zusätzlichen Figuren vermischen. Der pathetische Stil, in dem insbesondere die Todesagonie der „[]héroïne d'un drame romantique avant l'heure" (S. 7) nachgezeichnet wird, erinnert an Cléments bereits zitierte feministische Abhandlung über den weiblichen Operntod. Vgl. Catherine Clément, *Le cœur transporté. Adrienne Lecouvreur*.

ABBILDUNG 24
W. & D. Downey, Mme Sarah Bernhardt, auteur et interprète, au sixième acte de sa pièce *Adrienne Lecouvreur*, *1907*.

Eine Fotografie von W. & D. Downey zeigt Sarah Bernhardt im letzten Akt ihres Stückes, der wahrscheinlich den Tod der Titelheldin darstellt.

Mit einer langen weißen Robe bekleidet ist die Schauspielerin auf einen großen, mit dunklen Kissen gepolsterten Sessel zurückgefallen. Ihre Arme sind ausgebreitet, die über die Sessellehne hinausgestreckte linke Hand ist halb geöffnet, so als hätte sie zuvor einen mit einem Todestrank gefüllten Kelch gehalten. Ihr an die Sessellehne stoßender Kopf ist nach hinten geneigt, Augen und Mund sind halb geöffnet. Das sinnlich gelockte Haar, von dem nicht erkennbar ist, ob es frisiert oder gelöst ist, befindet sich hinter der Lehne und legt somit den Blick frei auf den Hals, der von einer feinen, halbtransparenten Halskrause korsettartig eingeschnürt wird.

Die weibliche Todespose der Sarah Bernhardt erinnert in frappierender Weise an das enigmatische Tableau, das Salammbô in ihrem Todesfall zeichnet.[448] Beide Frauen kreieren als Kunstfiguren subversive Todesbilder.

448 Den in einen Sessel zurückgefallenen Frauenfiguren lässt sich die todesähnliche Pose des Dorval in Diderots *Entretiens sur Le Fils naturel* annähern: „Il tombe dans un fauteuil, comme un homme frappé. [...] Dorval reste un moment dans cet état de mort ; Charles est debout devant lui, sans rien dire... Ses yeux sont à demi fermés ; ses longs cheveux

In ihrer zu dechiffrierenden poetischen Körpersprache inszenieren sie den weiblichen Tod als von stereotypen Vorstellungsmustern befreites Kunstmoment, dem zugleich eine gesellschaftspolitische Subversivität eingeschrieben ist: Es ist die im *ainsi* des Flaubertschen Schlusssatzes evozierte Ausdrucks*form*, die den Frauenfiguren in ihren Todesszenen eine schöpferische Kraft verleiht. In ihrer sprachlosen, exzentrischen Körperdarstellung, die sich im kühl-distanzierten Kunstcharakter einer mythologisierenden oder idealisierenden Projektion durch den männlichen Betrachter entzieht, bereiten die Frauenfiguren den Weg hin zu den modernen weiblichen Künstlerinnen. Jene gewinnen „Verfügungsgewalt über den eigenen Körper"[449] und decken den kunsthistorischen Patriarchalismus auf, die der Frau bis ins ausgehende 19. Jahrhundert die der männlichen Schöpferrolle „sekündäre Rolle der Gehilfin, der Anregerin und des bezaubernden Modells"[450] zuweist. Was Peter Gorsen bereits anhand des Ende des 18. Jahrhunderts entstandenen Selbstbildnisses der Anna Dorothea Therbusch exemplarisch aufzeigt, vollzieht sich schließlich in den weiblichen Todesszenen Sarah Bernhardts und Salammbôs: die „Rollenüberschreitung vom Schönen zum Bedeutenden"[451], die mit der Frauenbewegung der Jahrhundertwende einhergeht. Antizipiert werden die schöpferisch-produktiven Frauenfiguren des *Fin de siècle*, die in ihren Todestableaus nicht mehr selbst sterben, sondern dem Mann den Tod bringen: Aus der „tête en arrière", die noch das verletzlich wirkende Zentrum der Todesbilder von Salammbô und Sarah Bernhardt bildet, wird der abgeschlagene Kopf des Mannes. Es sind die entmythologisierten und ‚säkularisierten' Figuren der Judith und Salome, die zu modernen Emanzipationsrepräsentantinnen werden. Sie transzendieren die ihr zugeschriebene passive, als Projektionsfläche stereotyper Weiblichkeitsbilder dienende Rolle und schlüpfen „in die dem

---

pendent sur le derrière du fauteuil ; il a la bouche entrouverte, la respiration haute et la poitrine haletante." Denis Diderot, *Entretiens sur Le Fils naturel*, S. 129. Nachdem sich Dorval qualvoll von seinem Sessel erhoben hat, lässt er sich – die Augen zum Himmel gerichtet – auf sein am Boden aufgestelltes Schwert fallen. Dorvals Suizid verkehrt nicht nur den heldenhaften männlichen Tod in einen traditionell weiblichen Liebestod, sondern besticht vor allem durch seine stummen, pantomimischen Todesgesten.

Wie ein Plagiat der Flaubertschen Todesszene wirkt schließlich das über die Sessellehne bis zum Boden hinabfallende Haar der weiblichen Erscheinung in Maupassants fantastischer Novelle *Apparition* (1883): „Ses cheveux dénoués, très longs, très noirs, me semblait-il, pendaient par-dessus le dossier du fauteuil et touchaient terre." Guy de Maupassant, *La Morte et autre nouvelles fantastiques*, S. 36.

449 Peter Gorsen, *Frauen und Frauenbilder in der Kunstgeschichte*, S. 39.

450 Ebd., S. 22.

451 Ebd., S. 52.

Mann reservierte Rolle des Aktiv- und Bedeutendseins"[452]. Der Mann hingegen erscheint im enthaupteten, auf einem Teller präsentierten oder wie in Gustave Moreaus *L'apparition* von einem auratischen Schein umgebenen Kopf als passiver Spielball der rätselhaft-artifiziellen, unberechenbaren Frau, die wie Moreaus Salomé die unsichbaren Fäden in der Hand hält.[453] Auch wenn Gustave Flauberts Salomé in seinem Spätwerk *Hérodias* noch als unerfahrenes Verführungsobjekt fungiert, während ihre Mutter Hérodias als planende Anstifterin der Enthauptung des Johannes des Täufers agiert, so ist es doch gerade die Darstellungs*form* des Tanzes der Salomé, die sich in ähnlicher Weise wie Salammbôs Todesfall als subversiv erweist.[454]

Schließlich erinnert die im Schlusssatz des Karthagoromans evozierte sinnliche Berührung („pour avoir touché") nicht nur an jene des göttlichen Schleiers, sondern ebenso an den Griff nach dem todbringenden Dolch in der

452 Ebd., S. 77. Dass die künstlerische Darstellung der Judith und Salome nichtsdestotrotz ambivalent bleibt, zeigt Gorsen anhand von Beispielen auf. Vgl. ebd., S. 77–90.

453 Jean Lorrain nähert sowohl Salammbô als auch Sarah Bernhardt der Salomé Moreaus an: „D'ailleurs, n'est-elle pas un peu sœur des *Salomés* du peintre de l'*Apparition*, cette svelte et pensive Salammbô aux chairs macérées par les fards, grandie par les prières, les jeûnes et les extases au milieu des parfums, et plus bruissante de pierreries dans ses robes tramées de sardoines que son serpent bruissant d'ecailles." Jean Lorrain, *Sensations et souvenirs*, S. 67 f. Zu Sarah Bernhardt schreibt Lorrain: „Sarah est là, debout, devant moi, avec son irritant et délicat profil, ses yeux étincelants et froids, pareils à des pierreries. A la voir ainsi, onduleuse et mourante sous les luisances de sa ceinture de métal, je songe qu'elle aussi est bien de la famille de ce vieux roi David et de ce jeune archange à figure de femme; oui, elle est bien fille de Gustave Moreau, l'énigmatique Sarah, sœur des muses porteuses de chefs décapités, d'Orphée et des Salomés sveltes et sanglantes, la Salomé de la fameuse aquarelle célébrée par Huysmans, la Salomé de l'Apparition, dont elle portait d'ailleurs le triomphant et coruscant costume dans Théodora même, à l'acte de la loge impériale." Zit. nach: Philippe Jullian, *Esthètes et magiciens. L'art fin de siècle*, S. 219 f.

454 Im Gegensatz zu Lucette Czyba, die in Flauberts Weiblichkeitsfiguren nur misogyne Fetischobjekte erkennen kann, gelingt es Carola Hilmes, Flauberts subversive Erzählstrategie aufzudecken. So werde insbesondere im Tanz der Salome das Weiblichkeitsbild der *femme fatale* als Klischee entlarvt, die männliche Macht parodiert: „Indem Flaubert die Inszenierung des Weiblichen darstellt, macht er sowohl dessen Abhängigkeit von männlichen Imaginationen deutlich als auch die den Frauen daraus entstehenden Möglichkeiten, diese Abhängigkeit subversiv gegen den Mann zu wenden." *Die Femme fatale. Ein Weiblichkeitstypus in der nachromantischen Literatur*, S. 133. Vgl. auch ebd., S. 128–135. Eine exzellente Analyse des Tanzes der Salomé in Flauberts Erzählung sowie der verschiedenen Darstellungsformen der Salomé und Hérodiade von Baudelaire, Mallarmé und Huysmans bis hin zu Moreau liefert Bertrand Marchal, *Salomé entre vers et prose. Baudelaire, Mallarmé, Flaubert, Huysmans*.

Zeltszene mit Mâtho. Neben dem schlafenden Krieger erblickt Salammbô am Kopfende des Bettes – also in unmittelbarer Nähe des männlichen Hauptes – „cette lame luisante", die in ihr eine „envie sanguinaire"[455] entzündet und sie den Schaft des Dolches greifen lässt. Wenngleich sie das Mordinstrument mit Mâthos Aufwachen fallen lässt, so kann Salammbô doch als Vorläuferin der todbringenden Judith- und Salomefiguren des *Fin de siècle* betrachtet werden.[456] Es ist wiederum das Verb *toucher*, das in seiner weiteren Bedeutung der Form- und Farbgebung in der Malerei die künstlerisch-produktive Potenz der Frauenfigur hervorhebt. Salammbô tritt als stumme Künstlerin auf, der jedoch spätestens mit Mallarmés Hérodiade, die laut Thibaudet von Flauberts Frauenfigur abstamme,[457] eine Stimme verliehen wird.[458] Die gescheiterte

455 Gustave Flaubert, *Salammbô*, in: *OC III*, S. 742.

456 Also solche wird sie von den *décadents* rezipiert, deren Darstellungen allerdings nicht von Weiblichkeitsklischees – allen voran der dämonischen *femme fatale* – befreit sind. Zur Rezeption Salammbôs als *femme fatale* um die Jahrhundertwende vgl. Jean de Palacio, „La postérité de Salammbô, ou Carthage fin-de-siècle". Für die Autoren der *Décadence* wird Salammbô zur „figure de ‚femme encyclopédique' ou de ‚femme sérail'", in der zugleich Salome, Dalila, Judith und Helena aufscheinen. Ebd., S. 3. In Henri de Saussines *Le Voile de Tanit* (1902) wird Salammbôs stumme Todesszene zum Reflektionsgegenstand über die Sprache. Vgl. ebd., S. 356. In verschiedenen Operninszenierungen bringt sich Salammbô selbst den Tod und führt damit auch den Suizid Mâthos herbei: In Ernest Reyers und Camille du Locles Opernadaption von Flauberts Roman (1890) erdolcht sie sich. Mâtho folgt ihr in den selbst gewählten Tod. Vgl. Herbert Schneider, „Die kompositionsgeschichtliche Stellung der *Salammbô* (1890) von Ernest Reyer". Als emanzipierte Heldin tritt Salammbô in Philippe Fénélons und Jean-Yves Massons moderner Operninszenierung von 1998 auf, in der sie sich nach einer Rede über dem Leichnam Mâthos ebenso erdolcht. Zur weiteren *Salammbô*-Rezeption in Oper, Operette, Ballett und Film vgl. Claude Aziza, „La mode *Salammbô*"; Klaus Ley (Hg.), *Flauberts* Salammbô *in Musik, Malerei, Literatur und Film*. Neben Flauberts eigenem Libretto-Entwurf, zu dem ursprünglich Berlioz die Musik komponieren sollte, sind im Anhang von Leys Werk zahlreiche weitere interessante musikdramatische Entwürfe abgedruckt. Zur Opernadaption des Romans, die zu Lebzeiten von Flaubert selbst vorangetrieben wurde, vgl. Klaus Ley, „Einleitung: *Salammbô* als Oper. Der Roman als Gegenstand musikalischer Komposition"; Joseph-Marc Bailbé, „*Salammbô* de Reyer : du roman à l'opéra".

457 Vgl. Albert Thibaudet, *Gustave Flaubert*, S. 135. Thibaudet sieht in Flauberts Roman, den er den Werken der Symbolisten annähert, „des puissances indéfinies de suggestion". Ebd.

458 Dadurch, dass Mallarmé seine Hérodiade nicht als Tänzerin, sondern als „voix" inszeniert, folgt er nicht nur einer „logique de déthéâtralisation, ou de poétisation", die seine Frauenfiguren vom Typus der *femme fatale* abgrenzt, sondern schafft eine eigenständige „figure de la poésie ou de la Beauté moderne prenant conscience d'elle-même." Bertrand Marchal, *Salomé entre vers et prose. Baudelaire, Mallarmé, Flaubert, Huysmans*, S. 75.

Tötungsabsicht verleiht Salammbôs eigenem Tod am Ende des Romans neben seiner kühlen, künstlerischen Form eine tragische Dimension.

Die artifizielle Kunstfigur, die von ihrem Schöpfer aus dem Raum des Unsagbaren, aus dem Raum des Todes auf die Bühne befördert wurde, bleibt am Ende in einer sichtbaren Todespose als unbewegtes Kunstwerk auf der Bühne fixiert. Ihr Todesfall bedeutet nicht das Ende der Kunstfigur. Als Chiffre für die Ästhetik ihres Autors verkörpert Salammbô nunmehr eine moderne Sprachlosigkeit, einen radikalen Verlust traditioneller Darstellungsformen. Sie konfrontiert mit der Frage nach der Repräsentation des Unsagbaren. Darüber hinaus zeichnet sich sowohl im kühlen Todestableau der Kunstfigur als auch in ihrer unberührten Reaktion auf den Tod Mâthos, der keinen sichtbaren Affekt auslöst, eine moderne Krise der *compassio* ab, die in der *Éducation sentimentale* einen gnadenlosen Höhepunkt erreichen wird.

KAPITEL IV

Masken des (weiblichen) Todes in der *Éducation sentimentale*

> „[...] car il y a des situations où l'homme le moins cruel est si détaché des autres, qu'il verrait périr le genre humain sans un battement de cœur."
>
> Gustave Flaubert, *L'Éducation sentimentale*

Als ständig sich ereignender, unaufhörlicher Verfall steht der Tod im Zentrum von Flauberts zweiter Fassung der *Éducation sentimentale* (1869). Verborgen hinter einer Vielzahl von Masken – von Schauspielmetaphern, künstlerischen und gesellschaftspolitischen Bildkonstruktionen über das Motiv der Prostitution bis hin zu einer Reflexion von Zeitlichkeit, Verlust und Erinnerung – lauert der Tod unentwegt im gesamten Roman. Doch wenngleich der Tod omnipräsent ist, erzeugt er weder Pathos noch *compassio*. Der unerhörten Eindringlichkeit, in der sich der Tod dem Leser aufdrängt, steht eine gänzlich apathische, mitleidslose Darstellungsform gegenüber, die den Tod auf unheimliche Weise vergegenwärtigt und zugleich distanziert, ja maskiert. Der Tod erscheint in höchstem Maße als Kunstmoment, als *spectacle*. Dass sich Flauberts Roman nicht etwa vor dem farbenprächtigen Bühnenprospekt einer neu beschrifteten untergegangenen Antike wie in *Salammbô*, sondern vor der nicht weit zurückliegenden historischen Folie der Generation von 1848, der der Autor selbst angehörte, sowie ihrer von gesellschaftspolitischen Umwälzungen geprägten Epoche abspielt,[1] verschafft dem Tod eine ungeheure Wirklichkeit, die in der völligen Entpathetisierung überaus skandalös wirkt. Zwar bildet die Revolutionsepoche die Folie für die Darstellungsformen des Todes, doch die Todeskonzeptionen, die Flaubert in seinem Roman entwirft, überschreiten die Zeitlichkeit der Geschichte hin zu universalen Kategorien von Zerfall, Vergänglichkeit und Erinnerung. Die physiologische Präsenz des Todes, seine faktische Realität im 19. Jahrhundert, ist auf eine bildlich-symbolische

1 Zum historischen Hintergrund der Revolutionsepoche vgl. Maurice Agulhon, *1848 ou l'apprentissage de la République (1848–1852)*. Der Historiker erwähnt Flaubert an mehreren Stellen seiner erkenntnisreichen und differenzierten Studie.

 | DOI 10.30965/9783770563685_006

Ebene verlagert, in der künstlerische und kulturelle Inszenierungspraktiken aufscheinen, die zugleich skandalös und modern sind.

In der *Éducation sentimentale* taucht der Tod nicht als singuläres Ereignis auf. So beschließt der Roman nicht etwa mit dem Tod des Anti-Helden Frédéric Moreau, der, wie schon Hans Robert Jauß festgestellt hat, keinerlei Heldentat vollbringt.[2] Sein Traum von einem „Ausnahmeschicksal" weicht einer Desillusionierung.[3] Von seinen künstlerischen, amourösen und sozialen Ambitionen verlassen, endet Frédéric als alleinstehender „petit bourgeois"[4], der sich gemeinsam mit seinem Freund Deslauriers in einer nostalgischen Rückschau an jenen jugendlichen Bordell-Besuch erinnert, der nicht etwa mit einer ersten sexuellen Erfahrung, sondern mit dem unschuldig-schüchternen Überreichen eines Blumenstraußes einherging und rückblickend als schönster Moment des gesamten Lebens betrachtet wird.[5] Den als zynisch bewerteten Schlussworten des Romans, die die zeitgenössische Leserschaft empörten, ist eine leise Melancholie eingeschrieben. Die *Éducation sentimentale* erzählt die Geschichte eines steten Verfalls,[6] an dessen Ende nicht der Ausblick in eine hoffnungsvolle Zukunft steht, sondern die melancholische Erinnerung an eine verlorengegangene Zeit. Die Schlusszeilen des Romans scheinen jene Worte zu bestätigen, mit denen Flaubert seinen Roman in einem Brief an Mademoiselle Leroyer de Chantepie beschreibt: „C'est un livre d'amour, de passion ; mais de passion telle qu'elle peut exister maintenant, c'est-à-dire inactive."[7]

Frédéric sieht sein Scheitern im „défaut de ligne droite"[8] bedingt, der, wie Pierre Bourdieu herausstellt, auf die Unentschlossenheit und Passivität

---

2 Vgl. Hans Robert Jauß, „Die beiden Fassungen von Flauberts *Éducation sentimentale*", S. 106.

3 Ebd.

4 Gustave Flaubert, *L'Éducation sentimentale*, S. 622.

5 „– C'est là ce que nous avons eu de meilleur ! dit Frédéric.
– Oui, peut-être bien ? C'est là ce que nous avons eu de meilleur ! dit Deslauriers." Ebd., S. 626. Zur „sentimentalen Rückschau" am Ende des Romans vgl. Harald Nehr, *Das sentimentalische Objekt. Die Kritik der Romantik in Flauberts* Éducation sentimentale, S. 31–44, hier S. 34. Im Überreichen des Blumenstraußes seines Protagonisten entwirft Flaubert „ein Bild der Impotenz". Ebd., S. 42. Nehr deutet den Blumenstrauß als „das paradigmatische ‚sentimentalische Objekt' in Flauberts Roman: Er symbolisiert das sentimentalische Ideal, dessen Erreichbarkeit er aber gerade durch seine Existenz verhindert." Ebd., S. 43. Denn „eine Initiation in ein Leben jenseits der kindhaft-jugendlichen Naivität" scheitert an ebenjener Naivität, die der Blumenstrauß verkörpert. Ebd.

6 Victor Brombert spricht von einer „progressive deterioration". *The Novels of Flaubert. A Study of Themes and Techniques*, S. 150.

7 Gustave Flaubert, Brief an Mademoiselle Leroyer de Chantepie vom 6. Oktober 1864, *Corr. III*, S. 409.

8 Gustave Flaubert, *L'Éducation sentimentale*, S. 624.

verweist, die den Protagonisten im gesamten Roman sowohl im sozialen Raum als auch auf der amourösen Ebene hin und her pendeln lassen.[9] Frédérics Positionslosigkeit ist insbesondere im „*neutralen Ort*"[10] veranschaulicht, von dem aus er wie eine distanzierte Kunstfigur unberührt auf die Geschehnisse der Revolution blickt. Die Inaktivität des Protagonisten lässt seine persönlichen Erfahrungen zugunsten einer allgegenwärtigen Zeitlichkeit in den Hintergrund treten. Frédéric ist eingebunden in ein „ständige[s] Fließen und Vergehen der Zeit"[11]. Doch es ist nicht nur das historische Zeitalter der Revolution und ihrer Generation, das im Roman reflektiert wird, sondern eine universale Zeitlichkeit, die das menschliche Handeln nichtig erscheinen lässt. Victor Brombert, der die *Éducation sentimentale* treffend als „a tragedy-in-Time"[12] bezeichnet, hat das ihr inhärente Bewusstsein von Dauer und Tod in exzellenter Weise anhand der berühmten Fontainebleau-Episode aufgezeigt. Der Wald von Fontainebleau, den die jungen Liebenden Frédéric und Rosanette im Juni 1848 durchqueren, während in Paris die Aufständischen auf den Barrikaden von der Nationalgarde niedergeschlagen werden, versinnbildlicht auf eindrückliche Weise die beiden Pole von einer dem Wandel unterliegenden Geschichtlichkeit und der sich in der „apocalyptic grandeur"[13] der Landschaft spiegelnden Ewigkeit.[14] Wird jene Ewigkeit nicht mit einem metaphysischen Sinn gefüllt, so schlägt sie um in die Vorstellung eines abgründigen Nichts, die Brombert als zentrale Obzession Flauberts beschreibt.[15] Tatsächlich wird der *trou noir*, mit dem das unendliche Universum aufwartet, an zahlreichen Stellen der bereits analysierten Werke sowie der Korrespondenz Flauberts evoziert. In der *Éducation sentimentale* bildet das dunkle, ewige Nichts gewissermaßen die Folie, vor der sich die Geschichte abspielt – sowohl die Revolution auf der historischen Ebene, von der sich Flaubert für seinen Roman inspirieren ließ, als auch die Schicksale der einzelnen fiktionalen Figuren, die zum Teil

---

9 Vgl. Pierre Bourdieu, „Die Erfindung des Künstlerlebens", S. 18–20.

10 Ebd., S. 24

11 Hans Robert Jauß, „Die beiden Fassungen von Flauberts *Éducation sentimentale*", S. 103.

12 Victor Brombert, *The Novels of Flaubert. A Study of Themes and Techniques*, S. 178.

13 Ebd.

14 Vgl. ebd., S. 177–180. „Almost terrified, but irresistibly drawn toward this dismaying spectacle, Frédéric and Rosanette surrender to their dizziness, and lose themselves in a trance-like contemplation of universal nothingness." Ebd., S. 178. Zur Fontainebleau-Episode, insbesondere zur Darstellung des Waldes, die „den Leser mit einem impressionistischen Beschreibungsstil von Licht und Schatten sowie mit einer versinnlichten, ins Unheimliche gleitenden Evokation von Bäumen und Naturelementen" konfrontiert, vgl. auch Karin Westerwelle, „Fontainebleau", S. 100–102, hier S. 101.

15 Vgl. Victor Brombert, *The Novels of Flaubert. A Study of Themes and Techniques*, S. 181.

nach historischen Personen modelliert wurden bzw. stereotype Denkmuster vertreten. Anstatt wie der traditionelle Bildungsroman den Lebensverlauf eines jungen Helden nachzuzeichnen, wartet Flauberts Roman von Beginn an mit Bildern des Todes auf.

In der Forschungsliteratur zur *Éducation sentimentale* wird der Tod häufig nur beiläufig thematisiert. Einzelne Todesszenen – zu den prominentesten zählen wohl jene des auf den Barrikaden sterbenden Dussardier sowie des Kindes von Rosanette und Frédéric – werden zumeist vor dem historischen Hintergrund als Symbole des Scheiterns der Revolution beleuchtet.[16] Übersehen wird hierbei, dass der Tod das komplette Werk durchzieht und dass insbesondere die Desillusionserfahrung, die vielfach thematisiert wird, einer Todeserfahrung angenähert werden kann. Nicht nur in den faktischen Todesszenen, zu denen auch die detaillierte Beschreibung des Sterbens, der Totenwache und des Begräbnisses des Bankiers M. Dambreuse zählt, sondern ebenso in der Darstellung der enttäuschten Liebe, des sozialen Abstiegs, der Prostitution und der kommerzialisierten bzw. politisch instrumentalisierten Kunst sind Todesbilder eingewoben. „Images of death seem to intrude throughout the novel."[17] Mit diesen Worten hebt Victor Brombert als einer der wenigen die Allgegenwärtigkeit des Todes hervor, der die *Éducation sentimentale* des Protagonisten vom Beginn bis zum Schluss, vom Tod von Louises Mutter bei seiner Abreise nach Paris bis hin zur Versteigerung des Eigentums der Mme Arnoux als „episode heavily loaded with images and symbols of death" begleiten wird.[18]

16 Vgl. z. B. Chantal de Granpré, „Sénécal et Dussardier : la République en effigie"; Peter George Smith, „*L'Éducation sentimentale*: History as an Allegory of Love". Auch Mary Orrs Aufsatz „Still Life and Moving Death in Flaubert's *L'Éducation sentimentale*" gelingt es nicht, den Tod in der *Éducation sentimentale* in seiner Gesamtheit zu erfassen. Die einzelnen Todesszenen eines Dussardier oder Dambreuse, die Orr treffend als „spectacles" (ebd., S. 16) bezeichnet, behandelt sie nur oberflächlich. Stattdessen konzentriert sie sich auf Rosanettes Werdegang, die als einzige Figur des Romans kein „still life" geführt, sondern am Ende des Romans den Aufstieg zur *grande dame* geschafft habe. Ebd., S. 24. Für Rosanettes „victory" spiele der Tod ihres Kindes eine entscheidende Rolle: „Rosanette's victory over circumstance is her life out of the death of her child by the adoption of another boy". Ebd. Orr bezeichnet Flauberts Roman als „unsung history of women survivors under patriarchy whatever ist political form." Ebd. Dem selbstbestimmten Leben der Rosanette stehe Frédérics „living death of illusion" gegenüber. Ebd. Wenngleich Orr eine detaillierte Analyse der *post mortem*-Szene des toten Kindes liefert und interessante Rückbezüge zur Beerdigung des Dambreuse herstellt (vgl. ebd., S. 20–22), verliert sich ihr Aufsatz in einer feministisch-pathetischen und undifferenzierten Betrachtung des Lebens der Rosanette. Der Komplexität der einzelnen Todesarten und -bilder wird nicht Rechnung getragen.

17 Victor Brombert, *The Novels of Flaubert. A Study of Themes and Techniques*, S. 182.

18 Ebd.

Eine Auswahl jener Todesbilder, die in ihrer Symbolhaftigkeit zunächst ungreifbar und artifiziell anmuten, soll im vorliegenden Ausblick analysiert werden. Es mag auf den ersten Blick verwunderlich erscheinen, die *Éducation sentimentale* in eine Untersuchung einzubeziehen, die sich dem weiblichen Tod im Werk von Flaubert widmet, könnte man doch behaupten, dass in der *Éducation sentimentale* überhaupt keine Frau stirbt (abgesehen von Louises Mutter zu Beginn des Romans, die jedoch lediglich die Rolle einer Nebenfigur einnimmt). Doch die vorhergehenden Kapitel haben den weiblichen Tod vor der Folie seiner Darstellungsformen, ja Masken thematisiert und konnten aufzeigen, inwiefern der weibliche Tod trotz seiner Körperbildlichkeit, die vor allem in der Todesagonie Emma Bovarys eine zentrale Rolle spielt, in erster Linie als Kunstmoment zu interpretieren ist, inwiefern der sterbende Frauenkörper als ästhetisches Darstellungsmedium fungiert und auf die künstlerische Form referiert, die auf unvergleichliche Weise letztlich selbst in den Abgrund getrieben wird. Ziel war es also herauszustellen, welcher Bilder und Formen des weiblichen Todes sich Flaubert bedient, um sie zunächst zu deformieren und zu überbieten, bevor er sie im dunklen Nichts, ja im Nichts des Todes selbst, für den es keine Bilder und Masken gibt, versenkt. Es ist jenes dunkle Nichts, das in der *Éducation sentimentale* bereits den düsteren Bühnenprospekt der Geschichte bildet und vor dem nunmehr erneut ein Maskenball des Todes stattfindet. Zur Schau gestellt werden keine schönen Frauenkörper mehr, sondern stattdessen eine Variation von entmachteten männlichen Marionetten, die der Reihe nach die Bühne des Todesspektakels verlassen, bis am Ende nur noch die schwarze Fläche des ewigen Nichts zurückbleibt. Gleichwohl ist der weibliche Tod nicht gänzlich absent: Dussardier fällt wie eine weibliche Statue auf den Barrikaden tot zu Boden, M. Dambreuse stirbt an einer weiblich konnotierten Krankheit, nämlich der Tuberkulose bzw. Schwindsucht, und das Kind der Rosanette, die als Prostituierte den Tod in sich trägt, erscheint bereits vor seiner Geburt zum Tode verdammt. Daneben stirbt auch eine Frauenfigur einen zumindest symbolischen Tod: Es ist Madame Arnoux, die Frédéric am Ende des Romans als verblasstes Kunstwerk begegnet. In der *Éducation sentimentale* tritt der weibliche Tod nicht mehr in seinem traditionellen Gewand in Form von weiblichen Sterbebettszenen oder Bühnentoden in Erscheinung, sondern hinter dunklen Masken, die als eitle Verhüllung des unter ihnen lauernden schwarzen Nichts fungieren.

4.1 Paris im Revolutionszeitalter. Ein Maskenball des Todes

Bevor ein Blick auf die einzelnen Todesszenen geworfen wird, ist es notwendig, kurz auf den Schauspielcharakter der *Éducation sentimentale* einzugehen. Dass der Tod in perfider Weise als *spectacle* maskiert ist, zeigt sich insbesondere an Frédérics teilnahmslosen und zugleich faszinierten Blick auf die Toten der Revolution. Während der eingangs zitierte Erzählerkommentar den Protagonisten als unberührte, völlig apathische und regungslose Kunstfigur erscheinen lässt und sein Verhalten während der Februarrevolution auf skandalöse Weise legitimiert, wird Frédéric kurze Zeit später wie eine unbewegte Statue inmitten der Aufständischen platziert, die vor seinen Augen zu Boden sinken:

> Frédéric, pris entre deux masses profondes, ne bougeait pas, fasciné d'ailleurs et s'amusant extrêmement. Les blessés qui tombaient, les morts étendus n'avaient pas l'air de vrais blessés, de vrais morts. Il lui semblait assister à un spectacle.[19]

Obwohl sich Frédéric in unmittelbarer Nähe des Todes befindet, ja in den kämpfenden Massen regelrecht gefangen scheint, nimmt er Tod und Sterben aus größter Distanz wahr, nämlich als faszinierendes und unterhaltsames Schauspiel, dem er als *flâneur* beiwohnt.[20] Seine Wahrnehmung lässt sich nicht nur der Erwartungshaltung jenes Publikums annähern, dem auf der romantischen Bühne effektvolle Todesszenen geboten werden. Sie wirkt auch wie eine ungeheuerliche Reflexion über die moderne Erfahrung des gewaltsamen Sterbens in Krieg und Revolution, dessen mediale Berichterstattung nicht selten die Schau- und Sensationslust der Rezipienten befriedigt, bis die stets reproduzierten Bilder der Grausamkeiten, die sich tagtäglich in entfernten Teilen der Welt abspielen, den Betrachter unberührt lassen. Im 19. Jahrhundert sind es vor allem Zeitungen, die den Leser mit dem Schauspiel des Todes konfrontieren, von Kriegs- und Revolutionsschilderungen, die den Tod der Vielen melden, bis hin zu Berichten über den Tod des Einzelnen in *faits divers*, die etwa vom tragischen Schicksal von Opfern von Straftaten, Ertrunkenen oder Selbstmördern kundgeben, sowie in Darstellungen über öffentliche Hinrichtungen, die noch bis Ende des Jahrhunderts vor den Augen zahlreicher Schaulustiger praktiziert

---

19 Gustave Flaubert, *L'Éducation sentimentale*, S. 426.

20 Vgl. Hans Robert Jauß, „Die beiden Fassungen von Flauberts *Éducation sentimentale*", S. 114.

wurden.[21] Neben einer pathetischen Berichterstattung stellen oftmals Illustrationen den Tod spektakulär zur Schau. Zwar in unmittelbarer Nähe des Betrachters, doch von einem Vorhang abgetrennt, sind schließlich die Toten in

21 Zur Geschichte der öffentlichen Hinrichtungen in Paris vgl. Maxime Du Camp, *Paris, ses organes, ses fonctions et sa vie dans la seconde moitié du XIXe siècle*, Bd. III, Kap. XVI: „La guillotine", S. 257–303. Während Kriminelle bis zu Beginn des 19. Jahrhunderts an wechselnden Orten hingerichtet wurden (vgl. ebd., S. 257), etabliert sich die Place de Grève von der Zeit des Konsulats bis zur Julirevolution als Ort eines grausamen öffentlichen Todesspektakels, das zu einem festen Zeitpunkt stattfindet und eine schaulustige Menschenmenge anzieht. Vgl. ebd, S. 258. Die öffentliche Zurschaustellung der Verurteilten bewertet Du Camp als „usage profondément immoral". Ebd. 1832 wird die Guillotine an die Place de la Barrière Saint-Jacques versetzt, wo die Exekutionen nicht mehr zu einem festen Zeitpunkt erfolgen, sondern – mit dem Ziel größtmöglicher Diskretion – am frühen Morgen. Die Verurteilten werden nicht länger im Gefängnis von Bicêtre inhaftiert, sondern in La Roquette, sodass der Weg zum Schafott nunmehr durch die vielbevölkerten Straßen von Paris führt, was den Versuch, die Zahl der Schaulustigen zu reduzieren, zunichte macht. Aus diesem Grund erfolgen die Hinrichtungen ab Dezember 1851 auf dem Vorplatz des Gefängnisses von La Roquette. Die hohen Gefängnisgebäude sowie die den Platz umgebenen Bäume verdecken die Sicht. Vgl. ebd., S. 258–60. Dennoch suchen jede Nacht zahlreiche Schaulustige die Place de la Roquette auf. Vgl. ebd., S. 284. „La foule, singulièrement grossie, remuait dans l'ombre. Elle est ignoble, cette foule ; il n'y a pas d'autre mot pour la qualifier. Des hommes, des enfants se couchent contre le rebord des trottoirs et tâchent de dormir une heure ou deux en attendant que le moment soit venu [...]." Ebd., S. 287. Unter den Schaulustigen befinden sich neben Vagabunden, Gaunern und Bettlern zahlreiche Frauen sowie „filles insoumises, coureuses d'aventure, faisant la débauche le soir, et le jour le *vol à la détourne*". Ebd., S. 288. Die Place de la Roquette avanciert zum Vergnügungsort von Prostituierten: „Celles-là et leurs compagnons ne sont pas moins ignobles que les autres ; leur visage où la peinture effacée laisse transparaitre [sic] un teint jaune et morbide, leurs belles toilettes fripées par le frôlement de la foule, leurs faux cheveux à demi détachés, la fatigue de leurs traits avanchis par la débauche montrent le vice à nu, dans ce qu'il a de plus hideux, de moins excusable, de plus provocant; elles sont là comme un défi à toute morale et à la société même." Ebd. Mit Ankunft der Pariser Gardisten und Gendarmerie ab drei Uhr morgens wird die Menschenmenge zunehmend unruhig, „car on sent que le drame s'accèle et qu'il touche à sa fin." Ebd., S. 289. Die Hauptrolle im Todesspektakel, im „[]épouvantable théâtre", spielt der Henker, der nach der Hinrichtung schnell die Bühne verlässt. Ebd., S. 300. Auch der Leichnam des Hingerichteten wird zügig weggebracht, um auf dem *Champ des navets* des Friedhofs von Ivry, auf dem neben Guillotinierten auch nichtidentifizierte Leichen der Morgue ruhen, in einem Massengrab bestattet zu werden. Vgl. ebd., S. 300 f.

Zum Hinrichtungsinstrument der Guillotine vgl. auch Charles Desmaze, *Histoire de la médecine légale en France d'après les lois, registres et arrêts criminels*, Kap. XV: „L'èchafaud et les galères", S. 200–213. Desmaze berichtet sowohl über die Geschichte der Guillotine, die 1792 zunächst an einer Leiche im Bicêtre getestet wurde (vgl. ebd., S. 200), als auch der Morgue als voyeuristische Schaubobjekte ausgestellt.[22] Frédéric ist nicht fähig, die Wirklichkeit des Todes zu erfassen. Stattdessen erscheint ihm das durch die Revolution zerstörte Paris „wie eine imposante Theaterkulisse“[23]. Bilder des Theaters tauchen auch nach der Erstürmung des Tuilerienpalasts auf. Die Verletzten, die entlang der Galérie d'Orléans – dem Säulengang, der dem Palais-Royal angegliedert ist – wie Tote aufgebahrt sind, sind mit purpurfarbenen Vorhängen maskiert, die an Theatervorhänge erinnern. Sie wirken wie Schauobjekte:

> Tout le long de la galerie d'Orléans, des blessés gisaient par terre sur des matelas, ayant pour couvertures des rideaux de pourpre ; et de petites bourgeoises du quartier leur apportaient des bouillons, du linge. – N'importe ! dit Frédéric, moi, je trouve le peuple sublime.[24]

In ihrer Umfunktionalisierung zu einfachen Decken, die die blutigen Körper der auf Matratzen aufgebahrten Verletzten verhüllen sollen, werden die einst kunstvoll drapierten Vorhänge entwertet. Zugleich dienen sie der Ausstaffierung und Zurschaustellung der Verwundeten, deren Betrachtung eine selbstbezügliche Sentimentalität hervorruft, die sich in der Spendengabe der Frauen unter der Maske der uneigennützigen *caritas* verbirgt. In Frédéric löst der Anblick der wie Kunstobjekte aufgebahrten Verletzten, die Flaubert in der Rede des Protagonisten als erhaben ausgibt, eine kitschige, die Realität verkennende

---

über die Fragen, welche Schmerzen die Enthauptung dem zu Tode Verurteilten zufügt und ob sein Körper noch nach der Enthauptung zu Empfindungen fähig ist. Vgl. ebd., S. 202 f. Als Beispiel wird wie so oft der angeblich nach der Guillotinierung errötende Kopf der Charlotte Corday genannt. Vgl. ebd., S. 201. Um herauszufinden, ob die Guillotine zu einem unmittelbaren Tod führt, wurden Schädel, Gehirn und Herz eines Enthaupteten einer eingehenden medizinischen Untersuchung unterzogen. Vgl. ebd., S. 207–211. Das Ergebnis ist eindeutig: „[...] nous avons acquis la certitude que la mort est *immédiate* après la décapitation par le couperet de la guillotine.“ Ebd., S. 211.

Die Verlagerung der Hinrichtungsorte und die nahezu blutlose serielle Exekution durch die Guillotine illustrieren den Versuch, Gewalt und Blutvergießen aus der Stadt zu verbannen. Paris soll nicht länger als Stadt grausamer Massaker erscheinen, wie sie um die Zeit der Französischen Revolution stattgefunden haben, sondern als Ort der Lebensfreude sowie der Ordnung und Reinheit. Vgl. Alain Corbin, „Le sang de Paris. Réflexions sur la généalogie de l'image de la capitale“.

22 Zu den Vorhängen der Pariser Morgue vgl. Kap. 2.4.

23 Dolf Oehler, *Ein Höllensturz der alten Welt. Zur Selbsterforschung der Moderne nach dem Juni 1848*, S. 320.

24 Gustave Flaubert, *L'Éducation sentimentale*, S. 432.

Wahrnehmung aus. Wie Dolf Oehler aufgezeigt hat, waren Theatermetaphern im 19. Jahrhundert weit verbreitet, um die Revolution von 1848 zu beschreiben: Je nach Perspektive wird sie als Komödie, Farce, Trauerspiel oder Melodram wahrgenommen.[25] Sowohl Marx als auch Proudhon bedienen sich der Tragödienmetapher, während die Gegner der Revolution häufig von einer Farce oder einem Trauerstück sprechen.[26]

Das Sterben der Barrikadenkämpfer, die Frédéric als anonyme Masse wahrnimmt, löst in ihm keinerlei Mitgefühl aus. Indem Flaubert das Massensterben aus der Perspektive des politisch inaktiven Betrachters präsentiert, verwehrt er dem Revolutionstod darüber hinaus jegliche gesellschaftspolitische Sinnhaftigkeit. In seiner unbändigen Zerstörungskraft lässt sich der Revolutionstod in der *Éducation sentimentale* dem grausamen Massentod in *Salammbô* annähern. Das sinnlose Massensterben, das Flaubert in seinen Romanen darstellt, scheint seine eigene Wahrnehmung des Deutsch-Französischen Krieges von 1870/71 zu antizipieren: „[...] cette guerre pour de l'argent, ces civilisés sauvages me font plus horreur que les cannibales. – Et tout le monde va les imiter, va être soldat ! [...] Le meurtre en grand va être le but de tous nos efforts, l'idéal de la France !“[27] Die Weltuntergangsstimmung, die Dolf Oehler für die *Éducation sentimentale* diagnostiziert[28] und die sich auch auf *Salammbô* übertragen lässt, erfährt im Massensterben der Barrikadenkämpfer, die ohne *compassio* in den Tod geschickt werden, eine beängstigende Darstellungsform. Als *pars pro toto* der erschöpften, untergehenden Welt fungiert die große Stadt Paris, die ihrer Aura abtrünnig geworden ist.[29] So wie einst die Stadt Karthago, die Flaubert in *Salammbô* „im Horizont ihres Untergangs vergegenwärtigt“[30], ist auch Paris dem Untergang geweiht.[31] Den Endzeitcharakter und die Untergangsstimmung

25 Vgl. Dolf Oehler, *Ein Höllensturz der alten Welt. Zur Selbsterforschung der Moderne nach dem Juni 1848*, S. 145–148.

26 Vgl. ebd., S. 145–147.

27 Gustave Flaubert, Brief an George Sand vom 11. März 1871, *Corr. IV*, S. 288.

28 Vgl. Dolf Oehler, *Ein Höllensturz der alten Welt. Zur Selbsterforschung der Moderne nach dem Juni 1848*, S. 93.

29 Vgl. Karlheinz Stierle, „Der Tod der großen Stadt. Paris als neues Rom und neues Karthago“, S. 117.

30 Ebd.

31 Vgl. ebd.: „Karthago ist ein Bild von Paris, eine Projektion der unlesbaren Gegenwart in eine lesbar gewordene Vergangenheit. Im Bild der Stadt vor ihrem Untergang spiegelt sich die andere Stadt, als habe sie gleichfalls ihr Sinnzentrum verloren und sei somit ebenfalls zum Untergang verurteilt.“

seiner Epoche wird Flaubert schließlich in ironischer Distanz in seinem *Dictionnaire des idées reçues* kommentieren.[32]

Dem Untergang geweiht sind neben der großen Stadt Paris auch die einzelnen Figuren, die in der *Éducation sentimentale* auftreten. Obwohl nur wenige von ihnen tatsächlich zu Tode kommen, ist ihnen allen der Tod eingeschrieben. Nicht nur die Prostituierte Rosanette ist mit Zerfall und Vergänglichkeit verbunden.[33] Auch und insbesondere Jacques Arnoux, der seine künstlerischen Aspirationen aufgibt, um als Kunsthändler und Herausgeber der Zeitschrift *L'Art industriel* Nutzen aus dem Wert der Kunst als Kapital zu ziehen, und der schließlich als Besitzer einer Keramikfabrik endet, die Suppenteller und Baddekorationen herstellt, verkörpert in seiner opportunistischen Entweihung der Kunst eine maßlose Verkommenheit.[34] Aus einer ähnlichen Perspektive lässt sich der Werdegang des Malers Pellerin betrachten, der zunächst mit Veronese zu konkurrieren sucht, bevor er seine Kunst politisch instrumentalisieren lässt und am Ende Fotograf wird.[35]

Dass der Tod in den Figuren des Romans stets präsent ist, lässt sich anhand des Maskenballs der Rosanette, den Frédéric gemeinsam mit Arnoux besucht, aufzeigen. Das große Todesspektakel, das sich in Paris abspielt, ist hier *en miniature* angelegt. Rosanettes Maskenball nimmt die Gestalt eines Totentanzes an. So dienten Maskentänze bereits in sogenannten ‚primitiven' Kulturen sowie später in der römischen Antike der Verkörperung von Toten mit dem Ziel, ihre Präsenz aufrechtzuerhalten. Das Maskenschauspiel, das oftmals von Schauspielern im öffentlichen Raum aufgeführt wurde, war fester Bestandteil des Totenkults.[36] Es kann als Versuch angesehen werden, die Furcht vor dem Tod zu bändigen, ihn mit einer Maske zu verhüllen. Zugleich wird der Tod auf unheimliche Weise in den maskierten Phantomgestalten vergegenwärtigt. Jene ambivalente Inszenierung des Todes veranschaulicht die als Sphinx verkleidete Tänzerin, die auf Rosanettes Maskenball in Erscheinung tritt. Während die anderen Ballgäste in ihren Kleidungs- und Schmuckstücken detailliert beschrieben werden, beschränkt sich das Porträt der Sphinx, die wie zufällig zum Objekt der Betrachtung des Künstlers Pellerin wird, auf ihren Kopf. Pellerin macht sich ihre Erscheinung auf dem Tanzparkett zunutze, um seine Ästhetik

---

32 Gustave Flaubert, *Le Dictionnaire des idées reçues*, s. v. „ÉPOQUE, la nôtre", S. 76: „Tonner contre elle. Se plaindre de ce qu'elle n'est pas poétique. / L'appeler époque de transition, de décadence."

33 Vgl. Kap. 4.4.

34 Vgl. Victor Brombert, *The Novels of Flaubert. A Study of Themes and Techniques*, S. 133.

35 Vgl. ebd.

36 Vgl. Hans Belting, *Bild-Anthropologie. Entwürfe für eine Bildwissenschaft*, S. 178 f.

zu illustrieren, die er kurz zuvor in einem Monolog, dem Frédéric teilnahmslos beiwohnt, heraufbeschworen hat:

> Ainsi regardez-moi cette petite femme à coiffure de sphinx qui danse, avec un postillon russe, c'est net, sec, arrêté, tout en méplats et en tons crus : de l'indigo sous les yeux, une plaque de cinabre à la joue, du bistre sur les tempes ; pif ! paf ! Et il jetait, avec le pouce, comme des coups de pinceau dans l'air.[37]

Bereits bei ihrer ersten Erscheinung wirkt die Tänzerin wie ein lebloses Kunstobjekt. Ihre tanzende Bewegung wird in Pellerins Vision stillgestellt: Das in der Vorstellung des Malers eingefrorene Gesicht wird zum Gegenstand einer künstlerischen Bearbeitung. Doch der Maler fertigt nicht etwa ein Porträt des Antlitzes an. Stattdessen koloriert er Augen, Wangen und Schläfen mit kräftigen Farben, die den natürlichen Gesichtsausdruck der Frauenfigur verstellen. Die zierliche Frau („cette petite femme"), deren Gesicht wie eine grell eingefärbte Leinwand wirkt, verschwindet hinter ihrer künstlichen Maske. Es ist auffällig, dass Pellerin in seiner Vision gerade nicht die Maske der Sphinx nachbildet. Denn als diese hat sich die Tänzerin augenscheinlich verkleidet, wie nicht nur Pellerins eigener Verweis auf die „coiffure de sphinx" offenbart, sondern an späterer Stelle ebenso die Bezeichnung der Frauenfigur als „la Sphinx"[38] durch den Erzähler. Die traditionelle starre Frisur bzw. Kopfbedeckung der Sphinx, die in bildkünstlerischen Darstellungen vorgeprägt ist – entweder in Form eines Nemes-Kopftuchs, das den Königskopf der ägyptischen Mischwesen ziert, oder in Form von Kronen und Diademen, die das leicht gelockte oder in einzelne Zöpfe abgetrennte Haar der geflügelten griechischen Sphinx schmücken –,[39] dient nur noch als unscheinbarer Rahmen einer grellen Farbkomposition. In beinahe impressionistischer Manier löst sich der Maler Pellerin von der traditionellen Abbildfunktion.

---

37 Gustave Flaubert, *L'Éducation sentimentale*, S. 201.

38 Ebd., S. 209.

39 Die berühmte Große Sphinx von Gizeh trägt ein Nemes-Kopftuch. Zu den oft prunkvollen Kopfbedeckungen der Sphingen im archaischen Griechenland vgl. Heinz Demisch, *Die Sphinx. Geschichte ihrer Darstellung von den Anfängen bis zur Gegenwart*, S. 81. Flauberts Erzähler gibt keine Auskunft darüber, ob die Haarmode der Tänzerin auf die ägyptische oder die griechische Sphinx rekurriert. Die ägyptische Sphinx wird traditionell als liegender Löwe mit dem Kopf eines Königs, als männliches Mischwesen, dargestellt. Vgl. ebd., S. 12. Die griechische Sphinx hingegen ist weiblich. Sie erscheint als „dreigliedriges Wesen aus Löwenweib, Vogelflügeln und Menschenantlitz" (ebd., S. 76) und kann stehend, schreitend, liegend und hockend dargestellt sein. Vgl. ebd., S. 77.

Dem Tanz der Sphinxfigur ist eine beklemmende Dimension eingeschrieben, lässt er sich doch jenen uralten Maskentänzen annähern, die einer Toteninszenierung dienten. Auf unheimliche Weise inszeniert die Sphinx ihren eigenen bevorstehenden Tod. Hinter der bunten Maske, die Pellerin der Frauenfigur aufsetzt, lauert der Tod. Wie der Leser an späterer Stelle erfährt, leidet die Tänzerin an der Schwindsucht, die sich in körperlichen Symptomen des Bluthustens[40] und der Kälte[41] manifestiert. Auch die griechische Sphinxfigur, die sich in ihrer weiblichen Gestalt als wahrscheinliches Modell für die Verkleidung der Tänzerin präsentiert, ist dem Tode geweiht. So stürzt sich die berühmte Sphinx von Theben einer Überlieferung nach in den Abgrund, nachdem Ödipus ihr Rätsel gelöst hat. Anderen Überlieferungen zufolge wurde sie von Ödipus getötet. Ihr rätselhafter Tod wird zum Motiv verschiedener künstlerischer Darstellungen.[42] Doch hinter der hieratischen Maske der Sphinx, die in einer Vielzahl von Statuen verewigt wurde, verbirgt sich der Tod auch in anderer Gestalt: So gilt die griechische Sphinx als mörderische männerraffende Todesbringerin. Sie lauert in Schlachten und Zweikämpfen.[43] Daneben fungiert sie als Grabwächterin, indem sie Stelen und Sarkophage ziert.[44] Als bedrohliche und zugleich verführerische *femme fatale* werden Künstler wie Gustave Moreau die Sphinx schließlich im 19. Jahrhundert rezipieren.[45] Sowohl griechische als auch ägyptische Sphingen werden im 19. Jahrhundert vielfach dargestellt: etwa in Gemälden, freien Monumentalskulpturen, Vignetten oder im Dekor.[46] Ebenso gehen sie in die Denkmalskunst ein: So ist auf einem Gedenkstein für Franz Schubert, der im Sockel seiner Statue eingemeißelt ist,

---

40 „Et la Sphinx buvait de l'eau-de-vie, criait à plein gosier, se démenait comme un démon. Tout à coup ses joues s'enflèrent, et, ne résistant plus au sang qui l'étouffait, elle porta sa serviette contre ses lèvres, puis la jeta sous la table. Frédéric l'avait vue. – Ce n'est rien !" Gustave Flaubert, *L'Éducation sentimentale*,, S. 209.

41 In der Morgenfrische nach dem Ball: „La Sphinx, dont les dents claquaient de fièvre, eut besoin d'un châle." Ebd., S. 212.

42 Vgl. Heinz Demisch, *Die Sphinx. Geschichte ihrer Darstellung von den Anfängen bis zur Gegenwart*, S. 97–99.

43 Vgl. ebd., S. 76–85. So werden beispielsweise Theseus und Minotaurus in künstlerischen Darstellungen ihres Zweikampfes von Sphingen flankiert, die oft paarweise auftauchen. Vgl. ebd., S. 83 f. In der Volksetymologie wird der Name der Sphinx auf das griechische Verb *sphingein*, das ‚würgen' oder ‚erdrosseln' bedeutet, zurückgeführt. Vgl. ebd., S. 13.

44 Vgl. ebd., S. 85–88.

45 Vgl. Moreaus Gemälde *Œdipe et le Sphinx* (1864), Metropolitan Museum of Art, New York, und *Le Sphinx triomphant* (1886), Privatsammlung.

46 Vgl. Heinz Demisch, *Die Sphinx. Geschichte ihrer Darstellung von den Anfängen bis zur Gegenwart*, S. 188.

eine Frau mit einer Lyra dargestellt, die auf einer Sphinx sitzt.[47] Berühmt ist ebenso das 1896 von Vasselot entworfene Denkmal für Honoré de Balzac. Der Kopf des Schriftstellers ist auf einen geflügelten Sphinxkörper montiert.[48] Im Zuge der Orientbegeisterung des 19. Jahrhunderts gehört die Sphinx neben Pyramiden und Obelisken zu den „populärsten Motiven bildkünstlerischer Ägyptenrezeption“.[49] Dass die altägyptische männliche Sphinx nicht selten vor Folie der griechischen furchterregenden weiblichen Sphinx rezipiert wurde, offenbart Flauberts Wahrnehmung der Sphinx von Gizeh während seiner Orientreise im Dezember 1850: „[...] nous nous arrêtons devant le Sphinx – il nous regarde d'une façon terrifiante. Maxime est tout pâle ; j'ai peur que la tête ne me tourne, et je tâche de dominer mon émotion.“[50] In einem Brief, dem er seinem Jugendfreund Ernest Chevalier aus Rom sendet, wird Flaubert die Begegnung mit der monumentalen Sphinxstatue als lustvolle, beinahe fatale Erfahrung darstellen: „La vue du Sphinx a été une des voluptés les plus vertigineuses de ma vie, et si je ne me suis pas tué là, c'est que mon cheval ou Dieu ne l'ont pas positivement voulu.“[51]

Wenn sich die dem Tode geweihte Schwindsüchtige auf dem Maskenball der Rosanette als Sphinx verkleidet, so inszeniert sie sich auf unheimliche Weise als Figur des Todes. In ihrer lebhaften Tanzbewegung, die ihren geschwächten Körper maskiert, verkörpert die Schwindsüchtige für einen Moment lang jene kraftvolle, verführerische Sphinx der griechischen Mythologie. Erst beim nächtlichen Festgelage nach dem Tanz scheint unter der Maske der Sphinxfigur ihre Todesverfallenheit auf. Frédéric beobachtet, wie die Tänzerin ihr vom Bluthusten getränktes Mundtuch unter dem Tisch verschwinden lässt. Die kühle Reaktion der Schwindsüchtigen, die ihr Leiden zu relativieren sucht,[52] löst in Frédéric eine Vision der Morgue aus. Der Tod präsentiert sich erneut in der Verhüllung:

> Alors, il frissonna, pris d'une tristesse glaciale, comme s'il avait aperçu des mondes entiers de misère et de désespoir, un réchaud de charbon

47 Die Statue wurde 1872 von Carl Kundmann gefertigt. Der Sockel stammt von Theophil von Hansen. Das Denkmal befindet sich im Wiener Stadtpark. Vgl. ebd., S. 189.

48 Vgl. ebd.

49 Thomas Glück, Ludwig D. Morenz, „Ägyptenrezeptionen. Einführende Überlegungen“, S. 28.

50 Gustave Flaubert, *Voyage en Orient (1849–1851)*, S. 92.

51 Gustave Flaubert, Brief an Ernest Chevalier vom 9. April 1851, *Corr. I*, S. 776.

52 „– Bah ! à quoi bon ? autant ça qu'autre chose ! la vie n'est pas si drôle !“ Gustave Flaubert, *L'Éducation sentimentale*, S. 209.

> près d'un lit de sangle, et les cadavres de la Morgue en tablier de cuir, avec le robinet d'eau froide qui coule sur leurs cheveux.[53]

Wie bereits Thomas Stöber in exzellenter Weise herausgestellt hat, wird Frédérics Vision „aus dem bloßen Als-Ob unvermittelt in eine phantasmatische Gegenwärtigkeit [des Todes, S. W.] überführt“[54]. Die Morgue, in der die Leichen wie Schauobjekte aufgebahrt wurden, ist zugleich Ort der Zurschaustellung und der Maskierung des Todes.[55] Der Besucher der Morgue nimmt den Tod nicht in seiner realen Präsenz wahr, sondern am hergerichteten, konservierten Leichnam, der hinter Vitrinen oder Vorhängen ausgestellt wie ein künstliches Objekt erscheint. Die moderne Verglasung der Morgue, die den Blick freilegt auf die *salle d'exposition* der Toten, erinnert an die Vitrinen großer Boutiquen und Kaufhäuser.[56] Die Leichen sind als nummerierte Objekte auf zellenförmig angeordneten Platten bzw. Tischen aufgebahrt, die zur besseren Sichtbarkeit der Körper leicht geneigt sind.[57] Durch Lichter werden einzelne Körperpartien effektvoll in Szene gesetzt.[58] Insbesondere mit der Entwicklung von Kühlanlagen erscheinen die Leichen wie weiße Statuen.[59]

Die tanzende Sphinxfigur verkörpert jene artifizielle Herrichtung des Todes. Wie in fast allen weiblichen Todesszenen im Werk Flauberts nimmt auch in Frédérics Todesvision das Haar eine herausragende Stellung ein. Zwar wird nicht explizit ein weiblicher Leichnam evoziert. Doch es ist der Anblick der als Sphinx frisierten Frauenfigur, der die Vision der Morgue hervorruft. Die starre Form der Frisur, die die Maske bzw. das Kostüm der Frauenfigur konstituiert, hat sich in Frédérics Vorstellung gelöst. Dennoch wird der Tod weiterhin in maskierter Form dargestellt: So dient das kalte Wasser, das über die Haare der Toten in der Morgue läuft, der Kühlung und Konservierung ihrer Leichen.[60]

---

53 Ebd.

54 Thomas Stöber, *Vitalistische Energetik und literarische Transgression im französischen Realismus-Naturalismus. Stendhal, Balzac, Flaubert, Zola*, S. 159.

55 Vgl. Kap. 2.4.

56 Vgl. Bruno Bertherat, „La mort en vitrine à la Morgue à Paris au XIXe siècle (1804–1907)“, S. 184.

57 Vgl. ebd. Die Morgue, die während des Ancien Régime im Châtelet, also in der Nähe der Gefängnisse situiert war, folgt auch später noch, sowohl am Quai du Marché Neuf (ab 1804) als auch am Quai de l'Archevêché (ab 1864) (vgl. ebd., S. 181), jenem panoptischen Modell der Kontrolle, das Michel Foucault eingehend analysiert hat. Vgl. ebd., S. 183.

58 Vgl. ebd., S. 184.

59 Vgl. ebd., S. 191. In Besucherberichten der Morgue werden die dort aufgebahrten Körper zum Teil auch mit schönen Schlafenden verglichen. Vgl. ebd.

60 Bis 1882 erfolgt die Konservierung der Leichen durch Wasserhähne (*robinets*). Mit der Zeit werden neue Kühltechniken entwickelt. Vgl. ebd., S. 183.

Der natürliche Zerfall des toten Körpers wird aufgehalten, um ihn möglichst intakt der Öffentlichkeit zu präsentieren. Daneben wird die schwindsüchtige Tänzerin in Frédérics Vision mit einer weiteren ‚Totenmaske' versehen: Das vom Wasser genässte Haar kann als subtiler Verweis auf das romantische Todesbild der Ophelia gedeutet werden, die mit gelöstem Haar im Mondschein auf dem Fluss treibt.[61] Das Vorstellungsbild der ertrunkenen Ophelia taucht in der ersten Fassung der *Éducation sentimentale* (1845) auf: Als Jules bei einem nächtlichen Spaziergang von einer Brücke hinabblickt, sieht er, wie die Schauspielerin Lucinde mit gelöstem blonden Haar, die Arme zum Kreuz verschränkt, sanft von den Wogen des Flusses fortgetragen wird. Die Vision der engelsgleich auf der Wasseroberfläche schwebenden Frauenfigur weicht sogleich einer Vorstellung ihres Leichnams, den Jules zum dunklen Grund des Flusses hinabgesunken glaubt.[62] In ähnlicher Weise wie in Frédérics Vision sticht die Vorstellung der eisigen Kälte – in Form des kalten Wassers – hervor: Jules imaginiert Lucindes Leichnam „ensevelie sous l'eau froide"[63]. Flaubert wird das im Wasser treibende Haar in einem subtilen Vergleich noch in *Un cœur simple* (1877) evozieren: „Les prairies étaient vides, le vent agitait la rivière; au fond, de grandes herbes s'y penchaient, comme des chevelures de cadavres flottant dans l'eau."[64] Ohne detailliert auf die Todesszene der jungen Virginie einzugehen, die wie die Sphinxtänzerin an der Schwindsucht leidet, sei kurz auf ihre Ausstaffierung im Sarg hingewiesen, die große Ähnlichkeit mit der Inszenierung der auf dem Wasser treibenden Ophelia aufweist:[65] „Elle [Félicité, S. W.] fit sa toilette, l'enveloppa de son linceul, la descendit dans sa bière, lui posa une couronne, étala ses cheveux. Ils étaient blonds, et extraordinaires de longueur à son âge."[66] Dass die Stilisierung zur Ophelia letztlich nicht gelingen kann, dass die Maske der schönen Schlafenden von körperlichen Todeszeichen durchbrochen wird, zeigt sich bereits während der Totenwache an Virginies Bett.[67]

---

61 Vgl. Kap. 1.1.1.

62 Vgl. Kap. 1.1.3.

63 Gustave Flaubert, *L'Éducation sentimentale (1845)*, in: *Œuvres de jeunesse*, S. 1029.

64 Gustave Flaubert, *Un cœur simple*, S. 50.

65 Nicht zuletzt ist Flauberts Virginie durch ihre Namensvetterin aus Bernardin de Saint-Pierres populärem Roman *Paul et Virginie* für das Todesbild der Ertrunkenen prädestiniert.

66 Gustave Flaubert, *Un cœur simple*, S. 54.

67 „À la fin de la première veille, elle [Félicité, S. W.] remarqua que la figure avait jauni, les lèvres bleuirent, le nez se pinçait, les yeux s'enfonçaient." Ebd., S. 53 f. Das Gesicht der toten Virginie erinnert an jenes der auf ihrem Totenbett aufgebahrten Emma Bovary. Doch Emma Bovarys Gesicht, das mit einem feinen spinnennetzartigen Film versehen ist und auf dem der Staub der Jahrhunderte zu lasten scheint, übersteigt in seiner Abgründigkeit jenes der Virginie. Vgl. Kap. 2.4.

Die Todesversion auf dem Maskenball illustriert in besonderer Weise Frédérics Wahrnehmung des Todes als Spektakel, ja Maskenspiel. Frédéric sieht den Tod stets hinter einer Maske. Doch während ihn die Toten auf den Barrikaden völlig unberührt lassen, versetzt ihn der Anblick der Schwindsüchtigen in ein eiskaltes Schaudern („il frissonna, pris d'une tristesse glaciale"). Es ist jedoch nicht der unter dem Kostüm der Sphinx lauernde Tod selbst, der in Frédéric ein Gefühl der Kälte, einer eisigen Traurigkeit, auslöst, sondern das Vorstellungsbild, das er mit dem Tod verbindet. Schließlich erscheint die *tristesse glaciale* vielmehr als heraufbeschworenes Gefühl denn als aufrichtige Trauer um den bevorstehenden Tod der Tänzerin. Die körperliche Reaktion des Schauderns ist demnach kein Zeichen der *compassio*, sondern ein durch die eigene innere Schreckensvision ausgelöster Reiz.

4.2 Statuen der *République*. Der Tod Dussardiers auf den Barrikaden

Innerhalb der zahlreichen Revolutionskämpfer, die ihr Leben auf den Barrikaden lassen, sticht eine vereinzelte Todesszene hervor: Vor den Augen Frédérics wird sein Freund Dussardier, der während des Staatsstreichs von 1851 ein letztes Mal für die *République* kämpft, vom gemeinsamen ehemaligen Freund Sénécal, der vom radikalen Revolutionären zum Polizeiagenten gewechselt ist, kaltblütig erstochen. Dussardiers Tod, der sich im Theater- und Opernviertel an der Ecke des Boulevard des Italiens abspielt, trägt Züge eines Bühnentodes:

> Mais, sur les marches de Tortoni, un homme, – Dussardier, – remarquable de loin à sa haute taille, restait sans plus bouger qu'une cariatide.
>
> Un des agents qui marchait en tête, le tricorne sur les yeux, le menaça de son épée. L'autre, alors, s'avançant d'un pas, se mit à crier :
>
> – Vive la République !
>
> Il tomba sur le dos, les bras en croix.[68]

Wenngleich Dussardiers letzter Ausruf ihn zum Märtyrer für die Republik stilisiert, entbehrt sein Tod jeglicher politischen Sinnhaftigkeit. Zum einen ist Dussardiers politisches Engagement für die Republik bereits während der Junitage von 1848, als er ebenso auf den Barrikaden kämpft, von radikaler Unsicherheit geprägt.[69] Zum anderen erscheint Dussardiers ‚Aufopferung' für die Republik

68 Gustave Flaubert, *L'Éducation sentimentale*, S. 614.

69 Vgl. Tony Williams, „Dussardier sur les barricades : naissance d'un ‚héros de juin'", S. 72. Seine Unsicherheit zeigt sich am eindrücklichsten in der vielbesprochenen Szene, in der

verspätet und vergebens: Zum Zeitpunkt seines Todes im Dezember 1851 ist mit dem erfolgten Staatsstreich Louis Napoléon Bonapartes das Ende der Republik bereits besiegelt. Indem Flaubert von seinem ursprünglichen Plan abweicht, Dussardier schon im Juni 1848 einen ‚Heldentod' auf den Barrikaden sterben zu lassen,[70] verkehrt er Dussardiers augenscheinlichen Märtyrertod in einen widersinnigen, vergeblichen Tod für ein Ideal, das nicht mehr existiert. Der Sinn des Todes konstituiert sich aus seiner theatralischen Gestik, seiner statuesken Bildlichkeit, die auf politische Allegorien und religiöse Symbole der Revolution zurückverweisen. Letztere werden als sinnentleerte Bilder entlarvt, die mit Dussardier in den Abgrund stürzen. In ähnlicher Weise wie in Salammbôs leisem Todesfall am Ende von Flauberts Karthagoroman rückt auch in Dussardiers bühnenreifem Todessturz die Darstellungsform in den Vordergrund.[71] Tatsächlich lassen sich auffällige Parallelen zwischen dem ‚Bühnentod' der karthagischen Prinzessin und Dussardiers Tod auf den Barrikaden feststellen: Beide sind zunächst in aufrechter Haltung und für alle Zuschauer sichtbar, bevor sie plötzlich tot zu Boden sinken. Dem Tod geht in beiden Fällen eine Leerstelle voraus. Salammbô fällt zurück, nachdem sie möglicherweise aus einem Kelch getrunken hat.[72] Bevor Dussardier rücklings zu Boden stürzt, verkündet er lauthals das Fortbestehen der zum Tode verdammten Republik. Die eigentliche Todesursache verschwindet sowohl in Salammbôs als auch in Dussardiers Todesfall hinter der Darstellungsform. Während der Erzähler in *Salammbô* in einem enigmatischen Schlusssatz zumindest Auskunft über den mutmaßlichen ideologischen Tod der Titelheldin erteilt,[73] ist es in

---

Dussardier, der offiziell auf Seiten der *garde nationale* kämpft, einen aufständischen in eine Trikolore gehüllten Jungen rettet und sich dabei selbst verletzt. Vgl. Gustave Flaubert, *L'Éducation sentimentale*, S. 499. Es lassen sich verschiedene mögliche historische Quellen für Dussardiers ‚Heldentat' – in den *scénarios* ist von einem „*Héroïsme*" die Rede – finden. Gustave Flaubert, *L'Éducation sentimentale. Les scénarios*, S. 279, zit. nach Tony Williams, „Dussardier sur les barricades : naissance d'un ‚héros de juin'", S. 74. Flaubert selbst nennt in seinen Manuskripten verschiedene Quellen, die von Revolutionshelden handeln. Vgl. Tony Williams, „Dussardier sur les barricades : naissance d'un ‚héros de juin'", S. 75–77. Doch wie Williams herausstellt, ist Dussardiers ‚Heldentat' von einem Gefühl der Ungewissheit, ja möglicherweise einem „sentiment d'humanité" geprägt, der dem „fanatisme absolu" historischer Revolutionshelden gegenübersteht. Ebd., S. 78.

70 Dussardiers Tod auf den Barrikaden während der Junitage von 1848 ist bereits früh in den Manuskripten des Romans angelegt. Vgl. ebd., S. 73.

71 Vgl. Kap. 3.4.

72 „Salammbô se leva comme son époux, avec une coupe à la main, afin de boire aussi." Gustave Flaubert, *Salammbô*, in: *OC III*, S. 836.

73 „Ainsi mourut la fille d'Hamilcar pour avoir touché au manteau de Tanit." Ebd.

der *Éducation sentimentale* die spezifische Form des Zu-Boden-Stürzens, die den Tod Dussardiers erkennen lässt.

Die zum Kreuz ausgestreckten Arme („les bras en croix") Dussardiers rekurrieren auf die christologische Form des Märtyrertodes. In der Körpergeste scheint der Kreuzigungstod Christi auf bzw. vielmehr seine Rezeption im Revolutionszeitalter als Bild des „Christ aux barricades", das um 1848 neben der weiblichen Allegorie der *Liberté* die Ideale der Revolution verkörpert.[74] Der gekreuzigte und wiederauferstandene Christus wird zur Symbolfigur für die Revolution, zum Verkünder von *Liberté*, *Égalité* und *Fraternité*.[75] Seine Stilisierung zum sozialistischen „Christ républicain" ist jedoch 1848 nur von kurzer Dauer.[76] Dennoch verdeutlicht sie die Debatte um das Verhältnis von Christentum und Revolution bzw. um die Rolle der Kirche in der Revolution.[77] Tatsächlich werden die politischen Leitsätze und Tugenden der Republik in fast allen Katechismen von 1848 mit dem christlichen Glauben legitimiert.[78] Die Parallele, die zwischen der Kreuzigung und glorreichen Auferstehung Jesu Christi und der französischen Geschichte von 1848 gezogen wird, avanciert zur *idée reçue* der Zeit.[79] Ebenso wie Christus sei das französische Volk durch den Despotismus und das Elend gekreuzigt worden. Erst in der Revolution und der Errichtung einer Republik könne es wiederauferstehen.[80] Die

74 Vgl. Frank Paul Bowman, *Le Christ romantique*, S. 87 ff.

75 Vgl. ebd., S. 87–94. Bowman zitiert verschiedene Quellen, u. a. von George Sand, in denen Jesus die Revolutionsideale verkörpert. Vgl. ebd., S. 88 ff. Wie bereits zur Zeit der Französischen Revolution werden auch 1848 Freiheitsbäume, sogenannte *arbres de la liberté*, auf öffentlichen Plätzen gepflanzt und gesegnet. Die Errichtung der Freiheitsbäume ist als Zeremonie inszeniert, die von Reden begleitet wird. Vgl. ebd., S. 99. Darüber hinaus ist die rote Farbe der Revolution zugleich Symbol für das Blut Christi. Vgl. ebd., S. 115.

76 Ebd., S. 90. Daneben existieren auch weibliche Christusfiguren. Bowman berichtet von einem Kult der „femme-Messie". Ebd., S. 105. Auch die Zeitschrift *La Voix des femmes* bedient sich christologischer Verweise. Vgl. ebd.

77 Vgl. ebd., S. 91.

78 Vgl. ebd., S. 94.

79 Vgl. ebd., S. 111–113. Auch zahlreiche romantische Dichter greifen den Gemeinplatz auf und stilisieren sich selbst zu Christusfiguren. Vgl. ebd., S. 113.

80 Vgl. ebd., S. 137. Auch Pellerin wird sich des Gemeinplatzes bedienen und eine *République* malen, die als Christus verkleidet ist. Das Gemälde, das auf befremdliche Weise den technischen Fortschritt mit einer jungfräulich-unberührten Natur vereint, befindet sich im Haus des M. Dambreuse: „[...] dans l'antichambre, un tableau l'arrêta [Frédéric, S. W.], le tableau de Pellerin, posé sur une chaise, provisoirement sans doute. Cela représentait la République, ou le Progrès, ou la Civilisation, sous la figure de Jésus-Christ conduisant une locomotive, laquelle traversait une forêt vierge." Gustave Flaubert, *L'Éducation sentimentale*, S. 446. Das im Vorraum platzierte Gemälde wirkt wie ein ironischer Rückverweis auf jene als *allégorie vivante* der *Liberté* verkleidete Prostituierte, die im Vorraum des im

Menschen, die auf den Barrikaden für die Ideale der Revolution ihr Leben lassen, werden mit den Märtyrern des Christentums gleichgesetzt.[81] Die Christologie der Revolutionszeit ist in hohem Maße auf die Aufopferung, den Tod und die Wiederauferstehung ausgerichtet.[82] Die Barrikadenopfer verkörpern eine „souffrance salvatrice“[83]. Ein berühmter Revolutionsmärtyrer ist der zur Christusfigur stilisierte Erzbischof von Paris Denys Auguste Affre, der im Juni 1848 auf den Barrikaden von Paris von einer Kugel tödlich getroffen wurde.[84] Mgr Affre wird zum Motiv zahlreicher Stecher, die ihn auf den Barrikaden und in seinem Sterbebett abbilden. Ein gewisser E. Willmann vereint beide Szenen in seiner Lithographie, die den Erzbischof mit einem Lorbeerzweig in der ausgestreckten Hand in erhöhter Position auf den Barrikaden porträtiert.

ABBILDUNG 25
E. Willmann, Mort de Mgr l'Archevêque de Paris (Juin 1848).

Februar 1848 geplünderten Königspalastes thront. Vgl. ebd., S. 431. Das Adverb *provisoirement* kündigt den bevorstehenden Umsturz der *République* an, die, ähnlich wie die provisorische Regierung von 1848, nur von kurzer Dauer sein wird.

81 So z. B. in der Zeitschrift *Représentant du peuple.* Vgl. Frank Paul Bowman, *Le Christ romantique,* S. 117.

82 Vgl. ebd., S. 101 f.

83 Ebd., S. 137.

84 Vgl. ebd., S. 131. Es ist ungeklärt, ob die Kugel von der *garde nationale* oder einem Arbeiter abgefeuert wurde. Vgl. ebd., S. 132.

Er richtet seinen Blick gen Himmel, wenngleich nicht sichtbar wird, ob er bereits tödlich verletzt ist. Hinter ihm befindet sich ein weiterer Geistlicher, der seine Arme ausstreckt, so als würde er den Erzbischof auffangen wollen. Der untere Rahmen des Bildes stellt den in einem Himmelbett aufgebahrten, mit einem weißen Gewand und seiner Mitra bekleideten Mgr Affre dar, der von zahlreichen betenden Figuren umgeben ist.

Dussardiers zum Kreuz ausgebreitete Arme imitieren die Todespose des „Christ aux barricades". Im expliziten Verweis auf die Kreuzform des rücklings umstürzenden Körpers entlarvt der Erzähler die Todesgeste als eine artifiziell-theatralische. Sie steht dem natürlichen Zu-Boden-Sinken des tödlich verletzten Körpers gegenüber. Ihre Künstlichkeit wird durch den unmittelbar vorausgehenden bühnenreifen Ausruf verstärkt.

Dussardiers Todesfall mutet nicht nur wie eine Bühnendarstellung an, sondern sie ist außerdem ins Karikaturale verzerrt. In Dussardiers regungsloser Pose, die an eine antike Karyatide erinnert, sind die Revolutionsideale, die 1848 noch von spontan inszenierten lebendigen weiblichen ‚Statuen', sogenannten *allégories vivantes*, verkörpert wurden,[85] erstarrt. Sie können nur noch im Scheinhaften fortbestehen, um kurze Zeit später mit Dussardier einzustürzen. Im Gegensatz zu den *allégories vivantes* von 1848 bewegt Dussardier keinen politischen Umsturz. Der unermüdliche Verteidiger der Revolution wird in eine impotente antike Stützfigur verwandelt, die unter der Last der von ihr getragenen toten Ideale umfällt. Es ist gewiss kein Zufall, dass Flaubert die Karyatide wählt, um seine männliche Figur zu repräsentieren. Zum einen versinnbildlicht die antike Statue Dussardiers verspätete Verteidigung der Republik. Als antiquierte Statue wird er vom Erzähler einzeln („un homme") in das Straßenbild von Paris platziert. Zum anderen – und dies ist entscheidend – handelt es sich bei der Karyatide um eine weibliche Statue, die wie ein ironischer Ersatz für die weiblichen Statuen der Republik anmutet. Als Karyatiden werden aufrecht stehende weibliche Stützfiguren bezeichnet, die ein architektonisches Element mit ihrem Haupt und zusätzlich mit einer erhobenen Hand tragen bzw. stützen.[86] Laut Schmidt-Colinet finden die Stützfiguren der griechischen und römischen Architektur, die sich in weibliche und männliche

85 Vgl. Maurice Agulhon, „Un usage de la femme au XIXe siècle : l'allégorie de la République", S. 144–149.

86 Vgl. Andreas Schmidt-Colinet, *Antike Stützfiguren. Untersuchungen zu Typus und Bedeutung der menschengestalteten Architekturstütze in der griechischen und römischen Kunst*, S. 35.

Figuren unterteilen und nach ihrem Trageschema unterscheiden lassen,[87] ihren Ursprung im syrisch-phönikischen Kulturkreis; die frühesten stammen wohl aus dem 9. Jh. v. Chr.[88] Einer Überlieferung des Vitruv folgend, werden oftmals alle weiblichen Stützfiguren, die mit langen Gewändern bekleidet sind, als Karyatiden bezeichnet.[89] Vitruv erzählt vom Schicksal, das die Frauen der Stadt Karyai auf der Peloponnes im Krieg gegen Griechenland ereilte: Sie wurden versklavt und von Bildhauern als Stützfiguren nachgebildet, die fortan öffentliche Gebäude zierten.[90] Vitruvs Karyatidengeschichte ist in der Klassischen Archäologie äußerst umstritten,[91] doch sie ist insofern erwähnenswert, als man zu Vitruvs Zeiten „mit derartigen Gebälkträgerinnen die Vorstellung von Besiegten oder Bestraften" verband.[92] Andere Autoren, wie etwa Lessing, verweisen auf den Kult der Artemis von Karyai: Alljährlich führten lakonische Jungfrauen einen Tanz zu Ehren der Artemis auf.[93] Die Tänzerinnen von Karyai, die als Karyatiden bezeichnet wurden, dienten möglicherweise als Vorbilder für die weiblichen Stützfiguren.[94] Die „Vorstellung einer Übertragung

87 So gibt es neben den Karyatiden außerdem weibliche Stützfiguren im Korenschema, Atlantenschema sowie ägyptisierende Figuren. Vgl. ebd., S. 19–43. Der Unterschied zwischen männlichen und weiblichen Stützfiguren besteht darin, dass männliche Stützfiguren „niemals [...] vollplastisch ausgearbeitet" sind. Ebd., S. 44. Im Gegensatz zu den weiblichen Stützfiguren, die ein unabhängiges tektonisches Element bilden können, sind sie immer „mit dem sie hinterfangenden Mauer- oder Reliefgrund verbunden". Ebd. Die männlichen Stützfiguren sind in der Regel so dargestellt, als würden sie eine schwere Last tragen – dies wird mitunter durch eine kniende Pose hervorgehoben –, während die weiblichen Stützfiguren „leichter und müheloser" wirken. Ebd.

88 Vgl. ebd., S. 12.

89 Vgl. ebd., S. 36.

90 Vgl. Georg Wissowa u. a. (Hgg.), *Paulys Real-Encyclopädie der classischen Altertumswissenschaft*, Bd. X, 1919, s. v. „Karyatides", Sp. 2247.

91 Bereits Lessing diskutierte den Wahrheitsgehalt der Vitruvschen Erzählung. Vgl. ebd. Vgl. hierzu auch Andreas Schmidt-Colinet, *Antike Stützfiguren. Untersuchungen zu Typus und Bedeutung der menschengestalteten Architekturstütze in der griechischen und römischen Kunst*, S. 34 f., S. 134 f.; Stefan Schweizer, „*Exemplum servitutis?* Zum Nachleben des antiken Atlasmotivs und zur Genese architektonischer Stützfiguren im Mittelalter", S. 120 ff.

92 Andreas Schmidt-Colinet, *Antike Stützfiguren. Untersuchungen zu Typus und Bedeutung der menschengestalteten Architekturstütze in der griechischen und römischen Kunst*, S. 135.

93 Vgl. Georg Wissowa u. a. (Hgg.), *Paulys Real-Encyclopädie der classischen Altertumswissenschaft*, Bd. X, 1919, s. v. „Karyatides", Sp. 2247; Andreas Schmidt-Colinet, *Antike Stützfiguren. Untersuchungen zu Typus und Bedeutung der menschengestalteten Architekturstütze in der griechischen und römischen Kunst*, S. 35. Als Tänzerinnen, also bewegte Figuren, tauchen die Karyatiden auch bei Plinius auf. Vgl. ebd.

94 Vgl. Georg Wissowa u. a. (Hgg.), *Paulys Real-Encyclopädie der classischen Altertumswissenschaft*, Bd. X, 1919, s. v. „Karyatides", Sp. 2249. Als Beispiel können die drei Tänzerinnen der

tanzender Mädchenfiguren als tektonische Stützen in die Baukunst"[95] erscheint auf den ersten Blick verwunderlich, stehen die ekstatischen Tanzgebärden doch der steifen, festen Haltung der Stützfiguren gegenüber.[96] Doch tatsächlich lässt sich an einigen (vor allem späteren) Karyatiden eine akrobatische Tanzhaltung erkennen, die durch einen gehobenen und einen gesenkten Arm sowie ein leicht angewinkeltes Bein ausgedrückt wird.[97]

Karyatiden werden nicht nur in der antiken Architektur als Trageelemente eingesetzt. Noch die Krypta Napoleons I. im Invalidendom ist von zwölf Karyatiden aus prunkvollem Marmor umgeben, die von Pradier entworfen wurden.[98] Als geflügelte Victoria-Figuren dargestellt, die unter anderem Palmwedel und Lorbeerkränze in ihren Händen halten, repräsentieren sie die militärischen Erfolge Napoleons.[99] Auffällig ist der fehlende traditionelle Tragegestus. Die Karyatiden des Invalidendoms sind mit gesenkten Armen modelliert; sie heben sich reliefartig von den eigentlich tragenden Säulen ab. Die Funktion der Stützfiguren ist gänzlich ins Künstlerisch-Repräsentative verlagert.[100]

Akanthos-Säule von Delphi genannt werden. Vgl. ebd. Die Übertragung der Bezeichnung der Karyatide auf die Stützfigur muss zwischen Mitte des 5. Jahrhunderts bis Ende des 4. Jahrhunderts stattgefunden haben. Vgl. ebd.

95 Ebd., Sp. 2248.

96 Vgl. ebd., Sp. 2250.

97 Vgl. Andreas Schmidt-Colinet, *Antike Stützfiguren. Untersuchungen zu Typus und Bedeutung der menschengestalteten Architekturstütze in der griechischen und römischen Kunst*, S. 35 f. Tänzerfiguren als Stützfiguren waren vor allem im 1. Jh. v. Chr. beliebt. Vgl. ebd., S. 38. Derartige Karyatiden sind z. B. vom Pantheon des Agrippa überliefert. Als Relieffiguren befanden sie sich wohl an den Außensäulen des Pantheons. Vgl. ebd., S. 40. Zur Entwicklung hin zu gelockerten Formen sowie zu konkreten Beispielen vgl. auch Georg Wissowa u. a. (Hgg.), *Paulys Real-Encyclopädie der classischen Altertumswissenschaft*, Bd. X, 1919, s. v. „Karyatides", Sp. 2249–2251.

98 Vgl. „Napoleon's Tomb", in: *The Illustrated Magazine of Art* (1853), S. 237. Einige Karyatiden sind einzeln im Artikel abgebildet.

99 Vgl. ebd., S. 240. Zwei Figuren halten als Wächter des Grabes Schlüssel in ihren Händen. Vgl. ebd.

100 Die Verlagerung der Stützfiguren innerhalb der Architektur setzt bereits in klassischer Zeit ein. Während sie in archaischer Zeit noch fest in den architektonischen Rahmen integriert sind, befreien sie sich zunehmend von diesem Rahmen, indem sie weiter nach außen wandern oder sogar nur noch eine Eckstellung innerhalb eines Bauwerks einnehmen. Vgl. Andreas Schmidt-Colinet, *Antike Stützfiguren. Untersuchungen zu Typus und Bedeutung der menschengestalteten Architekturstütze in der griechischen und römischen Kunst*, S. 69. Zu den sakralen und politischen Funktionen, die die Stützfiguren bereits in der Antike erfüllen, vgl. ebd., S. 105–141.

Wenn Flaubert Dussardier mit einer Karyatide vergleicht, so lässt er ihn nicht nur als weibliche Figur erscheinen, die in ihrer passiven Regungslosigkeit einem aktiven, männlich konnotierten Heldentum gegenübersteht. Er setzt sich ebenso mit den Repräsentationsformen der Revolutionsepoche auseinander. Die Karyatide, in die sich Dussardier verwandelt, mutet an wie ein zu Tode erstarrtes Relikt jener *statues* bzw. *allégories vivantes*, die 1848 noch die *République* verkörperten.

Der Historiker Maurice Agulhon hat auf exzellente Weise die verschiedenen weiblichen Allegorien der Revolutionsepoche beleuchtet. Weibliche Allegorien, die bereits in der Antike abstrakte Tugenden verkörpern, nehmen seit der Französischen Revolution eine bedeutsame repräsentative Funktion innerhalb Frankreichs ein. In verschiedenen Gestalten, die von lebendigen Repräsentationen über Gemälde bis hin zu Statuen reichen, repräsentieren sie etwa die *Liberté*, die *Nation*, die *Égalite* oder die *Justice* und 1792 schließlich auch die *République*. Innerhalb der vorwiegend politischen Allegorien nehmen die *Liberté* und die *République* eine Sonderstellung ein.[101] Die *Liberté*, die in der künstlerischen Darstellung oftmals sehr freizügig mit entblößter Brust und zum Teil sogar nacktem Torso porträtiert und als „aimable sauvageonne" inszeniert wird,[102] tritt während der Französischen Revolution auch als *allégorie vivante* in Erscheinung: Als *déesses de la Liberté* verkleidet, treten Frauen auf öffentlichen Plätzen als lebendige Allegorien auf.[103] Im Jahr 1848 erleben die weiblichen Allegorien eine erneute Blütezeit: von Mädchen und Frauen, die in die Rolle der *Liberté* oder *République* schlüpfen, über Gemälde und Statuen bis hin zu populären *gravures*, kleinen Figuren und Büsten.[104] Während die neue republikanische Regierung die an öffentlichen Plätzen feierlich errichteten monumentalen Statuen der *République-Liberté*, jene „allégories d'allure noble et statique", schätzt und unterstützt, lehnt sie die spontanen *allégories vivantes*

101 Vgl. Maurice Agulhon, „Un usage de la femme au XIXe siècle : l'allégorie de la République", S. 144.

102 Maurice Agulhon, „Propos sur l'allégorie politique", S. 27. In der künstlerischen Darstellung werden der weiblichen *Liberté* neben erotischen auch mythologische Züge verliehen. Sie ist häufig als *femme vierge*, *femme amante* oder *femme déesse* inszeniert. Vgl. Maurice Agulhon, *Marianne au combat. L'imagerie et la symbolique républicaines de 1789 à 1880*, S. 57.

103 Vgl. Maurice Agulhon, „Un usage de la femme au XIXe siècle : l'allégorie de la République", S. 144 f.

104 Vgl. ebd., S. 146.

als Ausdrucksform radikaler „mouvements populaires" ab.[105] Der Begriff der *déesse* wird fortan pejorativ verwendet, um in erster Linie weibliche Allegorien zu bezeichnen, die von Prostituierten, „fille[s] de petite vertu", verkörpert werden.[106] Diese herabwürdigende, möglicherweise von Angst erfüllte Haltung spiegelt sich in Daniel Sterns berühmter Beschreibung jener Prostituierten, die im Vorraum des von den Aufständischen erstürmten verwüsteten Tuilerienpalastes als *statue de la Liberté* auftritt und von der sich Flaubert für seine Darstellung der Februarrevolution inspirieren ließ.[107] Flaubert übernimmt die reglose Pose der Prostituierten, der er einen angsteinflößenden Blick verleiht: „Dans l'antichambre, debout sur un tas de vêtements, se tenait une fille publique, en statue de la Liberté, – immobile, les yeux grands ouverts, effrayante."[108] Die Prostituierte ist als *femme fatale* inszeniert. Ihre Repräsentation der *Liberté* ist scheinhaft, kündigen doch die bedrohlich aufgerissenen Augen eine Schreckensvision an: Die junge *République* ist bereits vor ihrer ‚Geburt' dem Tode geweiht.

---

105 Ebd., S. 147. Eine Ausnahme bilden die berühmten Bühnendarstellungen der Schauspielerin Rachel, die im Frühjahr 1848 in eine Trikolore gehüllt die *Marseillaise* sang. Vgl. ebd. Für eine Gegenüberstellung der verschiedenen Allegorien von 1848 vgl. auch Maurice Agulhon, *Marianne au combat. L'imagerie et la symbolique républicaines de 1789 à 1880*, S. 110. Agulhon unterscheidet zwischen „allégorie vivante", „allégorie inerte mobile" und „allégorie fixe" und fasst ihre jeweilige Bewertung und Darstellungsform – *„Côté libéral bourgeois"* sowie *„Côté révolte populaire"* – tabellarisch zusammen.

106 Maurice Agulhon, „Un usage de la femme au XIXe siècle : l'allégorie de la République", S. 147.

107 Vgl. Daniel Stern, *Histoire de la Révolution de 1848*, S. 110: „Les femmes font ruisseler dans leurs cheveux les essences parfumées qu'elles trouvent sur les tables des princesses. Elles fardent leurs joues, couvrent leurs épaules de dentelles et de fourrures, ornent leurs têtes d'aigrettes, de bijoux, de fleurs ; elles se composent avec un certain goût burlesque des parures extravagantes. L'une d'elles, une pique à la main, le bonnet rouge sur la tête, se place dans le grand vestibule et y demeure, pendant plusieurs heures, immobile, les lèvres closes, l'œil fixe, dans l'attitude d'une statue de la Liberté : c'est une fille de joie. On défile devant elle avec toutes les marques d'un profond respect. Triste image des justices capricieuses du sort : la prostituée est le signe vivant de la dégradation du pauvre et de la corruption du riche." Die Historikerin Marie d'Agoult, die unter dem Pseudonym ‚Daniel Stern' schrieb, präsentiert sich in ihrer abwertenden Darstellung der *allégorie vivante* als Anhängerin der provisorischen Regierung. Vgl. Maurice Agulhon, „Un usage de la femme au XIXe siècle : l'allégorie de la République", S. 146 f. Die als *Liberté* verkleidete Prostituierte erscheint „vulgaire, et sur la pente du subversif", da sie in der Tradition jener radikalen Strömung der Französischen Revolution steht, von der sich die Regierung von 1848 klar distanzieren möchte. Ebd., S. 147. Zu Flauberts Adaption der Prostituierten vgl. Maurice Agulhon, „Propos sur l'allégorie politique", S. 28.

108 Gustave Flaubert, *L'Éducation sentimentale*, S. 431.

Es ist schließlich Dussardier, der den Todesfall der *République* im Dezember 1851 nachbilden wird. Auffällig ist, dass Dussardier bereits bei seiner ersten Beschreibung während eines Aufstands in seinem gelösten Haar und der entblößten Brust an populäre Darstellungen der *Liberté* erinnert.[109] Noch während der Februartage 1848 ähnelt Dussardier in seiner Bewegtheit, seinem unbeirrten Kampfeswillen, der „jeune Liberté vindicatrice"[110]. In der Verwandlung zur Karyatide ist jegliche Bewegung des unermüdlichen, sentimentalen Freiheitskämpfers stillgelegt. Wie die antiken Stützfiguren, deren ekstatischen Tanzgebärden zum Stillstand gebracht und in architektonische Elemente eingefasst werden, zeichnet sich Dussardier nunmehr durch seine statuesk-säulenhafte Erscheinung aus („remarquable de loin à sa haute taille"). Als weibliche Stützfigur wirkt Dussardier nicht wie eine Figur der Victoria, sondern wie ein Besiegter, verkörpert er doch eine Republik, die bereits zum Tode verurteilt ist. Eine derartige Deutung ließe sich mit der Karyatidenstelle des Vitruv begründen, die dem belesenen Flaubert möglicherweise bekannt war und die seine Wahl der Karyatide – und nicht etwa einer anderen Statue – begründen könnte.

Im Gegensatz zu den prunkvollen Karyatiden, die das Grab Napoleons zieren und seiner posthumen Glorifizierung dienen, scheitert Dussardiers Repräsentation der Republik. Er begreift nicht, dass er nur noch ihren Tod darstellen kann, bricht er doch aus seiner Karyatidenpose aus („s'avançant d'un pas"), um das Fortleben der Republik auszurufen. Indem sich Dussardier auf den Degen des Nationalgardisten zubewegt, besiegelt er sein eigenes Schicksal selbst: Sein anschließender Todesfall ähnelt einem Suizid. Die von Dussardier verkörperte Republik hat sich phantomartig aus ihrer Totenstarre gelöst, um sich selbst zu vernichten. Dussardiers ‚Suizid', der als passiver Todesfall inszeniert ist, deformiert den patriotischen Suizid des Revolutionsmärtyrers, der insbesondere zur Zeit der Französischen Revolution glorifiziert wird. So wird der junge Soldat Joseph Bara 1793 in der Vendée ermordet, weil er sich weigerte, vor königstreuen Anhängern *Vive le roi !* auszurufen. Stattdessen verkündete er lautstark *Vive la République !* Sein Tod wird zum altruistischen, patriotischen Suizid stilisiert, Bara selbst als Märtyrer der Freiheit verehrt.[111] Die Revolutionsmärtyrer werden für ihren kühlen, tugendhaften Heroismus bewundert, der sein Vorbild in der Antike findet und dem in der neoklassizistischen Malerei eines David eine künstlerische Form verliehen wird.[112] Wenn Flaubert Dussardier mit einer

---

109 Vgl. Chantal de Granpré, „Sénécal et Dussardier : la République en effigie", S. 627.

110 Ebd.

111 Vgl. George Minois, *Histoire du suicide*, S. 357 f.

112 Als berühmtes Beispiel sei Davids Gemälde *La Mort de Sénèque* (1773) genannt. Es befindet sich im Petit Palais in Paris. Vgl. ebd., S. 359. Auch vom Tod des jungen Bara fertigte David ein Gemälde an (*La Mort de Bara*, 1794, Musée Calvet, Avignon).

Karyatide vergleicht, bedient er sich einer klassizistischen kühlen Form, um sie sogleich in ihrer artifiziellen Scheinhaftigkeit bloßzustellen und in den Abgrund zu befördern. Die patriotischen letzten Worte des jungen Bara werden als leere Parolen enthüllt, der Tod selbst wird nicht als aktiver Heldenakt, sondern als passive, nur im christologisch stilisierten Schein bestehende Todesgeste entlarvt.

Nach seinem spektakulären Todesfall auf den Barrikaden wird Dussardier weder in der öffentlichen noch in der privaten Erinnerungskultur ein Platz zuteil. In Frédérics und Madame Arnoux' Gespräch über vergangene Zeiten und aus den Augen verlorene Freunde bleibt Dussardier unerwähnt. Die statueske Form, die er vor seinem Tod einnimmt, erweist sich als Schwundform, die ihn nicht davor bewahren kann, der Vergessenheit anheimzufallen.

4.3 Die Kommerzialisierung des Todes im bürgerlichen Zeitalter

Auch der großbürgerliche Geschäftsmann M. Dambreuse, der sich als Vertreter eines nationalen und gesellschaftlichen Fortschritts inszeniert,[113] wird nach seinem Tod in Vergessenheit geraten. Dennoch unternimmt seine Ehegattin gemeinsam mit Frédéric den scheinheiligen Versuch, den toten Industriellen in der bürgerlichen Erinnerungskultur zu verewigen. Schon in *Madame Bovary* wird eine Zurschaustellung der Trauer und eine Kommerzialisierung der Bestattungskultur sichtbar, die Flaubert nicht nur in seinem Werk, sondern ebenso an zahlreichen Stellen seiner Korrespondenz ironisch kommentiert.[114] Was in Emma Bovarys Bestattungs- und *post mortem*-Szenen bereits angelegt ist, wird in der *Éducation sentimentale* auf die Spitze getrieben: Eine aufrichtige Trauer um den Verstorbenen ist gänzlich absent; M. Dambreuse erscheint als Objekt, dessen Wert sich an seinem Erbe bemisst. Auch das religiöse Zeremoniell der Bestattung sowie die Erinnerung an den Toten in Form eines Grabmonuments entsprechen einem käuflichen Wert, der den Nachruhm des

113 Dass es M. Dambreuse „bei seinem ökonomischen und politischen Engagement weniger um Allgemeininteressen, als um die Sicherung seiner Machtposition" geht, hat bereits Claudia Jünke herausgestellt. *Die Polyphonie der Diskurse: Formen narrativer Sprach- und Bewusstseinskritik in Gustave Flauberts* Madame Bovary *und* L'Éducation sentimentale, S. 90.

114 Vgl. Kap. 2.4. Auch in Flauberts *Carnets* finden sich zahlreiche, zum Teil erbarmungslos ironische Berichte über *enterrements chics* in Paris. Vgl. Pierre-Marc de Biasi, *Gustave Flaubert. Une manière spéciale de vivre*, S. 376–378.

Toten und seine postmortale Distinktion sichern soll. Der Tod unterliegt somit einer völligen Profanierung und Kommerzialisierung.

Der aufstrebende Banquier stirbt an der Tuberkulose, die als hochansteckende Krankheit gefürchtet war und von der bis zur zweiten Hälfte des 20. Jahrhunderts vor allem die arme Stadtbevölkerung befallen war.[115] Daneben wird die Tuberkulose, die ebenso als Schwindsucht bzw. *phtisie* bezeichnet wurde, besonders in der ersten Hälfte des 19. Jahrhunderts als romantische Krankheit *par excellence* betrachtet: Sie rafft insbesondere zarte Frauenfiguren dahin, deren ausgezehrte Körper eine morbide verführerische Schönheit ausstrahlen. Berühmte Beispiele sind Dumas' Kameliendame, Chateaubriands Geliebte Pauline de Beaumont und die Schauspielerin Rachel.[116] Dambreuses Krankheitssymptome äußern sich in einem Gefühl der Hitze und Beklemmung in der Brust sowie trockenem Husten, der sich schließlich in Bluthusten verwandelt,[117] in jenen *crachat*, der bereits die Krankheit der Sphinx auf dem Maskenball offenbarte. Es ist höchst ironisch, dass Flaubert seinen pragmatischen Geschäftsmann an einer Krankheit sterben lässt, die in der stereotypen Wahrnehmung in erster Linie sensible, künstlerisch ambitionierte und leidenschaftliche Geister erfasst, wie etwa den Dichter John Keats, um ein männliches Beispiel zu nennen.[118] Tatsächlich wird Dambreuse im wahrsten Sinne dahinschwinden, wenn er mit seinem pompösen Sarg in das dunkle Erdloch versenkt wird: „La terre, mêlée de cailloux, retomba ; et il ne devait plus en être question dans le monde."[119] Das Begräbniszeremoniell dient nicht dazu, in einem würdevollen Abschied Erinnerung zu stiften, sondern den unliebsamen Leichnam wegzuschaffen. Darüber hinaus kündigt Dambreuses Schwindsucht jene Konnotation der Infektionskrankheit an, die in der Literatur des *Fin de siècle* hervortreten wird: So werden die *décadents* den für die Schwindsucht typischen Bluthusten als Zeichen der Prostitution, der „transgression de la

---

115 Zwischen 1888 und 1893 liegt der Anteil der Tuberkulose-Toten in Paris bei 5,6 ‰, in Kommunen mit weniger als 10.000 Einwohnern nur bei 3,5 ‰. Außerdem sterben im 20. Arrondissement, das bereits im 19. Jahrhundert als Arbeiterviertel gilt, dreimal so viele Menschen an Tuberkulose als im bürgerlichen 8. Arrondissement. Vgl. Pierre Guillaume, „La prise en charge de la tuberculose à Paris au XIXe siècle", in: Francis Démier, Claire Barillé (Hgg.), *Les maux et les soins. Médecins et malades dans les hôpitaux parisiens au XIXe siècle*, Paris 2007, S. 251–262, zit. nach: Bruno Bertherat, Christian Chevandier, *Paris dernier voyage. Histoire des pompes funèbres (XIXe–XXe siècles)*, S. 18.

116 Vgl. Kap. 2.2.3.

117 Vgl. Gustave Flaubert, *L'Éducation sentimentale*, S. 553.

118 Vgl. Kap. 2.2.3.

119 Gustave Flaubert, *L'Éducation sentimentale*, S. 565.

morale", deuten.[120] Wie schon Victor Brombert herausgestellt hat, ist auch M. Dambreuse neben zahlreichen Figuren des Romans in das System der Prostitution eingebunden, zeugt doch sein opportunistisches Machtstreben von einer Käuflichkeit, die sich in den Grabreden der unterschiedlichen Interessensvertreter aus Politik und Industrie, der *Société philanthropique* und eines nebulösen Verbandes von Antiquitätenhändlern spiegeln wird.[121]

Die Totenwache des Leichnams, die Frédéric aus einem Pflichtgefühl heraus übernimmt, nachdem ihm Mme Dambreuse unmittelbar nach dem Tod ihres Gatten einen Heiratsantrag gemacht hat, ist nicht von religiöser Andacht, sondern von einer Rekapitulation des Vermächtnisses des Verstorbenen geprägt. Frédéric malt sich in Gedanken aus, wie er von dem Vermögen seine Mutter beschenken und das Anwesen der Dambreuse umgestalten würde.[122] Doch er muss feststellen, dass M. Dambreuse mit seinem Ableben nicht verschwunden ist. Stattdessen präsentiert sich der Leichnam auf seinem Totenbett als unheimliches, unerträgliches Phantom,[123] das Frédérics verschwenderische Träumereien beinahe in plagende Gewissensbisse verwandelt: „Frédéric croyait y voir comme un jugement porté sur lui, et il sentait presque un remords [...]"[124]. Wie das vom Erzähler ironisch gesetzte *presque* offenbart, lässt das ökonomische Kalkül keinen Raum für soziale Emotionen. Ebenso wenig wie Mme Dambreuse verspürt Frédéric Schmerz oder Trauer um den Tod des M. Dambreuse. Es manifestiert sich ein radikaler Verlust von Liebe und *compassio*. Die Erinnerung an den Toten erweist sich bereits an dieser Stelle als illusorisch, denn sie setzt Schmerz voraus: „*Schmerz erzeugt Erinnerung.*"[125] Umgekehrt erzeugt die Erinnerung, die den Erinnerten als abwesend präsentiert, Schmerz.[126] Aufgrund der fehlenden *compassio* kann die Erinnerung an den verstorbenen Dambreuse nur im Schein bestehen.

---

120 Jean de Palacio, „Poétique du crachat", S. 81.

121 Vgl. Victor Brombert, *The Novels of Flaubert. A Study of Themes and Techniques*, S. 133 f. Vgl. Gustave Flaubert, *L'Éducation sentimentale*, S. 564 f.

122 Vgl. Gustave Flaubert, *L'Éducation sentimentale*, S. 558. Die Eröffnung des Testaments, die nach der Beerdigung erfolgt, wird die finanziellen Träume Frédérics schließlich zunichte machen: Das Erbe des Dambreuse wird gänzlich seiner Tochter Cécile übertragen. Vgl. ebd., S. 566 f.

123 Vgl. ebd., S. 558: „[...] le cadavre était toujours là. Ses paupières s'étaient rouvertes ; et les pupilles, bien que noyées dans des ténèbres visqueuses, avaient une expression énigmatique, intolérable."

124 Ebd.

125 Roland Borgards, „Schmerz / Erinnerung. Andeutung eines Forschungsfeldes", S. 11.

126 Vgl., ebd., S. 13: „Was hier schmerzt, ist zunächst einmal der bloße Abstand zwischen dem Augenblick des Erinnerten und dem Augenblick der Erinnerung. Denn die Erinnerung präsentiert ihren Gegenstand notwendig im Modus der Abwesenheit [...]."

Die Hinterbliebenen setzen alles daran, den Leichnam so schnell wie möglich zu beseitigen. Neben den thanatopraktischen Konservierungs- und Hygienemaßnahmen der Einbalsamierung des Leichnams und der Desinfizierung des Sterbezimmers, die Flaubert evoziert, wenn er seinen unbeholfenen Protagonisten die notwendigen administrativen Schritte nach dem Tod des M. Dambreuse durchlaufen lässt,[127] ist die Ausschaltung der physischen Präsenz des Toten in erster Linie Aufgabe der *pompes funèbres*: Jene Bestattungsbetriebe sind seit dem 19. Jahrhundert für die Organisation von Begräbnissen zuständig. Ihre Dienstleistungen reichen vom Abtransport des Verstorbenen über die Anfertigung von Särgen, Grabschmuck und Trauerkleidung bis hin zur Organisation von Trauerzeremonien und Trauerzügen verschiedener Preisklassen, für die sie Personal, Wagen und Pferde stellen.[128] Ab 1853 befinden sich die *pompes funèbres* im Nordosten von Paris, in der Rue Alibert im 10. Arrondissement, in einer Industriegegend in der Nähe des Hôpital Saint-Louis. 1874 wird in La Villette, das in erster Linie für seine Schlachthäuser bekannt war, das städtische Bestattungszentrum Cent-Quatre in der heutigen Rue d'Aubervilliers im 19. Arrondissement eröffnet.[129] Die 1844 in Paris gegründete

127 Im Vorraum des Rathauses, in dem Frédéric die Konzession für das Grab des M. Dambreuse erwirbt, liegen verschiedene Werbeprospekte zu Hygiene- und Konservierungsmaßnahmen aus. Vgl. Gustave Flaubert, *L'Éducation sentimentale*, S. 560. Über eine mögliche Einbalsamierung des M. Dambreuse erfährt der Leser nichts. Doch die Einbalsamierung, die bereits in der Antike durchgeführt wurde, ist insbesondere im 19. Jahrhundert verbreitet und wird durch die von Félix Gannal entwickelten innovativen chemischen Verfahren der Konservierung durch Injektionen vorangetrieben. Vgl. Félix Gannal, *Trois notices sur les embaumements* sowie ders., *Nouvelle notice sur les embaumements*. Dass die Einbalsamierung für wohlhabende Verstorbene eine durchaus gängige Praxis war, zeigt eine Korrespondenzstelle Flauberts über das Begräbnis des 1879 in Monte-Carlo verstorbenen Chefredakteurs des *Figaro* Hippolyte de Villemessant: „Sens-tu la beauté des funérailles de Villemessant ? Embaumement comme celui d'un Pharaon – messe dite par un évêque, la gare du chemin de fer transformée en chapelle ardente – ‚retour des cendres' à Paris – et demain quel enterrement !" Gustave Flaubert, Brief an seine Nichte Caroline vom 16. April 1879, *Corr. V*, S. 607. Über die pompöse Bestattung Villemessants auf dem Friedhof von Auteuil, die Aufbahrung seines Leichnams, die Trauerzeremonie und den stillen Trauerzug durch Paris berichtet auch der *Figaro*. Zahlreiche Personen – unter anderem Vertreter von Organisationen und Institutionen, die von Villemessant finanziell unterstützt wurden, wie ein Waisenhaus und das Théâtre de la Porte-Saint-Martin, – folgen dem Leichenzug und legen Blumen und Trauerkränze am Grab ab. Vgl. „Les obsèques de M. de Villemessant", in: *Le Figaro*, 17.-18. April 1879.

128 Vgl. Bruno Bertherat, Christian Chevandier, *Paris dernier voyage. Histoire des pompes funèbres (XIX*e*–XX*e *siècles)*, S. 66–71.

129 Vgl. ebd., S. 58–65. Zuvor haben sich in der Gegend um den Friedhof Père-Lachaise bereits verschiedene Steinmetze und Bestatter niedergelassen. Vgl. ebd., S. 45.

Société Pompes funèbres générales, die fortan eine Monopolstellung innehat, setzt sich zum Ziel, Bestattungen effizienter zu organisieren und durchzuführen.[130] Um dem höheren Bedarf an Grabplätzen nachzukommen, werden in der zweiten Hälfte des 19. Jahrhunderts Friedhöfe außerhalb der Stadtgrenzen (*extra muros*) neu errichtet.[131] Das Bestattungswesen ist in hohem Maße von der Industrialisierung betroffen. Der Tod wird zunehmend funktionalisiert und kommerzialisiert. Dies zeigt sich im Besonderen im Industriegebäude des Cent-Quatre, das in seiner funktionalistischen Architektur, in seiner Zentralisierung und Rationalisierung von Raum und Dienstleistungen die Modernisierung der *pompes funèbres* veranschaulicht.[132] Neben den Krankenhäusern, der Morgue und den Friedhöfen sind die *pompes funèbres* „un des rouages de la machine urbaine", die in Reiseführern beworben werden.[133] Das Pariser Bestattungszentrum ist streng hierarchisch strukturiert: Dem Anweisungsbefugten, der auch den Leichenzug anführt und die öffentliche Autorität der *pompes funèbres* vertritt, untersteht der *maître des céremonies*, der für die Bestattung und Trauerzeremonie verantwortlich ist. Im Hintergrund arbeiten zahlreiche Angestellte, die etwa für die Herstellung von Särgen und Trauerkleidung oder aber für die Pflege der Pferde, die den Leichenwagen ziehen, verantwortlich sind.[134]

Dass die Bestattung bereits im 19. Jahrhundert rechtlich reguliert ist und zunehmend zu einer bürokratischen Angelegenheit avanciert, veranschaulichen die einzelnen Behördengänge Frédérics: zur *mairie*, wo die Sterbeurkunde ausgestellt wird, zum Büro des Bestattungsunternehmens, in dem der Zeitpunkt der Bestattung festgelegt wird sowie ein Sarg und die Organisation eines Trauerzugs in Auftrag gegeben werden, zur Kirche, um einen Trauergottesdienst anzumelden, und schließlich zum Hôtel de Ville, um eine Grabkonzession zu erwerben.[135]

130 Vgl. ebd., S. 85.

131 Vgl. ebd., S. 64 f. Es handelt sich um die Friedhöfe von Ivry-sur-Seine, Saint-Ouen, Pantin, Bagneux und La Chapelle. Vgl. ebd.

132 Vgl. ebd., S. 59, S. 64. Der vom Architekten Delebarre entworfene Gebäudekomplex ist 220 Meter lang und 72 Meter breit. Vgl. ebd., S. 59. Es handelt sich um ein „immense squelette de métal enrobé par une enveloppe de pierre et de brique." Ebd.

133 Ebd., S. 65. „Le 104 forme les gigantesques coulisses de ce théâtre urbain de la mort." Ebd.

134 Vgl. ebd., S. 66–70.

135 Vgl. Gustave Flaubert, *L'Éducation sentimentale*, S. 559. Das Büro der *pompes funèbres* befindet sich in der Regel in unmittelbarer Nähe des *bureau des décès*, das die Sterbeurkunde ausstellt und 24 Stunden nach dem Tod – um einen gefürchteten Scheintod

Seit dem *décret* von 1804 wird jedem Franzosen das Recht auf eine Bestattung zugebilligt. Die *fosses communes*, in denen im Ancien Régime Arme, die sich keine Bestattung leisten konnten, begraben wurden, werden durch obligatorische Einzelgräber ersetzt.[136] Doch von einer Gleichheit im Tod kann keine Rede sein: „[...] l'égalité s'arrête là où commence la pompe."[137] Das Begräbnis wird schnell zum Mittel der Distinktion: Zunächst wird der *service funéraire* mit dem *décret* vom 18. August 1811 in sechs Klassen unterteilt. Die Dienstleistungen und Ausstattungen, die die einzelnen Klassen umfassen, sind in bebilderten Katalogen detailliert beschrieben.[138] Am 1. Januar 1860 erfolgt eine Erweiterung auf neun Klassen.[139] Die Ausstaffierung und das Gefolge der Leichenwagen, die auf dem Weg zum Friedhof die Stadt durchqueren, geben Aufschluss über die Klasse: So kann der prunkvoll geschmückte Leichenwagen der ersten Klasse beispielsweise von vierzehn Wagen begleitet werden.[140]

Der Leichenwagen des M. Dambreuse, der nach der kirchlichen Trauerzeremonie zum Friedhof aufbricht, erscheint als Wagen höherer, wenn nicht sogar erster Klasse:

> Le corbillard, orné de draperies pendantes et de hauts plumets, s'achemina vers le Père-Lachaise, tiré par quatre chevaux noirs ayant des tresses

---

auszuschließen – die „autorisation d'inhumation" erteilt. Bruno Bertherat, Christian Chevandier, *Paris dernier voyage. Histoire des pompes funèbres* (*XIX*e*–XX*e *siècles*), S. 70.

136 Vgl. ebd., S. 102 f. Die Armen werden fortan in einer sogenannten *tranchée gratuite* bestattet. Die einzelnen Särge werden mit einem Abstand von zwanzig Zentimetern in einem abgesonderten Friedhofsbereich begraben. In der Alltagssprache werden jene Gräber der Armen noch immer als *fosse commune* bezeichnet. Vgl. Maxime Du Camp, *Paris, ses organes, ses fonctions et sa vie dans la seconde moitié du XIX*e *siècle*, Bd. VI, S. 140 f.

137 Bruno Bertherat, Christian Chevandier, *Paris dernier voyage. Histoire des pompes funèbres* (*XIX*e*–XX*e *siècles*), S. 104.

138 Vgl. ebd. Der *service gratuit* für die Bedürftigen bildet eine gesonderte Klasse.

139 Vgl. Maxime Du Camp, *Paris, ses organes, ses fonctions et sa vie dans la seconde moitié du XIX*e *siècle*, Bd. VI, S. 113. Die erste Klasse kostet 7.184 Francs, die neunte 18 Francs und 75 Centimes. Vgl. ebd. Die Zahl der *inhumations gratuites* ist sehr hoch: Im Jahre 1873 beträgt sie 25.017. Demgegenüber stehen 18.561 bezahlte Bestattungen. Die Bestattungen der Bedürftigen werden zum Teil durch die Reichen finanziert, nämlich durch einen *impôt funèbre*. Vgl. ebd., S. 114.

140 Vgl. Bruno Bertherat, Christian Chevandier, *Paris dernier voyage. Histoire des pompes funèbres* (*XIX*e*–XX*e *siècles*), S. 105.

> dans la crinière, des panaches sur la tête, et qu'enveloppaient jusqu'aux sabots de larges caparaçons brodés d'argent.[141]

Der pompöse Leichenwagen, der von prachtvoll geschmückten Pferden durch die von Schaulustigen bevölkerten Straßen von Paris gezogen wird und dem zwölf „voitures de deuil" als Geleit dienen,[142] weist eine große Ähnlichkeit zu jenem Leichenwagen auf, den Maxime Du Camp zur Illustration der menschlichen „vanité"[143] evoziert:

> Écoutez les curieux qui regardent passer un corbillard drapé, empanaché de plumes d'autruche, traîné par quatre chevaux caparaçonnés, tenus aux mains de valets de pied, suivi par des maîtres de cérémonies qui portent « les honneurs » sur des coussins de velours ; que disent-ils ? « C'est un bel enterrement ! » Il est permis aux riches d'étonner les foules, de faire brûler des lampadaires à alcool sous la nef des églises, et d'avoir des cercueils capitonnés de satin blanc ; ce n'est qu'une affaire d'argent.[144]

Die Zurschaustellung des Reichtums und die damit verbundene soziale Distinktion, auf die der prunkvolle Leichenzug abzielt, verlieren sich im Klischeehaften. Die posthume Inszenierung des Verstorbenen folgt einem vorgefertigten Trauerritus, der ebenso vorgefertigte Reaktionen hervorruft. Selbst im Tod wird der Verstorbene durch scheinhafte käuflich erwerbbare Masken repräsentiert. Die individuelle Erinnerung an den Verstorbenen verschwindet gänzlich hinter der pompösen Inszenierung. Die Stille, die während des Trauerzuges des Dambreuse zunächst noch herrscht, ist nicht etwa Resultat eines Angedenkens an den Toten, sondern einer ungeschriebenen Etikette. Sie erinnert an die leeren Gesten des religiösen Rituals während der Trauerzeremonie, die die liturgische Unkenntnis der Trauergäste bloßstellt: „À part quelques-uns, l'ignorance religieuse de tous était si profonde, que le maître des cérémonies, de temps à autre, leur faisait signe de se lever, de s'agenouiller, de se rasseoir."[145] Doch die hypokrite Andacht während des Trauerzuges kann

141 Gustave Flaubert, *L'Éducation sentimentale*, S. 562.

142 Ebd.

143 Maxime Du Camp, *Paris, ses organes, ses fonctions et sa vie dans la seconde moitié du XIXe siècle*, Bd. VI, S. 113.

144 Ebd.

145 Gustave Flaubert, *L'Éducation sentimentale*, S. 561.

angesichts des langen Weges nicht lange bewahrt werden und schlägt rasch um in politisches Geplauder.[146] Erst vor den Toren des Père-Lachaise wird es schlagartig still.

Nicht nur der Trauerzug dient im 19. Jahrhundert der sozialen Distinktion. Auch das Grabmonument und die Konzession sollen den Nachruhm des Verstorbenen sichern. Die Grabstätte, die als „*symbolische*[] Substitution"[147] des toten Körpers betrachtet werden kann und die in *Madame Bovary* die Form eines extravaganten nach antiken und königlichen Vorbildern modellierten eitlen Erinnerungsortes einnimmt,[148] präsentiert sich in der *Éducation sentimentale* als eine dem Kitsch und Fetischismus anheimgefallene Kultstätte:

> Les tombes se levaient au milieu des arbres, colonnes brisées, pyramides, temples, dolmens, obélisques, caveaux étrusques à porte de bronze. On apercevait dans quelques-uns des espèces de boudoirs funèbres, avec des fauteuils rustiques et des pliants. Des toiles d'araignée pendaient comme des haillons aux chaînettes des urnes ; et de la poussière couvrait les bouquets à rubans de satin et les crucifix. Partout, entre les balustres, sur les tombeaux, des couronnes d'immortelles et des chandeliers, des vases, des fleurs, des disques noirs rehaussés de lettres d'or, des statuettes de plâtre : petits garçons et petites demoiselles, ou petits anges tenus en l'air par un fil de laiton : plusieurs même ont un toit de zinc sur la tête.[149]

In ihrer eklektischen Ansammlung von Kitschobjekten scheinen sich die einzelnen Gräber gegenseitig zu überbieten. Das unruhige Erscheinungsbild konterkariert die traditionelle Funktion des Friedhofs als letzte Ruhe- und Gedenkstätte. Tatsächlich avanciert der Père-Lachaise im 19. Jahrhundert zum beliebten Ort des Spaziergangs, bei dem die prunkvollen Gräber der *grands*

---

146 „La route était longue ; et, – comme dans les repas de cérémonie, où l'on est réservé d'abord, puis expansif, – la tenue générale se relâcha bientôt. On ne causait que du refus d'allocation fait par la Chambre au Président." Ebd., S. 562.

147 Thomas H. Macho, „Tod und Trauer im kulturwissenschaftlichen Vergleich", S. 105.

148 Vgl. Kap. 2.4.

149 Gustave Flaubert, *L'Éducation sentimentale*, S. 563. Den „fétichisme des tombeaux" beklagt Flaubert bereits in einem Brief an George Sand (vgl. ebd., Anm. 1): „J'ai été pris au Père-Lachaise d'un dégoût de l'humanité profond et douloureux. Vous n'imaginez pas le fétichisme des tombeaux ! Le vrai Parisien est plus idolâtre qu'un nègre ! Ça m'a donné envie de me coucher dans une des fosses." Brief an George Sand vom 2. Februar 1869, *Corr. IV*, S. 16.

hommes bewundert werden können.[150] In seinem „renom aristocratique"[151] ist der Père-Lachaise als letzte Ruhestätte für den verstorbenen M. Dambreuse geradezu prädestiniert. Auch seine prätentiöse Künstlichkeit, die Maxime Du Camp insbesondere dem 1849 und 1850 erweiterten Teil des Friedhofs attestiert,[152] macht ihn zu einer auserwählten Ruhestätte für den Industriellen, dessen Selbstliebe und Streben nach Distinktion auch mit dem Tod nicht erlöschen:

> Éternité de l'amour de soi-même qui veut se prolonger au delà du néant, Qui [sic] est-ce qui fait le plus d'efforts pour échapper à l'oubli ? Est-ce la gloire ? Est-ce la noblesse ? Est-ce l'argent ? C'est l'argent. Trois monuments semblent au Père-Lachaise vouloir écraser les autres à leur profit; tous les trois recouvrent les dépouilles d'hommes qui ont fait fortune dans l'industrie.[153]

Doch das prachtvolle Grabmal kann nicht vor dem Vergessen schützen. Die Erinnerung an den toten Industriellen schwindet mit seinem Wirken in der Welt. Seine wirtschaftliche Macht kann zwar in einem kostspieligen Grabmonument zur Schau gestellt, aber nicht über den Tod hinaus bewahrt werden. Demgegenüber steht das den Tod überdauernde – oder das erst posthum einsetzende – kulturelle und literarische Prestige zahlreicher Schriftsteller, Maler und Schauspieler. So zieht das Grab des 1857 verstorbenen Chansonniers Béranger Pilgerströme von Besuchern an. Er wurde im Grab des 1827 verstorbenen Redners und Politikers Jacques-Antoine Manuel, mit dem er befreundet war, mitbestattet. Letzterer gerät zunehmend in Vergessenheit: „Le tombeau de Manuel, dont l'enterrement causa tant d'émotion au pouvoir, est visité

---

150 Vgl. Maxime Du Camp, *Paris, ses organes, ses fonctions et sa vie dans la seconde moitié du XIXe siècle*, Bd. VI, S. 141: „Il [le Père-Lachaise, S. W.] domine notre ville, il a reçu nos grands hommes, il est ombragé par de vieux arbres magnifiques, il est un lieu de promenade et de pèlerinage ; Paris en est fier et le montre avec orgueil aux étrangers." Auch in einem Reiseführer von 1855 heißt es: „Le Père-Lachaise est plutôt une promenade qu'un cimetière." *Guide dans les monuments de Paris*, S. 97. Der Autor des Reiseführers zitiert die *Feuilles d'automne* und wirbt mit den „impressions mélancoliques, et non pas tristes, que peut faire naître la vue de ce lieu." Ebd. Außerdem empfiehlt er seinen Lesern einen nächtlichen Friedhofsbesuch: „[...] on n'entend que les préludes du rossignol s'essayant dans les branches du saule qui pleure sur le tombeau de l'auteur de Paul et Virginie." Ebd., S. 98.

151 Maxime Du Camp, *Paris, ses organes, ses fonctions et sa vie dans la seconde moitié du XIXe siècle*, Bd. VI, S. 149.

152 Zur Geschichte und Vergrößerung des Père-Lachaise vgl. ebd., S. 141 f.

153 Ebd., S. 143 f.

encore avec quelque curiosité parce que Béranger y a été inhumé [...]."[154] Das Schicksal des Politikers wird auch den Industriellen Dambreuse, der in seiner Nähe bestattet wird, ereilen: „La fosse de M. Dambreuse était dans le voisinage de Manuel et de Benjamin Constant. Le terrain dévale, en cet endroit, par une pente abrupte."[155] So wie Manuel wird auch Dambreuse, dessen Grab an einem steilen Abhang situiert ist, sinnbildlich in die Tiefe des dunklen Nichts stürzen und vergessen werden.

Nicht einmal die prestigeträchtige *concession perpétuelle*,[156] die Frédéric im Hôtel de Ville reflexartig beantragt,[157] wird M. Dambreuse vor seinem Schicksal bewahren. Trotz der immerwährenden Konzession wird die prätentiöse Grabstätte mit der Zeit dem Zerfall anheimfallen so wie M. Dambreuse der Vergessenheit. Mit dem Industriellen geht sinnbildlich auch die monetäre Gesellschaft unter, deren materielle Inszenierungspraktiken zum Scheitern verurteilt sind. Der Reichtum kann die Erinnerung an den Verstorbenen nicht aufrechterhalten. Der nach Distinktion strebende Trauerritus wird als scheinhaft und vergebens ausgewiesen: Vor der Versenkung in das dunkle

---

154 Ebd., S. 144.

155 Gustave Flaubert, *L'Éducation sentimentale*, S. 564.

156 Vgl. Bruno Bertherat, Christian Chevandier, *Paris dernier voyage. Histoire des pompes funèbres (XIXe-XXe siècles)*, S. 107: „[...] les plus riches peuvent se payer une concession perpétuelle. Ils la surmontent en général d'un monument dont l'éclat et la grandeur disent la position sociale. Le beau tombeau est le prolongement logique du convoi de standing. Ainsi, le cimetière perpétue la hiérarchie des vivants dans le monde des morts." Gegen Ende des 19. Jahrhunderts werden jene Pariser Friedhöfe, die sich *intra muros* befinden, für die *concessions perpétuelles* reserviert. Die Armen werden fortan in den Vororten bestattet. Vgl. ebd. Auch Du Camp erkennt in den *concessions perpétuelles* den Wunsch nach einer ewigen Erinnerungsstätte. So verkaufe die Stadt Paris „un certain nombre de mètres à ceux qui veulent creuser un caveau, élever un monument et donner aux choses de la mort un caractère de perpétuité que tout condamne, la fragilité de la postérité humaine aussi bien que la fragilité des sentiments humains." Maxime Du Camp, *Paris, ses organes, ses fonctions et sa vie dans la seconde moitié du XIXe siècle*, Bd. VI, S. 139.

157 „Il alla ensuite à l'Hôtel de Ville pour l'achat du terrain. Une concession de deux mètres en longueur sur un de largeur coûtait cinq cents francs. Était-ce une concession mi-séculaire ou perpétuelle ? – Oh ! perpétuelle ! dit Frédéric." Gustave Flaubert, *L'Éducation sentimentale*, S. 559. Es ist fraglich, ob eine *concession mi-séculaire* im 19. Jahrhundert überhaupt existiert, oder ob sie nicht vielmehr aus der ironischen Feder des Autors stammt. Wie Du Camp herausstellt, folgen den immerwährenden *concessions perpétuelles* die auf fünf Jahre angelegten *concessions temporaires*. Unter hundert Begräbnissen sind zehn *concessions perpétuelles*, 27 *concessions temporaires* und 63 *tranchées gratuites*. Vgl. Maxime Du Camp, *Paris, ses organes, ses fonctions et sa vie dans la seconde moitié du XIXe siècle*, Bd. VI, S. 138–141.

Nichts, die alle Menschen im Tod gleichstellt, können keine prunkvollen Masken schützen. Ebenso wenig wird M. Dambreuse durch die persönliche Erinnerung der Hinterbliebenden vor dem Nichts bewahrt. Sind Liebe, Trauer und *compassio* absent, so kann auch keine Erinnerung gestiftet werden.

4.4 Tod, Prostitution und Kunst. Das tote Kind der Rosanette

Der eitle Versuch, den Tod mit einer Maske zu verhüllen, wird auf beinahe grausame Weise in der Todesszene des Kindes, das die *demi-mondaine* Rosanette zur Welt bringt und eines Morgens tot in seinem Bettchen auffindet, auf die Spitze getrieben. Dabei erweckt insbesondere das *post mortem*-Porträt, das der Maler Pellerin vom verstorbenen Jungen anfertigt, beim Leser Unbehagen. Es deformiert die im 19. Jahrhundert verbreiteten *post mortem*-Bilder und Fotografien, die verstorbene Kinder entweder auf dem prachtvoll ausstaffierten Totenbett als *sleeping beauty* stilisieren oder aber eine Illusion des Lebens herstellen, indem sie die Kinder in aufrecht sitzender Pose und mit geöffneten Augen abbilden.[158] Flaubert scheint zu erkennen, dass jene Bilder zunehmend dem Kitsch anheimfallen, wenn er den höchst artifiziellen Inszenierungen der Verstorbenen, die oftmals von Kissen, überbordendem Blumenschmuck, Haarkronen und glänzendem Zierrat regelrecht erdrückt werden, in Pellerins Porträt eine gänzlich unkonventionelle, sich jeglicher Deutung entziehende Darstellungsform entgegenstellt:

> Elle [Rosanette, S. W.] alla chercher le portrait. Le rouge, le jaune, le vert et l'indigo s'y heurtaient par taches violentes, en faisaient une chose hideuse, presque dérisoire.[159]

Pellerins *post mortem*-Porträt ist weder eine realistische Darstellung des Verstorbenen, so wie sie von Rosanette in Auftrag gegeben wird,[160] noch eine sich den zeitgenössischen Klischees bedienende idealisierte Inszenierung eines friedlich schlafenden Kindes. Es ist eine Zurschaustellung von grellen,

158 Vgl. Kap. 2.4. Die lebensechte Inszenierung lässt sich auf eine christliche ikonographische Tradition zurückführen. So zeigt eine Reihe von Votivbildern verstorbene Kinder in aufrechter Haltung, mit geöffneten Augen und einem Gesichtsausdruck von ewiger Glückseligkeit. Die Kinder wirken wie Engel aus einem jenseitigen Himmelsreich. Vgl. Marie-France Morel, „Corps exposés, corps parés, en Occident chrétien, dans les peintures et les photographies d'enfants morts (XVIe-XIXe siècles)", S. 673 f. Morel nennt das Beispiel eines 1691 verstorbenen Mädchens.

159 Gustave Flaubert, *L'Éducation sentimentale*, S. 599.

160 „– Pourvu que ce soit ressemblant, objecta Rosanette." Ebd., S. 593.

knalligen Farben, eine Parodie traditioneller *post mortem*-Darstellungen, die das Modell entstellt und das Bildgenre verspottet. Pellerin fertigt kein Porträt, keine künstlerische Darstellung einer (verstorbenen) Person an. Stattdessen löst sich das abzubildende tote Kind in der impressionistischen Farbgebung auf. Die grellen Farben stehen den oftmals gedeckten dunklen Tönen traditioneller *post mortem*-Bilder gegenüber.

Zugleich verweist Pellerins Gemälde auf die Kommerzialisierung des Todes, die Käuflichkeit einer Erinnerung, der innere Bilder nicht mehr genügen, sondern die eines materiellen *keepsakes* bedarf. War die Anfertigung von Gemälden verstorbener Kinder im 16. und 17. Jahrhundert noch der Aristokratie vorbehalten, avanciert das *post mortem*-Porträt spätestens ab der Mitte des 19. Jahrhunderts und mit der Verbreitung der Fotografie zu einem kommerzialisierten Erinnerungsobjekt.[161] Seine Anfertigung wird besonders im

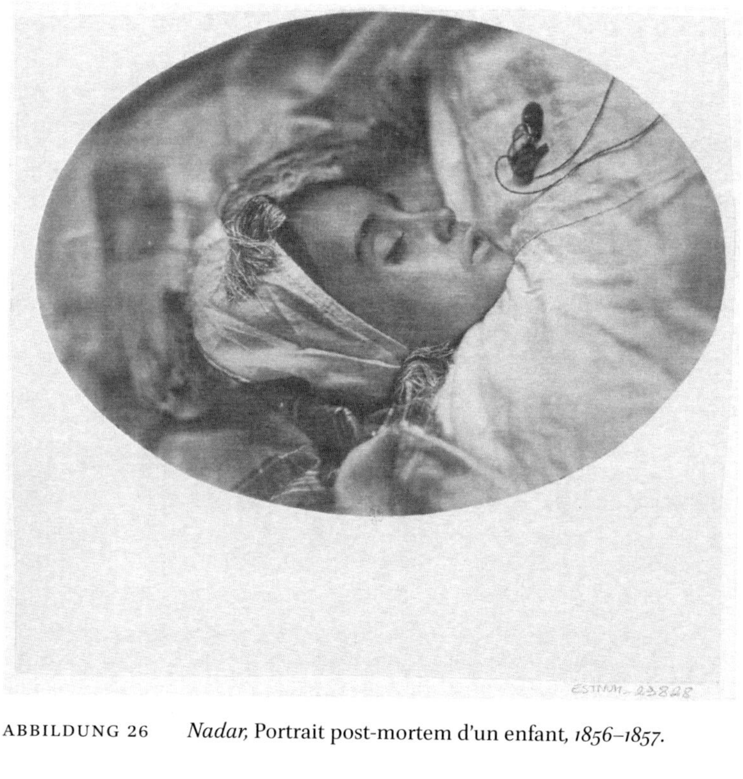

ABBILDUNG 26 *Nadar,* Portrait post-mortem d'un enfant, *1856–1857.*

161 Vgl. Marie-France Morel, „Corps exposés, corps parés, en Occident chrétien, dans les peintures et les photographies d'enfants morts (XVIe-XIXe siècles)", S. 667. Morel bezieht sich auf Nordeuropa und Spanien. Die frühesten *post mortem*-Bilder von Kindern wurden im 16. Jahrhundert in Belgien und den Niederlanden angefertigt. Bereits zu dieser Zeit

angloamerikanischen Raum beworben.[162] Auch Pellerin tritt in die Rolle eines Dienstleisters von Totenporträts, wenn er herbeieilt, um im Auftrag von Rosanette und Frédéric das tote Kind zu malen. Dass es großen Talents bedarf, um den Auftrag auszuführen, der am Ende wohl auch sehr kostspielig sein wird,[163] zeigt Pellerins Ausruf beim Anblick des toten Kindes:

> – Pauvre petit ange ! Ah ! mon Dieu, quel malheur !
> Mais, peu à peu (l'artiste en lui l'emportant), il déclara qu'on ne pouvait rien faire avec ces yeux bistrés, cette face livide, que c'était une véritable nature morte, qu'il faudrait beaucoup de talent […].[164]

Der Blick auf den toten Jungen, der in seinem Sterbebett aufgebahrt liegt, ist zunächst klischeehaft: Wenn Pellerin das Kind als „petit ange" bezeichnet, so scheint er vor seinem inneren Auge eine *post mortem*-Szenerie zu entwerfen, die dem Ideal jener verbreiteten *post mortem*-Gemälde und Fotografien entspricht, die verstorbene Kinder als engelsgleich schlafende *sleeping beauties* inszenieren.[165] Pellerins anfänglicher Ausruf der Erschütterung weicht allmählich („peu à peu") einer distanzierten Professionalität, einem Verlust von *compassio*, die der Erzähler dem Künstler ironisch zuschreibt („l'artiste en lui l'emportant"). Doch der Maler erkennt die Schwierigkeit, den Tod, dessen Präsenz sich in den körperlichen Zeichen des Verfalls aufdrängt, mit einer

---

werden die toten Kinder in ihrem Bett porträtiert. Oft sind sie als Schlafende inszeniert und von Blumen umgeben. Einige sind auch gänzlich ohne Dekoration porträtiert. Vgl. ebd., S. 670 f.

162 In Zeitungsannoncen und Vitrinen wird mit lebensechten Fotografien Verstorbener geworben. Vgl. Joëlle Bolloch, „Photographie après décès : pratique, usages et fonctions", S. 114 f.

163 Wenngleich der Preis der Dienstleistung nicht genannt wird, lässt sich Pellerin bereits das Porträt der Rosanette teuer bezahlen. Frédéric hatte es in Auftrag gegeben, um Rosanette, die ein Treffen mit ihm stets ablehnte, im Atelier des Malers sehen zu können: „Connaissant par Dussardier les récriminations de Pellerin sur son compte, il [Frédéric, S. W.] imagina de lui commander le portrait de la Maréchale, un portrait grandeur nature, qui exigerait beaucoup de séances ; il n'en manquerait pas une seule ; l'inexactitude habituelle de l'artiste faciliterait les tête-à-tête." Gustave Flaubert, *L'Éducation sentimentale*, S. 245. Nach der Fertigstellung des Porträts wird Pellerin von Frédéric eine hohe Summe fordern: „L'extravagance du chiffre le [Frédéric, S. W.] révolta […]." Ebd., S. 331.

164 Ebd., S. 593.

165 Diese Inszenierung erfolgt nicht erst im 19. Jahrhundert. Bereits niederländische Maler des 16. Jahrhunderts porträtieren verstorbene Kinder als *petits anges*. Vgl. Marie-France Morel, „Corps exposés, corps parés, en Occident chrétien, dans les peintures et les photographies d'enfants morts (XVIe-XIXe siècles)", S. 674 f.

künstlerischen Maske zu verhüllen. Der mitleidsvollen Wahrnehmung als Engel folgt schließlich das fachkundige Urteil des Künstlers, dass es sich beim toten Kind bereits um ein Kunstobjekt handele, nämlich um ein Stillleben, eine *nature morte*, deren Umwandlung in ein anderes Bildgenre dem Maler eine große Anpassungsleistung abverlangt, die er gleichwohl in Aussicht stellt. Als *nature morte*, die bereits im 19. Jahrhundert Darstellungen kunstvoll arrangierter Gegenstände oder Tierkadaver bezeichnet,[166] werden dem toten Kind jegliche menschliche Eigenschaften abgesprochen.

Während Pellerin die klischeehafte Wahrnehmung des toten Kindes mit seinem skurrilen Gemälde letztlich durchbrechen wird, ist der Blick der Mutter auf ihren toten Jungen durchweg von Klischees geprägt. Das *post mortem*-Gemälde soll den Verstorbenen wie ein ‚Abdruck' (*cliché*) einfangen. Am liebsten würde Rosanette ihr Kind selbst (und nicht sein Abbild) verewigen und wie ein *keepsake* aufbewahren: „– Nous le conserverons, n'est-ce pas ?"[167] Erneut verweist Flaubert auf die gängige Praxis der Einbalsamierung, die an dieser Stelle nicht nur als Technik erscheint, dem körperlichen Verfall Einhalt zu gebieten, sondern möglicherweise die Hoffnung der Mutter erweckt, das Kind nicht hergeben zu müssen. Da eine chemische Konservierung bei kleinen Kindern nicht durchgeführt werden kann,[168] hofft Rosanette nunmehr auf eine symbolische Konservierung im Erinnerungsbild.

Rosanettes Angedenken an ihr totes Kind bedarf materieller Objekte. Die Erinnerung ist käuflich geworden. Für die *post mortem*-Fotografie des ausgehenden 19. und 20. Jahrhunderts erweist sich der Tod als rentables Geschäft. In ähnlicher Weise wie Rosanette ihre mondänen Begierden durch materielle Güter zu stillen weiß, versucht sie nunmehr, ihre unermessliche Trauer, die in typisch weiblichen Trauergesten zur Schau gestellt und ins Pathologische gesteigert wird,[169] durch ein Erinnerungsobjekt abzumildern. Es ist sicherlich

166 Vgl. Pierre Larousse, *Grand Dictionnaire universel du XIXe siècle*, Bd. XI, s. v. „nature morte", S. 862: „Sous ce nom, on a coutume de désigner les tableaux représentant soit des objets absolument inertes, tels que les vases, les bijoux, les ustensiles, les livres, les armes, soit des objets susceptibles de certains développements organiques, mais dépourvus de la vie animale, les fleurs et les fruits, par exemple, soit enfin des animaux morts placés en dehors de leur élément naturel, le gibier, les poissons. Ce genre de peinture a été pratiqué dès l'antiquité ; mais l'expression de nature morte est tout à fait moderne ; nous croyons même qu'elle appartient au XIXe siècle [...]."

167 Gustave Flaubert, *L'Éducation sentimentale*, S. 592.

168 Vgl. ebd., S. 593.

169 „Elle le prit, le secoua, l'étreignait en l'appelant des noms les plus doux, le couvrait de baisers et de sanglots, tournait sur elle-même, éperdue, s'arrachait les cheveux, poussait des cris ; – et se laissa tomber au bord du divan, où elle restait la bouche ouverte, avec un flot

kein Zufall, dass Flaubert gerade das Kind der Prostituierten bzw. *demi-mondaine* Rosanette sterben und im Anschluss malen lässt. In der bestehenden Forschungsliteratur wird der Tod des Kindes zuweilen als Symbol des bevorstehenden Endes der Revolution gedeutet.[170] Doch weitaus bedeutender erscheint die Verbindung von Kunst und Prostitution, die die Todesszene auf beinahe abgründige Weise veranschaulicht. Das uneheliche Kind der ‚Halbweltdame', die sich als promiskuitive Mätresse von wohlhabenden Männern aushalten lässt und somit auch als Prostituierte bezeichnet werden kann,[171] ist von Beginn an zum Tode verdammt. Denn in der öffentlichen Wahrnehmung des 19. Jahrhunderts ist der Prostitution eine bedrohliche Dimension eingeschrieben: Die käufliche Liebe ist mit dem Risiko der Krankheit, die Lust mit dem Tod verbunden. Nicht selten leidet die Prostituierte an ansteckenden Geschlechtskrankheiten, von denen die Syphilis wohl die am meisten gefürchtete war, oder an Infektionskrankheiten wie der Tuberkulose. So wird auch das Schicksal von Émile Zolas Nana durch eine tödliche Krankheit besiegelt.[172] Darüber hinaus wurde der Prostituierten die Möglichkeit einer Mutterschaft

---

de larmes tombant de ses yeux fixes. Puis une torpeur la gagna, et tout devint tranquille dans l'appartement. Les meubles étaient renversés." Ebd., S. 592.

170 Vgl. z. B. Peter George Smith, „*L'Éducation sentimentale*: History as an Allegory of Love", S. 54; Mary Orr, „Still Life and Moving Death in Flaubert's *L'Éducation sentimentale*", S. 21 f.

171 Rosanette verkörpert jene heimliche Prostitution, die der kontrollierten Prostitution in bewachten Bordellen gegenübersteht und vor der der Anwalt und Historiker Charles Desmaze eindringlich warnt: „A côté de cette prostitution reconnue [dans les maisons de débauche, S. W.], il en existe une autre, clandestine et plus dangereuse, parce qu'elle est difficilement atteinte et surveillée, qui est partout, dans les théâtres, dans les boutiques, dans les ateliers, qui est sans cesse recrutée au profit des riches débauchés, sachant où s'adresser pour satisfaire leurs fantaisies, pour assouvir leurs caprices." *Histoire de la médecine légale en France d'après les lois, registres et arrêts criminels*, S. 106. Zur Geschichte der Prostitution, zu Statistiken und Reglementierungsversuchen vgl. ebd., S. 98–136 (Kap. XI: „Attentats aux mœurs"). Zum Motiv der Prostitution in der *Éducation sentimentale* vgl. Victor Brombert, *The Novels of Flaubert. A Study of Themes and Techniques*, S. 128–138.

172 Vgl. Alain Corbin, „Le ‚sexe en deuil' et l'histoire des femmes au XIXe siècle", S. 95; ders., „La rencontre des corps", S. 217. Insbesondere sogenannte *filles insoumises*, die nicht in bewachten Bordellen arbeiteten und sich somit der öffentlichen Kontrolle entzogen, waren von Geschlechtskrankheiten betroffen. Zu den Krankheiten der Prostituierten vgl. auch Charles Desmaze, *Histoire de la médecine légale en France d'après les lois, registres et arrêts criminels*, S. 107–138. Desmaze zitiert eine Statistik, laut der nur eine von 116 *filles soumises* an einer Geschlechtskrankheit litt. Von den *filles insoumises* seien hingegen 61% erkrankt gewesen. Vgl. ebd., S. 107. Um den heimlichen Ausschweifungen und daraus resultierenden Krankheiten Einhalt zu gebieten, wurden jährlich etwa 7000 *filles insoumises* verhaftet. Vgl. ebd.

in der Regel abgesprochen: Zumeist galt sie als unfruchtbar.[173] Im Falle einer Schwangerschaft trug sie oft Totgeburten aus, die sie, so das gängige Vorurteil, durch die weitere Ausübung ihres Metiers oder sogar durch bewusst eingesetzte Mittel selbst provozierte.[174] Rosanette bringt ihr Kind zwar lebendig zur Welt, doch von Geburt an ist es vom Verfall gezeichnet.[175] Dies offenbart bereits Frédérics erster Blick in die Wiege, in der das Neugeborene gebettet ist. Das ungewollte Kind wird von seinem Vater als entstelltes Objekt wahrgenommen: „Il écarta les rideaux, et aperçut, au milieu des linges, quelque chose d'un rouge jaunâtre, extrêmement ridé, qui sentait mauvais et vagissait."[176] Die unkenntliche, rot-gelbliche Form des hinter Vorhängen verhüllten Babys scheint auf monströse Weise das *post mortem*-Porträt, das Pellerin anfertigen wird, vorzuskizzieren. Schließlich wird das Kind an einer durch Pilze hervorgerufenen Infektionskrankheit sterben, die seinen kleinen Körper zunehmend zersetzt und entstellt, bis es eines Morgens tot in seinem Bettchen liegt:

> Tous ses membres étaient maigris extraordinairement et ses lèvres couvertes de points blancs, qui faisaient dans l'intérieur de sa bouche comme des caillots de lait. […] Mais dans la soirée, il [Frédéric, S. W.] fut effrayé par l'aspect débile de l'enfant et le progrès de ces taches blanchâtres, pareilles à de la moisissure, comme si la vie, abandonnant déjà ce pauvre petit corps, n'eût laissé qu'une matière où la végétation poussait.[177]

In ‚pointillistischer' Manier, mit kleinen weißen Farbtupfern, fertigt der Erzähler ein literarisches Porträt des Kindes an. Es sind die weißen Punkte, die das Bild konstituieren und dabei zugleich den Körper des Kindes zerfallen lassen.

---

173 Vgl. Alain Corbin, „Les prostituées du XIXe siècle et le ‚vaste effort du néant'", S. 122. Die angebliche Sterilität der Prostituierten wurde oftmals mit der „gymnastique délirante des clients" erklärt, die zu einer Verschiebung der weiblichen Geschlechtsorgane führe. Ebd. Auch wurden oftmals Geschlechtskrankheiten als Grund für die Unfruchtbarkeit angeführt. Vgl. ebd.

174 Vgl. ebd., S. 122 f. Die Rate an Fehlgeburten ist statistisch nicht zu erfassen. Wenn eine Totgeburt überhaupt im Krankenhaus erfolgte, so wurde sie zur damaligen Zeit vor dem achten Schwangerschaftsmonat nicht verzeichnet. Vgl. ebd.

175 Die Todesverfallenheit des Kindes ist bereits in einem subtilen Verweis in den Manuskripten des Romans angedeutet. Hier bezeichnet Flaubert Rosanette als „femme du monde", als jene verführerisch-dämonische Frauenfigur, die schon in seinem Jugendwerk *La Femme du monde* (1836) als Allegorie des Todes in Erscheinung tritt. Vgl. Gustave Flaubert, *L'Éducation sentimentale. Les scénarios*, scénario XXXVII, f. 54, S. 296.

176 Gustave Flaubert, *L'Éducation sentimentale*, S. 570.

177 Ebd., S. 591 f.

In der Bildkomposition, die sich nicht aus farbigen, sondern aus weißen Tupfern zusammensetzt, wird das Modell zunehmend unkenntlich gemacht und verschwindet hinter einer immer größer werdenden weißen Leinwand. Wenngleich Pellerin die weißen Farbtupfer mit bunten Farbflecken großflächig übermalen wird, können seine „taches violentes" das zerstörte Modell nicht wiederherrichten.

Im 19. Jahrhundert wird die Prostitution des weiblichen Körpers von der Prostitution der Kunst überboten. Die Kunst erweist sich als ebenso käuflich wie der weibliche Körper. Sie dient nicht mehr dem ästhetischen Genuss, sondern in erster Linie als Prestigeobjekt, mit dem der Reichtum zur Schau gestellt werden kann. Darüber hinaus wird das bürgerliche Interieur zu Dekorationszwecken mit vermeintlicher Kunst ausstaffiert, die sich jedoch als Kitsch entlarvt. Schon Flaubert nimmt Anstoß an der Kommerzialisierung der Kunst und ihrer damit einhergehenden Verkitschung:

> L'industrialisme a développé le Laid dans des proportions gigantesques ! Combien de braves gens qui, il y a un siècle, eussent parfaitement vécu sans Beaux-Arts, et à qui il faut maintenant de petites statuettes, de petite musique et de petite littérature ! (Que l'on réfléchisse seulement quelle effroyable propagation de mauvais dessins ne doit pas faire la Lithographie ! – Et quelles belles notions un peuple en retire, quant aux formes humaines !) [...] Nous sommes tous des farceurs, et des charlatans; pose, pose ! et blague partout ! La crinoline a dévoré les fesses, notre siècle est un siècle de putains, et ce qu'il y a de moins prostitué, jusqu'à présent, ce sont les prostituées.[178]

Noch vor der *Exposition universelle* von 1855, die das gewaltige Vordringen der Industrialisierung in den Bereich der Kunst sichtbar macht,[179] erkennt

178 Gustave Flaubert, Brief an Louise Colet vom 29. Januar 1854, *Corr. II*, S. 518. Zur massenhaften Verbreitung von ‚Kunst', zu neuen Reproduktionstechniken, die im 19. Jahrhundert zunächst die Lithographie und schließlich die Fotografie betreffen, vgl. grundlegend Walter Benjamin, *Das Kunstwerk im Zeitalter seiner technischen Reproduzierbarkeit*.

179 Die Verschränkung von Industrie und Kunst illustriert der monumentale Industriepalast, der für die Weltausstellung in Paris errichtet wurde. Sein gigantisches Hauptportal besitzt die Form eines Triumphbogens, auf dem eine von Elias Robert entworfene Statuengruppe weiblicher Allegorien thront. Sie repräsentiert *La France*, die in aufrechter Haltung und mit ausgestreckten Armen von den in sitzender Pose dargestellten Allegorien der Industrie und der Künste flankiert wird, die sie mit Lorbeerkränzen auszeichnet. Unter der Statuengruppe, auf dem Vorsprung des Portals, zeigt ein von Desbeufs angefertigtes Basrelief weitere Personifikationen der Industrie und der Künste. Vgl. Jean-Pierre Leduc-Adine,

Flaubert, wie die Schönen Künste zunehmend einer industriellen Massenverbreitung zum Opfer fallen, die den schlechten Geschmack des Bürgertums bedient. Das bürgerliche Interieur wird mit Kitschobjekten geschmückt, Lithographien werden in einem Massendruckverfahren reproduziert, das nicht künstlerischen, sondern ökonomischen Prämissen folgt, Trivialliteratur ist jedem zum unmittelbaren Konsum zugänglich. Zugleich verwendet der Bürger die vermeintliche Kunst, die in Wahrheit das Hässliche („le Laid") verbreitet, als Distinktionsmittel, mit dem er seinen Reichtum zur Schau stellt und ein künstlerisches Interesse vortäuscht.

Dass die Kunst nur noch der eitlen Maskerade dient, zeigt sich in abgründiger Weise am *post mortem*-Gemälde des toten Kindes, das den sich zersetzenden Körper um jeden Preis in ein beständiges Erinnerungsbild transformieren soll. Flaubert erkennt die Inszenierungspraktiken jener Maler und Fotografen, die sich zunehmend auf *post mortem*-Darstellungen spezialisieren und mit Tod und Trauer Profit machen. Dass die Maskierung des Todes zum Scheitern verurteilt ist, zeigt Flaubert anschaulich am Gemälde Pellerins, das sich in seiner Endversion dem Kitschverdacht entzieht und wie eine entstellende Karikatur traditioneller *post mortem*-Bilder erscheint. Charles Asselineau, der den Autor der *Éducation sentimentale* bereits für seine epochale Diagnose einer Dekadenz der Kunst lobte,[180] attestiert der *post mortem*-Szene des toten Kindes einen „comique presque féroce, à la façon d'Hogarth et des caricaturistes anglais"[181]. Flaubert lässt Pellerin nicht etwa ein traditionelles *post mortem*-Gemälde anfertigen, um es schließlich durch die Erzählinstanz als Kitschobjekt zu entlarven. Stattdessen verleiht er Pellerin die kurzweilige Rolle eines modernen, ungewollten Karikaturisten, der die stereotypen Totenbilder verzeichnet. Weder der Tote selbst noch die ihn auf zahlreichen *post*

„Les arts et l'industrie au XIXe siècle", S. 67 f. Insbesondere das liberale Bürgertum des Second Empire verspricht sich von der „conciliation entre beaux-arts et industrie" finanziellen Profit. Ebd.

180 „M. Flaubert ne pouvait manquer dans sa chronique de relater, comme signe du temps et comme marque de la confusion des idées, la manie du bibelotage, ce culte des époques de décadence et d'impuissance artistique. Arnoux, le marchant d'objets d'art, n'est point une invention moins heureuse que celle du pharmacien Homais [...]. On était à l'aube de cet enthousiasme ridicule pour les menus objets, pour la potiche, le craquelé, l'émail et le cloisonné, qui a converti les salons en boutiques de joujoux au profit des Auvergnats et des sauvages, au détriment des arts solides et sérieux, de la peinture, de la sculpture et des bibliothèques." Charles Asselineau, „Chronique littéraire. *L'Éducation sentimentale*, par Gustave Flaubert, chez Michel Lévy, 2 vol. – [...]", in: *Bulletin du bibliophile*, 1870–1871 (online).

181 Ebd.

mortem-Bildern umgebenen Requisiten sind auf Pellerins Gemälde erkennbar: „Le rouge, le jaune, le vert et l'indigo s'y heurtaient par taches violentes, en faisaient une chose hideuse, presque dérisoire."[182] Die grellen Farben des Gemäldes löschen das Formenrepertoire damaliger *post mortem*-Darstellungen aus. Gleichzeitig verweisen sie auf die Präsenz des toten Körpers selbst, dessen Verfall nicht verhüllt werden kann: Die weißen Flecken des vom Pilz befallenen toten Körpers werden mit bunten „taches violentes" eingefärbt, sodass letztlich der Tod selbst zur Schau gestellt wird. So wie bei seiner Geburt erscheint das Kind auch nach seinem Tod als entstelltes Objekt („chose hideuse"), das in erster Linie über die Farben seines Körpers wahrgenommen wird.

Die stereotypen Stilideale, auf die Pellerin noch im Prozess des Malens rekurriert, sind in der Endversion des Gemäldes ausgelöscht. Der Versuch, das tote Kind in der Nachahmung eines Correggio oder Velázquez wie ein lebendiges Kind darzustellen, misslingt:

> [Pellerin] commença à jeter des grands traits, aussi calme que s'il eût travaillé d'après la bosse. Il vantait les petits saint Jean de Corrège, l'infante Rose de Velasquez, les chairs lactées de Reynolds, la distinction de Lawrence, et surtout l'enfant aux longs cheveux qui est sur les genoux de lady Glower.[183]

Pellerin transformiert die berühmten idealisierten und artifiziell arrangierten Kinderporträts seiner Vorbilder in eine Darstellung von grellen Farben, in der keine kindlichen Formen mehr sichtbar sind. Die naturgetreue Abbildung kindlicher Körperkonturen wird ebenso deformiert wie ihre religiöse Inszenierung oder pompöse Ausstaffierung. Wenn Flaubert die *infante Rose* evoziert, bezieht er sich nicht nur auf ein berühmtes Gemälde, sondern ebenso auf ein Gedicht mit dem Titel „La rose de l'infante", das sein einstiges literarisches Vorbild Victor Hugo verfasste und das in *La Légende des siècles* (1859) veröffentlicht wurde: Hugos Gedicht setzt ein mit der Ekphrasis von Diego Velázquez' Gemälde *L'Infante Marie Marguerite* (1653)[184], um in einem Verweis auf Velázquez' *Las Meninas* (ca. 1656)[185] in einer gespenstigen Todeserscheinung zu kulminieren,

182 Gustave Flaubert, *L'Éducation sentimentale*, S. 599.

183 Ebd., 594.

184 Das Gemälde befindet sich im Louvre, Paris.

185 Das berühmte Gemälde befindet sich im Musel del Prado, Madrid. Es zeigt die spanische Infantin umgeben von ihren Hofdamen und weiteren Hofleuten. In einem kleinen Spiegel im Hintergrund ist das Königspaar abgebildet. Auf einer Treppe im Hintergrund ist die düstere Silhouette des Kammerherrns der Königin, José Nieto, sichtbar. Vgl. Frank Lestringant, „Hugo et la Renaissance. À propos des sections VIII et IX de *La Légende des siècles*", S. 205.

die der Sprecher als jene des gefürchteten Philipp II. zeichnet.[186] Velázquez porträtierte die Tochter des spanischen Königs Philipp IV. in einem prachtvollen, mit schwarzer Spitze und rosafarbenen Schleifen verzierten Kleid. Auch das geöffnete blonde Haar der Infantin ist mit einer Schleife geschmückt. Pellerins *post mortem*-Darstellung wird neben den künstlerischen Porträts auch Hugos berühmtes literarisches Porträt auslöschen. Auch eine christliche Stilisierung nach dem ikonographischen Modell der Eleusa, der Mutter mit ihrem Jesuskind, wird nicht umgesetzt, wenngleich *post mortem*-Darstellungen toter Kinder mit ihren Müttern weit verbreitet waren: „Le type du sublime (Raphaël l'a prouvé par ses madones), c'est peut-être une mère avec son enfant?“[187] Während das Porträt der Rosanette, das Pellerin bereits an früherer Stelle anfertigte, wie eine eklektische Ansammlung von Weiblichkeitsklischees und orientalistisch angehauchten Kitschobjekten anmutet,[188] ist das Klischee in der Darstellung des toten Kindes bereits überzeichnet und entstellt. Das *post mortem*-Bild illustriert die Ambivalenz der Figur des Pellerin, der einerseits der Lächerlichkeit preisgegeben wird – etwa in seiner Nachahmung eines neoklassizistischen Stilideals oder seinen stereotypen Monologen über die großen Kunstdebatten der Epoche –, andererseits jedoch auch als (ironischer) Sprecher des Autors fungiert.[189] Dies zeigt sich insbesondere in der deformierenden Sprengkraft des *post mortem*-Gemäldes.

Die Prostitution der Kunst, die Pellerin, dessen Name möglicherweise auf die berühmte Druckerfamilie und ihre populären *images d'Épinal* referiert,[190]

---

186 Vgl. ebd., S. 204–206. Vgl. Victor Hugo, „La rose de l'infante“, in: *La Légende des siècles*, S. 437–443.

187 Gustave Flaubert, *L'Éducation sentimentale*, S. 594. Verschiedene *post mortem*-Fotografien, die verstorbene Kinder auf dem Schoß ihrer Mutter abbilden, sind abgedruckt in Stanley B. und Elisabeth A. Burns, *La Belle au bois dormant II. La famille face à la douleur et au deuil à travers la photographie funéraire* (*Tradition Américaine & Européenne*) / *Sleeping Beauty II. Grief, Bereavement and the Family in Memorial Photography* (*American & European Traditions*). Oftmals sind die Kinder als Lebende inszeniert, indem ihren Porträts z. B. geöffnete Augen eingezeichnet wurden.

188 Vgl. die Beschreibung des fertigen Porträts: „C'était bien elle – ou à peu près, – vue de face, les seins découverts, les cheveux dénoués, et tenant dans ses mains une bourse de velours rouge, tandis que, par derrière, un paon avançant son bec sur son épaule, en couvrant la muraille de ses grandes plumes en éventail.“ Gustave Flaubert, *L'Éducation sentimentale*, S. 356.

189 Zur Ambivalenz des Pellerin vgl. Alison Fairlie, „Pellerin et le thème de l'art dans *L'Éducation sentimentale*“, S. 411.

190 Zur Druckerfabrik und Dynastie der Pellerin vgl. Anne Cablé, „Jean-Charles Pellerin, du cartier à l'industriel“, S. 83–92. Pellerins Druckerfabrik ist ein berühmtes Beispiel für die Verschränkung von Politik und Kunst im 19. Jahrhundert. Auch der historische Maler Edmond Pierre Gustave Pellerin (1820–1859) könnte als Modell für Flauberts Figur gedient

an zahlreichen Stellen des Romans auf perfide Weise verkörpert, gelangt dort an ihre Grenzen, wo der Maler den Tod darstellen soll. Wenngleich die einzelnen grellen Farben seines *post mortem*-Porträts jenen der bunt kolorierten Bilderbogen aus Épinal ähneln, so bildet Pellerin keine in der Farb- und Liniengebung stimmige Szene ab, die den Betrachter zum sofortigen Konsum einlädt. Stattdessen wird ein dissonanter Aufprall von Farben sichtbar,[191] der das Bild dem unmittelbaren Konsum und somit dem Kitschverdacht entzieht. Auf Pellerins Gemälde ist nicht das tote Kind dargestellt, sondern die Farbe selbst. Die kindlichen Konturen werden durch die Farben symbolisch aufgelöst. Die abbildende Funktion der Kunst weicht einem gewaltsamen Farbenschauspiel.

Wie bereits anhand der *post mortem*-Inszenierungen Napoleons herausgestellt wurde, werden die Massendrucke aus Épinal im 19. Jahrhundert gezielt zur politischen Propaganda eingesetzt.[192] Darüber hinaus scheinen sie auch in entscheidender Weise die Wahrnehmung des Todes zu prägen, dessen Realität sich zunehmend ins Artifizielle verkehrt. Der Tod wird mit einer Maske versehen. Die bunten Farbdrucke aus Épinal inszenieren den Tod als Schauspiel. So wird Flaubert die Nachricht vom Tod des kaiserlichen Prinzen Napoléon Eugène Louis Jean Joseph Bonaparte, Hoffnungsträger der Bonapartisten, der während des Zulukrieges in Afrika am 1. Juni 1879 von Speeren durchbohrt wird, so sehr in Erstaunen versetzen wie ein Bilderbogen aus Épinal:

> La mort du Prince impérial, qui m'a frappé comme une image d'Épinal tant elle est violente et sauvagesque, commence à devenir une *scie* ; ne trouvez-vous pas ? J'étais à Paris, aux premières loges, quand la nouvelle en est venue. Et j'ai contemplé la gigantesque bêtise de Messieurs les Bonapartistes. La Princesse a été très affligée et très raisonnable – et le Prince plein de réserve.[193]

Tatsächlich wird von der Todesszene des kaiserlichen Prinzen eine *image d'Épinal* angefertigt. Sie zeigt die letzten Momente des in seine Militärkleidung gehüllten Prinzen, der von kaum bekleideten Zulu-Kriegern umzingelt ist und von einem Speer durchbohrt wird. Mit ausgestrecktem Arm und einer Hand

haben. Vgl. mit weiterführender Literatur Angelica Rieger, *Alter Ego. Der Maler als Schatten des Schriftstellers in der französischen Erzählliteratur von der Romantik bis zum Fin de siècle*, S. 161, Anm. 481.

191 „Le rouge, le jaune, le vert et l'indigo s'y heurtaient par taches violentes, […]." Gustave Flaubert, *L'Éducation sentimentale*, S. 599.

192 Vgl. Kap. 2.4.

193 Gustave Flaubert, Brief an Edma Roger des Genettes vom 15. Juli 1879, *Corr. V*, S. 678.

ABBILDUNG 27 Mort du prince Louis-Eugène-Napoléon, *1879*.

auf der Brust ist er im Begriff zurückzusinken. Der brutale Tod des Prinzen, dessen entstellter Leichnam, wie die Bildunterschrift preisgibt, unbekleidet und von siebzehn Speerstößen getroffen von den englischen Truppen aufgefunden wird, ist als würdevoller Heldentod inszeniert: So zeigt die *image d'Épinal* lediglich, wie der Prinz in gefasster Haltung zurücksinkt.

Wenn Flaubert seinen Maler Pellerin schließlich als Fotograf enden lässt – und nicht etwa als Drucker populärer Bilderbogen –, so stellt sich die Frage, ob der Fotografie eine wahrheitsgetreue, unverschleierte Darstellung des Todes gelingen kann. Doch gerade die *post mortem*-Fotografie wird die Inszenierungsstrategien der Malerei in ihrer Artifizialität überbieten: Mit Hilfe gekonnter Kameraeinstellungen, Licht und Schatten, Schminke und Retuschierung wird der tote Körper auf Fotografien effektvoll in Szene gesetzt.[194] Da Fotografien weniger kostspielig sind als Gemälde, ist es gegen Ende des 19. Jahrhunderts jeder Familie möglich, ihr verstorbenes Kind in einer Fotografie zu verewigen. Die *post mortem*-Fotografie ist ebenso von einer Kommerzialisierung wie von einer Demokratisierung betroffen.[195]

---

194 Vgl. Joëlle Bolloch, „Photographie après décès : pratique, usages et fonctions", S. 122 f., S. 130 f.

195 Vgl. ebd., S. 143; Vgl. Marie-France Morel, „Corps exposés, corps parés, en Occident chrétien, dans les peintures et les photographies d'enfants morts (XVIe-XIXe siècles)", S. 677 f.

Als frühes Paradebeispiel der *post mortem*-Fotografie gilt eine Daguerreotypie von Alphonse Le Blondel, der um 1850 ein verstorbenes Kind in seinem Totenbett ablichtete. Das Kind ist in friedlich schlafender Pose gebettet. Sein glattes, starres Gesicht, das einer Marmorform ähnelt, wird von einer weißen spitzenbesetzten Kopfbedeckung umrahmt, unter der einige Haarsträhnen hervorschauen. Der Körper des Kindes ist in ein weißes Kleid gehüllt, dessen Zierborten am Hals- und Schulterbereich sichtbar werden und das sich in das Weiß des Kissens, auf dem der Kopf ruht, einfügt. Der Rest des Körpers ist zugedeckt. Im Bildvordergrund am Bett des toten Kindes, das mit weißen Vorhängen drapiert ist, sitzt ein Mann, der als Vater des Kindes identifiziert werden kann. Er ist im Profil abgebildet und mit einem feinen schwarzen Anzug bekleidet. Seine Hand ruht auf dem vorderen Gitter des Bettes. Sein Blick ist auf das Kind gerichtet. Le Blondels Daguerreotypie ist ein gutes Beispiel für die zunehmende Kommerzialisierung von Totenporträts, da es lange Zeit als eines der teuersten *post mortem*-Bilder gehandelt wurde.[196] Im Gegensatz zu den *post mortem*-Porträts, die gegen Ende des 19. Jahrhunderts entstehen, ist Le Blondes Daguerreotypie sehr zurückhaltend. Das verstorbene Kind ist zwar als Schlafendes inszeniert und durch Licht- und Schatten sowie weiße Vorhänge kunstvoll in Szene gesetzt. Insofern kann es als Modell späterer *post mortem*-Inszenierungen betrachtet werden.[197] Doch im Zentrum des Bildes steht nicht die prunkvoll-überladene Zurschaustellung eines Toten, sondern vielmehr die andächtige Totenwache des Vaters. Seine Trauer um den Verlust des Kindes wird durch die schwarze Farbe symbolisiert, mit der der Bildvordergrund eingefärbt ist. Es handelt sich um eine feine, kunstvolle Inszenierung, um den bedachtsamen Versuch, eine intime Szene des Abschiednehmens darzustellen.

Um sich von ihrem toten Sohn zu verabschieden, bedient sich Rosanette der Inszenierungspraktiken der überladenen *post mortem*-Darstellungen, die besonders in der zweiten Jahrhunderthälfte verbreitet sind. Der Leser erfährt erst nach der Fertigstellung von Pellerins Porträt, dass der kleine Junge durch Rosanette und ihr Zimmermädchen effektvoll in seinem Bettchen in Szene gesetzt wurde. Vorhänge geben beim Öffnen den Blick frei auf ein entstelltes, der Auflösung anheimfallendes Gesicht, das auf abgründige Weise mit den farbigen Blumen und Kissen kontrastiert, die sich in seiner unmittelbaren Nähe im

---

196 Vgl. Stanley B. und Elisabeth A. Burns, *La Belle au bois dormant II. La famille face à la douleur et au deuil à travers la photographie funéraire* (*Tradition Américaine & Européenne*) / *Sleeping Beauty II. Grief, Bereavement and the Family in Memorial Photography* (*American & European Traditions*), Text zur Abb. 14.

197 Vgl. ebd.

ABBILDUNG 28 *Alphonse Le Blondel,* Postmortem, *ca. 1850.*

Totenbett befinden. Das tote Kind verschwindet hinter einem großen Altar, der sich aus zahlreichen weiteren Kitschobjekten konstituiert:

> D'ailleurs, le petit mort était méconnaissable maintenant. Le ton violacé de ses lèvres augmentait la blancheur de sa peau ; les narines étaient encore plus minces, les yeux plus caves ; et sa tête reposait sur un oreiller de taffetas bleu, entre des pétales de camélias, des roses d'automne et des violettes ; c'était une idée de la femme de chambre ; elles l'avaient ainsi arrangé toutes les deux, dévotement. La cheminée, couverte d'une housse en guipure, supportait des flambeaux de vermeil espacés par des bouquets de buis bénit ; aux coins, dans les deux vases, des pastilles du sérail brûlaient ; tout cela formait avec le berceau une manière de reposoir ; et Frédéric se rappela sa veillée près de M. Dambreuse.[198]

Dass Frédéric beim Anblick seines toten Sohnes an die Totenwache des M. Dambreuse zurückdenken muss, ist nicht nur Beweis für seine fehlenden

198 Gustave Flaubert, *L'Éducation sentimentale*, S. 600.

väterlichen Gefühle gegenüber jenem Wesen, das er bereits bei der Geburt als unansehnliches Objekt wahrgenommen hat. Vielmehr kündigt die Erinnerung an den Industriellen, der mitsamt seinem Reichtum im dunklen Nichts versinkt, das Scheitern der prachtvollen Inszenierung des Kindes an, dessen Gesicht von Tod und Verfall gezeichnet ist.

Die Aufbahrung des Kindes in seinem artifiziell hergerichteten *reposoir* ermöglicht kein ruhiges Abschiednehmen. Vielmehr scheint die künstliche Ausstaffierung die Trauer der Rosanette ins Unermessliche zu steigern. Der Anblick des Kindes, das wie die Leichen in der Morgue hinter Vorhängen aufgebahrt ist,[199] beflügelt Rosanettes Vorstellungskraft, die den Verlust ihres Sohnes mittels einer illusionären Zukunftshoffnung zu verdrängen sucht:

> Tous les quarts d'heure, à peu près, Rosanette ouvrait les rideaux pour contempler son enfant. Elle l'apercevait, dans quelques mois d'ici, commençant à marcher, puis au collège, au milieu de la cour, jouant aux barres ; puis à vingt ans, jeune homme ; et toutes ces images, qu'elle se créait, lui faisaient comme autant de fils qu'elle aurait perdus, – l'excès de la douleur multipliant sa maternité.
>
> Frédéric, immobile dans l'autre fauteuil, pensait à Mme Arnoux.[200]

Eine bedingungslose Mutterliebe ist in der Figur der Rosanette absent. Ihre Muttergefühle sind bedingt durch die exaltierte Trauer um den Verlust ihres Sohnes. Sein Tod wird durch Inszenierungspraktiken kompensiert, die sich sowohl in der artifiziellen Zurschaustellung im Totenbett als auch in inneren Vorstellungsbildern manifestieren. In den Manuskripten der Szene ist es noch

199 Tatsächlich wurden auch tote Kinder in der Morgue ausgestellt. Ein berühmtes Beispiel ist die Leiche eines zehnjährigen Jungen, der im März 1840 in La Villette ermordet wurde. Sein toter Körper wird einbalsamiert und angekleidet, seine Augen werden durch künstliche Augen ersetzt. Die Leiche des Jungen wird auf einem weißen Bett, das sich auf einem hohen Podest befindet, ausgestellt. Vgl. *Archives de la Préfecture de Police, Registre de la Morgue*, 17. März 1840; Armand Fouquier, *Causes célèbres de tous les peuples*, Paris, 1858–1867, Bd. III, „L'Enfant de la Villette-Élicabide (1840). Meurtre de Marie Anizat, et de ses deux enfants", S. 1 f., zit. nach: Bruno Bertherat, „La mort en vitrine à la Morgue à Paris au XIXe siècle (1804–1907)", S. 187. Als späteres Beispiel, das große Berühmtheit erlangte, sei außerdem das Kind genannt, das 1886 hinter eine Vitrine sitzend in der Morgue präsentiert wurde und zahlreiche Schaulustige anzog. Vgl. *Le Journal illustré* vom 15. August 1886, zit. nach: Vanessa Schwartz, „Public Visits to the Morgue", S. 78 f. Eine große Abbildung des in der Morgue ausgestellten Kindes ist abgedruckt in Bruno Bertherat, Christian Chevandier, *Paris dernier voyage. Histoire des pompes funèbres (XIXe-XXe siècles)*, S. 100 f.

200 Gustave Flaubert, *L'Éducation sentimentale*, S. 600.

Frédéric, dessen Trauer durch den Anblick des toten Kindes exaltiert werden sollte.[201] Doch in der Endfassung der Szene fungiert er in seiner apathischen Regungslosigkeit als ironische Kontrastfigur Rosanettes, in dessen Vorstellung sich nicht etwa das Bild des verstorbenen Kindes, sondern des verlorenen Liebesobjekts der Marie Arnoux abzeichnet.

Rosanettes Vorhaben, ihren Sohn in einem Erinnerungsbild symbolisch zu konservieren, misslingt. Das tote Kind kann nicht als schönes Bild, dem die Illusion des Lebens innewohnt, verewigt werden. Dem unaufhaltsamen Verfall ihres Kindes steht Rosanette ohnmächtig gegenüber. Sowohl in der prächtigen Ausstaffierung im Sterbebett, die den körperlichen Verfall des Kindes nur noch mehr hervorhebt, als auch in Pellerins Gemälde, das die traditionellen Totenporträts verzeichnet und die Konturen des kindlichen Körpers mit grellen Farben gewaltsam auflöst, zeigt Flaubert das Scheitern der Inszenierung des Todes auf. Der Tod geht mit einem Fall der Masken einher.

4.5 Das verblasste Kunstwerk. Der symbolische Tod der Madame Arnoux

Der weibliche Tod, der in *Madame Bovary* und *Salammbô* eine herausragende Stellung einnimmt, tritt in der *Éducation sentimentale* in symbolischer Form in Erscheinung. Er beschließt gewissermaßen den Roman, sieht man vom letzten Kapitel ab, das der Geschichte nach einem Zeitsprung von zwei oder drei Jahren – einem berühmten *blanc*, der schon Proust faszinierte[202] – in der melancholischen Rückschau der Freunde Frédéric und Deslauriers einen

---

201 Vgl. Gustave Flaubert, *L'Éducation sentimentale. Images et documents*, 25. Suite de la visite et mort de l'enfant de Frédéric et de Rosanette, 610 f°9, S. 91: „La tristesse de Frédéric *est* <s'> exalt*ée* <e> par ce qu'il voit – il *l*embrasse Rosanette et tous deux confondent leurs larmes [sic]."

202 „À mon avis, la chose la plus belle de *L'Éducation sentimentale*, ce n'est pas une phrase, mais un blanc. Flaubert vient de décrire, de rapporter pendant de longues pages, les actions les plus menues de Frédéric Moreau. Frédéric voit un agent marcher avec son épée sur un insurgé qui tombe mort. ‚Et Frédéric, béant, reconnut Sénécal !' Ici, un ‚blanc', un énome ‚blanc' et, sans l'ombre d'une transition, soudain la mesure de temps devenant au lieu de quarts d'heure, des années, des décades [...]." Marcel Proust, „À propos du ‚style' de Flaubert", S. 291. Laut Karlheinz Stierle ist der *blanc* am Ende des Romans exemplarisch für die zeitliche Gestaltlosigkeit des gesamten Romans, der weder Anfang, Mitte noch Ende besitzt: „Die Leerstelle des Endes füllt der Anfang, der selbst nichts anderes als eine Allegorie des leeren Endes ist." „Die Wiederkehr eines Endes. Zur Anthropologie der Anschauungsformen", S. 590. Vgl. auch ebd., S. 591.

Rahmen verleiht. Es handelt sich um einen weiblichen Tod, der aus heutiger Sicht wohl als ‚sozialer Tod' bezeichnet werden würde, gleichzeitig aber auch eine persönliche, intime Komponente aus der Sicht Frédérics trägt. Die ‚Tote' ist Marie Arnoux, das einstige idealisierte und unerreichbare Liebesobjekt des Protagonisten.[203]

Mit dem finanziellen Ruin ihres Mannes ist Madame Arnoux gezwungen, Paris zu verlassen. Es ist Frédéric, der sich – bezeichnenderweise am Totenbett seines Kindes – ein Bild vom sozialen Abstieg der Marie Arnoux macht und sie als Lehrerin, Zimmermädchen oder „dame de compagnie" imaginiert.[204] Marie Arnoux' Abreise aus Paris erscheint Frédéric im Bild einer Totenreise, die sich den traditionellen Todesmetaphern „der Reise, des Übergangs, der Passage" zuordnen lässt, denen im Diesseits die Trauerzeit entspricht:[205]

> Elle était en chemin de fer, sans doute, le visage au carreau d'un wagon, et regardant la campagne s'enfuir derrière elle du côté de Paris, ou bien sur le pont d'un bateau à vapeur, comme la première fois qu'il l'avait rencontrée ; mais celui-là s'en allait indéfiniment vers des pays d'où elle ne sortirait plus.[206]

Das Dampfschiff, das zu Beginn des Romans die Kulisse der als *coup de foudre* inszenierten ersten Erscheinung der Madame Arnoux bildete, wird Frédérics Liebesobjekt unwiederbringlich fortführen – auf eine unbestimmte Reise, von der es nicht zurückkehren wird. Gerade das Schiff, das Frédéric neben der modernen große Distanzen überbrückenden Eisenbahn evoziert, nähert die Reise der Marie Arnoux einer Totenreise an: Schon die griechische Mythologie erzählt vom Fährmann Charon, der die Toten auf seiner Barke in den Hades transportiert.[207] Auch Baudelaire wird sich der uralten Todesmetapher der Seefahrt bedienen, wenn er mit seinem Gedicht „Le voyage" seine Ausgabe der

---

203 Mary Orrs Behauptung, dass am Ende der *Éducation sentimentale* alle Frauenfiguren, d. h. Louise Roque, Madame Dambreuse, Marie Arnoux, Rosanette und Mlle Vatnaz, aus der Sicht des Protagonisten Frédéric „still very much alive" seien – im Unterschied zu den männlichen Figuren – trifft nicht auf Marie Arnoux zu. „Still Life and Moving Death in Flaubert's *L'Éducation sentimentale*", S. 17.

204 Gustave Flaubert, *L'Éducation sentimentale*, S. 600. „Elle était livrée à tous les hasards de la misère." Ebd.

205 Vgl. Thomas H. Macho, „Tod und Trauer im kulturwissenschaftlichen Vergleich", S. 116–118, hier S. 116.

206 Gustave Flaubert, *L'Éducation sentimentale*, S. 600.

207 Vgl. Gaston Bachelard, *L'eau et les rêves. Essai sur l'imagination de la matière*, S. 104–109. Darüber hinaus wurde bereits in vorantiker Zeit der Leichnam häufig auf offener See ausgesetzt. Vgl. ebd., S. 100.

Fleurs du mal von 1861 beschließt, deren letzte Sektion den Titel *La Mort* trägt: „Ô mort, vieux capitaine, il est temps ! levons l'ancre !"[208]

Die Metapher der Totenreise maskiert an dieser Stelle keinen tatsächlichen Tod, sondern eine Form des sozialen Todes, der „einen Totenstatus noch vor dem ‚ersten Tod', also eine Totstellung schon bei Leibes Leben" bewirkt.[209] Der sozial Totgestellte entfernt sich aus dem Bereich „gemeinschaftlichen Lebens" und „gemeinschaftlicher Norm".[210] Während der Kunsthändler Arnoux und seine Gattin zunächst regelmäßig zahlreiche Repräsentanten aus Kunst und Politik empfangen und innerhalb dieser gesellschaftlichen Gruppe eine große – auch ökonomische – Macht ausüben,[211] sieht sich der hochverschuldete Kunsthändler 1851 endgültig in den finanziellen Ruin getrieben. Wenngleich sie nicht gänzlich verarmt sind, erleiden die Arnoux einen einschneidenden sozialen Abstieg. Sie verlassen Paris, das Zentrum der politischen, wirtschaftlichen und kulturellen Macht, wie Ausgestoßene, um in der Bretagne ein isoliertes und bescheidenes Dasein zu fristen.[212] Aus der Pariser Gesellschaft sind die Arnoux fortan verschwunden.

Frédéric erlebt den sozialen Abstieg der Marie Arnoux wie einen tatsächlichen Todesfall. Dies zeigt sich insbesondere anhand der Versteigerungsszene des Hab und Guts der Madame Arnoux am 1. Dezember 1851, dem Vorabend des Staatstreichs durch Napoleon. Die persönlichen Besitztümer der Madame Arnoux werden von Kaufinteressenten begutachtet und durch die von Menschen überfüllte Wohnung geworfen. Es erfolgt, wie schon Victor Brombert herausgestellt hat, eine Profanierung von intimsten Gegenständen wie Kleidungs- und Wäschestücken, die in Frédéric tiefe Trauer und Entsetzen auslöst:[213]

---

208 Charles Baudelaire, „Le voyage" (CXXVI, *La Mort, Les Fleurs du mal*), in: *OC I*, S. 134.

209 Hans-Peter Hasenfratz, „Tod und Leben: Der unselige Tod und der soziale Tod", S. 227.

210 Ebd. Hasenfratz nennt verschiedene Beispiele des sozialen Todes, der entweder freiwillig oder durch ein „normenwidriges Verhalten" sowie einen „normenwidrigen Stand" herbeigeführt sein kann. Ebd. Beispiele für eine freiwillige soziale Totstellung sind der Eremit oder der Mönch. Den sozialen Tod durch Abkehr von der Norm erleiden etwa Verbrecher, Arme, Alte oder Kranke. Vgl. ebd. In einigen Kulturen werden sozial Totgestellte „als Tote markiert". Ebd. So tragen einige Kastenlose in Indien Leichentücher als Gewand. Vgl. ebd., Anm. 17.

211 Vgl. Pierre Bourdieu, „Die Erfindung des Künstlerlebens", S. 7–9.

212 Von diesem erfährt Frédéric bei seinem Wiedersehen mit Madame Arnoux im März 1867: „Ils habitaient le fond de la Bretagne, pour vivre économiquement et payer leurs dettes. Arnoux, presque toujours malade, semblait un vieillard maintenant." Gustave Flaubert, *L'Éducation sentimentale*, S. 616.

213 Vgl. Victor Brombert, *The Novels of Flaubert. A Study of Themes and Techniques*, S. 149: „The auction sale of Mme Arnoux's private belongings, toward the end of the novel, admirably symbolizes this impression of a whole life being liquidated. As Frédéric witnesses the

> Ensuite, on vendit ses robes, puis un de ses chapeaux dont la plume cassée retombait, puis ses fourrures, puis trois paires de bottines ; – et le partage de ces reliques, où il [Frédéric, S. W.] retrouvait confusément les formes de ses membres, lui semblait une atrocité, comme s'il avait vu des corbeaux déchiquetant son cadavre.[214]

Die persönlichen Gegenstände der Marie Arnoux haben sich zu Reliquien verwandelt, die nur noch der Erinnerung an die Frauenfigur dienen, die wie eine Verstorbene ihrer Kleidungsstücke nicht mehr bedarf. Doch gleichzeitig sind es jene Kleidungsstücke, die aus der Wahrnehmung Frédérics untrennbar mit dem Körper der Madame Arnoux verbunden sind, ja ihn konstituieren. Mit dem Verlust ihrer Kleider, Schuhe und Accessoires scheint sich die schöne Form ihres Körpers gänzlich aufzulösen. Zurück bleibt das Bild eines geschändeten Leichnams. Ohne ihre Besitztümer erscheint selbst eine *post mortem*-Inszenierung der ‚Verstorbenen', eine Wiederherstellung ihres schönen Frauenkörpers, unmöglich. Es ist interessant, dass Flaubert das Bild des Leichnams („cadavre") bemüht, um den sozialen Tod der Madame Arnoux zu illustrieren. Denn wie Thomas H. Macho eindrucksvoll aufgezeigt hat, kann der soziale Tod als „Leichenmimesis, die Erfahrung einer Abkehr von Sprachspielen und Lebensformen – als *unaussagbare* Erfahrung par excellence, die sich dem Verzicht auf das soziale Apriori verdankt", betrachtet werden.[215] Der Leichnam verbildlicht also eine Autarkie, eine Emanzipation von der sozialen Verbindlichkeit und Individualität, die erst im Tod möglich ist.[216] Um über den sozialen Tod sprechen zu können, ist es folglich notwendig, sich mit der Grenzerfahrung des Leibes zu beschäftigen. Eine „Metaphorologie des sozialen Todes" ist nicht möglich ohne den Leichnam.[217]

Neben dem Verlust von Ansehen und Reichtum wird es am Ende des Romans ihr Alter sein, das Madame Arnoux beim Wiedersehen mit Frédéric im März 1867 endgültig als symbolisch Verstorbene ausweist. Als Marie Arnoux nach einem gemeinsamen Spaziergang ihren Hut abnimmt, gibt sie den Blick frei auf ihr weißes Haar: „La lampe, posée sur une console, éclaira ses cheveux blancs. Ce fut comme un heurt en pleine poitrine."[218] Das weibliche Kunstwerk,

---

profanation of her most intimate objects – her hats, her shoes, her lingerie – he experiences a sense of ‚dissolution', a mournful torpor akin to spiritual death [...]."

214 Gustave Flaubert, *L'Éducation sentimentale*, S. 608.

215 Thomas H. Macho, *Todesmetaphern. Zur Logik der Grenzerfahrung*, S. 200.

216 Vgl. ebd., S. 198–207.

217 Ebd., S. 230.

218 Gustave Flaubert, *L'Éducation sentimentale*, S. 619.

die „sentimentalische Ikone“, die Frédéric auf dem Dampfschiff erschien,[219] ist verblasst. Während sich das Bild der Madame Arnoux bei ihrer ersten Begegnung aus der Wahrnehmung Frédérics konstituiert, die mit dem zunächst referenzlosen berühmten Erzählerkommentar „Ce fut comme une apparition“ eingeleitet wird,[220] ist es nunmehr die Erscheinung einer Partikularität des weiblichen Körpers selbst, nämlich des weißen Haares, die die (wertende) Wahrnehmung Frédérics bedingt: „Ce fut comme un heurt en pleine poitrine.“ Die sich im Innersten abzeichnende erste Erscheinung der Madame Arnoux ist in eine körperlich schmerzhafte und nicht abzuwehrende Impression verkehrt. Dem deiktischen Pronomen *ce* geht im Unterschied zur ersten Erscheinung eine Referenz voraus, nämlich das weiße Haar, das nicht durch Frédérics Vorstellungskraft, sondern durch das helle Licht in Szene gesetzt wird. Es ist die künstliche Beleuchtung, die das Haar anstrahlt, das nicht wie etwa in traditionellen Madonnendarstellungen einen eigenen Glanz ausstrahlt und auch nicht als Projektionsfläche einer Selbstblendung des männlichen Betrachters gedeutet werden kann.[221]

219 Der treffende Begriff der „sentimentalischen Ikone“ stammt von Harald Nehr. Zur ersten Erscheinung der Marie Arnoux vgl. Nehrs Kapitel „‚Ce fut comme une apparition.‘: Die sentimentalische Ikone“, in: ders., *Das sentimentalische Objekt. Die Kritik der Romantik in Flauberts* Éducation sentimentale, S. 236–254. Nehr liefert eine exzellente, detaillierte Analyse der ersten Begegnung Frédérics mit Madame Arnoux. Die Frauenfigur, die sich von einem blauen Hintergrund abhebt, scheint auf den ersten Blick sowohl im Faltenwurf ihres Kleides als auch im ovalen Gesicht das Raffaelsche Schönheitsideal zu verkörpern. Vgl. ebd., S. 245 f. Darüber hinaus ist das klassizistische Ideal der Malerei in der klaren Kontur der Erscheinung, ihrer antikisch-geraden Nase und ihrem kaum bzw. undifferenziert kolorierten Körper evoziert. Vgl. ebd., S. 247. Nehr attestiert Frédéric ein „eklektizistisches Seh-Modell“ (ebd.), das neben der Raffaelschen Porträtkunst weitere Kunstströmungen zitiert. Vgl. ebd. Schließlich kann die Erscheinung der Madame Arnoux, so wie sie sich vor den Augen Frédérics abzeichnet, als „Projektion aus einem Bilderfundus des Sentimentalischen, der Gefühl und Idealismus zu verbinden trachtet“, gedeutet werden. Ebd., S. 254.

220 Gustave Flaubert, *L'Éducation sentimentale*, S. 46. Vgl. hierzu Harald Nehr, *Das sentimentalische Objekt. Die Kritik der Romantik in Flauberts* Éducation sentimentale, S. 241–244.

221 Als Selbstblendung könnte, so die These Harald Nehrs, jener Blick gedeutet werden, der bei der ersten Erscheinung Marie Arnoux' beschrieben wird: „Elle était assise, au milieu du banc, toute seule ; ou du moins il ne distingua personne, dans l'éblouissement que lui envoyèrent ses yeux.“ Gustave Flaubert, *L'Éducation sentimentale*, S. 47. Harald Nehr deutet die Szene als Pervertierung des traditionellen amortheologischen Modells des Blickes der Donna, der in das Herz eindringt, denn der *éblouissement* der Augen könne ebenso auf eine Selbstblendung Frédérics wie auf den Liebesblick der Dame verweisen. Vgl.

Durch den Anblick des weißen Haares verletzt, das sich seiner Wahrnehmung beinahe gewaltsam aufdrängt, versucht Frédéric in der Folge, erneut die Kontrolle über die Bildkonstruktion der Frauenfigur zu erlangen. Dabei versieht er das verblasste Kunstwerk in der melancholischen Rückschau mit einer Totenmaske, nämlich jener der Ophelia:

> – Votre personne, vos moindres mouvements me semblaient avoir dans le monde une importance extra-humaine. Mon cœur, comme de la poussière, se soulevait derrière vos pas. Vous me faisiez l'effet d'un clair de lune par une nuit d'été, quand tout est parfums, ombres douces, blancheurs, infini ; et les délices de la chair et de l'âme étaient contenues pour moi dans votre nom que je me répétais, en tâchant de le baiser sur mes lèvres.[222]

Es handelt sich um eine unheimliche Totenmaske, der der Verlust des Liebesobjekts eingeschrieben ist. Denn in Frédérics rückblickender Inszenierung ist zwar die nächtliche Mondlandschaft evoziert, die die typische Kulisse für die auf dem Fluss treibende Ophelia bildet, doch der weibliche Leichnam ist absent. Im Zentrum des Bildes, das sich in Frédérics Vorstellung abzeichnet, steht schließlich nicht mehr der weibliche Körper, sondern die Trauer um den Verlust des Liebesobjekts. Es ist Frédéric selbst, der seine Trauer mit dem Bild des *clair de lune* zu maskieren sucht, so wie er selbst Autor jenes weiblichen Kunstwerks war, dem eine neue Maske verliehen werden sollte. Doch das weibliche Kunstwerk ist verblasst. Marie Arnoux kann sich der Inszenierung als Ophelia in der leeren Mondscheinkulisse entziehen.

Tatsächlich ist es Frédéric, der an früherer Stelle selbst in die Rolle der Ophelia schlüpft. In seinem Liebeskummer um die unerreichbare Marie Arnoux von einer unbändigen Todessehnsucht befallen, begibt er sich eines Abends, nach dem Besuch des Alhambra-Balls, auf den Pont de la Concorde:

> Des nuées sombres couraient sur la face de la lune. Il la contempla, en rêvant à la grandeur des espaces, à la misère de la vie, au néant de tout. Le jour parut ; ses dents claquaient ; et, à moitié endormi, mouillé par le brouillard et tout plein de larmes, il se demanda pourquoi n'en pas finir ? Rien qu'un mouvement à faire ! Le poids de son front l'entraînait, il voyait

Das sentimentalische Objekt. Die Kritik der Romantik in Flauberts Éducation sentimentale, S. 251 f.

222 Gustave Flaubert, *L'Éducation sentimentale*, S. 619.

> son cadavre flottant sur l'eau ; Frédéric se pencha. Le parapet était un peu large, et ce fut par lassitude qu'il n'essaya pas de le franchir.[223]

Während Jules in der ersten Fassung der *Éducation sentimentale* noch die Schauspielerin Lucinde leblos auf dem Wasser treiben sieht,[224] stellt sich Frédéric nunmehr vor, wie sein eigener Leichnam vom Fluss fortgetragen wird. Das verlorene Liebesobjekt wird nicht im Bild der Ophelia fixiert. Um seinen Liebeskummer zu bewältigen, stellt sich Frédéric Madame Arnoux zwar in der Folge, als er für eine Zeit zu seiner Mutter nach Nogent zurückgekehrt ist, als Tote vor, doch als Tote ohne Erinnerungsort bzw. Erinnerungsbild: „[...] Mme Arnoux était pour lui comme une morte dont il s'étonnait de ne pas connaître le tombeau, tant cette affection était devenue tranquille et résignée."[225]

Weder damals noch bei seiner erneuten Zusammenkunft mit Marie Arnoux wird es Frédéric gelingen, ihr eine Totenmaske aufzusetzen. Als symbolisch oder sozial Totgestellte entzieht sich Madame Arnoux der männlichen Bildkonstruktion. In unheimlicher Weise wird sie abschließend selbst, in den Armen Frédérics, eine typisch weibliche Todespose einnehmen: „Elle y restait, la taille en arrière, la bouche entrouverte, les yeux levés."[226] Marie Arnoux' Pose ähnelt jener der romantischen Bühnenheldin, die sich kurz vor ihrem Todesfall in den Armen ihres Liebhabers befindet und den Blick gen Himmel richtet. Ebenso erinnert ihre Pose an die einer pathetischen Trauerfigur, deren Totenklage jedoch verstellt ist. Denn im Unterschied zur Gottesmutter, die in *imago pietatis*-Szenen ihren gekreuzigten Sohn beweint, ist der Blick der Marie Arnoux keinem Objekt, nicht einmal dem Himmel zugewandt. Trauert sie um eine verlorengegangene Zeit oder gar um ihren eigenen symbolischen Tod? Wenn Madame Arnoux beim Abschied ihr weißes Haar löst und eine lange Strähne abschneidet, so wird sie zur Produzentin ihres eigenen Erinnerungsobjekts: „Elle défit son peigne ; tous ses cheveux blancs tombèrent. Elle s'en coupa, brutalement, à la racine, une longue mèche."[227] Die Frauenfigur verweigert sich der männlichen Formgebung. Mit dem gelösten weißen Haar stürzt Marie Arnoux die männlich konstruierte Form, die nunmehr verblasst ist, sinnbildlich in den Abgrund. Wie bereits in den Todesszenen Emma Bovarys und Salammbôs nehmen die *cheveux dénoué* auch in Marie Arnoux' symbolischer Todesszene eine bedeutende ästhetische Funktion ein. Zugleich illustriert das

---

223 Ebd., S. 146.

224 Vgl. Kap. 1.1.3.

225 Gustave Flaubert, *L'Éducation sentimentale*, S. 173.

226 Ebd., S. 620.

227 Ebd., S. 621.

brutale Abschneiden der Haarsträhne den verzweifelten, ja eitlen Versuch, der Vergänglichkeit des alternden Körpers Einhalt zu gebieten, ihn mittels eines Erinnerungsobjekts zu verewigen. Doch die weiße Haarsträhne kann nicht als Erinnerungsobjekt herhalten, steht sie doch metonymisch für das verblasste Kunstwerk, das sich nicht mehr repräsentieren lässt.

Frédérics Wiedersehen mit Madame Arnoux gleicht einer Abschiedsszene. Sie ist als symbolische Todesszene konzipiert, die den unwiederbringlichen Verlust des einstigen Liebesobjekts aufzeigt. Das idealisierte sentimentalische Kunstwerk ist verblasst. Eine Vereinigung der Liebenden ist nur noch als wehmutsvolle Vorstellung einer verlorenen Chance denkbar: „[...] nous nous serons bien aimés."[228] In ihrer Melancholie um die unerfüllte Liebe verleihen Marie Arnoux und Frédéric der Vergangenheit eine nie dagewesene, exklusive Schönheit, die nur im Raum der Vorstellungskraft existieren kann.[229] Jene Schönheit wird, wie schon Victor Brombert erkannte, durch die „alchemy of loss and memory" erreicht.[230]

228 Ebd., S. 618.

229 Vgl. Victor Bromberts Deutung des *futur antérieur* in „nous nous serons bien aimés": Marie Arnoux' Aussage „indicates not merely anticipated retrospection, but the kind of retrospection from a final and almost hypothetically aloof vantage point capable of bestowing upon the past the beauty that belongs exclusively to supreme destinies." *The Novels of Flaubert. A Study of Themes and Techniques*, S. 153.

230 Ebd.

Conclusio

In Flauberts Werk ist der Tod allgegenwärtig. Er präsentiert sich in erster Linie am weiblichen Körper, der zum Darstellungsmedium künstlicher Todesbilder wird. Die Vorstellung des Todes bedarf einer Form, einer zugleich schönen und zerstörbaren Form, wie sie der weibliche Körper darstellt. Die Sinnlichkeit des Frauenkörpers vermag es, den nicht greifbaren, unaussprechlichen Tod erfahrbar zu machen. Die Frau, die Gesicht und Körper mit Hilfe von Schminke und Kleidung herrichtet, ihre sinnliche Haarpracht mit Haarbändern, Kämmen und Pomade in Form bringt, eignet sich in besonderer Weise als Objekt einer Totenausstaffierung, einer ästhetischen Überformung des toten Körpers. Die weiblichen Todesbilder, die das Werk Flauberts durchziehen, lassen sich aus zwei Perspektiven beleuchten: Erstens versinnbildlichen sie die Ästhetik des Autors, die sich bereits in seinem Jugendwerk zu formieren beginnt und in *Salammbô* einen Höhepunkt erreicht. In seiner Darstellung der Grenzerfahrung des Todes zeigt Flaubert zugleich die Grenzen der Darstellungsformen, der Bilder und Metaphern des Todes, aber ebenso der Sprache selbst auf. Zitiert, deformiert und destruiert werden in erster Linie romantische Bilder und Klischees des weiblichen Todes, denen eine kühle, gänzlich apathische Form gegenübergestellt wird. Mit den Frauenfiguren werden die romantischen Bilder in den Abgrund getrieben, in einen schwarzen Abgrund des Todes, aus dem der Autor selbst schöpft. In jenem *trou noir* sind jegliche Ausdrucks- und Darstellungsmittel verstummt und in völlige Finsternis gehüllt. Zweitens liefert Flaubert mit seinem literarischen Werk eine Kulturtheorie des Todes, eine hellsichtige Epochendiagnose des 19. Jahrhunderts, das eine radikale Krise von *compassio* und Erinnerung verzeichnet. Der Tod ist ins Künstliche verkehrt: Er präsentiert sich hinter Masken, Schleiern und Dekorum und erzeugt nur noch verstellte Formen der Klage.

Die Frauenfiguren in Flauberts Werk werden mit vorwiegend romantisch-religiösen und sentimentalen Totenkostümen ausstaffiert, die sie bereits zeitlebens partiell unterlaufen, um sich ihrer schließlich im Tod zu entledigen. Die Überschreitung und Auslöschung der romantischen Formen zeigt sich exemplarisch im Todesbild der ertrunkenen Ophelia: Die Schauspielerin Lucinde versinkt in der illusionären Ophelia-Inszenierung, die Jules in der ersten Fassung der *Éducation sentimentale* vornimmt, im unsichtbaren Grund des Flusses, anstatt im Bild der romantischen Ophelia fixiert zu werden, die in der nächtlichen Mondscheinkulisse in engelsgleich schlafender Pose, mit gelöstem Haar und von Blumen geschmückt auf dem Fluss treibt. In *Madame Bovary. Mœurs de province* wird das Todesbild der Ophelia endgültig als scheinhaftes Maskenbild

 | DOI 10.30965/9783770563685_007

entlarvt, die Mondlichtszenerie als artifizielle Kulisse ausgewiesen, hinter der das schwarze Nichts, der *trou noir*, lauert. Wie ein unheimliches Phantomwesen verschwindet Emma aus der nächtlichen *clair de lune*-Landschaft, die sie und ihren Liebhaber Rodolphe ein letztes Mal vor der geplanten gemeinsamen Flucht zusammenführt, und tritt somit aus dem Todesbild der Ophelia heraus, das die Gestalt einer düster-erhabenen Todesvergegenwärtigung einnimmt. Die Todesagonie Emma Bovarys bringt die verklärten Todesinszenierungen der Romantiker endgültig zu Fall. Die romantischen Masken, die Emma Bovary durch ihre Liebhaber aufgesetzt wurden, aber mit denen sie sich auch selbst ausstaffierte, werden in den Abgrund getrieben. Die Todesbildlichkeit der Krankenbettszene, die in einer Himmelsvision kulminierte, die der Erzähler als mystische Scheinerfahrung entlarvte, weicht in der grausamen Sterbebettszene der Vergifteten einer exzessiven Körperlichkeit, einem ins Hässliche verstellten noch lebendigen Leichnam. Im letzten Aufbäumen des entmächtigten Körpers auf dem Sterbebett wird die romantische *mise en scène* für immer beendet: Es folgt ein Todessturz ins Nichts, dessen Darstellung von jeglichem Pathos befreit ist. Emma Bovarys Todesszene illustriert die radikale Vernichtung der Form. Denn im endgültigen Verstummen der Sprache des Körpers, die an die Stelle der romantischen Sprache der Klischees gerückt war, werden die Grenzen des Zeichensystems aufgezeigt. Der Frage, wie sich der Tod, das Unsagbare, repräsentieren lässt, begegnet Flaubert mit einem ort- und zeitlosen Nichts, das sich nicht darstellen lässt.

So steht bereits *Madame Bovary* an der Schwelle einer modernen Ästhetik, die sich am eindringlichsten in *Salammbô*, im Todestableau der Titelheldin, manifestiert. Wie eine Pierrot-Figur der Jahrhundertwende repräsentiert die karthagische Prinzessin in ihrem subtilen Todesfall den Sinnverlust der Sprache. Den leeren, abgegriffenen Worthülsen, die Flaubert in zahlreichen Briefstellen beklagt und die er in einzelnen Gemeinplätzen in seinem *Dictionnaire des idées reçues* ironisch zitieren wird, setzt Salammbô eine unvermittelte, nonverbale und enigmatische ‚Körperschrift' entgegen. Neben dem Todesbild der Ophelia, das ironisch im Fischschuppenkostüm der karthagischen Hohepriesterin und in ihrem gelösten Haar, das das Schlusstableau des Romans bildet, zitiert ist, kann Salammbôs Todesfall als rhetorische Auslöschung der romantischen Bühnenheldinnen betrachtet werden, die dem Zuschauer in melodramatischen, von performativen „Ah ! je meurs" begleiteten Todesstürzen ein exzessives, ostentatives Todesspektakel liefern. Der weibliche Leichnam, der im Jugendwerk zum Objekt einer illusionären Totenausstaffierung durch den männlichen Protagonisten, in *Madame Bovary* zum Objekt einer eitlen *post mortem*-Inszenierung durch den trauernden Ehegatten wird, ist in *Salammbô* absent. Das abschließende Bühnenbild der exotischen Antike zeigt keinen prunkvoll ausstaffierten toten Frauenkörper, sondern ein weißes Maskengesicht, dessen geöffnete Lippen in den dunklen Raum des Unsagbaren, in jenen *trou noir* führen, der bereits im Gesichtsporträt der auf ihrem Totenbett aufgebahrten Emma Bovary eingezeichnet ist. In der zweiten Fassung der *Éducation sentimentale* ist der weibliche Tod schließlich gänzlich hinter künstlichen Masken verborgen. Selbst das Vorstellungsbild der toten Ophelia konstituiert sich aus einer leeren Mondscheinkulisse, der die weibliche Leiche verlustig gegangen ist. Der Tod präsentiert sich nicht mehr am weiblichen Leichnam, sondern er erweist sich als endgültiger Verlust, vor dem alle Darstellungs- und Inszenierungspraktiken zum Scheitern verurteilt sind. Den Todesbildern, die in der *Éducation sentimentale* den Exitus von vorwiegend männlichen Figuren (mit Ausnahme der Madame Arnoux) eine Form verleihen, die nicht selten auf weibliche Todesarten rekurriert, ist immer schon ein Formverlust eingeschrieben. Der Tod wird vor der Folie des unbegreiflichen dunklen Nichts inszeniert, in dem sich die Toten letztlich verlieren. Die Konturen und Rahmen von *post mortem*-Gemälden werden ebenso aufgesprengt wie die pompösen Grabmonumente, die den Tod nicht (er)fassen können. Der Tod entzieht sich der romantischen, religiösen und politischen Funktionalisierung. So werden die Gesten des zum Märtyrer der Revolution stilisierten Dussardier als leere, scheinhafte Gesten entlarvt.

„[T]he death, then, of a beautiful woman is, unquestionably, the most poetical topic in the world."[1] Poes vielzitierter Ausspruch nimmt in Flauberts Werk nicht die Form eines banalen Gemeinplatzes über die künstlerische Schöpfung am weiblichen Leichnam ein, wenngleich das Jugendwerk dieser Tradition noch verbunden ist. Bereits in *Madame Bovary* stirbt keine schöne Frau mehr, sondern eine vom Tode gezeichnete, ausgezehrte Schreckensgestalt. In *Salammbô* verschwindet der schöne Frauenkörper hinter exotischen, mit Kitschelementen beladenen Kostümen und Ornamenten. Er verwandelt sich in eine Kunstfigur, die nicht die Schöpfung eines Kunstwerks beflügelt, sondern selbst als Kunstwerk auftritt. In der Artifizialität ihrer Form ist Salammbô eine Chiffre für die Ästhetik des Autors. Die Kunstfigur, die aus dem dunklen Nichts die Bühne betritt, trägt den Tod in sich. Das Kunstwerk ist eine Schöpfung aus dem Tod. Wenn die Kunstfigur am Ende zu Boden sinkt – auch wenn sie in ihrer Todespose auf der Bühne fixiert wird –, so droht auch die Form in den Abgrund hinabzustürzen. Die weiblichen Todesarten, die Flaubert in *Madame Bovary* und *Salammbô* entwirft, dekuvrieren schließlich die Doppelbödigkeit, die Edgar Allan Poes Zitat inhärent ist: In der Zerstörung der schönen Form, die mit dem Tod der schönen Frau einhergeht, erfolgt auch eine Zerstörung

1 Edgar Allan Poe, „The Philosophy of Composition", S. 165.

der künstlerischen Form, die mit der Überschreibung der romantischen Formen einsetzt und in der hermetischen Todesgeste der Salammbô, in der das sprachliche Zeichensystem an seine Grenzen gelangt, kulminiert. Als ‚poetischstes Thema' erweist sich der Tod der schönen Frau in seiner Auseinandersetzung mit den künstlerischen Darstellungsmitteln, die dem Unsagbaren eine adäquate Form verleihen sollen, und nicht etwa in der Freisetzung eines Affekts. In der Repräsentation des Todes, der Körper und Geist, Sprache, Raum und Zeit überschreitet und auslöscht, schöpft der Künstler am Abgrund. Dem Nichts wird ein Kunstwerk abgerungen.

In Flauberts Werk ruft der Tod keinen unverstellten Affekt mehr hervor. In hohem Maße künstlich ist nicht nur die Ausstaffierung der Toten, sondern ebenso die Klage der Hinterbliebenen. Die Totenklage manifestiert sich entweder als selbstbezügliches Lamento, das Emma Bovarys eigenen Todeskampf begleitet, als ins Pathologische gekehrte Trauer der Rosanette, die ein ruhiges Abschiednehmen von ihrem verstorbenen Kind verhindert, oder aber als deformierte Marienklage: Während Emma Bovary und Marie Arnoux in Liebes- oder Abschiedsszenen ihre Augen nach oben richten, so blicken sie weder in einen göttlichen Himmel, noch empor zu einem verlorenen Liebesobjekt, wie es die zu Füßen ihres gekreuzigten Sohnes weinende Gottesmutter tut. Die Trauer der Flaubertschen Frauenfiguren ist nicht Zeichen einer *compassio*, sondern selbstbezüglich. Die Totenklage, auf die traditionell das Betrachten der Imago Pietatis abzielt, wird in *Salammbô* auf radikale Weise unterlaufen. Die Todesszene des Sölderkriegers Mâtho ist als verkehrtes Passionsbild konstruiert. Sein grausamer Opfertod, der sich zu Füßen der in der Höhe thronenden karthagischen Prinzessin abspielt, löst keinerlei sichtbaren Affekt, keine Klagelaute aus. Die weiblichen Kulturformen der Trauer, denen die antike Klagefrau und die mittelalterliche *mater dolorosa* Modell stehen, werden in Flauberts Werk verstellt und als leere Gesten entlarvt. Ohne *compassio* kann auch keine Erinnerung gestiftet werden, wie in eindrücklicher Weise der Tod des Industriellen M. Dambreuse verdeutlicht. Aufrichtige Trauer, Liebe und Erinnerung sind in der zweiten Fassung der *Éducation sentimentale* absent. Mit den Toten, die der Erzähler im *trou noir* versinken lässt, verschwindet auch die Erinnerung an sie. Neben *compassio* und Schmerz ist die Erinnerung auf künstliche Bilder angewiesen, die sich jedoch nicht im Inneren der Hinterbliebenen abzeichnen, sondern die Form von prachtvollen *post mortem*-Inszenierungen einnehmen, die die Erinnerung an die Verstorbenen nicht bewahren können. Stattdessen treten die Toten aus den (symbolischen) *post mortem*-Bildern heraus, wie das Beispiel Emma Bovarys, die in der Erinnerung ihres Ehegatten zerfällt, aufgezeigt hat, oder sie lösen sich, wie das tote Kind der Rosanette, auf grausame Weise in der *post mortem*-Inszenierung auf. Wenn weder der innere Schmerz um den Verlust noch künstliche *post mortem*-Bilder an die Toten erinnern können, verlieren sich Letztere im Nichts.

Eine Rettung durch die Religion ist in Flauberts Werk ausgeschlossen. Die religiösen Inszenierungspraktiken, von den Sakramenten am Sterbebett hin zur Trauerzeremonie und Bestattung, die die Seele des Verstorbenen in das göttliche Jenseits geleiten sollen, werden ebenso wie die gen Himmel gerichteten Blicke der Frauenfiguren als scheinhaft ausgewiesen. Flaubert kritisiert insbesondere die moderne Bestattungspraxis des Second Empire, die einer zunehmenden Profanierung, Kommerzialisierung und Rationalisierung unterliegt. In einem Bericht über die Trauerzeremonie und Beisetzung des Vaters von Barrière am 4. November 1862 antizipiert Flaubert gar die Abschaffung der Begräbnisfeier, die sich als unpersönliche, administrativ-standardisierte Routine darbietet. Er beobachtet eine lückenlose Abfertigung der Bestattungen: „Il a fallu attendre la fin de deux enterrements. Rien de religieux, cela se précipite comme [dans] des ballots dans une maison de roulage."[2] Das künstliche Licht, das den Innenraum der Kirche wie ein Casino erhellt, stellt die Hässlichkeit der modernen Welt zur Schau:

> L'église est éclairée au gaz comme un café, casino catholique ; ça ne sent même plus le jésuite, c'est administratif et chemin de fer. Rien pour le cœur, rien pour la poésie, rien pour la religion ; toute la hideur du monde moderne est là.[3]

Die Zukunftsvision, die aus Flauberts Beobachtungen hervorgeht, ist zugleich unheimlich und modern:

> C'est peut-être, après tout, une transition pour amener l'effacement complet des funérailles, quelque chose comme une crémation instantanée. On escamotera la mort dans ce qu'elle a de pire, la tendresse humaine y perdra un certain lien que l'on sentait (à cause du fil coupé pathétiquement), entre ceux qui ne sont plus et vous. Le *drame* s'en va de ce monde.[4]

Mit der Vorstellung einer völligen Auslöschung des Bestattungszeremoniells, die er im Bild der Leichenverbrennung imaginiert, antizipiert Flaubert nicht nur die im 20. Jahrhundert postulierte These der Verdrängung des Todes, die in

---

2 Gustave Flaubert, *Carnet 2 (1859–1878 ?)*, carnet d'idées, F°15/E, in: *Carnets de travail*, S. 222 f.

3 Ebd., S. 223.

4 Ebd.

Wahrheit die „Verdrängung der Sterbenden" meinte,[5] sondern ebenso die moderne, weit verbreitete Praxis der Feuerbestattung, die durch die katholische Kirche noch bis Mitte des 20. Jahrhunderts scharf kritisiert wurde.[6] Doch Flaubert imaginiert keine moderne Urnenbestattung, die von einer (religiösen) Trauerfeier begleitet wird und mit der Beisetzung der Asche des Verstorbenen auf einem Friedhof, der den Hinterbliebenen als Erinnerungsort dient, einhergeht. Stattdessen antizipiert Flaubert eine gänzlich unpathetische Zerstörung der sterblichen Überreste, die unverzüglich nach dem Tod erfolgt („crémation instantanée") und den Hinterbliebenen keine Möglichkeit des Abschieds einräumt. Der Tod bedeutet die unwiederbringliche, sofortige Auslöschung des Menschen – eine Auslöschung, die durch keine künstlich-pathetischen Trauer- und Begräbnisriten kompensiert werden kann.

Die Entpathetisierung des Todes, die Flaubert bereits in den Todesszenen Salammbôs und Mâthos in seinem Karthagoroman, der im selben Monat wie die Notiz im *Carnet* erscheinen wird, zum Ausdruck bringt, wird er auf beinahe grausame Weise in der *Éducation sentimentale* auf die Spitze treiben. Der Tod ruft keinen Affekt mehr hervor. Er lässt den Betrachter unberührt oder aber in verstellten Klagegesten zurück. Eine innige und aufrichtige menschliche Liebe („tendresse humaine") ist in beiden Werken absent, ohne dass die Toten beseitigt werden müssten, wie es Flaubert für die Zukunft prophezeit. Weder der Anblick des dem Verfall anheimfallenden Leichnams (des M. Dambreuse, des Kindes und bereits der Emma Bovary) noch der Anblick des geschändeten und entstellten Leichnams (Mâtho) oder der als kühle, statueske Kunstfigur auf dem Thron drapierten Salammbô lösen beim Betrachter eine Form der *compassio* aus. Selbst die unermessliche Trauer Charles Bovarys und Rosanettes entspricht keinem christlichen Verständnis der *compassio* als „innere[m] Affekt des Mitleidens angesichts fremder Not"[7]. Stattdessen artikuliert sich die Trauer in stereotypen, selbstbezüglichen Zeichen, die ins Pathologische umzuschlagen drohen. Es kann gefragt werden, ob die Diagnose einer Krise der *compassio* auch noch für Flauberts späte Erzählung *Un cœur*

5 Vgl. Thomas Macho, Kristin Marek, „Die neue Sichtbarkeit des Todes", S. 12 f., hier S. 12. Die Autoren nehmen insbesondere Bezug auf Walter Benjamins Studie *Der Erzähler. Betrachtungen zum Werk Nikolai Lesskows*.

6 Während bereits im späten 19. Jahrhundert, im Zuge der Industrialisierung, die ersten Krematorien errichtet wurden, hob der Vatikan das Verbot der Feuerbestattungen erst im Jahr 1964 auf. Fortan wurden Sterbesakramente sowie eine kirchliche Trauerzeremonie auch bei einer Einäscherung zugestanden. Vgl. Norbert Fischer, „Schauplatz Krematorium. Zur Aktualität und Geschichte des verborgenen Todes", S. 45 f.

7 Ursula Rombach, Peter Seiler, „*Eleos – misericordia – compassio*. Transformationen des Mitleids in Text und Bild", S. 257.

simple (1877) gilt. Flaubert konzipiert seine Protagonistin Félicité als selbstlose Figur, die am Tod ihres Neffen Victor und der kleinen Virginie, die sie bedingungslos liebt, mitleidet. Félicités eigener Leidensweg trägt schließlich Züge einer *imitatio Christi*, der nicht etwa eine christliche Dogmatik zugrunde liegt, sondern ein sinnliches Vorstellungsvermögen. Wenngleich Félicités Tod, der als der einer bürgerlichen Märtyrerin gedeutet werden kann, mit der Vision eines gigantischen Papageis einhergeht, der als Symbol des Heiligen Geistes fungiert, so wird das ‚schlichte Herz' von ihrem Autor nicht der Lächerlichkeit preisgegeben. Stattdessen soll ihr Tod beim Leser einen inneren Affekt erzeugen, wie Flaubert in einem Brief an Madame Roger des Genettes bekräftigt: „Cela n'est nullement ironique, comme vous le supposez, mais au contraire très sérieux et très triste"[8].

Ebenso wenig wie Félicité erblicken die Figuren der früheren Werke, die Flaubert scheinbar mitleidslos in den Tod schickt, im Moment des Todes eine göttliche Himmelsvision. Flaubert konzipiert den Himmel nicht als Ort eines jenseitigen Fortlebens. Sein Himmel ist leer. Jegliche Transzendenzhoffnung wird enttäuscht. Stattdessen entwirft Flaubert im Bild des *trou noir* einen unendlichen, in Finsternis gehüllten Kosmos, der die menschliche Vorstellungskraft übersteigt. Flauberts *trou noir* erinnert an jenes schwarze Loch (engl. *black hole*), das als „Überbleibsel massereicher Sterne"[9] zum beliebten Untersuchungsgegenstand der modernen Astrophysik avancieren wird und in dem Raum und Zeit verformt, Licht und Materie verschluckt werden.[10] Das schwarze Loch, in dem jegliches Licht abwesend ist,[11] sprengt die Grenzen des Sicht- und Vorstellbaren.[12] Flaubert benutzt den *trou noir* als Sinnbild für den inkommensurablen Raum des Todes. So wie das astronomische Phänomen des schwarzen Lochs markiert der Tod „ein [schwarzes] Loch des Raumzeitkontinuums"[13]. Ohne Raum und Zeit ist die menschliche Existenz nicht vorstellbar. Im schwarzen Loch ist die menschliche Existenz gänzlich ausgelöscht.

8 Gustave Flaubert, Brief an Edma Roger des Genettes vom 19. Juni 1876, *Corr. V*, S. 57.

9 Andreas Müller, *Schwarze Löcher. Die dunklen Fallen der Raumzeit*, S. 23. Den Ausgangspunkt eines schwarzen Lochs bildet ein Gravitationskollaps, der einen „hoch verdichtete[n] Sternkern" zur Folge hat. Ebd, S. 31. Dieser Sterngigant explodiert schließlich in eine Hypernova, aus der ein schwarzes Loch entsteht.

10 Vgl. ebd., S. 5, S. 31. Der Begriff des *black hole* wurde im Jahre 1967 vom Relativitätstheoretiker John Wheeler geprägt, auch wenn er bereits zuvor in der Astrophysik zirkulierte. Vgl. ebd., S. 5.

11 Vgl. ebd., S. 2: „Schwarz ist die Abwesenheit von Licht. Ein Schwarzes Loch ist das Dunkelste, was wir kennen. Es verschluckt Licht mithilfe der *Gravitation*."

12 Vgl. ebd., S. 6.

13 Christiaan L. Hart Nibbrig, *Ästhetik der letzten Dinge*, S. 15.

Was bedeutet das Bild des *trou noir*, das Flaubert entwirft, für die Erinnerung, die doch ebenso an Ort und Zeit gebunden ist? Indem der Autor seine Toten im dunklen Nichts verschwinden lässt, entwirft er eine Theorie des Vergessens, eine „[ ]idée de l'oubli"[14], die er seinem Freund Ernest Feydeau nach dem Tod seiner geliebten Ehefrau nahelegt. Doch ein Vergessen erweist sich als utopisch, da es die Auslöschung jeglicher Erinnerung voraussetzt. Während sich mit dem Verstorbenen all jene künstlichen Todesbilder im Nichts verlieren, die das Unsagbare zu repräsentieren und den Toten zu bewahren suchten, stiftet die Literatur eine Form der Erinnerung. Indem sie die Grenzen der Repräsentation des Todes aufzeigt, setzt sie dem Unsagbaren ein Denkmal. Nicht zuletzt ist es auch der Schmerz, der sich dem Vergessen entgegenstellt. Schmerz erzeugt Erinnerung. In Flauberts Werk verschwindet der Schmerz unter der Maske eines Stils, der gemeinhin als unberührt und kühl bezeichnet wird. Entweder sind Schmerz und Trauer in der Darstellung gänzlich absent, oder sie äußern sich in stereotypen, klischeehaften Zeichen. Flaubert hat erkannt, dass sich der Schmerz ebenso wenig erfassen und repräsentieren lässt wie der Tod. In seiner Unsagbarkeit lauert der Schmerz an jeder einzelnen Stelle, an der Flaubert seine Figuren scheinbar unberührt in den Tod schickt. Denn wie anhand des Todes der kleinen Schwester Caroline aufgezeigt wurde, bedingt die persönliche Erfahrung des Verlusts die künstlerische *creatio*. Schmerzvolle Erinnerungen an verstorbene Angehörige und Freunde begleiten Flaubert sein Leben lang, wie ein Brief an seine Nichte aus Concarneau in der Bretagne bezeugt: „Croirais-tu que, presque toutes les nuits, je rêve Croisset, ou quelques-uns de mes amis morts ? Cette nuit, ç'a été Feydeau. Le passé me dévore […]."[15] Mit seinem literarischen Werk setzt Flaubert Tod und Schmerz eine zeitlose, ewige Form entgegen. In der künstlerischen Darstellung wird eine Erinnerungskultur geschaffen, die der Krise der *compassio* begegnet, die Flaubert in seinem Werk diagnostiziert.

14 Gustave Flaubert, Brief an Ernest Feydeau vom 26. Oktober 1859, *Corr. III*, S. 53. Vgl. Kap. I.

15 Gustave Flaubert, Brief an seine Nichte Caroline vom 7. Oktober 1875, *Corr. IV*, S. 974.

Literaturverzeichnis

Primärliteratur

Primärtexte Flauberts

Flaubert, Gustave, *Carnets de travail*, édition critique et génétique établie par Pierre Marc de Biasi, Paris (Balland) 1988.

Flaubert, Gustave, *Correspondance I (janvier 1830 - juin 1851), II (juillet 1851 - décembre 1858), III (janvier 1859 - décembre 1868), IV (janvier 1869 - décembre 1875)*, édition présentée, établie et annotée par Jean Bruneau, Paris (Gallimard, Bibliothèque de la Pléiade) 1973, 1980, 1991, 1998, 4 Bde.

Flaubert, Gustave, *Correspondance V (janvier 1876 - mai 1880)*, édition présentée, établie et annotée par Jean Bruneau et Yvan Leclerc, avec la collaboration de Jean-François Delesalle, Jean-Benoît Guinot et Joëlle Robert, Paris (Gallimard, Bibliothèque de la Pléiade) 2007.

Flaubert, Gustave, *La Légende de Saint Julien l'Hospitalier,* in: ders., *Trois Contes*, préface de Michel Tournier, édition établie et annotée par Samuel S. de Sacy, Paris (Gallimard) 1966a, 1973, 81–129.

Flaubert, Gustave, *La Tentation de saint Antoine*, édition présentée et établie par Claudine Gothot-Mersch, Paris (Gallimard) 1983.

Flaubert, Gustave, *Le Dictionnaire des idées reçues* suivi du *Catalogue des idées chic*, texte établi, présenté et annoté par Anne Herschberg Pierrot, Paris (Librairie Générale Française) 1997.

Flaubert, Gustave, *L'Éducation sentimentale*, édition présentée et annotée par Pierre-Marc de Biasi, Paris (Librairie Générale Française) 2002.

Flaubert, Gustave, *L'Éducation sentimentale. Images et documents*, présenté par Peter Michael Wetherill, Paris (Garnier) 1985.

Flaubert, Gustave, *L'Éducation sentimentale. Les scénarios*, édition préparée par Tony Williams, Paris (Corti) 1992.

Flaubert, Gustave, *Les manuscrits de* Madame Bovary. *Édition intégrale sur le web*, herausgegeben von Danielle Girard und Yvan Leclerc, http://www.bovary.fr (04.04.2018).

Flaubert, Gustave, *Œuvres complètes II* (1845–1851), édition publiée sous la direction de Claudine Gothot-Mersch, avec, pour ce volume, la collaboration de Stéphanie Dord-Crouslé, Yvan Leclerc, Guy Sagnes et Gisèle Séginger, Paris (Gallimard, Bibliothèque de la Pléiade) 2013a.

Flaubert, Gustave, *Œuvres complètes III* (1851–1862), édition publiée sous la direction de Claudine Gothot-Mersch, avec, pour ce volume, la collaboration de Jeanne Bem, Yvan Leclerc, Guy Sagnes et Gisèle Séginger, Paris (Gallimard, Bibliothèque de la Pléiade) 2013b.

Flaubert, Gustave, *Œuvres de jeunesse. Œuvres complètes I*, édition présentée, établie et annotée par Claudine Gothot-Mersch et Guy Sagnes, Paris (Gallimard, Bibliothèque de la Pléiade) 2001.

Flaubert, Gustave, „Plans et scénarios de Salammbô, classement et transcriptions“, herausgegeben von Atsuko Ogane, http://flaubert.univ-rouen.fr/ressources/sal_scenarios.pdf (04.04.2018).

Flaubert, Gustave, „Préface“, in: Louis Bouilhet, *Dernières chansons*, poésies posthumes, Paris (Michel Lévy Frères) 1872, 3–34.

Flaubert, Gustave, *Un cœur simple*, in: ders., *Trois Contes*, préface de Michel Tournier, édition établie et annotée par Samuel S. de Sacy, Paris (Gallimard) 1966b, 1973, 17–79.

Flaubert, Gustave, *Voyage en Orient (1849–1851). Égypte – Liban-Palestine – Rhodes – Asie Mineure – Constantinople – Grèce – Italie*, édition présentée et établie par Claudine Gothot-Mersch, annotation et cartes de Stéphanie Dord-Crouslé, Paris (Gallimard) 2006.

Weitere Primär- und Sekundärtexte des 19. Jahrhunderts

Arcueil, T. d', „Les comédiens. VII. Mme Anna Thillon“, in: *Le Furet des salons. Journal du monde élégant, de l'industrie et des théâtres*, 17. November 1839.

„A Romantic Suicide“, in: *The Brisbane Courier*, 13. September 1870, http://nla.gov.au/nla.news-article1328893 (04.04.2018).

Asselineau, Charles, „Chronique littéraire. *L'Éducation sentimentale*, par Gustave Flaubert, chez Michel Lévy, 2 vol. – […]“, in: *Bulletin du bibliophile*, 1870–1871, 35–42, http://flaubert.univ-rouen.fr/etudes/education/es_ass2.php (04.04.2018).

Barbey d'Aurevilly, Jules, „*Madame Bovary*, par M. Gustave Flaubert“, in: *Le Pays*, 6. Oktober 1857, http://flaubert.univ-rouen.fr/etudes/madame_bovary/mb_bar.php (04.04.2018).

Baudelaire, Charles, „*Madame Bovary* par Gustave Flaubert“, in: ders., *Œuvres complètes*, édition établie par Claude Pichois, Paris (Gallimard, Bibliothèque de la Pléiade) 1975a und 1976, 2 Bde., Bd. II, 76–86.

Baudelaire, Charles, *Œuvres complètes*, édition établie par Claude Pichois, Paris (Gallimard, Bibliothèque de la Pléiade) 1975b und 1976, 2 Bde.

Baudelaire, Charles, *Salon de 1859*, in: ders., *Œuvres complètes*, édition établie par Claude Pichois, Paris (Gallimard, Bibliothèque de la Pléiade) 1975c und 1976, 2 Bde., Bd. II, 608–682.

Berlioz, Hector, „Théâtre-lyrique“, in: *Journal des Débats*, 23. Dezember 1862, http://flaubert.univ-rouen.fr/etudes/salammbo/sal_ber.php (04.04.2018).

Bichat, Xavier, *Recherches physiologiques sur la vie et la mort*, Paris ^{3}1805.

Boismont, A. Brierre de, *Du suicide et de la folie suicide*, Paris (Baillière) ^{2}1865 [^{1}1856].

Borel, Pétrus, *Don Andréa Vésalius. L'Anatomiste*, in: ders., *Champavert ou les contes immoraux*, Paris (Boucher) 2002, 67–88.

Bouilhet, Louis, *Mademoiselle Aïssé*, drame en quatre actes, en vers, avec les jugements de la critique, Paris (Michel Lévy Frères) 1872.

Brontë, Emily, *Wuthering Heights*, London (Penguin) ^{3}2003.

Cadoudal, Georges de, „*Salammbô*, par M. Gustave Flaubert", in: *L'Union*, 8. Januar 1863, http://flaubert.univ-rouen.fr/etudes/salammbo/sal_cad.php (04.04.2018).

Champfleury, *Les vignettes romantiques. Histoire de la littérature et de l'art (1825–1840)*, 150 vignettes par Célestin Nanteuil, Tony Johannot, Devéria, Édouard May, Jean Gigoux, Camille Rogier, Achille Allier, suivi d'un catalogue complet des romans, drames, poésies, ornés de vignettes, de 1825 à 1840, Paris (E. Dentu) 1883.

Champfleury, „Sur M. Courbet. Lettre à Madame Sand", in: ders, *Le réalisme*, Genf (Slatkine Reprints) 1967 [Nachdruck der Edition von 1857], 270–285.

Champagnac, Jean-Baptiste Joseph, *Chronique du crime et de l'innocence*, Paris (Ménard) 1833, 8 Bde., Bd. V.

Chateaubriand, François-René de, *Atala – René*, édition présentée et annotée par Jean-Claude Berchet, Paris (Librairie Générale Française) 2007.

Chateaubriand, François-René de, *Essai sur la littérature anglaise et considérations sur le génie des hommes, des temps et des révolutions*, Bd. I, Bruxelles (Meline) 1836.

Chateaubriand, François-René de, *Essai sur les révolutions. Génie du christianisme*, texte établi, présenté et annoté par Maurice Regard, Paris (Gallimard, Bibliothèque de la Pléiade) 1978.

Chateaubriand, François-René de, *Mémoires d'outre-tombe*, édition de Maurice Levaillant et Georges Moulinier, Paris (Gallimard, Bibliothèque de la Pléiade) 1951, 2 Bde.

„Courrier de Paris", in: *Le Monde illustré. Journal hebdomadaire*, 10. August 1861, 498–499.

Cousin, Victor, *Du Vrai, du Beau et du Bien*, Paris 1854.

Creuzer, Georg Friedrich, *Religions de l'antiquité, considérées principalement dans leurs formes symboliques et mythologiques*, ouvrage traduit de l'allemand du Dr Frédéric Creuzer, refondu en partie, complété et développé par J. D. Guigniaut, Bd. II, 3. Teil, Paris 1849.

Cuvillier-Fleury, Alfred-Auguste, „*Madame Bovary*, par M. Gustave Flaubert, Deux volumes in-12. Paris, 1857", in: Journal des Débats, 26. Mai 1857, http://flaubert.univ-rouen.fr/etudes/madame_bovary/mb_cuv.php (04.04.2018).

Delaplace, Eugène, „Le roman contemporain. *Salammbô* par M. Gustave Flaubert", in: *Revue contemporaine*, 15. März 1863, http://flaubert.univ-rouen.fr/etudes/salammbo/sal_del2.php (04.04.2018).

Delavigne, Casimir, „La mort de Jeanne d'Arc", in: ders., *Œuvres complètes*, nouvelle édition, Bd. IV: *Poésies* (*Messéniennes. Chants populaires. Poésies diverses. Derniers Chants. Poëmes. Ballades sur l'Italie*), Paris (Didier) 1864, 27–30.

Desmaze, Charles, *Histoire de la médecine légale en France d'après les lois, registres et arrêts criminels*, Paris (Charpentier) 1880.

Dictionnaire de l'Académie française (1835), in: *Dictionnaires d'autrefois*, ARTFL Project (University of Chicago), http://artfl-project.uchicago.edu/content/dictionnaires-dautrefois (04.04.2018).

„Diorama. *Le Tombeau de Napoléon à Sainte-Hélène*, par M. Daguerre", in: *L'Artiste* 1, 1, 1831, 137–138.

Donizetti, Gaetano, *Tutti i libretti di Donizetti*, herausgegeben von Edigio Saracino, Mailand (Garzanti) 1993.

Du, Camp, Maxime, „La Morgue", in: ders., *Paris, ses organes, ses fonctions et sa vie dans la seconde moitié du XIXe siècle*, Paris (Hachette) 1869–1875, 6 Bde., Bd. I, 422–439.

Du Camp, Maxime, *Paris, ses organes, ses fonctions et sa vie dans la seconde moitié du XIXe siècle*, Paris (Hachette) 1869–1875, 6 Bde.

Du Camp, Maxime, *Souvenirs littéraires (1822–1850)*, Paris (Hachette) ^{3}1906.

Dumas fils, Alexandre, *La Dame aux Camélias*, préface d'André Maurois, édition établie et annotée par Bernard Raffalli, Paris (Gallimard) 1975.

Dumesnil, Alfred, „*Madame Bovary* par Gustave Flaubert", in: *La Chronique artistique et littéraire*, 3. Mai 1857, http://flaubert.univ-rouen.fr/etudes/madame_bovary/mb_dume.php (04.04.2018).

Ferrus, Guillaume-Marie-André, *Des prisonniers, de l'emprisonnement et des prisons*, Paris (Baillière) 1850.

Froehner, Guillaume, „Le roman archéologique en France", in: *Revue contemporaine*, 31. Dezember 1862, in: Gustave Flaubert, *Œuvres complètes III (1851–1862)*, édition publiée sous la direction de Claudine Gothot-Mersch, avec, pour ce volume, la collaboration de Jeanne Bem, Yvan Leclerc, Guy Sagnes et Gisèle Séginger, Paris (Gallimard, Bibliothèque de la Pléiade) 2013, 979–995.

Gannal, Félix, *Mort réelle et mort apparente*, Paris (Coccoz) 1868.

Gannal, Félix, *Nouvelle notice sur les embaumements*, o. O. 1859.

Gannal, Félix, *Trois notices sur les embaumements*, Paris 1859.

Gauthier, „Drame de Nice", in: *Le Gaulois*, 20. Mai 1870.

Gautier, Théophile, *Constantinople, Paris* (Michel Lévy Frères) 1853.

Gautier, Théophile, „La reprise d'Antony (en octobre 1867)", in: ders., *Histoire du romantisme*, Paris (Charpentier) 1874, 166–171 [*Moniteur*, 7. Oktober 1867].

Gautier, Théophile, „Madame Dorval. Née en 1801. – Morte en 1849", in: ders., *Histoire du romantisme*, Paris (Charpentier) 1874, 271–277 [*La Presse*, 1. Juni 1849].

Gautier, Théophile, „Salon de 1850–51. M. Courbet" in: *La Presse*, 15. Februar 1851, in: ders., *Critique d'Art. Extrait des Salons* (1833–1872), textes choisis, présentés et annotés par Marie-Hélène Girard, Paris (Séguier) 1994, 131–138.

Goncourt, Edmond und Jules, *Journal. Mémoires de la vie littéraire*, 4 Bde., Bd. I: *1851–1863*, texte intégral établi et annoté par Robert Ricatte, Paris (Fasquelle/Flammarion) 1956.

Guide dans les monuments de Paris, Paris (Paulin et le Chevalier) 1855.

Guillot, Adolphe, *Paris qui souffre. La basse Geôle du Grand Châtelet et les Morgues modernes,* avec une préface par Ernest Daudet, Paris (Rouquette) 1887.

Hugo, Victor, *Hernani,* édition établie par Yves Gohin, dossier et notes réalisés par Olivier Decroix, Paris (Gallimard) ²2009.

Hugo, Victor, *La Légende des siècles / La Fin de Satan* / Dieu, édition établie et annotée par Jacques Truchet, Paris (Gallimard, Bibliothèque de la Pléiade) 1950.

Hugo, Victor, *Les Orientales / Les Feuilles d'automne,* présentation, notes et dossier par Franck Laurent, Paris (Librairie Générale Française) 2000.

Larousse, Pierre, *Grand Dictionnaire universel du XIXᵉ siècle, français, historique, géographique, mythologique, bibliographique littéraire, artistique, scientifique, etc., etc.,* Paris (Administration du Grand Dictionnaire universel) 1866–1877, 17 Bde.

Le Petit Journal, Paris, 17. April 1869 (Gallica, BnF).

Le Petit Journal, Paris, 25. April 1869 (Gallica, BnF).

Lescure, François Adolphe Mathurin de, *La princesse de Lamballe, Marie-Thérèse-Louise de Savoie-Carignan. Sa vie – sa mort (1749–1792),* d'après des documents inédits, ouvrage orné d'un portrait de la princesse gravé par M. Fleischmann, sous la direction de M. Henriquel Dupont, d'une vue de la Force en 1792, gravée par M. Laurence, et de quatre fac-simile d'autographes, Paris (Henri Plon) 1864.

„Les obsèques de M. de Villemessant", in: *Le Figaro,* 17.-18. April 1879.

Littré, Émile, *Dictionnaire de la langue française* (1872–77), in: *Dictionnaires d'autrefois,* ARTFL Project (University of Chicago), http://artfl-project.uchicago.edu/content/dictionnaires-dautrefois (04.04.2018).

Lorrain, Jean, *Sensations et souvenirs,* Paris (Charpentier) 1895.

Louis, Pierre-Charles-Alexandre, *Recherches anatomiques, pathologiques et thérapeutiques sur la phthisie,* Paris (Baillière) 1843.

Maillard, Firmin, *Recherches historiques et critiques sur la Morgue,* Paris (Adolphe Delahays) 1860.

Mallarmé, Stéphane, *Œuvres complètes,* édition présentée, établie et annotée par Bertrand Marchal, Paris (Gallimard, Bibliothèque de la Pléiade) 1998 und 2003, 2 Bde.

Maupassant, Guy de, „Gustave Flaubert", in: Gustave Flaubert, *Lettres de Gustave Flaubert à George Sand, précédées d'une étude par Guy de Maupassant,* Paris (Charpentier) 1884, I-LXXXVI.

Maupassant, Guy de, *La Morte et autres nouvelles fantastiques,* Paris (Hatier) 2010.

Michelet, Jules, „Du sacerdoce de la douleur", Septième leçon, 6. Juni 1850 („Éducation de la femme et par la femme"), in: *Cours au Collège de France (1845–1851),* publiés par Paul Viallaneix avec la collaboration d'Oscar A. Haac et d'Irène Tieder, Paris (Gallimard) 1995, Bd. II, 620–623.

Michelet, Jules, *La femme,* Paris (Hachette) 1860.

Michelet, Jules, „Mort de Charlotte Corday (19 juillet 93)“, in: ders., *Histoire de la Révolution Française*, édition établie et commentée par Gérard Walter, Paris (Gallimard, Bibliothèque de la Pléiade) 1952, 2 Bde., Bd. II, 503–511.

Mouselet, Ch., „Théâtres. Comédie-Française : *Le Sphinx*, drame en quatre actes, par M. Octave Feuillet“, in: *Le monde illustré*, 28. März 1874, 202.

„Napoleon's Tomb“, in: *The Illustrated Magazine of Art* 2, 10, 1853, 225–249.

Nietzsche, Friedrich, *Menschliches Allzumenschliches I: § 50*, in: ders., *Digitale Kritische Gesamtausgabe Werke und Briefe (eKGWB)*, basierend auf der Kritischen Gesamtausgabe von Giorgio Colli und Mazzino Montinari, Berlin/New York (de Gruyter) 1967a-, herausgegeben von Paolo d'Iorio, http://www.nietzschesource.org/#eKGWB/MA-50 (04.04.2018).

Nietzsche, Friedrich, *Richard Wagner in Bayreuth. Der Fall Wagner. Nietzsche contra Wagner*, Nachwort von Dieter Borchmeyer, Stuttgart (Reclam) 2013.

Nietzsche, Friedrich, *Zur Genealogie der Moral: § II – 3*, in: ders., *Digitale Kritische Gesamtausgabe Werke und Briefe (eKGWB)*, basierend auf der Kritischen Gesamtausgabe von Giorgio Colli und Mazzino Montinari, Berlin/New York (de Gruyter) 1967b-, herausgegeben von Paolo d'Iorio, http://www.nietzschesource.org/#eKGWB/GM-II-3 (04.04.2018).

Nodier, Charles, „Le château de Robert-le-Diable“, in: *Keepsake français, ou Souvenir de littérature contemporaine*, recueilli par M. J.-B.-A. Soulié, conservateur à la Bibliothèque royale de l'Arsenal, orné de dix-huit gravures anglaises, Paris (Giraldon-Bovinet) 1830, 115–121.

Noriac, Jules, „Courrier de Paris“, in: *Le monde illustré*, 28. März 1874, 194–195.

Orfila, Mateo, *Traité de médecine légale*, Paris (Bechet Jeune) 1836, 4 Bde.

Orfila, Mateo, *Traité de médecine légale*, Bd. I, Paris (Labé) ^{4}1848.

Poe, Edgar Allan, „The Philosophy of Composition“, in: *Graham's Magazine* 28, 4, 1846, 163–167.

Pommier, Amédée, *Colifichets. Jeux de rimes*, Paris (Garnier frères) 1860.

Pujol, Édouard, *Napoléon. De la vallée du tombeau au dôme des Invalides*, suivi du panorama du trajet parcouru par le cercueil, Paris (Delloye) 1841.

Réquisitoire, plaidoirie et jugement du procès intenté à l'auteur devant le tribunal correctionnel de Paris (6ᵉ Chambre), présidence de M. Dubarle, audiences des 31 janvier et 7 février 1857, in: Gustave Flaubert, *Œuvres complètes* III (1851–1862), édition publiée sous la direction de Claudine Gothot-Mersch, avec, pour ce volume, la collaboration de Jeanne Bem, Yvan Leclerc, Guy Sagnes et Gisèle Séginger, Paris (Gallimard, Bibliothèque de la Pléiade) 2013, 459–536.

Rimbaud, Arthur, *Poésies complètes. 1870–1872*, introduction, chronologie, bibliographie, notices et notes par Pierre Brunel, Paris (Librairie Générale Française) 1998.

Roger, Aristide, „Chronique de la semaine“, in: *Le Journal illustré*, 26. November 1876, 378.

Royer, Alphonse; Vaëz, Gustave; Donizetti, Gaetano, *Lucie de Lammermoor*, grand opéra en deux actes et en quatres parties, http://opera.stanford.edu/Donizetti/Lucie/libretto.html (04.04.2018).

Sainte-Beuve, Charles Augustin, „*Madame Bovary* par Gustave Flaubert“, in: *Le Moniteur Universel*, 4. Mai 1857, http://flaubert.univ-rouen.fr/etudes/madame_bovary/mb_sai.php (04.04.2018).

Sainte-Beuve, Charles Augustin, „*Salammbô*, par M. Gustave Flaubert“, in: *Le Constitutionnel*, 8. Dezember 1862a, in: Gustave Flaubert, *Œuvres complètes III (1851–1862)*, 936–946.

Sainte-Beuve, Charles Augustin, „*Salammbô*, par M. Gustave Flaubert“, in: *Le Constitutionnel*, 15. Dezember 1862b, in: Gustave Flaubert, *Œuvres complètes III (1851–1862)*, 947–957.

Sainte-Beuve, Charles Augustin, „*Salammbô*, par M. Gustave Flaubert“, in: *Le Constitutionnel*, 22. Dezember 1862c, in: Gustave Flaubert, *Œuvres complètes III (1851–1862)*, 957–969.

Savernon, Paul, „L'histoire de la Morgue“, in: *Le Journal illustré*, 26. November 1876, 379–382.

Stern, Daniel [Marie de Flavigny, comptesse d'Agoult], *Histoire de la Révolution de 1848*, illustrée par de Neuville, Gerlier, Lix, Crepon, Gustave Janet, E. Lorsay, etc., Paris (A. Lacroix, Verboeckhoven et Cie) 1869.

Stowe, Harriet Beecher, *Uncle Tom's Cabin*, edited by Elizabeth Ammons, New York, London (Norton) 1994.

Verlaine, Paul, *Œuvres poétiques complétes*, texte établi et annoté par Y.-G. Le Dantec, édition révisée, complétée et présentée par Jacques Borel, Paris (Gallimard, Bibliothèque de la Pléiade) 1962.

Vigny, Alfred de, *Œuvres complètes*, édition de François Germain et André Jarry, Paris (Gallimard, Bibliothèque de la Pléiade) 1986, 2 Bde.

Zola, Émile, *Thérèse Raquin*, édition présentée et annotée par Robert Abirached, Paris (Gallimard) ^{2}2001.

Weitere Primärliteratur

Aristoteles, *Poetik*, Griechisch/Deutsch, übersetzt und herausgegeben von Manfred Fuhrmann, Stuttgart (Reclam) 1982.

Bernhardt, Sarah, *Ma double vie. Mémoires de Sarah Bernhardt*, Paris (Charpentier et Fasquelle) 1907.

Buchan, William, *Domestic Medicine: Or, A Treatise on the Prevention and Cure of Diseases by Regimen and Simple Medicines*, London 1783.

Delabarre, Ed., „Notice sur M. Lucien Lefort“, in: *Précis analytique des travaux de l'Académie des Sciences, Belles-Lettres et Arts de Rouen pendant l'année* 1917, Rouen (Cagniard) 1918, 555–583.

Diderot, Denis, *Entretiens sur Le Fils naturel / De la poésie dramatique / Paradoxe sur le comédien*, présentation, notes, annexes, chronologie et bibliographie par Jean Goldzink, Paris (Flammarion) 2005.

Diderot, Denis, *Lettre sur les aveugles à l'usage de ceux qui voient. Lettre sur les sourds et muets à l'usage de ceux qui entendent et qui parlent*, présentation par Marian Hobson et Simon Harvey, Paris (Flammarion) 2000.

Diderot, Denis, *Salon de 1765*, édition critique, annotée et présentée par Else Marie Bukdahl et Annette Lorenceau, Paris (Hermann) 1984.

Fénelon, „Sur la confession générale", in: ders., *Œuvres*, édition établie par Jacques Le Brun, Paris (Gallimard, Bibliothèque de la Pléiade) 1983 und 1997, 2 Bde., Bd. I, 767–777.

Hofmannsthal, Hugo von, *Der Brief des Lord Chandos. Schriften zur Literatur, Kultur und Geschichte*, herausgegeben von Mathias Mayer, Stuttgart (Reclam) 2000.

La Chanson *de Roland*, édition critique par Cesare Segre, traduite de l'italien par Madeleine Tyssens, Genf (Droz) 1989, 2 Bde.

Lessing, Gotthold Ephraim, *Wie die Alten den Tod gebildet*, in: ders., *Literaturtheoretische und ästhetische Schriften*, herausgegeben von Albert Meier, Stuttgart (Reclam) 2006, 197–222.

Montaigne, Michel de, *Les Essais*, édition établie par Jean Balsamo, Michel Magnien et Catherine Magnien-Simonin, édition des „Notes de lecture" et des „Sentences peintes" établie par Alain Legros, Paris (Gallimard, Bibliothèque de la Pléiade) 2007.

Pascal, Blaise, *Œuvres complètes*, édition présentée, établie et annotée par Michel Le Guern, Paris (Gallimard, Bibliothèque de la Pléiade) 1998 und 2000, 2 Bde.

Perrault, Charles, *La belle au bois dormant. Conte*, in: Perrault, Fénélon, Mailly, Préchac, Choisy et anonymes, *Contes merveilleux*, textes établies, présentés et annotés par Tony Gheeraert, avec un conte anonyme édité par Raymonde Robert, Paris (Honoré Champion) 2005, 185–197.

Platon, *Der Staat – Politeia*, Griechisch/Deutsch, übersetzt von Rüdiger Rufener, Einführung, Erläuterungen, Inhaltsübersicht und Literaturhinweise von Thomas Alexander Szlezák, Düsseldorf/Zürich (Artemis und Winkler) 2000.

Racine, Jean, *Athalie*, édition présentée, établie et annotée par Georges Forestier, Paris (Gallimard) ^{2}2001.

Racine, Jean, *Phèdre. Tragédie en cinq actes*, Französisch/Deutsch, übersetzt und herausgegeben von Wolf Steinsieck, Stuttgart (Reclam) 1995.

Richardson, Samuel, *Clarissa, or The History of a Young Lady*, herausgegeben von Angus Ross, London (Penguin) ^{2}2004.

Rousseau, Jean-Jacques, *Essai sur l'origine des langues où il est parlé de la mélodie et de l'imitation musicale*, in: ders., *Œuvres complètes V* (*Écrits sur la musique, la langue et le théâtre*), édition publiée sous la direction de Bernard Gagnebin et Marcel

Raymond avec, pour ce volume, la collaboration de Samuel-Baud-Bovy, Brenno Boccadoro, Xavier Bouvier, Marie-Élisabeth Duchez, Jean-Jacques Eigeldinger, Sidney Kleinman, Olivier Pot, Jean Rousset, Pierre Speziali, Jean Starobinski, Charles Wirz et André Wyss, Paris (Gallimard, Bibliothèque de la Pléiade) 1995, 371–429.

Rowson, Susanna Haswell, *Charlotte Temple*, herausgegeben von Cathy N. Davidson, New York, Oxford (Oxford University Press) 1986.

Saint-Pierre, Bernardin de, *Paul et Virginie*, édition établie par Robert Mauzi, Paris (Flammarion) 1992.

Schopenhauer, Arthur, *Über das Mitleid*, herausgegeben und mit einem Nachwort von Franco Volpi, München (Beck) 2005.

Shakespeare, William, *Hamlet*, edited by Ann Thompson and Neil Taylor, London (Bloomsbury, Arden Shakespeare) 2006.

Sekundärliteratur

Abbate, Carolyn, *Unsung Voices. Opera and Musical Narrative in the Nineteenth Century*, Princeton (Princeton University Press) 1991.

Adorno, Theodor W., *Ästhetische Theorie*, in: ders., *Gesammelte Schriften*, Bd. VII, herausgegeben von Gretel Adorno und Rolf Tiedemann, Frankfurt am Main (Suhrkamp) 1970.

Agulhon, Maurice, *1848 ou l'apprentissage de la République (1848–1852)*, postface de Philippe Boutry, Paris (Seuil) ³2002.

Agulhon, Maurice, *Marianne au combat. L'imagerie et la symbolique républicaines de 1789 à 1880*, Paris (Flammarion) 1979.

Agulhon, Maurice, „Propos sur l'allégorie politique", in: *Actes de la recherche en sciences sociales* 28, 1979, 27–32.

Agulhon, Maurice, „Un usage de la femme au XIXᵉ siècle : l'allégorie de la République", in: *Romantisme* 13–14, 1976, 143–152.

Albert, Jean-Pierre, *Le sang et le Ciel. Les saintes mystiques dans le monde chrétien*, Paris (Aubier) 1997.

April, Robert S., „Representation of the Dead Body in Literature and Medical Writing during the Restoration in France (1799–1848)", in: Elizabeth Klaver (Hg.), *Images of the Corpse: From the Renaissance to Cyberspace*, Madison (University of Wisconsin Press) 2004, 63–87.

Ariès, Philippe, *Images de l'homme devant la mort*, Paris (Seuil) 1983.

Ariès, Philippe, „La mort de toi", in: ders., *Essais sur l'histoire de la mort en Occident du Moyen Âge à nos jours*, Paris (Seuil) 1975, 51–65.

Ariès, Philippe, *L'homme devant la mort*, Paris (Seuil) 1977, 2 Bde [Bd. I: *Le temps des gisants*; Bd. II: *La mort ensauvagée*].

Assmann, Aleida, *Erinnerungsräume. Formen und Wandlungen des kulturellen Gedächtnisses*, München (Beck) ^{4}2009.

Assmann, Aleida, „Zur Metaphorik der Erinnerung“, in: Aleida Assmann, Dietrich Harth (Hgg.), *Mnemosyne. Formen und Funktionen der kulturellen Erinnerung*, Frankfurt am Main (Fischer) 1991, 13–35.

Assmann, Jan, *Der Tod als Thema der Kulturtheorie. Todesbilder und Totenriten im Alten Ägypten*, mit einem Beitrag von Thomas Macho, Frankfurt am Main (Suhrkamp) 2000.

Assmann, Jan, *Tod und Jenseits im Alten Ägypten*, München (Beck) 2001.

Assmann, Jan; Maciejewski, Franz; Michaels, Axel (Hgg.), *Der Abschied von den Toten. Trauerrituale im Kulturvergleich*, Göttingen (Wallstein) 2005.

Assmann, Jan; Trauzettel, Rolf (Hgg.), *Tod, Jenseits und Identität. Perspektiven einer kulturwissenschaftlichen Thanatologie*, Freiburg/München (Alber) 2002.

Auerbach, Erich, „Passio als Leidenschaft“, in: PMLA 56, 4, 1941, 1179–1196.

Aziza, Claude, „La mode Salammbô“, in: Daniel Fauvel, Yvan Leclerc (Hgg.), *Salammbô de Flaubert. Histoire, fiction*, Paris (Honoré Champion) 1999, 187–192.

Bachelard, Gaston, *L'eau et les rêves. Essai sur l'imagination de la matière*, Paris (José Corti) ^{2}1947.

Bailbé, Joseph-Marc, „Salammbô de Reyer : du roman à l'opéra“, in: *Romantisme* 38, 1982, 93–103.

Balk, Claudia, *Theatergöttinnen. Inszenierte Weiblichkeit. Clara Ziegler, Sarah Bernhardt, Eleonora Duse*, Katalog zu drei Ausstellungen im Deutschen Theatermuseum München („Jungfrau in Waffen“ Clara Ziegler, 2. September bis 16. Oktober 1994, „Femme fatale“ Sarah Bernhardt, 23. Oktober 1994 bis 8. Januar 1995, „Femme fragile“ Eleonora Duse, 20. Januar bis 12. März 1995), Basel/Frankfurt am Main (Stroemfeld) 1994.

Baltrušaitis, Jurgis, *Der Spiegel. Entdeckungen, Täuschungen, Phantasien*, aus dem Französischen von Gabriele Ricke und Ronald Voullié, Gießen (Anabas) 1986.

Barck, Karlheinz u. a. (Hgg.), *Ästhetische Grundbegriffe. Historisches Wörterbuch in sieben Bänden*, Stuttgart/Weimar (Metzler) 2000–2005, 7 Bde.

Barthes, Roland, *La chambre claire. Note sur la photographie*, Paris (Gallimard/Seuil) 1980.

Barthes, Roland, *Le degré zéro de l'écriture suivi de nouveaux essais critiques*, Paris (Seuil) ^{2}1972.

Barthes, Roland, *Mythologies*, Paris (Seuil) 1957.

Barthes, Roland, *Sur Racine*, Paris (Seuil) 1963.

Bassein, Beth Ann, *Women and Death. Linkages in Western Thought and Literature*, Westport, Connecticut (Greenwood Press) 1984.

Bataille, Georges, *L'Érotisme*, Paris (Minuit) ^{2}2011.

Batifoulier, Alain; de Tovar, Simon, „Secrets de coulisses…“, in: Join-Diéterle, Catherine (Hg.), *L'envers du décor à la Comédie-Française et à l'Opéra de Paris au XIXe siècle*, Katalog zur Ausstellung im Centre national du costume de scène et de la scénographie vom 28. Januar bis 20. Mai 2012, Montreuil (Gourcuff Gradenigo) 2012, 85–97.

Batifoulier, Alain; de Tovar, Simon, „Trucs et curiosités“, in: Join-Diéterle, Catherine (Hg.), *L'envers du décor à la Comédie-Française et à l'Opéra de Paris au XIXe siècle*, Katalog zur Ausstellung im Centre national du costume de scène et de la scénographie vom 28. Januar bis 20. Mai 2012, Montreuil (Gourcuff Gradenigo) 2012, 99–113.

Bätschmann, Oskar, *Hans Holbein d.J.*, München (Beck) 2010.

Bätschmann, Oskar, „Kunst der Französischen Revolution 1789“, in: Helmut Berding, Günter Oesterle (Hgg.), *Die Französische Revolution*, Vorlesungen zweiter Teil, Gießen (Ferber'sche Universitätsbuchhandlung) 1990, 25–57.

Behrens, Rudolf, „La représentation de l'agonie d'Emma et les désillusions du discours médical“, in: Barbara Vinken, Peter Fröhlicher (Hgg.), *Le Flaubert réel*, Tübingen (Max Niemeyer) 2009, 31–46.

Belting, Hans, *Bild-Anthropologie. Entwürfe für eine Bildwissenschaft*, München (Fink) [3]2006.

Belting, Hans, *Bild und Kult. Eine Geschichte des Bildes vor dem Zeitalter der Kunst*, München (Beck) [7]2011.

Belting, Hans, *Das Bild und sein Publikum im Mittelalter. Form und Funktion früher Bildtafeln der Passion*, Berlin (Gebr. Mann) [3]2000.

Benhamou, Albert, *L'autre Sainte-Hélène. La captivité, la maladie, la mort, et les médecins autour de Napoléon*, Apsley, Herfortshire (Albert Benhamou Publishing) 2010.

Bénichou-Safar, Hélène, *Le tophet de Salammbô à Carthage. Essai de reconstitution*, Rom (École française de Rome) 2004.

Benjamin, Walter, *Das Kunstwerk im Zeitalter seiner technischen Reproduzierbarkeit*, mit Ergänzungen aus der Ersten und Zweiten Fassung, herausgegeben, kommentiert und mit einem Nachwort von Burkhardt Lindner, Stuttgart (Reclam) 1989.

Benjamin, Walter, *Einbahnstraße*, Frankfurt am Main (Suhrkamp) 1955.

Benkard, Ernst, *Das ewige Antlitz. Eine Sammlung von Totenmasken*, mit einem Geleitwort von Georg Kolbe, Berlin (Frankfurter Verlags-Anstalt) 1933 [[1]1926].

Bertherat, Bruno; Chevandier, Christian, *Paris dernier voyage. Histoire des pompes funèbres (XIXe - XXe siècles)*, préface de Betrand Delanoë, postface de Pascal Ory, Paris (La Découverte) 2008.

Bertherat, Bruno, „La mort en vitrine à la Morgue à Paris au XIXe siècle (1804–1907)“, in: Régis Bertrand, Anne Carol, Jean Noël Pelen (Hgg.), *Les narrations de la mort*, Aix-en-Provence (Publications de l'Université de Provence) 2005, 181–196.

Biasi, Pierre Marc de, *Gustave Flaubert. Une manière spéciale de vivre*, Paris (Grasset & Fasquelle) 2009.

Blanchot, Maurice, „Les deux versions de l'imaginaire", in: ders., *L'espace littéraire*, Paris (Gallimard) 1955, 341–355.

Bohrer, Karl Heinz, *Imaginationen des Bösen. Für eine ästhetische Kategorie*, München/Wien (Hanser) 2004.

Bolloch, Joëlle, „Photographie après décès : pratique, usages et fonctions", in: *Le Dernier Portrait*, Katalog zur Ausstellung im Musée d'Orsay, 5. März bis 26. Mai 2002, Paris 2002, 112–145.

Bonhoff, Christina, *Hypokrisie und Macht. Kritik der bürgerlichen Gesellschaft bei Stendhal und Daumier*, Würzburg (Königshausen & Neumann) 2015.

Bonnet, Jean-Claude, *Naissance du Panthéon. Essai sur le culte des grands hommes*, Paris (Fayard) 1998.

Borgards, Roland, „Schmerz / Erinnerung. Andeutung eines Forschungsfeldes", in: ders. (Hg.), *Schmerz und Erinnerung*, München (Fink) 2005, 9–24.

Borsò, Vittoria, „‚Zeitbild' – Bildräume. Visualität und Zeitlichkeit in Gustave Flauberts *Salammbô*", in: Wolfgang Lange, Jürgen Paul Schwindt, Karin Westerwelle (Hgg.), *Temporalität und Form. Konfigurationen ästhetischen und historischen Bewußtseins*, Autoren-Kolloquium mit Karl Heinz Bohrer, Heidelberg (Winter) 2004, 197–220.

Bosquet, Gaston, „Gustave Flaubert metteur en scène de *Mademoiselle Aïssé* de Louis Bouilhet, in: *Les Amis de Flaubert 16*, 1960, 30–34.

Bosse, Monika; Stoll, André, „Die Agonie des archaischen Orients. Eine verschlüsselte Vision des Revolutionszeitalters" (Nachwort), in: Gustave Flaubert, *Salammbô*, aus dem Französischen von Georg Brustgi, herausgegeben von Monika Bosse und André Stoll, Frankfurt am Main (Suhrkamp) 1979, 401–448.

Bourdieu, Pierre, „Die Erfindung des Künstlerlebens", übersetzt von Bernd Schwibs, in: *Trivium* 18, 2014 [*Cultures de la créativité. Bohème historique et précarités contemporaines*], https://trivium.revues.org/5030 (04.04.2018), 2–33.

Bowman, Frank Paul, *Le Christ romantique*, Genf (Droz) 1973.

Braungart, Georg, „Schmerzgedächtnis – Körperschrift", in: Gerhard Kurz (Hg.), *Meditation und Erinnerung in der Frühen Neuzeit*, Göttingen (Vandenhoeck & Ruprecht) 2000, 357–367.

Breyer, Thiemo, „Der Mensch im Spiegel des Anderen", https://www.academia.edu/4604371/Der_Mensch_im_Spiegel_des_Anderen_2015_ (04.04.2018).

Brombert, Victor, *The Novels of Flaubert. A Study of Themes and Techniques*, Princeton (Princeton University Press) 1966.

Bronfen, Elisabeth, *Over Her Dead Body. Death, Femininity and the Aesthetic*, Manchester (Manchester University Press) 1992.

Brooks, Jeanice, „Catherine de Médicis, nouvelle Artémise: Women's Laments and the Virtue of Grief", in: *Early Music* 27, 3, 1999, 419–435.

Brooks, Peter, „Body and Voice in Melodrama and Opera“, in: Mary Ann Smart (Hg.), *Siren Songs. Representations of Gender and Sexuality in Opera*, Princeton/Oxford (Princeton University Press) 2000, 118–134.

Brooks, Peter, *The Melodramatic Imagination. Balzac, Henry James, Melodrama, and the Mode of Excess*, New Haven/London (Yale University Press) ^{2}1995.

Bruneau, Jean, *Le ‚Conte oriental‘ de Gustave Flaubert*, documents inédits, Paris (Denoël) 1973.

Bruneau, Jean, *Les débuts littéraires de Gustave Flaubert. 1831–1845*, Paris (Colin) 1962.

Buisine, Alain, *L'Orient voilé*, Paris (Zulma) 1993.

Burke, Peter, „Geschichte als soziales Gedächtnis“, übersetzt von Dietrich Harth, in: Aleida Assmann, Dietrich Harth (Hgg.), *Mnemosyne. Formen und Funktionen der kulturellen Erinnerung*, Frankfurt am Main (Fischer) 1991, 289–302.

Burns, Stanley B. und Elisabeth, A., *La Belle au bois dormant II. La famille face à la douleur et au deuil à travers la photographie funéraire (Tradition Américaine & Européenne) / Sleeping Beauty II. Grief, Bereavement and the Family in Memorial Photography (American & European Traditions)*, New York (Burns Archive Press) 2002.

Cablé, Anne, „Jean-Charles Pellerin, du cartier à l'industriel“, in: Martine Sadion, Anne Cablé (Hgg.), *C'est une „image d'Épinal“*, Katalog zur Ausstellung vom 18. Mai 2013 bis zum 16. März 2014, Musée de l'Image à Épinal, Ville d'Épinal (Musée de l'Image) 2013, 83–94.

Caldwell, Roy Chandler, Jr., „Madame Bovary's Last Laugh“, in: *French Forum* 25, 1, 2000, 55–74.

Carney, Elizabeth D., „Women and *Dunasteia* in Caria“, *The American Journal of Philology* 126, 1, 2005, 65–91.

Caron, Nicole; Girard, Danielle, „Personnages littéraires ou mythiques“, in: *Les manuscrits de Madame Bovary. Index des noms propres*, http://flaubert.univ-rouen.fr/bovary/atelier/noms_propres/person_lit.htm (04.04.2018).

Chambers, Ross, *L'ange et l'automate. Variations sur le mythe de l'actrice de Nerval à Proust*, Paris (Lettres modernes) 1971.

Chenique, Bruno, „Le masque de Géricault ou la folle mémoire d'un culte sentimental et nauséabond“, in: *Le Dernier Portrait*, Katalog zur Ausstellung im Musée d'Orsay, 5. März bis 26. Mai 2002, Paris 2002, 158–174.

Chesters, Timothy, „Flaubert's Reading Notes on Montaigne“, in: *French Studies* 63, 4, 2009, 399–415.

Citati, Pietro, „Les yeux d'Emma“, in: ders., *Le mal absolu. Au cœur du roman du dix-neuvième siècle*, traduit de l'italien par Brigitte Pérol, Paris (Gallimard) 2009.

Clément, Catherine, *Le cœur transporté. Adrienne Lecouvreur*, Paris (Laffont) 1991.

Clément, Catherine, *L'opéra ou la défaite des femmes*, Paris (Grasset) 1979.

Corbin, Alain, „La rencontre des corps“, in: ders. (Hg.), *Histoire du corps*, Bd. II: *De la Révolution à la Grande Guerre*, Paris (Seuil) 2005, 151–219.

Corbin, Alain, „Le sang de Paris. Réflexions sur la généalogie de l'image de la capitale", in: ders., *Le temps, le désir et l'horreur. Essais sur le XIXe siècle*, Paris (Aubier) 1991, 215–225.

Corbin, Alain, „Le ‚sexe en deuil' et l'histoire des femmes au XIXe siècle", in: ders., *Le temps, le désir et l'horreur. Essais sur le XIXe siècle*, Paris (Aubier) 1991, 91–105.

Corbin, Alain, „Les prostituées du XIXe siècle et le ‚vaste effort du néant'", in: ders., Le temps, le désir et l'horreur. Essais sur le XIXe siècle, Paris (Aubier) 1991, 117–139.

Cousseau, Anne, „Ophélie : histoire d'un mythe fin de siècle", in: *Revue d'Histoire Littéraire de la France* 101, 1, 2001, 81–104.

Crespi Morbio, Vittoria, „Carmen in furs", in: dies. (Hg.), *Femmes Fatales at the Opera*, Turin, London, Venedig, New York (Umberto Allemandi & C.) 2009, 13–27.

Culler, Jonathan, *Flaubert. The Uses of Uncertainty*, Ithaca, New York (Cornell University Press) 1974.

Czyba, Lucette, *Mythes et idéologie de la femme dans les romans de Flaubert*, Lyon (Presses Universitaires de Lyon) 1983.

Daniels, Barry, *Le décor de théâtre à l'époque romantique. Catalogue raisonné des décors de la Comédie-Française (1799–1848)*, d'après les documents conservés dans les collections de la Bibliothèque nationale de France et de la Comédie-Française, suivi d'une édition du Registre des machinistes par Jacqueline Razgonnikoff, Paris (Bibliothèque nationale de France) 2003.

Dauzet, Dominique-Marie, *La mystique bien tempérée. Écriture féminine de l'expérience spirituelle (XIXe – XXe siècle)*, Paris (Cerf) 2006.

Davis, Lennard J., „The Dreadful Gulph and the Glass Cadaver: Decomposing Women in Early Modern Literature", in: *Genre* 23, 1990, 121–133.

Demisch, Heinz, *Die Sphinx. Geschichte ihrer Darstellung von den Anfängen bis zur Gegenwart*, Stuttgart (Urachhaus) 1977.

Demorest, Don Louis, *L'expression figurée et symbolique dans l'œuvre de Gustave Flaubert*, Genf (Slatkine Reprints) 1977 [[1]Paris 1931].

Dietz, Armin, *Ewige Herzen. Kleine Kulturgeschichte der Herzbestattungen*, München (MMV) 1998.

Dijkstra, Bram, *Idols of Perversity. Fantasies of Feminine Evil in Fin-de-Siècle Culture*, New York/Oxford (Oxford University Press) 1986.

Di Maio, Mariella, *Le Cœur mangé. Histoire d'un thème littéraire du Moyen Âge au XIXe siècle*, übersetzt von Anne Bouffard, Paris (Presses de l'Université Paris-Sorbonne) 2005.

Dottin, Mireille, „Salomé (appelée aussi Hérodiade ou Hérodias)", in: Pierre Brunel (Hg.), *Dictionnaire des mythes littéraires*, Monaco (Rocher) 1988, 1176–1187.

Downing, Lisa, *Desiring the Dead. Necrophilia and Nineteenth-Century French Literature*, Oxford (Legenda) 2003.

Dubuc, André, „À propos de la fontaine rouennaise de Louis Bouilhet", in: *Les Amis de Flaubert* 67, 1985, 13–15.

Dünne, Jörg, *Asketisches Schreiben. Rousseau und Flaubert als Paradigmen literarischer Selbstpraxis in der Moderne*, Tübingen (Narr) 2003.

Elzenheimer, Regine, *Pause. Schweigen. Stille. Dramaturgien der Abwesenheit im postdramatischen Musik-Theater*, Würzburg (Königshausen & Neumann) 2008.

Fairlie, Alison, „Pellerin et le thème de l'art dans *L'Éducation sentimentale*", in: dies., *Imagination and Language. Collected Essays on Constant, Baudelaire, Nerval and Flaubert*, Cambridge (Cambridge University Press) 1981, 408–421.

Faure, Olivier, „Le regard des médecins", in: Alain Corbin (Hg.), *Histoire du corps*, Bd. II: *De la Révolution à la Grande Guerre*, Paris (Seuil) 2005, 15–52.

Faure, Paul, *Magie der Düfte. Eine Kulturgeschichte der Wohlgerüche. Von den Pharaonen zu den Römern*, aus dem Französischen von Barbara Brumm, München/Zürich (Artemis & Winkler) 1991.

Fédida, Pierre, „La relique et le travail de deuil", in: ders., *L'absence*, Paris (Gallimard) 1978, 53–59.

Fehringer, Kathrin, „Schmetterling", in: Barbara Vinken, Cornelia Wild (Hgg.), *Arsen bis Zucker. Flaubert-Wörterbuch*, Berlin (Merve) 2010, 231–236.

Fibicher, Bernhard (Hg.), *Six Feet Under. Autopsie unseres Umgangs mit Toten*, Katalog zur Ausstellung im Kunstmuseum Bern vom 2. November 2006 bis zum 21. Januar 2007, Bielefeld/Leipzig (Kerber) 2006.

Fischer, Jens Malte, „Kundry, Salome und Melusine. Verführung und Erlösung in der Oper der Jahrhundertwende", in: Helmut Kreuzer (Hg.), *Don Juan und Femme fatale*, München (Fink) 1994, 143–154.

Fischer, Norbert, „Schauplatz Krematorium. Zur Aktualität und Geschichte des verborgenen Todes", in: Thomas Klie (Hg.), *Performanzen des Todes. Neue Bestattungskultur und kirchliche Wahrnehmung*, Stuttgart (Kohlhammer) 2008, 41–55.

Foucart, Bruno, *Le renouveau de la peinture religieuse en France (1800–1860)*, Paris (Arthéna) 1987.

Foucault, Michel, *Histoire de la folie à l'âge classique*, suivi de *Mon corps, ce papier, ce feu* et *La folie, l'absence d'œuvre*, Paris (Gallimard) 1972.

Foucault, Michel, *Naissance de la clinique*, Paris (Presses Universitaires de France) 2012 [[1]1963].

Foulquié, Paul; Saint-Jean, Raymond, *Dictionnaire de la langue philosophique*, Paris (Presses Universitaires de France) 1969.

Friedrich, Hugo, *Die Struktur der modernen Lyrik. Von der Mitte des neunzehnten bis zur Mitte des zwanzigsten Jahrhunderts*, Reinbek bei Hamburg (Rowohlt) [4]2006.

Friedrich, Sabine, *Die Imagination des Bösen. Zur narrativen Modellierung der Transgression bei Laclos, Sade und Flaubert*, Tübingen (Narr) 1998.

Frølich, Juliette, „Charles Bovary et *La Belle au bois dormant*“, in: *Revue Romane* 12, 2, 1977, 202–209.

Full, Bettina, *Passio und Bild. Ästhetische Erfahrung in der italienischen Lyrik des Mittelalters und der Renaissance*, Paderborn (Fink) 2015.

Gaehtgens, Thomas W., „Davids *Marat* (1793) oder die Dialektik des Opfers“, in: *kritische berichte* 2, 2008, 67–80.

Gaillard, Françoise, „Qui a tué Madame Bovary ?“, in: Anne Herschberg Pierrot (Hg.), *Flaubert. Éthique et esthétique*, Paris (Presses Universitaires de Vincennes) 2012, 67–80.

Garber, Frederick, „Self, Society, Value, and the Romantic Hero“, in: *Comparative Literature* 19, 4, 1967, 321–333.

Gidel, Henri, „Feydeau“, in: ders., *Gens de théâtre. Biographies. Les Deux Guitry. Feydeau. Sarah Bernhardt*, Paris (Omnibus) 2008, 391–695.

Giersberg, Dagmar, *„Je comprends les Werther“. Goethes Briefroman im Werk Flauberts*, Würzburg (Königshausen & Neumann) 2003.

Giorgi, Rosa, *Angels and Demons in Art*, aus dem Italienischen übersetzt von Rosanna M. Giammanco Frongia, Los Angeles (Getty Publications) 2005.

Girard, Pauline, „L'évolution stylistique des décors à l'Opéra de Paris de 1863 à 1907“, in: Catherine Join-Diéterle (Hg.), *L'envers du décor à la Comédie-Française et à l'Opéra de Paris au XIXe siècle*, Katalog zur Ausstellung im Centre national du costume de scène et de la scénographie vom 28. Januar bis 20. Mai 2012, Montreuil (Gourcuff Gradenigo) 2012, 157–166.

Girard, René, *Mensonge romantique et vérité romanesque*, Paris (Bernard Grasset) 1961.

Glück, Thomas; Morenz, Ludwig D., „Ägyptenrezeptionen. Einführende Überlegungen“, in: dies. (Hgg.), *Exotisch, Weisheitlich und Uralt. Europäische Konstruktionen Altägyptens*, Hamburg (LIT Verlag) 2007, 5–54.

Goldmann, Stefan, „Statt Totenklage Gedächtnis. Zur Erfindung der Mnemotechnik durch Simonides von Keos“, in: *Poetica* 21, 1989, 43–66.

González-Salvador, Ana, „Morbide“, in: Sylvie Thorel-Cailleteau (Hg.), *Dieu, la chair et les livres. Une approche de la décadence*, Paris (Champion) 2000, 207–230.

Gorsen, Peter, *Frauen und Frauenbilder in der Kunstgeschichte*, in: Gislind Nabakowski, Helke Sander, Peter Gorsen (Hgg.), *Frauen in der Kunst*, Frankfurt am Main (Suhrkamp) 1980, 2 Bde., Bd. II, 13–177.

Goumegou, Susanne; Guthmüller, Marie; Nickenig, Annika, *Schwindend schreiben. Briefe und Tagebücher schwindsüchtiger Frauen im Frankreich des 19. Jahrhunderts*, Köln (Böhlau) 2011.

Gourdin, Henri, *Léopoldine, l'enfant muse de Victor Hugo*, Paris (Presses de la Renaissance) 2007.

Granpré, Chantal de, „Sénécal et Dussardier : la République en effigie“, in: *The French Review* 64, 4, 1991, 621–631.

Green, Anne, „Flaubert and the Sleeping Beauty: An Obsessive Image“, in: Tony Williams, Mary Orr (Hgg.), *New Approaches in Flaubert Studies*, Lewiston, New York (Edwin Mellen Press) 1999a, 65–80.

Green, Anne, „Flaubert costumier : le rôle du vêtement“, in: Daniel Fauvel, Yvan Leclerc (Hgg.), Salammbô *de Flaubert. Histoire, fiction*, Paris (Honoré Champion) 1999b, 121–128.

Greene, Robert W., „Clichés, Moral Censure, and Heroism in Flaubert's *Madame Bovary*“, in: Symposium 32, 4, 1978, 289–302.

Greenwald, Helen, „*Ars moriendi*. Reflections on the Death of Mimì“, in: Rachel Cowgill, Hilary Poriss (Hgg.), *The Arts of the Prima Donna in the Long Nineteenth Century*, Oxford/New York (Oxford University Press) 2012, 167–185.

Grewe, Andrea, *Monde renversé – Théâtre renversé. Lesage und das Théâtre de la Foire*, Bonn (Romanistischer Verlag) 1989.

Grimm, Reinhold R., „Die Unergründlichkeit der Melancholie. Chateaubriands amerikanische Novellen“, http://www.romanistik.uni-jena.de/wp-content/uploads/2009/12/grimm-chateaubriand-novellen (19.02.2015).

Guibert, Noëlle, „Les premières révolutions scéniques du XIXe siècle dans la splendeur de leurs draperies“, in: Barry Daniels, *Le décor de théâtre à l'époque romantique. Catalogue raisonné des décors de la Comédie-Française (1799–1848)*, d'après les documents conservés dans les collections de la Bibliothèque nationale de France et de la Comédie-Française, suivi d'une édition du Registre des machinistes par Jacqueline Razgonnikoff, Paris (Bibliothèque nationale de France) 2003, 9–19.

Guivarc'h, Marcel, „Lieux de dissections et morgues dans Paris, de 1200 à nos jours“, in: *Histoire des sciences médicales* 36, 4, 2002, 431–450.

Guthke, Karl S., *Last Words: Variations on a Theme in Cultural History*, Princeton (Princeton University Press) 1992.

Haas, Alois Maria, „Das Subjekt im ‚sermo mysticus‘ am Beispiel der spanischen Mystik des 16. Jahrhunderts“, in: Reto Luzius Fetz, Roland Hagenbüchle, Peter Schulz (Hgg.), *Geschichte und Vorgeschichte der modernen Subjektivität*, Berlin (de Gruyter) 1998, 2 Bde., Bd. I, 612–640.

Haddad, Michèle, „Une image ‚déversoir‘ : la *Tentation de Saint-Antoine* dans la deuxième moité du XIXe siècle“, in: Stéphane Michaud, Jean-Yves Mollier, Nicole Savy (Hgg.), *Usages de l'image au XIXe siècle*, préface de Maurice Agulhon, Paris (Créaphis) 1992, 101–113.

Hafner, Johann Ev., *Angelologie* [= Gegenwärtig Glauben Denken 9], Paderborn (Schöningh) 2010.

Hamon, Philippe, *Imageries. Littérature et image au XIXe siècle*, Paris (José Corti) ²2007.

Hamon, Philippe, „Pierrot photographe", in: *Romantisme* 105, 1999, 35–43.

Hannoosh, Michèle, „Peinture, caricature, maquillage : Baudelaire et l'art moderne", in: Karin Westerwelle (Hg.), *Charles Baudelaire. Dichter und Kunstkritiker*, Würzburg (Königshausen & Neumann) 2007, 163–174.

Hart Nibbrig, Christiaan L., *Ästhetik der letzten Dinge*, Frankfurt am Main (Suhrkamp) 1989.

Hartung, Stefan, „Formen und Funktionen der obscuritas in der modernen Lyrik: Baudelaire, Rimbaud, Mallarmé. Mit einem Ausblick auf die italienische Hermetik", in: *Zeitschrift für französische Sprache und Literatur* 112, 26–44.

Harvey, Lawrence E., „The Ironic Triumph of Rodolphe", in: *The French Review* 30, 2, 1956, 121–125.

Hasenfratz, Hans-Peter, „Tod und Leben: Der unselige Tod und der soziale Tod", in: Jan Assmann, Rolf Trauzettel (Hgg.), *Tod, Jenseits und Identität. Perspektiven einer kulturwissenschaftlichen Thanatologie*, Freiburg/München (Alber) 2002, 223–229.

Haubl, Rolf, *„Unter lauter Spiegelbildern..." Zur Kulturgeschichte des Spiegels*, Frankfurt am Main (Nexus) 1991, 2 Bde.

Heimbrock, Hans-Günter, *Das Kreuz. Gestalt, Wirkung, Deutung*, Göttingen (Vandenhoeck & Ruprecht) 2013.

Heinz-Mohr, Gerd, *Lexikon der Symbole. Bilder und Zeichen der christlichen Kunst*, Düsseldorf/Köln (Eugen Diederichs Verlag) 1971.

Heitmann, Klaus, *Der Immoralismus-Prozeß gegen die französische Literatur im 19. Jahrhundert*, Bad Homburg/Berlin/Zürich (Gehlen) 1970.

Héran, Emmanuelle, „Le dernier portrait ou la belle mort", in: *Le Dernier Portrait*, Katalog zur Ausstellung im Musée d'Orsay, 5. März bis 26. Mai 2002, Paris 2002, 25–101.

Herbert, Robert L., *Impressionism. Art, Leisure, and Parisian Society*, New Haven/London (Yale University Press) 1988.

Higonnet, Margaret, „Suicide: Representations of the Feminine in the Nineteenth Century", in: *Poetics Today* 6, 1–2, 1985, 103–118.

Hilmes, Carola, *Die Femme fatale. Ein Weiblichkeitstypus in der nachromantischen Literatur*, Stuttgart (Metzler) 1990.

Hocke, Gustav René, *Die Welt als Labyrinth. Manierismus in der europäischen Kunst und Literatur*, durchgesehene und erweiterte Ausgabe, herausgegeben von Curt Grützmacher, Reinbek bei Hamburg (Rowohlt) 1987.

Hofmann, Werner, *Das Irdische Paradies. Kunst im neunzehnten Jahrhundert*, München (Prestel) 1960.

Hornblower, Simon, *Mausolus*, Oxford (Clarendon Press) 1982.

Høystad, Ole Martin, *Kulturgeschichte des Herzens. Von der Antike bis zur Gegenwart*, Köln (Böhlau) 2006.

Hughes, Derek, *Culture and Sacrifice. Ritual Death in Literature and Opera*, Cambridge/New York (Cambridge University Press) 2007.

Huguenaud, Karine, „Mort de Napoléon. Commentaires“, Fondation Napoléon, http://www.napoleon.org/fr/essentiels/tableaux/files/steuben_mort_napoleon.asp (25.03.2015).

Ippolito, Christophe, *Narrative Memory in Flaubert's Works*, New York (Peter Lang) 2001.

Jablonka, Ivan, „Les plaisirs de la plage au XIXe siècle“, *L'Histoire par l'image*, http://www.histoire-image.org/site/etude_comp/etude_comp_detail.php?i=296 (11.08.2015).

Jankélévitch, Vladimir, „La décadence“, in: Sylvie Thorel-Cailleteau (Hg.), *Dieu, la chair et les livres. Une approche de la décadence*, Paris (Champion) 2000, 33–63.

Jankélévitch, Vladimir, *La mort*, Paris (Flammarion) 1977.

Jansen, Hans Helmut; Jansen, Rosemarie, „Tod und Maske“, in: Hans Helmut Jansen (Hg.), *Der Tod in Dichtung, Philosophie und Kunst*, Darmstadt (Steinkopff) 1978, 37–53.

Jauß, Hans Robert, *Ästhetische Erfahrung und literarische Hermeneutik*, Frankfurt am Main (Suhrkamp) 1991.

Jauß, Hans Robert, „Diderots Paradox über das Schauspiel (*Entretiens sur le ‚Fils Naturel'*)“, in: *Germanisch-romanische Monatsschrift* 11, 1961, 380–413.

Jauß, Hans Robert, „Die beiden Fassungen von Flauberts *Éducation sentimentale*“, in: *Heidelberger Jahrbücher* 2, 1958, 96–116.

Jauß, Hans Robert, „Literarische Tradition und gegenwärtiges Bewußtsein der Modernität“, in: ders., *Literaturgeschichte als Provokation*, Frankfurt am Main (Suhrkamp) 1970, 11–66.

Jauß, Hans Robert, *Studien zum Epochenwandel der ästhetischen Moderne*, Frankfurt am Main (Suhrkamp) ²1990.

Join-Diéterle, Catherine, „L'art de l'éclairage au théâtre“, in: dies. (Hg.), *L'envers du décor à la Comédie-Française et à l'Opéra de Paris au XIXe siècle*, Katalog zur Ausstellung im Centre national du costume de scène et de la scénographie vom 28. Januar bis 20. Mai 2012, Montreuil (Gourcuff Gradenigo) 2012, 106–107.

Join-Diéterle, Catherine, „Les décorateurs : des dynasties d'artistes“, in: dies. (Hg.), *L'envers du décor à la Comédie-Française et à l'Opéra de Paris au XIXe siècle*, Katalog zur Ausstellung im Centre national du costume de scène et de la scénographie vom 28. Januar bis 20. Mai 2012, Montreuil (Gourcuff Gradenigo) 2012, 41–56.

Join-Diéterle, Catherine, *Les décors de scène de l'Opéra de Paris à l'époque romantique*, Paris (Picard) 1988.

Join-Diéterle, Catherine, „Les révolutions scéniques“, in: dies. (Hg.), *L'envers du décor à la Comédie-Française et à l'Opéra de Paris au XIXe siècle*, Katalog zur Ausstellung im Centre national du costume de scène et de la scénographie vom 28. Januar bis 20. Mai 2012, Montreuil (Gourcuff Gradenigo) 2012, 7–17.

Join-Diéterle, Catherine, „*Robert le Diable* : le premier opéra romantique“, in: *Romantisme* 28–29, 1980, 147–166.

Join-Diéterle, Catherine (Hg.), *L'envers du décor à la Comédie-Française et à l'Opéra de Paris au XIXe siècle*, Katalog zur Ausstellung im Centre national du costume de scène et de la scénographie vom 28. Januar bis 20. Mai 2012, Montreuil (Gourcuff Gradenigo) 2012.

Jost, François, „Littérature et suicide. De Werther à Madame Bovary", in: *Revue de littérature comparée* 42, 2, 1968, 161–198.

Jullian, Philippe, *Esthètes et magiciens. L'art fin de siècle*, Paris (Perrin) 1969.

Jünke, Claudia, *Die Polyphonie der Diskurse: Formen narrativer Sprach- und Bewusstseinskritik in Gustave Flauberts* Madame Bovary *und* L'Éducation sentimentale, Würzburg (Königshausen & Neumann) 2003.

Kahane, Martine, „Rideau !", in: Catherine Join-Diéterle (Hg.), *L'envers du décor à la Comédie-Française et à l'Opéra de Paris au XIXe siècle*, Katalog zur Ausstellung im Centre national du costume de scène et de la scénographie vom 28. Januar bis 20. Mai 2012, Montreuil (Gourcuff Gradenigo) 2012, 88–89.

Kairet, Jane E., „Sur la signification mytho-poétique du motif des ‚trois cercueils' de Madame Bovary", in: *The French Review* 70, 5, 1997, 676–686.

Kellein, Thomas, *Pierrot. Melancholie und Maske*, Katalog zur Ausstellung im Haus der Kunst, München, 15. September bis 3. Dezember 1995, München/New York (Prestel) 1995.

Klibansky, Raymond; Panofsky, Erwin; Saxl, Fritz, *Saturn und Melancholie. Studien zur Geschichte der Naturphilosophie und Medizin, der Religion und der Kunst*, übersetzt von Christa Buschendorf, Frankfurt am Main (Suhrkamp) 1992.

Köbele, Susanne, *Bilder der unbegriffenen Wahrheit. Zur Struktur mystischer Rede im Spannungsfeld von Latein und Volkssprache*, Tübingen/Basel (Francke) 1993.

Koppenfels, Martin von, *Immune Erzähler. Flaubert und die Affektpolitik des modernen Romans*, München (Fink) 2007.

Krämer, Felix (Hg.), *Schwarze Romantik. Von Goya bis Max Ernst*, Katalog zur Ausstellung im Städel Museum, Frankfurt am Main, 26. September 2012 bis 20. Januar 2013, Ostfildern (Hatje Cantz) 2012.

Kristeva, Julia, „Le Christ mort, de Holbein", in: dies., *Soleil noir. Dépression et mélancolie*, Paris (Gallimard) 1987, 117–150.

Kselman, Thomas A., *Death and the Afterlife in Modern France*, Princeton (Princeton University Press) 1993.

Küpper, Joachim, „Considérations sur *Salammbô*", in: *MLN* 125, 4, 2010, 731–782.

Küpper, Joachim, „Das Ende von Emma Bovary", in: Hans-Otto Dill (Hg.), *Geschichte und Text in der Literatur Frankreichs, der Romania und der Literaturwissenschaft*, Rita Schober zum 80. Geburtstag, Berlin (Trafo) 2000, 71–93.

Langenberg, Heinrich, *Die prophetische Bildsprache der Apokalypse. Erklärung sämtlicher Bilder der Offenbarung*, Metzingen (Württ.) ²1992.

Lawlor, Clark, „Transatlantic Consumptions: Disease, Fame, and Literary Nationalisms in the Davidson Sisters, Southey, and Poe", in: *Studies in the Literary Imagination* 36, 2, 2003, 109–126.

Lawlor, Clark; Suzuki, Akihito, „The Disease of the Self: Representing Consumption, 1700–1830“, in: *Bulletin of the History of Medicine* 74, 2000, 458–494.

Leclerc, Yvan, „*Le Château des cœurs*. Gustave Flaubert, Louis Bouilhet et Charles d'Osmoy [Résumé]“, http://flaubert.univ-rouen.fr/ressources/chateau_coeurs_resume.php (04.04.2018).

Ledda, Sylvain, *Des feux dans l'ombre. La représentation de la mort sur la scène romantique (1827–1835)*, Paris (Honoré Champion) 2009.

Leduc-Adine, Jean-Pierre, „Les arts et l'industrie au XIXe siècle“, in: *Romantisme* 55, 1987, 67–78.

Le Grand Robert de la langue française, herausgegeben von Alain Rey, version numérique (2005–2013), http://gr.bvdep.com (29.09.2015)

Leinen, Frank, *Flaubert und der Gemeinplatz. Erscheinungsformen der Stereotypie im Werk Gustave Flauberts*, Frankfurt am Main (Lang) 1990.

Le Men, Ségolène, „Les images sociales du corps“, in: Alain Corbin (Hg.), *Histoire du corps. De la Révolution à la Grande Guerre*, Paris (Seuil) 2005, 121–145.

Lepper, Marcel, *Lamento. Zur Affektdarstellung in der Frühen Neuzeit*, Frankfurt am Main (Lang) 2008.

Le Rider, Jacques, „La ‚Lettre de Lord Chandos'“, in: Littérature 95, 1994, 93–110.

Le Rider, Jacques, *L'Allemagne au temps du réalisme. De l'espoir au désenchantement (1848–1890)*, Paris (Albin Michel) 2008.

Lermant-Parès, Annie, „Les Sirènes dans l'Antiquité“, in: Pierre Brunel (Hg.), *Dictionnaire des mythes littéraires*, Monaco (Rocher) 1988, S. 1235–1239.

Lestringant, Frank, „Hugo et la Renaissance. À propos des sections VIII et IX de *La Légende des siècles*“, in: André Guyaux, Bertrand Marchal (Hgg.), *Victor Hugo*. La Légende des siècles (*Première Série*), actes du colloque de la Sorbonne des 12–13 janvier 2002, Paris (Presses de l'Université de Paris-Sorbonne) 2002, 193–206.

Ley, Klaus, *Die Oper im Roman. Erzählkunst und Musik bei Stendhal, Balzac und Flaubert*, Heidelberg (Winter) 1995.

Ley, Klaus, „Einleitung: *Salammbô* als Oper. Der Roman als Gegenstand musikalischer Komposition“, in: ders. (Hg.), *Flauberts* Salammbô *in Musik, Malerei, Literatur und Film*, Tübingen (Narr) 1998, 253–283.

Ley, Klaus. „Tanz und Tod in *Madame Bovary*. Kompositionstechnik und Sinnkonstitution bei Flaubert mit einem Anhang: N.-E. Restif de la Bretonne: ‚Histoire préliminaire' (*L'Année des Dames Nationales*, 1791)“, in: Franz Link (Hg.), *Tanz und Tod in Kunst und Literatur*, Berlin (Duncker & Humblot) 1993, 227–264.

Ley, Klaus (Hg.), *Flauberts* Salammbô *in Musik, Malerei, Literatur und Film*, Tübingen (Narr) 1998.

Lindsay, Suzanne Glover, *Funerary Arts and Tomb Culture. Living with the Dead in France, 1750–1870*, Burlington, VT (Ashgate) 2012.

Lindsay, Suzanne Glover, „Mummies and Tombs: Turenne, Napoléon, and Death Ritual“, in: *The Art Bulletin* 82, 3, 2000, 476–502.

Loliée, Frédéric, *La fête impériale*, Paris (Tallandier) 1926.

Loraux, Nicole, „Épouses tragiques, épouses mortes. La mort des femmes dans la tragédie grecque“, in: Groupe de Recherches Interdisciplinaire d'Étude des Femmes (Hg.), *La femme et la mort*, Toulouse (Université de Toulouse-Le Mirail) 1984, 31–58.

Loraux, Nicole, *Tragische Weisen, eine Frau zu töten*, aus dem Französischen von Eva Moldenhauer, mit einem Nachwort von Peter Krumme, Frankfurt am Main/New York (Campus), Paris (Édition de la Maison des Sciences de l'Homme) 1993.

Lubin, Georges, „Flaubert et le Monument de George Sand (avec des lettres inédites)“, in: *Les Amis de Flaubert* 37, 1970, 39–41.

Luther *Bibel*, 1984, Deutsche Bibelgesellschaft, http://www.bibelwissenschaft.de/online-bibeln/luther-bibel-1984/lesen-im-bibeltext/ (15.10.2015).

Macho, Thomas H., „Narziß und der Spiegel. Selbstrepräsentation in der Geschichte der Optik“, in: Almut-Barbara Renger (Hg.), *Narcissus. Ein Mythos von der Antike bis zum Cyberspace*, Stuttgart/Weimar (Metzler) 2002, 13–25.

Macho, Thomas H., *Todesmetaphern. Zur Logik der Grenzerfahrung*, Frankfurt am Main (Suhrkamp) 1987.

Macho, Thomas H., „Tod und Trauer im kulturwissenschaftlichen Vergleich“, in: Jan Assmann, *Der Tod als Thema der Kulturtheorie. Todesbilder und Totenriten im Alten Ägypten*, mit einem Beitrag von Thomas Macho, Frankfurt am Main (Suhrkamp) 2000, 89–120.

Macho, Thomas; Marek, Kristin, „Die neue Sichtbarkeit des Todes“, in: dies. (Hgg.), *Die neue Sichtbarkeit des Todes*, München (Fink) 2007, 9–21.

Maigron, Louis, *Le romantisme et les mœurs. Essai d'étude historique et sociale d'après des documents inédits*, Paris (Librairie Ancienne Honoré Champion) 1910.

Makariou, Sophie; Maury, Charlotte, „The Paradox of Realism: Gérôme in the Orient“, in: Laurence des Cars, Dominique de Font-Réaulx, Édouard Papet (Hgg.), *The Spectacular Art of Jean-Léon Gérôme (1824–1904)*, Katalog zu den Ausstellungen im J. Paul Getty Museum, Los Angeles, 15. Juni bis 12. September 2010, im Musée d'Orsay, Paris, 19. Oktober 2010 bis 23. Januar 2011, sowie im Museo Thyssen-Bornemisza, Madrid, 1. März bis 22. Mai 2011, Paris (Skira) 2010, 259–289.

Marcandier-Colard, Christine, *Crimes de sang et scènes capitales. Essai sur l'esthétique romantique de la violence*, Paris (Presses Universitaires de France) 1998.

Marchal, Bertrand, *Salomé entre vers et prose.* Baudelaire, Mallarmé, Flaubert, Huysmans, Paris (José Corti) 2005.

Marder, Elissa, „Trauma, Addiction, and Temporal Bulimia in *Madame Bovary*“, in: *Diacritics* 27, 3, 1997, 49–64.

Maringer, Johannes, *Das Kreuz als Zeichen und Symbol in der vorchristlichen Welt*, St. Augustin bei Bonn (Anthropos-Institut) 1980.

Martin-Fugier, Anne, *Comédiennes. Les actrices en France au XIXe siècle*, Paris (Complexe) 2008.

Martin, Isabelle, *Le Théâtre de la Foire. Des tréteaux aux boulevards*, Oxford (Voltaire Foundation) 2002.

Martin, Roxane, *La féerie romantique sur les scènes parisiennes (1791–1864)*, Paris (Honoré Champion) 2007.

Maul, Stefan M. „Altorientalische Trauerriten", in: Jan Assmann, Franz Maciejewski, Axel Michaels (Hgg.), *Der Abschied von den Toten. Trauerrituale im Kulturvergleich*, Göttingen (Wallstein) 2005, 359–372.

Mayeur, Françoise, *L'éducation des filles en France au XIXe siècle*, Paris (Perrin) 2008.

McGann, Jerome J., „The Beauty of the Medusa: A Study in Romantic Literary Iconology", in: *Studies in Romanticism* 11, 1972, 3–25.

Mertens Fleury, Katharina, „Klagen unter dem Kreuz: Die Vermittlung von compassio in der Tradition des ‚Bernhardtstraktats'", in: Hans-Jochen Schiewer, Stefan Seeber, Markus Stock (Hgg.), *Schmerz in der Literatur des Mittelalters und der Frühen Neuzeit*, Göttingen (V&R unipress) 2000, 143–166.

Meyer, Basil, „Till Death Do Us Part: The Consumptive Victorian Heroine in Popular Romantic Fiction", in: *The Journal of Popular Culture* 37, 2, 2003, 287–308.

Michaud, Stéphane, *Muse et madone. Visages de la femme de la Révolution française aux apparitions de Lourdes*, Paris (Seuil) 1985.

Minois, Georges, *Histoire du suicide. La société occidentale face à la mort volontaire*, Paris (Fayard) 1995.

Minski, Alexander, *Le préromantisme*, Paris (Armand Colin) 1998.

Mitchell, Allan, „The Paris Morgue as a Social Institution in the Nineteenth Century", in: *Francia. Forschungen zur westeuropäischen Geschichte 4*, 1976, 581–596.

Mondon, Geneviève, „Une éducation sentimentale ou le roman d'amour de Salammbô", in: *Flaubert. Revue critique et génétique, 3 | 2010: Le désir amoureux*, http://flaubert.revues.org/1161 (21.10.2015).

Morel, Marie-France, „Corps exposés, corps parés, en Occident chrétien, dans les peintures et les photographies d'enfants morts (XVIe-XIXe siècles)", in: *SIAP*, 2008, 667–681.

Morens, David M., „At the Deathbed of Consumptive Art", in: *Emerging Infectious Diseases* 8, 11, 2002, 1353–1358.

Morris, Edwin T., *Düfte. Die Kulturgeschichte des Parfums*, aus dem Amerikanischen übertragen von Dr. Marta Jacober-Züllig, Düsseldorf (Albatros) 2006.

Müller, Andreas, *Schwarze Löcher. Die dunklen Fallen der Raumzeit*, Heidelberg (Spektrum) 2010.

Musées de Haute-Normandie, „Caroline Hamard", http://collections.musees-haute-normandie.fr/collections/artitem/07340001784 (29.09.2015).

Musée d'Orsay, „Auguste Clésinger : Femme piquée par un serpent", http://www.musee-orsay.fr/fr/collections/oeuvres-commentees/recherche/commentaire/com

mentaire_id/femme-piquee-par-un-serpent-475.html?no_cache=1&cHash=861593bfcf (29.09.2015).

Musée Rodin, „Les techniques de la sculpture", in: *Dossier pédagogique*, 10–14, http://www.musee-rodin.fr/sites/musee/files/resourceSpace/3557_1ab178a697ae1b9.pdf (15.09.2013).

Museum of Hoaxes, „The Great Moon Hoax", http://hoaxes.org/archive/permalink/the_great_moon_hoax (15.02.2015).

Muthmann, Friedrich, *Der Granatapfel. Symbol des Lebens in der Alten Welt*, Bern (Abegg-Stiftung, Office du livre) 1982.

Nagle, Jean, *La civilisation du cœur. Histoire du sentiment politique en France, du XIIe au XIXe siècle*, Paris (Fayard) 1998.

Narr, Sabine, *Die Legende als Kunstform. Victor Hugo, Gustave Flaubert, Émile Zola*, München (Fink) 2010.

Naugrette, Florence, *Le théâtre romantique. Histoire, écriture, mise en scène*, Paris (Seuil) 2001.

Nehr, Harald, *Das sentimentalische Objekt. Die Kritik der Romantik in Flauberts* Éducation sentimentale, Heidelberg (Winter) 2007.

Neumann, Peter Horst, „Die Sinngebung des Todes als Gründungsproblem der Ästhetik. Lessing und der Beginn der Moderne", in: *Merkur* 34, 11, 1980, 1071–1080.

Ockman, Carol; Silver, Kenneth E. (Hgg.), *Sarah Bernhardt. The Art of High Drama*, Katalog zur Ausstellung im Jewish Museum, New York, vom 2. Dezember 2005 bis zum 2. April 2006, New Haven/London (Yale University Press) 2005.

Oehler, Dolf, *Ein Höllensturz der alten Welt. Zur Selbsterforschung der Moderne nach dem Juni 1848*, Frankfurt am Main (Suhrkamp) 1988.

Oehler, Dolf, *Pariser Bilder I (1830–1848). Antibourgeoise Ästhetik bei Baudelaire, Daumier und Heine*, Frankfurt am Main (Suhrkamp) 1979.

Ohly, Friedrich, *Bemerkungen eines Philologen zur Memoria*, Münstersche Abschiedsvorlesung vom 10. Februar 1982, München (Fink) 1992.

O'Neil, Mary Anne, „*Phèdre*: Model for Chateaubriand's Atala", in: *Romance Notes* 28, 2, 1987, 93–100.

Orr, Mary, „Death and the *Post Mortem* in Flaubert's Works", in: Timothy Unwin (Hg.), *The Cambridge Companion to Flaubert*, Cambridge (Cambridge University Press) 2004.

Orr, Mary, *Flaubert. Writing the Masculine*, Oxford (Oxford University Press) 2000.

Orr, Mary, „Still Life and Moving Death in Flaubert's *L'Éducation sentimentale*", in: *Dix-Neuf: Journal of the Society of Dix-Neuvièmistes* 5, 2005, 16–27.

Pagès, Sylviane, „Tomber", in: Marie Glon, Isabelle Launay (Hgg.), *Histoire de gestes*, Arles (Actes Sud) 2012, 39–53.

Palacio, Jean de, „La postérité de *Salammbô*, ou Carthage fin-de-siècle", in: Thorel-Cailleteau, Sylvie (Hg.), *Dieu, la chair et les livres. Une approche de la décadence*, Paris (Champion) 2000, 339–366.

Palacio, Jean de, *Pierrot fin-de-siècle ou les métamorphoses d'un masque*, Paris (Séguier) 1990.

Palacio, Jean de, „Poétique du crachat", in: *Romantisme* 94, 1996, 73–88.

Pastoureau, Michel, *Bleu. Histoire d'une couleur*, Paris (Seuil) 2000.

Petitier, Paule, „Flaubert, lecteur d'histoire", in: *Flaubert* 2, 2009, http://flaubert.revues.org/863 (15.02.2015).

Phillips, David, „In Search of an Unknown Woman. L'Inconnue de la Seine", in: *Neophilologus* 66, 1982, 321–327.

Pinet, Hélène, „L'eau, la femme, la mort. Le mythe de l'Inconnue de la Seine", in: *Le Dernier Portrait*, Katalog zur Ausstellung im Musée d'Orsay, 5. März bis 26. Mai 2002, Paris 2002, 175–190.

Pinson, Stephen C., *Speculating Daguerre. Art and Enterprise in the Work of L. J. M. Daguerre*, Chicago/London (University of Chicago Press) 2012.

Poeschel, Sabine, *Handbuch der Ikonographie. Sakrale und profane Themen der bildenden Kunst*, Darmstadt (Wissenschaftliche Buchgesellschaft) [5]2014.

Pop-Curseu, Ioan, „La chair, la statue et les mouches : une obsession de Flaubert", http://flaubert.univ-rouen.fr/article.php?id=10 (02.06.2014).

Potthast, Barbara, „‚L'exigence du plus fort' und das ironische Ende der Geschichte – Gustave Flaubert: *Salammbô* (1862)", in: dies., *Die Ganzheit der Geschichte. Historische Romane im 19. Jahrhundert*, Göttingen (Wallstein) 2007.

Pougetoux, Alain, „Le masque de Napoléon : de la relique au bibelot", in: *Le Dernier Portrait*, Katalog zur Ausstellung im Musée d'Orsay, 5. März bis 26. Mai 2002, Paris 2002, 146–157.

Praz, Mario, *Liebe, Tod und Teufel. Die schwarze Romantik*, übersetzt aus dem Italienischen von Lisa Rüdiger, München (dtv) 1994.

Proust, Marcel, „À propos du ‚style' de Flaubert", in: ders., *Essais et articles*, édition établie par Pierre Clarac et Yves Sandre, présentation de Thierry Laget, Paris (Gallimard) 1994, 282–296.

Raby, Peter, *Fair Ophelia. Harriet Smithson Berlioz*, Cambridge (Cambridge University Press) 1982.

Rachor, Christina, „Der ‚weibliche Suizidversuch'. Geschlechterstereotypen und suizidales Verhalten von Mann und Frau", in: Regula Freytag, Thomas Giernalczyk (Hgg.), *Geschlecht und Suizidalität*, Göttingen (Vandenhoeck & Ruprecht) 2001, 45–67.

Rancière, Jacques, „La mise à mort d'Emma Bovary. Littérature, démocratie et médecine", in: ders., *Politique de la littérature*, Paris (Galilée) 2007, 59–83.

Rancière, Jacques, „Puissances de l'infime", in: Anne Herschberg Pierrot (Hg.), *Flaubert. Éthique et esthétique*, Paris (Presses Universitaires de Vincennes) 2012, 29–44.

Reichart, Cordula, „‚Faire clair et vif avec des éléments complexes'. Défigurations de l'Histoire (des religions) dans *Salammbô et Hérodias"*, in: *Flaubert. Revue critique et génétique*, 4 | 2010: *Flaubert et l'histoire des religions*, http://flaubert.revues.org/1227 (29.09.2012).

Rhodes, James, „Homais, Capharnaum, and *Madame Bovary*", in: *College Literature* 10, 1, 1983, 60–68.

Richter, Isabel, *Der phantasierte Tod. Bilder und Vorstellungen vom Lebensende im 19. Jahrhundert*, Frankfurt/New York (Campus) 2010.

Rieger, Angelica, *Alter Ego. Der Maler als Schatten des Schriftstellers in der französischen Erzählliteratur von der Romantik bis zum Fin de siècle*, Köln/Weimar/Wien (Böhlau) 2000.

Rifelj, Carol, „The Language of Hair in the Nineteenth-Century Novel", in: *Nineteenth Century French Studies* 32, 1, 2003, 83–96.

Ritter, Joachim; Gründer, Karlfried (Hgg.), *Historisches Wörterbuch der Philosophie*, Basel (Schwabe) 1971 ff., 13 Bde.

Robert, Marthe, *En haine du roman. Étude sur Flaubert*, Paris (Balland) 1982.

Roloff, Volker, „Zur Thematik der Lektüre bei G. Flaubert. *Madame Bovary. Mœurs de province*", in: Germanisch-Romanische Monatsschrift 25, 1975, 322–337.

Rombach, Ursula; Seiler, Peter, *„Eleos – misericordia – compassio.* Transformationen des Mitleids in Text und Bild", in: Martin Harbsmeier, Sebastian Möckel (Hgg.), *Pathos, Affekt, Emotion. Transformationen der Antike*, Frankfurt am Main (Suhrkamp) 2009, 250–276.

Rousset, Jean, „Positions, distances, perspectives dans *Salammbô*", in: *Poétique* 6, 1971, 145–154.

Rubin, James Henry, *Realism and Social Vision in Courbet and Proudhon*, Princeton (Princeton University Press) 1980.

Sadion, Martine, „La série napoléonienne et le lieutenant Vadet", in: Martine Sadion, Anne Cablé (Hgg.), *C'est une „image* d'Épinal", Katalog zur Ausstellung vom 18. Mai 2013 bis zum 16. März 2014, Musée de l'Image à Épinal, Ville d'Épinal (Musée de l'Image) 2013, 104–113.

Said, Edward W., *Orientalism*, London (Penguin Books) ³2003.

Santorius, Nerina, „Satans Erben. Das Vermächtnis der Unvernunft in der französischen Romantik", in: Felix Krämer (Hg.), *Schwarze Romantik. Von Goya bis Max Ernst*, Katalog zur Ausstellung im Städel Museum, Frankfurt am Main, 26. September 2012 bis 20. Januar 2013, Ostfildern (Hatje Cantz) 2012, 98–126.

Sartre, Jean-Paul, *Notes sur „Madame Bovary"*, texte établi et annoté par Arlette Elkaïm-Sartre, in: ders., *L'Idiot de la famille. Gustave Flaubert de 1821 à 1857*, nouvelle édition revue et complétée, Paris (Gallimard) 1972 und 1988, 3 Bde., Bd. III, 661–812.

Schiller, Gertrud, *Ikonographie der christlichen Kunst, Bd. V: Die Apokalypse des Johannes. Bildteil*, Gütersloh (Gütersloher Verlagshaus Mohn) 1991.

Schlaeger, Jürgen, „Poetik des Todes. Zur Ästhetisierung des Endes in der englischen Romantik", in: Karlheinz Stierle, Rainer Warning (Hgg.), *Das Ende. Figuren einer Denkform* [= Poetik und Hermeneutik XVI], München (Fink) 1996, 515–527.

Schlinzig, Marie Isabel, *Abschiedsbriefe in Literatur und Kultur des 18. Jahrhunderts*, Berlin (De Gruyter) 2012.

Schmidt-Colinet, Andreas, *Antike Stützfiguren. Untersuchungen zu Typus und Bedeutung der menschengestalteten Architekturstütze in der griechischen und römischen Kunst*, Frankfurt am Main 1977.

Schmitz, Christine, „Salammbô – Dido – Sophoniba – Psyche. Interfiguralität in Flauberts Karthago-Roman", erscheint in: Alexander Arweiler, Karin Westerwelle (Hgg.), *Flauberts* Salammbô. *Der Tod der schönen Antike*, Paderborn (Fink) 2015.

Schmölders, Claudia, „Die Totenmaske. Zum Reliquiar der Physiognomik", in: Jan Assmann, Rolf Trauzettel (Hgg.), *Tod, Jenseits und Identität. Perspektiven einer kulturwissenschaftlichen Thanatologie*, Freiburg/München (Alber) 2002, 173–193.

Schneider, Herbert, „Die kompositionsgeschichtliche Stellung der *Salammbô* (1890) von Ernest Reyer", in: Klaus Ley (Hg.), *Flauberts* Salammbô *in Musik, Malerei, Literatur und Film*, Tübingen (Narr) 1998, 51–89.

Schreiner, Klaus, „‚Brot der Tränen.' Emotionale Ausdrucksform monastischer Spiritualität", in: Klaus Ridder, Otto Langer (Hgg.), *Körperinszenierungen in mittelalterlicher Literatur*, Kolloquium am Zentrum für interdisziplinäre Forschung der Universität Bielefeld (18. bis 20. März 1999), Berlin (Weidler) 2002, 193–248.

Schreiner, Klaus, *Maria. Jungfrau, Mutter, Herrscherin*, München/Wien (Hanser) 1994.

Schreiner, Klaus, *Rituale, Zeichen, Bilder. Formen und Funktionen symbolischer Kommunikation im Mittelalter*, Köln (Böhlau) 2011.

Schulte-Sasse, Jochen, „Kitsch", in: Joachim Ritter, Karlfried Gründer (Hgg.), *Historisches Wörterbuch der Philosophie*, Bd. IV, Basel (Schwabe) 1976, 843–846.

Schulz-Buschhaus, Ulrich, „Flauberts dionysische Antike", in: ders., *Das Aufsatzwerk*, http://gams.uni-graz.at/o:usb-06B-304 (14.04.2014), 1–18.

Schulz-Buschhaus, Ulrich, „Homais oder die Norm des fortschrittlichen Berufsbürgers. Zur Interpretation von Flauberts *Madame Bovary*", in: ders., Das *Aufsatzwerk*, http://gams.uni-graz.at/o:usb-063-8 (30.07.2014), 1–25.

Schwartz, Vanessa, „Public Visits to the Morgue", in: dies., *Spectacular Realities. Early Mass Culture in Fin-de-Siècle Paris*, Berkeley (University of California Press) 2010, 45–88.

Schwartz, Vanessa, „The Musée Grévin. Museum and Newspaper in One", in: dies., *Spectacular Realities. Early Mass Culture in Fin-de-Siècle Paris*, Berkeley (University of California Press) 2010b, 89–148.

Schweizer, Stefan, „Exemplum servitutis? Zum Nachleben des antiken Atlasmotivs und zur Genese architektonischer Stützfiguren im Mittelalter", in: Otto Gerhard Oexle, Michail A. Bojcov (Hgg.), *Bilder der Macht in Mittelalter und Neuzeit. Byzanz – Okzident – Rußland*, Göttingen (Vandenhoeck & Ruprecht) 2007, 119–186.

Segalen, Martine, „Rituels funéraires en Normandie", in: *Archives de sciences sociales des religions* 39, 1975, 79–88.

Serres, Michel, *Statues. Le second livre des fondations*, Paris (Flammarion) 1989.

Seznec, Jean, *Nouvelles études sur La* Tentation de Saint Antoine, London (Studies of the Warburg Institute) 1949.

Siler, Douglas, „La mort d'Emma Bovary : sources médicales“, in: *Revue d'histoire littéraire de la France* 81, 4–5, 1981, 719–746.

Smart, Mary Ann, *Mimomania. Music and Gesture in Nineteenth-Century Opera*, Berkeley/Los Angeles/London (University of California Press) 2004.

Smart, Mary Ann, „Roles, Reputations, Shadows: Singers of *grand opéra*“, in: David Charlton (Hg.), *The Cambridge Companion to Grand Opera*, Cambridge (Cambridge University Press) 2003, 108–128.

Smart, Mary Ann, „The Lost Voice of Rosine Stoltz“, in: *Cambridge Opera Journal* 6, 1, 1994, 31–50.

Smith, Peter George, „*L'Éducation sentimentale*: History as an Allegory of Love“, in: ders., Public and Private Value. *Studies in Nineteenth-Century Novel*, Cambridge (Cambridge University Press) 1984, 49–94.

Starobinski, Jean, *Kleine Geschichte des Körpergefühls*, übersetzt von Inga Pohlmann, Konstanz (Universitätsverlag Konstanz) 1987.

Starobinski, Jean, *La mélancolie au miroir. Trois lectures de Baudelaire*, Paris (Julliard) 1989.

Starobinski, Jean, „L'échelle des températures. Lecture de corps dans *Madame Bovary*“, in: Gérard Genette, Tzvetan Todorov (Hg.), *Travail de Flaubert*, Paris (Seuil) 1983, 45–78.

Starobinski, Jean, *L'œil vivant*, Paris (Gallimard) 1961.

Steinwachs, Burkhart, *Epochenbewusstsein und Kunsterfahrung. Studien zur geschichtsphilosophischen Ästhetik an der Wende vom 18. zum 19. Jahrhundert in Frankreich und Deutschland*, München (Fink) 1986.

Stierle, Karlheinz, „Der Tod der großen Stadt. Paris als neues Rom und neues Karthago“, in: Manfred Smuda (Hg.), *Die Großstadt als „Text“*, München (Fink) 1992, 101–129.

Stierle, Karlheinz, „Die Wiederkehr eines Endes. Zur Anthropologie der Anschauungsformen“, in: Karlheinz Stierle, Rainer Warning (Hgg.), *Das Ende. Figuren einer Denkform* [= Poetik und Hermeneutik XVI], München (Fink) 1996, 578–599.

Stierle Karlheinz; Warning, Rainer (Hgg.), *Das Ende. Figuren einer Denkform* [= Poetik und Hermeneutik XVI], München (Fink) 1996.

Stöber, Thomas, „Die Ostentation des Todes. Epistemologisches Apriori und kulturelles Gedächtnis in Todesrepräsentationen des 19. Jahrhunderts“, in: Bettina von Jagow (Hg.), *Topographie der Erinnerung. Mythos im strukturellen Wandel*, Würzburg (Königshausen & Neumann) 2000, 131–148.

Stöber, Thomas, *Vitalistische Energetik und literarische Transgression im französischen Realismus-Naturalismus. Stendhal, Balzac, Flaubert, Zola*, Tübingen (Narr) 2006.

Stoll, André, „Die Entführung des Eremiten in die Wüste“ (Nachwort), in: Gustave Flaubert, *Reise in den Orient*, aus dem Französischen von Reinold Werner und André Stoll, Frankfurt am Main (Suhrkamp) 1985, 363–417.

Thelamon, Françoise (Hg.), *La sociabilité en Normandie*, Association de Recherche sur la Sociabilité, Musées départementaux de la Seine-Maritime, Rouen 1983.

Thibaudet, Albert, *Flaubert*, Gustave, Paris (Gallimard) 1935.

Thoma, Heinz, „Appell oder Flucht? – Der literarische Selbstmord als Epochendiagnose in *Werther, Le ultime lettere di Jacopo Ortis, Atala* und *René*", in: *Romanistische Zeitschrift für Literaturgeschichte* 30, 1–2, 2006, 99–133.

Thomalla, Ariane, *Die* femme fragile. *Ein literarischer Frauentypus der Jahrhundertwende*, Düsseldorf (Bertelsmann) 1972.

Thornton, Lawrence, „The Fairest of Them All: Modes of Vision in *Madame Bovary*", in: *PMLA* 93, 5, 1978, 982–991.

Thornton, Lynne, *La femme dans la peinture orientaliste*, Paris (ACR) ^{2}1994.

Tipper, Paul Andrew, „Emma's Feet on Clay: The Ironies of Romanticized Location in *Madame Bovary*", in: *The Modern Language Review* 94, 2, 1999, 366–376.

Tooke, Adrienne, „Another Point of View on Donizetti: Charles and Emma at the Opera", in: Freeman, Michael u. a. (Hgg.), *The Process of Art. Essays on Nineteenth-Century French Literature, Music and Painting in Honour of Alain Raitt*, Oxford (Clarendon Press) 1998, 169–185.

Ueding, Gerd (Hg.), *Historisches Wörterbuch der Rhetorik*, Tübingen (Niemeyer) 1992, 11 Bde.

Unwin, Timothy A., „The Significance of the Encounter with the Dog in Flaubert's First *Éducation Sentimentale*", in: *French Forum* 4, 3, 1979, 232–238.

Vadé, Yves, *L'enchantement littéraire. Écriture et magie de Chateaubriand à Rimbaud*, Paris (Gallimard) 1990.

Vernant, Jean-Pierre, *Figures, idoles, masques*, Paris (Julliard) 1990.

Vernant, Jean-Pierre, „La belle mort et le cadavre outragé", in: Gnoli, Gherardo, Vernant, Jean-Pierre (Hgg.), *La mort, les morts dans les sociétés anciennes*, Cambridge (Cambridge University Press) und Paris (Editions de la Maison des Sciences de l'Homme) 1982, 45–76.

Vernant, Jean-Pierre, *La Mort héroïque chez les Grecs*, Nantes (Pleins Feux) 2001.

Vernant, Jean-Pierre, *L'individu, la mort, l'amour. Soi-même et l'autre en Grèce ancienne*, Paris (Gallimard) 1989.

Vincent-Buffault, Anne, *Histoire des larmes. XVIIIe-XIXe siècles*, Paris (Payot) 2001.

Vinken, Barbara, *Flaubert. Durchkreuzte Moderne*, Frankfurt am Main (Fischer) 2009.

Vollmer, Hartmut, *Die literarische Pantomime. Studien zu einer Literaturgattung der Moderne*, Bielefeld (Aisthesis) 2011.

Von Brincken, Jörg, *Tours de force – Die Ästhetik des Grotesken in der französischen Pantomime des 19. Jahrhunderts*, Tübingen (Niemeyer) 2006.

Vovelle, Michel, *La mort et l'Occident. De 1300 à nos jours*, Paris (Gallimard) 1983.

Warning, Rainer, „Der ironische Schein: Flaubert und die ‚Ordnung der Diskurse'", in: ders., *Die Phantasie der Realisten*, München (Fink) 1999, 150–184.

Warning, Rainer, *Die Phantasie der Realisten*, München (Fink) 1999.

Warning, Rainer, „Imagination II", in: Joachim Ritter, Karlfried Gründer (Hgg.), *Historisches Wörterbuch der Philosophie*, Bd. IV, Basel (Schwabe) 1976, 219–220.

Warning, Rainer, „Zu Prousts ‚impressionistischem' Stil", in: ders., *Proust-Studien*, München (Fink) 2000, 51–76.

Weigel, Sigrid, „Compassio", in: Christine Blättler, Erik Porath (Hgg.), *Ränder der Enzyklopädie*, Berlin (Merve) 2012a, 21–29.

Weigel, Sigrid, „Mitleid / Compassio. Über Rituale, Diskurse und die Kulturgeschichte des Mitgefühls", in: Catherine Nichols, Gisela Staupe (Hgg.), *Die Leidenschaften – Ein Drama in fünf Akten*, Dresden (Wallstein) 2012, 222–228.

Weigel, Sigrid, „Pathosformel und Oper. Die Bedeutung des Musiktheaters für Aby Warburgs Konzept der Pathosformel", in: *KulturPoetik* 6, 2, 2006, 234–253.

Westerwelle, Karin, „Bilderscheinung, flüchtige Schönheit und Ästhetik der Farbe. Baudelaires *À une Passante* und *La belle Dorothée*", in: Milan Herold, Michael Bernsen (Hgg.), *Der lyrische Augenblick*, Berlin/Boston (de Gruyter) 2015, 149–188.

Westerwelle, Karin, „Der Dandy als Held", in: *Heldengedanken. Über das heroische Phantasma* [= Merkur, Doppelheft 724/725] 2009, 888–896.

Westerwelle, Karin, „Die Darstellung nervöser Krankheit in *Madame Bovary. Mœurs de province*", in: dies., *Ästhetisches Interesse und nervöse Krankheit. Balzac, Baudelaire, Flaubert*, Stuttgart/Weimar (Metzler) 1993, 353–454.

Westerwelle, Karin, „Fontainebleau", in: Barbara Vinken, Cornelia Wild (Hgg.), *Arsen bis Zucker. Flaubert-Wörterbuch*, Berlin (Merve) 2010, 94–102.

Westerwelle, Karin, „Saint Julien et le mythe de Narcisse – Les images du christianisme chez Gustave Flaubert", in: Barbara Vinken, Peter Fröhlicher (Hgg.), *Le Flaubert réel*, Tübingen (Niemeyer) 2009b, 107–123.

Wicks, Charles Beaumont; Schweitzer, Jerome W., *The Parisian Stage. Alphabetical Indexes of Plays and Authors*, Bd. III: 1831–1850, Alabama (University of Alabama Press) 1961.

Wight, Doris T., „Madame Bovary's Long Tresses", in: *College Literature* 15, 2, 1988, 180–188.

Wild, Nicole, „Un demi-siècle de décors à l'Opéra de Paris : Salle Le Peletier (1822–1873)", in: Centre d'Art, Esthétique et Littérature, *Regards sur l'opéra : du ballet comique dela reine à l'opéra de Pékin*, Paris (Presses Universitaires de France) 1976, 11–22.

Williams, Tony, „Dussardier sur les barricades : naissance d'un ‚héros de juin'", in: *Revue d'histoire littéraire de la France* 101, 1, 2001, 71–80.

Wind, Edgar, „Amor als Todesgott", in: ders., *Heidnische Mysterien in der Renaissance*, mit einem Nachwort von Bernhard Buschendorf, übersetzt von Christa Münstermann unter Mitarbeit von Bernhard Buschendorf und Gisela Heinrichs, Frankfurt am Main (Suhrkamp) 1981, 177–197.

Wissowa, Georg u. a. (Hgg.), *Paulys Real-Encyclopädie der classischen Altertumswissenschaft*, Stuttgart (Metzler) 1890–1980, 83 Bde.

Wolfzettel, Friedrich, *Ce désir de vagabondage cosmopolite. Wege und Entwicklung des französischen Reiseberichts im 19. Jahrhundert*, Tübingen (Niemeyer) 1986.

Wucherpfennig, Wolf, „Gustave Flaubert: *Salammbô* – der fremde Spiegel", in: Günter Helmes, Ariane Martin, Birgit Nübel, Georg-Michael Schulz (Hgg.), *Literatur und Leben. Anthropologische Aspekte in der Kultur der Moderne*, Festschrift für Helmut Scheuer zum 60. Geburtstag, Tübingen (Narr) 2002.

Wundram, Manfred, „Raffael, *Die Verklärung Christi* (Transfiguration)", in: ders., *Kunst-Epochen. Renaissance*, Stuttgart (Reclam) 2004, 183–187.

Young, Alan R., „Sarah Bernhardt's Ophelia", in: *Borrowers and Lenders. The Journal of Shakespeare and Appropriation*, http://www.borrowers.uga.edu/662/display (18.11.2013).

Zaiser, Rainer, *Die Epiphanie in der französischen Literatur. Zur Entmystifizierung eines religiösen Erlebnismusters*, Tübingen (Narr) 1995.

Zelle, Carsten, „Konstellationen der Moderne. Verstummen – Medienwechsel – literarische Phänomenologie", in: *Musil Forum. Studien zur Literatur der klassischen Moderne* 27, 2001/2002, 88–102.

Zollinger, Edi, *Arachnes Rache. Flaubert inszeniert einen Wettkampf im narrativen Weben*: Madame Bovary, Notre-Dame de Paris *und der Arachne-Mythos*, München (Fink) 2007.

Abbildungsverzeichnis

Nachweis der Motti

Einleitung:	Gustave Flaubert, *Salammbô*, in: *OC III*, S. 836.
Kap. I:	Gustave Flaubert, Brief an Ernest Feydeau vom 12. November 1859, *Corr. III*, S. 54.
Kap 1.1.1:	Gaston Bachelard, *L'eau et les rêves. Essai sur l'imagination de la matière*, S. 112 f.
Kap. 1.2:	Gustave Flaubert, Brief an seine Mutter vom 20. (?) Januar 1851, *Corr. I*, S. 740.
Kap. 2.1:	Gustave Flaubert, Brief an Mlle Leroyer de Chantepie vom 18. Mai 1857, *Corr. II*, S. 717.
Kap. 2.2:	Paul Verlaine, „Clair de lune", in: *Œuvres poétiques complètes*, S. 107.
Kap. 3.2:	Charles Baudelaire, „Avec ses vêtements ondoyants et nacrés..." (XXVII, *Spleen et Idéal, Les Fleurs du Mal*), in: *OC I*, S. 29.
Kap. 3.4:	Denis Diderot, *Lettre sur les sourds et muets*, S. 96.
Kap. IV.:	Gustave Flaubert, *L'Éducation sentimentale*, S. 422.